Grammatik der deutschen Sprache

WALTER JUNG

Grammatik der deutschen Sprache

10., neubearbeitete Auflage

Bibliographisches Institut
Mannheim · Leipzig

Bearbeiter der Neuausgabe:
Günter Starke

Mitautoren:
Eduard Kurka
  Grundsätzliches zur Aussprache
  Die Wortbetonung
Eberhard Stock
  Satzakzentuierung und Intonation
Ursula Stötzer
  Die Aussprache der Laute

Vorwort

Diese Grammatik der deutschen Sprache entstand in ihrer ursprünglichen Fassung bereits vor mehr als 25 Jahren. Sie ist aus der Praxis heraus erwachsen und hat sich bis heute in der Praxis bewährt. Als Nachschlagewerk angelegt und mit einem feinmaschigen Verweisnetz sowie einem ausführlichen Sach- und Wortregister versehen, ist sie ein unentbehrliches Hilfsmittel für alle Fragen und Probleme, die sich im Zusammenhang mit der richtigen Handhabung der deutschen Sprache und ihrer Grammatik einstellen.

Selbstverständlich wurde die ursprüngliche Fassung immer wieder aktualisiert und überarbeitet. Die bisher grundlegendste Gesamtbearbeitung nahm Ende der 70er Jahre GÜNTER STARKE vor, der auch neuere Forschungsergebnisse der Linguistik und die theoretische Fundierung der Grammatikbeschreibung in das Werk einbezog. Dennoch wurde auch dabei bewußt an der ursprünglichen Konzeption WALTER JUNGS festgehalten. Vor allem wurde das bewahrt, was sich bisher an Einzelbeobachtungen zum Sprachgebrauch, an Normierungsentscheidungen und stilistischen Empfehlungen bei den Benutzern bewährt hat.

Obwohl dem sprachwissenschaftlichen Fachwortschatz durchaus Rechnung getragen wird, ist Allgemeinverständlichkeit das oberste Prinzip dieser Grammatik. Die Register wurden sehr ausführlich angelegt, um dem Nutzer auch Zugang zu einzelnen sprachwissenschaftlichen Begriffen und zu solchen Wörtern zu geben, die für grammatische Entscheidungen bedeutsam sind.

Insgesamt bietet das Buch einen guten Gesamtüberblick über den Bau der deutschen Sprache, ihre Ebenen und Einheiten sowie deren Wechselwirkung und kann so seinen spezifischen Beitrag bei der Bemühung um normgerechten, angemessenen und wirkungsvollen Sprachgebrauch leisten.

Bearbeiter und Verlag

Inhaltsverzeichnis

Sprachwissenschaftliche Grundbegriffe

Sprache, Sprachtätigkeit und Sprachsystem

Wichtigstes Verständigungsmittel der Menschen ist die natürliche Spra- **1** che; denn ohne die Sprache wäre ein gesellschaftliches Zusammenleben kaum vorstellbar. Unter S p r a c h e verstehen wir ein aus den Bedürfnissen des Lebens hervorgegangenes und sich ständig entwickelndes System akustisch oder optisch wahrnehmbarer Zeichen, das der Formung der Gedanken, dem Denken, dem Prozeß der Erkenntnis der objektiven Realität durch die Menschen dient und den Austausch ihrer Gedanken und emotionalen Erlebnisse sowie die Fixierung und Aufbewahrung des erworbenen Wissens ermöglicht.

Aus der Definition der Sprache ergibt sich, daß sie ein Instrument **2** menschlicher S p r a c h t ä t i g k e i t ist und in enger Wechselbeziehung mit dem Bewußtsein des Menschen steht. Sprache ist das praktische, auch für andere Menschen existierende wirkliche Bewußtsein, und die Sprache entsteht, wie das Bewußtsein, erst aus dem Bedürfnis, mit andern Menschen Kontakt aufzunehmen. Sie ist außerdem eine besondere Art, Erfahrung festzuhalten, um über sie im Umgang mit anderen Menschen verfügen zu können. Sie organisiert auf diese Weise kollektives und individuelles menschliches Handeln.

Das Verhältnis zwischen Gesellschaft und Sprache wird durch die **3** *Kommunikation* vermittelt. Kommunikation ist hier zu verstehen als Prozeß der Verständigung, als die Nutzung gesellschaftlicher Beziehungen zwischen Menschen durch den Austausch von Bewußtseinsinhalten mittels Zeichen zum Zwecke des gemeinschaftlichen, koordinierten Handelns. Sprachlich-kommunikative Tätigkeit existiert daher nicht isoliert, sondern immer gebunden an gegenständlich-praktische und geistig-theoretische Tätigkeit der Menschen.

Jede sprachlich-kommunikative Handlung wird von folgenden Faktoren **4** bestimmt:
- dem Sprecher oder Schreiber,
- dem Hörer oder Leser,
- einem bestimmten sprachlichen Zeichensystem (z. B. Deutsch, Russisch, Englisch usw.),

– dem Mitteilungsgegenstand, das heißt einem gegebenen Sachverhalt,
über den gesprochen oder geschrieben wird,
– dem Verständigungsweg (mündlicher oder schriftlicher Gebrauch der
Sprache),
– der Verständigungsart (monologische oder dialogische Rede),
– der Verständigungssituation (gesellschaftlicher Tätigkeitsbereich und
besondere Begleitumstände wie Zeit, Ort, Dauer).

> Jeder dieser Faktoren kann mehr oder weniger stark differenziert wer-
> den. So unterscheidet sich z. B. jeder Sprecher, Schreiber, Hörer oder
> Leser von einem anderen durch individuelle Merkmale des Alters, des
> Geschlechts, der sozialen Stellung, der Tätigkeit, des Bildungsgrades,
> der Sprachbeherrschung usw.
> Die Anzahl der Sprachen in der ganzen Welt wird auf etwa viertausend
> geschätzt.
> Neben den natürlichen Sprachen gibt es auch künstlich geschaffene Welt-
> hilfssprachen, z. B. Esperanto.

Alle diese Faktoren und Bedingungen stehen untereinander in vielfältigen Wechselbeziehungen und beeinflussen gemeinsam die jeweilige
konkrete Gestaltung einer Kommunikationshandlung. Dabei werden die
äußeren Bedingungen auf der Grundlage der gesellschaftlichen Praxis
über die inneren Bedingungen des aktiv tätigen Menschen wirksam
(vgl. FLEISCHER/MICHEL, Stilistik, S. 54).

5 Jede Sprache erfüllt ihre Aufgaben – als Mittel menschlicher Bewußt-
seins- und Kommunikationstätigkeit – nicht als bloße Anhäufung einzelner isolierter Elemente, sondern nur auf Grund bestimmter Ordnungsbeziehungen der einzelnen Bestandteile einer Sprache untereinander.
Dank diesen objektiv vorhandenen Ordnungsbeziehungen bildet jede
natürliche Sprache ein sprachliches Zeichensystem oder Sprachsystem. Darunter verstehen wir „ein in bestimmter Weise organisiertes
(d. h. geordnetes) hierarchisches Ganzes, das eine Struktur hat und
diese Struktur zur Realisierung bestimmter Ziele in einer bestimmten
Substanz verkörpert" (SERÉBRENNIKOW II, S. 21). Zwischen der
sprachlichen Tätigkeit (Bewußtseins- und Kommunikationstätigkeit) in
der Gesellschaft und dem Sprachsystem bestehen gesetzmäßige Beziehungen; die dialektische Einheit von Logischem und Historischem
ist ein Grundzug dieses Systems.

6 Die einzelnen Bestandteile (Elemente) des Systems einer natürlichen
Sprache sind die sprachlichen *Zeichen*.
Es existieren viele unterschiedliche Auffassungen und Definitionen des
Begriffs des Sprachzeichens. „Unter dem Zeichenaspekt einer natürlichen Sprache versteht man gewöhnlich das Bezogensein der sprachlichen Elemente (der Morpheme, Wörter, Wortgruppen, Sätze) und
damit auch der Sprache insgesamt auf eine außersprachliche

Reihe von Erscheinungen, Gegenständen und Situationen in der objektiven Realität in einer bestimmten Form oder Stufe der Vermittlung. ... ferner ihre Eigenschaft, Ergebnisse der Erkenntnistätigkeit des Menschen verallgemeinert auszudrücken, die Ergebnisse seiner gesellschaftsgeschichtlichen Erfahrung zu verankern und zu speichern. ... schließlich die Fähigkeit der sprachlichen Elemente, auf Grund der in ihnen fixierten Bedeutungen eine bestimmte Information zu tragen, verschiedenen kommunikativen und expressiven Aufgaben im Verständigungsprozeß gerecht zu werden" (SERÉBRENNIKOW I, S. 79). Hier seien Sprachzeichen definiert als im Gehirn der Menschen gespeicherte, feste Verbindungen aus Formativ und kommunizierbaren Abbildern von Erscheinungen der objektiven Realität.

Der Bewußtseinsinhalt, der jeweils die innere Seite eines Sprachzeichens **7** bildet, wird (sprachliche) *Bedeutung* genannt. Die Bedeutung ist eine besondere Art gedanklicher Abbilder von Gegenständen, Merkmalen und Sachverhalten der objektiven Realität: Bedeutungen sind traditionell mit sinnlich, akustisch oder optisch, wahrnehmbaren Lautkomplexen verbunden. Sie werden „durch den kommunikativen Gebrauch in der Gesellschaft zu einer Norm (Normativ) für das Individuum ..., gewissermaßen ein Durchschnitt, der sich in den einzelnen Kommunikationsakten durchsetzt" (LORENZ/WOTJAK, Bedeutung, S. 75). Die Bedeutung ist eine gesellschaftliche Invariante, die aus individueller Produktions- und Erkenntnistätigkeit hervorgegangen ist und hervorgeht, aber durch die Bindung an ein Formativ überindividuell objektiviert und damit für die Kommunikation brauchbar wird.

Die äußere, sinnlich wahrnehmbare Seite der Sprache sowie des einzelnen **8** Sprachzeichens bezeichnen wir als *Form*. Dazu gehören sowohl die Abbilder der akustisch wahrnehmbaren Lautkörper, die *Formative* genannt werden, und ihre geschriebene oder gedruckte Wiedergabe als auch die Ordnungsbeziehungen zwischen den Formativen innerhalb von Zeichenverbindungen (Wortverbindungen, Sätze, Texte) und auch hinsichtlich ihrer Austauschbarkeit untereinander. Die Gesamtheit dieser Ordnungsbeziehungen wird als *Formstruktur* einer Sprache zusammengefaßt.

Hauptkomponenten des Sprachsystems

Das Sprachsystem ist eine wissenschaftliche Abstraktion von hohem **9** Verallgemeinerungsgrad. Es wird von den Sprachwissenschaftlern auf sehr unterschiedliche Art und Weise in Teilsysteme gegliedert, die seine übersichtliche, geordnete Beschreibung erleichtern sollen. Wir entscheiden uns hier für die traditionelle Gliederung in folgende drei Teilsysteme: die Lexik, die Grammatik, das Phonem- und Grapheminventar mit seinen Kombinationsregeln.

10 Die Lexik (der Wortbestand) einer Sprache umfaßt alle Einzelwörter und *Phraseologismen* (feste Wortverbindungen), die in einem *Lexikon* (Wörterbuch) aufgeführt und beschrieben werden können. Mit der Beschaffenheit der lexikalischen Einheiten, ihrer Form, Herkunft, Bedeutung und Verwendung, teilweise auch ihrer Bildungsweise, und mit den Systembeziehungen zwischen den Wortschatzelementen beschäftigt sich die *Lexikologie* (Wortkunde).

11 Unter der Grammatik verstehen wir hier „die in der Sprache selbst vorhandenen Arten und Mittel, die einen Wörter den anderen Wörtern in gleicher Weise gegenüberzustellen, verschiedene Wörter in gleicher Weise abzuwandeln und verschiedene Sätze in gleicher Weise aufzubauen (also die Regeln der Wortabwandlung und Satzbildung)" (GOLOWIN, Einführung, S. 130). Sie ist wesentlich abstrakter als die Lexik und stabiler gegenüber gesellschaftsgeschichtlichen Einflüssen.

12 Von der Grammatik als einem Teilsystem der Sprache selbst unterscheiden wir die *Grammatikbeschreibung*. Sie „sucht und findet Allgemeines im Individuellen, Gleichartiges in Verschiedenartigem, Invariantes in Variablem" (GOLOWIN, ebd.). Bei der *Grammatik* in diesem Sinne handelt es sich wie bei der Lexikologie um eine sprachwissenschaftliche Disziplin. Sie wird weiter untergliedert in die *Syntax* (Lehre von den Wortverbindungen und Sätzen, ↑ 41) und die *Morphologie* (Wortarten- und Flexionslehre, ↑ 363 ff.). Die heutige grammatische Terminologie – sowohl der Wortarten- wie der Satzgliedlehre – wurde von dem Griechen KALLIMACHOS um 300 v. u. Z. begründet.

13 Das Phoneminventar umfaßt die Gesamtheit der *Phoneme* (Sprachlaute, ↑ 15) und ihrer Kombinationsregeln. Mit ihrer wissenschaftlichen Beschreibung beschäftigt sich die *Phonologie*.

Die sprachlichen Einheiten

14 Ein Wesensmerkmal des Sprachsystems ist sein *hierarchischer* Aufbau. Darunter ist die Rang- oder Stufenordnung der Sprachzeichen und Zeichenverbindungen entsprechend ihrem Umfang, ihrer Über- und Unterordnung, ihrer Kombinierbarkeit und Zerlegbarkeit zu verstehen. Auf unterschiedlichen Systemebenen werden folgende Einheiten differenziert: Phonem, Graphem, Morphem, Wort, Wortgruppe/Satzglied, Satz und Text. Hierbei setzt sich jede Einheit der nächsthöheren Ebene aus mehreren Einheiten der nächstniederen Ebene – im Grenzfall aus einer Einheit der nächstniederen Ebene – zusammen. Bei diesen sprachlichen Einheiten handelt es sich mit Ausnahme von Phonem und Graphem stets um Ganzheiten aus Form und Bedeutung. Da Phoneme und Grapheme keine Bedeutung besitzen, können sie nicht als Sprachzeichen gelten.

Es existieren verschiedene Definitionen des Phonems und des Graphems. **15** Eine davon faßt das **Phonem** als ein Bündel von invarianten Lautmerkmalen, das imstande ist, verschiedene Wörter und Wortformen einer Einzelsprache voneinander zu unterscheiden, vgl.

*L*and / *H*and / *W*and / *B*and / *R*and / *S*and / *f*and oder
R*a*nd / R*i*nd / r*u*nd / r*e*nnt

Die verschiedenen Wörter oder Wortformen jeder Zeile unterscheiden sich voneinander jeweils nur durch einen Sprachlaut oder ein Phonem, in der ersten Zeile durch das erste, in der zweiten durch das zweite Phonem jeder Wortform. Wie verschieden jeder Sprecher diese Wortformen durch seine Aussprache variiert, ist für das Wesen der Phoneme ohne Bedeutung. Dementsprechend kann ein Phonem auch als die kleinste lineare bedeutungsunterscheidende Lauteinheit in einer bestimmten historischen Entwicklungsetappe einer Sprache definiert werden.

Die kleinste bedeutungsdifferenzierende Einheit der geschriebenen **16** Sprache heißt G r a p h e m. Die Gesamtheit der Grapheme einer Sprache bildet ihr Grapheminventar, das das Alphabet in sich einschließt. Zwischen Phonem und Graphem besteht nicht in jedem Falle eine 1:1-Entsprechung, sondern

– das gleiche Phonem kann durch verschiedene Graphemkombinationen repräsentiert werden (M*oo*r – M*oh*r, M*ee*r – m*eh*r, *Aa*l – *Ah*le – M*a*l),
– ein und dieselbe Graphemverbindung steht für zwei verschiedene Phonemverbindungen (*st*ill – Ki*st*e, *sp*ät – We*sp*e),
– Graphemunterschiede sind beibehalten worden, während Phonemoppositonen neutralisiert sind (Ra*d* – Ra*t*, fa*s*t – er fa*ß*t, Gel*d* – Ent*ge*l*t*),
– für die gleiche Phonemverbindung existieren mehrere, z. B. fünf verschiedene Graphemrepräsentationen (A*x*t – Lu*chs* – flu*gs* – Ke*ks* – Kle*cks*).

Die kleinsten bedeutungstragenden Einheiten der Sprache oder klein- **17** sten Sprachzeichen werden M o r p h e m e genannt. Sie vermögen allerdings in der Regel nicht einzeln und isoliert als Verständigungsmittel zu fungieren, sondern sind erst durch wissenschaftliche Beobachtung und Untersuchung sprachlicher Äußerungen ermittelt worden. So läßt sich der Satz *Schüler erlernen fremde Sprachen* z. B. in folgender Weise in Morpheme zerlegen:

> Schül–er er–lern–en fremd–e Sprach–en.

18 Die einzelnen Morpheme haben einen unterschiedlich hohen Verallgemeinerungsgrad und verschiedenartige Verwendungs- und Verknüpfungsmöglichkeiten. Danach werden sie in drei Gruppen (Klassen) eingeteilt. Solche Morpheme, die einzelne Erscheinungen der Wirklichkeit – Lebewesen, Gegenstände, Vorgänge, Zustände, Eigenschaften – bezeichnen und meist allein gebraucht werden können, z. B.

> Schüler, Schule, lernen, Sprache, fremd

heißen Basis-, Grund- oder Stammorpheme. Sie bilden den Kern der Wortformen und drücken die dingliche Bedeutung oder Sachbedeutung des Wortes aus. Wörter mit gleichem Basismorphem bilden gemeinsam eine *Wortfamilie* ↑ 933.

19 Morpheme, die zur Ableitung neuer Wörter von vorhandenen dienen und nur in Verbindung mit Basismorphemen vorkommen, heißen Wortbildungsmorpheme. Dazu gehören z. B.

> –bar, be–, ent–, –haft, miß–, –ig, –isch, –istisch, –lich, –ling.

Wortbildungsmorpheme fügen den Basismorphemen eine bestimmte Ableitungs- oder Derivationsbedeutung hinzu. Vgl. hierzu das Kapitel „Die Wortbildung"!

20 Morpheme, die zur gegenseitigen Anpassung der Wörter in Sätzen und Wortverbindungen genutzt werden und nicht Wörter, sondern verschiedene *Formen* eines Wortes zu bilden vermögen, heißen Flexionsmorpheme, grammatische oder formbildende Morpheme. Die Flexionsmorpheme unserer Sprache lauten

> –e, –(e)n, –er, –(e)s, –(e)st, –(e)t, –em, –ens, –nd, –st, –t, ge–, Umlaut, Ablaut.

Flexionsmorpheme haben grammatische Bedeutungen; diese zeichnen sich durch einen sehr hohen Verallgemeinerungsgrad aus. Zur Definition der sprachlichen Einheiten *Wort* ↑ 932, *Wortgruppe* ↑ 139, *Satzglied* ↑ 128–132, *Satz* ↑ 42–47, *Text* ↑ 43.

Das Verhältnis von Form und Bedeutung sprachlicher Mittel

Zwischen der Form und der Bedeutung sprachlicher Zeichen besteht **21** keine 1:1-Entsprechung. Das heißt zunächst: Bestimmte Lautkomplexe können nicht nur einen Bewußtseinsinhalt ausdrücken, sondern mehrere verschiedenartige Bewußtseinsinhalte. So kann z. B. /er/ bedeuten:

- Personalpronomen der 3. Person Singular Nominativ Maskulinum für einen aus Situation oder Textzusammenhang heraus bekannten Gegenstand. In diesem Fall ist /er/ ein Basismorphem.
- die Kennzeichnung von Personen nach ihrem Wohnsitz oder ihrer Herkunft, vgl. *Berliner, Leipziger, Schweizer, Thüringer.* In diesem Falle ist /er/ ein Wortbildungsmorphem.
- die Kennzeichnung von Personen nach ihrer (beruflichen) Tätigkeit, vgl. *Läufer, Lehrer, Kabelwerker, Schlosser.* In diesem Falle ist /er/ ebenfalls Wortbildungsmorphem.
- die Kennzeichnung einer Mehrzahl von Personen oder Gegenständen, vgl. *Bilder, Eier, Kinder, Weiber.* In diesem Falle ist /er/ ein Flexionsmorphem zur Pluralbildung.
- die Kennzeichnung des höheren Grades einer Eigenschaft bei untereinander verglichenen Erscheinungen, vgl. *breiter, kleiner, schmaler, vornehmer (als etwas sein).* In diesem Falle ist /er/ ein Flexionsmorphem zur Bildung des Komparativs (der 1. Steigerungsstufe).
- die Anpassung des Adjektivs an bestimmte Formen eines folgenden Substantivs (starke Deklination), vgl. *ein großer Erfolg, ein schmaler Steg, das Ergebnis großer Anstrengungen.* Auch hier handelt es sich um ein Flexionsmorphem.

Die lautliche Übereinstimmung dieser verschiedenen Morpheme ist das Ergebnis eines langen historischen Entwicklungsprozesses, d. h., ursprünglich hatten diese Morpheme teilweise unterschiedliche Lautformen. Diese formale Übereinstimmung verschiedener Sprachzeichen (Morpheme oder Wörter) wird *Homonymie* genannt. Die verschiedenen /er/ in den sechs Gruppen heißen *homonyme* Morpheme. Der *Ball* als Spielzeug und der *Ball* als festliche Abendveranstaltung können als homonyme Substantive – kurz *Homonyme* genannt – gelten.

Andererseits können verschiedene Lautformen zum Ausdruck des glei- **22** chen Bewußtseinsinhalts genutzt werden, z. B. zum Ausdruck des *Plurals* (der Mehrzahl) von Personen und Gegenständen:

–er: Bild*er,* Feld*er,* Geld*er,* Rind*er*
–e: Bein*e,* Berg*e,* Tuch*e,* Wort*e*
–(e)n: Frau*en,* Nachricht*en,* Straß*en*
–s: Auto*s,* Medaillon*s*
der Umlaut: Tochter – Töchter, Nagel – Nägel
das sogenannte Nullmorphem (in Verbindung mit dem Artikel):
(die) Fenster, Schlüssel, Meister, Meißel.

Diese verschiedenen Lautformen zum Ausdruck der gleichen Bedeutung heißen *Allomorphe* (kombinatorische Varianten eines Morphems).

23 Sprachliche Mittel unterschiedlicher Form, aber mit gleicher oder ähnlicher Bedeutung, die in verschiedenen oder allen sprachlichen Kontexten untereinander ausgetauscht werden können, heißen *Synonyme*, z. B.

> Ehemann / Mann / Ehegatte / Gatte / Gemahl / der Vermählte / Verheiratete (vgl. Görner/Kempcke, Synonymwörterbuch).

Je nachdem, ob die Synonyme dem Wortschatz oder der Grammatik angehören, unterscheidet man lexikalische und grammatische (und innerhalb dieser morphologische und syntaktische) Synonyme, außerdem Wortbildungssynonyme und lexikalisch-grammatische Synonyme (bei diesen werden in bedeutungsverwandten Konstruktionen unterschiedliche Wörter und grammatische Mittel kombiniert). Synonyme müssen auch jeweils der gleichen Wortart angehören. Allerdings sind bedeutungsgleiche Sememe (↑ 24) selten und existieren nur vorübergehend, z. B.

> Adresse / Anschrift, historisch / geschichtlich, einführen / importieren.

Häufiger sind Synonyme mit stilistisch wirksamen Bedeutungsunterschieden, z. B.

> Roß / Pferd / Mähre / Gaul;   bekommen / erhalten / kriegen.

Auch bei grammatischen Synonymen, z. B. Präteritum, Perfekt und historisches Präsens zur Darstellung vergangenen Geschehens, handelt es sich um Bedeutungsähnlichkeit.

24 Kann man zwischen verschiedenen Bedeutungen eines Sprachzeichens, die man in unterschiedlichen Redezusammenhängen feststellt, noch einen wesentlichen inhaltlichen Zusammenhang, eine Gemeinsamkeit erkennen, dann spricht man von Polysemie (Mehrdeutigkeit), z. B. bei dem Wort

> *Glas:* 1. „durchsichtiger, spröder, leicht zerbrechlicher Werkstoff"
> 2. „Gefäß aus dem unter 1. genannten Werkstoff"
> 3. „Maßeinheit für Flüssigkeiten, die in einem solchen Gefäß enthalten sind"
> 4. „optisches Gerät zur künstlichen Vergrößerung der Sehkraft aus dem unter 1. erwähnten Werkstoff" (vgl. WDG, S. 1597).

Während es sich bei der Homonymie um zwei oder mehrere verschiedene Sprachzeichen mit gleicher Lautform handelt, besteht Polysemie grundsätzlich bei ein und demselben Sprachzeichen, das zwei oder mehrere untereinander zusammenhängende *Sememe* (Bedeutungsvarianten) besitzt. Da sich die Sprache ständig entwickelt, sind allerdings die

Grenzen zwischen Polysemie und Homonymie fließend; eine eindeutige Abgrenzung ist nicht immer möglich.

Homonymie, Polysemie, Synonymie, Varianz und Invarianz sind cha- **25** rakteristische Merkmale aller natürlichen Sprachen.

Die Bedeutung eines Wortes oder eines Morphems kann in der Regel **26** weiter in noch kleinere inhaltliche Bestandteile zerlegt werden, die man *Seme* (Bedeutungselemente) nennt, vgl.

>   *Frau* = „(1) erwachsenes (2) weibliches (3) menschliches (4) Lebewesen".

Das hier ausgewählte Semem von *Frau*, das man bei isolierter Nennung des Wortes als das gesellschaftlich bedeutsamste erwartet und versteht und das man deshalb auch *Hauptbedeutung* nennt, enthält also vier Seme (Bedeutungselemente). In ähnlicher Weise können auch andere Sememe von *Frau*, sog. *Nebenbedeutungen*, die grundsätzlich durch bestimmte Kontextelemente determiniert werden, in Seme zerlegt werden, z. B. „Ehefrau" *(die Frau meines Bruders)* oder „Anrede einer erwachsenen Person weiblichen Geschlechts" *(Frau Professor; Ihre Frau Mutter)*. Dabei wird man feststellen, daß einige Seme bei allen Sememen dieses Wortes auftreten (↑ 24). Die Bedeutung eines Wortes im Rede- oder Situationszusammenhang wird *aktuelle Bedeutung* genannt (vgl. SCHMIDT, Bedeutung, S. 22). Die Gesamtheit aller Sememe, die ein Wort in sich vereinigt und die im Wörterbuch angegeben werden, wird als potentielle Bedeutung oder Systembedeutung zusammengefaßt. Die Beziehungen, die zwischen den Sememen und den Semen eines Sprachzeichens bestehen, bilden seine *Bedeutungsstruktur*.

Jeder Sprecher oder Schreiber wählt und kombiniert die Sprachzeichen, **27** um unter Beachtung aller Bedingungen einer kommunikativen Situation (↑ 4) eine bestimmte Kommunikationsaufgabe zu erfüllen. Dabei orientiert er sich in wesentlichem Maße an der Bedeutung der Sprachzeichen. Die Wirkung seiner Rede, die er beabsichtigt und unter allen gegebenen Umständen in der Regel bei Hörern oder Lesern auch erzielt, nennen wir den kommunikativen *Effekt* oder die kommunikative *Funktion* der Sprache.

Differenzierung und Normierung der Sprache

Die Erscheinungsformen der Sprache

Die Standardsprache

28 Jede natürliche Sprache dient zwar der ganzen Gesellschaft als wichtigstes Verständigungsmittel, aber die vielfältige Differenzierung der Angehörigen einer Sprachgemeinschaft, ihre Zugehörigkeit zu unterschiedlichen sozialen Schichten und Gruppen sowie die Verwendungsweise der sprachlichen Mittel in unterschiedlichen Tätigkeitsbereichen bleiben nicht ohne Einfluß auf das Sprachsystem als Ganzes. Die Sprache ist deshalb niemals völlig einheitlich, denn neben gesellschaftlichen und historischen Kräften, die die Einheit und die Vereinheitlichung der Sprache fördern, wirken auch andere, die ihre Verschiedenheiten hervorrufen. In der Sprachwissenschaft werden dementsprechend gesellschaftliche Varianten, Sprachschichten und Funktional- oder Bereichsstile unterschieden. In der Gegenwart differenziert man zwischen drei Erscheinungsformen der Sprache, der Standardsprache bzw. Literatursprache (Hoch- und Schriftsprache), Umgangssprache sowie den Mundarten und Dialekten.

29 Unter S t a n d a r d s p r a c h e wird die im gesamten Sprachgebiet gültige, allgemeinverständliche und durch genaue Festlegungen geregelte (kodifizierte) Erscheinungsform der Sprache verstanden. Die Standardsprache zeichnet sich durch allgemeine Verwendungsfähigkeit und stilistische Differenziertheit aus; mit ihrer Hilfe ist der Sprecher in der Lage, alle Gedanken sprachlich adäquat auszudrücken. Innerhalb der Standardsprache kann noch zwischen der Hochsprache als der gesprochenen und der Schriftsprache als der für den schriftlichen Gebrauch bestimmten Variante unterschieden werden. Normen der Aussprache und der Schreibung werden unter den Bezeichnungen Standardaussprache, Orthophonie (Hoch- oder Rechtlautung) und Orthographie (Rechtschreibung) zusammengefaßt. Die mundartfreie, von der Umgangssprache deutlich abgehobene Standardaussprache gewinnt immer mehr Bedeutung. Der Kommunikationsprozeß verlangt in zunehmendem Maße, daß die Standardsprache von allen Angehörigen einer Kommunikationsgemeinschaft verstanden wird und zumindest im offiziellen Sprachgebrauch von jedermann angewendet werden kann.

Mundart und Dialekt

Der Standardsprache steht die auf wenige, oft nur einzelne Ortschaften **30** beschränkte, landschaftlich gebundene Form der gesprochenen Sprache gegenüber, die teilweise sowohl als M u n d a r t wie auch als D i a l e k t bezeichnet wird. Die von anderen vorgenommene begriffliche Unterscheidung zwischen Ortsmundarten und dem Dialekt als die „sprachwissenschaftliche Abstraktion der sprachlichen Gemeinsamkeiten einer Mundartgruppe" (Schmidt, Sprachkunde, S. 29) spielt heute nur noch für die Darstellung vergangener Entwicklungsepochen unserer Sprache eine Rolle. Dialekte und Mundarten gehören zur älteren Grundschicht der Sprache, und auf ihrer Grundlage haben sich Standard- und Umgangssprache herausgebildet. Insbesondere durch wachsenden Verkehr und zunehmende Mobilität der Bevölkerung sind heute Unterschiede zwischen benachbarten Ortsmundarten in vielen Fällen so weit ausgeglichen worden, daß jetzt nur noch von regionalen Mundarten, z. B. der niederdeutschen Mundart, der erzgebirgischen Mundart, der Mundart der Altmark, gesprochen wird.

Dennoch sind Mundarten ein räumlich und oft auch sozial stark ein- **31** geschränktes Verständigungsmittel geblieben. Sie sind für außerhalb einer Gruppe von Mundartsprechern stehende Angehörige einer gesamtstaatlichen Kommunikationsgemeinschaft meist schwer verständlich. Die meisten Mundarten haben auch keine geschriebene Ausdrucksform entwickelt. Als Ausnahmen werden besonders das niederdeutsche „Platt" (F. Reuter, J. Brinckmann) und das Alemannische (J. P. Hebel) genannt. Von der Standardsprache unterscheiden sich Mundarten durch bestimmte Wortschatzelemente, eine stark vereinfachte Flexion, Besonderheiten des Satzbaus und vor allem in der Lautung (Phonetik):

Bein ist bairisch *Boen*, wienerisch *Ban*, sächsisch *Been*, schwäbisch *Bä-in*.

Gegenwärtig sind die Mundarten in einem ständigen Rückgang begriffen; überwiegend finden sie sich noch auf dem Land sowie in bestimmten Sprachlandschaften (z. B. in Bayern).

Die Umgangssprache

Sprachschichten, die einen weiteren Geltungsbereich als Mundarten und **32** einen geringeren oder den gleichen Geltungsbereich wie die Standardsprache besitzen und die sich als Ausgleichsprodukt von Mundart und Standardsprache herausgebildet haben, werden als Erscheinungsform der U m g a n g s s p r a c h e zusammengefaßt. Sie ist durch eine große Vielfalt von Varianten gekennzeichnet und tritt in verschiedenen Abstufungen (Sprachschichten) auf. So kann man eine gehobene oder

hochsprachenahe Umgangssprache, die durch weitgehende Annäherung an die Standardsprache gekennzeichnet ist, einerseits von einer landschaftlichen oder mundartnahen, andererseits von einer lässigeren, sehr verschliffenen, wenig kultivierten niederen Umgangssprache unterscheiden.
Großräumige regionale Umgangssprachen dominieren derzeit in der mündlichen Kommunikation, ausgenommen Fernsehen und Rundfunk. Zwischen Umgangssprache und Standardsprache (Literatursprache) läßt sich ein Prozeß der gegenseitigen Annäherung und des wechselseitigen Austauschs von Sprachmitteln beobachten.

33 In der Alltagsrede bilden sich situativ bedingte, zuweilen lokal und sozial gefärbte Varianten der Umgangssprache heraus. Sie brechen durch, wenn z. B. in der ungezwungenen Unterhaltung und im vertraulichen Gespräch eine entspannte und aufgelockerte Sprechhaltung vorherrscht.
Teilweise haben wir es also bei der Umgangssprache mit regional verbreiteten Varianten zu tun, die sich deutlich von der Hochlautung abheben, so z. B. die landschaftlich verschiedene Färbung des Vokals *a* oder der Diphthonge *ei* und *au* im obersächsischen und niederdeutschen Sprachgebiet. Es gibt demnach beispielsweise eine bayrische, obersächsische, schwäbische, Berliner, Kölner Ausformung (Artikulationsbasis), die als landschaftlich gefärbte Umgangssprache bezeichnet werden kann.

34 Die landschaftlichen Unterschiede betreffen nicht nur die Aussprache. Zum Beispiel bevorzugt der Sprecher im Norden das Diminutivsuffix *-chen* (↑ 989), der im Süden *-lein* (↑ 998). Hinsichtlich der Aussprache erhalten sich beim Schwaben und Sachsen, auch wenn er um Hochlautung bemüht ist, besonders lange die Entrundung von *ö* zu *e*, von *ü* zu *i*. Unabhängig von der landschaftlich bedingten Färbung sind für die heutige Umgangssprache der mittleren, durchschnittlichen Ausformung folgende Tendenzen charakteristisch:
weitgehender Abbau des /ə/ in den unbetonten Silben, auch nach den Nasallauten, und Assimilation an den vorhergehenden Laut mit gegebenenfalls eintretendem Lautwegfall, so daß folgende Formen entstehen:

> *hām* (haben), *lēn* (legen), *nēm* (nehmen)

Ausfall von Verschlußlauten:

> *gesagt* wird zu *gesat*, *Pferd* zu *Ferd*

Kulturvoller Sprachgebrauch meidet solche Nachlässigkeiten und bemüht sich um deutliche Aussprache (vgl. Kapitel Aussprache und Wortbetonung).

Sondersprachen

Im Zusammenhang mit den Existenzformen der Sprache müssen auch **35** die sog. Sondersprachen berücksichtigt werden. Unter dieser Bezeichnung werden Berufs- und Fachsprachen sowie Gruppensprachen einschließlich Jargons zusammengefaßt. Da es sich hierbei fast ausschließlich um Besonderheiten des Wortschatzes handelt, die sich in bestimmten gesellschaftlichen Gruppen von Menschen herausgebildet haben und innerhalb solcher Gruppen gebraucht und überliefert werden, aber grammatische Eigenheiten nicht oder kaum festzustellen sind, kann von selbständigen „Sprachen" keine Rede sein.

Die Fachsprache ist ein Mittel optimaler Verständigung über ein **36** bestimmtes Fachgebiet (z. B. Wissenschaft, Technik) zwischen Kommunikationspartnern, die durch Beruf, Bildung, gesellschaftliche oder persönliche Interessen mit diesem Fachgebiet eng verbunden sind. Mit Hilfe der Fachsprachen ist die exakte, eindeutige, differenzierte und rationelle Darstellung von Sachverhalten aus einem solchen Fachgebiet gewährleistet. Sie ist durch einen speziellen Fachwortschatz und Besonderheiten in der Verwendung von Elementen des Wortschatzes und der Grammatik der Sprache charakterisiert. Die wissenschaftlich-technische Entwicklung fördert die Verbreitung der Fachwörter in der Standard- und Umgangssprache.

Von einer Gruppensprache oder einem Gruppenwortschatz kann **37** man sprechen, wenn sich Vertreter sozialer Gruppen in besonderen Situationen von anderen Angehörigen der staatlichen Kommunikationsgemeinschaft durch eine eigenständige Ausdrucksweise abheben und bewußt oder unbewußt ihre Zugehörigkeit zu dieser Gruppe zum Ausdruck bringen. Bekannt geworden sind in dieser Hinsicht die Gruppensprachen der Jäger, Soldaten, Jugendlichen und Sportler. So spricht der Jäger nicht allgemein von Beinen und Füßen des jagdbaren Getiers, sondern je nach der Tierart von *Läufen, Hammen, Tatzen, Pranken, Klauen* und – bei jagdbaren Vögeln – von *Ständern, Rudern, Latschen, Tritten, Fängen* und *Griffen*. Die Ohren nennt er *Löffel, Lauscher, Schüsseln* oder *Behang*. Steht die Tarnfunktion, die Absicht der Absonderung von anderen Sprachteilhabern, im Vordergrund, dann nennt man einen solchen Gruppenwortschatz auch Jargon.

Funktionale Stiltypen, Stilebenen und Stilfärbungen

38 Die bevorzugte Verwendung und Spezialisierung sprachlicher Mittel, insbesondere variabler und synonymischer Ausdrucksmöglichkeiten (↑ 23), in verschiedenen gesellschaftlichen Tätigkeitsbereichen führt zur Herausbildung spezifischer **funktionaler Stiltypen**, auch Bereichs- oder Funktionalstile genannt. Darunter werden „komplexe Muster (Typen) der Sprachverwendung" verstanden, die von wesentlichen gemeinsamen Eigenschaften verwandter Kommunikationssituationen und der Kommunikationsaufgabe bestimmt werden (FLEISCHER/MICHEL, Stilistik, S. 243). Die Untersuchung und Beschreibung funktionaler Stiltypen sowie ihre Klassifikation und Abgrenzung sind Aufgabe der Stilistik, die sich systematisch mit der zweckorientierten, gesellschaftlich determinierten, bewußten und automatisierten Nutzung sprachlicher Ausdrucksmittel in der gesamten Kommunikationspraxis beschäftigt. Entsprechend einer Grobgliederung von E. RIESEL wird gegenwärtig meist in die funktionalen Stiltypen der Alltagsrede, der schönen Literatur (Belletristik), der Wissenschaft, des öffentlichen Lebens (Amtsverkehrs), der Presse und Publizistik eingeteilt (RIESEL/ SCHENDELS, Stilistik, S. 19). Die drei zuletzt genannten Stiltypen werden auch als Stil der Sachprosa zusammengefaßt (vgl. FLEISCHER/ MICHEL, Stilistik, S. 253 ff.). Jeder funktionale Stiltyp kann in verschiedene Gattungs- und Genrestile untergliedert werden. Auch eine Differenzierung der Sprachmittel entsprechend ihrer Verwendung bei der Realisierung verschiedener Kommunikationsverfahren, z. B. Berichten, Beschreiben, Erzählen, Erörtern, Argumentieren, Anweisen, Bitten, Empfehlen, Beurteilen, ist festzustellen.

39 Wenn sprachliche Mittel nach ihrem Verhältnis zur kodifizierten Norm der Standardsprache und nach ihrem bevorzugten Verwendungsbereich gekennzeichnet werden, spricht man von ihrer S t i l e b e n e. Sowohl Sememe als auch konkurrierende syntaktische Konstruktionen lassen sich unterschiedlichen Stilebenen zuordnen. Von mehreren Einteilungsversuchen, die untereinander differieren, stellen wir hier denjenigen aus dem „Handwörterbuch der deutschen Gegenwartssprache" (Berlin 1984) vor (↑ S. 27).
Wie die Übersicht zeigt, lassen sich kaum für a l l e Stilebenen Varianten in einer Spalte ermitteln. Nur selten sind Wörter und Wendungen auf die gehobene Stilebene beschränkt, und die Popularisierung derben Wortguts wird in Wörterbüchern aus pädagogischen Gründen verständlicherweise eingeschränkt. Auf Grund der Kommunikationserfahrungen und des Sprachgefühls des einzelnen schwankt die Zuordnung vieler sprachlicher Ausdrücke zu den einzelnen Stilebenen.
Durch zusätzliche Kennzeichnung einzelner Wörter und Wendungen nach speziellen S t i l f ä r b u n g e n (z. B. *altertümelnd, abwertend, scherzhaft,*

gehoben	erbleichen ableben entschlafen	Fittich Schwinge	des Vaters Hut
neutral	sterben	Flügel	der Hut des Vaters
umgangssprachl.	dran glauben müssen		Vaters Hut / der Hut von (vom) Vater
salopp	abkratzen	–	dem Vater sein Hut
derb	krepieren verrecken	–	–

spöttisch, verhüllend, übertrieben) wird die Darstellung des Wortschatzes im Wörterbuch weiter präzisiert und verfeinert.

Die wirkungsvolle Verwendung der Sprache setzt u. a. voraus,   **40**

– daß der Sprachteilhaber sich seine Kommunikationsaufgabe deutlich bewußtmacht und die Kommunikationssituation richtig analysiert,

– daß er über einen umfangreichen individuellen Sprachschatz verfügt, die gültige Differenzierung der sprachlichen Mittel kennt und es versteht, diese Mittel richtig, sachgerecht und situationsangemessen einzusetzen,

– daß stets beachtet wird, daß sich im Laufe der gesellschaftlichen Entwicklung Veränderungen im Gefüge der Erscheinungsformen der Sprache und der funktionalen Stiltypen vollziehen,

– daß die Wechselbeziehungen zwischen Sprachentwicklung und Sprachgebrauch sowie zwischen Bedeutungsmerkmalen und den spezifischen Verwendungsweisen sprachlicher Mittel den Sprachteilhabern weitgehend bekannt sind,

– daß diese gründliche Kenntnisse und Erkenntnisse über das Sprachsystem, die Gesetzmäßigkeiten der Sprachgestaltungs- und Sprachrezeptionsprozesse und die Kriterien der Sprachwirkung erwerben und besitzen,

– daß das kommunikative Verhalten aller Sprachteilhaber von der Achtung des Kommunikationspartners geprägt wird.

Hieraus erwachsen der Sprachwissenschaft, speziell der Stilistik, der Soziolinguistik und der Sprachwirkungsforschung, vielfältige Aufgaben bei der wissenschaftlichen Grundlegung der sprachlichen Bildung. Damit wird zugleich deutlich, daß die Grammatikbeschreibung nur einen begrenzten Beitrag zur Spracherziehung und ihrer Grundlegung zu leisten vermag.

Die Syntax (Der Bau des Satzes)

41 Lebendiges Sprechen vollzieht sich unter den Bedingungen einer Redesituation, in der ein Mensch zu einer sprachlichen Äußerung veranlaßt wird:

> An einer Straßenbahnhaltestelle warten Menschen. Beim Nahen der Bahn können die Wartenden sagen: „Die Bahn kommt!" – „Da kommt sie." – „Die Bahn! Na endlich!"

Geschriebene Sprache muß demgegenüber so gestaltet werden, daß sie auch unabhängig von den konkreten Situationsbedingungen eindeutig verstanden wird.

Jede sprachliche Äußerung kommt dadurch zustande, daß sprachliche Zeichen, die im Gehirn der Menschen permanent gespeichert sind, entsprechend der Mitteilungsabsicht nach Regeln und Mustern miteinander verknüpft werden. Die Zeichenkombination ist Gegenstand der Syntax. Die Syntax beschäftigt sich also mit den Gesetzmäßigkeiten, Regeln und Mustern, nach denen einzelne Sprachzeichen kombiniert werden, und mit den Zeichenverbindungen selbst.

Das Wesen des Satzes

42 1. Es gibt gegenwärtig weit über dreihundert Definitionen des Begriffs Satz. „Wie auch immer man den Satz definiert, fest steht, daß er ein Äußerungstyp ist. Er ist eine Einheit der Kommunikation, die Sachverhalte oder Komplexe von Sachverhalten als von anderen abgehoben darstellt und ihnen in dieser Darstellung eine bestimmte Intention im Hinblick auf die innere oder äußere Reaktion des Hörers beilegt, auf sein Verhalten in oder seine Einstellung zu der objektiven oder subjektiven Situation in der Gesellschaft, in der oder über die die Kommunikation stattfindet" (NEUMANN, Zeichen, S. 20). Wesentlich sind folgende Merkmale des Satzes, die sich zum Teil wechselseitig bedingen:

43 a) Der Satz ist die kleinste relativ selbständige Einheit der Rede. Er vermag allein die Kommunikationsabsicht eines Sprechers zu verwirklichen und beim Partner eine kommunikative Wirkung auszulösen, tritt aber oft innerhalb eines größeren Gedanken- und Redezusammenhangs auf, den man als *Text* bezeichnet. „Unter Text, genauer: einem Textvorkommen, wird ein sprachlicher Zeichenkomplex verstanden, der wenigstens die folgenden Merkmale aufweist: Eine nach den Regeln der Grammatik gebildete, vom Erzeuger (auch von mehreren) als inhaltlich abgeschlossen beabsichtigte, kontinuierliche, endliche, integrierte, geordnete Folge von Sätzen ..., die zusammen die lineare Abwicklung der Entfaltung eines Themas aus seinem thematischen Kern ergeben" (AGRICOLA, Text, S. 13). Jeder Text ist also eine sinnvoll und zweckentsprechend geordnete Folge von Sätzen mit einem gemeinsamen Thema, die zusammenhängende Darstellung eines im Bewußtsein widergespiegelten Wirklichkeitsausschnitts. Die Sätze werden innerhalb des Textes durch Mittel der Satz- und Textverflechtung zueinander in Beziehung gesetzt, die im folgenden Beispieltext hervorgehoben sind:

> Fast zwei Monate lang hing ein Gemälde des französischen Meisters Henri Matisse verkehrt herum im New-Yorker Museum für moderne Kunst. Keiner der 150 000 Besucher merkte *es*. *Sogar* dem Sohn des *Malers*, der die *Ausstellung* besuchte, fiel der *Irrtum* nicht auf. *Erst* ein blinder Mann, der sich *das Gemälde* mit dem Katalog vergleichen ließ, stellte fest, daß *das Bild auf dem Kopf* stand.

Die Einheit eines Satzes wird dadurch nachweisbar, daß er als Ganzes durch ein Wort vertreten werden kann, z. B. der erste Satz vorstehenden Textes durch das Pronomen *es* im zweiten und das Substantiv *Irrtum* im dritten Satz. Ein weiterer Beweis für die Einheit des Satzes ist es, daß eine bestimmte Bedeutungsvariante eines polysemen Wortes erst innerhalb eines Satzes eindeutig realisiert wird (↑ 24):

> Hans *tauchte unter*. / Hans *tauchte* ihn *unter*. Er *zerbrach* den Stab. / Er *zerbrach* an den Sorgen. Er *schlug* mit der Faust auf den Tisch. / Er *schlug* den Bauern. / Er *schlug* alle Ermahnungen in den Wind.

b) Der Satz ist eine durch Atemdruck bewirkte, durch eine bestimmte **44** Stimmführung zusammengehaltene Klangeinheit, die durch Pausen in verschieden lange Sprechtakte gegliedert wird:

> In meiner Heimat / gingen am Andreastage, / dem 30. November, / die Ruprechte von Haus zu Haus (STRITTMATTER).

In geschriebener Sprache signalisieren die Satzschlußzeichen (Punkt, Fragezeichen, Ausrufezeichen) den Abschluß des Satzes.

c) Der Satz ist eine meist durch das Verb gegründete, grammatisch ge- **45** gliederte Einheit (↑ 286 ff.). Er folgt dabei, seiner kommunikativen Aufgabe entsprechend, einem der Strukturtypen (↑ 48).

2. In Zweifelsfällen empfiehlt sich die Unterscheidung zwischen Ganz- **46** sätzen und Teilsätzen. Jeder *Ganzsatz* ist durch seine inhaltliche und

formale Abgeschlossenheit gekennzeichnet. „Als Ganzsatz können ein selbständiger Satz, eine Satzverbindung und ein Satzgefüge auftreten" (ADMONI, Sprachbau, S. 246). *Teilsätze* sind Bestandteile von zusammengesetzten Sätzen (Satzverbindung, Satzgefüge), die jeweils durch eine Verbform charakterisiert sind (Hauptsatz, Nebensatz, Parenthese).

47 3. Der kürzeste vollständige Satz besteht aus dem Imperativ:

> Kommt! Sprich! Fang an!

Als Subjekt gelten hier die zum Handeln aufgeforderten Partner des Sprechers, auf die sich der Singular oder Plural des Imperativs bezieht. Auch Einzelwörter und Wortgruppen können in bestimmten Situationen und Textzusammenhängen Satzcharakter haben:

> Ausgezeichnet! Fertig? Guten Abend! Vorsicht, Stufe! Rauchen verboten!

Die Einteilung der Sätze

Die Strukturtypen

48 Nach der Stellung der Personalform des Verbs unterscheidet man drei verschiedene S t r u k t u r t y p e n oder Satzbaupläne.

– Im 1. Strukturtyp (Kernsatz) steht die Personalform an zweiter Stelle, d. h. hinter dem ersten Satzsegment. Man spricht von Achsen- oder Zweitstellung der finiten Verbform:

> Wir *reisen* morgen. Um wieviel Uhr *fährt* unser Zug? Wir *werden* sehr zeitig aufstehen müssen.

– Im 2. Strukturtyp (Stirnsatz) steht die Verbform am Satzanfang:

> *Steh* morgen beizeiten auf! *Werden* wir es auch nicht verschlafen?

– Im 3. Strukturtyp (Spannsatz) steht die Verbform am Ende des (Teil-) Satzes. Dies ist vor allem die Form des eingeleiteten Nebensatzes:

> Da wir Mittwoch mittag in Berlin erwartet *werden*, ... Die Reise, die wir morgen *antreten*, ... Wo wir umsteigen *müssen*, ...

Den 3. Strukturtyp finden wir aber auch bei selbständigen Sätzen:

> Wie schön der Friede *ist*! Ob das wohl Zweck *hat*? Daß ja kein Mensch etwas davon *erfährt*! Wozu mir Schildkröten *verhalfen* (STRITTMATTER)

Die Satzarten

Nach der kommunikativen Absicht des Sprechers und regelhaften sprachlichen Ausdrucksmitteln (Wortwahl, Satzintonation, Verbstellung) unterscheidet man die Satzarten Aussagesätze, Aufforderungssätze und Fragesätze.

1. Im Aussagesatz wird ein Sachverhalt mitgeteilt. Der Aussagesatz **49** ist formal durch Achsenstellung der finiten Verbform und terminale Satzmelodie (Tiefschluß ↑ 354) charakterisiert:

> Wir *grüßen* die jungen Gäste. Die besten Rezepte *stehen* in keinem Backbuch (JOHANNSEN). Ohne deine Hilfe *hätte* ich es nicht geschafft.

2. Der Aufforderungssatz soll die Angesprochenen zu einer Tätig- **50** keit oder einem Verhalten veranlassen. In ihm verlangt man etwas: in der milderen Form als Wunsch, d. h. ohne grundsätzliche Einflußnahme auf den Vollzug, in der strengeren als Befehl, Weisung, Appell, Forderung, d. h. mit Einflußnahme auf den Vollzug. Hierfür stehen zahlreiche Ausdrucksmöglichkeiten zur Verfügung; eine der wichtigsten ist der Imperativ (↑ 519 f.):

> Helft Unfälle verhüten! Fangt endlich an! Du sollst nicht planlos arbeiten! Zutritt verboten! Zurücktreten! Ruhe! Aufgepaßt! Dieses Buch sollten Sie unbedingt lesen! Wenn doch morgen die Sonne schiene!

3. Der Fragesatz dient zur Ermittlung des dem Sprecher Unbekann- **51** ten. Der Fragesatz ist auf ergänzende Auskunft oder Entscheidung gerichtet. In der Ergänzungsfrage steht das Fragewort, das mit w beginnt und nach Person, Sache, Merkmal oder Umstand fragt, in der Regel am Satzanfang oder innerhalb des ersten Satzgliedes.
Bei der Entscheidungsfrage steht die Personalform des Verbs am Satzanfang oder – seltener – am Satzende. Als Antwort wird ein entsprechender Aussagesatz oder ein Satzäquivalent, z. B. *ja* oder *nein*, erwartet (↑ 925). Die Vergewisserungs- oder Bestätigungsfrage zeigt Achsenstellung der Personalform des Verbs und fordert vom Gefragten Zustimmung oder Ablehnung. Entscheidungs- und Vergewisserungsfrage werden mit Fragemelodie (↑ 357 f.) gesprochen. Bei der Ergänzungsfrage hat der Fragende die Wahl zwischen terminaler und interrogativer Satzmelodie; terminale Satzmelodie herrscht vor.

a) Ergänzungsfragen:

> Wer kommt mit? Wo willst du hin? Worauf wartest du? Wie geht es dir?

b) Entscheidungsfragen:

> Kennen Sie die Betriebsordnung nicht? Kommst du mit? Ob er den Zug noch erreicht hat?

c) Vergewisserungsfragen:

> Sie haben sich also, Wallau, mit Fluchtplänen getragen, seit Sie der besonderen Arbeitskolonne zugeteilt wurden (SEGHERS)? Sie kommen doch wieder?

Die rhetorische Frage ist keine echte Frage. Sie verlangt keine Antwort, sondern enthält häufig die Antwort in sich. Die verneinte Form meint, daß es so ist, die bejahte oft, daß es nicht so ist, wie der Sprechende formuliert:

> Habe ich dich nicht gewarnt? (Ich habe dich gewarnt.)
> Willst du, daß ich Lärm schlage? (Das willst du sicher nicht.)

52 Alle Satzarten verteilen sich vorwiegend auf zwei Strukturtypen: Sie sind Kern- oder Stirnsätze. Die Satzmelodie oder die Interpunktion kennzeichnet Aussage, Aufforderung oder Frage:

> Sie kommen doch wieder. Sie kommen doch wieder! Sie kommen doch wieder? Bleibst du hier! Bleibst du hier?

53 Der Ausrufesatz zählt nicht zu den Satzarten im eigentlichen Sinne. Es ist ein Aussage-, Aufforderungs- oder Fragesatz mit starker emotionaler Färbung. Er hat keine speziellen Formen herausgebildet. Alle drei Strukturtypen sind möglich:

> Wir *trainieren* täglich 5 Stunden für den Wettkampf! *Ist* das Wetter schön! Wie mich das *freut*!

Zu den Ausrufesätzen gehören auch viele Interjektionen mit Satzwert und von Empfindungen gelenkte Wörter anderer Wortarten (↑ 925–931).

> Au! O weh! Juchhe! Alle Achtung! Potz Blitz! Donnerwetter!

Die Satzmodelle

54 Nach der Form des Prädikats unterscheidet man

1. Handlungssätze mit transitiven (zielenden) Verben:

> Die Eltern *erziehen* ihre Kinder. Der Lehrer *unterrichtet* die Schüler. Der Künstler *malt* ein Porträt.

2. Vorgangssätze mit intransitiven (nichtzielenden) Verben oder mit dem Passiv:

> Wir *danken* den Eltern. Das Leben *geht weiter.* Am Totensonntag *gedenken* die Menschen der Verstorbenen.

3. Zustands-, Vorgangs- und Tätigkeitssätze mit umstandsgebundenen intransitiven Verben (↑ 371):

> Dresden *liegt* an der Elbe. Die Sitzung *dauerte* bis Mitternacht. Die Schüler *verhalten* sich diszipliniert. Er *stieg* die Treppe hinauf.

4. Zustandssätze mit kopulativen Verben (↑ 371):

a) Adjektivsätze:

> Mein Freund *ist zuverlässig.* Der Gast *ist* uns *willkommen.* Der Vorfall *blieb ungeklärt.* Der Schachmeister *ist* dem Gegner *überlegen.*

b) Substantivsätze (Identifizierungs- und Klassifizierungssätze):

> Paris *ist die Hauptstadt* von Frankreich. Frankreich *ist ein* europäischer *Staat.* Mein Bruder *heißt Fritz.* Herr Schulz *bleibt* unser *Direktor.*

Die Satzformen

Nach der Komplexität unterscheiden wir einfache und zusammenge- **55** setzte Sätze. Zusammengesetzte Sätze sind entweder zusammengezogene Sätze oder Satzverbindungen oder Satzgefüge. Traditionell wird unter diesem Aspekt von verschiedenen Satzformen gesprochen.

1. Der einfache Satz besteht aus einer prädikativen Einheit auf der **56** Grundlage der Zuordnung von Subjekt und Prädikat(sverband):

> Die Fahnen flattern im Wind. Ihr seid herzlich eingeladen! Kommt bitte pünktlich! Könnt ihr bis zum Abend bleiben?

Der einfache Satz kann auf das durch die Valenz des Prädikatswortes geforderte Satzmodell beschränkt bleiben:

> Es schneit. Vater schläft. Der Springer schlägt den Bauern. Der Lehrer bewertet den Aufsatz als „gut". Er ist mit der Leistung zufrieden.

Das Satzmodell kann durch freie Angaben und Attribute erweitert sein:

> *Seit gestern* schneit es *ununterbrochen.* Vater schläft *seit einer Stunde ganz fest.* ... *am Abend* lag ein Hund hinter *unserer* Gartenpforte, *struppig, scharf und in jedem Dorf einen Ahnen* (KANT).

Situationsbedingt können Elemente des Satzminimums fehlen. In diesem Falle spricht man vom elliptischen Satz oder von der *Ellipse* (↑ 283):

> Der Nächste bitte! Glück gehabt. Einbrecher gefaßt (Schlagzeile)

2. Der zusammengesetzte Satz besteht aus mehreren prädikativen **57** Einheiten, zwischen denen syntaktische Beziehungen der Koordination (↑ 86 ff.) oder der Subordination (↑ 85) bestehen. Einfache zusammen-

gesetzte Sätze bestehen aus zwei prädikativen Einheiten, mehrfach zusammengesetzte Sätze aus drei und mehr prädikativen Einheiten.

58 a) Satzverbindungen kommen zustande, wenn zwei oder mehr einfache Sätze koordiniert werden:

> Schneebatzen fielen von den Bäumen, *und* der Wald reckte sich, alles
> war in Bewegung, *und* manche Schneebatzen hatten Taubengröße, *und*
> manche Schneebatzen hatten Storchengröße ... (STRITTMATTER)

Die Sätze können ohne sichtbare Verknüpfung nebeneinanderstehen;
in diesem Fall spricht man von *Asyndeton.* Die Stimme senkt sich erst
am Ende des letzten Satzes:

> Ich tue dies nicht, es ist schädlich. Durch das geöffnete Fenster der Ver-
> waltungsbaracke hörte er Hämmern und Rufen – die Bühne bekam den
> letzten Schliff für das Konzert am Nachmittag (KANT).

Die Sätze können auch durch koordinierende Konjunktionen (↑ 898)
verbunden sein, die den zweiten Satz einleiten:

> Er wollte das Kind an der Schulter herumdrehen, *aber* es schien sich da-
> gegenzustemmen (APITZ). Nur eine Hälfte der Erde kann jeweils von der
> Sonne beschienen werden; *denn* die Erde ist eine Kugel.

Manche Konjunktionen sind mehrteilig (↑ 905) und stehen dann vor
dem ersten und zweiten usw. Teilsatz:

> *Teils* schrieb er das Manuskript mit der Hand, *teils* diktierte er es in die
> Maschine ... *Entweder* hat er selbst Lunte gerochen, *oder* jemand hat ihm
> einen Floh ins Ohr gesetzt (SEGHERS).

Zur inhaltlich-semantischen Leistung der Konjunktionen ↑ 907 ff.

59 b) Wenn koordinierte Sätze ein gemeinsames Satzglied enthalten, handelt es sich um einen zusammengezogenen Satz:

> Er *liest* die „Buddenbrooks“, sein Bruder die „Blechtrommel“. *Er* hatte den
> Artikel gelesen und in der Besprechung darüber berichtet. Der Journalist
> stellt, der Minister beantwortet *die Frage.*

60 c) Im Satzgefüge besteht zwischen den prädikativen Einheiten das
Verhältnis der Subordination (↑ 85). Der Teilsatz, der keinerlei Merkmale formaler Abhängigkeit zeigt, heißt *Hauptsatz,* alle abhängigen
Sätze heißen *Nebensätze.* Die Unterscheidung von Hauptsatz und Nebensatz ist nur im Satzgefüge sinnvoll.

> Noch ehe die überraschten Häftlinge begriffen (Ns. I), was hier geschah
> (Ns. II), formierten sich vor den Blocks geschlossene Abteilungen (Hs.)
> (APITZ). Das Lied (Hs., 1. Teil), das aus der Kehle dringt (1. Ns. I), ist
> Lohn (Hs., 2. Teil), der reichlich lohnet (2. Ns. I).

Nach den Abhängigkeitsbeziehungen zwischen den Teilsätzen im Satz- **61**
gefüge werden Hauptsätze und Nebensätze unterschieden (↑ 60). Im
Gegensatz zum Hauptsatz ist der Nebensatz von einem anderen Teil-
satz (Haupt- oder Nebensatz) des Satzgefüges abhängig. Formales
Kennzeichen der häufigsten Form des Nebensatzes, des eingeleiteten
Nebensatzes, ist der 3. Strukturtyp (Spannsatz) (↑ 48) mit Einleitung
durch eine subordinierende Konjunktion, ein Relativpronomen, ein
Relativadverb oder ein Interrogativwort (Pronomen oder Adverb):

> Wir freuen uns, *daß* er Erfolg hatte. Das ist ein Buch, *das* du lesen mußt.
> Weißt du, *wer* das ist? Ich fragte, *wieviel* das Buch kostet.

Die Einteilung der Nebensätze

Ausdruck der Unterordnung der Nebensätze sind semantische und for- **62**
male Abhängigkeitsbeziehungen: Stellung und Form des Verbs, Ein-
leitewörter, die Satzintonation, Modus- und Pronominalverschiebung.
Man unterscheidet die Nebensätze nach

– der Form, d. h. nach der Art des Anschlusses an den übergeordneten
  Satz,
– ihrer Stellung im Verhältnis zum übergeordneten Satz,
– dem Grad der Abhängigkeit,
– ihrem strukturellen (und semantischen) Verhältnis zum übergeordneten Satz.

Form und Verknüpfung der Nebensätze

Nach der Art des Anschlusses oder der Verknüpfung mit dem überge- **63**
ordneten Satz sind *eingeleitete* und *uneingeleitete Nebensätze* zu unterscheiden.

1. Eingeleitete Nebensätze

Nach der Art des einleitenden Wortes wird zwischen Relativsätzen,
Nebensätzen mit Fragewort und Konjunktionalsätzen differenziert.

a) Die *Relativsätze* sind wahrscheinlich die ältesten Gliedsätze im Indo- **64**
europäischen. Sie werden entweder durch ein Relativpronomen oder
ein Relativadverb eingeleitet und sind stets Spannsätze. Relativsätze
sind überwiegend Attributsätze:

Einleitung durch ein Relativpronomen:

> Er sprach mit einer Begeisterung, *die alle anderen mitriß*. Die Schwester,
> *mit deren Ball er spielte*, trat eben aus dem Haus. Nur der verdient sich
> Freiheit wie das Leben, *der täglich sie erobern muß* (GOETHE).

Einleitung durch ein Adverb:

> Das Land, *wo (in dem) meine Wiege stand* ... Mir gefällt die Art, *wie (in der) er mit seinen Kollegen spricht.*

65 Bei Gliedsätzen kann die Beziehung zwischen Haupt- und Nebensatz durch ein dem Einleitewort entsprechendes Pronomen oder Adverb im Hauptsatz, ein Korrelat, besonders gekennzeichnet sein. Dieses Korrelat kann entbehrlich (fakultativ, [1]) oder obligatorisch [2] sein:

> [1] Subjektsätze: *Wer A sagt*, [der] muß auch B sagen. *Was darüber ist*, [das] ist von Übel. *Wer mit dem Leben spielt*, [der] kommt nie zurecht (GOETHE).
> Lokalsatz: *Wo ein Wille ist*, [da] ist ein Weg.
> [2] Objektsätze: *Wer einmal lügt*, dem glaubt man nicht. *Wen wir lieben*, dem wollen wir vertrauen.

Relativsätze können auch weiterführende Nebensätze sein, denen kein Satzglied oder Gliedteil im Hauptsatz entspricht:

> Das Lager der Verkaufsstelle war durch eine falsch gestartete Silvesterrakete in Brand geraten, *wobei erheblicher Sachschaden entstand.*

66 b) Der Nebensatz kann von einem Fragewort (Interrogativpronomen oder Interrogativadverb, in jedem Falle mit *w* beginnend) eingeleitet sein. Nebensätze mit einleitendem Fragewort hängen von einem Verb, einem Adjektiv oder einem Substantiv ab, dessen Wortbedeutung ein Wissen, eine Gewißheit, eine Unsicherheit oder ein Fragen ausdrückt:

> Er fragte (wußte [nicht], hatte erfahren), *wann sie ankommt.*

Mit einem Fragewort eingeleitete Nebensätze können Objekt-, Subjekt- oder Attributsätze sein:

> Objektsatz: Er fragte, *wer ich sei.*
> Subjektsatz: *Woher dieses Wort stammt*, läßt sich nicht feststellen.
> Attributsatz: Der Frage, *woher die kleinen Kinder kommen*, sollten Eltern nicht ausweichen.

67 c) *Konjunktionalsätze* werden von subordinierenden Konjunktionen eingeleitet. Diese weisen teilweise durch ihre Bedeutung auf den Satzgliedwert des Nebensatzes hin. Dies gilt für Adverbialsätze:

> *So weit das Auge reichte* (Lokalsatz), sah man nur Wasser. *Bevor man badet* (Temporalsatz), soll man sich abkühlen. Er muß leben, *wie es der Arzt vorschreibt* (Modalsatz). Du mußt dich beeilen, *da der Zug in einer halben Stunde fährt* (Kausalsatz). Ich komme, *falls ich dazu aufgefordert werde* (Konditionalsatz). Die Mannschaft verlor das Spiel, *obgleich einzelne Spieler Vorzügliches leisteten* (Konzessivsatz). Beeil dich, *damit du zurechtkommst* (Finalsatz).

daß-Sätze stehen als Gliedsätze für ein Subjekt, ein Objekt oder eine
Adverbialbestimmung, als Gliedteilsatz für ein Attribut:

> *Daß du Erfolg hattest* (Subjektsatz), freut mich. Das Hotelpersonal sorgt
> dafür, *daß sich die Gäste wohl fühlen* (Objektsatz). Wir werden uns tüchtig
> anstrengen, *daß alles gut klappt* (Finalsatz). An der Demonstration nahmen
> Zehntausende teil, *so daß der Verkehr umgeleitet werden mußte* (Konsekutivsatz).
> Wir geben die Hoffnung nicht auf, *daß wir uns wiedersehen* (Attributsatz).

ob-Sätze geben Inhalte von Entscheidungsfragen (↑ 51) wieder und
sind Subjekt-, Objekt- oder Attributsätze je nach der Abhängigkeits-
beziehung:

> *Ob es auf anderen Planeten Lebewesen gibt*, ist nicht bekannt (Subjektsatz).
> Er wollte wissen, *ob die Versammlung ausfällt* (Objektsatz). Die Frage, *ob
> sich hier etwas ändert*, kann ich nicht beantworten (Attributsatz).

2. Uneingeleitete Nebensätze

Uneingeleitete Nebensätze sind nach dem 1. oder 2. Strukturtyp ge- **68**
baut. Nebensätze nach dem 1. Strukturtyp (↑ 48) sind in der Regel
Objekt- oder Subjektsätze und dienen oft zum Ausdruck der indirekten Rede. Zuweilen ist der Konjunktiv Kennzeichen der Unterordnung,
aber auch der Indikativ kommt vor.

> Er erklärte, *er sei krank. Er habe kein Recht*, die Einladung auszuschlagen,
> sagte er. Ich bin [davon] überzeugt, *er wird es einsehen*.

Nebensätze nach dem 2. Strukturtyp sind überwiegend Konditionalsätze:

> *Ist schönes Wetter*, so fahren wir morgen. Die Verbindung war, *sollte er
> ehrlich sein*, nicht gerade das gewesen, was man eine Liebesheirat nennt
> (Th. Mann).

Auf Grund des Ursprungs vieler Nebensätze in der wörtlichen Rede **69**
können indirekte Aussagesätze, indirekte Aufforderungssätze und indirekte Fragesätze unterschieden werden. Die Umformung direkter in
indirekte Rede ist häufig mit der Pronominalverschiebung und Modus-
verschiebung (Indikativ → Konjunktiv) verbunden:

> Direkte Rede: Er teilte mir mit: „*Ich komme* morgen zu dir.“ Indirekter
> Aussagesatz: Er teilte mir mit, daß *er* morgen zu mir *komme*. Direkte Auf-
> forderung: Er bat mich: „*Gib* mir das Buch!“ Indirekter Aufforderungs-
> satz: Er bat mich, *ich möchte* ihm das Buch geben. Direkte Frage: Er
> fragte mich: „Warum *kommst du* zu spät?“ Indirekter Fragesatz: Er
> fragte mich, warum *ich* zu spät *käme (komme)*.

Infinitiv- und Partizipialgruppen

1. Infinitive mit *zu* und Partizipien, zu denen Objekte oder Adverbial- **70**
bestimmungen oder beides treten, bilden innerhalb des Satzganzen eine

Einheit. Sie stehen als syntaktisches Gebilde zwischen einfachem Satzglied und Nebensatz; sie sind nebensatzähnlich. Zusammen mit dem
übergeordneten Teilsatz bilden auch sie ein Satzgefüge. Die Bezeichnung „verkürzte Nebensätze" ist allerdings historisch nicht gerechtfertigt, da sie nicht aus Nebensätzen entstanden sind.
Von Nebensätzen unterscheiden sich Infinitiv- und Partizipialgruppen
dadurch, daß

– anstatt einer konjugierten eine infinite Verbform (Infinitiv oder Partizip) den Kern der Konstruktion bildet und infolgedessen die verbalen
Kategorien Person, Numerus, Tempus, Modus nicht ausgedrückt werden,

– auch Modalverben nur bedingt in Infinitiv- und Partizipialgruppen
gebraucht werden,

– ein Subjekt fehlt und infolgedessen der Inhalt der Infinitiv- oder
Partizipialgruppe auf einen Geschehens- oder Zustandsträger (onto-
logisches Subjekt) bezogen wird, der außerhalb dieser Gruppe – meist
im jeweils übergeordneten Teilsatz – steht,

– solchen Gruppen häufiger als Nebensätzen ein Einleitewort (Signal-
wort) fehlt und infolgedessen – insbesondere bei Partizipialgruppen –
eine eindeutige Prägung der semantischen Beziehung zum übergeordneten Satz (z. B. als temporal, modal oder kausal) bewußt oder unbeabsichtigt unterlassen wird.

71   2. Die Infinitivgruppe kann für einen Konjunktionalsatz stehen, wenn
das Subjekt des Infinitivs Subjekt des Hauptsatzes ist:

> Ich kam nach Berlin, *um Medizin zu studieren* (damit ich Medizin stu-
> diere).

wenn das Subjekt des Infinitivs Objekt des regierenden Satzes ist:

> Die Eltern erlaubten dem Kinde, *an einer Auslandsreise teilzunehmen* (daß
> das Kind an einer Auslandsreise teilnehmen durfte).

wenn man die Infinitivgruppe in einen Nebensatz mit Passivkonstruktion oder mit *man* als Subjekt verwandeln kann:

> Der Platz ist groß genug, *darauf Fußball zu spielen* (daß man darauf Fuß-
> ball spielen kann). Das ist ein Tisch, *daran zu arbeiten, aber nicht zu essen*
> (an dem gearbeitet, aber nicht gegessen wird).

wenn das Subjekt des Infinitivs dem Attribut (zugrunde liegendes Subjekt) einer substantivischen Vorgangs- oder Zustandsbezeichnung entspricht:

> *Mein* Plan, *im Urlaub ins Ausland zu reisen* (*ich* hatte den Plan ...)

Die Infinitivgruppe kann für jedes Satzglied und für ein Attribut
stehen:
als Subjekt ↑ 163, als Prädikativ ↑ 155, als Objekt ↑ 168, als Adverbialbestimmung ↑ 202; als Attribut ↑ 240.

3. Die Partizipialgruppe kann Adverbialbestimmung oder Attribut sein, **72**
sie kann auch sowohl als Adverbialbestimmung wie als Attribut aufgefaßt werden. Die Anwendung nebensatzähnlicher Partizipialgruppen ist
nur zulässig, wenn man sie auf ein Satzglied des übergeordneten Satzes
beziehen kann.

a) Am ehesten ist ein eindeutiges Verständnis gesichert bei Beziehung
der Partizipialgruppe auf das Subjekt oder – bei attributivem Gebrauch
– auf ein unmittelbar vorausgehendes Substantiv; in bestimmten Kontexten ist auch die Beziehung auf ein grammatisches Objekt oder ein
Possessivpronomen eindeutig verständlich:

> *Weichherzig und an fremdem Unglück aufrichtig teilnehmend,* dünkte es *ihm*
> unmöglich, daß er gerade hier nicht sollte helfen dürfen (WEISKOPF).
> *Nicht verpflichtet . . . zu größeren Festlichkeiten,* hatte *die kleine Gesellschaft* in
> der Mengstraße desto besser Muße, vertraut miteinander zu werden
> (TH. MANN). *Einer guten Sache dienend,* wurde *sein* eigenmächtiges Han-
> deln entschuldigt. Dieser überreiche Dichter streute in alles, was er
> schuf, *Keime von Gedanken und Spürungen, dazu bestimmt,* ihr ganzes Leben
> erst später zu entfalten (FEUCHTWANGER).

b) Das Beziehungswort kann im vorausgehenden Satz enthalten sein:

> Er holte ein großes Album . . . herbei . . . , *mit dem Schlüssel geöffnet,* zeigte
> sich Blatt um Blatt eine Welt von Schönheit (KELLER).

c) Bei Partizipialgruppen mit konditionaler Bedeutung kann oft nur
ein unbestimmt-persönliches Subjekt ergänzt werden:

> Die Rettung verunglückter Bergsteiger, *rechtzeitig eingeleitet* und *gut vorbereitet*
> (= wenn *man* sie rechtzeitig einleitet und gut vorbereitet), bietet gute Aus-
> sichten auf Erfolg.

d) Als Partizipialgruppen syntaktisch gleichwertig gelten Wortgruppen
ohne Partizip, wenn *habend, haltend* oder *seiend* ergänzt werden kann:

> Barlach schob sich, *die Zigarette schon zwischen den Lippen,* im Bett hoch und
> lauschte hinab (FÜHMANN)! Sie stand da, *eine Siegerin in dem guten Streite,* den
> sie während der Zeit ihres Lebens gegen die Anfechtungen von seiten ihrer
> Lehrerinnenvernunft geführt hatte (TH. MANN).

e) Jedes Mißverständnis in der Beziehung des Partizips muß ausge- **73**
schlossen sein. Folgende Partizipialgruppen sind fehlerhaft:

> *Mit Glasur überzogen,* zog er das Stäbchen heraus. *Unter erheblichem Alko-
> holeinfluß stehend,* wurden Türen und Fenster der Berufsschule ausgehoben
> und beschädigt.

Die Stellung der Nebensätze

74 Nach ihrer Stellung zum übergeordneten Satz teilt man Nebensätze ein in Vorder-, Zwischen- und Nachsätze. Der übergeordnete Satz ist meist ein Hauptsatz, kann aber auch ein anderer Nebensatz sein:

> Vordersatz: *Wo ein Wille ist,* da ist auch ein Weg.
> Zwischensatz: Erst seit dem 13. Jahrhundert, *in dem die Kunst des Schreibens allgemeiner wurde,* machte sich das Streben nach einer einheitlichen Sprache geltend.
> Nachsatz: Er übte ausdauernd, *bis er jeden Handgriff sicher beherrschte.*

Die Kenntnis der Einteilung von Nebensätzen nach ihrer Stellung ist für die Zeichensetzung wichtig (vgl. Deutsches Wörterbuch, Leitfaden, K 428 ff.).

Die Abhängigkeit der Nebensätze

75 Nach den Fügungsgrundsätzen der Neben- und der Unterordnung unterscheidet man Nebensätze gleichen Grades, das sind entweder Nebensätze mit unterschiedlichem Satzgliedwert oder koordinierte Nebensätze, und Nebensätze verschiedenen Grades, die einander untergeordnet sind.

1. Jeder von einem Hauptsatz abhängige Nebensatz ist ein Nebensatz 1. Grades (Ns. I):

> Das Bier, *das von den Gästen am liebsten getrunken wird,* ist aus besten Zutaten hergestellt worden.

2. Jeder von einem Nebensatz 1. Grades abhängige Nebensatz ist ein Nebensatz 2. Grades (Ns. II):

> Ein Fabrikschild (Hs.), ... das so am Kessel befestigt ist (1. Ns. I), *daß es auch nach der Bekleidung des Kessels sichtbar bleibt* ... (1. Ns. II) ... (Bau- und Betriebsordnung für Anschlußbahnen, S. 22)

3. Jeder von einem Nebensatz 2. Grades abhängige Nebensatz ist ein Nebensatz 3. Grades (Ns. III) usw.:

> ... der Prinz von Meißen (Hs.), der auf diese Meldung hin für zweckmäßig hielt (1. Ns. I), augenblicklich sich selbst von den Verhältnissen (1. Ns. II), *in welchen man mit diesem Manne stand* (1. Ns. III), zu unterrichten (1. Ns. II), fand ... schon eine unermeßliche Menschenmenge versammelt (Hs.) (KLEIST).

4. Mehrere Nebensätze können einander gleichgeordnet sein:

> Der Komponist führte sein neues Werk auf (Hs.), *das die Zuhörer mit Begeisterung aufnahmen* (1. Ns. I), *das aber von der Kritik völlig verrissen wurde* (2. Ns. I).
> ↑ 93–96.

5. Nebensätze können gleichen Grades sein, auch wenn sie von verschiedenen übergeordneten Sätzen abhängig sind. Voraussetzung ist,

daß die übergeordneten Sätze den gleichen Grad der Abhängigkeit haben:

> Nachdem eine Woche meines Urlaubs (1. Ns. I), den ich sehr genieße (1. Ns. II), vergangen ist (1. Ns. I), so daß ich bald an die Rückreise denken muß (2. Ns. II), und da ich außerdem befürchte (2. Ns. I), Sie bei meiner Rückkehr nicht mehr anzutreffen (3. Ns. II), möchte ich Ihnen die herzlichsten Grüße senden (Hs.), verbunden mit dem Wunsche (3. Ns. I), daß wir uns doch bald wiedersehen (4. Ns. II).

In schematischer Darstellung ergibt sich folgendes Bild:

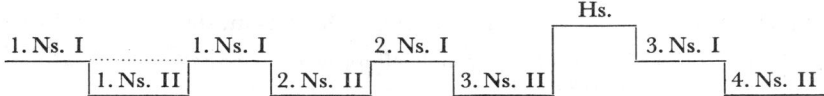

Der Satzgliedwert der Nebensätze

Nebensätze sind überwiegend (↑ aber 77 ff.) syntaktisch eine besondere **76** Form, nämlich die zum Satz entfaltete Form eines Satzgliedes einschließlich seiner Attribute. Aus diesem Grunde werden sie auch Gliedsätze genannt. Man unterscheidet je nach dem Satzglied, das sie darstellen, Subjektsätze, Prädikativsätze, Objektsätze und Adverbialsätze. Adverbialsätze wiederum werden je nach dem Umstand des Geschehens, den sie darstellen, als Lokalsätze, Temporalsätze, Modalsätze, Kausalsätze (↑ 202 ff.) bezeichnet.

Alle Satzglieder außer dem verbalen Prädikat (dem prädikativen Verb) können Nebensatzform, d. h. Gliedsatzform, annehmen:

> Subjekt: *Dein Erfolg* freut mich. *Daß du Erfolg hattest*, freut mich.
> Prädikativ: Diese Verbindung war keine Vernunftheirat. Er wußte, daß sie am wenigsten das war, *was man eine Vernunftheirat nennt* (NEUTSCH).
> Objekt: Er erledigte *den Auftrag des Meisters* gewissenhaft. Er erledigte gewissenhaft, *was der Meister ihm aufgetragen hatte*.
> Adverbialbestimmung (hier: Kausalbestimmung): Der Sänger sagte *wegen plötzlicher Erkrankung* ab. Der Sänger sagte ab, *weil er plötzlich krank geworden war*.

Einige Arten von Adverbialsätzen haben keine Entsprechungen unter **77** den Satzgliedern in nominaler Form, z. B. der *Proportionalsatz*, der den Grad eines Merkmals angibt, von dem der Grad der Entwicklung eines anderen Geschehens abhängt und der mit *je* + Komparativ eingeleitet wird:

> Die Fähigkeiten nehmen zu, *je länger man eine Tätigkeit ausübt. Je größer die Energie*, um so höher die Leistung.

der *Restriktivsatz*, durch den die Aussage des übergeordneten Satzes eingeschränkt wird:

> Auf das überwiegend auf persönlicher Arbeit beruhende Eigentum der Handwerker und Gewerbetreibenden sind die Bestimmungen über das

persönliche Eigentum entsprechend anzuwenden, *soweit in Rechtsvorschriften nichts anderes festgelegt ist. Soviel ich weiß,* hat Inge ihre Dissertation eingereicht.

der *Modalsatz der Spezifizierung,* durch den der Geltungsbereich einer Aussage eingeschränkt wird:

> *Insoweit ich den Schüler beurteilen kann,* arbeitet er sorgfältig. Seine Beurteilung ist *insofern* schwierig, *als er erst wenige Monate diese Klasse besucht.* Eine Einschätzung seiner Leistungen ist *um so* dringlicher, *als über seine Zulassung zum Studium entschieden werden muß.*

der *Konsekutivsatz,* der die Folge eines Geschehens ausdrückt:

> Der Fahrer stand unter Alkoholeinfluß, *so daß er gerichtlich zur Verantwortung gezogen werden mußte.*

verschiedene Varianten des *Konzessivsatzes,* die eine unzureichende Bedingung oder einen nicht wirksam werdenden Sachverhalt ausdrücken:

> *Mag er auch recht haben,* ich kann mich seiner Meinung dennoch nicht anschließen. Der Vorschlag bedroht mich, Polizeiwachtmeister, *ob die Dame nun verrückt ist oder nicht* (DÜRRENMATT).

Überhaupt besteht ein genereller Unterschied zwischen Nebensätzen und Satzgliedern (und Gliedteilen) in nominaler Form: Jene vermögen Sachverhalte detaillierter und differenzierter wiederzugeben und besitzen auch ein größeres Fassungsvermögen für Sprachmittel als diese. Nominale Form des Satzgliedes und Gliedsatz können daher nur sehr bedingt als syntaktische Synonyme gelten; in erster Linie sind sie als Entsprechungen in der syntaktischen Struktur des Ganzsatzes aufzufassen.

78 Von den Gliedsätzen werden *Attributsätze* als Gliedteilsätze unterschieden:

> Mit der Hoffnung *auf ein baldiges Wiedersehen* verabschiedeten sie sich.
> Mit der Hoffnung, *daß sie sich bald wiedersehen würden (sich bald wiederzusehen),* verabschiedeten sie sich.

Der folgende Attributsatz läßt sich nicht in die nominale Form des Attributs umformen:

> Diesen Affen nun hatte Alida, *die so tierlieb wie mein Vater war,* aufgesucht (KANT).

Die weiterführenden Nebensätze

79 Es gibt Nebensätze, die keinem Satzglied oder Gliedteil entsprechen. Sie stellen einen neuen Sachverhalt dar, der neben dem im Hauptsatz dargestellten selbständig existiert und eigentlich einen neuen selbständigen Satz verlangt. Solche Nebensätze besitzen auch kein Korrelat im übergeordneten Satz. Diese weiterführenden Nebensätze können durch

Relativpronomen [1], relative Adverbien [2] oder Konjunktionen [3] eingeleitet werden, sind also Relativ- oder Konjunktionalsätze:

[1] Der Räuber Babinsky enthüllt ihr, er sei der Räuber Babinsky, *was sie eigentlich wissen mußte* ... (KISCH).

[2] Er formte allerlei kleine komische Figuren aus Brot, *worüber sich die Tante Amalie immer entrüstet hatte* (SEGHERS). Die Termine wurden verlegt, *weshalb alle Teilnehmer benachrichtigt werden mußten.*

[3] Erich wurde Lehrer, *während sein Bruder einen Beruf im Bauwesen erlernte* (Adversativ- oder Kontrastsatz).

Auch in Satzgefügen mit weiterführenden Nebensätzen werden bestimmte gedankliche Zusammenhänge zwischen den dargestellten Sachverhalten (z. B. Wirkung, Folgerung, Gegensatz) ausgedrückt. Wo dies nicht beabsichtigt ist und die bloße Nebenordnung der Sachverhalte deutlich hervortritt, ist der weiterführende Nebensatz aus stilistischen Gründen abzulehnen.

Nicht: Er klinkte die Tür auf, *worauf er sie wieder schloß.* Am St. Gotthard entspringt der Rhein, *der in die Nordsee mündet.*

Sondern richtig: Er klinkte die Tür auf *und (aber)* schloß sie sofort wieder. Der Rhein entspringt am St. Gotthard *und* mündet in die Nordsee.

Der mehrfach zusammengesetzte Satz

1. Der Begriff des mehrfach zusammengesetzten Satzes wird **80** nicht einheitlich definiert. Hier wird darunter jeder zusammengesetzte Satz mit mehr als zwei Teilsätzen verstanden. Dabei ist zu beachten, daß das Satzganze für Auge und Ohr als eine Einheit empfunden wird, überschaubar und verständlich bleibt. Wie klar auch ein mehrfach zusammengesetzter Satz mit Nebensätzen verschiedenen Grades (1. bis 3. Grades) sein kann, soll folgendes Beispiel zeigen:

Sie zeigten den Ausdruck eines Mannes, der endlich wieder leibhaftig vor sich sieht, was ihm im Leben das Wichtigste ist, worauf er alles gesetzt hat, wovon er ahnt, daß es immer besteht, doch oft ist es bis zur Erschöpfung entfernt, bis zur Zweifelhaftigkeit vor ihm versteckt, jetzt aber ist es vor ihm, ja sogar zu ihm gekommen (SEGHERS).

2. Wirkungsvoll gestaltete mehrfach zusammengesetzte Sätze werden **81** *Perioden* genannt. Ihre Teilsätze bedingen einander inhaltlich und formal wie die Glieder eines harmonischen Ganzen. Perioden sind besonders den Funktionalstilen der schönen Literatur und der Publizistik eigen. Es kann sich dabei um die Nebenordnung von Hauptsätzen handeln (Satzverbindung):

Ein sanfter Mairegen war niedergegangen, die Welt war blau und grasgrün, in den kleinen Pokalen der Apfelblüten stand glitzerndes Himmelswasser, und im Wiesental duftete es nach frischem Laub (STRITTMATTER).

Vorangehende koordinierte, parallel gereihte Nebensätze können spannungweckend die Aussage des Hauptsatzes vorbereiten:

> Was er als Knabe geträumt und gehofft, worum er gearbeitet und sich gemüht hatte, worum er an den strengen stolzen Herrn zu seinem bittersten Schmerze eine Fehlbitte getan hatte – das bot ihm auf einmal verlockend der Zufall (TH. MANN).

Nachgestellte koordinierte Nebensätze wirken selbständiger:

> Er ließ ein paar Redensarten fallen; sie solle sich alles noch einmal überlegen, bei ihm sei Schmalhans Küchenmeister, und seine Mutter könne in der Küche schlafen (BRECHT).

Eine Periode kann eine aus Satzgefügen bestehende Satzverbindung sein:

> Die Stückeschreiber, die die Welt als eine veränderliche und veränderbare darstellen wollen, müssen sich an die Widersprüche halten, denn diese sind es, die die Welt verändern und veränderbar machen (BRECHT).

82 3. Treten Nebensätze mehrfach als Zwischensätze auf, so spricht man vom *Schachtelsatz*. Er ist stilistisch gerechtfertigt, sofern der Autor eine besondere, z. B. eine satirische Wirkung beabsichtigt:

> „Mitnichten hat die Nase meiner Wirtin, deren Name Eulalia ... Eulalia, wie Sie die Güte, sich zu *erinnern, hatten, lautet, geblutet* ...“ (NOLL).

Zu vermeiden sind Schachtelsätze, in denen Nebensätze so ineinandergeschachtelt sind, daß Verben aufgespart und nachgeschleppt werden:

> Wir konnten deutlich die Marschkolonnen, die sich, wenn sie den Platz *erreichten, teilten, sehen.* Dankbar wäre ich Ihnen, wenn Sie meine Bitte, eine Klarstellung, ob der Beistrich in diesem Satz *zu setzen ist, zu erreichen,* der Dudenredaktion *vortragen würden* (Anfrage an die Dudenredaktion, 1962).

Davon zu unterscheiden sind *Treppensätze*, d. h. Nebensätze mit zunehmendem Abhängigkeitsgrad:

> Die einzige Hoffnung war, daß dieser Brummel und der Freese, zu dem er auch noch sollte, mit einem dampfenden Eisbeutel auf dem Kopf oder mit dem Arm in der Schlinge im Bett lagen, so daß er mit einem „schönen Gruß auch von den Kollegen“ und „sollte nur mal nach dir sehen“ davonkam (KANT).

Grundsätze der Satzfügung

83 Die Elemente der Sprache werden nach bestimmten festen Regeln kombiniert. Diese zu durchschauen erleichtert das Verstehen des Gesprochenen und Geschriebenen; sie zu beachten ist notwendig, wenn man spricht oder schreibt, damit man seine Kommunikationsaufgabe erfüllt und seinen Mitteilungszweck erreicht. Unsere Satzfügung ist charakterisiert durch drei Arten von syntaktischen Beziehungen zwischen den sprachlichen Zeichen: *Interdependenz* (Zuordnung), *Subordination* (Unterordnung) und *Koordination* (Beiordnung oder Reihung).

Die Interdependenz (Zuordnung)

Die grundlegende und zumindest in geschriebener Sprache häufigste **84** Form einer sprachlichen Äußerung, der Verbalsatz, kommt dadurch zustande, daß ein Sachverhalt dargestellt wird, d. h. daß ausgedrückt wird, daß bestimmten Gegenständen Merkmale zukommen. Dabei werden die beiden Hauptbestandteile des Satzes, das Subjekt und das Prädikat (oder der Prädikatsverband), zueinander in wechselseitige Beziehung gesetzt, einander zugeordnet:

> *Die Bahn ←→ kommt. Viele ←→ erwarten sie ungeduldig.*

Die gegenseitige Zuordnung betrifft:

– die Vereinbarkeit der Bedeutungen der Wörter (semantische Kongruenz):

> Die Hunde bellen. Der Star pfeift. Die Türen werden geschlossen.
> Aber nicht: *Die Türen bellen. *Der Star wird geschlossen. (Das Zeichen * kennzeichnet einen ungrammatischen Satz.)

– die gegenseitige Anpassung der Form von Subjekt und finiter Verbform (Übereinstimmung in Person und Numerus, ↑ 109):

> Die Bahn komm*t*. Ich komm*e*. Komm*st* du? Wir komm*en* abends zu euch.

Die Subordination (Unterordnung)

Glieder des Prädikatsverbandes, Gliedkern und Attribute sowie Haupt- **85** und Nebensätze in Satzgefügen sind untereinander durch Abhängigkeitsbeziehungen verbunden. Abhängigkeit besteht jeweils zwischen dem übergeordneten und dem untergeordneten Partner einer syntaktischen Verbindung: zwischen dem Prädikat und den Objekten und Adverbialbestimmungen, zwischen dem Gliedkern und den Attributen, zwischen Haupt- und Nebensatz sowie zwischen Nebensätzen verschiedenen Abhängigkeitsgrades in Satzgefügen. Grammatische Ausdrücke wie *Rektion* (↑ 104), *Casus rectus* (↑ 103), *Casus obliqui* (↑ 103), *Satzgefüge, Hauptsatz/Nebensatz, Satzglied, Gliedteil (= Attribut)* weisen schon durch ihren Namen auf das in der Sprache herrschende Prinzip der Über- und Unterordnung hin. Wir veranschaulichen mehrfache Unterordnung zunächst am Beispiel eines Satzgefüges, in dem jeder Teilsatz unmittelbar vom vorhergehenden abhängt, diesem untergeordnet ist:

> Wir hoffen (Hs.), daß er eine Reise machen wird (Ns. I), die ihm neue Erlebnisse und Eindrücke verschafft (Ns. II), die er an uns weitergeben kann in Worten und Bildern (Ns. III).

> **Hs.,**
>   *Ns. I,*
>   *Ns. II,*
>   *Ns. III.*

Die mehrfache Unterordnung von Attributen in Substantivgruppen ist in der Sachprosa nicht ungewöhnlich, wie folgendes Beispiel zeigt:

> der Kurs der industrialisierten Staaten auf die Durchsetzung der Prinzipien des gleichberechtigten Handels mit Staaten geringer entwickelter Industrie

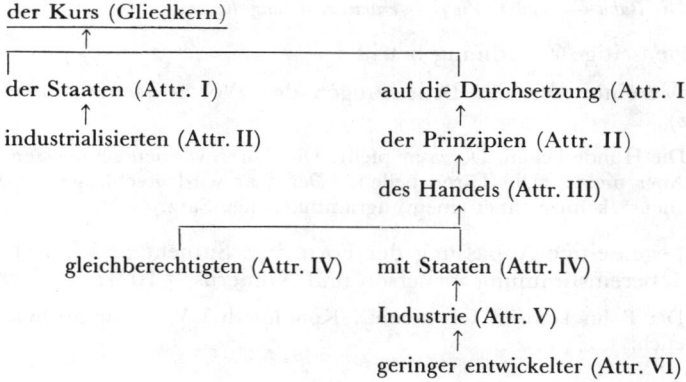

Die Koordination (Beiordnung oder Reihung)

1. Wesen der Koordination

86 a) Die Nebenordnung setzt Wörter, Wortgruppen oder Sätze gleichwertig als Glieder einer Reihe nebeneinander. Jedes Glied der Reihe hat den gleichen Satzgliedwert. Die Reihe bildet als Ganzes ein Satzglied.

> Koordinierte Subjekte:
> *Hütte, Bett und Kinderstube* waren von einem Baum gefallen (STRITTMATTER).
> Ohne Koordination:
> *Sie* waren von einem Baum gefallen.

Durch Koordination werden also keine neuen Satzglieder gebildet, sondern vorhandene mehrgliedrig gestaltet. Ein einfacher Satz, der durch
Koordination erweiterte Satzglieder enthält, bleibt ein einfacher Satz.

b) Durch Nebenordnung können Sätze zusammengesetzt, d. h. zur
Satzverbindung (Satzreihe) erweitert werden (↑ 58).

c) Durch Nebenordnung kann im Satzgefüge eine Nebensatzreihe entwickelt werden (↑ 93 ff.).

2. Asyndetische und syndetische Koordination

Die einzelnen Glieder der Reihe, die einzelnen Sätze einer Satzverbin-   **87**
dung oder einer Nebensatzreihe können asyndetisch (unverbunden),
monosyndetisch (einfach verbunden) oder polysyndetisch (mehrfach
verbunden) nebeneinanderstehen.

a) Bei asyndetischer Konstruktion sind die Glieder nicht durch Konjunktionen verknüpft:

> *straßauf, straßab* laufen; ein *gesetzmäßiger, selbstverständlicher* Vorgang

In der Satzverbindung ist die unverbundene Form die älteste und volks-
tümlichste Form der Reihung. Sie findet sich seit der althochdeutschen
Zeit bis zur Gegenwart immer wieder:

> Am Wegrand stehen die Heckenrosen; zart ist ihr Rosa, scheu ist ihr
> Duft, glanzrot sind später die Hagebutten (STRITTMATTER).

Unverbundene Glieder bilden die Stilfigur des *Asyndetons*:   **88**

> Eine Schwarmlinie Kosaken, die Treppe hinunter, Gewehr unterm Arm,
> langsam, bedrohlich, unausweichlich, sperrend die ganze Breite der
> Treppe (FEUCHTWANGER).

b) Es gibt zur Verknüpfung überleitende Typen ohne Konjunktion,   **89**
nämlich

– die *Anapher* (eine Verknüpfung durch Wiederholung des Anfangs):

> *Nicht allein* das Abc
> bringt den Menschen in die Höh;
> *nicht allein* in Schreiben, Lesen
> übt sich ein vernünftig Wesen;
> *nicht allein* in Rechnungssachen
> soll der Mensch sich Mühe machen ...
>   (BUSCH).

– eine Verknüpfung durch Wiederaufnahme des Subjekts oder eines
anderen Satzgliedes durch ein Pronomen oder Adverb. Wir finden
diese Form vor allem in der volkstümlichen Poesie:

> Vor einem großen Walde lebte ein Holzhacker mit seiner Frau, *der* hatte
> ein einziges Kind, *das* war ein Mädchen von drei Jahren (GRIMMS

Märchen). Es war ein Dorf, *darin* saßen lauter reiche Bauern, und nur ein armer, *den* nannten sie das Bürle (GRIMMS Märchen).

90 c) Bei syndetischer Konstruktion sind die Glieder durch koordinierende Konjunktionen (↑ 907 ff.) verknüpft. Die Konjunktionen verdeutlichen das semantische Verhältnis, in dem die Glieder oder Sätze zueinander stehen:

> kopulativ (anreihend):
> auf dem Meere *und* in der Luft, *sowohl* auf dem Meere *als auch* auf dem Lande
> Wir krochen ins Zelt, *und* bald lagen wir im tiefsten Schlaf.
> partitiv (einteilend):
> *Teils* schwärmten die Schwalben, *teils* sammelten sie sich.
> disjunktiv (Entscheidung fordernd):
> Dein Bruder *oder* deine Schwester muß Bescheid geben. *Entweder* du arbeitest mit, *oder* du läßt uns in Ruhe.
> adversativ (entgegensetzend):
> eine gute, *aber* teure Ware; keine überraschende, *sondern* eine längst erwartete Nachricht. Er hat *zwar* gut argumentiert, *doch* hat er seine Zuhörer nicht überzeugen können.
> kausal (begründend):
> Nur die Hälfte der Erde kann auf einmal von der Sonne bestrahlt werden; *denn* die Erde ist eine Kugel.
> konsekutiv (folgernd):
> Die Erde ist eine Kugel, *deshalb (daher, folglich)* wird nur jeweils eine Hälfte von der Sonne bestrahlt.

d) Koordinierender Satzbau kann eine Zusammenfassung vorbereiten:

> Der Springbrunnen, der alte Walnußbaum, seine Geige und in der Ferne das Meer, die Ostsee, deren sommerliche Träume er in den Ferien belauschen durfte, *diese Dinge* waren es, die er liebte (TH. MANN).

91 e) In der Sachprosa wird gewöhnlich nur das letzte Glied durch *und* angereiht:

> Roggen, Weizen, Gerste *und* Hafer
> Oben auf den Terrassen standen die Buden mit gebrannten Mandeln, Kokosnüssen, Edamer Käse, Süßholz *und* Lakritze (KANT). Sie hörte das Klingelzeichen am anderen Ende der Leitung, sie hörte Alexander fragen, wer da sei, *und* sie hörte plötzlich auch sich selbst (WEISKOPF).

Die Wiederholung der gleichen koordinierenden Konjunktion führt zur Stilfigur des *Polysyndetons*:

> ... mit Pauken *und* Trompeten *und* Ponykutsche (KANT); ... zwischendurch rief sie, ich solle nicht so dämlich rumstehen *und* die Steine vom Weg sammeln *und* die Straße fegen *und* Stärke für Judiths Kleid vom Krämer holen *und* die Ziege von der Wiese *und* Tante Ella Bescheid sagen *und* die Pumpe noch mal angießen, denn sie brauche noch Wasser, *und* ob ich denn nicht sehen könne, daß da frisch gescheuert sei, *und* wo denn die verflixten anderen beiden Gören blieben (KANT).

Durch Koordination von Sätzen kann auch eine *Periode* (↑ 80–82) entstehen:

> Er war der Lohn für vielmal hundert Tage voll aufreibender Wachsamkeit, er war der sauer verdiente Fund nach zermürbend langem Wünschelrutengang, er war alles andere als ein Geschenk des Himmels, er war nicht Gabe, sondern Ergebnis (KANT).

Zur Reihung als Stilfigur vgl. FLEISCHER/MICHEL, Stilistik, S. 125 ff. und 168 ff.

3. Die Koordination im einfachen Satz

Jedes Satzglied und jedes Attribut können mehrteilig sein.   **92**

a) Einzelwörter mit oder ohne Artikel können koordiniert werden:

> Subjekt: Berg *und* Tal kommen nicht zusammen, wohl *aber* die Menschen.
> Prädikat: Auf dem See ... schwimmt *und* taucht, plätschert *und* rudert, piept *und* trillert es (STRITTMATTER).
> Prädikatteil: Was hier vor ein paar hundert Jahren gebaut, gemeißelt, gemalt, gelebt, gedacht und gelernt worden war ... (HESSE)
> Prädikatssubstantiv: Des alten Hardekopfs Tränen waren Tränen der Freude, Tränen des Glücks, Tränen der Zuversicht (BREDEL).
> Akkusativobjekt: Er trug ein buntes Hemd *und* eine graue Jacke darüber, Sportgamaschen *und* das keckste Mützchen der Welt (TH. MANN).
> Adverbialbestimmung: Er schlief nur kurz, *aber* tief.
> Attribut: Ein feiner, schleierartiger Regen rieselte herab.
> (Aber keine attributive Wortreihe: ein lehrreicher physikalischer Versuch, der überwundene tote Punkt. Hier bilden das zweite Adjektiv und das Substantiv jeweils eine Einheit.)

b) Auch Wortgruppen können koordiniert sein:

> Seltsame Stille, nur leises Geraun, Gemurmel der Kaufenden und der Verkäufer (FÜHMANN). Dort gibt es ein drolliges Häschen, das die Prinzessin als Spielzeug begehrt, einen liebenswert närrischen König, einen bärenstarken Sklaven.

4. Die Nebensatzreihe

Nebensätze gleichen Grades können ohne oder mit Konjunktion koordiniert werden. Sie bilden dann eine Gliedsatzreihe, gewöhnlich mit dem gleichen Einleitewort oder mit gleichartigen Einleitewörtern.

a) Die Nebensatzreihe besteht aus Relativsätzen: **93**

> Als Attribut, also Gliedteilsatz: ... dem Werke hingegeben, *das viele Vorgänger vor ihm begonnen haben und das er seinen Nachfolgern würde überlassen müssen* (HESSE).
> Als Prädikativ: Das ist es, *was wir brauchen, wofür wir kämpfen und worauf wir einmal stolz sein werden.*

94 b) Die Nebensatzreihe besteht aus Konjunktionalsätzen:

> Melchior dachte: *Während ich hierherflog und während ich auf die Orgel horchte,* mag so ein Lichtschein erglänzt haben (SEGHERS). Weißt du, *daß wir morgen eine Arbeit schreiben, daß wir drei Stunden Zeit haben und daß wir das Formelheft benutzen dürfen?*

95 c) Die Nebensatzreihe besteht aus uneingeleiteten Nebensätzen:

> Als Objekt: Er erklärte, *er sei krank, er müsse im Bett liegen, und wir könnten mit seiner Anwesenheit nicht rechnen.*

96 d) Die Reihe besteht aus Infinitivgruppen:

> Es hieß *die Mitglieder zu informieren, den unterhaltenden Teil zusammenzustellen, die Musikkapelle zu engagieren, Laternen für die Kinder und kleine Geschenke für die Tombola einzukaufen* (BREDEL).

Die Beziehungsmittel im Satz

97 Wenn der Sprecher oder Schreiber zur Verständigung mit seinen Partnern und zum Ausdruck seiner Gedanken einzelne Wörter zu Sätzen und Sätze zu ganzen Texten zusammenfügt, dann nutzt er ganz bestimmte dem Sprachsystem und seinen Elementen innewohnende Eigenschaften, die in der Grammatikbeschreibung herkömmlicherweise als Beziehungsmittel bezeichnet werden. Beziehungsmittel ermöglichen nicht nur die Verknüpfung der Wörter untereinander, sondern stellen auch bestimmte Form- und Bedeutungsbeziehungen zwischen den Wörtern innerhalb des Satzes her und haben damit Anteil an der Bedeutung sowie an der sprachlichen Wirkung von Sätzen und Texten. Wir geben zunächst nur einen knappen Gesamtüberblick über die Beziehungsmittel und beschreiben sie erst später im Zusammenhang mit den syntaktischen Einheiten und den Wortarten im einzelnen ausführlich.

Die Fügungseigenschaften der Wörter

98 Als Bedeutungsträger besitzen die Wörter die Fähigkeit, sich nach festen Regeln mit anderen Wörtern zu verbinden. Diese Fähigkeit hat man als Fügungspotenzen, Fügungswerte, Wertigkeit oder *Valenz* bezeichnet. Diese Bezeichnungen werden außerdem in der Sprachbeschreibung mit unterschiedlichem Begriffsinhalt verwendet. So wird unter Valenz meistens die Fähigkeit des Verbs verstanden, bestimmte *Leerstellen* im Satz zu eröffnen, die besetzt werden müssen oder besetzt werden können (vgl. HELBIG/BUSCHA, Grammatik, S. 67). Wörter oder Wortgruppen, die diese Leerstellen besetzen, werden *Aktanten* oder *Mitspieler* genannt. Es hat sich herausgestellt, daß die unterschiedliche Anzahl und Art der Leerstellen eines Verbs davon abhängt, was für Eigenschaften oder Beziehungen von der Wortbedeutung widergespiegelt werden. Da aber Eigenschaften von und Beziehungen zwischen Gegenständen und Erscheinungen der Wirklichkeit nicht nur von den Bedeutungen von Verben, sondern auch von den Bedeutungen von Adjektiven und Substantiven widergespiegelt werden, verfügen auch diese Wortarten über Valenz, vgl.

> Der Kranke *bedarf* des Arztes / er ist des Arztes *bedürftig* / das *Bedürfnis* des Kranken nach einem Arzt. Der Junge *sucht* nach einem Abenteuer / er ist auf ein Abenteuer *erpicht* / er ist auf ein Abenteuer *aus*.
>
> In den angeführten Beispielen eröffnen jeweils stamm- oder sinnverwandte Wörter als Valenzträger die gleiche Anzahl von Leerstellen, obwohl es sich um Elemente verschiedener Wortarten handelt; sie sind zweiwertig.

Je nachdem, ob die Aktanten, die im Stellenplan eines *Autosemantikons* (begriffstragenden Wortes) festgelegt sind, unter bestimmten Bedingungen der Redesituation weggelassen werden können oder nicht, werden *obligatorische* und *fakultative* Aktanten unterschieden. Obligatorische Aktanten sind nicht weglaßbar, fakultative können fehlen.

> In folgenden Beispielsätzen sind die eingeklammerten Satzglieder fakultative Aktanten:
> Der Naturschutzverein *ruft* (alle Touristen) zum rücksichtsvollen Umgang mit der Natur *auf*. Das Kind *ißt* (sein Frühstücksbrot). Der Rentner *ist freundlich* (zu den Kindern).

Zur Valenz der Verben vgl. das Valenzwörterbuch von HELBIG/SCHENKEL, zur Valenz der Adjektive und Substantive die Valenzwörterbücher von SOMMERFELDT/SCHREIBER.

Die Wortarten

Die Wörter unserer Sprache gliedern wir in einzelne Gruppen, die wir **99** *Wortarten* oder *Wortklassen* nennen. Jede Wortart umfaßt Wörter mit gleichen oder ähnlichen Bedeutungs- und Formmerkmalen. Dabei handelt es sich um eine bestimmte begrifflich-kategoriale Prägung, die als Wortartbedeutung zur lexikalischen Bedeutung des Wortes hinzutritt, um die Konjugierbarkeit, Deklinierbarkeit, Komparierbarkeit und Nichtflektierbarkeit bestimmter Klassen von Wörtern und um gleichartige syntaktische Fügungseigenschaften, z. B. die Eigenschaft des Substantivs, einen Artikel vor sich haben zu müssen oder zu können. Besonderer Erwähnung bedürfen diejenigen Wortarten, die dazu dienen, syntaktische Beziehungen zwischen Wörtern, Wortgruppen und Sätzen herzustellen: Präpositionen, Konjunktionen und Pronomen.

Die Flexion

100 Unsere Sprache gehört zu den flektierenden, genauer: zu den flektierend-analytischen Sprachen. Flexion (lat. = ‚Biegung‘, ‚Beugung‘) heißt die streng geregelte Formänderung bestimmter Wortarten. Danach, ob ein Wort *flektierbar* (veränderlich) ist oder nicht, werden flektierbare und unflektierbare Wortarten unterschieden. Die Flexion ist entweder „äußere" Abwandlung durch Flexionsendungen:

Frau / Frau*en*; Mann / Mann*es*; sag*e* / sag*st* / sag*en*

oder „innere" Abwandlung durch Änderung des Stammvokals:

H*a*fen / H*ä*fen (Umlaut); spr*e*chen / spr*i*ch (*e/i*-Wechsel); b*i*nden / b*a*nd / geb*u*nden (Ablaut)

oder Abwandlung durch beide Mittel:

H*au*s / H*äu*ser; ges*u*nd / ges*ü*nder; er k*a*m / er k*ä*me; ich spr*e*ch*e* / du spr*i*ch*st*

In diesem Zusammenhang gehört auch die sogenannte unregelmäßige Flexion, bei der Formen aus verschiedenen Wurzeln gemeinsam eine Flexionsreihe bilden:

sein / wir sind / ich bin / ich war; viel / mehr / meist; ich / meiner / mir / mich

Die Flexion ist nicht bei allen flektierenden Wortarten gleich reichhaltig entwickelt. Sie ist beim Substantiv weniger formenreich als beim Adjektiv oder. gar beim Pronomen oder Verb. Ein grundlegender Unterschied besteht zwischen der Flexion der Verben, der *Konjugation*, und der Flexion der Substantive, Adjektive und Pronomen, der *Deklination*. Hinzu kommt die *Komparation* als die dem Adjektiv eigene Veränderungsweise.

1. Die Konjugation

101 Konjugieren heißt, ein Verb nach den grammatischen Kategorien der *Person*, des *Numerus*, des *Tempus*, des *Modus* und des *Genus verbi* regelmäßig zu verändern. Mit Hilfe dieser Kategorien wird

– die *Kongruenz* (grammatische Übereinstimmung) zwischen Subjekt und finiter Verbform gewährleistet (Person und Numerus),
– das zeitliche Verhältnis zwischen dem sprachlich dargestellten Geschehen und dem Redemoment sowie zwischen mehreren Geschehnissen ausgedrückt (Tempus),
– die Stellungnahme des Sprechers oder Schreibers zum Wirklichkeitsgehalt der Sachverhaltsdarstellung ausgedrückt (Modus),
– die Blickrichtung gekennzeichnet, von der aus der Sachverhalt sprachlich dargestellt wird (Genus verbi).

2. Die Deklination

Deklinieren heißt, ein Nomen (Substantiv, Adjektiv) oder Pronomen **102** nach den grammatischen Kategorien des Kasus und des Numerus regelmäßig zu verändern. Der Kasus ist die morphologische Form des deklinierbaren Wortes, die die Beziehung dieses Wortes zu anderen Wörtern des Satzes oder der Wortgruppe zum Ausdruck bringt und zugleich die gedankliche Widerspiegelung von Beziehungen zwischen Gegenständen und Erscheinungen der objektiven Realität ausdrückt. Wir verfügen in der Gegenwartssprache über vier Kasus. Das Kasussystem im Indoeuropäischen war reichhaltiger; ursprünglich standen acht Kasus zur Verfügung. Bekanntlich besitzt das Russische heute noch – wie einst das Lateinische – sechs Kasus. Die Verringerung der Anzahl der Kasus ist Folge des lautlichen Zusammenfalls verschiedener alter indoeuropäischer Kasus.

Generell ist zwischen dem *Casus rectus* (lat. = ‚gerader' = ungebeugter, **103** unabhängiger Fall) und den *Casus obliqui* (*Casus obliquus* = ‚schiefer' = gebeugter, abhängiger Fall) zu unterscheiden. Casus rectus ist der Nominativ, der Nennfall. Er wird bei der isolierten Nennung eines Nomens oder Pronomens, als Anrede, als Subjekt, Prädikativ (Prädikatsnominativ) und Apposition verwendet:

> *Ball, Bahn, Bank*; *Hans*, komm her! *Liebe Freunde! Mein Freund* rief an. Das ist *mein Freund Hans.* Er heißt *Hans Lehmann. Ein Maulwurf!*

Genitiv, Dativ und Akkusativ sind Casus obliqui, ganz gleich, ob sie von einem Verb, einem Adjektiv, einem Substantiv oder einer Präposition abhängig oder ob es freie Kasus wie der ethische Dativ (↑183) oder der absolute Akkusativ (↑638) sind. Ein weiterer Unterschied wird zwischen den reinen Kasus, die von Verben, Adjektiven und Substantiven gefordert werden, und den präpositionalen Kasus gemacht, die von Präpositionen regiert werden. In der Sprache der Gegenwart breiten sich präpositionale Kasus auf Kosten der reinen Kasus obliqui immer stärker aus.

Die Forderung der Form eines Casus obliquus durch Verben, Präpo- **104** sitionen, manche Adjektive und Substantive wird *Rektion* genannt (lat. = ‚Leitung', ‚Lenkung'):

> des Toten / seiner gedenken (Gen.); sich des Freundes / an den Freund erinnern; dem Freunde / ihm danken (Dat.); das Ziel erreichen (Akk.); während des Unterrichts, jenseits des Flusses, vor dem Hause, mit dem Freunde, für den Vater, ohne ihn;
> des Weges kundig, der Auszeichnung würdig, den Eltern ähnlich, das Geld los sein; einen Zentner schwer, drei Meter tief;
> die Eltern des Kindes, die Tür des Hauses; Ehre den Erbauern!

Auch wenn Verben, Adjektive oder Substantive eine bestimmte feste
Präposition verlangen, spricht man von Rektion:

> *vom* Wetter abhängen / abhängig sein, *auf* eine Frage antworten, sich *über*
> ein Geschenk freuen; *mit* dem Vorschlag einverstanden, *um* die Gesund-
> heit besorgt sein; Interesse *an* der Arbeit, Schmerz *über* den Verlust, An-
> spruch *auf* Hilfe und Unterstützung (↑ auch 190 ff.)

105 Sowohl bei der Deklination als auch bei der Konjugation treten die
Numeri (Zahlformen), *Singular* (Einzahl) und *Plural* (Mehrzahl), auf.
Bei Substantiven, substantivierten Wörtern und substantivischen Pronomen spiegelt die grammatische Bedeutung des Numerus Merkmale
von Gegenständen wider: ihre Einheit oder Vielheit, ihre Gegliedertheit oder Ungegliedertheit. Bei Verben, Adjektiven und adjektivischen
Pronomen dienen die Numeri zum Ausdruck der grammatischen Kongruenz (↑ 109 ff.).
Zur Form und zum Gebrauch von Singular und Plural ↑ 593–610.

3. Die Komparation

106 Die Komparation ist eng mit dem Bedeutungsgehalt des Adjektivs verbunden und dient zum Ausdruck der Tatsache, daß eine bestimmte
Eigenschaft zwei oder mehreren untereinander verglichenen Gegenständen oder Prozessen in gleichem oder unterschiedlichem Grade zu-
kommt. Deshalb spricht man auch von *Graduierung* (vgl. HELBIG/BUSCHA,
Grammatik, S. 272 ff.).
Zu den Formen und Bedeutungen der Komparationsstufen ↑ 727 ff.

Die Satzgliedstellung

107 Wir verstehen unter Satzgliedstellung (Satzgliedfolge, Wortstellung)
die Reihenfolge, in der die Elemente des Satzes angeordnet werden.
Die Art und Weise der Anordnung der Satzglieder ist für die kommunikative Wirkung einer sprachlichen Äußerung von wesentlicher Bedeutung. Der Verfall der Kasusendungen läßt die Rolle der Satzgliedstellung als syntaktisches Beziehungsmittel künftig weiter wachsen, wenn
auch bei uns die Flexion noch eine größere Rolle spielt als im Englischen und in den romanischen Sprachen.
Insbesondere dient die Satzgliedstellung zur Kennzeichnung

– der Strukturtypen des Satzes entsprechend der Verbstellung,
– des Satzgliedwertes, wenn die morphologische Kasusunterscheidung
fehlt:

> Kleider machen Leute – Leute machen Kleider. Inge gibt Paul Nach-
> richt – Paul gibt Inge Nachricht. Fritz nennt Otto Onkel.

– des Mitteilungswertes der Satzelemente für den Hörer und Leser.

Zu den Prinzipien und Formen der Satzgliedstellung ↑ 287 ff.

Satzakzentuierung und Satzintonation

Die Klanggestalt des Satzes setzt sich aus verschiedenen Komponenten **108**
zusammen: der Stimmführung oder Satzmelodie, dem Satzakzent,
dem Sprechtempo, der Pausierung, dem Wortakzent und der Klangfarbe. Diese verschiedenen intonatorisch-rhythmischen Mittel dienen
u. a. dazu, den Satz als eine in sich abgeschlossene Äußerung zu charakterisieren, die Satzart (Aussagesatz, Fragesatz, Aufforderungssatz)
zu kennzeichnen, den Satz in Redeabschnitte zu gliedern und – im
Zusammenwirken mit der Satzgliedstellung – zwischen dem Hörer bereits bekannten und ihm unbekannten, neuen Mitteilungselementen zu
differenzieren. In der geschriebenen Sprache übernimmt die der Satzintonation entsprechenden Aufgaben z. T. die Interpunktion (Zeichensetzung). Zur Satzakzentuierung und Intonation ↑ 330 ff.

Die Kongruenz

Die Kongruenz ist ein formales grammatisches Prinzip, das durch Fle- **109**
xionsendungen syntaktische Beziehungen kennzeichnet, und zwar
1. die Übereinstimmung zwischen Subjekt und finitem Verb – zuweilen
auch zwischen finitem Verb und Prädikatssubstantiv (↑ 120) – in Numerus und Person sowie zwischen Subjekt und Prädikatsnominativ in
Numerus und Genus (↑ 121),
2. die Bezogenheit des Attributs einschließlich der Apposition auf das
substantivische Bezugswort nach Genus, Numerus und Kasus.

Die Kongruenz zwischen Subjekt und Prädikat

1. Subjekt und Finitum stimmen in der Regel in der Person überein: **110**

> Ich komm*e*, du komm*st*, er, sie (der Vater, die Mutter) komm*t*, wir
> komm*en*, ihr komm*t*, sie (die Eltern) komm*en*

Schwankungen ergeben sich, wenn verschiedene Personen das Subjekt
bilden oder wenn dieses als Einheit oder Vielheit aufgefaßt werden
kann.

a) Nach anreihend verbundenen Subjekten der 1. und 3. Person und **111**
der 1. und 2. Person folgt die finite Form des Prädikats in der 1. Person
Plural. Die Personen können durch *wir* zusammengefaßt werden:

> Er und ich kommen. Ich und er kommen. Wir und Hans kommen. Weder
> er noch ich wußten den schönen Vers zu Ende (STIFTER).
> Ich und du kommen. Weder ich noch du / weder du noch ich wußten
> davon. Ihr und ich, wir kommen.

112 b) Bei der 2. und 3. Person als Subjekt steht das Verb in der 2. Person des Plurals mit zusammenfassendem *ihr* oder in der 3. Person des Plurals:

> Er und du / Du und er, ihr werdet kommen. Weder ihr noch der Papst könnt etwas Besseres erdenken (GOETHE). Er und du / du und er werden kommen. Ich hoffe, daß du und dein Bruder wohlauf sind.

Ist eines der Subjekte verneint, so ist in der Regel nur das bejahende für Person und Numerus des Verbs maßgebend:

> Ein alt Gesetz, nicht ich, *gebietet*'s dir (GOETHE). ↑ auch 115

113 c) Bezieht sich ein Relativpronomen auf ein Personalpronomen der 1. oder 2. Person, so wird entweder das Personalpronomen im Relativsatz wiederholt, oder dessen Prädikat folgt dem Relativpronomen als dem Subjekt:

> Du, *der du* mein Freund bist; du, *der* mein Freund ist. Was kann ich tun, der selber hilflos ist? (SCHILLER)

114 2. Subjekt und finites Verb kongruieren in bezug auf den Numerus.

a) Die finite Verbform stimmt im allgemeinen mit dem Subjekt im Numerus überein:

> Das Kind *liest*. Die Kinder *lesen*. Wald, Wiese, Feld *zeigen* sich im Frühlingskleid. Briefmarken und Sport *bringen* ihm Ausgleich zur Arbeit. Ruhe und Ordnung *sind* wohltätig (TH. MANN). Kritik und Selbstkritik *sind* zu üben (↑ aber 118).

Merke:
115 Ist eines der Subjekte verneint, so ist in der Regel das bejahende für den Numerus der Verbform maßgebend:

> Nicht die glücklichen Umstände, sondern *sein Fleiß hat* ihn vorwärts gebracht. *Seine kämpferischen Gedichte,* nicht seine Erzählkunst, *haben* uns mitgerissen. ↑ auch 112; 118, Absatz d).

116 Folgt dem Subjekt eine Apposition in anderem Numerus, so richtet sich das Verb nur nach dem Subjekt:

> Seine Kinderjahre, die schöne, unvergeßliche Zeit, *blieben* eine kostbare Erinnerung. Schon sein Äußeres, besonders seine markanten Gesichtszüge und sein offener Blick, *läßt* darauf schließen, daß . . .

117 b) Bei anreihenden Konjunktionen wie *sowohl – als auch, nicht nur – sondern auch, weder – noch* steht das Verb meist im Plural:

> Sowohl der Birnbaum als auch die Kirsche *haben* durch den Frost gelitten. *Nicht nur die Aufgabe,* vor dem Schreiben genau nachzudenken, *sondern auch die Pflicht,* das Geschriebene sorgfältig durchzuarbeiten, *werden* oft vernachlässigt. *Weder du noch ich können* helfen.

Die Konjunktion *oder* wird vorzugsweise ausschließend gebraucht, d. h., das Prädikat ist nach dem unmittelbar vorangehenden Substantiv auszurichten:

> Peter oder seine Freunde *haben* das getan. Die Schwestern oder Peter *hat* das getan. Peter oder Regine *hat* das getan.

c) Das Verb steht im Singular,   **118**

– wenn die Wortreihe der Subjekte eine Einheit darstellt oder darstellen soll:

> Gleich und gleich *gesellt* sich gern. An ihm *ist* Hopfen und Malz verloren. „Hermann und Dorothea" *wurde* in Klasse 10 gelesen. [Die Form] „Männer" *ist* ein Plural. Kritik und Selbstkritik *ist* zu üben (↑ auch 114). Es *trägt* Verstand und rechter Sinn mit wenig Kunst sich selber vor (GOETHE).

– wenn in einer singularischen Reihe bewußt jedes einzelne Glied hervorgehoben werden soll:

> Und ein Arm und ein glänzender Nacken *wird* bloß (SCHILLER). Schlukken und Prusten, das Geheul des Alten, einförmiges Geschwätz *floß* ihnen zusammen (SEGHERS).

d) Das Verb *kann* im Singular stehen, wenn ihm in einer Reihe von Subjekten im Singular und Plural ein Singular am nächsten steht:

> Die Mitschüler und jedermann *gab* zu, ... (HESSE) Im Osten *winkte* das Völkerschlachtdenkmal, die Türme und die Essen von Leipzig. Weder du noch ich *kann* helfen. ↑ auch 117.

e) Auch bei Uhrzeitangaben und rechnerischen Aufgaben steht das Verb in der Regel im Singular:

> Es *schlägt* zehn Uhr. Zehn Uhr *ist* vorbei. Vier und fünf *ist (macht, ergibt)* neun. Zehn minus drei *ist* sieben. Vier mal fünf *ist* zwanzig. Zehn durch zwei *ist* fünf. Zwei in dritter Potenz *ist* acht.
> Aber bei konkreten Angaben: 79,– Mark *und* 6,– Mark *sind* 85,– Mark.

f) Besondere Regeln gelten bei Mengenbegriffen und im Substantivsatz.

– Bei Mengenbegriffen wie *Anzahl, Dutzend, Haufen, Menge, Reihe, Schar* **119** + Substantiv kann das Verb im Singular oder im Plural stehen, je nachdem, ob man das Gezählte oder den Mengenbegriff als maßgebend empfindet:

> Eine Menge Bücher *wurde* gekauft. Eine Anzahl Briefe *erreichte* ihn. Hundert Gramm Fleisch *wurde* gewiegt.
> Oder: Eine Menge Bücher *wurden* gekauft. Eine Anzahl Briefe *erreichten* ihn. Hundert Gramm Fleisch *werden* gewiegt.

Bei folgendem deutlichem Genitiv, besonders mit Artikel, oder bei einem Kasus mit Präposition richtet sich das Verb am besten nach dem Numerus des Mengenbegriffes:

> Eine Menge dieser Bücher (umg.: von diesen Büchern) *wurde* verkauft.
> Mengen guten Stoffes *wurden* verkauft.

120 – In einem Satz mit *sein, werden, heißen* gilt folgendes:
Steht das Subjekt im Singular, das Prädikatssubstantiv im Plural, so steht das finite Verb im Plural:

> Nur die Hälfte des Urlaubs *waren* schöne Tage. ... daß der größte Teil der Anwesenden Jugendliche *waren*. Eine Seemeile *sind* 1852 Meter.

Der Plural steht auch, wenn das Subjekt im Plural und der Prädikatsnominativ im Singular steht:

> Diese Äpfel *sind* ein Hochgenuß. Viele Jungen *heißen* Peter.

Sind Subjekt und Prädikatssubstantiv nicht eindeutig zu unterscheiden, so schwankt der Gebrauch von Singular und Plural des Verbs. Beides ist richtig:

> 100 Stück pro Tag *sind (ist)* die Norm. Dreißig Mark *waren (war)* damals eine große Summe.

3. Kongruenz zwischen Subjekt und Prädikatssubstantiv im Genus wird im Deutschen nicht so streng gefordert wie etwa im Lateinischen.

121 a) Sind Formen für das natürliche Geschlecht ausgebildet, so stimmen in der Regel Subjekt und Prädikatssubstantiv im Genus überein:

> *Sie* ist die *Betreuerin* der Kinder. *Sie* wurde *Ärztin, Lehrerin.*

Bei manchen Berufsbezeichnungen gilt auch für Frauen oft noch die maskuline Form, besonders bei akademischen Titeln (↑ 124, 556):

> Inge war *Apothekerlehrling*, wird *Pharmazeingenieur*. Anneliese lernt *Maurer.*
> Sie promovierte zum *Dr. phil. (Doktor phil.).* Sie wurde zum *Professor* (auch: zur *Professorin*) für Wirtschaftsrecht berufen.

122 b) Für die Beziehung von Pronomen auf Personen gilt folgendes:

– Die neutralen Pronomina *es* und *das* können auf Substantive jeden Geschlechts sowohl im Singular wie im Plural bezogen werden, wenn diese als Prädikatssubstantive mit einer Form von *sein* stehen (↑ 799):

> Da kommt ein Herr; *es (das)* ist mein Onkel. Da kommt eine Dame; *es (das)* ist meine Schwester. Da kommen Kinder; *es (das)* sind Mädchen.

– Personal- und Possessivpronomen, auf neutrale Bezeichnungen weiblicher Personen bezogen, stehen heute meist als Femininum:

> Was hat *das Mädchen*? Ist *sie* (auch: *es*) immer so? *Das Fräulein* in der Verkaufsstelle nannte *ihren* Namen.

– Beim Relativpronomen herrscht heute gewöhnlich Kongruenz:

> das Mädchen, *das* ich kennenlernte; das Fräulein, *das* mich bediente; aber:
> Jenes Mädchen ist es, das vertriebene, die du gewählt hast (GOETHE).

Die Kongruenz beim Attribut

1. Das adjektivische Attribut richtet sich in Genus, Numerus und **123**
Kasus in der Regel nach seinem Beziehungswort:

> *süßer* Wein, *dunkle* Nacht, *schönes* Wetter; ein *schöner* Tag, eine *schöne*
> Frau, ein *schönes* Kleid; *schöne* Tage / Frauen / Kleider; eines *schönen* Tages,
> an einem *schönen* Tage, für *einen* schönen Tag, für drei *ganze* Tage; sehr
> *verehrtes* Fräulein Inge, sehr *geehrter* Herr; nur: sehr *geehrte* Frau [Müller] und sehr *geehrter* Herr [Müller]; *liebe* Frau
> und *liebe* Kinder; *Ihr* Fräulein Tochter

Die Ordinalzahlen kongruieren wie andere adjektivische Attribute:

> der *erste* Januar, am *ersten* Januar, die *dritte* Woche, mein *zweites* Kind,
> eine Wurzel *dritten* Grades

Von den Kardinalzahlen können nur *zwei* und *drei* im Genitiv kongruieren:

> die Erfahrung zwei*er*, drei*er* Jahre

2. Neuere Berufsbezeichnungen für die Frau zeigen auch bei attribu- **124**
tivem Gebrauch teilweise die maskuline Form (↑ auch 121):

> der *Lehrling* (oder: die *Auszubildende*) Inge Meier; *Professor* (oder: *Professorin*)
> *Dr.* Hilde Lehmann; Frau *Minister* Zimmermann (oder: Frau *Ministerin* Zim-
> mermann); Frau *Dr. E.*; Frau *Staatssekretär* (auch: Frau *Staatssekretärin*) M.;
> Frau *Sanitätsrat* (auch: Frau *Sanitätsrätin*) Uibe

3. Bei Koseformen auf -*el* von Vornamen als Bezugswort zieht man das **125**
natürliche Geschlecht des adjektivischen Attributs vor:

> lieb*er* Hans*el*, lieb*e* Gret*el*; aber: lieb*es* Hänschen, lieb*es* Lieschen, lieb*es*
> Ingelein

4. Die nachgestellte Apposition stimmt in der Regel mit dem Bezie- **126**
hungswort im Kasus überein:

> Nathan *der* Weise, aus „Nathan *dem* Weisen"; ich als *dein* Freund rate dir.
> Ich rate dir als *meinem* Freund. ... durch den Chefarzt als *den verant-*
> *wortlichen* Leiter der Klinik, mit dem Chefarzt als *dem verantwortlichen*
> Leiter der Klinik; in einer Zeit wie *der unsrigen* (auch schon: wie die
> unsrige)

Zur Inkongruenz bei der Apposition ↑ 248.

127 Besondere Fälle der Kongruenz und Inkongruenz

1. Das Possessivpronomen richtet sich in seinem Stamm nach dem Besitzer – es kennzeichnet ihn nach Person, Numerus und Genus –, in seinen Flexionsendungen nach Kasus, Numerus und Genus des Besitztums:

> Er pflegt *meinen* Garten, *meine* Wiese, *mein* Blumenbeet (*ich* bin der Besitzer). Er pflegt *seinen* Garten, *seine* Wiese, *sein* Grundstück (*er* ist der Besitzer). In beiden Sätzen stehen die Bezeichnungen der Besitztümer im Akkusativ Singular, sie sind verschiedenen Geschlechts, diesem entsprechen die Flexionsendungen *–en* und *–e*.

2. Keine Kongruenz im Numerus herrscht, wenn ein Objekt oder eine Adverbialbestimmung inhaltlich auf einen Plural (Subjekt oder Objekt) bezogen ist (↑ auch 599):

> Er drückte allen Gratulanten dankbar *die Hand* (nicht: die Hände). Wir nahmen *den Hut* (nicht: die Hüte) ab. Er schlug Freunden bei der Begrüßung oft *auf die Schulter* (nicht: auf die Schultern).

3. Von einer Kongruenz der Modi kann man sprechen

a) in konditionalen Satzgefügen:

> Wenn ich Zeit *habe, komme* ich. *Hätte* ich Zeit, so *käme* ich. *Hätte* ich Zeit *gehabt, wäre* ich *gekommen*.

b) in anderen Satzgefügen, wenn schon im übergeordneten Satz der Konjunktiv steht:

> Es *sei*, wie es *wolle* (GOETHE).

c) in der indirekten Rede (↑ 276 f., 505).

Die Satzglieder und Satzgliedteile

Satz und Satzglied

128 1. Wie die Sprache als Ganzes, so vermag auch der Satz als Grundeinheit der Rede seine kommunikative Funktion nur zu erfüllen, weil er Systemcharakter besitzt (↑ 5). Die Wörter bilden im Satz kein bloßes Nebeneinander, sondern beziehen sich aufeinander und ordnen sich als dienende Glieder dem Satzganzen ein. Mit Hilfe von Umstellprobe, Ersatzprobe, Weglaßprobe und Bedeutungsanalyse läßt sich zeigen, daß es zwischen der Ebene des Satzes und der Ebene des Wortes noch eine besondere Ebene gibt, die Ebene der Satzglieder:

Satz	Über den Wiesen steht der starke, warme Sommerduft.			
Satzglied:	Lokalbest.	Präd.		Subjekt
Wortart:	Präp. Art. Subst.	Verb	Art. Adj. Adj.	Subst.

2. a) Die obengenannten Analyseverfahren ermöglichen es, den Satz **129** in unterschiedlicher Weise zu gliedern. Daher gibt es gegenwärtig auch verschiedenartige Satzgliedsysteme. Wir entscheiden uns für ein Satzgliedsystem, das von der syntaktischen Grundbeziehung, der wechselseitigen Zuordnung von Subjekt und Prädikat(sverband), ausgeht (↑ 84). Das Subjekt spiegelt in seiner verallgemeinerten grammatischen Bedeutung den Merkmalträger wider, das Prädikat oder der Prädikatsverband das Merkmal, das von dem Merkmalträger ausgesagt wird. Das Subjekt steht im Nominativ oder kann durch einen Nominativ ersetzt werden (↑ 161 ff.). Das Subjekt ist im Satz umstellbar.

b) Im Verbalsatz wird der Prädikatsverband von der einfachen oder **130** zusammengesetzten Verbform beherrscht. Sie bildet das Prädikat oder ist im Prädikat des Satzes enthalten. Im Meinungsstreit zwischen formalem und semantischem Prädikatsbegriff entscheiden wir uns für eine semantisch motivierte Prädikatsauffassung. Das heißt, die Bedeutung des Prädikats widerspiegelt Eigenschaften, die Gegenständen und Erscheinungen zukommen oder nicht zukommen, und Beziehungen, die zwischen bestimmten Gegenständen, Erscheinungen, Prozessen existieren. Das Prädikat eines Satzes besteht dementsprechend aus einem *Autosemantikon* (begriffstragenden Wort), das die (begrifflich-semantische) Aussagefunktion sprachlich realisiert, und aus den grammatischen Morphemen, die an die konjugierte Verbform gebunden sind und Tempus, Modus, Genus verbi, Person und Numerus ausdrücken. Damit wird das Prädikat zugleich sprachlicher Ausdruck für das Verhältnis zwischen kommunikativer Situation und im Satz dargestelltem Sachverhalt. Das Prädikat kann einteilig (einfache Zeitform) und mehrteilig (z. B. zusammengesetzte Zeitform oder Kopula + Prädikativum) sein und kann demgemäß aus einem oder zwei umstellbaren Elementen bestehen. Mehrteilige Formen des Prädikats bilden in Kern- und Stirnsätzen einen prädikativen Rahmen und stehen in der Regel geschlossen am Ende des Spannsatzes:

> Der Nebel *steigt* aus feuchten Wiesen. Nebel *steigen* aus feuchten Wiesen *auf*. Bald *werden* Nebel aus feuchten Wiesen *aufsteigen*. Wenn erst Nebel aus feuchten Wiesen *aufsteigen werden*, ...

c) Das Objekt ist das Satzglied, dessen Kasus oder Präpositionalform **131** vom Prädikatswort (Verb, Adjektiv, Adverb) regiert wird (↑ 104).

> Ich frage *den Freund*. Ich antworte *dem Freund*. Ich erinnere *mich des Freundes*. Ich denke *an den Freund*.

132 d) Die Adverbialbestimmung ist dasjenige Glied des Satzes, das die Zeit, den Ort, die Richtung, den Grund, die Art und Weise und die Lage im weitesten Sinne, also die Umstände, angibt (↑ 197 ff.). Sie gehört ebenfalls zum Prädikatsverband, ihre Form ist aber – im Unterschied zum Objekt – nicht der Rektion unterworfen. Unterschieden wird

– die Adverbialergänzung, das ist die von der Valenz des Prädikatswortes geforderte Adverbialbestimmung:

> Er hält sich *in Moskau* auf. Er machte sich *auf den Weg*. Der Vortrag dauert *zwei Stunden*. Der Gast wird *zuvorkommend* behandelt. Er handelt *aus Pflichtbewußtsein*.

– die Adverbialangabe, das ist eine für die Satzstruktur entbehrliche, durch die Valenz des Prädikats nicht motivierte Adverbialbestimmung:

> Die Kinder spielten *auf der Wiese*. Sie spielten *zwei Stunden*. *Wegen dichten Nebels* mußten die Kraftfahrzeuge *langsam* fahren.

Auch das Objekt und die Adverbialbestimmung sind selbständig umstellbare und durch Pronomen oder Adverb ersetzbare Satzglieder.

Merke:
Das präpositionale Objekt und die Adverbialbestimmung in Form einer Präpositionalfügung sind nicht immer streng zu scheiden (↑ 191).

133 3. Satzglieder können durch attributive Erläuterungen ausgebaut werden. Attribute sind nicht unmittelbar auf das Verb oder nominale Prädikat bezogen und meist nicht allein im Satz umstellbar; sie bilden gemeinsam mit dem Gliedkern, den sie näher bestimmen oder erläutern (↑ 85), ein Satzglied. Attribute heißen deshalb auch *Gliedteile*. Sie können beim Substantiv, Adjektiv, Adverb oder Pronomen stehen:

> Der Lehrer beugte sich über die Zeichnung *des Schülers*. Der *milde* Tag hat uns zu *diesem* Ausflug *ins Erzgebirge* verlockt. Das Wetter war *außerordentlich* trübe, *relativ* warm. Überall *in der Welt* sehnen sich die Menschen nach Frieden. Er *als Lehrer* sollte darüber Bescheid wissen. Der *dort* möchte dich sprechen.

134 4. Besonderer Erwähnung bedürfen die Partikeln, die ein Wort im Satz hervorheben, seine Bedeutung genauer umgrenzen oder modifizieren. Sie können im Kernsatz nicht allein vor der konjugierten Verbform stehen (vgl. HELBIG/BUSCHA, Grammatik, S. 428 ff.). Sie gelten als eigenständige Wortart (↑ 365) und auch als eine besondere Art von Gliedteilen (↑ 260):

> *Auch (besonders, vor allem)* mein Freund sprach dafür. Er schrieb *erst (bereits, schon)* gestern. Was willst du *denn*? Komm *doch* her!

5. Nicht zu den Satzgliedern rechnet man die Anrede. Sie wird durch **135** den Nominativ wiedergegeben (↑ 103). Sie kann für das Subjekt stehen:

> *Augen, meine lieben Fensterlein,* gebt mir schon so lange lieben Schein (KELLER). „Lauf, *Heinrich,* vielleicht kannst du was Genaues erfahren" (APITZ).

Sie kann sich auf das Akkusativ- oder Dativobjekt beziehen und so appositiven Charakter haben:

> Wir grüßen euch, *Freunde!* Ich sende euch, *ihr Lieben,* herzliche Grüße.

Die Anrede kann außerhalb der grammatischen Satzstruktur stehen:

> Was ist das, *Ilse? Freunde,* wir werden uns wiedersehen.

Die Anrede kann verschiedene Plätze in der Äußerung einnehmen:

> *Lieber Otto,* ich danke Dir für Deinen Glückwunsch. Ich danke Dir, *lieber Otto,* für Deinen Glückwunsch. Ich danke Dir für Deinen Glückwunsch, *lieber Otto.* (Schreibweise im Brief)

6. Konjunktionen wirken als Bindeglieder und Fügungsmittel im Satz; **136** zu den Satzgliedern rechnet man sie nicht (↑ 897 ff.):

> Wir riefen, *und* sie kamen. Sie kamen, *als* wir riefen. Wir riefen, *aber* sie kamen nicht. *Sowohl* der Lehrer *als* auch die Schüler ...

7. Auch Interjektionen lassen sich nicht als Satzglieder einordnen (↑ 925 ff.):

> Und wenn dann der Kopf fällt, sag ich: *Hoppla!* (BRECHT)

8. Präpositionen und Artikel gelten nicht als Attribute.

Die Form der Satzglieder

Die einzelnen Satzglieder (↑ 129–132) und der Gliedteil (↑ 133) kön- **137** nen verschiedene Formen haben. Nach der Qualität werden allgemein (Einzel-)Wort, Wortgruppe und Nebensatz (Gliedsatz oder Gliedteil- satz) als mögliche Formen von Satzgliedern und Gliedteilen unterschie- den. Hinsichtlich der Quantität kann jede der genannten Formen aus einem Glied oder aus mehreren Gliedern bestehen (Wortreihe, Wort- gruppenreihe, Nebensatzreihe) (↑ 86–96).

1. Das Satzglied kann als Einzelwort Substantiv, Pronomen, Adjektiv, **138** Adverb oder Verb sein:

> Täglich / sah / man / dort / Möwen. (Adj. / Verb / Pron. / Adv. / Subst.)

Als ein Wort im Sinne der Satzgliedwertung sind auch Artikel + Substantiv, temporales Hilfsverb + Vollverb, *zu* + Infinitiv, *am* + Superlativ zu werten:

> *Die Mutter* kauft *das Obst* im Konsum. Sie *wird* es im Konsum *gekauft haben.* Vergiß nicht *zu bezahlen!* Wo kauft man *am billigsten?*

2. Es kann eine Wortreihe sein:

> Als Subjekt: *Männer, Frauen* und *Kinder* eilten herbei.
> Als Prädikat: Die Kinder *spielten, sangen* und *tanzten.*
> Als Objekt: Liebhaber sammeln *Münzen, Briefmarken* und *Bierseidel.*
> Als Attribut: Ein *feiner, schleierartiger* Regen rieselte herab.

In der Dichtung werden Glieder einer Reihe manchmal auseinandergerissen (Spreizstellung):

> *Oftmals* wurde geehrt und *ausgiebig* der Genosse Lenin ... *Städte* wurden nach ihm genannt und *Kinder.* Büsten gibt es und *Standbilder* (BRECHT).

139 3. Das Satzglied oder der Gliedteil kann eine Wortgruppe sein. Die *freie Wortgruppe* (auch Wortfügung, Wortgefüge, Wortverbindung genannt) ist die hierarchische Verbindung zweier oder mehrerer syntaktisch und semantisch aufeinander bezogener Wörter, die als Ganzes nicht dem Lexikon der Sprache angehört und ein Satzglied oder einen Gliedteil bildet. Nach der Art der syntaktischen Verknüpfung werden folgende drei Arten von Wortgruppen unterschieden:

a) die präpositionale Fügung:

> *infolge der Überschwemmung, auf dem Dach*

b) aus einem Kern und abhängigen Elementen bestehende binäre Gruppen:

> *der Vater des Soldaten* (Substantivgruppe), *vier Jahre alt* (Adjektivgruppe), *überall in der Welt* (Adverbgruppe), *jedes dieser Kinder* (Pronominalgruppe). Hans *muß* gleich *kommen, pflegt* um sieben Uhr *aufzustehen, droht* den Anschluß im Unterricht *zu verlieren* (verbale Gruppe, die als Ganzes das Prädikat des Satzes bildet),

c) nebensatzähnliche Wortgruppen, das sind „Wortgruppen, die eine Subjekt-Prädikat-Beziehung implizieren, ohne daß ihre Glieder die grammatische Form von Subjekt und Prädikat haben" (MOSKALSKAJA, Grammatik, S. 288). Dies trifft auf Infinitiv- und Partizipialkonstruktionen zu:

> Jankowski war es gelungen, *in die Mitte eines Marschgliedes zu huschen* (Infinitivgruppe – Subjekt). Schilder, *zwischen den Bäumen aufgestellt,* schienen ihn zu warnen (Partizipialgruppe – Attribut, APITZ). ↑ 70–73

4. Es kann ein Nebensatz (Gliedsatz oder Gliedteilsatz) sein (↑ 61, 76 f.).   **140**

> *Wer schaffen will,* muß fröhlich sein (Subjektsatz). Man hatte Riedl ge-
> wählt, *weil er auch früher verhandelt hatte in Hadersfeld* . . . (Seghers)
> (Kausalsatz). Irgendwer hatte die Nachricht ins Lager gebracht, *die*
> *Amerikaner hätten bei Remagen den Rhein überschritten* . . . (Apitz) (Attribut-
> satz).

5. Wortgruppen- und Gliedsatzreihe bilden immer nur ein Satzglied.   **141**

> Lokalbestimmung: *Im Wald und auf der Heide, da* such' ich meine Freude.
> Objekt: Ich fragte ihn, *ob er mich verstanden hat und was er nun zu unternehmen*
> *gedenkt.*

Merke: **142**

Substantiv + Präpositionaladverb bilden ein einheitliches Satzglied.

> Als Adverbialbestimmung: Wir reisten *die ganze Nacht hindurch.*
> Manchmal kann man schwanken: Wir gingen *dem Walde zu*: „dem
> Walde" = Dativobjekt zu *zugehen* oder „dem Walde zu" = Lokal-
> bestimmung zu *gehen.*
> Ein Infinitiv wird von seinem Objekt nicht getrennt, wenn die Infinitiv-
> gruppe Subjekt des Satzes ist: *Den Rasen [zu] betreten* ist verboten. Hat die
> Infinitivgruppe einen anderen Satzgliedwert, ist Trennung möglich,
> z. B. beim Objekt:
> Er glaubte, *auf das Auto verzichten zu können.*
> *Auf das Auto* glaubte er *verzichten zu können.*

Die einzelnen Satzglieder

● Das Prädikat

Bedeutung und Fügungswert des Prädikats

1. Das Prädikat sagt (gemeinsam mit den von ihm abhängigen Satz-   **143**
gliedern) etwas über das Subjekt aus (lat. *praedicare* = ‚ausrufen', ‚ver-
künden', ‚laut ansagen'). Die lexikalische Bedeutung des Prädikatswortes widerspiegelt Eigenschaften, die bestimmten Gegenständen und
Erscheinungen zukommen oder nicht zukommen, und Beziehungen,
die zwischen bestimmten Gegenständen, Erscheinungen und Prozessen
bestehen (↑ 130). Das Prädikat ist zugleich sprachlicher Ausdruck für
das Verhältnis zwischen Redesituation und dem im Satz dargestellten
Sachverhalt (Zeitbeziehung zwischen Redemoment und Zeit des Geschehens, Einschätzung des Wirklichkeitsgehaltes des Satzinhalts durch
den Sprecher).

2. Der Fügungswert des Prädikats liegt in seiner satzbildenden Fähig-   **144**
keit.

a) Das Prädikat gründet zusammen mit dem Subjekt den Satz. Beide können nur in bezug aufeinander Prädikat und Subjekt sein. Das konjugierte Verb stimmt in der Regel (↑ 109 ff.) in Person und Numerus mit dem Subjekt überein:

> Ich arbeite. Mein Vater / er arbeitet. Meine Eltern arbeiten. Hans und Fritz ←→ sind meine Freunde.

Für alle Satzglieder ist das Prädikat die einzige Bezugsstelle; es stellt die Verbindung zwischen dem Subjekt und den anderen Satzgliedern her. Zur Sonderstellung des Attributs ↑ 133.

b) Das Prädikat gliedert den Satz und bestimmt seinen Umfang.

145 – Es begründet durch seine Zuordnung zum Subjekt (↑ 84) die Zweigliedrigkeit des Satzes und regiert das Objekt in seiner Form:

> Der lange Vetter handhabe den Spazierstock ganz richtig; aber er konnte bei weitem nicht den Boden erreichen mit der Zwinge (FRANK). Der Kritiker würdigte das Buch einer eingehenden Besprechung. Der Gefragte blieb dem Fragesteller die Antwort schuldig.

– Das Prädikat bestimmt nach der Valenz des begriffstragenden Bestandteils die Leerstellen des Satzes und kennzeichnet seinen möglichen Umfang (↑ 98).

– Zwei- und mehrteilige Formen des Prädikats können sich entzweien und bilden auf diese Weise einen prädikativen Rahmen, der andere Glieder des Satzes umgibt (↑ 292):

> Ich *habe* ihn brieflich an sein Versprechen *erinnert.* Er *soll* bald dieses Versprechen *einlösen.* Er *las* ihr den Wunsch von den Augen *ab.* Der Chauffeur *machte* die Passagiere auf Sehenswürdigkeiten *aufmerksam.* Diese Leistung *machte* auf alle anderen großen *Eindruck.*

c) Die konjugierte Verbform als notwendiger Teil des Prädikats legt den Strukturtyp des Satzes fest. Sie hat im Aussage-, Aufforderungs- und Fragesatz und im Nebensatz eine fest geregelte Stellung (↑ 288 ff.):

> Ich *erinnerte* ihn brieflich daran. *Komm* endlich! *Erinnerst* du dich noch an dieses Erlebnis? Obwohl ich mich noch gut *erinnere,* ...

Die Form des Prädikats

146 Das Prädikat erhält seine Gestalt durch die Personalform des Verbs, entweder allein oder in Verbindung mit weiteren Elementen.

1. Das Prädikat kann einteilig sein, wenn das Verb im Präsens oder Präteritum Aktiv steht:

> Die Ernte *beginnt.* Die Ernte *begann.* Der Schriftsteller *schreibt / schrieb* einen historischen Roman.

2. Das Prädikat kann mehrteilig sein: **147**

a) Es wird durch eine zusammengesetzte Tempusform gebildet, und zwar
aus einer Personalform von *sein* oder *haben* + Partizip II:

> Der Fluß *ist / war* über die Ufer *getreten.* Die Ernte *hat begonnen.*

aus einer Personalform von *werden* + Infinitiv oder *werden* + Partizip II:

> Die Ernte *wird beginnen.* Die Ernte *wird / wurde begonnen.*

aus einer Personalform von *sein* + Partizip II des Vollverbs + Partizip II von *werden*:

> Die Ernte *ist / war begonnen worden.*

aus einer Personalform von *werden* + Partizip II des Vollverbs + Infinitiv von *haben* oder *sein*:

> Die Ernte *wird begonnen haben.* Der Fluß *wird* über seine Ufer *getreten sein.*

b) In der volkstümlichen Umgangssprache wird manchmal *tun* mit einem Infinitiv gebraucht (↑ 397):

> *Wissen tun* wir alle nichts (Tralow). Das *täte* ich mir gern *ansehen.*

c) Das Prädikat kann aus der Personalform eines Modalverbs + (ein- **148**
fachem oder zusammengesetztem) Infinitiv (↑ 425) gebildet werden:

> Die Ernte *muß beginnen.* Die Ernte *sollte begonnen werden.* Die Ernte *könnte begonnen worden sein.*

oder durch Verbindung einer Personalform von *haben* oder *sein,* von *brauchen, drohen, pflegen, scheinen, versuchen* und ähnlichen Verben, die modale Bedeutung (↑ 395) haben, mit dem Infinitiv eines Vollverbs:

> Der Traktorist *hat* die Maschine *zu pflegen.* Das Korn *ist zu dreschen.* Wir *brauchen* darüber keine Worte *zu verlieren.* Der Vater *pflegt* um diese Zeit *zu ruhen.* Die Rechnung *scheint zu stimmen.* Das Wetter *verspricht / scheint* gut *zu werden.* Es *hört auf zu regnen.*

d) Bei unfest zusammengesetzten Verben sind auch Präsens und Prä- **149**
teritum zweiteilig und damit rahmenbildend:

> Wir *brechen / brachen* die Verhandlungen *ab.* Sie *gehen / gingen* schnell *fort.* Er *kehrt / kehrte* noch zur rechten Zeit *zurück.*

Hierher gehören auch Verben wie *kennenlernen, fertigstellen, haushalten, stehenlassen, verlorengehen* u. ä.:

> Ich *lernte* sie im Theater *kennen.* Der Brief *ist verlorengegangen.*

Feste verbale Wortverbindungen – auch Funktionsverbgefüge genannt – wie *in Frage stellen, instand setzen, zugrunde richten, zur Schau stel-*

len, Rechnung tragen, Rücksicht nehmen usw. — sind ebenfalls als mehrteiliges Prädikat anzuerkennen:

> Er *stellte* die Aussage des Zeugen *in Frage.* Der Mechaniker *setzte* das defekte Fahrrad *instand.* Der Politiker *trug* der internationalen Situation *Rechnung. Nimm* auf Schichtarbeiter *Rücksicht!*

150 e) Als Prädikat ist auch die Verbindung aus kopulativem Verb + Prädikativ aufzufassen. Diese Auffassung ist berechtigt,

– weil das vom Subjekt oder Objekt ausgesagte Merkmal vom Prädikativ und nicht vom kopulativen Verb ausgedrückt wird,
– weil die Art und Anzahl der Leerstellen und damit der Aktanten von der Valenz des Wortes festgelegt wird, das Prädikativum ist,
– weil das häufigsts kopulative Verb *sein* im Falle der Nominalisierung eines Satzes weggelassen wird:

> Der Schüler ist *krank* → der *kranke* Schüler. Fritz ist *mein Freund* → *mein Freund* Fritz.

Kopulative Verben, wie *sein, heißen, scheinen, bleiben, werden, dünken,* können im Satz nicht ohne Prädikativ stehen. Da das Prädikativ aber eine große Formenvielfalt zeigt und auch in der Form eines Nebensatzes (Prädikativsatz) vorkommen kann, beschreiben wir es gesondert vom kopulativen Verb.

● Das Prädikativ

Grundsätzliches

151 1. Wir sehen im Prädikativ(um) (zuweilen auch *Prädikatsnomen* genannt) einen Prädikatsteil, der zusammen mit *sein, werden, scheinen, bleiben, heißen* oder mit Verben des Nennens das Prädikat im Satz bildet. Je nach der Form des Prädikativs können wir vom Prädikatsnominativ, Prädikatsakkusativ, Prädikatsadjektiv, Prädikatsadverb, Prädikativsatz, je nach seiner syntaktisch-semantischen Beziehung vom Subjektsprädikativ und Objektsprädikativ sprechen.

2. Im Unterschied zu den Objekten bezieht sich die Bedeutung des Prädikativs nicht auf das Verb, sondern auf das Subjekt oder Objekt des Satzes.

152 3. Das Prädikativ steht in Verbindung mit

a) den kopulativen Verben *sein, werden, bleiben, scheinen, heißen:*

> Er *ist Lehrer. Wirst* du *Arzt?* Er *bleibt ruhig.* Er *heißt Meier.*

b) den Verben des Nennens *nennen, schelten, taufen, heißen*:

> Sie *nannten* ihn *Fritz.* / Er *wird Fritz genannt.* Er *schalt* ihn *einen Lügner.* Die Eltern *tauften* das Kind Peter.

Manche dieser Verben sind mit ihrem Prädikativum durch ein Fügewort *(als, für, zu)* verbunden:

> Das Familienleben bei Hardekopfs durfte *als ein geordnetes* gelten (BREDEL). Wir halten den Mitarbeiter *für einen gewissenhaften Menschen.* Der Oberleutnant wurde *zum Hauptmann* befördert.

c) einigen reflexiven und reflexiv gebrauchten Verben, z. B. *sich dünken, sich fühlen, sich erweisen, sich nennen, sich zeigen* u. ä.:

> Er dünkt sich *ein Genie.* Er erweist sich *zuverlässig.* Er zeigte sich *als ein tapferer Mann.*

4. Bestimmte Bedeutungsvarianten einiger Verben, z. B. *arbeiten, finden, machen, sehen, stehen, liegen, sterben* u. ä., lassen ebenfalls ein Prädikativ zu: **153**

> Er arbeitet *als Angestellter.* Die Gäste fanden die Speisen *wohlschmeckend.* Das Gewitter macht die Luft *rein.* Wir sehen die Freunde *fröhlich.* Der Wald steht *schwarz* und schweiget (CLAUDIUS). Der Hof liegt *verwaist.* Die Passanten wähnten den Verunglückten *tot.*

Merke: **154**

Wenn *sein* die Bedeutung *existieren, leben, wohnen, bestehen aus* hat, ist die dabeistehende nähere Bestimmung nicht Prädikativ, sondern Adverbialergänzung (↑ 199):

> Mein Freund ist in Berlin. Er war lange unterwegs. Der Tisch ist aus Eichenholz.

Bei *sein* in der Bedeutung ‚gehören‘, einer umgangssprachlichen Fügung, steht immer ein Objekt:

> Das Buch ist *mir.* Der Garten ist *meinen Eltern.*

Bei *bleiben* (= ‚verweilen‘) steht eine Adverbialergänzung:

> Ich bleibe *dort, daheim, zu Hause, in Leipzig, im Bett.*

Auch das Verhältnis zwischen Bestimmungs- und Grundwort eines Kompositums kann der Bedeutungsbeziehung zwischen Prädikatssubstantiv und Subjekt entsprechen:

> Gastdirigent (der Dirigent ist ein *Gast*), Mutterhündin, Arzt-Kosmonaut.

Die Form des Prädikativs

1. Das Prädikativ ist ein Substantiv im Nominativ oder Akkusativ: **155**

> Ilse ist *Apothekerin.* Er bleibt *mein Freund.* Es wird *Abend.* Er nannte ihn *unser Vorbild.* Er schalt ihn *einen Faulenzer.*

2. Das Prädikativ ist in bestimmten Wendungen ein Substantiv im Genitiv oder ein Substantiv mit Präposition:

> Er war *frohen Mutes, guter Dinge.* Er wurde *anderen Sinnes.* Das Substantiv ist *weiblichen Geschlechts.* Die Frage ist *von großer Bedeutung.* Die Eltern waren *in Sorge.*

3. Das Prädikativ ist ein undekliniertes Adjektiv oder Partizip:

> Die Lösung der Aufgabe ist *richtig.* Die Dienststelle bleibt *geöffnet.* Wir finden ihn *zuverlässig.* Sport erhält [uns] *gesund.*

4. Das Prädikativ ist ein Substantiv oder Adjektiv mit Fügewort, besonders mit *als, für* oder *zu:·*

> Sie gilt *als ausgezeichnete Turmspringerin.* Ich betrachte ihn *als Fachmann.* Wir wählten ihn *zum Vorsitzenden.* Der umsichtige Soldat wurde *zum Unteroffizier* befördert. Wir halten ihn *für zuverlässig.*

5. Das Prädikativ kann ein Vergleich mit *wie* sein:

> Er heißt *wie du, wie sein* Vater. Sorgen sind *wie Ungeziefer* (SEEGER).

6. Das Prädikativ kann ein einfacher oder erweiterter Infinitiv sein:

> Leben heißt *kämpfen.* Was er beabsichtigt, ist, *uns zu imponieren.*

7. Das Prädikativ kann ein Nebensatz, ein Prädikativsatz, sein:

> Er wurde, *was seinen Fähigkeiten und Neigungen entspricht.* Hexholm war damals schon, *was es im Grund heute noch ist* ... (Tageszeitung). Womit Spagnuolo aber nicht gerechnet hatte, war, *daß sich der interne Krieg der Mafia eines Tages auch an seiner Person entzünden könnte* (PRZYBYLSKI).

156 *Bedeutung und Fügungswert des Prädikativs*

1. Das Prädikativ kennzeichnet als Prädikatssubstantiv eine wichtige Eigenschaft des Subjekts oder des Akkusativobjekts. Das Prädikatssubstantiv nennt den Namen, die Funktion oder die Begriffsklasse des Subjekts oder des Akkusativobjekts.

> Mein Freund heißt *Fritz.* Helmut ist / wird / bleibt *Lehrer. Seine Liebhaberei* waren Briefmarken. Er nannte ihn *seinen Lehrer.* Ich betrachte ihn *als meinen Freund.* Ich wählte ihn *zu meinem Partner.*

Es kann sich um die Einordnung in die Gattung handeln:

> Tischlerei ist *ein Handwerk.* Der Würfel ist *ein geometrischer Körper.*

Die Zuordnung Subjekt-Prädikatssubstantiv kann ein Werturteil darstellen:

> Du bist *ein Esel.* Er ist *ein Prachtkerl.* Hältst du ihn *für einen Egoisten?*

2. Das Prädikativ kennzeichnet als Prädikatsadjektiv ein Merkmal des **157** Subjekts oder des Akkusativobjekts. Dem Prädikatsadjektiv kann semantisch ein Substantiv im Genitiv oder eine Präpositionalfügung nahestehen:

> Der Boden war *hart*. Die Tür bleibt *offen / geöffnet*.
> Der Lehrer schilt den Jungen *faul*. Barlach wußte, was *seines Amtes* war (FÜHMANN). Der Himmel war *von gedankenzarter Bläue* (STRITT-MATTER).

Entscheidend ist, daß das Prädikativ das Merkmal des vom Subjekt oder Objekt Bezeichneten angibt. Nicht immer wird eine scharfe Abgrenzung von der Modalbestimmung, die das Merkmal eines Vorgangs ausdrückt, möglich sein. Die Frage *wie?* reicht zur Abgrenzung nicht aus (↑ 208 ff.).

Besonderheiten

1. Vom Prädikativ als Valenzträger des Satzes ist das *prädikative Attri-* **158** *but* zu unterscheiden. Das prädikative Attribut steht bei vollbedeutenden Verben, es kann ohne Änderung der Verbbedeutung weggelassen werden oder als Attribut zum Subjekt oder Objekt des Satzes treten oder in einen Nebensatz ausgegliedert werden:

> Eine bauchige Flasche lag *leer* am Boden (SIEBE) (= eine *leere* Flasche, Attribut).
> In einem anderen Raum standen die Kisten *gestapelt* (= die *gestapelten* Kisten, Attribut).
> Er liebt den Kaffee *heiß* (= liebt *heißen* Kaffee, Attribut).
> Er wünschte sich die Lebensgefährtin *jungfräulich* und *schön* (= Er wünschte sich, daß die Lebensgefährtin *jungfräulich* und *schön* ist, Nebensatz).
> ... daß den Bunker A niemand *lebend* verließ (SEGHERS) (= ... daß den Bunker niemand verließ, der *lebend* war, Nebensatz).

2. Prädikativ und prädikatives Attribut bezeichnen immer Merkmale derjenigen Erscheinungen, die vom Subjekt oder Objekt des Satzes bezeichnet werden, Modalbestimmungen drücken dagegen Merkmale der Prozesse aus, die vom Verb im Satz bezeichnet werden. Man muß also unterscheiden:

> Ich liebe den Kaffee *heiß* (= *heißer* Kaffee, prädikatives Attribut).
> Er liebt das Mädchen *heiß* (= *heißes Lieben* bzw. *heiße Liebe*, Modalbestimmung).

Grammatisch-stilistische Hinweise

1. Drückt das Prädikatssubstantiv die Einordnung in eine Gattung **159** oder Gruppe aus, so steht es im Singular mit unbestimmtem Artikel:

Halle ist *eine Großstadt*. Das Quadrat ist *ein Parallelogramm*. Er war damals
noch *ein Kind*. Das ist *ein wundervoller Wein*. Er bleibt *ein Sorgenkind*. Wir
halten ihn *für einen befähigten Kollegen*.
Aber nur: Er war *Franzose*. Er ist *Leipziger*.

160 2. Manchmal sind Schwankungen zwischen Prädikatsnominativ und
Prädikatsakkusativ möglich:

a) Bei reflexiven Verben ist man manchmal unsicher, ob das Prädikatssubstantiv im Nominativ oder Akkusativ steht, da es sich unmittelbar auf das Reflexivpronomen (Akkusativ), mittelbar auf das Subjekt
(Nominativ) bezieht. Es gilt folgende Regel: Bei echten reflexiven Verben, bei denen das Reflexivpronomen nicht austauschbar ist – z. B. *sich
benehmen, sich betragen, sich bewerben* – steht die Fügung im Nominativ:

Er benahm sich *als fairer Sportsmann*.

Bei unechten reflexiven Verben schwankt die Fallsetzung je nachdem,
ob man die Zuordnung als mehr zum Subjekt gehörig empfindet oder
ob man das Objekt kennzeichnen will:

Er zeigte sich als *aufrichtiger* (als *aufrichtigen*) Freund.
Er fühlte sich als *[ein]* Held, als *[einen]* Helden.
Er rühmt sich als *dein Retter* (besser: als *deinen Retter*).
Er stellte sich *als neuer Leiter (als neuen Leiter)* vor.

Hierher gehören Verben wie *sich ankündigen, sich ausgeben, sich behaupten,
sich beweisen, sich darstellen, sich empfehlen, sich erweisen, sich rühmen, sich
zeigen* u. a.

b) Bei nichtreflexiv gebrauchtem transitivem Verb steht der Akkusativ:

Die Belegschaft wählte ihn als *Delegierten*.

c) In der Dichtung wird *als* manchmal ausgelassen:

Dann übt der Jüngling streitend seine Kräfte,
fühlt, was er ist, und fühlt sich bald *ein Mann* (GOETHE).
Ein verliebter Frühlingsträumer wirst du durch die Wälder irren (HEINE).

d) Wenn *sein, werden, bleiben* mit einem übergeordneten transitiven Verb,
z. B. mit *lassen*, zusammenstehen, steht meist der prädikative Akkusativ:

Die Nacht ... umarmt mich sanft und läßt mich *ihren Freund* und *ihren
Bruder* sein (HESSE).

Richtig ist aber auch:

Laß mich *dein Freund* sein, *dein Bruder* bleiben!

• Das Subjekt

Bedeutung und Fügungswert des Subjekts

1. Das Subjekt benennt eine Erscheinung im weitesten Sinne des **161** Wortes, deren Merkmal durch den Prädikatsverband ausgedrückt wird, den Merkmalträger eines im Satz aktualisierten Sachverhalts. Seine Bedeutung spiegelt den Träger einer Handlung, eines Vorgangs, eines Zustands oder einen von der Handlung betroffenen oder hervorgebrachten Gegenstand wider:

> *Die Sportler* überbieten den Weltrekord. *Der Weltrekord* erhöht sich kontinuierlich. Am Werktor steht der *Pförtner*. *Das Werktor* wird geöffnet. *Werkzeugmaschinen* werden produziert.

Die lateinische Bezeichnung Subjekt bedeutet ‚das Untergelegte'.

2. Der Fügungswert des Subjekts besteht in seiner Fähigkeit, ein Verb **162** an sich zu binden und von diesem Kongruenz in Person und Zahl zu fordern:

> Die Arbeit beginn*t*, die Arbeit*en* beginn*en*. Ich beginn*e*, du beginn*st*.

a) Die Beziehung Subjekt – Prädikat bildet die Grundlage des Satzes und gibt die Basis für Erweiterungen ab:

> *Er wusch* sich. *Er wusch* sich mit klarem Gebirgswasser.
> *Er wusch* sich mit klarem Gebirgswasser draußen am Steintrog.
> *Er wusch* sich mit klarem Gebirgswasser, draußen am Steintrog, indem er die hohlen Hände unter den kristallenen Strahl hielt, der aus einer hölzernen, vermorschten und bemoosten Rinne floß (HAUPTMANN).

Die Beziehung Subjekt – Prädikat pflegt auch dann ausgedrückt zu werden, wenn ein Handlungs-, Vorgangs- oder Zustandsträger gar nicht vorhanden oder nicht bekannt ist. Das geschieht vor allem durch *es*, z. B. bei Witterungserscheinungen, aber auch sonst (↑ 798):

> *Es* schneit, *es* regnet, *es* wetterleuchtet. *Es* hat geklopft.

Auch Einwortsätze unterliegen dieser Beziehung. Das nicht genannte Subjekt oder Prädikat ergibt sich aus dem Kontext:

> Ausgezeichnet! (Die Arbeit ist ausgezeichnet.) Die Bahn! (Die Bahn kommt.)

b) Die Bedeutung jedes Wortes widerspiegelt Merkmale einer Klasse von Erscheinungen der Wirklichkeit, die das Wort bezeichnet. Im Satz können deshalb nur solche Merkmale den Gegenständen zugesprochen werden, die ihnen in Wirklichkeit auch tatsächlich zukommen. Man spricht von *Verträglichkeit, Vereinbarkeit* oder *semantischer Kongruenz*.

So kann man zum Beispiel sagen:

> Der Hund bellt, beißt, frißt, ist ein Haustier, ist wachsam u. ä.
> Aber nicht: *Der Hund miaut, ist eine Person, ist regnerisch.

Die Bedeutung des Subjekts im Satz hängt von der Semantik des Prädikatswortes ab. Subjekt und Prädikatssubstantiv können im Verhältnis der Gleichsetzung oder Einordnung stehen:

> Fritz ist mein Freund. Leipzig ist eine Großstadt. Er wird Arzt.

Das Prädikatsadjektiv kann eine Eigenschaftsbestimmung zum Subjekt sein:

> Der Zug ist pünktlich. Der Roman ist zeitnahe.

Das Subjekt kann den Träger eines Vorgangs oder Zustands bezeichnen:

> Die Sonne scheint. Der Regen läßt nach. Das Kind schläft.

Das Subjekt kann den Täter, den Handelnden nennen:

> Das Mädchen bediente die Kundschaft. Er schrieb seine Dissertation.

c) In einem Kompositum oder einer Wortgruppe aus Substantiv + Genitivattribut kann ein Subjekt-Prädikat-Verhältnis vorliegen, wenn sich das Grundwort oder Beziehungswort in ein Verb verwandeln läßt:

> Kindergeschrei – Geschrei der Kinder – die Kinder schreien; Sonnenschein – der Schein der Sonne – die Sonne scheint

Die Form des Subjekts

163 1. Als Satzglied, das das nennt, worüber etwas ausgesagt wird, ist das Subjekt in der Regel ein Substantiv im Nominativ. Für das Substantiv kann ein Pronomen stehen:

> *Die Sprache* entwickelt sich. *Sie* ist ein Verständigungsmittel. *Das* ist wichtig. *Wer* fragt? *Niemand* hat gefragt. *Nichts* besteht ewig.

Da jedes Wort zum Substantiv gemacht werden kann, kann auch scheinbar jede Wortart zum Subjekt werden. In Wirklichkeit handelt es sich um Substantivierungen:

> *Sprechen* und *Schreiben* sind kommunikative Tätigkeiten.
> *Das Gesprochene* wurde niedergeschrieben. *Das zarte Rosa* gefällt mir. *Die Eins* ist die beste Zensur. *Vorwärts* heißt unsere Parole. *Mein Gegenüber* beteiligte sich an der Diskussion. *Au* ist Ausdruck des Schmerzes.

2. Das Subjekt kann eine Partikel enthalten:

> *An die Zehntausend* waren versammelt. *Über zwanzig Fahrzeuge* waren an diesem Unfall beteiligt.

In altertümlicher Sprache tritt das Subjekt auch im Genitiv auf:

Meines Bleibens ist nicht länger. Der Übersetzer hätte diese Punkte, wenn *ihrer* in der Schrift vorkommen, bemerken sollen (LESSING).

3. Das Subjekt kann ein Infinitiv mit *zu* oder eine Infinitivgruppe sein:

Mit(zu)schreiben ist wichtig. *Irren* ist menschlich. *Neues zu erfinden* ist vordringliche Aufgabe der Wissenschaft.

4. Das Subjekt kann ein Gliedsatz, ein Subjektsatz, sein: **164**

a) Der Subjektsatz ist häufig ein Konjunktionalsatz mit *daß*:

Daß sich ein derart schwerer Verkehrsunfall nicht wiederholen kann, wie ihn die Zeitung letztens berichtet hat, dafür muß die Vorfahrtsregelung übersichtlicher ausgeschildert werden. *Daß du doch noch gekommen bist,* freut mich wirklich sehr.

Auch ein uneingeleiteter Gliedsatz entspricht als Subjektsatz meist einem *daß*-Satz:

Sicher ist, *wir müssen es schaffen* (daß wir es schaffen müssen).

b) Der Subjektsatz kann ein Relativsatz sein (↑ 64):

Wer schaffen will, muß fröhlich sein. *Was ein Häkchen werden will,* krümmt sich beizeiten. *Wem ich glauben soll,* ist mir nicht klar.

c) Der Subjektsatz kann mit einem Fragewort eingeleitet sein:

Zuerst muß ausfindig gemacht werden, *wo sich das Versteck befindet.*

Merke:
Wenn ein Nebensatz Subjekt ist, fehlt im Hauptsatz in der Regel das Subjekt, vgl. obige Beispiele.
In der Alltagsrede fehlen zuweilen Subjekt und finite Verbform im Hauptsatz:

Gut, daß du da bist. *Ein Pech,* daß die Straßenbahn besonders früh kam.

Manchmal geht dem Subjektsatz ein *es* als Korrelat voraus:

Es ist bedauerlich, *daß Sie uns schon verlassen müssen.*

5. Ohne Subjekt steht der Imperativ der 2. Person Singular und Plural:

Sprich! Sprecht! Lies! Kommt mit!
Aber: Bitte, sprechen *Sie!*

Kein Subjekt steht bei subjektlosem Passiv (↑ 486), wenn ein anderes Satzglied am Satzanfang steht:

Mehrfach *wurde* schon über den Fall *gesprochen.* Heute abend *wird getanzt.*

Um Satzäquivalente (↑ 925) handelt es sich bei formelhaften Wendungen:

> Bitte! Danke! Ja! Nein! Bravo!

Stilistische Bemerkungen

165 Die Wiederholung des substantivischen Subjekts – *Anapher* (Pl. Anaphora) – kann die sprachliche Wirkung eines Textes verstärken:

> *Heilbutt* aber ist Gentleman, *Heilbutt* sieht über so etwas hinweg, *Heilbutt* verkauft auch so genug, und vor allem, *Heilbutt* weiß ... (FALLADA).

In der Dichtung wird das Subjekt mitunter durch ein Pronomen wiederaufgenommen:

> Ach, *dieser Kurzschluß, er* war für mich ganz unwichtig geworden (STRITT-MATTER). *Die Ziegen, Hühner, Kaninchen und das Schwein, die* waren Nutzvieh (KANT).

In volkstümlicher Dichtung, besonders im Märchen und im Drama, wird das Subjekt manchmal ausgelassen. Diese Erscheinung wird als *Subjektellipse* (↑ 283) bezeichnet:

> Immer Spaß gehabt an der Arbeit mit Vieh und Acker. Allerhand im Zuchthaus gelernt, was? (SAKOWSKI). Hab mir gedacht ...

Merke:
Der frühere Brauch, im Brief das persönliche Subjekt *(ich, wir)* aus Höflichkeit auszulassen, ist nicht nachahmenswert:

> Ich habe Ihre Anfrage erhalten. Ich erlaube mir, Sie darauf aufmerksam zu machen, daß ...
> Nicht: Habe Ihre Anfrage erhalten. Erlaube mir, Sie darauf aufmerksam zu machen, daß ...

● **Das Objekt**

Bedeutung und Fügungswert des Objekts

166 1. Menschliche Tätigkeit ist in der Regel auf ein Ziel, auf eine Person, eine Sache oder ein anderes Geschehen, gerichtet. Diesen Sachverhalt drückt man sprachlich mit Hilfe zahlreicher Verben aus, auf die ein Objekt bezogen wird. Im philosophischen Sinne ist das O b j e k t „der vom Subjekt unabhängige Gegenstand der menschlichen Erkenntnis und Praxis" (Philos. Wörterbuch, S. 884). Im Satz bezeichnet das grammatische Objekt eine Erscheinung, auf die eine Tätigkeit zielt oder an der ein Geschehen orientiert ist. Philosophischer und syntaktischer Objektbegriff sind also nicht deckungsgleich.

2. Für das Objekt im Satz ist die formale Bindung an das Prädikat kennzeichnend. Das Prädikatswort zwingt auf Grund seiner Rektion dem Objekt einen obliquen Kasus oder eine bestimmte präpositionale Form auf. Entsprechend der Rektion tritt das Objekt im Akkusativ, Dativ, Genitiv oder mit Präpositionen auf (↑ 104):

> Tell traf *den Apfel.* Wir danken *den Eltern.* Der Kranke bedarf *des Arztes.*
> Der Schüler bemüht sich *um gute Leistungen.*

Je nach der Valenz (↑ 98) des Prädikatswortes können ein, zwei, in einigen Fällen auch drei Objekte stehen:

> Er teilte *uns seine Anschrift* mit. Der Kritiker würdigte *das Werk einer genauen Besprechung.* Der Arzt fragte *den Patienten nach seinem Befinden.* Der Musiker lehrte *die Schüler das Violinspiel.* Nimm *dir an deinem Vater ein Beispiel!*

Näheres ↑ 226 ff.

3. Andererseits kann das bloße Vorhandensein oder die unterschiedliche Form des Objekts die Bedeutung des Prädikatswortes ändern:

> Er *verbrennt.* / Er *verbrennt* das Papier. Ich *tauche unter.* / Ich *tauche* ihn *unter.* Der Garten *gehört* mir (ist mein Eigentum). / Der Garten *gehört* zum Grundstück (ist Teil des Grundstücks). Ein gutes Buch zu schreiben, dazu *gehört* Talent (das erfordert Talent).

4. Auch die vom prädikativ gebrauchten Adjektiv abhängigen Kasus sind Objekte (↑ 98):

> Die Höhenluft ist *der Gesundheit* förderlich. Er ist *des Weges* kundig. Er ist *dieser Tat* nicht fähig. Er machte ihn *auf ein Reh* aufmerksam.

5. Auch Zusammensetzungen und Zusammenbildungen kann ein Objektverhältnis entsprechen: **167**

> *Buch*binder (einer, der Bücher bindet), *Feuer*wehr (Einrichtung, die dem Feuer wehrt); *menschen*scheu (die Menschen scheuen), *zweck*dienlich (einem Zweck dienen)

Die Form des Objekts

1. Das Objekt ist reiner Kasus, nämlich Akkusativ, Dativ oder Genitiv **168** eines Substantivs oder Pronomens:

> Kolumbus hat *Indien* gefunden und mein Vater *Gold* (KANT). Der Sportler rühmte sich *seiner Stärke.* Er dankt *den Eltern.* Ich kenne *ihn.*

Merke:
Auch das Reflexivpronomen bei unechten reflexiven Verben ist Objekt:

> Er wäscht *sich.* Du hilfst *dir und deinen Freunden.*

2. Das Objekt ist eine präpositionale Wortgruppe oder ein Pronominaladverb (Präpositionalobjekt):

> Die Menschen sehnen sich *nach Frieden.* Wir können uns *auf Paul* ver-
> lassen. Wir können uns *darauf* verlassen. Er fragte mich *danach.*

3. Ein reiner oder erweiterter Infinitiv kann an die Stelle eines Akku-
sativ- oder Präpositionalobjekts treten:

> Die Schüler lernten *schwimmen,* halfen *tragen.* Ich bemühe mich *zu kommen.*
> Ich ziehe es vor, *heute noch nicht abzureisen.* Er bestand darauf, *das Kind*
> *zu sehen.* Wir hoffen, *schnell ans Ziel zu kommen.*

169 4. Jedes Objekt kann durch einen Gliedsatz (Objektsatz) ausgedrückt
werden; dabei kommen alle Formen des Gliedsatzes vor:

a) der Relativsatz (dabei darf man sich durch das einleitende Pronomen in bezug auf den Objektskasus nicht irreführen lassen):

> *Wer sich nicht nach der Decke streckt* (Dativobjekt), *dem* bleiben die Füße
> unbedeckt (GOETHE). *Wes des Herz voll ist* (Genetivobjekt), *des* geht der
> Mund über. *Wem Gott will rechte Gunst erweisen* (Akkusativobjekt), *den*
> schickt er in die weite Welt (EICHENDORFF). *Wen wir lieben* (Dativobjekt),
> *dem* wollen wir vertrauen. *Wozu du dich eignest* (Akkusativobjekt), *das* sehe
> ich an deinen Lieblingsfächern.

b) der mit einem Fragewort eingeleitete Nebensatz:

> Er fragte, *wohin der Weg führe* (Akkusativobjekt). Weißt du, *wieviel Stern-*
> *lein stehen / an dem blauen Himmelszelt?* (M. CLAUDIUS)

c) der Konjunktionalsatz:
Es ist meist ein *ob*- oder *daß*-Satz. Er steht besonders nach den Verben
des Sagens, Denkens, Glaubens, des Wünschens, Wollens, Hoffens, der
Sinneswahrnehmung und der Gemütsbewegung:

> Die Hausgemeinschaft sorgte *dafür, daß sich die Gäste wohl fühlten* (Präpo-
> sitionalobjekt). Wir wollen, *daß sich unsere Gäste wohl fühlen* (Akkusativ-
> objekt). *Ob ich deine Rückkehr abwarte,* weiß ich nicht.

d) der uneingeleitete Nebensatz:

> Er versprach, *er werde uns besuchen.* Ich dachte, *du habest es vergessen* (Akku-
> sativobjekt).

5. Zuweilen schwankt die Rektion eines Verbs und dementsprechend
die Form des Objekts zwischen

a) Akkusativ und Dativ

> *mir / mich* ekelt (graust, graut, gruselt, schwindelt, schaudert, schauert);
> der Storch hat *ihr / sie* ins Bein gebissen; tritt *mir / mich* nicht auf die
> Füße; das kann *dich / dir* Kopf und Kragen kosten;

b) Akkusativ und Genitiv

> er entbehrt *den Trost / des Trostes*; er pflegt *des Schlafs / geselligen Verkehr* (der Genitiv ist gehoben);

c) Akkusativ und Präpositionalfügung

> wir beraten, diskutieren, entscheiden *(über) etwas*;
> er angelt, jagt, begehrt, sucht, verlangt *(nach) etwas*;
> er ruft *ihn / nach ihm*; er bastelt, baut, feilt, schreibt *(an) etwas*

Das Akkusativobjekt

1. Das Akkusativobjekt nimmt unter den Objekten eine Sonder- **170** stellung ein. Es bezeichnet bei transitiven passivfähigen Verben einen Gegenstand, der von der durch das Verb ausgedrückten Tätigkeit am unmittelbarsten betroffen wird. Die Sonderstellung des Akkusativobjekts zeigt sich auch darin, daß es im Passiv (↑ 485) zum syntaktischen Subjekt werden kann:

> Der Bauer pflügt *das Feld*. → *Das Feld* wird von dem Bauern gepflügt.

2. Die Entscheidung, ob bei einem Verb ein Akkusativobjekt stehen **171** kann oder nicht, wurde zum bekanntesten Einteilungsgrundsatz der Verben.

Man unterscheidet *transitive* (zielende) Verben, das sind Verben mit Akkusativobjekt, und *intransitive* (nichtzielende) Verben, die kein Akkusativobjekt bei sich haben (↑ 399 ff.).

a) Bei transitiven Verben wird die Wahl des Objekts nur durch die semantische Kongruenz (Verträglichkeit) begrenzt:

> *schlagen:* den Hund schlagen, Bäume schlagen, Holz schlagen, die Hände vors Gesicht schlagen, ein Rad schlagen, eine Schlacht schlagen, den Feind schlagen, ein Kreuz schlagen, Lärm schlagen
> *spielen:* eine Rolle spielen, den Don Carlos spielen, Klavier spielen, Fußball spielen, Skat spielen
> *bekommen:* einen Brief bekommen, Gehalt, Urlaub, Geld bekommen

Es lassen sich folgende Gruppen von Objekten unterscheiden:

– Das Akkusativobjekt bezeichnet den von einer Tätigkeit betroffenen **172** Gegenstand, sei er Person oder Sache (affiziertes Objekt):

> Die Polizei faßte *den Dieb*. Die Mutter deckt *den Tisch*. Wir begrüßen *die Gäste*. Der Student unterrichtet *die Schüler*.

– Das Akkusativobjekt bezeichnet das durch die Tätigkeit bewirkte Ergebnis (affiziertes Objekt):

> Der Dichter schrieb *einen neuen Roman*. Wir errangen *den Sieg*. Der Betrieb produziert *Waschmaschinen*. Schenken bereitet *Freude*.

4*

173 – Das Akkusativobjekt bezeichnet einen Inhalt als bestehenden Zustand (bei nicht passivfähigem Verb):

> Die Luft enthält *Sauerstoff*. Das Gelände umfaßt *40 Hektar*. Die Messehalle faßt *5000 Menschen*. Ein Kilogramm kostet *zwei Mark*.

als Inhalt einer Tätigkeit:

> Wir tanzten *einen Walzer*. Er redete *Unsinn*. Er geht *einen schweren Gang*. Er schlug *eine gute Klinge*.

Das Akkusativobjekt als Bezeichnung des Inhalts einer Tätigkeit findet sich besonders in der gehobenen Rede, auch bei intransitiven Verben. Schon in sehr früher Zeit erscheint es als *figura etymologica* (ein dem Verb gleichstammiges Substantiv):

> ahd. *slâf slâfan* (den Schlaf schlafen), *werk wirkan* (ein Werk wirken), mhd. *sprunc springen* (einen Sprung springen), *slac slagen* (einen Schlag schlagen) (NAUMANN, Syntax, S. 70).

Später erschien das Objekt als ein dem Verb bedeutungsverwandtes Substantiv und seit dem 18. Jahrhundert als Substantiv allen möglichen Inhalts. In der Gegenwart sind alle drei Formen vertreten:

> *den Gedanken* noch einmal denken, *Tränen* weinen, *Blut* schwitzen, *Feuer* fangen, *Freude* strahlen, *Walzer* tanzen
> Von dem Dome schwer und bang / tönt die Glocke *Grabgesang* (SCHILLER). Tatsachen sprechen *eine harte Sprache*. Die Sommersonne rastet *Mittagsrast* (HUCH).

In diese Gruppe gehören auch Verbindungen, die ursprünglich adverbiale Bedeutung hatten und präpositionalen Fügungen entsprechen:

> *Klavier* spielen, *Ball* spielen; *Schritt* gehen, *Trab* reiten, *Ski* laufen, *rad*fahren, *Auto* fahren, *Gefahr* laufen, *kopf*stehen (= auf dem Kopf)

Merke:
Der Akkusativ der Erstreckung hat sich vermutlich aus dem Akkusativ des Inhalts entwickelt.
Dazu vergleichen wir folgende Beispiele:

> *einen Weg, eine Strecke* gehen – *10 Kilometer* gehen, *kurze Zeit* leben

Man könnte diesen Akkusativ also auch zu den Objekten zählen. Wir möchten allerdings derartige Bestimmungen des Raumes und der Zeit zu den Adverbialbestimmungen rechnen (↑ 208).

174 b) Gelegentlich steht ein Akkusativobjekt zur Bezeichnung des Ergebnisses oder des Inhalts auch bei Adjektiven, z. B. bei *gewahr, gewohnt, los, schuldig*:

> Wir wurden *unseren Irrtum* rechtzeitig gewahr. Er war *die schwere Arbeit* nicht gewohnt. *Den Schirm* war ich nun los.

Dagegen stehen bei *breit, dick, entfernt, alt, hoch, lang, schwer, tief, weit, wert*
Adverbialbestimmungen (↑ 209).

c) Bei einigen Verben und Adjektiven steht das Akkusativobjekt statt
eines ursprünglichen Genitivobjekts (↑ 188).

3. Das Akkusativobjekt in Verbindung mit anderen Satzgliedern:

mit einem zweiten Akkusativobjekt ↑ 226 f.
mit einem Dativobjekt ↑ 229.
mit einem Genitivobjekt ↑ 230.
mit einem Präpositionalobjekt ↑ 231.
mit einem Prädikatsakkusativ ↑ 235.
mit Adverbialbestimmungen ↑ 236.

4. Zur Stellung des Akkusativobjekts ↑ 310 f.

Das Dativobjekt

1. a) Die Bedeutung des Dativobjekts wird am besten klar, wenn es **175**
im Satz zusammen mit dem Akkusativobjekt auftritt:

> Er schrieb *den Eltern* einen Brief. Der Politiker gewährte *dem Reporter* ein
> Interview.

Das Akkusativobjekt bezeichnet das von der Handlung Betroffene oder
Hervorgebrachte, es ist das direkte Objekt. Das Dativobjekt bezeichnet
den Adressaten oder Nutznießer der Tätigkeit des Subjekts; es bildet
das indirekte Objekt. Sehr häufig bezeichnet das Dativobjekt ein
lebendes Wesen oder einen persönlich gedachten Begriff:

> Das Buch gehört *dem Lehrer*. Ich helfe *dem Freund*. Wir danken *den Eltern*.
> Sei *mir* gegrüßt! Er lebte ganz *seiner Familie, seiner Arbeit*.

Dennoch nennt nicht jedes Dativobjekt ein Lebewesen:

> Das Gebäude ähnelt *einer Kirche*. Friede *der See und dem Lande* (BRECHT).
> Der Abenteurer ist *der Gefahr* entgangen.

b) Bei einigen Handlungsverben, besonders bei Verben der körper- **176**
lichen Berührung, schwankt der Objektskasus (↑ 169, Abs. 5). Wenn die
Körperteilbezeichnung Akkusativobjekt ist, muß die Bezeichnung der
Person im Dativ stehen (Pertinenzdativ):

> Er reichte *mir* die Hand. Die Mutter wäscht *dem Kinde* das Gesicht.

Wenn die Körperteilbezeichnung im Akkusativ innerhalb einer Präpositionalfügung steht, ist Dativ oder Akkusativ der Person möglich. Zuweilen besteht zwischen Dativ und Akkusativ ein Gradunterschied:

> Im Gedränge trat er *mir* [versehentlich] auf den Fuß. Er trat *mich* auf
> den Fuß, um mich aufmerksam zu machen. Der Hund biß *mir* [beim

Spiel] ins Bein. Der Hund biß *mich* [gereizt] ins Bein. Weshalb hat der
Sanitätsprofessor *ihr* ... auf den Kopf geschlagen ...? (F. WOLF) Du
schlugst in deiner Zeitschrift *die Polizeisozialisten* mit der Peitsche ins
Gesicht (WEINERT). Er hatte eine schreckliche Angst davor, *diesen
netten Kommissar* vor den Kopf zu stoßen (FALLADA). ... Peter hielt es
für unklug, *dem Naziführer* vor den Kopf zu stoßen (F. WOLF). Ein
neuer Blutstrom schoß *ihm* in die Kehle (DE BRUYN).

Bei übertragener Bedeutung steht vorherrschend der Dativ:

Die Seife biß *mir* ins Auge. Das sticht *ihm* in die Augen.

2. Zum Gebrauch des Dativs kann folgendes gesagt werden:

177 a) Mit der Bedeutung des Dativobjekts als eines vorwiegend personalen
Kasus hängt es zusammen, daß der Dativ besonders bei Verben steht,
die ein persönliches Verhalten, ein Zuwenden zu jemand oder etwas
bezeichnen. Das kann in konkreter oder übertragener Bedeutung sein.

– Wir nennen folgende Verben, bei denen das Dativobjekt allein
stehen kann oder überwiegend allein steht:

absagen, abschwören, ähneln, anhaften, anhängen („geistig verbunden
sein'), anstehen („angemessen sein', ‚zusagen'), antworten, auffallen, sich
aufdrängen, aufstoßen, aufwarten,
begegnen, beikommen, beipflichten, beispringen, beistehen, beistimmen,
beitreten, beiwohnen, bevorstehen,
danken, dienen, drohen,
einfallen, einleuchten, entfallen, entfliehen, entgehen, entgleiten, entlaufen, entrinnen, entsagen, entschlüpfen, entsprechen, entwachsen, ent-
wischen, erscheinen, erwidern,
fehlen, fluchen, folgen,
gebühren, gefallen, gehorchen, gehören, gelingen, genügen, geraten,
glauben, gleichen, gratulieren, grollen,
helfen, huldigen,
kondolieren,
lauschen,
mitspielen („sein Spiel mit jemand treiben'), munden,
nachblicken, nachfolgen, nachgehen, nachjagen, nachlaufen, nachstür-
men, nahen, sich nähern, nutzen,
obliegen, obsiegen,
passen,
schaden, schmecken, schmeicheln, schwinden,
trauen, trotzen,
unterliegen, unterstehen („untergeordnet sein'),
vergeben, vergehen, vertrauen, verzeihen, vorangehen, vorauseilen, vor-
stehen,
wehe tun, wehren, weichen, willfahren, winken,
zufallen („zuteil werden'), zufliegen, zufließen, zugehen („gesandt werden'), zukommen („zustehen'), zulaufen („sich bei jemand einstellen'),
zulächeln, zuneigen, zuraten, zürnen, zusprechen, zustimmen, zuteil
werden, zuvorkommen, zuwiderhandeln

– Manche Verben werden im allgemeinen nur in der 3. Person oder **178** subjektlos gebraucht. Das Dativobjekt ist dann die Bezeichnung des Zustands- oder Vorgangsträgers:

> ahnen (auch mit Subjekt), bangen (auch mit Subjekt), gelingen, geschehen (,widerfahren‘), gebrechen, grauen, geziemen, glücken, mangeln (,fehlen‘), mißlingen, scheinen (,den Anschein haben‘), widerfahren, ziemen; ↑ auch 408.

b) Zu den Dativobjekten zählen wir auch den sogenannten „freien **179** Dativ“, der bei Verben steht, deren Valenz keinen Dativ fordert. Er bezeichnet die an einem Geschehen interessierte Person:

> Er lebt *seiner Familie*. Das Kleid steht *dir* gut. Die Zeit vergeht *mir* zu schnell. *Dem Glücklichen* schlägt keine Stunde. . . . *dem Verbrecher* glänzen wie *dem Besten* der Mond und die Sterne (GOETHE).

Der Bedeutung des Dativobjekts entspricht es auch, wenn bei Verben mit notwendiger Richtungsbestimmung (auch in übertragener Bedeutung) die Personenbezeichnung im Dativ steht:

> Er stand *ihnen* zur Seite. Der Lehrer redete *dem Jungen* ins Gewissen. Er lachte *ihr* ins Gesicht. ↑ 175 f.

Hierher gehört weiter der Gebrauch des Dativs in Sätzen, deren Subjekt oder Akkusativobjekt Körperteile oder anderes „Zubehör“ dieser Person benennt. Das Dativobjekt bezeichnet den Besitzer des betreffenden „Zubehörs“. ↑ auch 176.

> *Mir* brennt der Kopf, gehen die Augen über. *Der Mutter* zittern die Hände. Der Hut steht *ihr* gut. Ich habe *ihm* die Hand gedrückt. Ich strich *ihm* das Haar glatt. Die Schwester verband *ihm* die Wunde.

Statt des Dativs kann man meist auch das entsprechende Possessivpronomen oder ein Genitivattribut setzen:

> *Mein* Kopf brennt. *Meine* Augen gehen über. *Ihre* Hände / die Hände *der Mutter* zittern. Ich habe *seine* Hand / die Hand *des Freundes* gedrückt. Ich strich *sein* Haar glatt. Die Schwester verband *seine* Wunde.

Beim Gebrauch des Dativs tritt die Person als Ganzes deutlicher in den Vordergrund.

c) Bei einigen unechten reflexiven Verben steht als Dativobjekt das **180** Reflexivpronomen, z. B. bei *sich gefallen, sich helfen, sich sagen*:

> Du gefällst *dir* wohl darin, daß . . . Ich half *mir* selbst. Ich habe *mir* gesagt, daß . . .

d) Das Dativobjekt steht bei *sein* (umg. für *gehören*) und *werden (zuteil werden)* zur Bezeichnung des Besitzers oder Nutznießers:

> Der Garten ist *meinen Eltern*. Ehre ward *ihnen* und Sieg.

181 e) Der Dativ steht auch bei einer Reihe von Adjektiven. Diese sind teilweise mit den unter a) genannten Verben verwandt. Ihnen verwandte Verben können aber auch anders konstruiert werden. Manche der Adjektive sind gar nicht mit Verben verwandt:

> ähnlich, angenehm, aufgesessen, behilflich, bekannt, dienlich, eigen, ergeben, feind, folgsam, freund, gefällig, gemeinsam, genehm, gleich, gleichgültig, lieb, nahe, nützlich, schädlich, überlegen, unterlegen, verderblich, verwandt u. a. ↑ auch 695 f.

f) Auch bei Substantiven, die als Prädikatsnominativ gebraucht werden, ist ein hinzugefügter Dativ als Objekt aufzufassen. Der Satz ist auch ohne diesen Dativ sinnvoll:

> Er war *den Kindern* ein gewissenhafter Vormund. Ein Lehrer soll *den Schülern* Vorbild sein. Das ist *mir* ein Vergnügen, eine Freude.

g) Der Dativ steht als Objekt nach manchen Interjektionen (↑ 929):

> Wehe *dir*! Pfui *diesem Verhalten*!

182 h) Das Dativobjekt wechselt bei manchen Verben mit dem Präpositionalobjekt:

> *dem Bruder | an den Bruder* schreiben, *dem Freunde | auf den Freund* vertrauen, *der Mitteilung | zur Mitteilung* dienen

In der Dichtung wird zuweilen statt des üblichen Präpositionalobjekts ein Dativobjekt gesetzt. Diese Fügung wird als gewählt empfunden:

> Mich vermählst du *deinem Flusse, der Terrasse, diesem Hain* (GOETHE). Aber der Reichtum und der Glanz des Hauses machten *ihnen* Eindruck (FEUCHTWANGER).

183 i) Der Dativus ethicus (der ethische Dativ) ist nicht als Objekt im eigentlichen Sinne, sondern als Ausdruck persönlicher Stellungnahme aufzufassen. Er steht als Dativ der 1. oder 2. Person eines Personalpronomens zur Bezeichnung einer Person, ohne vom Verb abhängig oder am verbalen Geschehen beteiligt zu sein. Er bezeichnet die innere Teilnahme der sprechenden oder angesprochenen Person. Der Satz ist auch sinnvoll, wenn der Dativ wegfällt:

> Falle *mir* nur nicht! Das war *dir* ein Kerl! Sind *euch* gar trotzige Kameraden (SCHILLER). Verachtet *mir* die Meister nicht und ehrt *mir* ihre Kunst! (WAGNER)

j) Dativobjekt + Akkusativobjekt ↑ 229.

k) Dativobjekt + Präpositionalobjekt ↑ 232.

l) Dativobjekt + Adverbialbestimmung ↑ 236.

3. Zur Stellung des Dativobjekts ↑ 310 f.

Das Genitivobjekt

1. a) Das Genitivobjekt bezeichnet „die Betreffsgröße der Aussage" **184**
(HELBIG, Kasus, S. 180), jemand oder etwas, an dem das Subjekt
materiell oder geistig teilhat. Das ist ein weiter und oft nicht eindeutig
festzulegender Bedeutungsumfang. Häufig ist das Genitivobjekt weniger
eng mit der verbalen Tätigkeit verbunden als Akkusativ- und Dativobjekt:

> Ich bedarf *des Arztes.* Ich rufe *den Arzt.* Ich danke *dem Arzt.*

b) Als veraltet empfinden wir heute den Genitiv, der ausdrückt, daß
das Geschehen nicht auf den vollen Umfang des Objekts, sondern nur
auf einen Teil bezogen ist (↑ auch 625):

> ... weil ich *deines Weins* verschmähte (KLEIST). Es gab außer Tonys
> Scheidungswünschen *der widerwärtigen Dinge* noch mehr (TH. MANN).

c) Das Genitivobjekt bezeichnet den Bereich, in den sich der verbale
Vorgang erstreckt, oder den, von dem er ausgeht:

> sich *eines guten Stils* befleißigen, sich *seines Auftrags* entledigen, sich *der
> Kinder* annehmen, sich *einer Sache* bemächtigen, *des Glückes* genießen, *der
> Hoffnung* leben, *Hungers* sterben

2. Das Genitivobjekt wird heute selten verwendet. **185**

a) Als einziges Objekt steht es nur noch bei einer verhältnismäßig
kleinen Anzahl von Verben:

> bedürfen, (ge)denken, entraten, ermangeln, harren:
> *keines Beweises* bedürfen, *des Verstorbenen* gedenken, *der nötigen Kenntnisse*
> ermangeln, *des Freundes* harren

Viele Verben mit Genitivrektion gehören der gehobenen Stilebene an.

b) Gut erhalten hat sich das Genitivobjekt bei einigen Verben mit not-
wendigem reflexivem Akkusativ:

> sich annehmen (‚sich kümmern'), sich befleißigen, sich begeben (‚ver-
> zichten'), sich bedienen, sich bemächtigen, sich brüsten, sich entäußern,
> sich enthalten, sich entledigen, sich erbarmen, sich erwehren, sich rüh-
> men, sich schämen, sich überheben, sich unterfangen, sich vergewissern,
> sich vermessen, sich wehren:
> sich *des Fahrstuhls* bedienen, sich *des Lachens* enthalten, sich *einer Zusage*
> vergewissern, sich *seiner Haut* wehren

c) Der Genitiv steht auch bei einer Reihe von Adjektiven: **186**

> bewußt, eingedenk, fähig, gewiß, habhaft (werden), kundig, ledig, mäch-
> tig, schuldig, überdrüssig, verdächtig, würdig:
> *der Zukunft* gewiß sein, *des Verbrechers* habhaft werden, *des Weges* kundig
> sein, *des Französischen* mächtig sein, *des Lobes* würdig sein

187 d) Das Genitivobjekt ist in einzelnen stehenden Wendungen erhalten:

> sich *eines Besseren* besinnen, *jeder Grundlage* entbehren, *des Glaubens, der Hoffnung* leben, *Rats, der Ruhe* pflegen, *jeder Beschreibung* spotten, *eines natürlichen Todes* sterben, *des Amtes* walten, *der Mühe* nicht lohnen; freut euch *des Lebens*

188 e) Der weite und dadurch oft verschwommene Gebietsumfang des Genitivs im allgemeinen bewirkte beim Objektsgenitiv eine enge syntaktische Berührung mit anderen Kasus. So konnte an die Stelle des alten Genitivobjekts im Neuhochdeutschen, besonders in der Gegenwartssprache, ein Akkusativ- oder Präpositionalobjekt treten:

> *des Trostes, jeder Grundlage* entbehren – *das Buch, den Pfleger* entbehren; *seiner* spotten – *über ihn* spotten; *der schönen Tage* gedenken – *an die schönen Tage* denken; sich *seines Glückes* freuen – sich *an seinem Glück / über sein Glück* freuen; sich *dieser Worte* schämen – sich *wegen dieser Worte / dieser Worte wegen* schämen; sich *des Ortes* erinnern – sich *an den Ort* erinnern; sich *eines Besseren* besinnen – sich *auf den Namen* besinnen

So kam es auch, daß das Genitivobjekt *es* in bestimmten verbalen Fügungen für den Akkusativ gehalten wurde und man deshalb heute in solchen Fügungen oft den Akkusativ setzt:

> *es* gewohnt sein – *das* gewohnt sein, *den Lärm* gewohnt sein; *es* gewahr werden, *seiner* gewahr werden, *unseres Irrtums* gewahr werden – *ihn, unseren Irrtum* gewahr werden; *es* los sein – *die Sorgen, die Schulden, den Schnupfen* los sein

f) Das Genitivobjekt war in der älteren Sprache häufiger:

> Sie hüteten *der Schafe* (Luther). Sie lachten *der Fürsten* (Klopstock). Ich genieße *meines Reichtums* (Wieland). Spare *der Worte* (Lessing).

An seine Stelle ist heute das Akkusativ- oder Präpositionalobjekt getreten:

> Sie hüteten *die Schafe.* Sie lachten *über die Fürsten.* Ich genieße *meinen Reichtum.* Spare *die / deine Worte!*
> Heute meist auch: sich erbarmen *über,* sich rühmen *wegen*

g) Akkusativ- + Genitivobjekt ↑ 230.

189 3. *Stilistisch* hat das Genitivobjekt noch Bedeutung. Es wirkt häufig altertümelnd oder feierlich und hebt die Dichtung vom alltäglichen Sprachgebrauch ab. So findet sich das Genitivobjekt bis zur Gegenwart in der Dichtung häufiger als sonst:

> Jemand erwähnte *des großen verwilderten Gartens,* den Buddenbrooks gleich hinter dem Burgtore besaßen (Th. Mann). Auch *seines Sohnes Alazar* dachte er (Feuchtwanger). Aber er suchte nicht *Rates* bei dem Vater, wie der fürchtete und hoffte ... (Feuchtwanger).

Das Präpositionalobjekt

1. a) Die Beziehung zwischen Verb und Objekt wird durch eine Prä- **190** position deutlicher und anschaulicher als durch den reinen Kasus ausgedrückt, die Präposition wird vom Verb bestimmt und bestimmt ihrerseits den Kasus des Präpositionalobjekts.

b) Präpositionalobjekte und Adverbialbestimmungen in der Form der **191** Präpositionalfügung sind nicht immer scharf voneinander zu scheiden. Die Frage nach dem Präpositionalobjekt enthält die entsprechende Präposition oder das entsprechende Pronominaladverb. Man fragt:

> *Woran* denken, zweifeln wir? *Worauf* hoffen, warten wir? *Wofür* kämpfen, arbeiten, werben wir? *Mit wem* stimmen wir überein? *Über wen / worüber* lachen wir? usw.

Bei der Adverbialbestimmung fragt man, je nach der besonderen Art, *wo?, woher?, wohin?, wann?, wie lange?, warum?, zu welchem Zweck?, unter welcher Bedingung?, trotz welches Umstandes?*
In der unterschiedlichen Art der Fragen wird deutlich, daß die Präposition beim Objekt gemeinsam mit dem Prädikatswort einen „Beziehungsausdruck" bildet, während die Präposition bei der Adverbialbestimmung durch ihre selbständige lexikalische Semantik eine bestimmte lokale, temporale, modale oder kausale Beziehung ausdrückt.

c) Im Gegensatz zu Adverbialergänzungen (↑ 199) können Präpositionalobjekte durch Pronominaladverb + Konjunktionalsatz mit *daß* oder *ob* ersetzt werden.

d) In vielen Fällen konkurrieren mit Präpositionalobjekten reine Kasusobjekte, z. B. mit dem Akkusativ:

> beraten, debattieren, diskutieren, entscheiden *über*; angeln, haschen, jagen, rufen, suchen, verlangen *nach*; abgeben, anbieten, essen, trinken, kosten *von*; schreiben, bauen, feilen *an*; anfangen *mit*

mit dem Dativ:

> dienen *zu*, folgen *auf / nach*, lauschen *auf*, vertrauen *auf*; etwas berichten, melden, mitteilen, schreiben, verleihen, übergeben *an*

mit dem Genitiv:

> achten *auf*, spotten *über*, sich besinnen *auf*, sich erinnern *an*, sich schämen *über*, jmdn. entbinden, entheben *von*, befreien *von*

e) Wichtig ist auch der grundlegende semantische Unterschied. Während Adverbialbestimmungen verschiedene Umstände des Geschehens angeben, bezeichnen Präpositionalobjekte Lebewesen, Gegenstände, Prozesse oder Zustände, auf die das vom Prädikat ausgedrückte Geschehen gerichtet ist:

> Die Mutter kümmert sich *um ihr krankes Kind.* Sie war *mit der Antwort* zu-

frieden. Die Tochter befreit sich *von Bevormundung und Gängelei.* Wir appellieren *an euer Ehrgefühl.*

f) Das Präpositionalobjekt steht bei manchen Verben in Verbindung mit einem Akkusativobjekt (↑ 231) oder einem Dativobjekt (↑ 232, ↑ auch 233).

192 2. Beim Gebrauch des Präpositionalobjekts ist auf die richtige Präposition zu achten.

a) Manche Verben können das Objekt mit verschiedenen Präpositionen anschließen:

> Er kämpft *für* den Frieden, *gegen* den Feind, *mit* dem Feind, *um* den Sieg.
> ↑ auch 866.

Zum Bedeutungsgehalt der Präpositionen beim Verb ↑ 869.

b) Wir ordnen die Verben – ohne Anspruch auf Vollständigkeit – nach den von ihnen geforderten Präpositionen. Wenn verschiedene Präpositionen möglich sind, bestehen oft Bedeutungsunterschiede (↑ 866):

an: abnehmen, anknüpfen, appellieren, arbeiten (auch: für, mit, um), sich belustigen (auch: mit), denken, sich erinnern (auch: Gen.), erkranken; fehlen (es fehlt an . . .), sich freuen (auch: Gen., auf, über); gewinnen, glauben; sich halten (sich richten nach, sich verlassen auf), handeln (auch: gegen, mit, nach, um, von), hängen, herantreten; sich kehren (auch: gegen); leiden (auch: unter), liegen; sich machen (an die Arbeit), mahnen, mitwirken (auch: bei); sich rächen, riechen (auch: nach), rühren; schreiben (auch: über, von), sein (es ist an mir), sterben (auch: für); teilhaben, teilnehmen, tragen; sich wenden (auch: gegen, zu); zerbrechen, zweifeln

auf: achten, ankommen (es kommt an auf . . .), anspielen (übertr.), anstoßen, anwachsen (auch: zu), ausgehen; basieren, beharren (auch: bei), sich belaufen, beruhen, sich beschränken, sich besinnen, bestehen, sich beziehen; drängen (auch: nach); eingehen (auf den Vorschlag), sich einigen, sich einlassen (auch: in), sich einstellen (sich richten nach), enden (auch: mit), erkennen (Rechtsw.), sich erstrecken; feuern, sich freuen (auch: Gen., an, über), fußen; hinausgehen, hinauslaufen, sich hinausreden, hinweisen, hoffen, hören; sich konzentrieren; merken; pochen (auf ein Recht); reagieren, rechnen (auch: mit), reflektieren (erstreben); schelten, schimpfen, schwören, sehen, sinnen, spekulieren; trauen, trinken; verfallen (auf etwas kommen), sich verlassen, sich verlegen, sich verstehen, vertrauen, verzichten; warten; zurückkommen

aus: bestehen; sich ergeben („ein Ergebnis haben"), erwachsen; resultieren

bei: beharren (auch: auf), bleiben (bei einem Entschluß); mitwirken (auch: an)

für: arbeiten (auch: an, mit, um), sich aussprechen (auch: gegen, mit, über); sich bedanken, bitten (auch: um); eintreten, sich entscheiden (auch: gegen), danken; gelten (auch: von), geradestehen; sich interessieren; kämpfen (auch: gegen, mit, um); sorgen (aber: sich sorgen um), sprechen (auch: gegen, mit, über, von, zu), sterben (auch: an), stimmen (auch: gegen), streiten (auch: gegen, mit, um); taugen (auch: zu); werben (auch: um)

gegen: abstechen, sich aussprechen (auch: für, mit, über); einschreiten, sich entscheiden (auch: für), erheben; handeln (auch: an, mit, nach, um, von); intrigieren; kämpfen (auch: für, mit, um), sich kehren (auch: an), klagen (auch: über); polemisieren, protestieren; reden (auch: mit, zu); sprechen (auch: für, mit, über, von, zu), stehen (auch: zu), stimmen (auch: für), sich sträuben, streiten (auch: für, mit, um); verstoßen; sich wehren, sich wenden (auch: an, zu)

in: ausbrechen (plötzlich beginnen: in Tränen, in Vorwürfe, in Lachen); beistimmen, Bescheid wissen (auch: über), bestehen („etwas sein'); differieren (auch: um); sich einlassen (auch: auf), einstimmen, einwilligen, sich ergeben; sich fügen, sich irren; sich schicken; sich täuschen (auch: über), teilen; übergehen (auch: zu), unterrichten, unterweisen; verkleiden, verwandeln; willigen

mit: anfangen, arbeiten (auch: an, für, um), aufhören, sich aussprechen (auch: für, gegen, über); sich befassen, beginnen, sich begnügen, sich belustigen (auch: an); enden (auch: auf), experimentieren; kämpfen (auch: für, gegen, um), korrespondieren (auch: über); rechnen (auch: auf), reden (auch: gegen, zu); spielen (auch: um), sprechen (auch: für, gegen, über, von, zu), streiten (auch: für, um); sich tragen; zögern, zusammenstoßen

nach: angeln, aussehen; drängen (auch: auf), duften, dürsten; fahnden, fiebern (auch: vor), fischen, forschen, fragen; gieren, graben, greifen; handeln (auch: an, gegen, mit, um, von), haschen, hungern; lechzen; riechen (auch: an); stinken, streben, suchen; trachten; urteilen (auch: über); verlangen

über: sich ärgern (auch: an), sich aufregen, sich aussprechen (auch: für, gegen, mit), befinden („urteilen'), berichten (auch: von), Bescheid wissen (auch: in), debattieren; sich erbarmen (auch: Gen.), sich erregen, erröten, erschrecken (auch: vor), erstaunen; sich freuen (auch: Gen., an, auf); gebieten, grübeln; hereinbrechen, herfallen, herrschen, herziehen; jammern, jubeln; klagen (auch: gegen), korrespondieren (auch: mit); lachen, lesen (auch: von); meditieren, nachdenken; philosophieren; reflektieren (nachdenken); scherzen, schimpfen, schreiben (auch: an, von), spotten, sprechen (auch: für, gegen, mit, von, zu); sich täuschen (auch: in); urteilen (auch: nach); verfügen; wachen, weinen (auch: um), wissen (auch: um, von), sich wundern

um: sich ängstigen (auch: vor), arbeiten (auch: an, für, mit); bangen (auch: vor), sich bekümmern, beneiden, sich bemühen, bitten (auch: für); differieren (auch: in), sich drehen; ersuchen; feilschen, flehen; gehen (es geht um ...); handeln (auch: an, gegen, nach, von; mit Adverbialerg.: mit); kämpfen (auch: für, gegen, mit), sich kümmern; losen; nachsuchen; ringen; sich sorgen (aber: sorgen für), spielen (auch: mit), streiten (auch: für, gegen, mit); trauern; weinen (auch: über), werben (auch: für), wissen (auch: über, von)

unter: leiden (auch: an)

von: abhängen, abhalten, sich abheben, sich ausruhen, abschreiben, absehen; befreien, berichten (auch: über); sich distanzieren; gelten (auch: für); handeln (auch: an, gegen, mit, nach, um); leben, lesen (auch: über), loskommen; schreiben (auch: an, über), sprechen (auch: für, gegen, mit, über, zu); träumen; widerhallen, wissen (auch: über, um), wimmeln

vor: sich ängstigen (auch: um); bangen (auch: um), beben; sich ekeln, sich entsetzen, erschrecken (auch: über); fiebern (auch: nach), fliehen, sich fürchten; grauen (es graut einem vor ...); sich hüten; sich schämen (auch: Gen., wegen), sich scheuen

zu: antreten, anwachsen (auch: auf), sich aufschwingen, ausholen; dienen; sich entschließen; führen; gelangen; neigen; passen; raten, reden (auch: gegen, mit), rufen; sagen, sprechen (auch: für, gegen, mit, über, von), stehen (auch: gegen); taugen (auch: für); übergehen (auch: in), sich wenden (auch: an, gegen); zählen, sich zusammenfinden

193 c) **Die Präpositionalgruppe steht auch bei einer Reihe von Adjektiven und Partizipien** (↑ 696):

an: arm; interessiert; jung (an Jahren); krank (auch: von); reich; überlegen (auch: in), unterlegen (auch: in)

auf: angewiesen, ärgerlich (auch: über), aufmerksam (auch: gegen); begierig (auch: nach), böse (auch: über); durstig (auch: nach); eifersüchtig, eingebildet, erbittert (auch: über), erpicht; gefaßt, gierig (auch: nach); habgierig (auch: nach); neidisch, neugierig; stolz; zornig (auch: über)

bei: beliebt

für: angenehm; bestimmt, bezeichnend; dankbar; empfänglich; genug, geschaffen, geeignet (auch: zu), gut (auch: zu); interessant; nachteilig; nützlich; passend; schädlich, schmerzlich; verderblich; wesentlich; zuträglich

gegen: aufmerksam (auch: auf); hart (auch: zu); treu, treulos; undankbar

in: ähnlich; bedeutend, bewandert; erfahren; geschickt, gewandt; nachlässig; sorgfältig; tüchtig; überlegen (auch: an), unterlegen (auch: an)

mit: bekannt (auch: unter); einverstanden, fertig, vergleichbar, verheiratet, verlobt, verwandt

nach: begierig (auch: auf); durstig (auch: auf); gierig (auch: auf); habgierig (auch: auf), hungrig

über: ärgerlich (auch: auf), aufgebracht; betroffen, bestürzt, böse (auch: auf); entrüstet, entzückt, erbittert (auch: auf), ergriffen (auch: von), ergrimmt, erstaunt; froh, fröhlich; ungeduldig (mit Modalbestimmung: durch); verstimmt; zornig (auch: auf)

um: besorgt; feil; verdient

unter: bekannt (auch: mit)

von: abhängig; ergriffen (auch: über); frei; heiser; krank (auch: an); los; matt (auch: vor)

vor: bange; blaß; bleich; gelähmt; matt (auch: von); rot; sicher, starr, stumm

zu: bereit; entschlossen; fähig; freundlich; geeignet (auch: für), geneigt, gut (auch: für), gütig; hart (auch: gegen)

194 d) **Dem Verb oder Adjektiv entsprechende Substantive haben, soweit sie mit einer Präpositionalfügung verbunden werden können, die gleiche Präposition wie das Verb oder Adjektiv. Die Präpositionalfügung ist Attribut** (↑ 238):

Arbeit *an* oder *für*; Glaube *an*; Interesse *für*; Härte *gegen*; Unterricht, Sorgfalt *in*; Bekanntschaft, Kontakt, Gemeinschaft, Spiel *mit*; Ärger *über*; Freiheit *von*; Entschlossenheit *zu*

e) Zu den Präpositionalobjekten zählen auch mit *von* und *durch* be- **195** ginnende Gruppen beim Passiv; sie werden im Aktiv zum Subjekt, bezeichnen also den Handlungsträger, das Agens (↑ auch 485):

> Das Gesetz wurde *vom Parlament* verabschiedet. / *Das Parlament* verabschiedete das Gesetz. Der Unfall ist *durch den Leichtsinn des Fahrers* hervorgerufen worden. / *Der Leichtsinn des Fahrers* hat den Unfall hervorgerufen.

3. Zur Form des Präpositionalobjekts ist zu bemerken:

a) Auch Präpositionalobjekte können durch einen reinen oder er- **196** weiterten Infinitiv oder durch einen Gliedsatz ausgedrückt werden:

> Er bat *eintreten zu dürfen* (Er bat *um die Erlaubnis einzutreten*). Die Eltern sehnten sich, *den Sohn wiederzusehen* (Die Eltern sehnten sich *nach einem Wiedersehen mit dem Sohn*). Wir beglückwünschten ihn *dazu, daß er die Prüfung bestanden hatte* (Wir beglückwünschten ihn *zum Bestehen der Prüfung*).

b) Das Präpositionalobjekt ist oft ein Pronominaladverb (↑ 771, 874):

> Ich verlasse mich *darauf*. Denkst du *daran*? *Worunter* leidet er?

c) Bildet die Präpositionalfügung mit dem Verb eine feste Verbindung, so gilt das Ganze als Prädikat (Funktionsverbfügung, ↑ 149):

> Der Sommer *geht zur Neige*. Das *ist aus der Mode gekommen*.

4. Präpositionalobjekt + Kasusobjekt ↑ 231 f., 234.

5. Präpositionalobjekt + Präpositionalobjekt ↑ 233.

● Die Adverbialbestimmung

Die Bedeutung der Adverbialbestimmung

Handlungen, Vorgänge und Zustände vollziehen sich unter bestimmten **197** Umständen räumlicher, zeitlicher und kausaler Art; sie besitzen auch bestimmte Qualitäts- und Intensitätsmerkmale. Diese Umstände und Merkmale des Geschehens darzustellen ist Aufgabe der Adverbialbestimmungen. Im einzelnen sprechen wir von Lokalbestimmungen (lat. *locus* = ‚Ort‘), Temporalbestimmungen (lat. *tempus* = ‚Zeit‘), Modalbestimmungen (lat. *modus* = ‚Art und Weise‘) und Kausalbestimmungen (lat. *causa* = ‚Grund‘). ↑ 203 ff.

Der Fügungswert der Adverbialbestimmung

198 1. Der Fügungswert der Adverbialbestimmung liegt in der relativ
großen Selbständigkeit dieses Satzgliedes. Im Vergleich zu zahlreichen
objektbestimmten Verben gibt es nur wenige umstandsgebundene
Verben, d. h. Verben mit Adverbialergänzung (↑ 199). Die Adverbialbestimmung wird nicht wie das Objekt vom Verb regiert, kongruiert
auch nicht mit dem Verb wie das Subjekt. Auch isoliert vom Satz – als
Einzelwort oder Präpositionalfügung –, behält sie ihren Sinn als Bezeichnung von Umständen:

> dort, im Zimmer, jetzt, gestern, abends, jeden Abend, darum, wegen
> seiner Prüfung, vor drei Tagen, mit dem Spaten

2. Valenzbedingte Adverbialbestimmungen und Qualitätsbestimmungen
beziehen sich auf das Verb; freie Adverbialangaben (außer Qualitäts-
angaben) beziehen sich dagegen auf den ganzen übrigen Satz.

199 a) Von einer Adverbialergänzung spricht man, wenn die Bestimmung
von der Valenz des Verbs oder Prädikatsadjektivs gefordert wird:

> Das Buch liegt *dort*. Berlin liegt *an der Spree*. Ich wohne *in Berlin*. Die
> Versammlung dauerte *zwei Stunden / stundenlang*.

Den Charakter von Lokal- oder Temporalergänzungen haben die Adverbialbestimmungen folgender Verben:

> sich ansiedeln, sich aufhalten, sich befinden, sich begeben, dauern, sich
> einquartieren, sich einnisten, sprießen, sich erstrecken, fahren, fliegen,
> gehen, geraten, hausen, herbergen, horsten, sich hinziehen, kriechen,
> kommen, leben, legen, liegen, parken, schweben, sein („existieren‘), sie-
> deln, sitzen, springen, stattfinden, stehen, treiben, übernachten, verwei-
> len, währen, wohnen

Das schließt nicht aus, daß eine Reihe der genannten Verben auch
absolut gebraucht werden kann (↑ 371).
Den Charakter der Modalergänzungen (↑ 209) haben die Adjektive und
Vergleiche bei

> sich benehmen, sich betragen, sich gebärden, sich verhalten, wirken.

200 b) Ist die Adverbialbestimmung nicht von der Valenz des Prädikatswortes gefordert, sprechen wir von Adverbialangaben:

> Wir gehen *[morgen, heute, abends, am Mittwoch, jeden Tag]* baden. Wir
> gehen *[ins Hallenbad, ins Freibad, in die Spree]* baden. Diese Wagen dienen
> *[jetzt, bis auf weiteres, in erster Linie, ganz und gar]* dem Fernverkehr.

201 M e r k e :
Verliert ein Adverb oder eine präpositionale Wortgruppe die Bezogenheit auf das Prädikat im Satz und bezieht es sich auf ein Substantiv, so
verliert es seinen Charakter als Satzglied; es wird Satzgliedteil, Attribut:

Adverbialbestimmung: Dieser Weg führt *zum Bahnhof*. *Dort* siehst du den Fichtelberg. *Morgen abend* bin ich daheim.
Attribut: Der Weg *zum Bahnhof* geht rechts ab. Der Berg *dort* ist der Fichtelberg. Die Veranstaltung *morgen abend* besuche ich nicht.

c) Auch Komposita können eine adverbiale Beziehung darstellen (↑ 980).

Die Form der Adverbialbestimmung   **202**

1. Die Adverbialbestimmung ist ein Adverb:

> Ich bleibe *hier*. Du findest mich *dort*. Wir trafen ihn *gestern*.

Über die Semantik der einzelnen Adverbien ↑ 727 ff.

2. Die Adverbialbestimmung ist Genitiv oder Akkusativ eines Substantivs:

> ... worauf sie mit dem Vater ... schweigend und *ruhigen Schrittes* zur Kirche zogen (Th. Mann). Ein Wanderer kommt *des Weges*. Das Geschäft bleibt *diese Woche* geschlossen.

3. Die Adverbialbestimmung ist ein Adjektiv:

> Die Kinder singen *laut*. Der Schüler antwortete *schnell*. Die Brigade arbeitete *vorbildlich*. Ich komme *dienstlich*, nicht *privat*.

4. Die Adverbialbestimmung ist eine präpositionale Wortgruppe:

> Er hält sich *in Leipzig* auf. Wir spielen *auf dem Sportplatz*. Er arbeitet *ohne Pause*. *Am Sonntag* schrieb er uns.

5. Die Adverbialbestimmung ist ein reiner oder erweiterter Infinitiv:

> Er litt, *ohne zu klagen*. Er beeilte sich, *um den Zug noch zu erreichen*.

6. Die Adverbialbestimmung ist ein reines oder erweitertes Partizip:

> Er löste die Aufgaben *spielend*. *In den Schub hineingedrängt*, mußte Jankowski mit zur Bekleidungskammer (Apitz).

7. Die Adverbialbestimmung ist ein Gliedsatz:

> Der Brand entstand, *weil das Bügeleisen nicht ausgeschaltet war*. Er arbeitete, *wie er es gewohnt war*. Er kam, *als es schon dämmerte*.

Vgl. auch die einzelnen Adverbialbestimmungen ↑ 203 ff.

Die Lokalbestimmung

Die Lokalbestimmung (Lokalergänzung oder -angabe) antwortet auf   **203**
die Fragen *wo?*, *wohin?*, *woher?*, *wie weit?*.

1. Die Lokalbestimmung besteht aus Adverbien oder Wortgruppen:

> Was willst du *dort*? Er wohnt *bei Verwandten*. Fünftausend Leipziger saßen *auf den Tribünen des Schwimmstadions*. Der Zug kommt *aus Rathenow* und fährt *über Premnitz nach Brandenburg*.

Verben mit Lokalergänzung ↑ 199.
Adverbien des Ortes ↑ 770.
Präpositionen zum Ausdruck lokaler Beziehungen ↑ 859.

204 2. Der Lokalsatz gibt eine Lokalbestimmung samt ihren Attributen als Nebensatz wieder. Lokalkonjunktionen gibt es nicht. Lokalsätze sind der Form nach meist Relativsätze, eingeleitet von relativen Adverbien:

> Lokalbestimmung: Koblenz liegt *an der Mündung der Mosel in den Rhein*.
> Lokalsatz: Koblenz liegt [dort], *wo die Mosel in den Rhein mündet*. Ich gehe [dahin], *wohin du mich schickst*. Ich komme, *woher ihr auch kommt*. *So weit das Auge blickte*, sah man nur Wasser.

Im Hauptsatz steht manchmal ein lokales Adverb wie *da, dahin, daher*, das auf den Gliedsatz voraus- oder zurückweist (Korrelat).

Merke:
Nebensätze, die mit *wo, woher, wohin* oder *wann* beginnen, brauchen keine Adverbialsätze zu sein. Es können auch Subjekt-, Objekt- oder Attributsätze sein:

> *Wo ich morgen bin*, ist ungewiß (Subjekt). Können Sie mir sagen, *wohin dieser Weg führt*? (Objekt) *Wann ich komme*, wirst du noch erfahren (Objekt). Hier ist die Stelle, *wo der berühmte Ausspruch steht* (Attribut).

3. Zum Lokalverhältnis in Zusammensetzungen ↑ 980.

205 *Die Temporalbestimmung*

Die Temporalbestimmung (Temporalergänzung oder -angabe) antwortet auf die Fragen *wann?, bis wann?, seit wann?, wie lange?, wie oft?*.

1. Die Temporalbestimmung besteht aus Einzelwörtern und Wortgruppen:

> Er kam *nachts* an. Er blieb *einen Monat*. Die Vorlesungen dauerten *von 8.15 bis 13 Uhr*. Ich ergehe mich *sommers* dort gern im Gestrüpp (Th. Mann). Ich habe mich *seit Monaten* auf dieses Wiedersehen gefreut.

Verben mit Temporalergänzung ↑ 199.
Adverbien der Zeit ↑ 770.
Präpositionen für zeitliche Umstände ↑ 860.

Die Temporalbestimmung kann eine Partizipialgruppe sein:

Und tiefer suchend, fror ich mehr, *und dann gestorben,* kam ich hier ins Schattenreich (BRECHT).

2. Der Temporalsatz gibt eine Temporalbestimmung samt ihren Attri- **206** buten als Gliedsatz wieder.

Temporalbestimmung: *Vor dem Baden* soll man sich abkühlen.
Temporalsatz: *Bevor man badet,* soll man sich abkühlen.

a) Temporalsätze stehen zum Hauptsatz in einem bestimmten Zeitverhältnis (↑ 467 ff.): Das Geschehen im Gliedsatz kann gleichzeitig mit dem Geschehen im Hauptsatz ablaufen (Gleichzeitigkeit); es kann ihm vorangehen (Vorzeitigkeit) oder folgen (Nachzeitigkeit):

Gleichzeitigkeit: *Während er frühstückte,* hörte er Nachrichten.
Vorzeitigkeit: *Nachdem er gefrühstückt hatte,* hörte er Nachrichten.
Nachzeitigkeit: *Ehe, bevor er frühstückte,* hörte er Nachrichten.

b) Temporalsätze werden meist durch Konjunktionen eingeleitet, die **207** zusammen mit dem Tempus das Zeitverhältnis kennzeichnen. Sie werden eingeleitet durch die Konjunktionen der Gleichzeitigkeit *als, seit, seitdem, solange, sooft, während, [jedesmal] wenn, wie* (als Ersatz für *als* beim Präsens):

Als er kam, begrüßten wir ihn. *Seit[dem] er die Abteilung leitet,* wird planvoll gearbeitet. Ich werde ihn besuchen, *sooft er es wünscht. Wenn die Uhr schlägt,* lugt ein Kuckuck durch das Türchen. *Wie er kommt,* stehen die Schüler auf.

durch die Konjunktionen der Vorzeitigkeit *als, nachdem, [jedesmal] wenn, sobald* (mit Perfekt oder Plusquamperfekt im Gliedsatz):

Sobald die Uhr geschlagen hatte, trat er ins Zimmer.

durch die Konjunktionen der Nachzeitigkeit *bevor, ehe, bis*:

Ehe ich das nicht gesehen habe, glaube ich es nicht. Warte, *bis ich komme!*

3. Temporalbeziehungen in Zusammensetzungen ↑ 980.

Die Modalbestimmung

Die Modalbestimmung (Modalergänzung oder -angabe) ist die Ad- **208** verbialbestimmung der Art und Weise. Sie antwortet meist auf die Frage *wie?* oder auf eine mit *wie* verbundene Frage *(wieviel?, wie sehr?, wie oft?)*; bei Stellvertretung auf die Frage *statt wessen?*, beim Mittel auf die Fragen *wodurch?, womit?*, beim Stoff auf die Frage *woraus?*.

1. Die Modalbestimmung bezeichnet die Qualität und Quantität:

> Er arbeitet *eifrig*. Sie konnten sich *wie Kinder* freuen. Das ging *wie geölt*.
> Das Nationaleinkommen stieg 1975 *um 6%*.

Mittel und Werkzeug (Instrumentalbestimmung; ↑ auch 218):

> Der Bergmann arbeitet *mit der Schrämmaschine*. *Durch Befolgung der Ver-*
> *kehrsvorschriften* verhinderst du Unfälle.

die Stellvertretung oder den Ersatz:

> *Statt des Vorsitzenden* kam der Stellvertreter. *Statt des Geschenkes* erhielt er
> einen Reisescheck. *Statt an die See* fuhr er ins Gebirge.

den begleitenden oder fehlenden Umstand:

> Er grüßte *mit einer Verbeugung*. Der Motor lief *ohne Unterbrechung*.

eine Wiederholung, wenn sie nicht zeitlich ist:

> Habe ich dir das nicht *schon tausendmal* gesagt?

die stoffliche Beschaffenheit:

> Die Chemiker stellen vieles *aus Erdöl* her. Sie gewinnen Gas *aus Kohle*.
> Der Tisch ist *aus Eichenholz* hergestellt.

eine Maß- oder Wertangabe:

> Die Briefmarke wurde *mit 5 M* bewertet. Wir liefen *10 km*. Sein Ver-
> sprechen gilt mir *soviel wie ein Eid*.

eine Vergleichsgröße:

> *Wie ein Held in Wildwestfilmen.*schwang er sich danach auf seinen Heizer-
> stand zurück (STRITTMATTER). Er freut sich *wie ein Schneekönig*.

Der besseren Übersicht wegen haben wir uns auf Beispiele beschränkt,
in denen die Modalbestimmung ein Wort oder eine Wortgruppe ist.

209 2. Als Modalergänzung wertet man Adjektive, Adverbien, präpositionale und konjunktionale Wortgruppen bei Verben des Verhaltens:

> Der Wirt behandelt die Gäste *zuvorkommend, mit großer* Höflichkeit. Er
> gebärdete sich *wie toll, wie ein Wahnsinniger*.

Maß- und Wertangaben bei *wert* und anderen Dimensionsadjektiven:

> Inge ist *3 Jahre* alt. Das Bild ist *eine große Summe Geldes* wert.

210 3. Eine Modalbestimmung ist Modalangabe, wenn sie nicht valenz-
gebunden ist:

> Die Kinder sangen *[laut]*. Sie studierte die Fachliteratur *[aufs gründlich-*
> *ste]*. Er grüßte *[mit einer Verbeugung]*. Er antwortete *[ohne Zögern]*. Er
> kaufte sich ein Auto *[statt eines Motorrads]*.·

4. Formal tritt die Modalbestimmung auf **211**
als Einzelwort oder Wortgruppe (↑ 209f.),
als erweiterter Infinitiv:

> *Statt sich zu schonen*, arbeitete er ununterbrochen weiter. Er diskutierte
> die Vorschläge, *ohne zu ermüden*.

als Partizip oder Partizipialgruppe:

> *Singend* zogen die Sportler durch die Straßen. *Vor Freude jubelnd*, stürzten
> die Kinder ins Zimmer. *Erhaben, auf strahlendem, bronzenem Siegeswagen,*
> *umgeben von behelmten Mannen*, fährt der Berufene in die Ruhmeshalle der
> Journalistik ein ... (KISCH).

als Modalsatz:

a) Der Modalsatz gibt eine Modalbestimmung samt ihren Attributen **212**
durch einen Nebensatz wieder:

> Modalbestimmung: Er lebt *nach den Vorschriften des Arztes.*
> Modalsatz: Er lebt, *wie es ihm der Arzt vorschreibt / verordnet.*

Modalsätze werden durch Konjunktionen eingeleitet.

b) Es werden gekennzeichnet:
rein modale und instrumentale Umstände durch *indem*; *dadurch, daß*:

> Ich weckte ihn, *indem ich klingelte.* Er zeigte seinen Gesinnungswandel,
> *indem er hart arbeitete.* Dadurch, *daß du die Verkehrsvorschriften befolgst*, ver-
> hütest du Unfälle.

Vergleiche (Komparativsätze) durch *[so] wie, wie wenn, als, als ob,*
als wenn:

> Es ist [so] gekommen, *wie es kommen mußte.* Es sieht aus, *als wollte es gleich*
> *regnen.* Mir ist, *als ob ich etwas vergessen hätte.* Tu [so], *als wenn du zu Hause*
> *wärst* (... als wärest du zu Hause).

proportionale Verhältnisse durch subordinierende Konjunktionen mit
entsprechendem Korrelat im Hauptsatz (Proportionalsätze), nämlich
durch *ebenso – wie, je – desto (um so), je – je* (veraltet):

> Dabei ist die Skala der Ausdrucksmittel und Gefühle, die dem Anek-
> dotenschreiber zur Verfügung steht, *ebenso* unbegrenzt, *wie der Raum*, auf
> dem er sie zur Geltung bringen muß, *begrenzt ist* (WEISKOPF). *Je*
> *mehr er weiß, desto (um so)* bescheidener ist er. *Je mehr er hat, je* mehr er
> will.

die Stellvertretung und der Ersatz durch *(an)statt, daß*:

> Er lud ihn zu einer Reise ein, *statt daß er ihm etwas* schenkte.

der begleitende oder fehlende Umstand durch *indem, ohne daß; geschweige*
daß:

> Er grüßte, *indem er den Hut zog.* Er bot uns Hilfe an, *ohne daß wir ihn darum*
> *bitten mußten.* Ich habe sie nicht einmal gesehen, *geschweige daß ich sie ge-*
> *sprochen hätte.*

der Gegensatz durch *indes(sen)*, *während*, *wohingegen* (auch *anstatt, daß*):

> Er wurde Arzt, *während (indes, wohingegen) sein Bruder einen technischen Beruf ergriff.* Der Regen wurde stärker, *anstatt daß er aufhörte.*

die Wiederholung durch *sooft*:

> *Sooft ich ihn bat*, gab er mir Auskunft. (Auch Auffassung als Temporalsatz möglich.)

der Geltungsbereich einer Aussage durch *soviel, soweit, insofern, wie* (in Sätzen wie *wie es scheint, wie wir hoffen*):

> Wir sind mit ihm zufrieden, *soweit es seine Arbeit betrifft. Soweit sich das voraussagen läßt*, wird er die Aufgabe lösen. Das wird, *wie es scheint*, eine große Neuerung.

Modaladverbien ↑ 770f.
Präpositionen für Modalangaben ↑ 863f.

5. Modalbeziehungen in Zusammensetzungen ↑ 980.

Die Kausalbestimmung

213 1. Die **Kausalbestimmung** im engeren Sinne bezeichnet die Ursache, den Beweggrund (das Motiv) oder den Erkenntnisgrund. Sie antwortet auf die Fragen *warum?, weshalb?, weswegen?, aus welchem Grunde?*.

214 2. Sie bezeichnet als Konditionalbestimmung eine Bedingung oder Voraussetzung. Sie antwortet àuf die Fragen *unter welcher Bedingung?, in welchem Falle?*:

> *Bei gründlicher Vorbereitung* wirst du die Prüfung bestehen. *Im Falle einer Umbesetzung* ist der Spielausgang unsicher.

Die Konditionalbestimmung steht manchmal der Temporal- oder der Modalbestimmung nahe:

> *Bei Neonlicht* könnte man fotografieren. *Bei guter Pflege* gedeihen die Pflanzen prächtig. *Bei Tagesanbruch* krähen die Hähne. (↑ auch 222)

215 3. Sie bezeichnet als Konzessivbestimmung eine unzureichende Bedingung zur Änderung des Geschehens, einen nicht wirksam werdenden Sachverhalt. Sie antwortet auf die Frage *trotz welches Umstandes?*:

> *Ungeachtet der Materialschwierigkeiten* wurde der Plan erfüllt. *Trotz längerer Krankheit* zeigte er sehr gute Prüfungsleistungen.

216 4. Die Konsekutivbestimmung bezeichnet eine Folge, die sich aus einem Geschehen ergibt, und antwortet auf die Frage *mit welcher Folge?*:

> *Zur Enttäuschung der Hausfrau* aß der Gast nur wenig. Der Patient konnte

zur Freude aller Angehörigen gesundheitlich wiederhergestellt werden. Eine fehlende Folge: Er schoß auf das Ziel, *ohne zu treffen.*

5. Die **Finalbestimmung** bezeichnet den Zweck oder das Ziel einer **217** Handlung und antwortet auf die Fragen *wozu?, wofür?, zu welchem Zweck?*:

> Die Kinder fuhren *zur Erholung* an die See. *Zur Förderung der Wirtschaft* wurden die Zinssätze gesenkt. Der Laden bleibt *zwecks Instandsetzung* geschlossen.

Merke: **218**
Zu den Kausalbestimmungen kann man auch die Instrumentalbestimmung rechnen, wenn man das „Mittel" oder „Werkzeug" als Grund ansieht. Man fragt *womit?, wodurch?*:

> Er öffnete die Kiste *mit [Hilfe] einer Zange. Durch seine Wachsamkeit* verhinderte er größeren Schaden.

In der Regel gelten sie aber als Modalbestimmungen (↑ 208, 212).

6. **Kausalbestimmungen** sind generell Adverbialangaben. Sie beziehen **219** sich nicht nur auf das Verb, sondern auf den ganzen übrigen Satz. Dennoch sind Kausalbestimmungen unentbehrlich, wenn sie den kommunikativen Kern des Satzes bilden wie in folgenden Beispielen:

> Er hat das *aus Überzeugung, aus Zorn* getan. Das geschah *aus Unachtsamkeit.* Alles, was wir tun, geschieht *zu unserem eigenen Wohl.*

7. Formal ist die Kausalbestimmung **220**

ein **Adverb** (↑ 770):

> *Daher* die Aufregung! *Nötigenfalls* mußt du anrufen. Er hat *krankheitshalber* den Unterricht versäumt. Du hast die Prüfung bestanden, *deshalb (mithin, darum)* hast du Grund zu feiern.

eine **präpositionale Wortgruppe** (↑ 861 f.):

> *Bei seinem Fleiß* wird er es weit bringen. *Dank seinem Entgegenkommen* arbeiten wir gut zusammen. *Trotz Havarie* erreichte das Schiff den Hafen. *Wegen einer Erkältung* mußte die Sängerin das Konzert absagen.

ein **erweiterter Infinitiv** als Final- oder Konsekutivbestimmung:

> Die Eltern kamen zusammen, *um ein Kinderfest vorzubereiten.* Er verließ plötzlich die Stadt, *um dorthin nie mehr zurückzukehren.*

eine **Partizipialgruppe**:

> *Von der schweren Krankheit geschwächt,* wurde er zu einer Kur geschickt (kausal). *Obgleich gewarnt,* ging Luther nach Worms (konzessiv). *Aus höherer Warte betrachtet,* sieht die Welt viel größer aus (konditional).

ein Kausalsatz. Er gibt eine Kausalbestimmung samt Attributen durch einen Nebensatz wieder.

> Kausalbestimmung: Der Sänger sagte *wegen Erkältung* das Konzert ab.
> Kausalsatz: Der Sänger sagte das Konzert ab, *weil er erkältet war*.

Kausalsätze werden durch folgende Konjunktionen eingeleitet (↑ 916):

221 der reine Kausalsatz durch *weil, da, zumal [da]*:

> Wir fordern allgemeine Abrüstung, *weil das Wettrüsten den Frieden gefährdet. Da er erwartet wurde*, mußte er pünktlich sein.

222 der Konditionalsatz durch *wenn; falls; im Falle, daß; vorausgesetzt, daß; angenommen, daß; sofern*:

> Ich komme, *falls | wenn ich eingeladen werde*. Ich besuche diesen Vortrag nur, *sofern er Fragen behandelt*, die zur Problemlösung beitragen.

Merke:
Die Konjunktion *wenn* hat auch temporale Bedeutung. Die Konjunktionen *falls; im Falle, daß* drücken die Bedingung eindeutig aus:

> Ich gehe, *wenn* ich aufgefordert werde (*wann?* oder: *unter welcher Bedingung?*).
> Ich gehe nur, *falls* ich aufgefordert werde.

Im bedingenden und im bedingten Teilsatz steht der gleiche Modus. Wird die Bedingung als real gegeben gesetzt, steht im Hauptsatz und im Konditionalsatz der Indikativ:

> Die Eheschließung ist zulässig, *wenn Mann und Frau das 18. Lebensjahr vollendet haben* (Familiengesetzbuch).

Wird die Bedingung nur angenommen, dann steht in Hauptsatz und Gliedsatz bei erfüllbarer Bedingung Konjunktiv Präteritum, bei nicht erfüllbarer Bedingung Konjunktiv Plusquamperfekt (↑ 507, 524):

> *Wenn man einen Mantel drunterlegte und den anderen darüber*, müßte es besser sein (KANT). *Wenn die Sonne schiene*, bliebe ich nicht daheim.

Oft steht ein uneingeleiteter Konditionalsatz:

> *Ist Platz*, so nehmen wir dich mit. *Hätte ich Zeit*, käme ich mit. Mancher wäre hundert Jahre alt geworden, *hätte man ihn rechtzeitig behandeln können* (MEYER-SCHARFFENBERG).

223 der Konsekutivsatz durch *daß, als daß, so daß* (*ohne daß* bezeichnet eine nichteingetretene Folge oder Wirkung):

> Die Konsulin drohte nur schweigend mit ihrer zarten Hand, *so daß ihr goldenes Armband leise klirrte* (TH. MANN). Er beschleunigte den Arbeitsablauf, *ohne daß die Qualität der Arbeit darunter litt*.

Nach dem Korrelat *so, solch, zu, allzu* im übergeordneten Satz folgt in der Regel ein Attributsatz:

> Die Zwillinge sahen sich *so* ähnlich, *daß man sie verwechselte.* Ich hatte *solchen* Hunger, *daß ich nicht mehr schlafen konnte.* Es ist *zu* spät, *als daß ich noch warten könnte.*

der Konzessivsatz durch die Konjunktionen *obgleich, obwohl, obschon,* **224** *obzwar, trotzdem [daß], wiewohl, wenn – auch, so – auch* und durch verallgemeinernde Ausdrücke wie *wer auch [immer], was auch [immer], wie auch [immer], wann auch immer:*

> Die Mannschaft verlor das Spiel, *obgleich sie im einzelnen Vorzügliches leistete. Wie es auch [immer] komme,* Kopf hoch! Auch in Stirnform: *Mochte sie auch oft über ihn hergefallen sein als Penthesilia* – sie hatte ihn geschützt vor mancherlei Gefahr ... (KANT).

Konzessive Partizipialgruppen werden ebenfalls durch eine konzessive Konjunktion eingeleitet (↑ 916);

der Finalsatz durch *damit, (auf) daß* (selten, gehoben, veraltend): **225**

> Die Böschung muß flach bleiben, *damit die Wogen nicht zu hart aufprallen.* Wir treiben ein Werk; lasset es uns in Einheit treiben, *auf daß es gedeihe!* (WANDER).

Mehrere Ergänzungsbestimmungen bei einem Prädikat

● Doppeltes Akkusativobjekt **226**

Ein zweites Objekt steht zwar häufig mit einem Akkusativobjekt zusammen; aber ein doppeltes Akkusativobjekt ist selten.

a) Es steht heute in der Regel nur bei *lehren* und *kosten* (= wert sein).

> *Ein jedes Gut nach seinem Wert zu schätzen,* brauch ich *dich* nicht zu lehren (GOETHE). *Das* hat das Leben *mich* gelehrt (TH. MANN). Diese Arbeit kostet *ihn viel Mühe.* Das kostet *mich zehn Mark.*

Daneben erscheint bei beiden Verben unter dem Einfluß des verbreiteten Typs Dativ der Person + Akkusativ der Sache der Dativ der Person. Dieser Konstruktionswechsel ist Ausdruck der Standardisierungstendenz, die für die Sprachentwicklung überhaupt charakteristisch ist.

> Wer hat *dich / dir* das Tanzen gelehrt. Vielleicht wird es *dem Staat* noch ein paar Fensterscheiben kosten, das ist alles (TH. MANN). ... und wenn er abends am heimlichen Ort *den Kameraden der Gruppe* die Handhabung der Waffen lehrte, freute er sich besonders (APITZ).

Im Passiv herrscht bei *lehren* heute der Dativ vor:

> Wo wurde bisher an Hochschulen *den Studierenden* davon etwas gelehrt?

Aber auch das Passiv mit persönlichem Subjekt ist richtig:

> ... weil wir wissen, was richtig und falsch ist, verhindern wir, daß *junge Menschen* das Falsche gelehrt wird (SCHELLENMEIER).

Die Verben *lehren* und *lernen* dürfen nicht verwechselt werden:

> *Lerne* das Einfachste! (BRECHT) ... und die Geige, die Trullesand beinahe *gelehrt bekommen* hätte (KANT).

kosten ist Zustandsverb; es kann kein Passiv bilden. Wo es mit einer Preisangabe verbunden ist, steht daneben meist Akkusativ der Person:

> Die Reparatur hat *mich* dreihundert Mark gekostet.

227 b) Ein pronominales Sachobjekt kann als 2. Akkusativobjekt bei *fragen* und, allerdings seltener, bei bitten stehen:

> (Er antwortete) auf das, was ich *mich* und *ihn* im stillen gefragt hatte (WEISKOPF). *Das eine / Eins* bitte ich dich.

Bei den Verben des Nennens handelt es sich bei doppeltem Akkusativ nicht um zwei Objekte, sondern um Akkusativobjekt und Prädikativ (↑ 155).

228 ● Akkusativ + Infinitiv

a) In der Konstruktion des Akkusativs mit dem Infinitiv (A. c. I., c. = lat. *cum* = ‚mit‘) steht der Infinitiv zum finiten Verb im Objektsverhältnis. Die Konstruktion war früher ziemlich häufig. Jetzt ist sie auf Verben der sinnlichen Wahrnehmung *(fühlen, hören, sehen)* und des Veranlassens *(heißen, lassen, lehren, machen)* beschränkt:

> Fühlst du *meinen Puls schlagen?* Wir hören *das Kind schreien.* Wer hat *dich das tun* heißen? Ich lasse *das Buch morgen abholen.*

Die Konstruktion faßt zwei Geschehen zusammen:

> Ich höre. Das Kind schreit. → Ich höre das Kind schreien. ↑ auch 434.

Zum Infinitiv können Täter- und Objektbezeichnung treten:

> Ich höre *dich das Lied* singen. Sie läßt *die Kinder Ostereier* suchen.

Bei *lassen* steht statt Akkusativ der Person manchmal der Dativ:

> Er läßt *mir* aber nichts merken (GOETHE). Meine Mutter war bemüht, *ihren Kindern* nichts merken zu lassen (RENN).

b) Gelegentlich kommt die Konstruktion des A. c. I. auch bei anderen Verben vor:

> Ich *gewahrte* dort die Dohle auf dem Holunderbusch hocken (STORM). Wir *fanden* ihn blutend im Grase liegen (↑ auch 428).

Auch die Fügung *haben* + Lokalergänzung mit folgendem *stehen, liegen, hängen* u. ä. als reinem Infinitiv muß hierher gerechnet werden:

> Sie haben das Bild im Wohnzimmer hängen, den Sessel in der Ecke stehen, den Hammer auf der Werkbank liegen.

c) Manchmal bleibt der täterbezogene Akkusativ beim Infinitiv ungenannt:

> Ich höre es läuten. Er ließ anspannen.

d) Sätze mit A. c. I. können in der Regel nicht im Passiv stehen.

● Akkusativobjekt + Dativobjekt   **229**

Diese Konstruktion findet sich beim Zusammentreffen zweier Objekte am häufigsten. Meist bezeichnet der Dativ eine Person, der Akkusativ eine Sache. Diese Konstruktion steht:

a) bei den Verben des Sagens und der Mitteilung, auch des Verschweigens:

> anvertrauen, befehlen, berichten, empfehlen, erlauben, erwidern, gestatten, melden, mitteilen, raten, sagen, untersagen, verbergen, verbieten, verheimlichen, verkünden, versprechen, verzeihen, vortragen, zeigen u. ä.: Er berichtete mir den Vorgang. Marx zeigte den Arbeitern den Weg zur Befreiung. Sie vertraute mir ein Geheimnis an.

b) bei den Verben des Gebens und Nehmens:

> abnehmen, anbieten, aufdrängen, bescheren, bieten, bringen, entreißen, entziehen, geben, gewähren, gönnen, kaufen, leihen, liefern, nehmen, opfern, rauben, reichen, schenken, schicken, schulden, senden, stehlen, übergeben, überlassen, verkaufen, verschaffen u. ä.: Er bot mir seine Hilfe an. Er überließ mir sein Manuskript.

c) bei reflexiv gebrauchten Verben:

> Hast du dir deine Kenntnisse in Russisch im Selbststudium verschafft? Du mußt dir jetzt etwas wünschen. Er gönnte sich nie Ruhe.

● Akkusativobjekt + Genitivobjekt   **230**

Dem Genitivobjekt haftet auch hier oft der Eindruck des Gewählten, Gehobenen an. Meist bezeichnet der Akkusativ eine Person, der Genitiv eine Sache oder ein Geschehen. Die Konstruktion findet sich

a) bei den Verben des Rechts:

> anklagen, berauben, beschuldigen, bezichtigen, entbinden, entheben, überführen, verdächtigen, verweisen ('ausweisen'), zeihen: jemanden des Diebstahls anklagen, des Verrates zeihen, verdächtigen

b) bei einigen Verben der sprachlichen Äußerung, z. B. *belehren, versichern, würdigen*:

> Er belehrte mich eines Besseren. Wir versichern unterdrückte Völker unserer Solidarität. Der Gelehrte würdigte das Buch einer genauen Besprechung.

c) bei einigen mit reflexivem Akkusativ gebrauchten Verben:

> Erinnerst du dich jenes Vorfalls? Rühme dich nicht deines Erfolges! Du solltest dich dieser Schwäche nicht anklagen.

Bei manchen Verben ist auch schon statt des Genitivobjekts das Präpositionalobjekt oder die Fügung Akkusativobjekt + Dativobjekt üblich geworden. Diese Fügungen sind dann normalsprachlich.

> jemanden von seinem Eid entbinden, sich an jenen Vorfall erinnern; dem Gast seine besondere Wertschätzung versichern

231 ● Akkusativobjekt + Präpositionalobjekt

a) Bei transitiven Verben steht oft neben dem Akkusativobjekt ein persönliches oder sachliches Präpositionalobjekt:

> abhalten von, ändern an, auffordern zu, aussagen über, austeilen an oder unter, bedenken mit, beschenken mit, befreien von, beglückwünschen zu, bereden zu, beschäftigen mit, beschützen vor, betrügen um, bewegen zu, bitten um, brauchen zu, bringen um ('wegnehmen'), einladen zu, entbinden von, erinnern an, ermahnen zu, fragen nach, freisprechen von, hören von, über, liefern an oder für, nötigen zu, sagen über oder von oder zu, überreden zu, übertreffen in oder an, überzeugen von, vereinbaren mit, verraten an, verurteilen zu, verweisen auf oder an, wissen von oder über, zwingen zu u. ä. (↑ auch 192):
> Er änderte *Verschiedenes an seinem Bericht.* Er bedachte *ihn* im Testament *mit einem Legat.* Das Gericht sprach *ihn von dem Verdacht* frei. Er lieferte *die Waren an den Einzelhandel.*

b) Einige reflexiv gebrauchte Verben stehen mit Präpositionalobjekt:

> sich drücken vor / von / um, sich fürchten vor, sich sorgen um, sich trennen von u. ä.:
> Hast du dich *vor ihm* gefürchtet? Die Mutter sorgt sich *um ihr Kind.* Wir trennten uns ungern *von diesem Anblick.*

● Dativobjekt + Präpositionalobjekt   **232**

a) Bei vielen intransitiven Verben mit persönlichem Dativ steht noch ein Präpositionalobjekt:

> antworten auf, beipflichten in, drohen mit, gleichen in, gratulieren zu, kondolieren zu, nachfolgen in, raten zu, schmecken nach u. ä.:
> Er antwortete *mir auf meinen Brief*. *Wozu* rätst du *mir?* Der Arzt verhalf *dem Genesenden zu einer Kur.*

b) Bei einigen subjektlosen Verben oder subjektlos gebrauchten Verben, die seelische Zustände des Menschen bezeichnen, kann zum persönlichen Dativ ein Präpositionalobjekt hinzutreten:

> *Ihm* bangte *um sein Leben, ihm* bangte *vor der Gefahr*. *Mir* ekelt *vor diesem Ungeziefer*. Gruselt *dir vor dem dunklen Waldweg?* *Ihm* schauderte *vor Entsetzen*. *Ihm* schauert *vor Kälte*. *Ihr* träumte *von einem eigenen Auto*.

● Doppeltes Präpositionalobjekt   **233**

Ein doppeltes Präpositionalobjekt ist relativ selten; häufiger findet es sich bei Passivkonstruktionen mit Agensangabe (↑ 485):

> Er sprach *zu den Delegierten von neuen Produktionserfolgen*. Noch am gleichen Tage wurde *von uns auf den Brief* geantwortet.

● Dreifaches Objekt   **234**

Zum Akkusativ- und Dativobjekt tritt mitunter noch ein Präpositionalobjekt:

> Wir nahmen *uns an ihnen ein Beispiel*. Er erläuterte *uns an diesem Beispiel die Entwicklungsgesetze.*

● Objekt(e) + Prädikativ   **235**

Hierzu gehören folgende Konstruktionen:

a) Akkusativobjekt + Genitivobjekt + Prädikativ
Der Akkusativ wird vom Verb, der Genitiv vom Adjektiv gefordert:

> Das Gericht sprach *den Angeklagten des Verbrechens schuldig*. Wir halten *ihn dieser Belohnung für würdig.*

b) Dativobjekt + Akkusativobjekt + Prädikativ

> Ich machte *ihm sein Unrecht klar*. Er machte *uns die Hölle heiß*. Der Schüler bleibt *dem Lehrer die Antwort schuldig.*

c) Akkusativobjekt + Präpositionalobjekt + Prädikativ

> Wir glaubten *dich mit unserem Vorschlag einverstanden.* Ich machte *ihn mit meinem Freund bekannt.* Wir machten *den Lehrling auf die Gefahrenquelle aufmerksam.*

236 • Objekt(e) + Umstandsergänzungen

Folgende Konstruktionen kommen vor

a) Akkusativobjekt + Lokalergänzung:

> Er legte *das Buch auf den Tisch,* steckte *den Brief in den Kasten,* zieht *den Vorhang zur Seite,* hängt *den Anzug auf den Bügel,* sendet *das Paket nach Moskau.*

Auch übertragene Bedeutungen sind möglich:

> Die Mutter gab das Kind *in die Obhut* der Großmutter. Die Mutter singt das Kind *in den Schlaf.* Er leitete den Vorgang *in die Wege.*

b) Akkusativobjekt oder Dativobjekt + Temporalergänzung:

> Dieser Zwischenfall kostete *mich drei Stunden.* Der Vortrag dauerte *mir zu lange.*

Mehrere Objekte + Umstandsergänzung

Dativobjekt + Akkusativobjekt + Lokalergänzung:

> Der Wind riß *ihm den Hut vom Kopf.* Er warf *ihr den Handschuh vor die Füße.* Er holte *anderen die Kastanien aus dem Feuer.*

Das Attribut

• Das Wesen des Attributs

237 Das A t t r i b u t (lat. *attribuere* = ‚zuteilen‘) als Gliedteil unterscheidet sich von den Satzgliedern dadurch,

– daß es sich auf einen nichtverbalen Gliedkern (Substantiv, Adjektiv, Adverb, Pronomen) bezieht, den es näher erläutert,
– daß es in der Regel nur gemeinsam mit seinem Gliedkern (Beziehungswort) im Satz umgestellt werden kann,
– daß es sich durch *Transformation* (Umformung) auf einen prädikativen syntaktischen Ausdruck zurückführen läßt.

In der Bedeutungsbeziehung zwischen Attribut und Beziehungswort werden deshalb ebenfalls Beziehungen zwischen Merkmal und Merkmalträger widergespiegelt, wie das im Satz der Fall ist. Durch solche Transformationen kann nachgewiesen werden, daß das Verhältnis zwischen Attribut und Beziehungswort dem Verhältnis zwischen Prädikat und bestimmten anderen Satzgliedern im Satz entspricht:

> der *aufmerksame* Schüler = der Schüler ist *aufmerksam*; die **Taube** *auf dem Dach* = die Taube sitzt *auf dem Dach*; die Beurteilung *des Schülers*:
> a) Jemand beurteilt *den Schüler*;
> b) *der Schüler* beurteilt jemanden.

● Der Fügungswert des Attributs   **238**

Das Attribut tritt als Gliedteil zu einem Gliedkern:

1. Es ist Teil von Satzgliedern außer dem Prädikat.

> Teil des Subjekts bzw. des Objekts: Das Bild *dort* entspricht nicht *meinem* Geschmack. *Meinem* Geschmack entspricht das Bild *dort* nicht.
> Teil des Prädikatsnominativs: Er war ein Meister *seines Faches*. Ein Meister *seines Faches* war er.
> Teil einer Modalergänzung: Die Zuhörer folgten *sehr* aufmerksam dem Vortrag. Die Zuhörer folgten dem Vortrag *sehr* aufmerksam. *Sehr* aufmerksam folgten die Zuhörer dem Vortrag.

Soweit die so gebildete Einheit sich um ein Substantiv gruppiert, kann das Ganze auch durch ein Wort, besonders durch ein Pronomen, ersetzt werden:

> *Das Bild dort* gefällt mir. *Es* gefällt mir.

2. Das Attribut kann als Attribut 2., 3. Grades usw. Teil eines übergeordneten Attributs sein (↑ 85):

> Das Kind freute sich an der Menge *bunter* Kugeln („bunt" = Attribut 2. Grades zu „Kugeln", einem Attribut 1. Grades).

Die Attribute verschiedenen Grades können auch Nebensätze, und zwar Gliedteilsätze (↑ 78), sein.

3. Alle Satzglieder, die sich unmittelbar auf das Prädikat beziehen, und das Prädikat selbst können Attribute werden. Die Attribuierung ermöglicht die Verdichtung eines Satzes zu einem Satzglied, eines Satzgefüges oder mehrerer Sätze zu einem einfachen Satz:

> Die Mutter liebt dich. – Die Liebe *der Mutter zu dir*, die *dich liebende* Mutter. Die Olympiade findet alle vier Jahre statt. Sie vereint Sportler aus allen Ländern. – Die *alle vier Jahre stattfindende* Olympiade vereint Sportler *aus allen Ländern*.

4. Das Attribut kann zu Wörtern verschiedener Wortart treten.   **239**

a) Es steht besonders häufig beim Substantiv:

> Im *landschaftlich schönen* Erzgebirge hat sich im Laufe der Jahre eine *moderne* Handwerks- und Textilindustrie entwickelt, nachdem es früher *zu den ärmsten* Gegenden *Deutschlands* gehörte.

Die Attribuierung beim Substantiv kann recht umfangreiche Gruppen schaffen:

> ... der *bis zur Kargheit verschlossene, dabei kameradschaftliche und ob seines Sinns für einen feinen trockenen Humor von uns geschätzte* Theo Anschütz (Joho); anläßlich des *25jährigen* Bestehens *des Instituts für Bergbau und Hütten-industrie des Landes Sachsen.*

b) Das Attribut steht beim Adjektiv:

> ... diese, *der deutschen Sprache nur wenig* mächtig (Fühmann); weiß *wie* Schnee, *recht* geschickt, der *über den Erfolg* glückliche Sieger

c) Das Attribut steht beim Pronomen:

> wir *Menschen,* du *Esel,* ich denke oft an Euch *Lieben;* du *da drüben,* er *als Fachmann,* wir *vier;* jeder *von euch,* manches *Angenehme;* Sie, *von dem Lob* überrascht, errötete. ... machte ihn, *einen der flottesten Tänzer,* zum Schwarm der Vereinsbackfische (Bredel).

d) Das Attribut steht beim Adverb:

> *sehr* gern, *noch* heute, *hoch* oben, vorn *in der ersten Reihe* – Es lebte sich gut dort draußen *im Freien* (Th. Mann).

240 • Die Form des Attributs

1. Das Attribut kann ein Adjektiv, Numerale oder Partizip sein:

> ein *großer* Künstler, eine *herrliche* Stimme, *ruhig* Blut!; *schwer* krank; in *dreißig* Tagen, am *12.* September; ein *gefeierter* Künstler, ein *hervorragender* Pädagoge

2. Das Attribut kann ein Pronomen sein:

> *dieser, jener* Musiker, in *unserem* Garten, aus *welchem* Buche?, auf *allen* Straßen, in *einigen* Stunden, viele *von uns, dessen* Geschenk

3. Das Attribut kann ein Substantiv sein, und zwar

a) ein Substantiv im gleichen Fall wie das Beziehungswort (↑ 242),

b) ein Substantiv im Genitiv (↑ 617–625):

> das Eigentum *meiner Großeltern,* eine Menge *neuer Bücher, Goethes* Gedichte / ein Gedicht *Goethes,* die Antwort *des Lehrers*

c) ein Substantiv oder Pronomen mit Präposition:

> ein Bild *von Dürer* (↑ 870), Freude *an der Musik,* die Stadt *am Meer,* ein Aufenthalt *von zwei Stunden,* die Neigung *zu ihr*

d) ein Substantiv mit den Konjunktionen *als* oder *wie*:

> mit einem Stock *als Stütze*, älter *als mein Bruder*, Haare *wie Gold*, treu *wie Gold*

4. Das Attribut ist ein Adverb oder Pronominaladverb, es steht manchmal auch zusammen mit einer Präposition:

> *dort* der Herr, die Dame *hier*, das Konzert *gestern*, die Freude *darüber, sehr schön*, der Weg *von hier aus*, der Blick *nach oben*

Adverb + Präpositionalgruppe können zusammen das Attribut bilden:

> Mathildes Blick *hinunter ins Tal* war zugleich ein Blick *zurück auf das vergangene Jahr* (FRANK).

5. Das Attribut kann ein reiner oder erweiterter Infinitiv sein:

> Der Wunsch *auszuruhen* war allgemein. Ich hatte schon lange die Absicht, *dir zu schreiben*. Er folgte der Bitte, *zu ihr zu fahren*.

6. Das Attribut kann eine Partizipialgruppe sein:

> Stanislaus hatte sich aus einem Büchlein, *betitelt „Verbeugung oder Bückling"*, mit Rat versorgt (STRITTMATTER). Sein Artikel erschien, ein Kommentar, *in der Hast geschrieben*, auf der ersten Seite (NEUTSCH).

7. Das Attribut kann ein Nebensatz, ein Gliedteilsatz, sein: **241**

a) überwiegend Relativsätze:

> Im Schaufenster liegen Bücher, *von denen man spricht*.

b) Konjunktionalsätze:

> Ein Jahr, *nachdem er die Heimat verlassen hatte*, schrieb er uns. Meine Erwartung, *daß der Zug pünktlich kommen würde*, wurde erfüllt.

c) von einem Fragewort eingeleitete Nebensätze:

> Die Frage, *wer am Subbotnik teilnimmt*, fand ein lebhaftes Echo. Die Ungewißheit, *wann der Sohn zurückkehren werde*, quälte die Eltern.

d) uneingeleitete Nebensätze:

> Die Auskunft, *in Berlin hätten wir sofort Anschluß*, traf zu.

8. Auch die Parenthese (↑ 280) kann den Charakter eines Attributs haben:

> Ich werde mich morgen mit meinem Bruder – *ich sah ihn seit Jahren nicht* – in Berlin Unter den Linden treffen.

● Die Apposition

242 Die Apposition ist ein Attribut in substantivischer Form, das die gleiche Erscheinung der objektiven Realität bezeichnet wie das Substantiv oder Pronomen, auf das sie sich bezieht; sie ist mit diesem referenzidentisch. Die Apposition ist einerseits weglaßbar und kann andererseits an die Stelle seines Beziehungswortes treten. Sie steht zum Beziehungswort in der gleichen semantischen Beziehung wie der Prädikatsnominativ zum Subjekt (↑ 156) (vgl. HELBIG, Attribut). Sie steht entweder im gleichen Kasus wie das Beziehungswort oder im Nominativ. Die Apposition kann vor oder hinter dem Beziehungswort stehen. Sie wird vorangestellt, wenn sie einen gegebenen, als bekannt vorausgesetzten Begriff ausdrückt; sie wird nachgestellt, wenn sie etwas Neues bietet, der Erläuterung, Weiterführung oder Wertung dient und größeren Nachdruck besitzt.

243 1. Die vorangestellte Apposition ist eng mit dem Beziehungswort verbunden und steht ohne Komma. Hierher gehören

a) der vorangestellte Vorname, Verwandtschaftsgrad, Beruf oder Titel:

> *Fritz* Stephan, *Johann Sebastian* Bach; *Onkel* Paul, *Tante* Frieda, *mein Vetter* Rudi, *die Schwestern* Karin und Inge; *Lehrer* Krause, *Professor* Weber, *Dr. jur.* Künzel, *Herr* Schulz, *Prof. Dr. sc.* Lehmann (zur Flexion ↑ 250 ff.)

b) die vorangestellte Gattungsbezeichnung oder der nachgestellte Name, je nachdem, welches Wort als Gliedkern fungiert:

> *Oberbürgermeister* Meier – das Referat des *Oberbürgermeisters Meier*, entsprechend: *Glaswerke* Lauscha, das Hotel „*Vier Jahreszeiten*", das Lustspiel „*Minna von Barnhelm*", an der Technischen Universität *Dresden*, MS *Bad Doberan*

c) das einer Maß- oder Mengenangabe nachgestellte Substantiv:

> ein Sack *Zement*, ein Dutzend *Bleistifte*, eine Tasse *heißer Kaffee*

d) der nachgestellte Beiname, der nachgestellte Autotyp (↑ 568):

> Karl *der Kühne*, Ludwig *das Kind*, Wilhelm *II.*, Trabant *601*

244 2. a) Die nachgestellte, in Kommas eingeschlossene Apposition im engeren Sinne ist ein erklärender Einschub zum zugehörigen Substantiv:

> Der Direktor der Spinnerei, *Förster*, wurde prämiiert. Gerhards Geschwister, *Jutta, Joachim und Petra*, freuen sich auf den Besuch ihres Bruders. ... eine Zähigkeit, die man dem zerbrochenen Körper des Sängers, *eines schmächtigen Burschen*, nicht zugetraut hätte (WEISKOPF). Waren in allen Preislagen, *teure und billige*, wurden angeboten. (Im letzten Beispiel wurde das Substantiv erspart.)

b) Eine besonders häufige Form der nachgestellten Apposition ist die nachgestellte Datumsangabe:

> Die Feier findet am Donnerstag, *dem 12. September*, statt. Oder: Die Feier findet Donnerstag, *den 12. September*, statt. (Akkusativ der Zeit, ↑ 635.) Die Tagung dauert von Donnerstag, dem 12. September, bis Sonnabend, den 14. September. (Die Präposition *von* regiert den Dativ, *bis* den Akkusativ, entsprechend der Kasus der Apposition.)

Merke: **245**
Grammatisch richtig ist es auch, das Datum als freien Akkusativ der Zeit neben die Tagesangabe zu setzen. Dann ist es Glied einer Reihe. Ihm geht nur ein Komma voran; es wird nicht in Kommas eingeschlossen:

> Die Feier findet Sonnabend, *den 12. September* statt.

Die Auffassung als Apposition ist vorzuziehen.

3. Nachstehend werden einige besondere Formen der Apposition ge-   **246**
nannt:

a) Im poetischen Stil finden sich zuweilen „halbprädikative" oder „appositive" Substantive, die durch die finite Verbform vom Beziehungswort getrennt sind:

> Er hat, *ein weiser Schüler des Ptolemäus und der griechischen Philosophen*, die neuen Sterne beobachtet (St. Zweig).

b) Einschübe und nachgestellte Substantivgruppen, durch Partikeln wie *namentlich, besonders, nämlich* und Fügungen wie *z. B.*, *d. h.* eingeleitet, sind ihrem Strukturwert und ihrer Bedeutung nach Appositionen:

> Die Preise der wichtigsten Güter, *namentlich der Lebensmittel*, wurden überprüft. Ich werde dich nächste Woche, *[und zwar] vielleicht schon Dienstag*, besuchen. Betrachte einmal die Berge, *d. h. den Hintergrund des Bildes*.

c) Der Apposition vergleichbar ist das mit *als* oder *wie* angeknüpfte Attribut. Es ist oft mit seinem Beziehungswort kongruent. Doch findet sich schon lange auch der Nominativ (↑ 615):

> Ich rate dir *als gutem Freund*. Betrachte den Fall *als solchen*! Wir besprechen das mit dem Rat der Stadt *als dem verantwortlichen Organ*. In Zeiten *wie die (wie den) unseren*; mit Druckluftwerkzeugen *wie Bohrer(n)*, *Hämmer(n)*, *Meißel(n)*; mit einem Menschen *wie ihm (wie er)* kannst du dich nicht messen.
> Für Ihren lieben Brief *als ein Vorläufer Ihrer baldigen Ankunft* ... (Goethe). Ganz abgesehen von den Selbstverständlichkeiten, *wie eine gute Einstellung zur Arbeit*, *ein ausgezeichneter Gesundheitszustand und die umfangreichen Kenntnisse in Fremdsprachen*, ... (Aero-Sport 3/63, S. 90).

247 M e r k e :

Fügungen mit *als* und *wie* können auch einen anderen Satzgliedwert als den einer Apposition haben:

Sie können Prädikatssubstantiv im Nominativ oder Akkusativ sein:

> Er kam *als Erholungssuchender.* Er heißt *wie seine Mutter.* Die Studenten wählten ihn *als Sprecher.* (↑ auch 152 f.).

Sie können Modalbestimmung sein:

> Der Junge benahm sich *wie ein Erwachsener.* Lassen Sie mich nicht *wie ein Gottschedianer* kritisieren (LESSING). (↑ auch 208 f.)

Manchmal können sie prädikativ oder modal aufgefaßt werden:

> Ich rate dir *als guter Freund* (Ich bin *dein Freund,* oder: Ich rate dir *freundschaftlich*).

Sie können Attribut beim Adjektiv oder Adverb sein:

> Er ist schneller *als du.* Er kam später *als ich.* Sie war munter *wie ein Fisch im Wasser.*

248 d) Die Apposition steht unter bestimmten Voraussetzungen regelgemäß im Nominativ (↑ 615), nämlich

– bei nachgestelltem Titel oder nachgestellter Berufsbezeichnung:

> Herrn Dr. med. Friedrich W., *Dozent* an der Friedrich-Schiller-Universität in Jena und *leitender Arzt* am Kreiskrankenhaus in G. Die Överdiecks aber sind vertreten, und zwar durch das Haupt, den mehr als achtzigjährigen Doktor Kaspar Överdieck, *regierender Bürgermeister* (TH. MANN).

Auch der nachgestellte Geburtsname steht oft im Nominativ:

> die Töchter Frau Helga Kluges *geborene Schaffrath*

– als lose angeknüpfte Apposition, besonders bei größerem Umfang:

> Da sah er den Gärtner Gültscher daherkommen, er lief fast neben ihm her, *ein alter Mann,* der sein Vater sein konnte, *ein mürrischer Mann mit einer Pfeife* (SEGHERS). Am bedrücktesten fühlte ich mich des Abends, *sonst meine liebste Tageszeit* (IMMERMANN).

– als Attribut mit *als*

in besonders enger Verbindung mit dem Bezugswort:

> die Persönlichkeit Lessings *als Mensch und Dichter*; mit dem Schauspieler X. *als Nathan der Weise* ..., so daß es für weniger verständige Leute *als du und ich* beinahe den Anschein haben könnte ... (TH. MANN).

wenn es sich nicht auf den unmittelbar vorangehenden Kasus, sondern auf dessen Bezugswort bezieht, vor allem wenn dieses ein Verbalsubstantiv ist:

die Beschreibung des Frühlings *als neue Lebensfreude bringende* Jahreszeit findet man überall; die Vorführung des Films *als Dokumentation* aufregender Ereignisse fand viel Zuspruch; er *als dein* Freund; ... die auf der Hochschätzung des gedruckten Wortes *als bewußtseinsbildender Faktor* ruht ... (Börsenblatt 41/59, S. 706). Aber: das Erlebnis des Autors als *des Mittlers* zwischen den lebendigen Gestalten seines Werke und dem Leser (Zs. Neue Deutsche Literatur 4/53, S. 132.)

Merke:
Der Nominativ als Apposition ist nicht zulässig, wenn Mißverständnisse entstehen können oder das Beziehungswort den Kasus nicht deutlich ausdrückt:

Der Bruder Wolfgangs, *meines besten Freundes*, war Arzt geworden. Sie bringen all das zum Ausdruck, was Dimitroff, *dem unbeugsamen Vertreter der Gerechtigkeit*, die Kraft zur Standhaftigkeit gegeben hat.

e) Neuerdings besteht die Neigung, die Apposition in den Dativ zu **249** setzen, während das Bezugswort in einem anderen Kasus steht. Diese Inkongruenz ist nicht immer zu billigen:

Wegen des Verlustes *als solchem* mache ich mir keine Sorgen. Schon bei GOETHE: Heute *als dem heiligen Pfingstfest* ...

4. Bei der Deklination der Apposition ist zu beachten: **250**

a) Von mehreren Namen ohne Artikel wird der letzte gebeugt:

die Werke Johann *Sebastians*, die Werke Johann Sebastian *Bachs*, Johann Sebastian *Bachs* „Kunst der Fuge"

b) Steht bei Namen mit Titel, Berufs- oder Verwandtschaftsbezeichnungen kein Artikel, so wird der Name bzw. der Name + **Beiname** dekliniert:

der Vortrag Lehrer *Hohbergers*, Dr. *Eichlers*, Professor Dr. *Schulzes*; der Besuch Onkel *Richards*, Onkel *Bräsigs* Briefe, die Kämpfe Kaiser *Ottos*, König *Heinrichs IV. (des Vierten)*, Karls des Großen

c) Steht der Artikel oder ein Pronomen bei einer solchen Namengruppe, so wird der Titel usw. dekliniert, bei mehreren Bezeichnungen die erste dem Artikel folgende:

der Vortrag *des Lehrers* Hohberger, *des Professors* Dr. Schulze; *des Rektors* der Hochschule, Professor Dr. sc. phil. Stephan; die Kämpfe *des Kaisers* Otto

Merke: **251**
1. Bei Angabe der Doktorwürde wird Dr. nicht dekliniert:

der Vortrag Dr. *Eichlers* / des Dr. *Eichler*

2. *Herr* wird stets dekliniert:

> der Vortrag *Herrn* Meyers, *Herrn* Professor Dr. Müllers, *Herrn* Lehrer
> Hohbergers; der Vortrag des *Herrn* Professor Dr. Müller

Bezeichnungen wie *Kollege, Genosse* behandelt man am besten wie *Herr*,
d. h., man dekliniert sie ebenfalls immer:

> der Diskussionsbeitrag *Kollegen* Werner *Bärs* / des *Kollegen* Werner *Bär*, aber
> nicht flektiert: die Eltern *Fräulein* Schulzes, *Fräulein* Dr. Schulzes, *des Fräulein*
> Schulze

Titel und Berufsbezeichnungen, die auf *Herr, Kollege* folgen, müssen nicht
flektiert werden, aber man tut es oft:

> die Pflicht des Herrn *Abteilungsleiter(s)*, jedes Kollegen *Ingenieur(s)*

Immer dekliniert wird bei substantivierten Adjektiven:

> die Rede des Herrn *Abgeordneten*

3. Der nachgestellte Beiname zum Namen wird dekliniert:

> die Siege *Alexanders des Großen*, die Siege *des Mazedonierkönigs* Alexander
> *des Großen*; die Kämpfe *Heinrichs IV. (des Vierten)*, König Heinrichs IV.
> *(des Vierten)*, *des Königs* Heinrich IV. (des Vierten); wir lasen „Nathan
> *den Weisen*"

252 d) Bei Gattungsbezeichnung + Name wird die Gattungsbezeichnung
dekliniert; der Name selbst bleibt unflektiert:

> der Rat *der Stadt* Leipzig, *der Messestadt* Leipzig, der Leiter des *Verlages*
> Bibliographisches Institut Leipzig, *des Hotels* „Goldener Löwe", zu An-
> fang *des Monats* Juli, der Beginn *des Lustspiels* „Der zerbrochene Krug",
> der Verlauf *des Prozesses* Müller, die Einrichtung *der Fluglinie* Berlin –
> Havanna

Hierher gehören auch allgemeinere Bezeichnungen wie *Wort, Name,*
Titel, Begriff, Beiname, Aufschrift u. ä.:

> ... die den Namen *Mensch* verdienen, den Beinamen *Cunctator* erhalten, der
> Mißbrauch des Begriffs *Freiheit*

253 e) Von Maß- und Mengenangaben abhängige Substantive werden wie
folgt behandelt:

– Sie stehen als Singular im Nominativ, wenn sie kein weiteres Attribut
bei sich haben:

> ein Glas *Bier*, ein Tropfen *Öl*, der Preis eines Glases *Bier*, wegen eines
> Tropfens *Öl*, mit einem Schluck *Wasser*

– Sie stehen oft im gleichen Kasus wie die Maßbezeichnung, wenn bei
ihnen ein weiteres Attribut steht oder wenn sie als Plural auftreten:

> bei einem Glase *kühlem Wein*, wegen eines Tropfens *heißen Öls*, ein Paket
> mit einem Dutzend *Bleistiften*

In der gehobenen Stilschicht steht nach dem Maß- oder Mengenbegriff das Gemessene nicht als Apposition, sondern als Genitivattribut mit partitivem Genitiv (↑ 625):

> bei einem Glase *perlenden Sekts*; ein Strauß *duftender Rosen*; das jenseitige Ufer mit einem hellen Streifen *Sandes* (SEGHERS); ... eines großen Insekts, das mit Millionen *lautloser Flügelschläge* das helle Glas umkreiste (TH. MANN).

f) Zur Flexion bei nachgestellten Beinamen ↑ 251, Abs. 3.

g) Zur Flexion des Konjunktionalattributs mit *als* und *wie* ↑ 246, Abs. c).

● **Die Leistung des Attributs**   **254**

1. Die semantische (inhaltliche) Leistung des Attributs liegt in der Kennzeichnung von Personen und Sachen, von Eigenschaften und Umständen. Oft ist die Kennzeichnung nicht nötig, aber sie vervollständigt doch das Ausgesagte. Manchmal aber gibt sie der Aussage sogar erst ihren Sinn.

> Nicht notwendige Attribute, die Einzelzüge charakterisieren:
> ... es schimmern die *[blaugrünen]* Wasser des *[gemächlich dahinströmenden] Flusses*, ... und es strahlen die *[weißen, zieratgeschmückten]* Mauern *der Schlösser, [die sich ... bald mehr, bald weniger dem Lauf des Stromes nähern]* (JOHO). Die *[beiden sowjetischen]* Kosmonauten *Valentina Tereschkowa und Juri Gagarin* treffen am *17.* Oktober in den *[späten]* Nachmittagsstunden in Berlin ein.
> Zur vollen Begriffsbezeichnung unentbehrliche Attribute:
> der *tote* Punkt, die *goldene* Hochzeit, *trigonometrische* Funktionen, die *linke* Hand, der *kleine* Finger, der *Westfälische* Friede; *Bibliographisches* Institut Leipzig, Bahnhof *Friedrichstraße*, Frankfurt *(Oder)*. Nur der verdient sich Freiheit wie das Leben, *der täglich sie erobern muß* (GOETHE).

2. Aus Wortbedeutung, Wortart und Form des Attributs ergibt sich die Art der Kennzeichnung. Bei den folgenden Gruppen ist die Abgrenzung nicht scharf und eindeutig. Aber es kommt uns darauf an, erkennen zu lassen, wie vielfältig die Attribuierung ihrem Inhalt nach ist, daß Attribute der Bedeutung fast aller Satzglieder entsprechen können. Das Attribut kennzeichnet dem Inhalt nach

Bestimmtheit, Unbestimmtheit und Anzahl:

> *dieser* Tisch, *jener* Tisch, der Tisch *dort*, *irgendein* Tisch; *manche* Tische, *einige* Tische, *viele* Tische, *drei* Tische

Farbe, Form und Stoff:

> *helle* Möbel, Streifen *in Blau und Weiß*, die Farbkombination *Braun-Mais-Beige*; der *runde* Tisch, die *ovale* Schale, eine Bonbonniere *in Buchform*; ein *wollenes* Kleid, Bauten *aus Gasbeton*

die Herkunft:

sowjetische Literatur, Gäste *aus Kuba, Glashütter* Uhren

die Einordnung in eine bestimmte Kategorie:

die *Schwedenfähre* Trelleborg, ihr *Bruder* Fritz, die Staaten *der Sahelzone, Bildhauer* Fritz Cremer

Besitz und Zugehörigkeit:

mein Buch, *sein* Werkzeug, die *elterliche* Wohnung, die Tür *des Hauses*

der örtliche oder zeitliche Umstand:

die Tauben *auf dem Dach*, die Botschaft *in Moskau*, die Reise *nach Prag*, das Haus *drüben*; das Unwetter *heute*; Sonntag, *den 18. Mai*

Grund, Folge und Zweck:

ein Handeln *aus Ehrgeiz*, ein Unfall *mit tödlichem Ausgang*, ein Wolkenbruch *mit Überschwemmungen*, ein Wagen *für Dienstfahrten*, ein Tisch, [um] *daran zu arbeiten*

die Qualität:

eine *gute* Beurteilung, ein *treffender* Ausdruck, eine *schnelle* Fahrt, ein Benehmen *wie die Axt im Walde* (umg.)

Grad und Intensität:

unerträgliche Temperatur, *übermenschliche* Anstrengung, *außerordentlich* tüchtig, *sehr* krank, *fast* unmerklich, *tief* unten

Grad der Gültigkeit und Zuverlässigkeit:

ein *vermutlicher* Unglücksfall, die *wahrscheinlichen* Folgen, mit *nur scheinbarer* Ruhe; ein *gewisser* Herr Müller

Träger von Handlungen, Vorgängen und Eigenschaften:

Peters Rede, *Alexanders* Eroberungsfeldzug, das Dunkel *der Nacht*

Ziel einer Handlung:

die Nutzung *der Sonnenenergie*, Produktion *von Werkzeugmaschinen*

Einordnung und Gleichsetzung:

Leningrad, *eine Millionenstadt;* Rom, *die Hauptstadt Italiens;* Bassermann *als Hamlet*

Welche verschiedenartige Kennzeichnung die Attribuierung ermöglicht, möge folgendes Beispiel zeigen:

Dieser, fast *zehn Jahre älter als Brenten, groß, schlank, mit kleinem Spitzbart, ein Junggeselle von selbstbewußtem Auftreten*, imponierte ihm gewaltig (BREDEL).
(Hier wird eine Person nach Alter, äußerem Aussehen, Einordnung in eine bestimmte Kategorie charakterisiert, indem Adjektive, der Vergleich, die präpositionale Gruppe, der absolute Nominativ als Attribute verwendet werden.)

● Stilistische Bemerkungen   **255**

1. Nicht jedes attributive Adjektiv ist ein *Epitheton ornans* (schmücken-
des Beiwort). Attribute, die mit dem Substantiv eine Einheit bilden,
also die eigentliche Aussage geben (↑ 254, Abs. 1), gehören nicht hierher.

> Nicht: der Stille Ozean; aber: das stille Meer

a) Der Begriff „Epitheton ornans" umfaßt nicht nur Adjektive und
Partizipien, sondern auch substantivische Formen, die sich durch Anschaulichkeit und Expressivität auszeichnen:

> die Spur eines Lächelns; ein Wenn-du-wüßtest-Lächeln; dieser Brei aus
> Blut und Schnee und Fetzen und Fleisch (SEGHERS, zit. nach RIESEL/
> SCHENDELS, Stilistik, S. 240).

b) Das Epitheton ornans kann peinlich wirken, wenn man damit dürf-
tige Gedanken durch erborgten Wortprunk aufputzt. Auch gehäufte
Beiwörter verfehlen oft den Zweck, Anschaulichkeit zu erreichen:

> Mit *großen, erstaunten* Augen blickte sie zu ihm auf; und beide waren so
> sehr *vom Zauber des Augenblicks* befangen, daß keiner das *leise* Rauschen
> der Äste, das Knistern und Rascheln der Zweige *seitlich von ihnen im Ge-*
> *büsch* vernahm (ESCHSTRUTH).

Es ist aber übertrieben, dem Epitheton ornans grundsätzlich den Kampf
anzusagen. „Es ist eine Figuration alter Volks- und Kunstdichtung
und dient ... der typisierenden und symbolisierenden Hervorhebung
charakteristischer Merkmale." (FLEISCHER/MICHEL, Stilistik, S. 176).

– Das Epitheton ornans ist bei Beschreibungen berechtigt, um eine zureichende Vorstellung des Gegenstandes zu vermitteln:

> Die Tafel in dem *großen,* mit *marillenfarbenen* Biedermeiermöbeln ausge-
> statteten Speisezimmer war *festlich* gedeckt (WEISKOPF).

– Das Beiwort bezeichnet wesensmäßige Merkmale und wirkt typi-
sierend:

> *prominente* Person, *standhafte* Kämpfer. Bei einem Wirte *wundermild,* der *kühne*
> *Held* Roland (UHLAND).

Andererseits individualisiert das Beiwort bewußt:

> Wenn der *einundzwanzigjährige, blonde, hochgewachsene,* in seiner *kraftvollen*
> *Geschmeidigkeit* dem Speerträger des Polyklet wohl zu vergleichende P.
> *hervorragend* geeignet erschien, sowohl dem Ödipus ... als auch der zwar
> *um vieles älteren,* doch immer noch *betörenden* Jokaste Gestalt zu verleihen
> (FÜHMANN) ...

Hierher gehören auch Fügungen wie *scharfer Verstand, niedrige Gesinnung, trübe Stimmung, schwankender Charakter, schneidiger Kerl, aufgeblasener Geck, eingebildeter Schnösel.*

Manche Adjektive sind ihrer Bedeutung nach Stimmungs- und Gefühlsträger:

> Wie er jetzt über das *stille* Land ging unter dem *graublauen* Himmel (SEGHERS); das *friedliche* Dorf (HÖLDERLIN)

Zu Abstrakten tritt oft das beseelende Beiwort:

> ... von der *edlen* Anmut des einen Gepanzerten zum anderen, beide zum Verlieben schön in *jugendlicher* Männlichkeit (A. ZWEIG), *schöne, freundliche* Gewohnheit des Daseins und Wirkens (GOETHE)

Manchmal soll das Beiwort bewußt intellektuelles Vergnügen gewähren:

> Doktor Saul Ascher mit seinen *abstrakten* Beinen, mit seinem engen, *transzendentalgrauen* Leibrock (HEINE)

256 2. Das Attribut vor Zusammensetzungen soll sich logischerweise auf das Grundwort beziehen; denn zu diesem gehört es (↑ 948):

> im *reinsten* Frühlings*lichte* (MÖRIKE), *wildes* Intriganten*haupt* (TH. MANN), *furchtgebietende* Charakter*figur* (TH. MANN), *träumerisches* Quellen*gemurmel* (HEINE), rasend *auflohende* Partisanen*gefechte* (FÜHMANN)

Falsche Beziehungen werden wir oft sogleich als komisch empfinden:

> der *möblierte* Zimmerherr, der *mehrstöckige* Hausbesitzer, *angriffslustige* Mückenstiche, *überdachte* Sitzplatzkarten

Schriftsteller prägen manchmal bewußt solche Fügungen, um eine komische Wirkung zu erzeugen:

> verschmitzte Frauenrollen (LESSING), baumwollener Nachtmützenfabrikant (HEINE)

Vermeiden kann man solche falschen Fügungen durch Zusammensetzung mit oder ohne Flexion des Adjektivs oder dadurch, daß man ein zusammengesetztes Bestimmungswort bildet:

> Altweibersommer, Dummerjungenstreich, Schwarzmeerflotte; Silberhochzeitsgeschenk, Sauregurkenzeit

Manchmal kann sich das Adjektiv auf die ganze Zusammensetzung oder im einzelnen sowohl auf das Bestimmungs- als auch auf das Grundwort beziehen

> eine keifende Bajazzofamilie (HOLZ), mit frühem Führertritt (GOETHE), praktische Geschenkartikel

Manche eigentlich falschen Fügungen haben sich eingebürgert:

> deutscher Sprachunterricht, die philosophische Doktorwürde, das geheime Wahlrecht

3. Man achte beim Attribut immer auf eindeutige, klare Beziehungen: **257**

> Falsch: Nach seiner Niederlage in Rußland war Napoleons Ruhm in starkes Schwanken geraten.
> Richtig: Nach Napoleons Niederlage in Rußland war sein Ruhm in starkes Schwanken geraten.

Eine Adverbialbestimmung kann nicht einfach gegen ein Attribut ausgewechselt werden:

> Falsch: In Mecklenburg wird *eifrige* Fischzucht betrieben.
> Richtig: In Mecklenburg wird *eifrig* Fischzucht getrieben.
> Frau Pauline reckte sich vor der Nachbarin *im Bett* auf (BREDEL).
> („Im Bett" ist Attribut; denn die Nachbarin liegt im Bett, nicht Pauline. Der Satz ist richtig gebildet, aber doch nur im Zusammenhang verständlich.)

4. Die Attribuierung primärer Satzglieder ist häufig vorteilhaft: **258**

a) Die Attribuierung kann einen weiten Spannungsbogen des Satzes verkürzen:

> Mit zu weitem Spannungsbogen: ... dem Laien mindestens kann man sehr wohl die Möglichkeiten suggerieren, es *könnte* ein zehnter Planet nicht jenseits des Pluto und auch nicht diesseits des Merkur – von der Sonne aus gedacht –, sondern in der Erdbahn selber, als ein Double gewissermaßen des dritten Planeten, auf dem wir zu leben die Ehre haben, *existieren* ... (Leipziger Zeitung 1947).

Der Satzrahmen könnte in folgender Form reduziert werden:

> ... dem Laien mindestens *kann* man sehr wohl die Möglichkeit der Existenz eines zehnten Planeten *suggerieren*, eines zehnten Planeten nicht jenseits des Pluto ..., sondern als ein Double gewissermaßen des dritten Planeten, auf dem zu leben wir die Ehre haben.

b) Die Attribuierung primärer Satzglieder, besonders der Gebrauch **259** präpositionaler Attribute, ermöglicht eine syntaktische Fügung, die sogar bei Attributen 4., 5. und 6. Grades noch überblickbar und erfaßbar ist. Man trifft sie besonders bei Überschriften an:

> Stellungnahme des Präsidiums der Akademie der Künste zum Vorschlag der Auszeichnung des Malers G. mit dem Kunstpreis der Stadt Aachen von 1987.

Natürlich handelt es sich hier um einen Zweckstil, den man in der Häufung von Substantiven nicht beliebig nachahmen oder empfehlen kann, der aber manchmal nötig ist.

260 Die Partikeln

Unter den Elementen des Satzes nehmen die Partikeln eine Sonderstellung ein. Es sind Wörter, die „ein Wort im Satz näher bestimmen,
erläutern, spezifizieren oder graduieren" (HELBIG/BUSCHA, Gramm.,
S. 430). Sie sind nicht satzgliedfähig, d. h., sie können nicht
allein vor dem finiten Verb im Kernsatz stehen. Sie sind Attributen
am nächsten verwandt, können aber im Unterschied zu diesen nicht
auf primäre Satzglieder zurückgeführt werden. Außerdem können sich
Partikeln auch auf das Verb im Satz beziehen, was bei eigentlichen
Attributen nicht der Fall ist (↑ 238). Teilweise können sie einem nichtverbalen Bezugswort sowohl vorausgehen als auch folgen:

> *Allein* das Wetter ist ausschlaggebend. Das Wetter *allein* ist ausschlag-
> gebend. Gestern *schon* haben wir dich erwartet. *Schon* gestern haben wir
> dich erwartet. Aber: Was willst du *denn*? Tritt *nur* ein!

Aber oft ist die Stellung der Partikel zu beachten:

> Falsch: Nur Kinder in Begleitung Erwachsener haben Zutritt zur Ge-
> mäldegalerie.
> Richtig: Kinder haben *nur* in Begleitung Erwachsener Zutritt zur Ge-
> mäldegalerie (zit. nach MÖLLER, Guter Stil, S. 34).

261 Zusammenfassung zum Aufbau des gegliederten Satzes

1. Umfang und Aufbau des Satzes werden wesentlich von den Fügungspotenzen, der Valenz, des Prädikatswortes bestimmt. So gibt es absolute Verben, die „bedeutungsgesättigt" sind und nur des Subjekts, aber
keiner Ergänzung bedürfen:

> Es wittert. Die Sonne scheint. Unerwartetes ist geschehen. Das Kind
> schläft. Der Dezember begann, und es fiel Schnee (STRITTMATTER).

2. Es überwiegen im Deutschen Sätze mit einer Ergänzung. Unter
diesen ist wiederum das Akkusativobjekt am häufigsten. In der Regel
(↑ aber 234) hat ein Satz nicht mehr als zwei Objekte. Wir ordnen nach
der Häufigkeit:

Akkusativobjekt + Dativobjekt (↑ 229),
Akkusativobjekt + Genitivobjekt (↑ 230),
Akkusativobjekt + Akkusativobjekt (↑ 226 f.).
Oft ist das zweite Objekt ein Präpositionalobjekt:
Akkusativobjekt + Präpositionalobjekt (↑ 231),
Dativobjekt + Präpositionalobjekt (↑ 232).
Auch zwei Präpositionalobjekte sind möglich (↑ 233).

3. Bei umstandsgebundener Tätigkeit treten zu Kasusobjekten Adverbialergänzungen (↑ 236).

4. Adverbialangaben sind nicht von der Valenz gefordert und daher quantitativ und qualitativ nicht so begrenzt wie Objekte und Adverbialergänzungen. So können in einem Satz sämtliche Arten (Kausal-, Temporal-, Modal- und Lokalbestimmung) vertreten sein:

> Er mußte *aus beruflichen Gründen gestern schnell* nach Berlin reisen. *In Frisco* ist der Teufel los.

Sonderformen der Satzfügung

Die Negation

1. Mit Hilfe von Negationswörtern (Verneinungswörtern), die verschiedenen Wortarten angehören, können ganze Satzinhalte (Satznegation) oder Inhalte von Wörtern oder Wortgruppen (Sondernegation) verneint werden. Satznegation und Sondernegation sind nicht immer eindeutig zu unterscheiden: **262**

> Er konnte *nicht* eher kommen. Er wird so bald *nicht* kommen. Ich habe die Hoffnung *nicht* aufgegeben. Ich habe *keine* Hoffnung mehr.

2. Die Negationswörter sind **263**
substantivisch gebrauchte Indefinitpronomen: *niemand, nichts, kein*; sie können als Subjekt, Prädikativ, Objekt und Attribut auftreten;
Adverbien: *nicht, nie, niemals, nimmer, nirgends, nirgendwo, nirgendwohin, nirgendwoher; keinesfalls, keineswegs*; sie sind als Satzglieder Adverbialbestimmungen; *nicht* kann auch Attribut sein;
eine koordinierende Konjunktion: *weder – noch*, ein Satzäquivalent: *nein*; sie haben keinen Satzgliedwert.
Auch die Präfixe *un-, miß-, a[n]-, des-, dis-* und *in-* können der Negation von Wortinhalten dienen.

Die Negation durch „nicht" **264**

a) *nicht* verneint ein Geschehen oder einen Zustand (Satznegation):

> Er kommt *nicht*. Sie wichen *nicht* von der Stelle. Er ist leider *nicht* zuverlässig. Das Wetter ist *nicht* schön.

b) Mit *nicht* wird verneint, wenn das zum Verb tretende Prädikativ oder das Objekt mit bestimmtem Artikel oder pronominalem Attribut steht:

> Das ist *nicht* der einzige Grund. Das Leben ist der Güter höchstes *nicht*

(SCHILLER). Herr Schulz ist *nicht* mein Lehrer. Wir gaben die Hoffnung *nicht* auf. Diese Aufgabe hat er *nicht* gelöst.

c) Mit *nicht* werden manche *Phraseologismen* (feste verbale Wortverbindungen) verneint (Satznegation):

> Er hat nicht *Wort gehalten. Läuft* er nicht *Gefahr* zu verunglücken? Wir sind ihm nicht *auf den Leim gegangen.*

Bei anderen Redewendungen steht *kein*:

> sich *kein* X für ein U vormachen lassen; *keinen* Streit vom Zaune brechen; *keine* Ahnung, Angst, Furcht haben; sich *keinen* Bären aufbinden lassen

Bei einigen Funktionsverbfügungen schwankt die Verneinung zwischen *kein* und *nicht* (↑ 266).

d) Mit *nicht* wird ein Satzglied verneint, wenn als Entsprechung eine Bejahung folgt oder vorangeht (Sondernegation):

> Ich traf ihn *nicht* heute, *sondern* gestern. Du kannst mich um diese Zeit *nicht* im Betrieb, *aber* zu Hause antreffen.
> Am Sonnabend, *nicht* am Freitag komme ich. Von ihm, *nicht* von ihr spreche ich.

e) Mit *nicht* wird auch verneint, wenn das zu verneinende Substantiv durch den bestimmten Artikel oder ein Pronomen individuelle Bedeutung erhält:

> Der Lehrer, unser Lehrer, dieser Lehrer hat das *nicht* gesagt. Ich trinke den Kaffee, diesen Kaffee, solchen Kaffee *nicht.* Aber: *Kein* Lehrer hat das gesagt. Ich trinke *keinen* Kaffee (verallgemeinernd, ↑ 265).

f) Zur Stellung von *nicht* ↑ 327 ff.

265 Die Negation durch „kein"

a) *kein* steht wie *niemand* (↑ 267) für eine Person als verneintes Subjekt oder Objekt:

> *Keiner* wollte das leiden. Ich kenne *keinen,* der das tut.

b) *kein* steht als Attribut bei einem Substantiv, wenn bei positiver Aussage der unbestimmte Artikel oder gar kein Artikel steht:

> Sie machten *keine* (eine) Ausnahme. Ich hatte *keine* Zeit (Zeit). Ich habe *keine* Uhr bei mir (eine Uhr). Er hat *keine* Hilfe geleistet.

266 Merke:
Wenn das Objekt üblicherweise ohne Artikel steht, kann bei der Negation der Gebrauch von *kein* und *nicht* schwanken, je nachdem, ob man mehr das Verb *(nicht)* oder das Substantiv *(kein)* verneint.

Urlaub erhalten: Ich habe noch *keinen* Urlaub erhalten. Urlaub habe ich noch *nicht* erhalten.
Abschied nehmen: Er hat *keinen* Abschied genommen. Er hat *nicht* einmal Abschied genommen.

Die Indefinitpronomen „niemand", „nichts"   **267**

a) Beide negativen Indefinitpronomen können als Subjekt oder Objekt stehen:

Mir ist dort *niemand* bekannt. *Nichts* ist schwerer zu ertragen als eine Reihe von schönen Tagen (Sprichwort). Hier ist gar *niemand.* Ich kenne dort *niemand[en].* Ich habe *nichts* gefunden.

Nicht immer verneinen *niemand* und *nichts* das Geschehen. Sie können auch in einem Satz mit bejahtem Geschehen stehen:

Das will *niemand* (ein Unbekannter) gewesen sein. *Nichts* halb zu tun ist edler Geister Art (WIELAND). Sie standen vor dem *Nichts.*

b) *niemand* und *nichts* können auch Attribut sein; sie verneinen dann das Bezugswort, vor dem sie stehen:

Jedermanns Freund ist *niemandes* Freund. Er hat *nichts* Gutes im Sinn.

Die Adverbien „nie", „nimmer", „niemals", „keinesfalls", „keineswegs"

Diese Adverbien stehen immer als Temporal- oder Modalbestimmungen und verneinen das Geschehen. In dieser Bedeutung können sie auch verstärkend an Stelle von *nicht* stehen:

Das war *nie und nimmer* so. Wir werden das *niemals* vergessen. Wir werden euch *keinesfalls* verlassen. Du hast *keineswegs* recht.

Die koordinierende Konjunktion „weder – noch"   **268**

Die Konjunktion verneint den Satzinhalt
entweder durch Stellung vor dem Verb:

Weder haben wir es gewußt, *noch* haben wir es geahnt. (Wir haben es *weder* gewußt *noch* geahnt. Wir haben es *nicht* gewußt und auch *nicht* geahnt.)

oder mittelbar durch Stellung vor den Satzgliedern:

Weder er *noch* sie hat das gewußt. Ich kenne *weder* seinen Namen *noch* seinen Vornamen, *noch* seinen Beruf, *noch* seine Anschrift, *noch* den Grund seines Besuches.

269 Das Satzäquivalent „nein"

Das Satzäquivalent *nein* steht den Interjektionen nahe. Es ist keine bloße Einschaltung mit willkürlichem Gebrauch in der Rede wie die eigentlichen Interjektionen, vielmehr bezieht es sich auf eine vorangehende Entscheidungsfrage. Der Satz braucht aber nicht wiederholt zu werden:

> Hat er dir geschrieben? – *Nein.*

nein kann auch der bloßen Verstärkung eines verneinten Satzes dienen oder die ablehnende Haltung zu einem positiven Satz feststellen:

> *Nein,* du darfst nicht. *Nein,* das geht zu weit.

270 Besonderheiten

a) Die Negationswörter *nicht, kein, niemand, nichts* können durch Partikeln wie *durchaus, ganz und gar, gar* oder in der Umgangssprache durch das Adjektiv *absolut* verstärkt werden:

> Das kann ich *[ganz und] gar nicht, durchaus nicht, absolut nicht* verstehen. Das geht auf *gar keinen* Fall. Dazu ist *absolut kein* Grund. Das ist *gar niemandes* Schuld. Ich will *[ganz und] gar nichts, absolut nichts* davon hören.

Um Verstärkungen handelt es sich auch in Fügungen wie:

> Ich habe *nicht mehr und nicht weniger (nichts mehr und nichts weniger)* gesagt. Das berührt mich *nicht im geringsten.*

271 b) Eine Verstärkung der Verneinung bedeutet es auch, wenn in der Umgangssprache ein Substantiv, das in seiner Bedeutung einen geringen Wert kennzeichnet, zu *nicht* oder *kein* hinzugefügt wird:

> Ach, *nicht die Bohne, keine Bohne* (nicht im geringsten). Das ist *keinen Deut, keinen Dreier, keinen Heller, keinen Pfennig, keinen Pfifferling* wert. Hast du Lust dazu? – *Nicht für 5 Pfennig[e]!* Ich würde *keinen Pfifferling, keinen Deut* (nichts) dafür geben.

Einige abwertende Substantive (*Dreck, Henker, Teufel* u. ä.) können auch ohne besondere Negation die Verneinung ausdrücken:

> Ich kümmere mich *einen Dreck* darum. (Ich kümmere mich gar nicht darum.) Ich mache mir *einen Dreck* daraus. Das geht dich *einen Dreck* an. Ich schere mich *den Henker* darum. (Ich schere mich nicht darum.) Weiß *der Teufel,* wo der Zettel steckt. (Ich weiß es nicht.) *Den Teufel* werde ich [tun]! (Es fällt mir gar nicht ein, es zu tun.)

272 c) Doppelte Negation (Verneinung) bedeutete bis ins 19. Jahrhundert eine Verstärkung der Negation. In den Mundarten hat sie sich so noch gehalten:

> Ich hab *keinem nie kein* Leid getan (LUTHER). Man sieht, daß er an *nichts keinen* Anteil nimmt (GOETHE).

> Der Bauer ist *kein* Spielzeug *nicht* (UHLAND). I hoab *ka* Zeit *net* (Bairisch).

Man kann jetzt nur sagen:

> Ich habe *keinem je ein* Leid getan. Man sieht, daß er an *nichts* Anteil nimmt. Der Bauer ist *kein* Spielzeug. Ich habe *keine* Zeit.

In der Literatursprache der Gegenwart gilt die doppelte Verneinung als Bejahung:

> Das ist *nicht unmöglich* (durchaus möglich).

d) Auf Verben mit negativer Bedeutung wie *sich hüten, leugnen, warnen, verbieten* folgte im abhängigen Satz oft ein sogenanntes pleonastisches *nicht*. Die Fügung war also doppelt verneint:

> Was konnte sie also *hindern, nicht* lieber bessere Wege abwarten zu wollen (LESSING). ..., daß den Kindern streng *verboten* ward, *nicht* aus der Tür zu gehen (GOETHE).

In der Gegenwartssprache vermeidet man diese Verneinung im abhängigen Satz, um keinen falschen Sinn aufkommen zu lassen:

> Der Arzt hat mir *verboten* zu rauchen. Ich *warne* dich, hier zu baden. Er *leugnet* hartnäckig, das Geld erhalten zu haben.

e) Auch im Satzgefüge gilt im heutigen Sprachgebrauch die doppelte **273** Verneinung als Bejahung:

> Es gibt *nichts* Besonderes in dieser Gegend, was wir *nicht* gesehen haben. (Wir haben alles Besondere in dieser Gegend gesehen.)

Gliedsätze mit *bevor, ehe, ohne daß* setzt man heute nach verneintem Hauptsatz ohne Verneinung:

> Ich gehe *nicht, bevor* du fertig bist. Die Einreise kann *nicht* erfolgen, *ohne daß* ein Visum vorliegt.

f) Sowohl in der Umgangssprache wie in der Dichtung wird die Ver- **274** neinung benutzt, um etwas nicht geradezu, sondern durch verneinende Umschreibung auszudrücken. Dadurch wird einem Urteil eine mildere Form gegeben:

> Im Speisezimmer hantierte Dora, die *nicht* ganz ehrliche Köchin (TH. MANN).

Die verneinende Umschreibung kann auch anerkennend wirken:

> Das ist *nicht* übel. (Das ist gut.) Das ist wirklich *keine* schlechte Idee. (Das ist eine sehr gute Idee.) Er hat *kein* schlechtes Examen gemacht. (Er hat ein gutes Examen gemacht.)

Sie kann ein negatives Urteil mildern oder verhüllen:

> Er hat das Pulver *nicht* erfunden.

Diese umschreibende Verneinung ist eine klassische Stilfigur. Sie heißt *Litótes* (gr. = ‚Einfachheit‘, ‚Geringfügigkeit‘).

Die Arten der Redewiedergabe

Die direkte Rede

275 Die d i r e k t e R e d e ist die originalgetreue Wiedergabe des Monologs oder Gesprächs der Menschen. Sie macht die Darstellung lebendig, charakterisiert die Personen, treibt die Handlung voran. Sie kann uneingekleidet, d. h. reiner Dialog (Blankdialog) sein:

> „Sprich nicht so! Wenn du so philosophierst . . . nimm es mir nicht übel, Briest, dazu reicht es bei dir nicht aus. Du hast deinen guten Verstand, aber du kannst doch nicht an solche Fragen . . .“ – „Eigentlich nicht.“ – „Und wenn denn schon überhaupt Fragen gestellt werden sollen, da gibt es ganz andere . . . und ich kann dir sagen, es vergeht kein Tag, seit das arme Kind da liegt, wo mir solche Fragen nicht gekommen wären.“ – „Welche Fragen?“ – „Ob wir nicht doch vielleicht schuld sind?“ (Fontane).

Die direkte Rede muß manchmal vorbereitet werden. Verben des Sagens im weitesten Sinne leiten oft die direkte Rede ein:

> „Psst!“ machte sie und deutete auf die Tür, die zum Zimmer unserer Eltern führte. Dort hatte soeben das Knattern der Nähmaschine für einen Augenblick aufgehört, und in die Stille hinein hörten wir die Stimme des Vaters: „Willst du nicht Schluß machen, Else?“ Und die Mutter antwortete: „Ach, es geht schon noch.“ Nach einer Weile fügte sie leise hinzu: „Hast du noch etwas bekommen?“ – „Nein, nichts“, antwortete der Vater traurig (Krampe).

Die indirekte Rede

276 Die i n d i r e k t e (nichtwörtliche) R e d e ist von einem Verb oder Substantiv abhängig. Deshalb heißt sie auch abhängige Rede. Sie ist vor allem die Ausdrucksform des Berichtes über Begebenheiten und amtlicher Niederschriften (Protokolle). Sie kann in literarischen Texten mit direkter Rede wechseln. Gute Beispiele indirekter Rede bieten Kleists Novellen. Im ganzen ist indirekte Rede sachlich, knapp, distanzierend.

277 1. Aussagesätze stehen in indirekter Rede als Spannsatz mit *daß* oder als uneingeleitete Nebensätze (Beispiele ↑ 505, 509). Ein mit Fragewort eingeleiteter Satz steht in indirekter Rede mit demselben Fragewort, aber in Spannform. Eine Entscheidungsfrage steht mit der Konjunk-

tion *ob*, also ebenfalls in Spannform (Beispiele ↑ 67, 506). Der Wunschsatz wird mit *mögen*, der Befehlssatz mit *sollen* umschrieben (Beispiele
↑ 69, 513). Eingeleitete Nebensätze behalten in indirekter Rede ihre
Konjunktion, treten aber oft in den Konjunktiv (↑ 505).

2. Für den Wandel von direkter in indirekte Rede sind verschiedene **278**
Verschiebungen im Satzbau charakteristisch; nämlich

a) Modus- und Tempusverschiebung:
In der indirekten Rede steht heute schon oft der Indikativ, wenn Redeeinführung oder Spannform sie deutlich kennzeichnen. Meist steht
Konjunktiv Präsens oder Perfekt, auch wenn das regierende Verb im
Präteritum steht (↑ 505). Wenn die Konjunktivform sich lautlich nicht
vom Indikativ unterscheidet, setzt man den Konjunktiv Präteritum
als Ersatzform (↑ 509).

b) Pronominalverschiebung:
Die indirekt wiedergegebenen Gedanken, Befürchtungen, Hoffnungen,
Wahrnehmungen machen auch eine Pronominalverschiebung nötig.
Die Personal- und Possessivpronomen verändern sinngemäß ihre Personalform. Je nach der Redesituation steht für die erste Person die
dritte, für die zweite meist die erste, manchmal die dritte Person.

c) Verschiebung von Lokal- und Temporalbestimmung:
Infolge der indirekten Wiedergabe können sich auch Verschiebungen
von Lokal- und Temporalbestimmungen nötig machen:

> Direkte Rede: „Ich habe *heute* Helmut *hier* getroffen."
> Indirekte Rede: Mein Freund schrieb, er habe *gestern* (*vorgestern, am
> Sonntag* usw.) Helmut *dort* (*am Fernsehturm* usw.) getroffen.

3. Als Beispiel für die Verwandlung einer direkten Rede in indirekte
Rede geben wir die oben (↑ 275) zitierte wörtliche Rede in indirekter
Rede wieder:

> / Frau von Briest sagte, / Briest *solle* nicht so sprechen. Wenn er so *philo-
> sophiere* – er *möge* es ihr nicht übelnehmen, dazu *reiche* es bei ihm nicht aus.
> Er *habe* seinen guten Verstand, aber er *könne* nicht an solche Fragen. Und
> wenn schon überhaupt Fragen gestellt werden *sollten*, da *gebe* es ganz
> andere. Es *vergehe* kein Tag, seit das arme Kind da *liege*, wo ihr nicht
> solche Fragen gekommen *seien*, die Fragen, ob sie nicht doch vielleicht
> schuld *seien*.
> Sie hörten die Stimme des Vaters, ob die Mutter nicht Schluß machen
> *wolle*. Die Mutter antwortete, es *gehe* schon noch, und nach einer Weile
> fügte sie mit leiser Stimme hinzu, ob er noch etwas bekommen *habe*.

Die erlebte Rede oder Reflexion   **279**

Die erlebte Rede ist ein in neuerer Zeit beliebtes Stilmittel. In ihr
identifiziert sich der Autor mit der Person oder der Gruppe von Per-

sonen, deren Rede oder Gedanken er anführt. Er tut das aus Sympathie
und Überzeugung oder aus Spott und Ironie. Dabei werden weitgehend die grammatischen Merkmale des die erlebte Rede oder Reflexion umgebenden Kontextes beibehalten, also meist 3. Person, Indikativ, Präteritum oder historisches Präsens. Zuweilen werden auch
Ellipsen oder erweiterte Infinitive gebraucht. So schildert A. SE-
GHERS im „Siebten Kreuz" die peinigenden Gedanken Georgs, als ob
es ihre eigenen wären (zit. nach RIESEL, Stilistik, S. 405):

> Georg lag draußen unter dem graublauen Himmel in einer Ackerfurche·
> Ungefähr hundert Meter von ihm entfernt lief die Chaussee nach Oppen-
> heim. Nur jetzt nicht steckenbleiben. Zu Abend in der Stadt sein. Stadt,
> das war die Höhle mit ihren Schlupfwinkeln, ihren gewundenen Gängen.
> Sein ursprünglicher Plan. Bis zur Nacht nach Frankfurt, gleich hinaus
> zu Leni. Einmal bei Leni, war ihm das Weitere einfach erschienen.
> Anderthalb Stunden Eisenbahnfahrt zwischen Sterben und Leben
> mußten überwindbar sein. War nicht bis jetzt alles glatt gegangen?
> Wunderbar, planmäßig?

In einem zweiten Beispiel, das hier zitiert sei, nutzt der Schriftsteller
das Stilmittel der erlebten Rede zur Ironie (nach RIESEL, Stilistik,
S. 406):

> Eine Bürgerversammlung hört die Rede des neuen Bürgermeisters an:
> Die Bürger saßen mit trunkenen Augen. Ja, das war ein anderer Kopf
> als dieser ängstliche und vorsichtige Krüger, der war bei Gott ein schöpfe-
> rischer Kopf! Von den Reichtümern, die über die Stadt dahinströmten,
> mußte auch ein Teil in ihre Taschen fließen, nicht wahr? (KELLER-
> MANN).

Die Parenthese (Die Einschaltung)

280 1. Die Parenthese (gr. = ,Einfügung', ,Dazwischenschalten') ist die
Unterbrechung des Satzflusses durch einen Satz, eine Wortgruppe oder
ein Wort, ohne daß formelle Verknüpfungen grammatische Beziehungen zum umgebenden Satz herstellen. Durch Stimmführung und Interpunktion wird die Parenthese vom übrigen Satz abgehoben. Die Parenthese bringt einen neuen Gedanken des Sprechers oder Schreibers in
die Rede und wirkt dadurch belebend auf das Satzganze. In der geschriebenen Sprache wird sie meist durch Klammern oder Gedanken-
striche, zuweilen auch nur durch Kommata abgegrenzt:

> Literatur – *und ich bin mir der Unbescheidenheit meiner Wortwahl in diesem
> Zusammenhang durchaus bewußt –*, Literatur muß sich auf den ersten Blick
> wie ein Druckfehler ausnehmen (KANT).
> Jeder lag im Bett *(im eigenen)* auf dem Rücken *(Fräulein Broder auf See-
> grasmatratzen, Erp und Elisabeth auf Schlaraffia)*, starrte an die Decke, dachte
> an den Gestaltwandel des anderen ... (DE BRUYN).

2. Parenthesen dienen verschiedenen kommunikativen Aufgaben. Sie **281** können sich an den Hörer oder Leser wenden und die Rede auflockern:

> ... Ich schau nur weg, und, *hast du nicht gesehen*, hat sie schon die Finger danach ausgestreckt (RIESEL, Stilistik, S. 284). Da war der Kleine. Er kletterte heraus, gepäckbeladen, und, *schau mal an*, aus einem Coupé der Polsterklasse (FEUCHTWANGER, zit. nach RIESEL, S. 285).

Durch die „Begründungsparenthese" nennt der Autor einen Grund:

> Schön, wir Kinder waren aufgeregt – *für uns war dieser Tag keineswegs wie jeder andere* –, aber für meine Eltern begann er, wie ein Tag eben beginnt ... (KANT).

Der Sprecher sucht nach um Bestätigung einer Ansicht:

> Das ist doch dann eine richtig organisierte Sprache – *kann man das sagen: eine organisierte Sprache?* – ... (KANT).

Eine wirkungsvolle satirische Parenthese findet sich bei WEINERT:

> Wir sahn dich durch den Schlachtendonner reiten *(auf Ansichtskarten und im Lesebuch)* ... (zit. nach RIESEL, Stilistik, S. 285).

3. Manche äußerlich als Parenthese gekennzeichnete Konstruktion ist **282** im Grunde eine Apposition:

> Bereits in der Sitzung der sozialdemokratischen Reichstagsfraktion am 8. März 1915 tritt der Abgeordnete Wurm im Namen der Opposition *(Gruppe Ledebour)* auf und warnt ... (GROTEWOHL, zit. nach RIESEL, Stilistik, S. 284)

Umgekehrt kann die Apposition manchmal als reine Einschaltung betrachtet werden; bemerkenswert ist dabei die Kasusinkongruenz:

> Im öffentlichen Schankraum – *eine verräucherte schnapsstinkende Bude mit einigen Reh- und Hirschgeweihen an den Wänden* – wurde nur den Bauern eingeschenkt ... (E. CLAUDIUS, zit. nach RIESEL, S. 287).

Zur Betonung ↑ 356.

Die Ellipse

1. Unter E l l i p s e (gr. = ‚das Ausbleiben') versteht man im syntakti- **283** schen Bereich das Fehlen von Teilen einer Konstruktion, die zum Verständnis entbehrlich sind, weil sie sich aus der Situation ergeben, also eine Art Sprachökonomie.

2. a) Häufig ist das substantivische Bezugswort beim adjektivischen Attribut eingespart:

> unser Brauner (unser brauner Hengst), der Zehnte (der zehnte Teil), die Rechte und die Linke (die rechte und die linke Hand); die Elektrische (die elektrische Bahn); die roten und die weißen Rosen

b) Das Attribut ist eingespart oder gilt für mehrere Bezugswörter:

> [Gesegnete] Mahlzeit!, [Guten] Morgen!; die griechische Kunst und
> Literatur, die Türen und Fenster des Zimmers, ↑ auch 637.

c) Satzglieder oder Teile von Satzgliedern fehlen:

> [Ich] Kaufe Kleiderschrank mit Wäschefach (Inserat); [ich] danke;
> öffne ihm [die Tür]!, [ich bitte um] Hilfe! Wir wollen heute noch in die
> Stadt [fahren]. Rauchen [ist] verboten! Wegen Überfüllung [ist] ge-
> schlossen. Sprechstunden [finden] täglich von 9–12 Uhr [statt]. [Wenn
> das] Ende gut [ist], [ist] alles gut.

d) Im Gespräch gebraucht man oft die Ellipse, weil die Situation klar
ist:

> „Die Mutter ...", sagte Hans Castorp. *„Später, später. Eilt ja noch nicht."*
> (Th. Mann)

3. Zweckmäßigkeitsgründe führen im Telegramm, in Zeitungsüberschriften und Inseraten, in Wetter- und Sportberichten zum „Tele-
grammstil", der häufig elliptisch ist:

> Ankomme morgen. Richtkrone über Messehotel. Bei meist schwachen
> südlichen Winden nach Auflösung von Nebelfeldern heiter, niederschlags-
> frei. Mittagstemperatur um 1 Grad. Dramatisches Duell Kanada–USA.
> Schweden allein in Führung.

Zum elliptischen Akkusativ ↑ 637.

Das Anakoluth (Der Satzbruch)

284 1. Unter einem Satzbruch (die Verdeutschung stammt von E. Engel)
oder Anakoluth (gr. = ‚ohne Nachfolger') versteht man eine Satzfügung, die aus einer begonnenen Konstruktion herausfällt.

2. Satzbruch kommt umgangssprachlich vor, besonders nach *und* und
sondern:

> Wenn du dieses kleine Päckchen aufgibst *und du läßt es nicht einschreiben,*
> fürchte ich, daß es verlorengeht. ... weil Escherich eben der Escherich
> war, nämlich ein in seinen Sünden gesottener Kriminalist, nämlich nicht
> feige, *sondern er war mutig,* und *aus dem Mut heraus sagte er* ... (Fallada,
> zit. nach Riesel, Stilistik, S. 283)

Satzbruch kommt beim Redner vor, wenn er in langen Sätzen den
Faden verliert. Er entsteht manchmal auch beim Schreiben langer
Sätze:

> „Es stand damals auch immer alles in jedem seiner Papiere, und darum
> als ich zurück mußte, und ich verstand nicht, daß alles anders und neu

war, bin ich bald wieder durchgebrannt aus Angst vor dem Kinderheim, das gar nicht das alte mehr war" (SEGHERS).

Manche Schriftsteller benutzen das Anakoluth als Stilmittel:

> Wenn Achmed die Aufsicht über eine Umladung aus der Bahn in ein Schiff übernommen hatte, *und er stellte dafür ein Dutzend Träger zusammen, und man gehörte zu diesem Dutzend,* dann hieß es Blut schwitzen (SEGHERS).

3. Vom grammatischen Standpunkt aus betrachtet, ist das Anakoluth ein Sprachverstoß. Die heutige Prosa gestattet es höchstens dem Redner, der bei einer umfangreichen Periode leicht Gefahr läuft, den Anfang des Satzes zu vergessen und aus der Konstruktion zu geraten.

4. Zu den erlaubten Formen des Anakoluths rechnet man   **285**

a) die *Prolepse* (Wiederaufnahme eines Satzgliedes durch ein Pronomen oder Pronominaladverb):

> „*Die jungen Leute da, die* leben weiter unverändert von Lug und Trug" (SEGHERS). In Bettfedern gehüllte Braten auf blaßroten Beinen – *das* sind die Gänse ... (STRITTMATTER)

b) den *Nominativus pendens* (sogenannten absoluten Nominativ), der gleichsam in der Luft schwebt, weil das aufnehmende Wort im Kasus nicht mit dem Nominativ des vorausgehenden oder folgenden Substantivs übereinstimmt:

> *Die Rede im Schwimmbad seiner Heimatstadt, sein Vorlesungsstreik gegen Dr. Zunder* – Rio hätte vor Scham versinken können, wenn er nur *daran* dachte (WEBER). Das Grau seiner Augen wurde stumpfer, als er an den Mann dachte, zu dem er jetzt gehen mußte, *dieser Mann aus Röders Abteilung* (SEGHERS, zit. nach RIESEL, Stilistik, S. 283).

c) auch die inkongruente Apposition im Nominativ (↑ 248), wenn man sie nicht als eine Parenthese auffaßt. Einschub und Satzbruch berühren sich, und leicht führt ein Einschub zum Anakoluth.

Die Aposiopese (Der Abbruch des Satzes)   **286**

Der Abbruch des Satzes oder der Rede, die **A p o s i o p e s e** (gr. = ‚das Verstummen', ‚das Verschweigen'), ist, wenn er nicht auf Unwissenheit oder Achtlosigkeit beruht, ein bewußt genutztes Stilmittel. Er soll Wichtiges aus dem Zusammenhang erraten lassen.

1. Man verschweigt aus Höflichkeit oder aus anderen Gründen ein vulgäres Wort oder einen erregten Ausdruck:

> *Du verfl...! Daß dich der ...! Der Horcher an der Wand ...*

2. Der Satzabbruch erweckt Spannung und Neugier. Damit wendet er sich zugleich an die produktive Phantasie des Lesers:

> *Die Zukunft deines Vaterlands* ... doch ach, du kannst nicht schweigen (HEINE). Es gab bestimmt einen Zusammenhang zwischen ihm und Höfel. Wenn man ihn nur wüßte, *dann könnte man das Kind vielleicht* ... Diese verdammte Heimlichtuerei des Bochow ... Blind und unwissend ließ er ihn (APITZ). „*Sie muß mit dem Milchauto* ... Und keine Seele hat damit gerechnet." (WELLM).

Die Satzgliedstellung (Wortstellung)

287 1. Wir verstehen unter S a t z g l i e d s t e l l u n g (Satzgliedfolge) die Reihenfolge, in der die Elemente des Satzes angeordnet werden. Die Art und Weise der Anordnung ist für die kommunikative Wirkung der sprachlichen Äußerung von wesentlicher Bedeutung.
Die Stellung der Teile des Satzes wird von verschiedenartigen Faktoren bedingt:

a) von grammatisch-strukturellen (syntaktischen und morphologischen),

b) von kommunikativen (sprachtätigkeitsbedingten) Faktoren.
Diese Faktoren stehen untereinander in enger Wechselwirkung.

2. Wichtigster grammatisch-struktureller Faktor der Gliedstellung ist der Strukturtyp (das Satzschema), der die Stellung der finiten Verbform und – soweit vorhanden – der übrigen Prädikatteile festlegt.

Die Strukturtypen (Verbstellung)

Drei Strukturtypen (Satzschemata) sind zu unterscheiden:

288 a) Die Achsenstellung des finiten Verbs im 1. Strukturtyp (Kernstellung). Das finite Verb gliedert den Satz in Vorfeld und Nachfeld. Während das Vorfeld in der Regel eine Einheit bildet, d. h. von einem Satzsegment ausgefüllt wird, kann das Nachfeld ein, zwei oder mehr Satzglieder aufnehmen. Es kann auch unbesetzt bleiben. Nach diesem Stellungstyp werden der Aussagesatz, der Ergänzungsfragesatz (Fragesatz mit Fragewort), die Vergewisserungsfrage und der uneingeleitete Nebensatz strukturiert:

> Helfried / *arbeitet* / im Garten. Vorsicht und gegenseitige Rücksichtnahme / *sind* / Grundregeln für jeden Verkehrsteilnehmer. (= Aussagesatz)
> Wann / *beginnen* / die Ferien? Wer von euch / *hat* / mich gefragt? Wie lange / *wird* / es noch dauern? (= Fragesatz mit Fragewort)

Du / *hast* / doch die Einladung hoffentlich angenommen? (= Vergewisserungsfrage)
Ich weiß, er / *ist* / stets zuverlässig. Er / *sei* / unterwegs von einem Freund aufgehalten worden, entschuldigte er sich. (= uneingeleiteter Nebensatz)

b) Die Anfangsstellung (Spitzenstellung) des finiten Verbs im 2. Struk **289** turtyp, der den Entscheidungsfragesatz, den Aufforderungssatz (Imperativsatz) sowie den uneingeleiteten Konditional- und Konzessivsatz strukturiert:

Hatte das vielbesungene Byzanz / Nur Paläste für seine Bewohner? (BRECHT). *Kann* ich Sie heute abend einmal sprechen? (= Entscheidungsfragesatz)
Sei gewissenhaft und fleißig! *Arbeitet* im Kollektiv gut zusammen! *Trenne* dich nicht von uns! (BRECHT). (= Imperativsatz)
Finden sie auch nur einen einzigen, dann muß er verteidigt werden ... (APITZ). *Ist* der Weg auch steil, so gehen wir ihn doch. (= uneingeleiteter Konditional- und Konzessivsatz)

c) Die Endstellung des finiten Verbs im 3. Strukturtyp, dem Stellungs- **290** typ für eingeleitete Nebensätze und zuweilen auch selbständige Sätze (Entscheidungsfragen, Wunschsätze, Ausrufesätze):

Aber die Eisenbahn, *die* / Alle zwei Wochen Wasser und Rauch *bringt,* bringt / Eines Tages die Nachricht auch / *Daß* der Tag der Ehrung des Genossen Lenin *bevorsteht* (BRECHT). (= eingeleitete Nebensätze)
Ob unser Freund den Zug noch erreicht *hat?* Wenn er doch bloß schon hier *wäre!* Wie mich das *freut!* (= selbständige Sätze)

3. Bei bestimmten Ausdrucksbedürfnissen kann von den Satzschemata **291** abgewichen werden.

a) Anfangsstellung des finiten Verbs im Aussagesatz findet man in Volksliedern und in bewußt volkstümlicher Dichtung:

Kommt ein Vogel geflogen, / *setzt* sich nieder auf mein' Fuß. *Sah* ein Knab ein Röslein stehn (GOETHE). *Kam* einst ein Fuchs vom Dorfe her, / früh in der Morgenstund (M. CLAUDIUS).

b) Die Endstellung des Finitums im Aussagesatz ist alten Ursprungs; sie findet sich nur noch vereinzelt in der Dichtung:

Ein sauber Feierwams er *trägt.* Kräftig sie auf den Füßen *steht,* / grad, edel vor sich hin sie *geht* (GOETHE). In die Lüfte hoch ein Reiher *steigt,* / dahin weder Pfeil noch Kugel *fleucht* (MÖRIKE). Der Weg ins neue Leben / viel steile Hänge *hat* (BECHER).

c) In Aufforderungssätzen, die nicht durch den Imperativ ausgedrückt sind, steht die Personalform des Verbs in Achsenstellung:

Edel / *sei* der Mensch, hilfreich und gut! (GOETHE) Du / *sollst* deine Arbeit stets gut durchdacht planen!

d) Im irrealen Vergleichssatz kann die finite Verbform entweder am Satzende oder unmittelbar hinter der Konjunktion am Anfang stehen:

> Es war ihr manchmal zumute, *als ob* sie auf ihrer Kiste *fahre*, ja *flöge* (SEGHERS). Es sitzt da, *als sei* es aus dem Oberteil des Grenzsteins gehauen. ... Seine Hände umklammern den Griff eines Ochsenziemers, *als hielte* es sich daran fest (STRITTMATTER).

Die Rahmenkonstruktion

292 Ein wesentliches Merkmal des Satzbaus unserer Sprache ist die Rahmenbildung. Das Wesen der Rahmenkonstruktion besteht darin, daß eng zusammengehörige Bestandteile des Satzes oder der Wortgruppe auseinandertreten und andere sprachliche Einheiten umgeben, gewissermaßen einschließen. Der Rahmenbau tritt in folgenden Erscheinungsformen auf:

a) als verbaler oder prädikativer Rahmen im 1. und 2. Strukturtyp (↑ 288, ↑ 289),
b) als Spannsatzrahmen im eingeleiteten Nebensatz (↑ 290),
c) als nominaler Rahmen (attributiv-substantivischer Rahmen) in der substantivischen Wortgruppe.

293 Zu a) Besteht das Prädikat im Satz aus mehreren Teilen, so treten diese Teile auseinander und schließen andere Satzglieder ein:

> Fritz *hat* das Buch gestern dem Bibliothekar *zurückgegeben.*
> | |
> Ausgangspol   Zielpol
> |_____|
> |
>   prädikativer Rahmen

Der prädikative Rahmen tritt unter folgenden Voraussetzungen auf:

– in zusammengesetzten Tempora (Finitum + Partizip II oder Infinitiv):

> Er *hat* / ihr den versprochenen Brief / *geschrieben.* Sie *wird* / den Brief inzwischen sicher / *erhalten haben.* Hoffentlich *wirst* / du den Brief am Urlaubsort noch rechtzeitig / *bekommen.*

– in Fügungen mit Modalverben:

> ... ich *mußte* die Knöpfe unter Polizeiaufsicht *annähen* (STRITTMATTER). Du *magst* / mit deinen Vermutungen nicht unrecht / *haben.*

– bei unfest zusammengesetzten Verben:

> Seine rüstige Gestalt ... *hob* / sich matt und unruhig beleuchtet von dem Dunkelrot der Fenstervorhänge / *ab* (TH. MANN). Karl *stieg* / ohne einmal zu verschnaufen / die 3 Etagen *hoch.* Ich *lernte* / den Freund im Urlaub von einer ganz anderen Seite / *kennen.*

– bei Phraseologismen und Funktionsverbfügungen:

> *Laß* / den Freund bei Gefahr nicht / *im Stich!* Wir *machten* / uns nach Empfang des Briefes sofort / *auf den Weg.* Der Gast *tat* / sich an den angebotenen Speisen und Getränken / *gütlich.* Er *nahm* / nach angeregten Gesprächen von uns bewegt / *Abschied.*

– in Fügungen aus kopulativem Verb + Prädikat:

> Unsere Gäste *sind* / uns jederzeit herzlich / *willkommen.* Fritz *wird* / seinem Wunsch entsprechend nach Abschluß des Schulbesuchs / *Metallurg.* Die Vermutung *erwies* / sich nach genauen Nachforschungen / *als zutreffend.* Er *machte* / mich auf eine Fahrplanänderung / *aufmerksam.*

– in Fügungen aus Prädikat + obligatorischer Adverbialergänzung:

> Gestern *legte* / mir der Mitarbeiter seinen Arbeitsplan / *auf den Schreibtisch.* Er *fühlte* / sich im neuen Betrieb sofort / *heimisch (wie zu Hause).* Ihr *treten* / bei Kritik gleich die Tränen / *in die Augen.*

Die Beispiele zeigen, daß der prädikative Rahmen sowohl im Kernsatz als auch im Stirnsatz auftritt. Wenn das finite Verb allein das Prädikat eines Kern- oder Stirnsatzes bildet, ist der Satz *rahmenlos.*

Zu b) Im eingeleiteten Nebensatz wird der Spannsatzrahmen vom **294** Einleitewort (subordinierende Konjunktion, Relativpronomen oder relatives Adverb, Fragewort) einerseits und der finiten Verbform andererseits gebildet:

> Ich hoffe, *daß* / du mich nicht so lange warten / *läßt.* Das Buch, *das* / ich während meines Urlaubs / *gelesen habe* ... *Wo* / die Oder in die Ostsee / *mündet* ... Ich fragte, *weshalb* / ich solange warten / *mußte.*

Merke:
Modalverben stehen immer am Ende des Spannsatzes, auch dann, wenn sie nicht in konjugierter Form auftreten; das Finitum geht zwei Infinitiven voran:

> Der Grund, *weshalb* / er am Sonntag nicht kommen / *konnte*; der Grund, *weshalb* / er nicht / hat kommen *können*; *da* / ich es unbedingt wissen / *mußte*; *da* / ich es / *hätte wissen müssen*; *weil* / er / *wird zur Rechenschaft gezogen werden müssen*.

Zu c) Der nominale Rahmen umgibt die dem Gliedkern vorangestell- **295** ten Attribute und wird vom ersten Element der Wortgruppe (Präposition, Artikel, Pronomen u. ä.) und dem Gliedkern gebildet:

> *der* / neue / *Roman*; *eine* / fast zu Ende gerauchte / *Zigarre*; *nach* / langer, mühevoller / *Wanderung*; *sein* / von der Lockenmähne bedecktes / *Haupt* (KORN); *wie* / ein schlanker, vom Schnee versilberter / *Tannenzapfen* (KORN); *drei* / aus einer Brandruine herausgeholte und für ein Spottgeld erworbene / *Maschinen* (KORN).

Varianten der Rahmenkonstruktion und Lockerungstendenzen

296 1. Unter bestimmten syntaktisch-strukturellen und kommunikativen Bedingungen kann die Rahmenbildung variieren. Mit dem vollen Rahmen, der sich durch Distanzstellung der Rahmenpartner auszeichnet, konkurrieren der verkürzte Rahmen mit Nah- oder Mittelstellung und der potentielle Rahmen mit Kontakt- oder Berührungsstellung:

> Ich *mußte* / noch lange mit dem lieblichen Bratenduft mich / *begnügen*, der / mir / *entgegenwogte* / aus der türlosen Küche gegenüber (HEINE). (= verkürzter Rahmen)
> Der Mond *hatte gewechselt* / seit Beginn dieses Abenteuers. (= potentieller Rahmen)

Der verkürzte und der potentielle Rahmen können in allen Strukturtypen (Satzschemata) vorkommen. Dem rahmenschließenden Prädikatsteil nachfolgende Elemente werden Nachstellungsglieder genannt. Die Nachstellung kann dadurch begründet sein,

a) daß Satzglieder sehr umfangreich oder inhaltlich gewichtig sind; dies gilt vor allem für Nebensätze, auch Attributsätze, Infinitivgruppen, Vergleiche, koordinierte Glieder und umfangreichere Präpositionalgruppen (usuelle oder gebräuchliche Ausrahmung):

> Es *ist* zur Tradition *geworden*, daß zur Weihnachtszeit Bachs Weihnachtsoratorium vom Thomanerchor in Leipzig aufgeführt wird. In diesem Umwandlungsprozeß (Mechanisierung) *wird* zunächst die schwere Arbeit von Maschinen- und Transporteinrichtungen *übernommen*, die der Mensch bedient. (= Attributsätze)
> Die Kinder *haben aufgehört* zu singen. ... ein Werkstoff, der *begonnen hat*, die zeitweilig benutzten übrigen Kunststoffe zu verdrängen. Er *hat* mich *gebeten*, ihm das Buch morgen mitzubringen. (= Infinitivgruppen)
> Davon hatte sie eine feinere Art bekommen *als die anderen Weiber unseres Dorfes* (KELLER). Das Wasser war wie eine Haut. Die Kahnspitze schlitzte sie auf *wie ein Dolch* (SEEGER). (= Vergleiche)
> Sie sind von keiner Mutter erwartet, *von keiner Schwester, von keiner Liebschaft, von niemand als von der Revolution* (SEGHERS). Man muß Wege frei machen *zum Brunnen, zu den Ställen, zu den Heu- und Strohschobern und wo der Bauer sonst noch zu tun hat.* (= koordinierte Glieder)
> Die Pension Sussner habe ich durchforscht *mit spähenden Blicken* (BECHER). Aber auch Frau von Prickwitz geht zurück *in den Laden* (FALLADA; einige Beispiele nach ADMONI, Sprachbau, S. 273). (= Präpositionalgruppen)

b) daß Kontaktstellung zwischen zusammengehörigen Sprachelementen gewährleistet wird, z. B. zwischen Attributsatz und Bezugswort:

> Gerhard begann nun Anteil zu nehmen *an allem*, was mit ihm geschah (NOLL). Seitdem er ein wenig nachdachte, war das Lager immer dagewesen *und mit dem Lager auch alle Erklärungen, warum es dasein mußte* (SEGHERS).

c) daß bestimmte Satzglieder sachlich oder emotional bedingt besonders hervorgehoben werden (okkasionelle oder gelegentliche Ausrahmung):

> Sie liefen, bis sie Soldaten sahen, die dort patrouillierten, *mückengroß, Pünktchen, schwarz, kriechend am Horizont im weißen Dunst* (FÜHMANN). ... er diktierte ..., da ihm die Gläser kein Ersatz mehr sind *für die verlorene Kraft der Augen* ... (KRETSCHMAR).

d) daß der Autor besondere ästhetische Wirkungen anstrebt:

> Oftmals *wurde geehrt* und ausgiebig / Der Genosse Lenin. ... Fieber *geht um*: die Bahnstation / *Ist erfüllt* von dem Summen der Stechmücken dicker Wolke / *die* sich *erhebt* aus dem Sumpf hinter dem alten Kamelfriedhof (BRECHT).

Dabei können mehrere Motive die Ausrahmung und Nachstellung veranlassen.

2. Hinzuweisen ist auch auf die Tendenz, die Rahmenkonstruktion dadurch zu umgehen, daß an sich unfest zusammengesetzte Verben nicht getrennt oder statt solcher Verben einfache und abgeleitete Fremdverben gebraucht werden: **297**

> Er *anbefahl* dem Alten die Obhut seiner Wohnung (KELLER). Auf die beiden jungen Menschen *überging* die ruhige Zuversicht, die gesammelt war auf dem weisen Antlitz des alten Mannes (FEUCHTWANGER). Wir *anerkennen*, daß Stahl für wichtige Produktionen gebraucht wird. Nicht *anerkennen* wir jedoch, daß ... (Tribüne 8/53).
> Er *assistiert* bei der Operation (statt: *wirkt* ... *mit*).
> Er *ignoriert* die Vorschläge der Gegenpartei (statt: *nimmt* ... *nicht zur Kenntnis*; zit. nach MÖLLER, Dt. v. heute, S. 108).

Regularitäten der Stellung nichtverbaler Glieder

1. Die Stellung nichtverbaler Satzglieder wird wesentlich durch das Prinzip der syntaktischen Verbindung geregelt: Je enger ein Satzglied in syntaktischer Hinsicht mit dem Verb verbunden ist, desto näher steht es bei ihm in der Infinitivgruppe und im Spannsatz und desto weiter steht es im Kern- und Stirnsatz vom finiten Verb entfernt: **298**

> dem Kinde das Essen auf den Tisch stellen; Als die Mutter dem Kinde
>   3   2   1   0   4   3
> das Essen auf den Tisch stellte ...; Die Mutter hat dem Kind das Essen
>   2   1   0   0   4   3
> auf den Tisch gestellt. Alles das / ist / nun / im Plaudern / wieder /
>   2   1   0   5   4   3
> lebendig / geworden.
>   2   1

Entsprechend diesem Prinzip stehen auch Adverbialergänzungen in der Regel hinter freien Adverbialangaben:

> Die Mutter hat das Essen *[gestern pünktlich]* auf den Tisch gestellt.

299 2. Die Satzgliedstellung hat an der Differenzierung bestimmter Satzglieder und Wortarten Anteil. Oder umgekehrt: Wo bestimmte Satzglieder nicht durch Flexion oder durch Bedeutungsbeziehungen unterschieden werden, bestimmt der Satzgliedwert die Stellung der Glieder. In solchen – allerdings seltenen – Fällen steht sowohl im Kernsatz wie auch im Spannsatz das Subjekt vor dem Akkusativobjekt:

> Kleider machen Leute. – Leute machen Kleider. Die Mutter liebt die Tochter. Uns fiel auf, wie die Mutter die Tochter liebte.

Gegen dieses Stellungsprinzip ist in folgenden Sätzen verstoßen worden, was Mißverständnisse oder unfreiwillige Komik zur Folge hat:

> Die Verlegung der Eisenbahnstrecke Leipzig–Zeitz erfordert das Vordringen des Braunkohlentagebaues Zwenkau. (Richtig: Das Vordringen des Braunkohlentagebaues Zwenkau erfordert die Verlegung der Eisenbahnstrecke.) Die zwei Geiseln ließen die Verbrecher später acht Kilometer vor der französischen Grenze frei ... Abc-Schützen können Muttis und Vatis in den Kinderkaufhäusern von Kopf bis Fuß einkleiden.

300 3. Die Satzgliedstellung kann die Wortart kennzeichnen:

a) Bei echten koordinierenden Konjunktionen (↑ 900) ändert sich die Gliedfolge im folgenden Satz nicht. Sie haben keinen Satzgliedwert. Wenn die Konjunktion wegfällt, bleibt die Gliedfolge unverändert.

> Es wurde dunkel, *(und)* wir beendeten die Arbeit. Die Logger kehrten fast leer heim, *(aber)* das kleine Boot hatte einen guten Fang gemacht. Ich konnte nicht zur Schule, *(denn)* ich hatte Fieber.

b) Konjunktionaladverbien (↑ 903) bleiben Adverbien. Sie haben den Satzgliedwert einer Adverbialbestimmung. Auf sie muß im Aussagesatz deshalb die finite Verbform folgen:

> Es wurde dunkel, *deshalb* beendeten wir die Arbeit. Die Logger kehrten fast leer heim, *hingegen* hatte das kleine Boot reiche Beute an Bord.

301 4. Unter den kommunikativen Faktoren, die die Stellung der Satzglieder bestimmen, steht das Gesetz des Mitteilungswertes im Vordergrund. Dieses Gesetz gilt für das Nachfeld des Kernsatzes, für Stirn- und Spannsätze. Je größeren Informationswert ein Satzglied nach Auffassung des Autors für den Hörer oder Leser besitzt, um so weiter steht es am Ende des Satzes, soweit das die bereits behandelten grammatisch-strukturellen Faktoren zulassen. Dementsprechend hat man die letztmögliche Stelle des Satzes, an die das mitteilungswichtigste und deshalb auch am stärksten betonte Element des Satzes rückt, *Ein-*

drucksstelle genannt und die Stelle unmittelbar hinter der finiten Verbform im Kern- und Stirnsatz, an der oft sprachliche Mittel mit gerin-
gem Informationswert stehen, *Schwächststelle*:

> Eine Buche und eine Kiefer wuchsen / am Seerand / so nahe beieinander,
> daß ihre Stämme / sich / gegenseitig / wundscheuerten (STRITTMAT-
> TER).

5. Der Mitteilungswert der nominalen und pronominalen Satzglieder **302**
wird auch durch unterschiedliche Formen repräsentiert. Wir unterscheiden

a) *nichtdeterminierte Glieder*, das sind Substantive mit unbestimmtem
oder ohne Artikel, im Text nicht vorerwähnt, mit höchstem Informationswert,

b) *determinierte Glieder*, das sind Substantive mit bestimmtem Artikel
oder Pronomen, im Text meist vorerwähnt, mit mittlerem Informationswert,

c) *signalisierte Glieder* in der Form von Demonstrativ-, Personal- und
Relativpronomen, die sich auf im Text vorausgegangene Substantive
oder (Teil-) Sätze beziehen, mit dem geringsten Mitteilungswert.

Bei unterschiedlichem Determinierungsgrad (vgl. a), b), c)) stehen
signalisierte Glieder (Pronomen) vor determinierten und nichtdeter-
minierten (Substantiven) und umgekehrt nichtdeterminierte hinter
determinierten und signalisierten Gliedern. Pronomen und bestimmter
Artikel sind also Mittel, Gegenstände und Sachverhalte als dem Partner
bekannt zu kennzeichnen:

> Er gab *dem Kinde Schokolade.* Er gab *die / seine Schokolade* einem Kinde.
> Er gab sie dem *Kinde.* Die Schokolade gab er dem *Kinde* / einem *Kinde.*

Die Regeln für die Satzgliedstellung lassen dem Sprecher und Schreiber genügend Spielraum, sie zur Verwirklichung seiner Mitteilungsabsicht zu nutzen, vor allem das Wesentliche hervorzuheben. Dennoch ist
die Satzgliedstellung nicht frei und willkürlich, sondern geregelt.

6. Beiläufig sei das sogenannte „Gesetz der wachsenden Glieder" **303**
(BEHAGHEL, Syntax IV, S. 5 ff.) erwähnt, nach dem umfangreichere
hinter kürzeren Gliedern stehen. Allerdings handelt es sich hierbei
keinesfalls um ein „Gesetz", sondern lediglich um ein ästhetisches Prinzip, das insbesondere einem ausgewogenen Satzrhythmus Rechnung
trägt. Vor allem auf die Stellung koordinierter Glieder nimmt dieses
Prinzip Einfluß:

> Der Student arbeitet *fleißig* und *mit großer Gewissenhaftigkeit.*

Die erste Stelle im Kernsatz

304 1. Der Raum vor dem finiten Verb im Kernsatz ist Vorfeld genannt worden. Das Vorfeld kann in recht unterschiedlicher Weise besetzt sein. In den folgenden Beispielen ist es durch einen Strich (/) vom finiten Verb getrennt.

a) Im Vorfeld kann ein Wort, eine Wortgruppe oder eine Reihe stehen:

Fritz / arbeitet im Garten. *Morgen* / beginnt der Unterricht. *Der Junge* / ist mein Freund. *Am oberen Ende des Ovaltisches* / sitzt der alte Schadow (Fontane). *Eine exakte Darstellung des Weltganzen, seiner Entwicklung und der der Menschheit sowie des Spiegelbildes dieser Entwicklung in den Köpfen der Menschen* / kann also nur auf dialektischem Wege zustande kommen (Engels).

b) Im Vorfeld kann ein Gliedsatz, eine Infinitiv- oder Partizipialgruppe stehen. Auch in diesen Fällen folgt oft unmittelbar die finite Verbform:

Als ich ihn sah, / war ich fast noch ein Kind. *Sobald ich Antwort habe,* / reise ich. *Vorsichtig zu fahren* / ist deine Pflicht. *Von nah und fern herbeigekommen,* / warteten die Zuschauer auf den Beginn des Spiels. *Die Hand am Steuer,* / lenkte er das Schiff.

c) Dem ersten Satzglied kann ein Attributsatz, diesem können Nebensätze 2., 3. Grades usw. beigefügt sein. Die Zweitstellung des Verbs bleibt:

An den Abend, an dem wir uns trafen, / *denke* ich noch immer. Das Gefühl ihrer Wichtigkeit, der Bedeutsamkeit der Entscheidung, die ihr anheimgestellt war, das Bewußtsein, daß abermals ein Tag gekommen sei, der es ihr zur Pflicht mache, mit ernstem Entschluß in die Geschichte ihrer Familie einzugreifen, / *erfüllte* sie und mochte ihr Herz schlagen (Th. Mann).

305 2. Doch es gibt eine Reihe von Ausnahmen:

a) Auf viele Konzessivsätze folgt nicht unmittelbar das finite Verb, sondern das Subjekt des Hauptsatzes:

Wer auch immer zweifeln mag, / *wir* verfolgen unbeirrt unser Ziel. So weit (wie weit) der Weg auch sei, / *er* lohnt sich. Mochte er auch lange krank gewesen sein, / *die Prüfung* meisterte er hervorragend.

b) Um eine scheinbare Ausnahme handelt es sich, wenn ein Demonstrativpronomen oder Adverbien wie *da, so* u. a. auf den Vordersatz zurückweisen. Solche Korrelate sind keine neuen Satzglieder, sondern fassen nur das Vorangehende zusammen:

Was du heute kannst besorgen, / *das* verschiebe nicht auf morgen. Wie man sich bettet, / *so* schläft man.

c) Zuweilen wird das Subjekt eines Nebensatzes vorangestellt und im Nebensatz durch ein Personalpronomen wiederholt:

> *Brecht*, obwohl *er* seine Stücke „Lehrstücke" nannte, / fühlte sich keineswegs als Praeceptor Germaniae (FEUCHTWANGER). *Bunsen*, als *er* Minuten später über den Tanzplatz ging, *hörte* Fahrenberg ... toben (SEGHERS).

d) In manchen Fällen trennt das finite Verb Attribut und Gliedkern:

> *Alle* / *waren* diese Männer mäßig begabt (FEUCHTWANGER). Von dem Rosenkranz / *war* ein größeres Teilstück verlorengegangen (LÖSCHBURG). Kobalt / *ist* nur rund 10 Milligramm im gesamten Organismus enthalten. Techniker und Chemiker zugleich, / *saß* er völlig fehl am Platze (NEUTSCH).

3. Das Satzsegment im Vorfeld kann unterschiedlichen Satzgliedwert **306** und Mitteilungswert haben.

a) Am Anfang des Satzes steht überwiegend dem Hörer oder Leser Bekanntes. Das ist entweder das Subjekt oder ein anderes Glied, das inhaltlich den Zusammenhang mit dem Vorangehenden herstellt:

> *Dummheit* ist ein gefährlicherer Feind des Guten als Bosheit. *Gegen das Böse* läßt sich protestieren, *es* läßt sich bloßstellen ... *Gegen die Dummheit* sind wir wehrlos (BONHOEFFER).

b) Ohne Mitteilungswert, gewissermaßen „Nullmitteilung", ist das *es* als „Vorläufer des eigentlichen Subjekts":

> *Es* haben zahlreiche Konferenzen dazu stattgefunden, *es* sind viele Veröffentlichungen dazu erschienen. Denn *es* gilt als Maßstab für den persönlichen Rang, wie einer spricht (TH. MANN).

c) Besondere Ausdrucksbedürfnisse können Sprecher oder Schreiber veranlassen, das mitteilungswichtigste Wort an den Satzanfang zu stellen. Man spricht von Ausdrucksstellung; sie ist gekennzeichnet durch Spitzenstellung des am stärksten betonten Gliedes:

> *Einen tollen Schrecken* hast du mir eingejagt. „*Apollo*" hieß das Mondlandeprogramm der USA in den 70er Jahren. *6 Reisen nach Mallorca* verlost die Zeitschrift an die Gewinner des Preisausschreibens.

Die Stellung der einzelnen Satzglieder

● Das Subjekt   **307**

1. a) Das S u b j e k t steht häufig am Satzanfang:

> *Ich* schrieb eine Erzählung. *Der Stoff* fügte sich meinen Vorstellungen nicht. *Die Tastenknöpfe der Schreibmaschine* starrten mich ... an. *Unbehagen*

packte mich. Aber *Unzufriedenheiten mit sich selber* leiten zuweilen neue Erkenntnisse ein (STRITTMATTER).

Das Subjekt kann in Anfangsstellung stark betont sein:

Handwerker trugen ihn. *Kein Geistlicher* hat ihn begleitet (GOETHE).

b) Statt des Subjekts kann auch ein anderes Satzglied im Vorfeld stehen. Das Subjekt steht unmittelbar hinter dem finiten Verb, wenn es etwas dem Hörer oder Leser Bekanntes bezeichnet:

Mir machst *du* das nicht weis. Um zur rechten Zeit zu kommen, fuhren *wir* schon früh.

2. Zwischen finitem Verb und folgendem Subjekt kann eine Partikel oder noch ein schwachtoniges Glied stehen:

Wann kam denn *Vater* nach Hause? Endlich fand ihn *mein Bruder*.

3. Bei hohem Mitteilungswert rückt das substantivische Subjekt näher an das Satzende:

Und am zerrissenen Himmel, voll von Heulen, stehn drohenden Fäusten gleich *die schwarzen Säulen* (WEINERT). Dieses Buch hat mir *mein Lehrer* gegeben. Wenn Ilse kritisiert wird, kommen ihr immer gleich *[die]* *Tränen*.

308 4. Im Spannsatz folgt das Subjekt gewöhnlich dem Einleitewort, wenn kein tonschwaches Glied dazwischensteht:

... weil *die Arbeit* geglückt war; ... die *ich* gestern gesehen habe; ... er untersucht, wie *Texte* zu übersetzen sind.
Aber: ... weil ihm die Arbeit gelungen ist; ... die nur / allein *ich* gesehen habe; ... weshalb ihm *alle Anwesenden* zustimmten.

● Das Prädikativ

309 Das Prädikativ steht überwiegend an letztmöglicher Stelle im Satz, jeweils vor einer infiniten und finiten Verbform, sofern vorhanden:

Er ist *mein Freund*. Ich nenne ihn *meinen Freund*. Ich betrachte ihn *als meinen Freund*. Er ist *Lehrer* geworden; ... da er *Lehrer* geworden ist; ... weil ich ihn *für meinen besten Freund* halte. Dieser Tanz ist *volkstümlich* geworden; ... daß der Tanz *volkstümlich* geworden ist. Wir tranken die Milch *heiß*, haben die Milch *heiß* getrunken; ... wenn ihr die Milch *heiß* getrunken hättet.

Am Satzanfang wird das Prädikativ stark hervorgehoben:

... *Schuster* soll er bleiben (BRECHT). *Karpfenläuse* nennen sie die Fischer (STRITTMATTER). *Kühl* war es hier unten (BREDEL).

● Das Objekt

1. **Das Objekt** steht in der Regel hinter dem finiten Verb. Bei Sub- **310**
stantiven steht das persönliche gewöhnlich vor dem sachlichen Objekt:

> Ich habe *dem Redner meine Meinung* gesagt. Der Richter überführte *den
> Angeklagten der Tat.* Sag *den Eltern die Wahrheit!*

Bei Personalpronomina ist es meist umgekehrt:

> Sage *es ihm!* Ich hole *ihn dir.* Warum gibst du *es ihr* nicht?

Das Pronomen steht vor dem Substantiv:

> Zuletzt gab der Lehrer dem Schüler ein Buch. Zuletzt gab der Lehrer
> *ihm ein Buch.* Zuletzt gab *es* der Lehrer dem Schüler. Zuletzt gab *es ihm*
> der Lehrer.

2. Ist das Objekt vorangestellt, so trägt es meist den Satzakzent: **311**

> *Vorliebe* empfindet der Mensch für allerlei Gegenstände, *Liebe*, die echte,
> unvergängliche, die lernt er – wenn überhaupt – nur einmal kennen
> (EBNER-ESCHENBACH). Dem *Redner* (oder *dem* Redner) habe ich aber
> die Meinung gesagt. *Mir* machst du das nicht vor!

3. Trotz der engen Bindung des Akkusativobjekts an das Verb gibt es **312**
für dieses Objekt keine besondere Stellungsregel. Sobald ein anderes
Satzglied höheren Mitteilungswert hat, rückt dieses in betonte End-
stellung:

> Der Bauer pflügte in aller Frühe den Acker. Der Bauer pflügte den Acker
> in aller Frühe. Niemand kann hinreichend erklären, weshalb die Nacht-
> nelke ihren Duft *tagsüber für die Juniabende* zurückhält (STRITTMATTER).

4. Das Präpositionalobjekt erhebt in der Regel (↑ aber 296) Anspruch
auf das Satzende:

> Die Wissenschaftler berichteten den Zuhörern *von ihren Exkursionsergebnissen.*
> Er sinnt Tag und Nacht *auf Abhilfe.* Wir warteten stundenlang auf dem
> Bahnhof *auf ihn.*

● Die Adverbialbestimmung

1. **Adverbialergänzungen**, die eine Leerstelle des Prädikats be- **313**
setzen, streben dem Satzende zu:

> Er hängt den Mantel *auf den Bügel.* Wir werden morgen mit Freunden
> *ins Theater* gehen. Ich hoffe, daß die Besprechung im Betrieb *nicht lange*
> dauert. Fährst du nächste Woche mit *nach Berlin?*

314 2. Die Stellung der Adverbialangaben wird wesentlich von ihrem Mitteilungswert bestimmt. Konjunktionaladverbien neigen zur Anfangsstellung; andere Angaben können sowohl im Vorfeld wie im Nachfeld des Kernsatzes stehen; im Spannsatz ist die Stellung der Adverbialangabe *vor* dem Subjekt entweder mit Hervorhebung des Subjekts oder der Adverbialbestimmung verbunden oder unzulässig:

> *Am Eingang* stand ein Kamel. Den Shetlandponys lief ich *viele Jahre* nach (STRITTMATTER). *Viele Jahre* lief ich den Shetlandponys nach. Er sagte, daß er *viele Jahre* den Ponys nachgelaufen ist.

315 3. Wenn mehrere Adverbialbestimmungen hinter dem finiten Verb stehen, wird die Reihenfolge Grund, Zeit, Art und Weise, Ort, Zweck, Folge bevorzugt:

> Wir trafen uns wegen dieser Angelegenheit im März in Berlin zu gütlicher Einigung. Er hat uns deswegen gestern heftig getadelt.

Die Reihenfolge ändert sich, wenn ein Umstand besonders hervorgehoben werden soll:

> Es hatte *den ganzen Tag* geschneit, *bald fein, bald grob* (STRITTMATTER). Wir treffen uns zu der Verhandlung in Berlin *erst im März.*

● Das Attribut

316 Das Attribut steht in der Regel bei seinem Bezugswort. Dem substantivischen Kern gehen in der Sachprosa deklinierte Adjektive, Partizipien, Pronomen und Numeralien voran; Adverbien, präpositionale Fügungen, mit *wie* und *als* eingeleitete Wortgruppen, Infinitiv- und Partizipialgruppen, Gliedteilsätze und lockere Appositionen folgen ihm nach. Auch das Genitivattribut steht, sofern es nicht ein Eigenname ist, in der Sachprosa überwiegend hinter dem Bezugswort. Eine Substantivgruppe kann gewöhnlich nur als Ganzes im Satz umgestellt werden:

> *In der Festschrift des Berliner Museums für Volkskunde* / ist / *ein Holzschnitt aus dem Jahre 1555* / abgebildet ... (KNOBLOCH). *Ein Holzschnitt aus dem Jahre 1555* / ist / *in der Festschrift des Berliner Museums für Volkskunde* / abgebildet.

Das adjektivische Attribut

317 a) In flektierter Form steht das adjektivische Attribut in der Regel vor dem Bezugswort (präpositives Attribut):

> *edler* Wein, am *jenseitigen* Ufer, an einem *stürmischen, regnerischen, naßkalten* Tag; *dieser* Schüler, *alle* Menschen, *meine* Eltern

Nähere Bestimmungen zum Adjektiv- und Partizipialattribut treten davor:

> in der *gewaltig* gewachsenen Industriestadt, die *von warmen und nahrhaften Dünsten* erfüllte Küche (TH. MANN), ↑ 295.

In der gehobenen Stilschicht wird das adjektivische Attribut manchmal appositionell gebraucht und steht dann hinter dem Bezugswort:

> Soll der Freund mir, *der liebende*, sterben? (SCHILLER).

b) Unflektierte adjektivische Attribute stehen oft hinter dem Bezugswort:

> Salz, *lose*; Stahl, *gewalzt*; Strömungskupplungen, *regelbar, drehmomentbegrenzt* (Mitteilungen des Amtes für Standardisierung)

Tritt zu dem ungebeugten adjektivischen Attribut noch eine nähere Bestimmung oder stehen mehrere solcher Adjektive nebeneinander, so muß das Attribut hinter das Bezugswort treten:

> Gewehrkugeln, *groß wie Taubeneier* und *klein wie Bienen* (BRECHT); ... ihre Augen, *zu nachdenklich*, um sich zu schließen, folgten langsam ... (TH. MANN)

Das substantivische Attribut

a) Das **Genitivattribut** steht heute in der Sachprosa überwiegend **318** nach dem Bezugswort:

> die Tür *des Hauses*, die Zerstörung *Dresdens*, der Anfang *des Satzes*, die Wohnung *meiner Eltern*, die Epen *Homers*

Eigennamen und Personenbezeichnungen im Genitiv werden auch vorangestellt:

> *Brechts* Dreigroschenoper, *Herberts* Eltern, *Vaters* Brief, *Berlins* Umgebung

In der Dichtung ist auch die Voranstellung anderer Genitivattribute üblich:

> Das ist *der Weisheit* letzter Schluß (GOETHE); Blaue Wolkenberge stehen vor *des Meeres* Abgrund (BRECHT); *des Rektors* Tochter Gritje (KANT); *der Sprache* Wortgewalt (BECHER).

Auch in einigen sprichwörtlichen Redewendungen findet sich die früher verbreitete Voranstellung des Genitivattributs noch:

> um *des Kaisers* Bart streiten, *des Teufels* Großmutter, *des Tages* Last und Mühe, *des Leibes* Notdurft

b) Das **präpositionale Attribut** steht immer hinter dem Bezugswort:

> die Teppichweber *von Kujan-Bulak* / Kleiner Ortschaft *im südlichen Turkestan* (BRECHT); Wallensteins Monolog *vor der Unterredung mit Wrangel*, die Taube *auf dem Dach*, der Spatz *in der Hand*

Manchmal tritt noch ein Adverb hinzu. Es kann vor oder nach dem präpositionalen Attribut stehen:

> der Blick *hinunter* ins Tal, der Blick ins Tal *hinunter*; die Tauben *dort* auf dem Dach, die Tauben auf dem Dach *dort*

Das Adverb als Attribut

319 Das **Adverb** kann vor und nach dem Substantiv stehen; die Nachstellung überwiegt:

> das Haus *rechts, rechts* das Haus; das Konzert *gestern abend,* dieses Buch *da drüben*; die zwei Kinder *dort, dort* die zwei Kinder

Als Attribut eines Adjektivs, auch des substantivierten, und eines Adverbs steht das adverbiale Attribut immer voran:

> *besonders* fröhlich, *kaum* glaublich, *fast* untrennbar; *etwas keineswegs* Unmögliches, das *besonders* Bemerkenswerte; *immer* morgens

Der Vergleich als Attribut

320 Der **Vergleich** kann unmittelbar nach dem Bezugswort oder weiter entfernt von diesem stehen:

> ein Kerl *wie ein Baum*; ... eine Art von Berührung, die *tiefer* in den Menschen hineingeht *als welche Parteilichkeit immer* (SEGHERS); ... daß er sich zu einer *Handlungsweise* hinreißen ließ, *wie sie nur aus einem allzu starken Empfinden hervorgehen kann* (STIFTER).

Die Apposition

321 Die **Apposition** kann dem Bezugswort vorangehen oder folgen (↑ 242 f.). Sie kann auch von ihm entfernt stehen:

> Sonderbare *Wunschbilder* kamen auf den Tönen herangeschwommen, *halb Vorstellungen, Fetzen von Träumen* (WEISKOPF).

● Infinitiv und Partizip

322 1. **Infinitive** und **Partizipien** als Bestandteile zusammengesetzter Verbformen stehen im Hauptsatz in der Regel am Satzende, im Nebensatz unmittelbar vor der finiten Verbform (↑ 293 f.).
Zur besonderen Hervorhebung können sie am Satzanfang stehen:

> *Verbessern* mußt du den Fehler schon selbst. *Gefragt* habe ich nicht.

2. Ein Infinitiv mit *zu* ohne nähere Bestimmung kann nach oder vor dem schließenden Prädikatsteil stehen:

> Jetzt hören wir *zu arbeiten* auf. Jetzt hören wir auf *zu arbeiten*. Sie haben *zu arbeiten* aufgehört. Sie haben aufgehört *zu arbeiten*. ... daß wir *zu*

arbeiten aufgehört haben; daß wir aufgehört haben *zu arbeiten*; ... wenn
er *zu arbeiten* beginnt / beginnt *zu arbeiten*

3. Erweiterte Infinitive können ihrem verbalen Kern vor- oder nach- **323**
gestellt werden. Sie folgen dem allgemeinen Stellungsgesetz der Satzglieder, die im Satz umstellbar sind (↑ 128):

> *Den Rasen zu betreten* ist verboten. / Es ist verboten, *den Rasen zu betreten.*
> Wir bitten Sie, *sich zu gedulden.* Ich wünschte, *ihn gesehen zu haben.* Ich
> habe keine Zeit, *Ihnen zu schreiben.* / *Ihnen zu schreiben*, habe ich keine
> Zeit. Er duldete es, *ohne mit der Wimper zu zucken.* / *Ohne mit der Wimper
> zu zucken*, duldete er es.

Ein verschränkter Infinitiv steht vor der infiniten Verbform:

> *Das* wollen wir *euch zu erklären* versuchen. *Das* haben wir *euch zu erklären*
> versucht. Er ist *täglich spazierenzugehen* gewöhnt. ... nachdem wir *es
> euch zu erklären* versucht haben; ... da wir *es euch zu erklären versuchen*
> wollten.

Attributive Infinitive stehen hinter ihrem Bezugswort:

> Seine *Art, mit den Kollegen zu reden*, gefiel uns. Die *Anstrengungen, den Hoch-
> sprungrekord zu überbieten*, waren erfolgreich.

4. Erweiterte Partizipien stehen meist am Anfang oder am Ende des **324**
Satzes:

> *Und tiefer suchend*, fror ich mehr, *und dann gestorben*, kam ich hier ins
> Schattenreich (BRECHT). Sie sah mit blickarmen Augen vor sich hin,
> *von heißen, unruhigen Gedanken erfüllt* (KELLERMANN).

Als Attribut steht das erweiterte Partizip regelmäßig bei seinem Bezugswort:

> ,,Höhere Leistung?" fragt Franík, *schon damals als ausgezeichneter Häuer
> bekannt* (NOLL).

● Die Nebensätze

1. Nebensätze können als Vorder-, Zwischen- und Nachsätze stehen **325**
(↑ 74).

a) Gliedsätze stehen als Vordersätze, wenn sie die Verbindung zu dem
Vorangehenden herstellen:

> Der Abendzug nach Berlin war fast leer. *Wenn es so blieb*, konnte man die
> Schuhe ausziehen ... (KANT).

Temporal- und Konditionalsätze sind vorzugsweise Vordersätze:

> *Als sie wieder zurückkehren*, ist die Nacht weit vorgeschritten ... (JOHO).
> *Sobald ich Antwort habe*, reise ich. *Wenn im Mittwinter die Kälte zunimmt*,

zieht sich das Eis auf den Seen zusammen (STRITTMATTER). *Wenn es euch gefällt,* so bleibt doch hier!

Auch von einem verallgemeinernden Relativpronomen eingeleitete Subjekt- und Objektsätze werden überwiegend vorangestellt:

> *Nur wer ihren Ehrenkodex nicht anerkennen will, der* ist ihr Feind, *dem* gilt ihr Kampf (BREDEL).

Im Hauptsatz ist ein korrelatives Demonstrativpronomen oder Adverb nötig, wenn der Nebensatz einem Genitiv, Dativ oder einer Präpositionalfügung im Hauptsatz entspricht oder Kasus des Relativpronomens und Rektion des Prädikatswortes einander nicht entsprechen:

> Im obigen Beispiel könnte *der* wegfallen, *dem* aber muß stehen.
> Andere Beispiele: Wer nicht rechtzeitig gebucht hat, *dessen* Chancen sind gering. Welche Beziehungen zwischen Reizintensität und Entladungsfrequenz bestehen, *darauf* wird noch eingegangen (KLIX).

b) Konjunktionale Objektsätze, Konsekutivsätze und weiterführende Nebensätze sind vorwiegend Nachsätze:

> Ich verlasse mich darauf, *daß du mich morgen besuchst.* Er rutschte auf dem Glatteis aus, *so daß er unglücklich stürzte.* Der Präsident sprach sich für die Abrüstung aus, *wobei er ausdrücklich eine Weltabrüstungskonferenz befürwortete.*

Soll ein Gliedsatz in einen anderen Gliedsatz eingeschoben werden, so steht er nach dem Satzglied, das dem Einleitewort folgt:

> Als ihm, *obwohl er das nicht erwartet hatte,* der 1. Preis zuerkannt worden war, dankte er mit bewegten Worten.

326 2. Gliedteilsätze, also Attributsätze, stehen beim Bezugswort. Dementsprechend sind sie fast ausschließlich Nach- oder Zwischensätze:

> Leih mir bitte den Roman, *der dir so gut gefallen hat.* Diese Plattform, *Bahnhof Buchenwald genannt,* war das Ende des Eisenbahngleises, *das von Weimar nach dem Gipfel des Berges führte* (APITZ). Die Hoffnung, *daß er bald zurückkehrt* ...; die Frage, *ob wir ihn heute sprechen können*; die Furcht, *er könnte zu spät kommen,* ...

Wenn ein Attributsatz neben einem substantivischen Attribut steht, ist die Beziehung manchmal nicht deutlich genug gekennzeichnet und nur aus dem Rede- oder Situationszusammenhang ersichtlich:

> Ich habe den Vater meines Freundes, *der lange krank war,* besucht. (Der Relativsatz kann sich auf *Vater* und auf *Freundes* beziehen.)

● Die Satznegation

1. Das satzverneinende *nicht* sowie *keineswegs* und *keinesfalls* stehen im **327** Kern- und Stirnsatz an letzter Stelle, wenn keine der unter 2. genannten Voraussetzungen gilt:

> Er verkauft seine Sammlung trotz finanzieller Not *nicht | keinesfalls*.

2. Die Satznegation steht vor sprachlichen Elementen, die mit der finiten Verbform enger verbunden sind als *nicht*. Das gilt für das Partizip II und den Infinitiv:

> Er hat die Briefmarkensammlung nicht verkauft. Er will die Briefmarkensammlung *nicht* verkaufen.

den Verbzusatz:

> Er läßt von seinem Vorhaben *nicht* ab. Sie kommt *nicht* her.

das Prädikatsadjektiv und Prädikatssubstantiv:

> Er ist mit den Leistungen der Schüler *nicht* zufrieden. Paul wird entgegen seiner ursprünglichen Absicht *nicht* Arzt.

mit dem Verb zu einer festen Verbindung verschmolzene Substantive und präpositionale Fügungen:

> Das Mädchen spielt *nicht* Klavier. Gestern war mein Fahrrad *nicht* in Ordnung. Der Verdächtige stellte den Diebstahl *nicht* in Abrede.

die Adverbialergänzung:

> Man hängt feuchte Kleidung *nicht* an den geheizten Ofen. Der Gast verhielt sich *nicht* korrekt | *nicht* wie ein wohlerzogener Mensch.

3. Bei Präpositionalobjekten, freien Lokal-, Temporal- und Kausalbe- **328** stimmungen in der Form der Präpositionalfügung kann die Satznegation sowohl davorstehen als auch folgen:

> Er kann sich *nicht* an Einzelheiten / an Einzelheiten *nicht* erinnern. Er kam wegen des Regens *nicht*. / Er kam *nicht* wegen des Regens. Ich arbeite heute *nicht* im Betrieb. Er kann mich während der Sitzung *nicht* sprechen. Er kann mich *nicht* während der Sitzung sprechen.

Satzverneinendes *nicht* steht in der Regel nach Kasusobjekten:

> Er hat dem Freunde *nicht* geholfen. Ich bedarf deiner Hilfe *nicht*.

Die Voranstellung der Satznegation empfiehlt sich aus rhythmischen Gründen, wenn das Objekt durch Attribute stark erweitert ist:

> Der Betriebsschutz versäumte *nicht* die gewissenhafte Kontrolle aller betriebsfremden Personen.

4. Die Satznegation steht in jedem Falle hinter Modalwort und Modalwendung (↑ 785 f.):

> Ich habe den Meister leider / bedauerlicherweise / zu meinem Leidwesen *nicht* angetroffen.

Gliedfolge und Satzintonation

329 Satzgliedstellung und Satzintonation müssen eng zusammenwirken, damit die Satzbedeutung richtig verstanden wird. Besonders in gesprochener Rede fördern Klang und Akzentuierung das Verständnis der Äußerung. In der geschriebenen Sprache tritt dagegen die Funktion der Gliedfolge in den Vordergrund:

mündlich: Ich habe es *ihm* nicht gesagt.
schriftlich: *Ihm* habe ich es nicht gesagt (aber *ihr*).

Auf den engen Zusammenhang zwischen Satzgliedstellung einerseits und Satzintonation und Akzentuierung anderseits sollte auch bei den folgenden Ausführungen geachtet werden.

Satzakzentuierung und Intonation

Wesen und Funktion der Intonation

330 Der Gebrauch der Sprache beim Schreiben und beim Sprechen weist viele Gemeinsamkeiten auf: in beiden Fällen die Verwendung lexikalisch-grammatischer Mittel, die Beachtung bestimmter grammatischer Regeln und stilistischer Gesetzmäßigkeiten usw. Bei genauerer Beobachtung zeigen sich jedoch auch unübersehbare Unterschiede, von denen im Hinblick auf Wesen und Funktion der Intonation wenigstens zwei hervorgehoben werden müssen:

1. Jeder produzierte Text ist entsprechend einem Kommunikationsplan auf besondere Weise strukturiert. Er ist gegliedert; zwischen den einzelnen Aussagen bestehen verschiedengradige Beziehungen, die enthaltenen Sätze werden als Fragen, Aussagen usw. voneinander abgehoben. Für diese Strukturierung stehen dem Schreibenden und dem Sprechenden zunächst die lexikalisch-grammatischen Mittel zur Verfügung. Der Schreibende setzt daneben aber auch zusätzliche optische Signale ein, um seine Kommunikationsintention möglichst vollständig zum Ausdruck zu bringen: z. B. Absätze, Punkte und Kommata für die Gliederung; Kommandostriche, Klammern und Einrückungen für die Kennzeichnung der Beziehungen; und die bekannten Satzzeichen für die Unterscheidung der drei Satzarten (vgl. 49 ff.). Beim Sprechen ent-

fallen solche optischen Signale. Dafür kann der Sprecher aber neben den Zeichen tragenden Lautgruppen (den gesprochenen Wörtern oder Wortketten) besondere akustische Signale erzeugen, die einen ähnlichen Verständigungseffekt auslösen wie die erwähnten optischen Signale. So gehört die Klanggestalt zu den Wesensmerkmalen des gesprochenen Satzes. Sie vor allem läßt ihn als Einheit der Rede erscheinen, weil jeder Satz beim Sprechen so hervorgebracht wird, daß alle seine Glieder unter einem Klangbogen zusammengeklammert werden. Durch die rhythmisch-melodische Gestaltung kann der Satz auch in zwei oder mehrere Teilsätze untergliedert werden, ohne daß seine Einheit für den Hörer verlorengeht (zur besseren Verdeutlichung wurde im folgenden Beispiel die Interpunktion weggelassen und die Orthographie verändert).

|die förstersfrau war eine nacht ausgeblieben| |das ist richtig|| |es gab einen

wortwechsel| |erklärungen| |beteuerungen| ||nie wieder| |schwor die schwarze,

försterin| |und ihre blauen augenränder ließen sie so leidgeprüft und ge-

wandelt erscheinen|| (STRITTMATTER)

2. Gesprochene Äußerungen sind oft situationsgebunden. Während in **331** einer schriftlichen Darstellung ein Sachverhalt oder Vorgang stets so eingehend beschrieben werden muß, wie er dem Leser als Gegenstand vermittelt werden soll, können Gesprächspartner Sachverhalte oder Vorgänge gemeinsam in der unmittelbaren Anschauung erleben und sich mit ihren Äußerungen darauf beziehen, ohne sich gegenseitig Einzelheiten beschreiben zu müssen. Ein knapper Hinweis oder eine Geste reichen oft zur Verständigung aus. Auch emotionale Reaktionen auf das erlebte Geschehen oder Äußerungen eines Partners finden sich im Wortlaut eines lebhaften Gesprächs manchmal überhaupt nicht, und wenn doch, dann oft nur angedeutet und in der Regel weniger präzise widergespiegelt, als das bei einer ausgefeilten schriftlichen Darstellung der Fall wäre. Der Sprecher kann sich mimisch-gestisch äußern, und er kann wiederum besondere akustische Signale zur Hilfe nehmen, die dem Hörer genügen, um eine *Konnotation* (eine emotionale Nebenbedeutung) sicher zu erfassen. Der Klang charakterisiert den gesprochenen Satz folglich nicht nur als Hervorbringungseinheit; er trägt vielmehr auch den Sinn des Gesagten. Diese Leistung muß um so größer sein, je weniger die grammatisch-lexikalischen Mittel für die eindeutige Übermittlung der Aussageintention ausgenutzt werden. Der Sinn eines Satzes, die besondere Aufgabe, die er erfüllen soll und um derentwillen er gesprochen wird, leitet sich dabei aus der jeweiligen Kommunikationssituation ab.

Wenn aus einem Nebenzimmer die Worte „Es brennt" ertönen, so ist der Hörer keinen Augenblick im Zweifel, ob es gilt, einen Brand zu löschen, ob der Sprechende körperlich Schmerz empfindet oder ob nur eine Tatsache festgestellt wird.

Die Sprechweise der Ironie z. B. läßt erkennen, wie entscheidend der Klang für das Sinnverständnis ist. Ein Satz wie „Schön, daß du endlich da bist" wird allein durch den Klang aus erleichterter Feststellung in ironischen Tadel verkehrt. Eine ähnliche Verkehrung liegt vor, wenn aus der verbindlichen Aussage „Du bist aber ein lieber Kerl" infolge des Klangs Spott oder gar Ärger herauszuhören ist. Man spricht in solchen Fällen von inverser sprecherischer Gestaltung.

Die Kunst des Schauspielers oder Rezitators besteht darin, aus dem Zusammenhang des Textes den Sinn (nach BRECHT den „Gestus") zu erschließen und den gegebenen Satz mit klanglichen Mitteln für den Hörer zu deuten, zu „interpretieren". Dieses Vermögen, Erkanntes und Empfundenes wirkungsvoll in Klang umzusetzen, macht zum guten Teil den sprecherisch gestaltenden Künstler aus; eine solche Fähigkeit muß aber auch Ziel des Muttersprachunterrichts und vor allem des Leseunterrichts sein.

332 Bei den angeführten akustischen Signalen, die außer den artikulierten Lautgruppen an einer Äußerung zu erkennen sind, müssen zwei Gruppen von Merkmalen unterschieden werden: die Ausdrucksmittel und die intonatorischen Mittel.

Zu den Ausdrucksmitteln zählen u. a.: die Nuancierung des Stimmklangs, Besonderheiten der Atemführung, das durchschnittliche Sprechtempo sowie die durchschnittliche Lautstärke und die durchschnittliche Sprechstimmlage. Aus dem Zusammenwirken dieser Ausdrucksmittel erkennt der Hörer den emotionalen Zustand des Sprechenden meist auch dann, wenn dieser einer anderen Sprachgemeinschaft angehört.

> Eine bestimmte Gefühlslage wird etwa aus folgenden Merkmalen erfaßt:
> Zorn – verspannte, oft dumpfe, heisere Stimmbildung, große Lautstärke, schwerer, oft heftiger Atem;
> stille Freude – entspannte, klangvolle Stimme, mittlere Lautstärke, gleichmäßige Atemführung;
> Trauer – verhauchte, klanglose und leise Stimme, langsames Sprechtempo;
> Furcht – verspannte und verhauchte Stimme, heftige Atembewegung, schnelles Sprechtempo, oft große Lautstärke.

Aus bestimmten Kombinationen der Ausdrucksmittel vermag der Hörer also Art und Grad der Emotion des Kommunikationspartners zu diagnostizieren. Mit Ausdrucksmitteln kann jedoch keine Emotion und kein Bewußtseinsinhalt beschrieben werden. Diese Mittel werden daher als außersprachlich, also nicht zum Sprachsystem gehörend gewertet.

333 Zur Intonation werden hier gerechnet:

– die Tonhöhenveränderungen innerhalb des Satzes, die sogenannte Sprechmelodie;

– die Lautheitsveränderungen innerhalb des Satzes, die Dynamik des Sprechens;

– die Veränderungen des Sprechtempos innerhalb des Satzes einschließlich der Pausen.

Im Gegensatz zu den Ausdrucksmitteln ist die Intonation nicht nur an der Signalisierung von Emotionen beteiligt, sondern sie übt auch grammatische Funktion aus. Von zahlreichen Sprachwissenschaftlern wird sie deshalb als grammatisches Mittel betrachtet und zählt damit zum Sprachsystem.

Die drei genannten Intonationsmerkmale treten nur selten einzeln auf. **334** Meist gehen sie an den verschiedenen Stellen einer Äußerung bestimmte Merkmalskombinationen ein, die für das Verständnis des Gesprochenen jeweils eine bestimmte Funktion haben. Solche Funktionen, die durch die Intonation allein oder im Zusammenwirken mit anderen Mitteln, vor allem den lexikalisch-grammatischen Mitteln, ausgeübt werden, sind im einzelnen:

– die Signalisierung der Wortakzentstellen;
– die Signalisierung der Satzakzentstellen;
– die Gliederung der Wortketten in Gruppen und die Kennzeichnung dieser Gruppen als relativ abgeschlossene Einheiten der Rede (als vollendete Sätze) oder als nichtabgeschlossenen (als Teilsätze);
– die bedingte Kennzeichnung von Aussage-, Aufforderungs-, Ausrufe- und Fragesätzen;
– die Information darüber, ob eine Äußerung deutlich emotionalisiert ist oder nicht.

Für die Verwendung der Intonation hat sich in jeder Sprachgemein- **335** schaft eine Norm herausgebildet, d. h., es gibt relativ feststehende Intonationsgewohnheiten, auf deren Grundlage bestimmte Intonationsformen als korrekt, angemessen (in Hinblick auf Äußerungsweise und Hörer) und unter Umständen auch als schön bewertet werden, während andere Intonationsformen als unkorrekt, maniert und gegebenenfalls auch als unschön gelten. Für die Beurteilung spielt ferner eine Rolle, ob es sich um eine Intonationsform der Standardaussprache handelt, um eine dialektneutrale Form also, oder um eine Intonationsform, die von der Mehrheit der Sprachbenutzer als dialektgebunden erkannt wird. Der folgende Überblick bezieht sich nur auf die Intonation, die in der Standardaussprache gebräuchlich ist.

Der Zusammenhang zwischen Wortakzent und Satzakzent

Im Deutschen haben fast alle Wörter eine feste Akzentstelle, wortunter- **336** scheidende Funktionen hat diese nur in wenigen Wortpaaren (↑ 586). Die Wortakzentstellen werden beim Sprechen vor allem mit Hilfe der intonatorischen Mittel kenntlich gemacht. Da Wortakzentstellen im gesprochenen Satz unter Voraussetzungen, die im folgenden zu behandeln sind, zusätzlich einen Satzakzent tragen können, gibt es für ihre Signalisierung zwei Möglichkeiten:

1. die Wortakzentstelle ist zugleich Stelle eines Satzakzents, dann wird sie durch einen starken intonatorischen Kontrast von den benachbarten akzentlosen Silben abgehoben;

2. die Wortakzentstelle trägt keinen zusätzlichen Satzakzent, dann wird sie mit einem schwächeren, aber erkennbaren Kontrast gekennzeichnet.

Die phonetische Charakteristik der Akzentstelle im Wort bezieht sich demzufolge immer auf die Verwendung des Wortes im Satz, also auf die Satzebene; sie wird deshalb unter der Signalisierung des Satzakzents dargestellt. Auf der Wortebene ist lediglich die Erkennung der akzenttragenden Silbe, also der Stelle für den Wortakzent, von Bedeutung.

Die Satzakzentuierung

337 In der Satzakzentuierung zeigt sich das Zielgerichtete des Sprechdenkens. Der Sprechende verfolgt stets die Absicht, die Aufmerksamkeit des Hörers auf etwas Neues zu lenken oder auf etwas, was zwar nicht neu ist, aber als wichtig und daher als mitteilenswert empfunden wird. Diese eigentliche Mitteilung im Satz ist dessen *Rhema* (kommunikatives Zentrum), in dem wenigstens eine Wortakzentstelle mit zusätzlichem Satzakzent liegt, der hier, weil er wiederum den Kern des Mitzuteilenden bezeichnet, Kernakzent genannt wird (Kennzeichen: "). Dem kommunikativen Zentrum gegenüber schafft der Sprecher vor dem finiten Verb das *Thema* (den Ausgangspunkt der Aussage). Häufig wird im Ausgangspunkt bereits Gesagtes wieder aufgegriffen; es werden aber auch neue Tatsachen oder Begriffe ins Gespräch gebracht. Der Ausgangspunkt im Satz kann aus einer allgemeinen Angabe oder einem einführenden *es*, aus einem Satzglied, aus Gliedteilen oder Sätzen bestehen (in den folgenden Beispielen durch Kursivdruck gekennzeichnet).

> *Früher einmal* haben auch diese "Sikhs eine andere Rolle gespielt. *Das* war nicht "hier, *das* war im nordwestlichen Indien, im "Punjab. *Dort* "leben sie ... (Kisch)
> *Eine deutsche Dame aus einem Hause, das schon ehedem durch Heldenmut geglänzt und dem Deutschen Reich einen Kaiser gegeben hat,* war es, die den fürchterlichen Herzog von Alba durch ihr entschlossenes Betragen beinahe zum "Zittern gebracht hätte (Schiller).
> *Es* war dunkel und "kalt.

338 Grundsätzlich leitet sich aus der Kommunikationssituation ab, was im gegebenen Moment für wichtig gehalten und demzufolge hervorgehoben wird.

Je nach den Erfordernissen der Situation ergeben sich daher in einem Satz wie „Das Berliner Ensemble spielte in dieser Woche nur in Dresden" für die Festlegung des Kernakzents mehrere Möglichkeiten: Es wird ohne Hervorhebung eines Gegensatzes berichtet – Das Berliner Ensemble spielte in dieser Woche nur in ''Dresden. Es müssen andere Zeiträume ausgeschlossen werden – Das Berliner Ensemble spielte in ''dieser Woche nur in Dresden. Der Sprecher ist ärgerlich, weil er in Berlin keine Vorstellung besuchen konnte – Das Berliner Ensemble spielte in dieser Woche ''nur in Dresden.

Je nach Kommunikationsintention unterscheidet man folglich eine logische, eine kontrastive, eine emphatische und auch eine didaktische Akzentuierung. Allgemeingültiges über die Stelle des Kernakzents läßt sich nur für die logische Akzentuierung darstellen.

• Regeln für die logische Akzentuierung

Die Regeln, mit deren Hilfe die Stelle für den Kernakzent in einem **339** Satz gefunden werden kann, stimmen im wesentlichen mit einer anderen überein, die sich auf die Reihenfolge der Satzglieder im Aussagesatz bezieht. Der Sprechende oder Schreibende ordnet bei ruhiger Erzählweise die Satzglieder im allgemeinen so an, daß das Glied mit dem höchsten Mitteilungswert, das Hervorzuhebende also, möglichst weit an das Ende des Satzes kommt (↑ 301 f.).

> Der Direktor überreichte in der Aula die ''Abschlußzeugnisse. Der Direktor überreichte die Abschlußzeugnisse in der ''Aula. Die Abschlußzeugnisse wurden in der Aula vom Di''rektor überreicht.

Als Kernakzent wird folglich stets der letzte (oder einzige) Satzakzent in einer Wortgruppe bezeichnet. Wenn, wie bei längeren Sätzen meist der Fall, vor dem Kernakzent weitere Satzakzente realisiert werden, so heißen sie hier Nebenakzente (Kennzeichen: '). Entsprechend dieser Akzentuierungstendenz neigen ungeübte Sprecher vor allem beim Vorlesen dazu, stets das letzte Wort zu akzentuieren. Eine solche Akzentuierung trifft oftmals nicht den Kern der Mitteilung, wirkt ermüdend und widerspricht den Akzentuierungsgewohnheiten der Standardaussprache.

Die Festlegung der letzten Akzentstelle regelt sich nach wenigen ein- **340** fachen Bestimmungen. Zunächst sind in einem Satz, der sachlich informierend und keinen Gegensatz zum Kontext oder zur Kommunikationssituation hervorheben soll, an sich alle Substantive, Adjektive, Adverbien, Vollverben und Hilfsverben, die ohne Vollverben gebraucht werden, akzentuierbar (alle an sich akzentuierbaren Wörter sind in den folgenden Beispielen kursiv gekennzeichnet).

> im *Garten* des *Vaters*, die *Qual* der *Wahl haben*, ein *Brot holen*, ins *Theater gehen*, in einem *glücklichen Zustand sein*.

341 Danach wäre in allen vier Beispielen die Akzentuierung des letzten Wortes möglich, ohne daß das Wichtigste der Aussage hervorgehoben würde. Deshalb gilt:

– Der Kernakzent liegt in Wortgruppen, in denen ein Substantiv durch Attribute oder andere Zuordnungen näher bestimmt wird, auf dem letzten akzentuierbaren Wort.

> im Garten des "Vaters, des Königs "Tochter, der Sieg der Großen Sozialistischen Ok"toberrevolution.

– Der Kernakzent liegt in Wortgruppen, in denen die durch ein Verb bezeichnete Tätigkeit (oder ein Zustand) durch Ergänzungen oder adverbiale Bestimmungen näher bezeichnet wird, auf dem letzten akzentuierbaren Wort der Ergänzungen bzw. Bestimmungen.

> die Qual der "Wahl haben, ein "Brot holen, ins The"ater gehen, einen "Text wiederholen.

Wird die Ergänzung oder die Bestimmung als determiniert betrachtet, d. h., gilt sie für Sprecher und Hörer im Moment der Äußerung als bekannt oder besprochen, so trägt sie nicht den letzten Akzent.

> den (besprochenen) Text wieder"holen, das (erwähnte) Buch "lesen.

Besteht die Ergänzung nur aus einem Adverb, das mit einem Partizip II zusammentrifft, so trägt das Adverb nicht den letzten Akzent.

> er hat gut ge"schlafen, er hat wenig ge"gessen.

Nach diesen Bestimmungen wäre also folgende Akzentuierung möglich:

> Die Familie wird sich am Sonntag im Garten des "Vaters treffen. Die Stu'denten haben 'heute im Semi'nar einen "Text analysiert.

342 Die Realisierung aller möglichen Akzentstellen wie in den letzten beiden Beispielen kommt jedoch nur bei sehr nachdrücklichem und langsamem Sprechen vor. Ein ruhiger, sachlicher Bericht kann dagegen auch folgende Akzentuierung aufweisen:

> Die Fa'milie wird sich am 'Sonntag im Garten des "Vaters treffen. Die Stu'denten haben 'heute im Seminar einen "Text analysiert. Oder: Die Stu'denten haben heute im Seminar einen "Text analysiert.

● **Die kontrastive Akzentuierung**

343 Wenn aus der Sprechsituation heraus auf einen Gegensatz oder Widerspruch hingewiesen werden soll, so übernehmen auch Verneinungswörter, Konjunktionen, Präpositionen, Pronomen, Artikel, attributive Adjektive, das finite Verb oder Hilfsverben den Kernakzent.

> Er wird "nicht zahlen (als Antwort auf eine dringende Aufforderung). Man muß die erste "und die zweite Gruppe einsetzen (nicht nur eine

von beiden). Die Gefahrenquelle liegt "vor der Kreuzung (nicht da-
hinter). Diesmal wird "der Koffer genommen (nicht jener). Er "läuft in
die Stadt (er fährt nicht).

● Die emphatische Akzentuierung

Wie bei der kontrastiven Akzentuierung können auch bei gefühlsbe- **344**
tonter oder besonders nachdrücklicher Sprechweise alle Wörter im Satz
den Kernakzent tragen. Der emphatische Akzent kann daher auf einer
anderen Stelle liegen als der logische Akzent; liegt er auf der gleichen
Stelle, so verstärkt er den intonatorischen Kontrast, der diese Stelle
signalisiert.

> Welche Freude, "dich hier zu treffen! (Kernakzent eigentlich: "treffen.)
> Du "mußt heute zur Besprechung kommen. (Kernakzent eigentlich:
> Be"sprechung.)

In gefühlsbetonter nachdrücklicher Sprechweise wird oft das Hervorzu- **345**
hebende an den Anfang des Satzes gerückt.

> "Niemals werde ich diesem Entschluß zustimmen! Ver"lassen hat er
> sie! "Haltet den Dieb!

● Die didaktische Akzentuierung

Im Unterrichtsgespräch kann für Lehrende und Lernende die Not- **346**
wendigkeit bestehen, den Kernakzent auf beliebige Wörter oder sogar
auf Silben zu legen, die keinen Wortakzent tragen. Diese Akzentuierung
ist möglich, weil zwischen dem hinweisenden oder demonstrierenden
Sinn des Gesprochenen und dem eigentlichen Sinn des Wortlautes keine
Verbindung besteht.

> Er ist größer "als ich (nicht: *wie* ich). Es geht nicht um das "Behalten,
> sondern um das "Verhalten.

● Die Signalisierung der Wort- und Satzakzentstellen

Jeder gesprochene Satz, auch der Einwortsatz, hat nach dem Gesagten **347**
wenigstens einen Satzakzent, den Kernakzent, der intonatorisch häufig
folgendermaßen signalisiert wird:

Ver"zeihung.　　　　　　*Sie haben ge"lesen.*

Für die Beschreibung der Intonationsverläufe werden folgende Zeichen verwendet: Silbe mit Kernakzent: '', Silbe mit Nebenakzent: ', Pause /. In den Verlaufsmustern bezeichnet die unterste und die oberste Linie die untere bzw. obere Grenze des Sprechstimmumfangs, der in einen unteren, einen mittleren und einen oberen Bereich eingeteilt wird; für jede Silbe steht ein Strich, dessen Lage und Richtung im Liniensystem die relative Tonhöhenlage und die Richtung des Melodieverlaufs anzeigt; akzentuierte Silben werden mit einem dicken Strich gekennzeichnet.

Die Verlaufsmuster zeigen deutlich, wie die Kernakzentsilbe melodisch kontrastiert wird (Anstieg vor, Abfall nach der Akzentsilbe); sie wird daneben lauter gesprochen und meist auch gedehnt. Für die Standardaussprache ist das Fallen der Melodie in der Nachakzentsilbe bis zur unteren Grenze charakteristisch. Mit diesem Fall der Melodie und mit noch zu nennenden anderen intonatorischen Mitteln signalisiert der Sprecher, daß die in Frage stehende Wortkette als abgeschlossen zu verstehen ist (vgl. den folgenden Abschnitt). Im zweiten Beispiel trägt die Wortakzentstelle im Wort *haben* keinen Satzakzent. Diese Stelle wird demzufolge (s. o.) weniger stark kontrastiert. Die Silbe wird gedehnt und etwas lauter gesprochen, außerdem ist die Artikulationsgenauigkeit größer als in der folgenden akzentlosen Silbe.

348 Treten Nebenakzente auf, so ergibt sich meist folgender Verlauf:

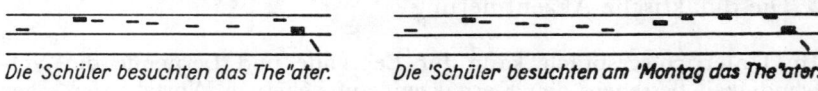

Die 'Schüler besuchten das The"ater.   *Die 'Schüler besuchten am 'Montag das The"ater.*

Durch das Auftreten von Nebenakzenten verändert sich in den letzten beiden Beispielen der Melodieverlauf um den Kernakzent. Bei ruhiger Erzählweise zeigt sich ein Abfall vor der Akzentsilbe. Vor den Nebenakzentsilben dagegen steigt die Melodie, bei den jeweils ersten Nebenakzenten am stärksten.

349 Bei kontrastiver und emphatischer Akzentuierung wird meist der melodische sowie der temporale und dynamische Kontrast der Kernakzentsilbe vergrößert. Die Tonhöhenbewegung ist beim Steigen oder Fallen stärker und das Intervall zwischen der Akzentsilbe und den akzentlosen Silben größer. In gleicher Weise wird der temporale und dynamische Unterschied zwischen der Akzentsilbe und den benachbarten Silben verstärkt.

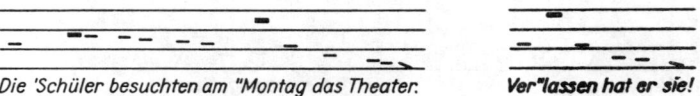

Die 'Schüler besuchten am "Montag das Theater.   **Ver"lassen hat er sie!**

Die gleiche Kontrastverstärkung kann auch bei der didaktischen Akzentuierung auftreten, wenn besonders nachdrücklich gesprochen wird.

Die Gliederung der Wortketten in Gruppen und die Kennzeichnung dieser Gruppen als abgeschlossen oder als nichtabgeschlossen

Größere Wortketten werden vielfach in Gruppen gegliedert, wobei die **350** Gliederungsstellen im allgemeinen als Pausen realisiert werden. Auch die Pausensetzung unterliegt einer bestimmten Regelung, die der geübte Sprecher vor allem beim Lesen, aber auch im Gespräch und bei der freien Rede beachtet. Eine gelegentliche Abweichung von dieser Regelung kann in der freien Rede als Wirkungsmittel dienen; werden die Regeln häufig verletzt, so klingt die Äußerung holpernd und wird als ungewandt beurteilt.

Die Regelung besagt vor allem, daß Pausen nur an der Grenze der beim **351** Sprechen zu erkennenden rhythmischen Einheiten gesetzt werden dürfen, an der Grenze der sogenannten Akzentgruppen (in den folgenden Beispielen durch Klammern gekennzeichnet), die der Sprecher beim Hervorbringen einer Äußerung dadurch bildet, daß er an ein Wort mit Satzakzent vorausgehende (durch Proklise) oder nachfolgende (durch Enklise) akzentlose Wörter anschließt. Für diesen pro- bzw. enklitischen Anschluß gilt zunächst:

– Proklitisch werden Pronomen vor dem Verb, Artikel und Präpositionen als Glieder von Redeteilen, Konjunktionen, die einen folgenden Redeteil einleiten, und nichtakzentuierte Hilfsverben angeschlossen.

    (Er 'geht) (ins "Kino.) (Er 'sitzt) (und "liest.)

– Enklitisch werden Pronomen hinter dem Verb und sonstige akzentlose Wörter angeschlossen.

    ('Hilf ihm doch bitte,) (daß es "schnell geht.) ('Zeig es ihm) (und "komm dann.)

– Wenn eine mögliche Satzakzentstelle und folglich die mit ihr mögliche Akzentgruppe nicht realisiert wird, so werden die entsprechenden akzentlosen Wörter der Akzentstelle des Redeteils (Satzglieds) angeschlossen, dem sie angehören. Gehören sie zu keinem Redeteil (Satzglied), so erfolgt der Anschluß proklitisch.

    (Ich 'komme) ([']heute 'abend) (nach "Hause.) (Ich 'sah) (in des 'Nachbars [']Garten) ("schönere [']Blumen.)

352 Jede in den Beispielen angezeigte Akzentgruppengrenze ist also eine mögliche Pausenstelle. Jedoch werden nicht alle diese Stellen als Pausen realisiert. Je gewichtiger und langsamer gesprochen wird, desto mehr Pausen werden gesetzt. Pausen sind außerdem dann erforderlich, wenn es sich um längere oder mehrfach untergliederte Sätze handelt. Die durch Pausierung erfolgende Ausgliederung von Teilsätzen geht in einer bestimmten Reihenfolge vor sich. Dafür gilt: Ausgegliedert werden an erster Stelle längere Nebensätze, sofern vorhanden, an zweiter Stelle das Thema des Satzes (die vor dem finiten Verb stehenden Wörter, ↑ 304 ff.), sofern es ein Substantiv enthält, und erst an dritter Stelle weitere Akzentgruppen.

> (Das 'Aufnahmeteam) / (das erst kürzlich ge'bildet worden war,) / (hatte sich zum Ate''lierbesuch angesagt.)
> (Eine Gruppe von Stu'denten) / (nahm an einer ''Gastvorlesung teil.)
> (**In** Ber'lin) / (ist 'heute) (eine Delega''tion eingetroffen.) **Oder:** (**In** Ber'lin) / (ist 'heute) / (eine Delega''tion eingetroffen.)

353 Bei den durch Pausen ausgegliederten Teilsätzen sind nun zweierlei zu unterscheiden: solche, die in einer Gruppe von Teilsätzen an letzter Stelle stehen, die Gruppe abschließen und damit die Vollständigkeit des Satzes herstellen, und solche, die in einer Gruppe von Teilsätzen nicht an letzter Stelle stehen und folglich als nichtabgeschlossen bewertet werden müssen. Die Wahrnehmung der für das Sprachverstehen sehr wichtigen Abgeschlossenheit oder Nichtabgeschlossenheit von Wortgruppen wird vor allem mit intonatorischen Mitteln gesichert.

354 Entsprechend den bisher angeführten Verlaufsmustern kennzeichnet der Sprecher in der Standardaussprache die Abgeschlossenheit in den Nachakzentsilben oder, falls diese nicht vorhanden sind, in der Kernakzentsilbe zunächst durch tiefen Fall der Melodie bis an die untere Grenze des Sprechstimmumfangs. Gleichzeitig werden die Nachakzentsilben bzw. das Ende der Akzentsilben gedehnt und die Lautheit verringert.

355 Die Nichtabgeschlossenheit wird dagegen vorwiegend melodisch gekennzeichnet, und zwar dadurch, daß die Melodie in den Nachakzentsilben bzw. am Ende der Kernakzentsilben entweder leicht ansteigt, mäßig abfällt oder auf gleicher Höhe wie in der Akzentsilbe verläuft. Die Form mit Melodiefall, bei der jedoch die für das Hervorbringen des Satzes erforderliche Sprechspannung nicht abgebrochen wird (demzufolge fehlt die bei der Signalisierung der Abgeschlossenheit auftretende Dehnung und Lautheitsverringerung in den Nachakzentsilben, die anschließende Pause ist weniger lang), wird als Halbschluß bezeichnet und vor allem dann verwendet, wenn entweder der gesamten Äußerung Entschiedenheit verliehen werden soll oder wenn die entsprechend gekennzeichnete Wortgruppe besonders hervorzuheben ist.

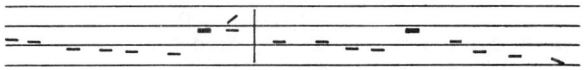

Eine Gruppe von Stu"denten/nahm an einer "Gastvorlesung teil.

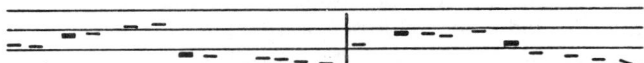

Eine 'polnische Re"gierungsdelegation/ist 'heute in Ber"lin eingetroffen.

Die Gliederung im Satz zeigt sich außer in der Pausierung auch darin, **356** daß Satzglieder oder ganze Teilsätze, vor allem Parenthesen (↑ 280) und Anführungssätze (↑ 275), nicht nur melodisch tiefgelegt, sondern auch tempomäßig gerafft und etwas leiser gesprochen werden (im folgenden Beispiel kursiv). Diese Mittel erleichtern dem Hörer den Überblick; sie werden meist dann angewandt, wenn längere und verwickelte Perioden zu gestalten sind.

Ihr Erzeuger, Johann Wolfgang Textor, muß eine „Frohnatur", *wie Goethe das Mütterchen nannte,* auch wohl gewesen sein, zum mindesten in seiner Jugend, – *will sagen:* ein Lebemann und waghalsiger Frauenjäger, manchmal von ergrimmten Gatten schmählich ertappt, dabei aber – *seltsame Mischung:* – ein Wahrträumer, der Gabe der Weissagung teilhaftig und im Alter *(er wurde an achtzig)* desto ernster, wortkarger, strenger und gemessener, je bunter er es in der Jugend getrieben (TH. MANN).

Die Verwendung der Sprechmelodie bei der Kennzeichnung der Satzarten

In der bisherigen Intonationsbeschreibung wird vielfach angegeben, **357** daß Aussage-, Aufforderungs- und Ausrufesätze durch Melodiefall am Satzende signalisiert werden, während die sogenannten Entscheidungsfragen durch die Fragemelodie, ein kräftiges Ansteigen der Tonhöhe, gekennzeichnet sind. Begriff und Verwendung der „Fragemelodie" sind jedoch problematisch. Zunächst ist infolge der bereits angegebenen Einschränkung des Anwendungsbereiches (die Fragemelodie charakterisiert nicht alle Fragen, z. B. keine Fragen mit Fragewort) die Begriffsbildung fragwürdig. Bedeutungsvoller jedoch ist, daß die meisten Entscheidungsfragen syntaktisch durch Inversion der Wortstellung (z. B. Wir gehen. – Gehen wir?) angezeigt werden, so daß die Fragemelodie auch hier nur als zusätzliches Kennzeichen auftritt und gegebenenfalls fehlen kann. Ein unabdingbares Kennzeichen ist sie nur in Wortfolgen ohne Inversion, die vom Sprecher als Frage gemeint sind (z. B. Wir gehen schon? Ich kann mich darauf verlassen?), und in Wortfolgen mit

Inversion, wenn die Verbform mit dem entsprechenden Imperativ übereinstimmt (z. B. Kommen Sie? Beschweren Sie sich?). Vor allem aber ist der Gebrauch der steigenden Melodieform auch bei Nichtfragen möglich, und sowohl (syntaktisch gekennzeichnete) Entscheidungsfragen als auch Fragen mit Fragewort können mit fallender und mit steigender Melodie abgeschlossen werden.

Beide Formen sind auch in den folgenden Beispielen möglich.

Was "wünschen Sie bitte? "Hilfst du mir? Ist das "schwierig? "Sieh mal! "Komm doch! "Warte mal! Nun "sag schon! Das ist doch "gleichgültig! usw.

358 Also auch Fragewortfragen können mit steigender Melodie gesprochen werden und ebenso kurze Aussagen, ohne daß sie dadurch zu Fragen werden. Die Wahl der einen oder der anderen Form hängt, wie hier deutlich wird, nicht von den grammatischen Gegebenheiten ab. Sie wird vielmehr durch die sozialpsychologischen Bedingungen der Kommunikationssituation beeinflußt, nämlich durch das vom Sprecher angestrebte Verhältnis zum Hörer. Ausschlaggebend ist die Frage, ob der Sprecher in erster Linie Kontakt herstellen will bzw. bestrebt ist, sich einem Kommunikationspartner freundlich und helfend zu nähern, oder ob seine Äußerung vordringlich Information übermitteln soll. Im ersten Fall, der insbesondere im Verkaufsgespräch bei netten Verkäuferinnen, im Gespräch mit Kindern bzw. mit alten und kranken Menschen zu beobachten ist, werden häufig steigende Tonhöhenbewegungen gewählt. Zielt die Äußerung dagegen in erster Linie auf Information ab, wobei stets längere Sätze verwendet werden, so werden auch bei Fragen, wenn es syntaktisch möglich ist, Formen mit fallender Tonhöhenbewegung verwendet. Die Tonhöhe fällt um so tiefer, je selbstbewußter der Sprecher erscheinen möchte oder je sicherer er sich seiner Sache ist.

Die Kennzeichnung emotionalisierter Äußerungen

359 Aus dem Intonationsverlauf allein kann eine bestimmte Emotion nicht erkannt werden. Die Intonation jedoch zeigt an, ob die Äußerung emotionalisiert ist oder ob sie als ruhige, sachliche Mitteilung verstanden werden muß. Für die emphatische Akzentuierung (↑ 344) war bereits ähnlich wie für die kontrastive bzw. besonders nachdrückliche Akzentuierung (↑ 343) die Verstärkung des intonatorischen Kontrasts (Vergrößerung der Intervalle und der Steig- und Fallbewegungen, Vergrößerung des Unterschieds zwischen akzentuierten und akzentlosen Silben hinsichtlich der temporalen und dynamischen Gestaltung) angegeben worden. Besonders nachdrückliche Akzentuierung kann sich aber auch darin zeigen, daß die Akzentsilbe melodisch sehr tief liegt oder die Melodie in ihr entsprechend tief abfällt. Jedoch ist dabei zu beachten, daß nicht die Melodieform allein, sondern nur die Kombination der intonatorischen Mittel eine bestimmte kommunikative Leistung vollbringt. Zur nachdrücklichen Akzentuierung z. B. gehört neben der fraglichen Tonhöhenveränderung eine gesteigerte Lautheit in der Akzentsilbe und eine entsprechende Dehnung. Wird eine derartige Melodieform dagegen zusammen mit gedämpfter Lautheit und geringerer Dehnung verwandt, so wirkt sie beruhigend und entspannend. Auffällig ist diese Form vor allem in Sätzen mit nur einem Satzakzent, weil sie hier vom Gebräuchlichen abweicht (vgl. die Verlaufsmuster in 347).

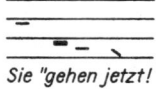

Sie "gehen jetzt!

Bei Sätzen mit steigender Tonhöhenbewegung am Ende wird nach- **360** drückliche Akzentuierung durch das Ansteigen der Melodie von den tiefliegenden Vorakzentsilben zur Akzentsilbe, verbunden mit gesteigerter Lautheit und Dehnung in der Akzentsilbe, signalisiert.

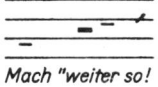

Mach "weiter so!

Die Emotionalisierung einer Äußerung tut sich aber nicht allein in **361** der stärkeren Kontrastierung der Silben mit Kernakzent kund. Vielmehr sind die Veränderungen der Tonhöhe, der Lautheit und des Tempos innerhalb des gesamten Satzes lebhafter, wobei dann auch die Norm der Intonation weniger streng eingehalten wird und häufiger individuelle Varianten auftreten.

Besondere Wirkungen mit der Gestaltung eines gesprochenen Satzes können dadurch erzielt werden, daß die intonatorischen Mittel abweichend vom Sprachüblichen gebraucht werden. So ist es z. B. möglich, besondere Melodieformen zu verwenden oder die Intonation konträr zum Inhalt des Textes einzusetzen (z. B. werden abgeschlossene Sätze als nicht abgeschlossen signalisiert und umgekehrt). Solche Mittel müssen jedoch zurückhaltend eingesetzt werden, da sie der Hörer leicht als Manier empfindet.

Die Verwendung der Intonation bei der sprecherischen Gestaltung von Dichtung

362 Hat ein Sprecher Dichtungen zu gestalten, so ist die intonatorische Form weitgehend durch den Text vorgegeben. In der Dichtung, zumal in der Versdichtung, werden vom Autor strenger als in anderen Texten mit der Wortwahl die Akzentstellen angelegt, mit denen zugleich ein erheblicher Teil des Intonationsverlaufs geregelt ist. Die Akzentsilben sind in besonderer Weise verteilt und bestimmen z. B. im Gedicht dessen rhythmische Bewegung. Die durch eine besondere Ausfüllung des Metrums erreichte Gruppierung der Akzentstellen in einem Vers wird häufig gleich einem rhythmischen Motiv wiederholt und abgewandelt. Durch eine textangemessene sprecherische Gestaltung erhält die Intonation in solchen Fällen ästhetische Qualität.

> Es sind die 'alten ''Weisen, /
> Die 'neu in uns er''stehn, /
> Und die im 'Wind, dem ''leisen, /
> Von 'fern her''überwehn (J. R. BECHER).

Die Wortarten

Grundsätzliches

1. Bei der Einteilung der Elemente des Wortbestandes unserer Sprache **363** in verschiedene Wortarten sind folgende Kriterien zugrunde zu legen:

a) die Unterscheidung zwischen *flektierbaren* (formveränderlichen) und *unflektierbaren* (unveränderlichen) Wörtern sowie die verschiedenen Arten der Flexion: Konjugation, Deklination, Komparation,

b) syntaktische Merkmale der Wörter, z. B. die Fähigkeit, im Satz als Satzglied verwendbar zu sein; die Fähigkeit, einen Artikel zu sich zu nehmen; die Fähigkeit, Wörter, Wortgruppen und Teilsätze untereinander zu verbinden; die Fähigkeit, von einem Substantiv oder Pronomen einen bestimmten Kasus zu fordern (Rektion, ↑ 104),

c) die begrifflich-kategoriale Prägung der Wörter. Sie beruht auf der verallgemeinernden Widerspiegelung der Erscheinungen der objektiven Realität im Bewußtsein der Menschen. Die Anwendung dieses Einteilungsprinzips führt zur Gliederung der Wörter in solche, die

– Tätigkeiten, Vorgänge und Zustände in ihrem zeitlichen Ablauf,
– Gegenstände im weitesten Sinne des Wortes,
– Vorgängen, Zuständen und Gegenständen innewohnende Eigenschaften oder
– zwischen Gegenständen und Vorgängen vorhandene Beziehungen bezeichnen (vgl. SCHMIDT, Grundfragen, S. 40 ff.).

Unter funktionalem Aspekt wird auch die Unterscheidung zwischen *Autosemantika* (satzgliedfähigen Wörtern, die über eine eigene Bedeutung verfügen) und *Synsemantika* (Funktionswörtern, die nie Satzglieder oder Gliedteile sein können) bei der Worteinteilung berücksichtigt.

2. Der folgende Algorithmus von W. FLÄMIG (vgl. FLÄMIG, Probleme, **364** S. 338) erfaßt explizite die morphologischen und einige syntaktische Merkmale der Wörter (Tabelle S. 166):
Obwohl in den Merkmalsangaben nicht unmittelbar ausgedrückt, lassen sich doch auch semantische Merkmale den angeführten Wortarten zuordnen: Verben bezeichnen Tätigkeiten, Vorgänge und Zustände in ihrem zeitlichen Verlauf, Substantive Gegenstände oder

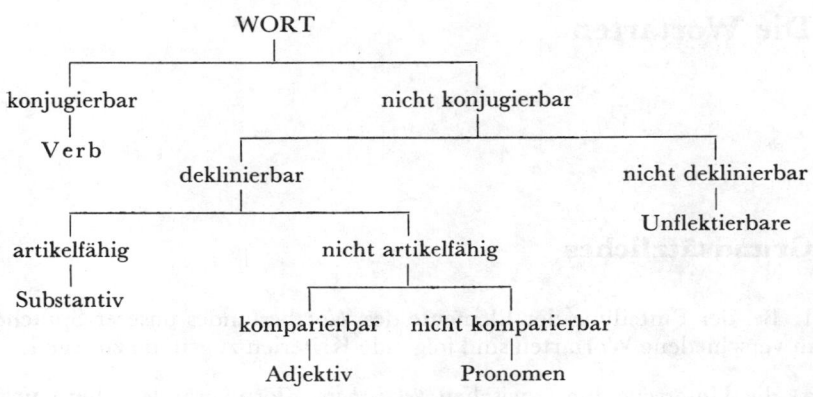

Bei den Unflektierbaren ergibt sich folgende weitere Unterteilung:

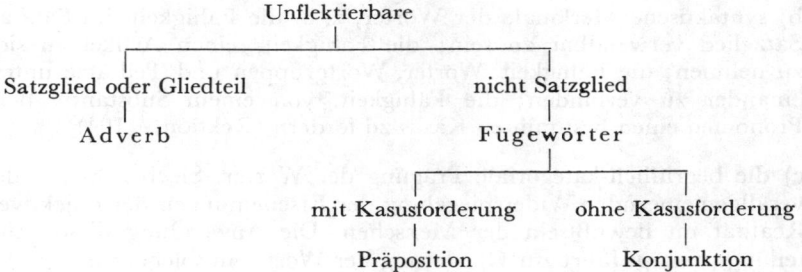

gegenständlich Gedachtes, Adjektive Eigenschaften, Fügewörter Beziehungen. Die Unterscheidung zwischen Substantiven und Pronomen resultiert auch daraus, daß jene Bezeichnungsfunktion haben und diese nur Verweisfunktion.

FLÄMIG weist selbst darauf hin, daß sein Schema manche Besonderheiten einzelner Wörter nicht berücksichtigt: daß es z. B. Adjektive gibt, die nicht kompariert werden können, vgl. *tot, lebendig, ärztlich, quadratisch, kreisrund*; daß einige Pronomen wie Substantive artikelfähig sind: *der eine, der andere, der einzelne*, andere Pronomen nicht dekliniert werden können: *man, etwas, nichts*; daß die Kasusforderung der Präpositionen nicht wirksam wird, wenn ihnen Adverbien folgen: *von unten nach oben, seit gestern*. Aus dem Bestreben, sein Wortartenermittlungsverfahren praktisch handhabbar zu gestalten, erklärt sich FLÄMIGS Beschränkung auf Kernbereiche der Wortarten. Andererseits ermöglicht es gerade die begriffliche Prägung der Wortbedeutung, auch in diesen Sonderfällen Entscheidungen zu fällen und die Wörter den angeführten Wortarten zuzuordnen.

In diesem Zusammenhang muß auch daran erinnert werden, daß die Zugehörigkeit der Wörter nicht für allezeit starr und unveränderlich bleibt, sondern daß die Wörter – bestimmten Kommunikationsbedürfnissen der Sprachträger folgend – neue Eigenschaften annehmen können, die ihre Zuordnung zu anderen Wortarten erforderlich machen. *Konversionen* (Wortartwechsel) sind in der Sprachentwicklung durchaus nicht selten (↑ 977).

Zu erwähnen ist auch die Homonymie (↑ 21), die bewirkt, daß gleichlautende Wörter je nach ihrer Bedeutung, ihrer Verwendung und ihrer Formveränderlichkeit verschiedenen Wortarten zugehören. So ist *ergeben* sowohl Verb als auch Adjektiv *(zwölf Stück ergeben ein Dutzend – jemand ergeben anblicken)*, laut / Laut Substantiv, Adjektiv und Präposition *(der Laut – er spricht laut – laut Gesetz)*.

3. Bei der Beschreibung der einzelnen Wortarten wählen wir folgende **365** Einteilung und Anordnung:

a) *Verben* bezeichnen Tätigkeiten, Vorgänge und Zustände in ihrem zeitlichen Ablauf, sind konjugierbar und besitzen satzgründenden Charakter.

b) *Substantive* bezeichnen Lebewesen, Gegenstände und gegenständlich Gedachtes, sind deklinierbar und attribuierbar, müssen oder können einen Artikel bei sich haben und können überwiegend im Singular und Plural stehen. Wegen seiner engen Bindung an das Substantiv wird der *Artikel* in unmittelbarem Zusammenhang mit ihm behandelt.

c) *Adjektive* bezeichnen Eigenschaften von Gegenständen, Prozessen und Merkmalen und werden bei attributivem Gebrauch an Genus, Numerus und Kasus des substantivischen Bezugsworts durch Deklination angeglichen. Die Mehrzahl der Adjektive ist komparierbar. Im Zusammenhang mit *Zahladjektiven* werden auch andere *Numeralien* (Zahlwörter) berücksichtigt.

d) *Adverbien* bezeichnen oder verweisen auf lokale, temporale, modale und kausale Umstände von Sachverhalten, sind unflektierbar – mit Ausnahme weniger komparierbarer Adverbien – und können als Satzglieder oder Satzgliedteile gebraucht werden.

e) Von Adverbien unterscheiden wir *Partikeln*, die nicht allein vor dem finiten Verb im 1. Strukturtyp (↑ 288) des Satzes stehen und nicht erfragt werden können und „ein Wort im Satz näher bestimmen, erläutern, spezifizieren oder graduieren" (HELBIG/BUSCHA, Grammatik, S. 428 ff.; ↑ 260). Um vermeidbare Mißverständnisse auszuschließen, wird Partikel n i c h t als zusammenfassende Bezeichnung für alle nichtflektierbaren Wörter verwendet, sondern nur in diesem engeren Sinne.

f) Eine eigenständige Wortart bilden auch die *Modalwörter*. Sie „bezeichnen nicht das objektive Merkmal des Geschehens (wie die Adverbien), sondern drücken die subjektive Einschätzung des Geschehens durch den Sprecher aus" (Helbig/Buscha, Grammatik, S. 448). Im Unterschied zu Adverbien können sie nicht durch Ergänzungsfragen ermittelt werden, sondern antworten auf Entscheidungsfragen. Als Stellungnahme des Sprechers beziehen sie sich auf eine Sachverhaltsdarstellung und haben damit Satzcharakter, auch wenn sie sich im gegebenen Satz wie Stellungsglieder verhalten.

g) *Pronomen* stehen „für Nomina", d. h. für Substantive oder Adjektive. Im Unterschied zu diesen *bezeichnen* sie nicht, sondern *verweisen* auf Personen, Gegenstände, Sachverhalte oder Merkmale im Textzusammenhang oder in der Redesituation. Sie sind meist deklinierbar.

h) *Fügewörter* (Präpositionen und Konjunktionen) dienen zur Verknüpfung von Wörtern, Wortgruppen und Teil- oder Ganzsätzen. Sie signalisieren dabei bestimmte semantische Beziehungen zwischen den mit ihrer Hilfe verknüpften sprachlichen Einheiten. Dabei stehen *Präpositionen* innerhalb von Satzgliedern und fordern von deklinierbaren Wörtern, mit denen sie verknüpft sind (Substantive, Pronomen), einen bestimmten Kasus (Rektion, ↑ 104). *Konjunktionen* stehen dagegen syntaktisch außerhalb der Satzglieder und Sätze, die sie verbinden, und haben keine Kasusforderung. Fügewörter sind unflektierbar.

i) *Satzäquivalente* sind solche Wörter, die nicht Bestandteile von Sätzen sind, sondern weitgehend isoliert stehen und kaum mit anderen Wörtern syntaktisch kombiniert werden können. Die Masse der Satzäquivalente bilden *die Interjektionen*, das sind sprachliche Ausdrücke für Gefühls- und Willensregungen und Lautnachahmungen, die Ausrufesätze repräsentieren.

Die einzelnen Wortarten

Das Verb

● Bedeutung und grammatische Merkmale

366 1. Die lateinische Bezeichnung *verbum* bedeutet ganz allgemein ‚Wort‘. Aus dem Bezug der Bezeichnungen Verb, Zeitwort und Aussagewort auf die gleiche Art von Wörtern wird die herrschende Stellung des Verbs im Satz erkennbar.

2. Verben bezeichnen Tätigkeiten, Vorgänge und Zustände in ihrer zeitlichen Einbettung.

Der Sportler *springt / sprang / ist gesprungen / war gesprungen / wird springen / wird gesprungen sein.*

3. Gemeinsam mit dem Subjekt übt das Verb in konjugierter Form **367** eine satzgründende Funktion aus. Dabei legt es auf Grund seiner begrifflich-semantisch bestimmten Valenz (↑ 98) das Satzminimum, d. h. Anzahl und Art der für das Satzmodell spezifischen Satzglieder, fest. Es regiert den Kasus oder eine bestimmte Präposition des Objekts.

Die Mutter *erwacht.* Sie *geht* in die Küche. Sie *spült* das Geschirr. Der Vater *stellt* das Frühstück auf den Tisch.

4. Durch seine fest geregelte Stellung (Anfangs-, Achsen- oder End-stellung) legt das Verb den Strukturtyp (Stellungstyp) des Satzes fest. Durch seine Fähigkeit, sich zu „entzweien" (↑ 293), wenn es in mehr-teiligen Formen auftritt, bildet es den Rahmen.

Der Vater *kommt* von der Arbeit. *Kommt* der Vater bald? Alle warten darauf, daß der Vater *heimkommt.* Herzlich *wird* er beim Betreten der Wohnung von den Kindern *begrüßt.*

5. Das Verb wird konjugiert, d. h. nach den grammatischen Kategorien **368** Person, Numerus, Tempus, Modus und Genus verbi verändert. Mit Hilfe dieser Kategorien stellt es grammatische Kongruenz mit dem Subjekt her, drückt es zeitliche Beziehungen zwischen dem Redemoment und der Zeit des dargestellten Geschehens und die Einschätzung des Wirklichkeitsgehalts der sprachlichen Äußerung durch den Sprecher aus und akzentuiert die Blickrichtung, unter der der Sprecher das Geschehen betrachtet und sprachlich formuliert.

● Die Einteilung der Verben

1. Nach ihrer *Bedeutung* unterscheidet man Tätigkeits- oder Handlungs- **369** verben, Vorgangsverben und Zustandsverben. Tätigkeiten werden von Menschen zur Verwirklichung ihrer Absichten, zur „zweckmäßigen praktischen Veränderung der natürlichen und gesellschaftlichen Um-welt" (Philosophisches Wörterbuch, S. 1204) ausgeführt. Vorgänge vollziehen sich ohne menschlichen Willen durch die Bewegung, Ver-änderung oder Entwicklung bestimmter Erscheinungen der Wirklich-keit. Zustände sind Sachverhalte, die in einem begrenzten Zeitab-schnitt beim menschlichen Betrachter den Eindruck der relativen Ruhe und Nichtveränderung eines Gegenstandes hervorrufen.

Tätigkeitsverben: *arbeiten, essen, laufen, lesen, schreiben, tun*
Vorgangsverben: *fallen, rollen, regnen, schneien, wachsen, wehen*
Zustandsverben: *sich aufhalten, dürsten, hungern, leiden, schlafen, wachen*

Die Zuordnung einzelner Verben zu diesen Gruppen ist nicht immer eindeutig möglich.

Eine weitere Differenzierung führt zur Festlegung von Witterungsverben, Ereignis- oder Geschehensverben und Funktionsverben. Witterungsverben stehen zur Bezeichnung von klimatischen Vorgängen mit dem Scheinsubjekt *es*. Als Scheinsubjekt bezeichnet *es* keine Erscheinung der objektiven Realität, besitzt also keine Semantik. Es kann durch kein anderes Wort ersetzt, aber auch nicht weggelassen werden. Ereignis- oder Geschehensverben haben als Subjekt ein abstraktes Verbalsubstantiv, das Tätigkeiten oder Vorgänge bezeichnet. Sie werden deshalb – wie die Witterungsverben – fast nur in der 3. Person gebraucht, z. B. *ablaufen, sich ereignen, erfolgen, geschehen, stattfinden, verlaufen, vor sich gehen, sich vollziehen, sich zutragen*. Funktionsverben bezeichnen ein Geschehen nicht allein, sondern immer in Verbindung mit einem abstrakten Substantiv oder mit einer Präposition und einem Substantiv. Solche Verb-Substantiv-Verbindungen heißen entsprechend *Funktionsverbfügungen*:

> einen Besuch abstatten, den Dank abstatten, zur Aufführung gelangen, in Vergessenheit geraten, Rücksicht nehmen, Stellung nehmen, der Klärung bedürfen, Rechnung tragen, Kritik üben

2. Nach der *Aktionsart*, d. h. der Kennzeichnung des Geschehens nach Verlaufsweise und Vorgangsabstufung, unterscheidet man durative (imperfektive) und nichtdurative (perfektive), ingressive (inchoative) und egressive (resultative), kausative (faktitive), mutative, iterative (frequentative), intensive und diminutive Verben (↑ 527 ff.).

370 3. Nach der *Form* ist zwischen finiten und infiniten Verbformen (Verbum finitum – Verbum infinitum) zu differenzieren, d. h. zwischen konjugierten, personengebundenen Verbformen (Personalformen, ↑ 457) und Nominalformen, die nicht nach Person und Numerus bestimmt sind (↑ 424). Infinite Verbformen oder Nominalformen des Verbs können nicht allein Prädikat des Satzes sein.

4. Nach dem *Verhältnis zum Prädikat* werden auch Vollverben und Hilfsverben unterschieden. Besonderer Erwähnung bedürfen in diesem Zusammenhang die Modalverben (↑ 392 ff.).

5. Nach der *Art der Konjugation* unterscheidet man starke, schwache und unregelmäßige Verben (↑ 373 ff.).

371 6. Nach ihrer *Valenz* (Ergänzungsbedürftigkeit, Fügungspotenz, Wertigkeit, ↑ 98) unterscheidet man entweder nullwertige *(es donnert)*, einwertige *(das Laub fällt)*, zweiwertige *(er wohnt in Berlin)*, dreiwertige *(er stellt das Buch ins Regal)* und vierwertige Verben *(er verkauft ihm für vier Mark ein Lesebuch)* oder
bedeutungsgesättigte (absolute) Verben, die im Satz ohne Objekt oder Umstandsbestimmung stehen, und

relative Verben, die über das Subjekt hinaus Ergänzungsbestimmungen
verlangen. Bei relativen Verben unterscheidet man weiter objektgebundene Verben (transitive Verben mit Akkusativobjekt, intransitive
Verben mit Genitiv-, Dativ- oder Präpositionalobjekt), umstandsgebundene Verben (intransitive Verben mit Adverbialergänzungen),
kopulative Verben (Verben mit Prädikativ).
Diese Einteilung ist lückenhaft, denn einige relative Verben können
Objekt und Adverbialergänzung *(legen, setzen, stellen)* oder Objekt und
Prädikativ zugleich *(bezeichnen, nennen, dünken)* verlangen.

Merke: **372**
Die Bedeutungsvarianten polysemer Verben können verschiedenen
Valenzklassen angehören. Die Zuordnung zu einer Klasse hängt dann
von der jeweiligen aktuellen Bedeutung und der dadurch bedingten
Valenz des Verbs ab:

> Plötzlich *brach* der Ast. Sein Auge *brach* (absolutes Verb). Er *brach* eine
> Rose. Der Kummer *brach* ihm das Herz (relativ, objektgebunden, tran-
> sitiv). Die Quelle *brach* aus dem Felsen (umstandsgebunden). Er *blieb*
> standhaft. Er *blieb* mein Freund (relativ, kopulativ). Der Patient *blieb*
> im Bett (relativ, umstandsgebunden). Ihm *blieb* ein Trost (relativ, ob-
> jektgebunden, intransitiv).

7. Nach dem *Verhältnis zum Subjekt* wird zwischen persönlichen und un-
persönlichen (subjektlosen) Verben unterschieden (↑ 407 ff.), nach dem
Verhältnis zu Subjekt und Objekt werden die reflexiven, die reflexiv
gebrauchten und die reziproken Verben abgehoben (↑ 412 ff.).

8. Nach der *Wortbildung* spricht man von einfachen, von zusammengesetzten, abgeleiteten und präfigierten Verben (↑ 1 052 ff.).
Bei den zusammengesetzten und präfigierten Verben unterscheidet man
weiter die festen (↑ 1 059 f.) und unfesten Verbalkomposita und Präfixverben (↑ 1 053 ff.).

● Die Konjugationsarten des Verbs

Die Verben, die etwa ein Viertel unseres Wortschatzes, also ungefähr   **373**
100 000 Wörter, ausmachen, gehören je nach ihren Flexionsformen zu
den Gruppen der starken, schwachen oder unregelmäßigen Konjugationsart. Die Gruppe der schwachen Konjugationsart ist die umfangreichste, die der unregelmäßigen die kleinste. Konjugationsmuster
↑ 463 ff. Zur Bildung der Verben ↑ 1 052 ff.

374 *Die starken Verben*

1. Man erkennt die starken Verben

a) am Ablaut, d. h. am gesetzmäßigen Wechsel des Stammvokals in den drei Stammformen oder Leitformen, nämlich Infinitiv und Präsens, Präteritum und Partizip II *(laufen – lief – gelaufen)*,

b) an der Endung *–en* im Partizip II *(gelaufen, gekrochen, gesehen)*.

Merke:
Der Ablaut als regelmäßiger Vokalwechsel geht bereits auf indoeuropäische Zeit zurück. Er wurde vermutlich durch den Wechsel der Wortbetonung im Indoeuropäischen hervorgerufen. Die germanischen Sprachen ersetzten den Wechsel der Betonung durch Stamm- bzw. Anfangsbetonung, aber der Ablaut als Vokalwechsel blieb ihnen erhalten, ja, er wurde zur Bedeutungsunterscheidung bei der Konjugation starker Verben und bei der Ableitung genutzt.

c) Bei einer Reihe starker Verben tritt in der 2. und 3. Person Singular im Indikativ des Präsens außer dem Ablaut auch Umlaut oder Wechsel von *e, o, ä* zu *i* (*e/i*-Wechsel) auf (↑ 380 f.).

ich *laufe* – du *läufst*, er *läuft*; ich s*e*he – du s*ie*hst, er s*ie*ht.

375 2. Die indoeuropäischen Sprachen haben eine größere Anzahl von Ablautreihen entwickelt. Sie sind im Mittelhochdeutschen noch deutlich erkennbar, heute jedoch nicht mehr so scharf voneinander zu trennen. Wir gehen vom gegenwärtigen Stand aus und unterscheiden drei Gruppen, je nachdem, wie sich der Stammvokal in den drei Stammformen (Infinitiv/Präsens, Präteritum, Partizip II) unterscheidet.

Die Ablautgruppen

376 Gruppe I: Gleicher Stammvokal im Präteritum und Partizip II

Infinitiv/Präsens	*Präteritum*	*Partizip II*
ei	*ie (i)*	*ie (i)*

beißen, biß, gebissen; bleiben, blieb, geblieben; bleichen, blich, geblichen (↑ 385); gedeihen, gedieh, gediehen; gleichen, glich, geglichen; gleiten, glitt, geglitten; greifen, griff, gegriffen; kneifen, kniff, gekniffen, (kneipen ↑ 385); leiden, litt, gelitten; leihen, lieh, geliehen; meiden, mied, gemieden; pfeifen, pfiff, gepfiffen; preisen, pries, gepriesen; reiben, rieb, gerieben; reißen, riß, gerissen; reiten, ritt, geritten (↑ 461); scheiden, schied, geschieden; scheinen, schien, geschienen; scheißen (derb), schiß, geschissen; schleichen, schlich, geschlichen; schleifen (‚schärfen‘), schliff, geschliffen (↑ 385); schleißen, schliß, geschlissen (↑ 384); schmeißen, schmiß, geschmissen (umg.); schneiden, schnitt, geschnitten; schreiben, schrieb, geschrieben; schreien, schrie, geschrie[e]n; schreiten, schritt, geschritten; schweigen, schwieg, geschwiegen; speien, spie, gespie[e]n; spleißen, spliß, gesplissen; steigen, stieg, gestiegen; streichen, strich, gestrichen; streiten, stritt, gestritten; treiben, trieb, getrieben (↑ 461); weichen ('nachgeben'), wich, gewichen (↑ 385); weisen, wies, gewiesen; zeihen, zieh, geziehen

e   *a*   *a*

stehen, stand, gestanden

e   *o*   *o*

bewegen ('veranlassen'), bewog, bewogen (↑ 381, 385); dreschen (↑ 380), drosch (auch: drasch), gedroschen; fechten, focht, gefochten; flechten, flocht, geflochten; heben, hob, gehoben (↑ 512); melken, molk, gemolken (↑ 384); pflegen, pflog, gepflogen (↑ 385); quellen ('hervorbringen'), quoll, gequollen (↑ 385); scheren ('abschneiden'), schor, geschoren (↑ 385); schmelzen ('flüssig werden'), schmolz, geschmolzen (↑ 386); schwellen, schwoll, geschwollen (↑ 385); weben, wob, gewoben (↑ 384)

au   *o*   *o*

saufen, soff, gesoffen; saugen, sog, gesogen (↑ 384); schnauben, schnob, geschnoben (↑ 384)

ie (i)   *o*   *o*

biegen, bog, gebogen; bieten, bot, geboten; fliegen, flog, geflogen (↑ 461); fliehen, floh, geflohen (↑ 461); fließen, floß, geflossen; frieren, fror, gefroren; genießen, genoß, genossen; glimmen, glomm, geglommen (↑ 384); klimmen, klomm, geklommen (↑ 384); kriechen, kroch, gekrochen (↑ 460, Abs. b); riechen, roch, gerochen; schieben, schob, geschoben; schießen, schoß, geschossen; schließen, schloß, geschlossen; sieden, sott, gesotten (↑ 384); sprießen, sproß, gesprossen; stieben, stob, gestoben (↑ 384); triefen, troff, getroffen (↑ 384); verdrießen, verdroß, verdrossen; verlieren, verlor, verloren; wiegen, wog, gewogen (↑ 386); ziehen, zog, gezogen (↑ 461)

i   *u*   *u*

schinden, schund, geschunden

ä   *o*   *o*

gären, gor, gegoren (↑ 384); wägen, wog, gewogen (↑ 386)

ö   *o*   *o*

löschen (intrans.), losch, geloschen (dicht. für: aus-, er-, verlöschen; löschen [trans.] ist schwach); schwören, schwor (schwur), geschworen

ü   *o*   *o*

trügen, trog, getrogen; lügen, log, gelogen; küren, kor, gekoren (↑ 384)

Gruppe II: **377**

Dem Stammvokal des Infinitivs/Präsens entspricht der gleiche im Partizip II, ein anderer im Präteritum.

Infinitiv/Präsens	*Präteritum*	*Partizip II*
a	*ie (i)*	*a*

blasen, blies, geblasen; braten, briet, gebraten; fallen, fiel, gefallen; fangen, fing, gefangen; halten, hielt, gehalten; lassen, ließ, gelassen; raten riet, geraten; schlafen, schlief, geschlafen (bei allen Verben dieser Reihe ↑ 379)

a	*u*	*a*

backen, buk, gebacken (↑ 379 384); fahren, fuhr, gefahren (↑ 379, 461); graben, grub, gegraben (| 379); laden, lud, geladen (↑ 386); schaffen, schuf, geschaffen (↑ 379, Abs. b; 385); schlagen, schlug, geschlagen (↑ 379); tragen, trug, getragen (↑ 379); waschen, wusch, gewaschen (↑ 379); wachsen, wuchs, gewachsen (↑ 379, 460, Abs. b)

e	*a*	*e*

essen, aß, gegessen (↑ 380); fressen, fraß, gefressen (↑ 380); geben, gab, gegeben (↑ 380); genesen, genas, genesen (↑ 381); geschehen, geschah, geschehen (↑ 380); lesen, las, gelesen (↑ 380); messen, maß, gemessen (↑ 380); sehen, sah, gesehen (↑ 380); stecken (,sich befinden'), stak, aber: gesteckt (↑ 381, 385); treten, trat, getreten (↑ 380, 461); vergessen, vergaß, vergessen (↑ 380)

o	*a*	*o*

kommen, kam, gekommen

o	*ie*	*o*

stoßen, stieß, gestoßen (↑ 379)

u	*ie*	*u*

rufen, rief, gerufen

au	*ie*	*au*

hauen, hieb, gehauen (↑ 384); laufen, lief, gelaufen (↑ 461)

ei	*ie*	*ei*

heißen, hieß, geheißen

Gruppe III:

378 Jede Stammform hat einen anderen Stammvokal.

Infinitiv/Präsens	*Präteritum*	*Partizip II*
i	*a*	*u*

binden, band, gebunden; dingen, dang, gedungen (↑ 384); dringen, drang, gedrungen; finden, fand, gefunden; gelingen, gelang, gelungen; klingen, klang, geklungen; ringen, rang, gerungen; schlingen, schlang, geschlungen; schwinden, schwand, geschwunden; schwingen, schwang, geschwungen; singen, sang, gesungen; sinken, sank, gesunken; springen, sprang, gesprungen; stinken, stank, gestunken; trinken, trank, getrunken; winden, wand, gewunden; zwingen, zwang, gezwungen

i	*a*	*o*

beginnen, begann, begonnen; gewinnen, gewann, gewonnen; rinnen, rann, geronnen; schwimmen, schwamm, geschwommen; sinnen, sann, gesonnen (↑ 385, 512); spinnen, spann, gesponnen

e (↑ aber 380)	*a*	*o*

befehlen, befahl, befohlen (↑ 512); bergen, barg, geborgen; bersten, barst, geborsten; brechen, brach, gebrochen; empfehlen, empfahl, empfohlen (↑ 512); gelten, galt, gegolten; helfen, half, geholfen (↑ 512); nehmen, nahm, genommen; schelten, schalt, gescholten; schrecken schrak, [erschrocken] (↑ 385); sprechen, sprach, gesprochen; stechen, stach, gestochen; stehlen, stahl, gestohlen; sterben, starb, gestorben (↑ 460, Abs. b); treffen, traf, getroffen; verderben, verdarb, verdorben (↑ 385); werben, warb, geworben; werfen, warf, geworfen; werden, ward (wurde), [ge]worden (↑ 393)

i (ie)	*a*	*e*

bitten, bat, gebeten; liegen, lag, gelegen; sitzen, saß, gesessen

e	*i*	*a*

gehen, ging, gegangen (↑ 381)

ä	*i*	*a*

hängen, hing, gehangen (↑ 386)

ä	*a*	*o*

gebären, gebar, geboren (↑ 380)

Der Umlaut beim Verb   **379**

1. Folgende starke Verben bilden die 2. und 3. Person des Singular Präsens im Indikativ mit Umlaut: *backen, du bäckst, er bäckt*

> a > ä: backen, blasen, braten, empfangen, fahren, fallen, fangen, geraten, graben, halten, laden, lassen, raten, schlafen, schlagen, tragen, wachsen, waschen
> o > ö: stoßen
> au > äu: laufen, saufen

2. Folgende Verben mit *a*, *o* oder *au* als Stammvokal haben keinen Umlaut, also: *schaffen – du schaffst – er schafft*

> schaffen, kommen, hauen, saugen, schnauben

Der *e/i*-Wechsel   **380**

Folgende starke Verben mit *e*, *ä* oder *ö* als Stammvokal bilden die 2. und 3. Person des Indikativs Singular Präsens, meist auch den Singular des Imperativs, mit dem Stammvokal *i*, also

> befehlen – befiehl! – du befiehlst, er befiehlt
> befehlen, bergen, bersten (seltener ohne *e/i*-Wechsel), brechen, dreschen,

empfehlen, erschrecken, essen, fechten, flechten, fressen, gebären (auch ohne *e/i*-Wechsel), geben, gelten, geschehen, helfen, lesen, melken, messen, nehmen, quellen (,größer werden'; ,sprudeln'), schelten, scheren, (,kümmern', ,angehen'; was sch*i*ert oder schert es ihn?), schmelzen, schrecken (,in Schrecken geraten'), schwellen (,anschwellen', ,sich ausdehnen'), sehen, sprechen, stechen, stehlen, sterben, treffen, treten, verderben, vergessen, verlöschen (intrans. = ,erlöschen'); werden (Imperativ: werde!), werfen

381 Kein *e/i*-Wechsel tritt ein bei folgenden Verben:

bewegen, brennen, denken, gären, gehen, genesen, heben, kennen, nennen, pflegen, rennen, scheren (,abschneiden'), senden, stecken, stehen, weben, wenden; ↑ auch 389

Zum Konjunktiv II beim starken Verb ↑ 511, Abs. b.
Zur Konjugation mit *haben* und *sein* ↑ 460 f.

382 Die Bedeutung der starken Verben

Wir dürfen die verhältnismäßig kleine Zahl starker Verben (ca. 190) nicht unterschätzen.

1. Zu den starken und unregelmäßigen Verben gehören sehr wichtige und sehr häufig vorkommende Verben, z. B. *sein, bleiben, liegen, sitzen, stehen, werden*; *geben, nehmen, finden, geschehen, tun, bekommen* und die Verben der Bewegung *gehen, kommen, laufen, schwimmen* u. a.

2. Aus den meisten starken Verben werden durch Präfigierung oder Komposition neue Verben gebildet. So bringt das ,,Wörterbuch der deutschen Gegenwartssprache" 17 Präfixverben und Komposita mit *binden*.

ent-, verbinden; ab-, an-, aneinander-, auf-, aus-, ein-, fest-, herum-, hoch-, los-, um-, vor-, unter-, zu-, zusammenbinden

Dazu treten noch 22 Komposita allein mit *-gebunden* wie *vertrags-, landschafts-, lehrplan-, leder-, personen-, schienengebunden* usw. Zu *geben* werden 38 präfigierte und zusammengesetzte Verben angeführt. Auch der Umfang der Polysemie (Mehrdeutigkeit) zeugt vom häufigen Gebrauch starker Verben. In ,,Wörter und Wendungen" werden bei *geben* und *ziehen* je 21, bei *kommen* 18, bei *stehen* 15, bei *nehmen* 12, bei *sein* und *tun* je 10 Bedeutungsvarianten (↑ 24) ausgewiesen.

383 *Die schwachen Verben*

Die schwachen Verben haben stets den gleichen Stamm, also einheitliche Formen. Auch die drei Stammformen (Infinitiv/Präsens, Präteritum und Partizip II) werden nur durch Endungen unterschieden:

leben, lebte, gelebt; spielen, spielte, gespielt

Bei Verbalstämmen auf *n, m, d* oder *t* tritt vor die Endungen *-te* und *-t* noch ein *e*:

> rechnen, rechnete, gerechnet; atmen, atmete, geatmet; baden, badete, gebadet; kneten, knetete, geknetet

Verben wie *bellen, gleißen, jäten, nagen, kneten* waren früher stark. Bei manchen Verben erleben wir jetzt den Übergang von der starken zur schwachen Flexion (↑ 384, 386).
Alle Neubildungen werden nur schwach flektiert:

> filmen, filmte, gefilmt; verharmlosen, verharmloste, verharmlost; wassern (‚auf das Wasser niedergehen‘), wasserte, gewassert; automatisieren, automatisierte, automatisiert

Mischung von starker und schwacher Konjugation

Starke und schwache Konjugation beim gleichen Verb   **384**

1. Schwaches Präteritum, aber starkes Partizip II stehen nebeneinander:

> *backen* (Brot usw.): buk und backte, gebacken
> *backen* (‚kleben‘) immer schwach: Der Schnee *backte.*
> *dingen:* dang, gedungen; im Präteritum heute meist schwach (dingte), im Partizip II ist die starke Form (gedungen) erhalten.
> *mahlen:* mahlte, gemahlen

2. Schwache und starke Formen im Präteritum und im Partizip II haben folgende Verben:

> *fragen:* von Haus aus schwach; landschaftlich findet sich im Präteritum auch die starke Form *frug.*
> *gären:* vereinzelt schwach, in übertragener Bedeutung meist: Der Wein gor, auch: gärte, hat gegoren, auch: gegärt. Es *gärte* unter den Völkern Afrikas.
> *glimmen:* Die schwachen Formen sind heute schon häufiger als die starken.
> *hauen* (mit der Waffe): hieb, gehauen
> *hauen* (mit einem Werkzeug; umg. auch für ‚prügeln‘): haute, gehauen
> *klimmen:* klomm oder klimmte, geklommen oder geklimmt
> *küren:* kürte oder kor, gekürt oder gekoren (gehoben)
> *melken:* heute im allgemeinen schwach; die starken Formen (du milkst, er milkt, molk, gemolken) sind seltener; aber nur: frisch *gemolkene* Milch.
> *salzen:* salzte, gesalzt oder gesalzen, in übertragener Bedeutung nur: gesalzen: Hast du die Suppe *gesalzen* (auch: *gesalzt*)? Das war ein *gesalzener* Preis.
> *saugen:* sog, auch: saugte, gesogen, auch: gesaugt
> *schallen:* schallte, auch: scholl, geschallt; nur: verschollen
> *schleißen:* heute vorwiegend schwach: Ich *schleißte* oder *schliß* die Federn, habe geschleißt oder geschlissen
> *schnauben:* schnaubte, geschnaubt; älter: schnob, geschnoben

sieden: sott, gesotten, auch schon: siedete, gesiedet
spalten: spaltete, gespalten, auch: gespaltet; in übertragener Bedeutung
nur stark: gespalten: Er hat Holz *gespalten* oder *gespaltet.* Der Stamm ist genau in der Mitte *gespalten.*
stieben: stob, gestoben; auch schwach: stiebte, gestiebt
triefen: heute meist schwach: triefte, getrieft; auch noch stark: troff, getroffen
weben: in der Regel schwach: webte, gewebt; in gehobener Sprache
stark: wob, gewoben: Aus Kunstfasern werden auch Pelze *gewebt.* Die
Sonne *wob* goldene Fäden in das Laub.

385 Verschiedene Konjugationen bei verschiedener Bedeutung

bewegen (‚veranlassen‘) stark: bewog, bewogen
bewegen (‚die Lage verändern‘) schwach: bewegte, bewegt
bleichen (‚bleich werden‘) stark: blich, geblichen; so auch in aus-, er-
und verbleichen; bei *erbleichen* auch schon schwach
bleichen (‚bleich machen‘) schwach: bleichte, gebleicht; gebleichte
Wäsche
kneipen (landsch. für ‚kneifen‘) schwach, auch stark: kneipte, gekneipt;
knipp, geknippen
kneipen (‚trinken‘): sprachgeschichtlich anderer Herkunft; nur schwach
konjugiert
pflegen (‚sorgen für‘; ‚sich abgeben mit‘; ‚etwas gewöhnlich tun‘) schwach:
pflegte, gepflegt; in starker Konjugation (pflog, gepflogen) nur noch in
gehobenen Redensarten: Er *pflog* Rat[es], *pflegte (pflog)* der Ruhe; *pflegte
(pflog)* Umgang mit klugen Leuten.
quellen (‚weich werden‘; ‚sprudeln‘) stark: quoll, gequollen: Der Reis
quillt, quoll, ist gequollen. Das Blut quillt, quoll, ist aus der Wunde gequollen.
quellen (‚weich machen‘) schwach: quellte, gequellt: Du *quellst,* sie *quellte*
die Erbsen. Die Erbsen werden *gequellt.*
schaffen (‚schöpferisch gestalten‘, ‚hervorbringen‘) stark: schuf, geschaffen: Dürer *schuf* dieses Bild. Er *schuf* die Bedingungen dafür, daß ...
Neue Werte, behagliche Räume werden *geschaffen.*
schaffen (‚arbeiten‘, ‚zuwege bringen‘; ‚wegbringen‘) schwach: schaffen,
schaffte, geschafft: Er *schaffte* von früh bis spät. Er hat fleißig *geschafft.*
Sie haben sich Möbel *geschafft.* Er *schaffte* das Paket zur Post, hat das
Paket zur Post *geschafft.* Wir haben Ordnung *geschafft.*
scheren (‚abschneiden‘) stark: schor, geschoren (selten auch schwach): Er
schert, schor die Schafe; eine Herde *geschorener* Schafe. Du *scherst, schorst*
alles über einen Kamm, hast alles über einen Kamm *geschoren.*
scheren (‚kümmern‘, ‚angehen‘) schwach: scherte, geschert: Was *schert,
schiert* es ihn; *scherte* es ihn, hat es ihn *geschert?* Er *schert* sich, *scherte* sich
(umg.) nach Hause (sprachgeschichtlich anderer Herkunft).
schleifen (‚schärfen‘) stark: schliff, geschliffen
schleifen (‚über den Boden ziehen‘) schwach: schleifte, geschleift
schrecken, heute in der Regel *erschrecken* (‚in Schrecken geraten‘) stark:
du erschrickst, er erschrickt, erschrak, ist erschrocken
schrecken (weidm. für ‚schreien‘) meist schwach: Ein Bock *schreckt, schreckte*
(auch: *schrickt, schrak)*

schrecken, erschrecken („in Schrecken versetzen') schwach: Er *schreckt, schreckte* ihn mit Drohungen. Du *erschreckst* ihn, hast ihn damit *erschreckt.*

schwellen („größer werden', „sich ausdehnen') stark: Der Fluß *schwillt, schwoll,* ist *geschwollen.*

schwellen („größer machen', „ausdehnen') schwach: Der Wind *schwellt, schwellte* die Segel, hat die Segel *geschwellt.*

sinnen („nachdenken'; „vorhaben', „planen') stark: Ich *sann,* habe lange *gesonnen.*

gesonnen sein („etwas vorhaben', „beabsichtigen')

gesinnt sein („eine gewisse Gesinnung haben'): freundlich, feindlich *gesinnt* sein; das Partizip II *gesinnt* gehört nicht zu *sinnen,* sondern ist unmittelbar aus dem Substantiv *Sinn* abgeleitet (↑ 439).

stecken („sich befinden', „an einer Stelle sein'): stak oder steckte, gesteckt: Der Schlüssel *steckt, stak* (oder *steckte*) im Schlüsselloch, hat im Schlüsselloch *gesteckt.*

stecken („festheften', „zum Keimen in die Erde legen'): nur schwach: steckte, gesteckt

verderben („schlecht werden'; „zugrunde richten') stark: du verdirbst, er verdirbt, verdarb, ist verdorben (die schwachen Formen sind nur noch im Partizip II *verderbt* = „sittlich verkommen' erhalten): Ich habe mir den Magen *verdorben.* Unkraut *verdirbt* nicht. Sie hat einen *verdorbenen* Geschmack. Er ist ein *verderbter* Charakter.

weichen („weggehen'; „nachgeben') stark: wich, gewichen

weichen („weich machen'; andere sprachliche Herkunft) schwach: weichte, geweicht; *einweichen, aufweichen* werden also schwach konjugiert.

wägen ↑ wiegen (386)

Mischung verschiedener Verben bei der Konjugation eines Verbs   **386**

laden („aufladen') stark: du lädst, er lädt, er lud, hat geladen

laden („zum Kommen auffordern'): urspr. schwach: Es lächelt der See, er *ladet* zum Bade (SCHILLER) ... der ihn *einladete* (PESTALOZZI). Jetzt sind beide Verben im Präteritum und Partizip II stark: lud, geladen. Das Präsens wird stark und schwach gebildet: du *lädst,* er *lädt* den Freund ein, auch noch: du *ladest* ein, er *ladet* ein; umg.: er *ladet* (statt: *lädt*) das Gewehr. Grammatisch einwandfrei: Das Gericht *ladet* ihn als Zeugen.

hängen: Die heutigen Flexionsverhältnisse gehen auf die beiden Verben *hängen* (transitiv) und *hangen* (intransitiv) zurück:

hängen („schwebend befestigen') schwach: Wir *hängten* das Bild an die Wand, haben das Bild an die Wand *gehängt.*

hängen („schwebend befestigt sein') stark: Das Bild *hing* an der Wand, hat an der Wand *gehangen.*

Die Form *gehangen* für *gehängt* ist noch landschaftlich: ... der fast noch deutlicher zu sehen war als das alte, schwache, kleine Kreuz selbst, das sie *abgehangen* hatten (BÖLL).

schmelzen („flüssig werden') stark: Der Schnee *schmilzt, schmolz,* ist *geschmolzen.* Ihm *schmolz* das Herz. Sein harter Sinn ist *geschmolzen.*

schmelzen („flüssig machen') müßte eigentlich schwach konjugiert werden, hat sich aber heute meist der starken Konjugation des intransitiven Verbs angeschlossen:

Er *schmilzt, schmelzt* das Erz, *schmolz, schmelzte* das Erz, hat das Erz *ge-schmolzen,* auch noch: *geschmelzt.*

wiegen („ein Gewicht haben') stark: Das Paket *wiegt, wog* 5 kg. Die Verpackung hat schwer *gewogen.*

wiegen („das Gewicht bestimmen') stark: Der Händler *wiegt, wog* die Äpfel. Die Verkäuferin hat richtig *gewogen.*

Die Fachsprache hat für die 2. Bedeutung *wägen, wog, gewogen.*

wiegen („schaukeln', „zerkleinern') wird schwach konjugiert: Die Mutter *wiegte* das Kind in den Schlaf. Wir *wiegten* die Petersilie.

Die unregelmäßigen Verben

387 1. Die Verben *gehen, stehen, sein, tun* heben sich durch ihre Besonderheiten am deutlichsten ab.

gehen, stehen haben außer Ablaut auch konsonantische Veränderungen:

> ich gehe, du gehst, ich ging, ich bin gegangen; geh!
> ich stehe, du stehst, ich stand, ich habe gestanden; steh!

Die Flexion von *sein* setzt sich aus Formen verschiedener Wurzeln zusammen. Die einzelnen Flexionsformen ↑ 464.

Bei *tun* (nicht: *tuen*) ist *e* in der Regel nur noch in der 1. Person des Indikativs Präsens fest. In der 1. und 3. Person des Plurals kommt es nur ab und zu noch vor:

> ich tue, du tust, er tut, wir tu[e]n, ihr tut, sie tu[e]n – tat, getan; ↑ auch 398.

388 2. *wollen* ist nur im Singular des Indikativs Präsens unregelmäßig, sonst schwach:

> ich will, du willst, er will, wir wollen . . . , wollte, gewollt

389 3. *brennen, kennen, nennen, rennen, senden, wenden* gehörten zu den schwachen Verben. Das ursprüngliche *a* des Stammes ist im Präsens und Infinitiv zu *e* umgelautet. Der unterbliebene Umlaut im Präteritum und im Partizip II wird fälschlich als „Rückumlaut" (GRIMM) bezeichnet.

> brennen, brannte, gebrannt; kennen, kannte, gekannt; nennen, nannte, genannt; rennen, rannte, gerannt

senden und *wenden* können auch regelmäßig schwach flektiert werden:

> *senden: sandte* oder *sendete, gesandt* oder *gesendet*
> *wenden: wandte* oder *wendete, gewandt* oder *gewendet*

senden in bezug auf Rundfunk und Fernsehen und *wenden* („etwas umwenden') werden nur schwach konjugiert:

> Radio DDR *sendete* ein Konzert, hat ein Konzert *gesendet.*
> Der Schneider *wendete* den Anzug, hat den Anzug *gewendet.*
> Ich *wendete* die Seite um, habe die Seite *umgewendet.*

Der kaum mehr übliche Konjunktiv II dieser Verben wird noch mit
dem alten Umlaut-*e* geschrieben, nicht mit *ä*:

> wenn er *brennte, kennte, nennte, rennte*

4. *bringen, denken, dünken* haben im Präteritum und im Partizip II einen **390**
anderen Vokal als im Infinitiv, außerdem fällt *n* aus:

> bringen, brachte, gebracht; denken, dachte, gedacht; dünken, deuchte,
> (jetzt meist *dünkte*), gedeucht, (jetzt meist *gedünkt*)

5. Bei *dürfen, können, mögen, müssen, sollen, wissen* ist das heutige Präsens **391**
eigentlich eine Vergangenheitsform, das Präteritum; daher heißen diese
Verben *Präteritopräsentia.* Der Stammvokal im Singular des Präsens
(*ich kann, ich darf* usw.) ist ein Ablautvokal, wie er sich beim starken
Verb, z. B. *sinnen, geben,* im Präteritum *(sann, gab)* findet. Auch die
Gleichheit der 1. und 3. Person im Singular Präsens ist an sich ein
Kennzeichen des Präteritums (↑ 463):

> ich / er darf, kann, mag, muß, soll, weiß (vgl. ich / er sann, bog); du
> darfst, kannst, magst, mußt, sollst, weißt

Der Plural des Präsens entspricht dem Infinitivstamm:

> wir dürfen, können, mögen, müssen, sollen, wissen, ihr wißt, sie wissen

Das Präteritum wird schwach flektiert, ohne Umlaut des Stammvokals,
bei *wissen* mit Vokalwechsel:

> ich durfte, konnte, mochte, mußte, sollte; wußte

6. Als unregelmäßig gelten auch *haben* und *werden* (↑ 464 f.).

● Hilfsverben

Das Hilfsverb ist nicht eine Untergruppe der Verben. Alle Verben **392**
sind im Grunde Vollverben. Hilfsverb zu sein ist eine mehr oder weniger
häufige syntaktische Verwendungsweise bestimmter Verben. Wenn sie
in dieser Weise gebraucht werden, bezeichnen sie keinen Vorgang oder
Zustand, sondern kennzeichnen das Hauptverb temporal oder modal.

1. Die Verben *haben* und *sein* werden häufig als Hilfsverben gebraucht. **393**

a) Mit Hilfe von *haben* oder *sein* werden das Perfekt, das Plusquamperfekt und das Futur II des Aktivs gebildet:

> ich *habe* gesehen, ich *hatte* gesehen, ich werde gesehen *haben*
> ich *bin* gegangen, ich *war* gegangen, ich werde gegangen *sein*

Mit Hilfe von *sein* wird das Zustandspassiv (↑ 488 f.) gebildet:

> Die Fenster *sind* geöffnet, *waren* geöffnet, *sind* geöffnet *gewesen* usw.

Genaue Angaben zur Konjugation ↑ 464.
Mit Hilfe von *werden* werden Futur I, Futur II und das ganze Vorgangspassiv gebildet. Das Partizip II heißt dann *worden*, nicht *geworden*:

> ich *werde* gehen, *werde* sehen; *werde* gesehen haben, *werde* gegangen sein;
> *werde* gefragt, *wurde* gefragt, bin gefragt *worden*, *werde* gefragt *worden* sein;
> Näheres ↑ 465

b) *haben* und *sein* drücken in Verbindung mit einem von ihnen abhängigen Infinitiv mit *zu* eine Verpflichtung oder Möglichkeit aus:

> *haben* (müssen, verpflichtet sein): Ich *habe* zu arbeiten, wir *hatten* zu üben.
> *sein* (müssen, können, möglich sein, mit passiver Bedeutung des Verbs
> im Infinitiv): Das Fenster *ist* während der Fahrt zu schließen (muß ge-
> schlossen werden). Was *ist* da zu tun? Da *ist* nichts mehr zu machen
> (kann man nichts mehr machen). ↑ auch 428.

394 2. Die Modalverben *dürfen, können, mögen, müssen, sollen, wollen* drücken
eine innere Beziehung des Subjekts zu dem Geschehen aus, das das
Verb im Infinitiv bezeichnet, z. B. Fähigkeit, Möglichkeit, Notwendigkeit, Willen, Wunsch, Erlaubnis, Ungewißheit:

> Wir *wollen* Freundschaft mit allen friedliebenden Menschen. Wer *will*,
> der *kann*. Du *darfst* nicht nur, du *sollst*, ja du *mußt*. Er *mag* nicht untätig
> sein. Er *will* Paul gestern beim Arzt gesehen haben.

Dabei hat jedes Modalverb nicht nur *eine* Bedeutung, sondern *verschiedene* modale Bedeutungsvarianten. Das zeigen folgende Beispiele:

> Das *darfst* du nicht tun. Das *dürfte* ein Irrtum sein. Du *kannst* mir Glück
> wünschen. Er *konnte* nicht schlafen. Das Päckchen *kann, könnte* verloren-
> gehen. Etwa 20 Personen *mögen* anwesend sein. Ich *möchte* es ihm lieber
> nicht sagen. Er *mag, möge* sich vorsehen. Alle Kinder *müssen* zur Schule
> gehen. *Mußtest* du gerade heute kommen? Man *müßte* noch einmal acht-
> zehn sein! Du *sollst* bald kommen. Du *solltest* dich bedanken. *Sollte* das
> dein Ernst sein? Es *soll* einen strengen Winter geben. Er *will* studieren.
> Das *will* mit Sorgfalt getan werden. Keiner *will* es gewesen sein. Das
> Feuer *will* ausgehen.

Merke:
Wenn im Perfekt und Plusquamperfekt die Modalverben mit einem
anderen Infinitiv zusammentreffen, steht anstelle des Partizips II der
Infinitiv:

> Du *hättest* das nicht tun *dürfen*. Ich habe nicht schlafen *können*. Da hätte
> ich nicht dabeisein *mögen*. Hast du heute kommen *müssen*? Du *hättest*
> dich bedanken *sollen*. Sie hat studieren *wollen*. ↑ auch 429.

3. *scheinen, glauben, beginnen, aufhören, drohen, pflegen* u. a. haben, als Hilfs- **395**
verben gebraucht, modalen Charakter (↑ 394):

> glauben (vermuten, meinen, angeblich ...), scheinen (den Anschein
> haben); drohen (in Gefahr sein)

oder sie drücken die Aktionsart aus (↑ 527 ff.):

> pflegen (‚gewöhnlich etwas tun‘, Iterativum, ↑ 531); anfangen, begin-
> nen (Ingressivum, ↑ 530); aufhören (Egressivum, ↑ 530): Er *glaubt* das
> alles genau zu wissen. Du *scheinst* sie zu kennen. Das Gebiet *droht* zu ver-
> steppen. Er *pflegt* morgens 6.00 Uhr aufzustehen.

Merke:
Nach der für das Deutsche geltenden Satzzeichenregel steht nach diesen
Verben auch vor erweitertem Infinitiv kein Komma, wenn sie als Hilfsver-
ben fungieren.

4. Das Verb *kommen* + Partizip II eines Verbs der Bewegung deutet **396**
in einem solchen Falle die durative Aktionsart (↑ 528) an:

> *Kommt* ein Vogel *geflogen*, setzt sich nieder auf mein' Fuß (Volkslied).
> Vieh und Wirtschaftsgegenstände *kommen* auf dem reißenden Bach *ge-*
> *schwommen.* ↑ auch 452.

5. Die Verben *bekommen, erhalten, kriegen* + Partizip II geben dem formal **397**
aktiven Satz passivische Bedeutung. Sein Subjekt entspricht einem
Dativobjekt, sein Akkusativobjekt dem Subjekt des passiven Satzes:

> Er *bekam* das Buch *geschenkt.* (Ihm wurde das Buch geschenkt.) Man hat
> ihm das Buch geschenkt. Er *erhielt* eine Medaille *verliehen.*

6. *tun* als Hilfsverb wird in volkstümlicher Umgangssprache ver- **398**
stärkend gebraucht.

> Schreien *tut* halt was (Rosegger). Wissen *tun* wir alle nichts (Tralow).
> Das *tät* ich mir gern ansehen. ↑ auch 387.

● Transitive und intransitive Verben

1. a) Die Sonderstellung des Akkusativobjekts (↑ 170) führte zu einem **399**
syntaktischen Einteilungsprinzip: Verben, die ein Akkusativobjekt fordern, heißen *transitive* (zielende) Verben; Verben, bei denen kein Akkusativobjekt stehen kann, sind *intransitive* (nichtzielende) Verben:

> transitiv: bauen, besuchen, geben, leisten, nehmen, senden, tun usw.
> intransitiv: blühen, gehen, kommen, leben, sterben; helfen, abhängen,
> gedenken usw.

400 b) Genaugenommen ist ein Verb erst dann transitiv, wenn das Akkusativobjekt auch wirklich bei ihm steht:

> eine Garage bauen, einen Freund besuchen, ein Paket senden

Ein transitives Verb reicht in seiner Aussage über den Subjektbereich hinaus. Es verlangt das Akkusativobjekt als den von der Handlung unmittelbar betroffenen Gegenstand oder das durch die Tätigkeit bewirkte Ergebnis:

> Der Minister besucht die Baustelle, begrüßt die Diplomaten. Die Polizei faßte den Dieb. Er schrieb ein Gedicht.

Verben, bei denen kein Akkusativobjekt, sondern ein Genitiv-, Dativ-, Präpositionalobjekt oder eine Adverbialergänzung steht, gehören zu den intransitiven Verben (↑ 371).
Wenn ein transitives Verb ohne Objekt steht, ist es intransitiv gebraucht:

> Altdörfer *wußte*, und Krusemark war erleichtert (Hofé). Ich *verstehe*.

c) Transitive Verben bilden ein persönliches Passiv, das Akkusativobjekt wird im Passiv zum grammatischen Subjekt (↑ 485 ff.):

> Wir *begrüßen* die Gäste. Die Gäste *werden* [von uns] *begrüßt*.
> Die Polizei *faßte* den Dieb. Der Dieb *wurde* [von der Polizei] *gefaßt*.

401 d) Bestimmte Verben mit einem Akkusativ des Inhalts (↑ 173) können in der Regel nicht ins Passiv gesetzt werden. Das gilt für folgende Sätze:

> Die Luft *enthält* Sauerstoff. Er *behielt* die Geistesgegenwart. Sie *bekamen* Urlaub. Sie *erhielten* eine Prämie. Er *hat* einen eigenen Wagen. Er *fing* Feuer. Wir *lachten* Tränen. Er ist Trab *geritten*. Das Pferd *läuft* Galopp. Seine Leistung *findet* Anerkennung. Es *gibt* einen Ausweg.

e) An sich objektlose Verben, die in der Belletristik manchmal mit einem Akkusativ des Inhalts auftreten, bilden kein persönliches Passiv:

> Die Sommersonne *rastet Mittagsrast* (R. Huch). Der SA-Bursche *grinste Triumph* ..., die meisten jungen Mädchen *lächelten* dem hübschen Burschen *Zusage* (Erpenbeck). ↑ auch 486, Abs. c.

402 f) Transitive Verben bilden die zusammengesetzten Zeiten im Aktiv mit dem Hilfsverb *haben* (↑ 460):

> Der Minister *hat* die Diplomaten begrüßt, eine Baustelle besucht. Sie *haben* ein Haus gebaut, uns einen Dienst geleistet, den Dieb gefaßt usw.

Das Partizip II transitiver Verben hat in der Regel (↑ 441) passivische Bedeutung:

> ein *geöffnetes* Fenster, die *getane* Arbeit, das *gegebene* Versprechen (das Fenster ist geöffnet, die Arbeit getan worden)

2. a) Zu den intransitiven Verben zählen absolute Verben (↑ 371). Das **403**
Geschehen, das sie ausdrücken, bleibt auf das Subjekt beschränkt:

> Die Rose *blüht*. Die Sonne *scheint*. Er *starb* hochbetagt.

b) Zu den intransitiven Verben zählen auch Verben mit einem anderen
als einem Akkusativobjekt oder mit einer Adverbialergänzung:

> Wir *helfen* unseren Freunden. Der Patient *bedarf* des Arztes.
> Sie *hoffen* auf ein Wiedersehen. Dresden *liegt* an der Elbe.

c) Intransitive Verben bilden entweder überhaupt kein Passiv oder
können nur ein subjektloses Passiv bilden:

> Seines Todestages *wurde gedacht*. Freunden *wird geholfen*. Bis Mitternacht
> *wurde* über den Vorschlag *beraten*. Jetzt *wird aufgepaßt*!

d) Die zusammengesetzten Zeiten intransitiver Verben werden im **404**
Aktiv mit *haben* oder *sein* gebildet (↑ 460 f.).

e) Das Partizip II intransitiver Verben, die auf den Abschluß eines
Vorgangs gerichtet sind (↑ 441), hat aktivische Bedeutung:

> ein *eingeschlafenes* Kind (das Kind ist eingeschlafen); eine *verblühte* Rose,
> ein *entlaufener* Hund (die Rose ist verblüht, der Hund ist entlaufen)

Zu den intransitiven Verben gehören auch die umstandsgebundenen
Verben:

> Er bleibt *bei uns*. Er geht *zum Rathaus*. Die Übung dauert *zwei Stunden*.

Partizipien II, die den Verlauf eines Prozesses oder einen Zustand bezeichnen, kommen in der Regel nur in zusammengesetzten Zeitformen,
aber nicht als Attribut vor:

> Der Prüfling *hat versagt* (nicht: ⁺der versagte Prüfling).
> Das Kind *hat geschlafen* (nicht: ⁺das geschlafene Kind).

f) Ein an sich intransitives Verb wird in der Dichtung manchmal mit
Akkusativobjekt gebraucht, also transitiv verwendet. ↑ 401.

3. Transitive Verben können zu intransitiven werden und umgekehrt.   **405**

a) Der Wandel von der Transitivität zur Intransitivität und umgekehrt
ist ein Wandel des Verhältnisses zum Subjekt.
Intransitivierung bedeutet die Auffassung des Geschehens nicht als
Tätigkeit, sondern als Vorgang. Das Objekt wird Träger des Geschehens.
Es gibt Verben, die transitiv und intransitiv gebraucht werden können:

> *backen:* Der Bäcker bäckt das Brot (transitiv). Das Brot bäckt im Back-
> ofen (intransitiv).
> *brechen:* Er brach den Stab (transitiv). Der Stab brach (intransitiv).

rollen: Das Kind rollt den Ball (transitiv). Der Ball rollt unter das Bett (intransitiv).
kochen: Die Frau kocht eine Suppe (transitiv). Die Suppe kocht. Er kocht vor Wut (intransitiv).

Intransitive und transitive Verben können sich auch mischen. Darauf wiesen wir bei *quellen, schmelzen, verderben* hin (↑ 385 f.).

b) Eine Intransitivierung liegt vor, wenn ein transitives Verb ohne Objekt gebraucht wird. Das ist bei anschaulichen Verben möglich, weil man das Objekt oft aus der Situation hinzudenken kann:

Wer [etwas] *wagt, gewinnt* [auch etwas]. Wer [die Warnung] nicht *hören* will, muß [die Folgen] *fühlen.* Das Eis *hält* [den Schlittschuhläufer]. Der Reiter *setzt* [das Pferd] über den Graben.

Tätigkeitsverben werden oft ohne Objekt, also intransitiv, gebraucht:

Sie *näht, stickt, häkelt* fleißig. Mutter *bäckt* heute. Er *schreibt* gut, *liest* viel. Sie *aßen* und *tranken.*

Bei manchen Verben steht bei einer Bedeutungsvariante der Akkusativ, bei einer anderen das Präpositionalobjekt:

Sie *klopfen* den Teppich. Sie *klopfen* an die Tür. Wir *fliehen* (meiden) die Gesellschaft. Der Schlaf *flieht* mich seit Tagen. Er *flieht* vor den Verfolgern. (Man setzt die Präposition, wenn das Objekt der Verfolgende ist.) ↑ 43, 372.

Eine Intransitivierung liegt auch vor, wenn eine Handlung ins Passiv gesetzt oder mit Passivsynonymen ausgedrückt wird:

Ich *lese* den Brief *vor.* Der Brief wird von mir *vorgelesen.* Der Brief *kommt zur Verlesung.* Der Saal *leert sich.* Die Tür *öffnet sich.*

406 c) Eine Transitivierung ist weniger häufig, außer mit Mitteln der Wortbildung, besonders durch das Präfix *be–* (↑ 1075). Das Verb *reiten* wird schon früh transitiv gebraucht:

ein Pferd, einen Esel, einen Schimmel, einen Fuchs reiten

Analog vollzieht sich dieser Vorgang auch bei anderen Verben der Bewegung:

Schlitten, Karussell, Auto fahren; eine Maschine fliegen, einen Rekord schwimmen, eine Aktion starten, einen Tango tanzen

d) Transitiver und intransitiver Gebrauch des gleichen Verbs führt oft zum Wechsel zwischen *haben* und *sein* bei den zusammengesetzten Tempora der entsprechenden Verben:

Ich *bin* nach Moskau geflogen. Er *hat* die Maschine nach Moskau geflogen. Näheres ↑ 461.

● **Persönliche und unpersönliche Verben**

1. Meist wird das Subjekt des Geschehens genannt. Die Verben treten **407**
also in der Regel als persönliche Verben auf:

> Ich lese, du denkst (nach), er studiert, sie arbeitet, es (das Kind) spielt;
> wir essen, der Vater ruht, die Mutter verreist

Sogenannte unpersönliche Verben werden nur in der 3. Person Singular
gebraucht; auch können sie nur im Aktiv stehen. Sie können in die verschiedenen Zeiten des Indikativs und Konjunktivs gesetzt werden.

2. *Impersonalia* (unpersönliche Verben) bezeichnen Natur- und Witterungserscheinungen:

> es blitzt, donnert, hagelt, nieselt, regnet, schneit, wetterleuchtet; in An-
> gleichung daran: es dämmert, tagt, taut, friert, dunkelt

Ähnlich sind auch folgende Konstruktionen zu bewerten:

> es ist heiß, hell, kalt, warm; es wird Tag, Abend, Sommer, Winter.

Bei übertragener Bedeutung dieser Verben können Substantive hinzutreten, auch im Plural. Damit werden die Verben persönlich:

> Seine Augen blitzten. Der Zug donnert über die Brücke. Er schneite
> plötzlich ins Haus. Konfetti schneite auf den Straßen. Vorwürfe, Schläge
> hagelten. Häufiger: es hagelte, regnete Vorwürfe, Schläge.

3. Als implizit-persönlich bezeichnet man Verben, die sich auf den **408**
Menschen beziehen und nur im Gebrauch auf die 3. Person beschränkt
sind. Manche dieser Verben können auch bei einem substantivischen
Subjekt stehen. Es sind dies

a) Verben, die einen Mangel bezeichnen; sie stehen mit oder ohne
Personenbezeichnung:

> Es fehlt, mangelt *ihm* nicht an Mut, an Worten. Es fehlt am Nötigsten.
> Es gebricht *ihm* an Mut, Ausdauer.
> Mit Substantiv als Subjekt: *Ihm* fehlt der Mut, das Notwendigste. *Ihm*
> fehlen, mangeln die Worte.

Das Verb *bedürfen* wird persönlich und unpersönlich gebraucht:

> *Es* bedarf großer Mühe, keines Dankes. Auch: *Ich, er* bedarf eurer Hilfe,
> eures Rates. *Die Arbeit* bedarf vieler Mühe.

b) Verben der körperlichen Empfindung und der Gemütsbewegung:

> Es dürstet, hungert, friert, fröstelt *mich*. Es gelüstet, jammert, wurmt
> *mich*. Es reut *mich*. Es graut *mir/mich*. Es gruselt *mir/mich*. Ihm *bangt* vor
> der großen Kälte.

es kann wegfallen, wenn ein anderes Wort am Satzanfang steht:

> *Mich* hungert, dürstet usw. *Mir* graut usw. Friert *dich?* *Mich* reut, daß ...

Bei einigen dieser Verben kann die Personenbezeichnung als Subjekt oder als Objekt stehen:

> *Mich* dürstet. / *Ich* dürste. *Mich* friert. / *Ich* friere. *Ich* träumte. / *Mir* träumte. *Ich* ahne. / *Mir* ahnt. *Mir* bangt. / *Ich* bange [um das kranke Kind].

c) Bei Ereignisverben können Vorgangsbezeichnungen und unpersönliches *es* als Subjekt stehen:

> *Es* ist um dich geschehen. Um seine Ruhe war *es* geschehen. *Ein Unglück* ist geschehen. / *Es* ist *ein Unglück* geschehen. *Die Überraschung* ist ihm gelungen, geglückt. *Der Versuch* ist (mir) mißglückt.

d) Unpersönliches *es* findet sich zusammen mit reflexiv gebrauchtem Verb, wenn man einen Vorgang oder Zustand ausdrücken will, an dem jeder teilhaben kann (↑ auch 417):

> Auf dieser Straße geht *es sich* (geht man) gut. Auf dem Lande lebt *es sich* ruhig. In diesem Sessel sitzt *es sich* bequem.

e) Unpersönliche Konstruktion bei reflexiven Verben des Betragens und Ereignens ↑ 418.

409   4. Persönliche Verben können unpersönlich gebraucht werden,

a) wenn das Subjekt unbestimmt ist oder unbestimmt gehalten werden soll. In diesem Sinne kann die Form auch ein Stilmittel sein:

> *Es* klopft. *Es* grünt und blüht. *Es* hat geläutet. *Es* steht ihm zu (es kommt ihm zu). Ich schrie auch nicht selbst, *es* schrie, es war eine heilige Ekstase der Schmerzen (Th. Mann).

b) in gewissen Wendungen:

> *Es* schlägt zwölf, nun schlägt's dreizehn. *Es* zieht (vom Wind). *Es* geht (mir, uns, ihm) gut. *Es* gibt ... (= es existiert, es ist vorhanden, mit Bezeichnung des Vorhandenen im Akkusativ).

Die Fügung *es gibt* ist die allgemeinste Formel, um das Dasein von Personen, Dingen und Einrichtungen und das Auftreten von Vorgängen festzustellen:

> Es gibt Arbeiter und Bauern, Wissenschaftler und Künstler, Mädchen und Jungen. Im Zoo gibt es Löwen und Tiger. Es gibt die verschiedensten Möglichkeiten. Es gibt Vorschriften, die zu beachten sind. Gestern mittag gab es Schnitzel und junges Gemüse. Es gibt Regen, Schnee, schönes Wetter. Heute kann es ein Gewitter geben. Es gibt Unglück, Streit, Ärger. Es gab Frieden und Versöhnung.

5. Sogenanntes unpersönliches, richtiger: subjektloses Passiv steht bei **410** manchen intransitiven Verben. Wenn kein anderes Wort den Satz eröffnet, steht am Satzanfang *es*:

> *Es* darf geraucht werden. Hier darf geraucht werden. *Es* wurde ihm geholfen. *Es* wurde früher als gewöhnlich zu Mittag gegessen (TH. MANN).

Dem subjektlosen Passiv sind nur solche intransitiven Verben zugänglich, die Tätigkeiten von Menschen bezeichnen. Es heißt: *Jetzt wird geschlafen, aufgepaßt*; aber nicht: *Es wird geblüht*. Umgangssprachlich können manchmal reflexive Verben in subjektloses Passiv gesetzt werden:

> Dort wurde *sich* gelagert. Jetzt wird *sich* gewaschen. (↑ aber 420)

Merke: **411**
Kein unpersönliches oder unpersönlich gebrauchtes Verb liegt vor, wenn *es* steht, um die Stellung des Subjekts im Nachfeld zu ermöglichen (↑ 801):

> Die Lene rutscht, *es* rutscht die Hanne (BUSCH). *Es* war einmal ein Fischer. *Es* leuchten die Sterne. *Es* fehlen mir die Worte.

● Reflexive Verben

1. Die Bedeutung der reflexiven Satzkonstruktion wird deutlich, wenn **412** man den gleichen Satz mit transitiver Verbvariante und mit reflexiv gebrauchtem Verb nebeneinanderstellt:

> Die Kinder verstecken → den Ball.
> (Das Subjekt wirkt durch seine Handlung nach außen, bezieht etwas anderes in den vom Satz ausgedrückten Sachverhalt ein.)
> Der Ball wird ← [von den Kindern] versteckt.
> (Das grammatische Subjekt ist Ziel einer Tätigkeit, die von außen hervorgerufen wird.)
> Die Kinder verstecken ← sich.
> (Die Handlung des Subjekts ist auf das Subjekt gerichtet, d. h., Handlungsträger und Ziel der Handlung sind identisch.)

Zum Reflexivpronomen ↑ 802 ff.

2. Es gibt echte und unechte reflexive Verben.   **413**

a) Echte reflexive Verben können nur mit Reflexivpronomen zusammen verwendet werden. Das Reflexivpronomen bildet mit dem Verb eine Einheit. Es gilt nicht als Objekt, sondern als Teil des Prädikats und kann nicht mit anderen Objekten im gleichen Kasus koordiniert werden:

> sich beeilen, sich befleißigen, sich begeben, sich bemächtigen, sich besinnen, sich bewerben, sich ekeln, sich entledigen, sich entrüsten, sich

entschließen, sich ereignen, sich erübrigen, sich freuen, sich irren, sich kümmern, sich nähern, sich schämen, sich weigern; sich aneignen, sich getrauen, sich einbilden u. a.; auch: sich schicken (= sich gehören, sich fügen) u. ä.

Hier bezeichnet *sich* keine Erscheinung der Wirklichkeit; die Verben sind also pseudoreflexiv.

414 b) Die unechten reflexiven Verben können reflexiv und nichtreflexiv gebraucht werden. Es gibt deren sehr viele. Das Reflexivpronomen gilt bei ihnen als grammatisches Objekt:

jemanden waschen – *sich* waschen; *jemandem* etwas gönnen – *sich* etwas gönnen; *jemanden* begeistern – *sich* begeistern

Diese Verben bezeichnen eine auf das Subjekt gerichtete Tätigkeit; sie sind semantisch-reflexiv. Das reflexive Objekt kann mit einem andern Objekt koordiniert werden:

sich und die Kinder waschen, *sich und der Mutter* etwas gönnen
Durch dein leichtsinniges Fahren gefährdest du *dich und andere.*

Als unechte reflexive Verben können gebraucht werden

– mit dem Reflexivpronomen als Akkusativobjekt:

anklagen, anvertrauen, ärgern, bedienen, bemühen, bilden, erfreuen, erinnern, gewöhnen, fürchten, legen, opfern, rühmen, setzen, schneiden, sorgen, stoßen u. a.

– mit dem Reflexivpronomen als Dativobjekt:

anzünden, dienen, erlauben, gefallen, geloben, glauben, gönnen, helfen, leihen, merken, nehmen, nützen, schaden, schälen, schwören, vertrauen, widersprechen u. a.

415 Merke:
Das Reflexivpronomen bedeutet bei manchen Verben soviel wie *für mich, für dich, für sich* usw.:

Ich zündete *mir* eine Zigarre an. Er bestellt *sich* ein Glas Bier. Wir schälten *uns* einen Apfel. Sie holte *sich* den Mantel.

416 Reflexive Verben haben oft eine andere Bedeutung als die entsprechenden nichtreflexiven:

schicken – sich schicken (,sich ziemen'), gehören – sich gehören (,sich ziemen'), geben – sich geben (,sich verhalten', ,scheinen'), stellen, verstellen – sich stellen, sich verstellen (,so tun, als ob ...')

Alle reflexiven Verben, ob echt oder unecht, werden in zusammengesetzten Zeiten mit *haben* verbunden:

Ich *habe* mich gefreut. Ich *habe* mich gestoßen. Ich *habe* mir eingebildet, daß ...

3. Reflexive Verben können persönlich, sachlich und unpersönlich bezogen sein.

a) Die meisten reflexiven Verben haben ein persönliches oder wenig- **417**
stens ein lebendes Wesen als Subjekt:

> Wir beeilten uns. Er besann sich zur rechten Zeit. Die Eltern sorgten
> sich um die Kinder. Das Pferd bäumte sich.

b) Reflexive und vor allem reflexiv gebrauchte Verben stehen aber
auch mit sachlichem Subjekt. Man gebraucht solche reflexiven Formen, wenn der Täter nicht genannt werden kann oder soll. Oft stehen
sie für das Passiv. Sie stellen das Geschehen agensunabhängig dar:

> Fenster und Türen *öffneten sich* (statt: ... *wurden geöffnet*). Die Ereignisse
> *wiederholten sich*. Der Bach *bahnte sich* einen neuen Weg. Berge *erheben sich*
> am Horizont. Die Elbe *ergießt sich* in die Nordsee.

Formen mit Adjektiven als Modalergänzung weisen bei reflexiven Verben auf die sachliche Eignung des Subjekts für die vom Verb ausgedrückte Tätigkeit hin:

> Die Ware *verkauft sich gut*. Die Straße *fährt sich schlecht*. Der Roman *liest*
> *sich spannend*. Der Stoff *näht sich leicht*. ↑ 408.

c) Unpersönlicher Bezug findet sich   **418**
bei reflexiven Verben des Geschehens:

> Es *ereignete sich* ein Verkehrsunfall. Das hat *sich gut getroffen*. Es *fügte sich*,
> daß ... Es *begab sich* (es ereignete sich), daß ... Da *spielt sich* nichts *ab*
> (umg. für: Da ereignet sich nichts.).

bei reflexiven Verben des Verhaltens:

> Es *gebührt sich, gehört sich, schickt sich, ziemt sich* (nicht). Es *lohnt sich*. Auch
> mit Abstraktum als Subjekt: Dieses Betragen *schickt sich, ziemt sich, gehört*
> *sich* nicht usw.

Dazu treten allgemeine Fügungen, die mehr oder weniger deutlich
ein Passiv umschreiben:

> Es *fragt sich*, ob ...; es *bestätigt sich*, daß ...; es *zeigt sich*, daß ...

d) Reflexiv gebrauchtes *lassen* kennzeichnet die Zustimmung des Subjekts zu einem erforderlichen Tun:

> sich untersuchen lassen, sich prüfen lassen, sich operieren lassen

oder die Möglichkeit der Handlung:

> Das läßt sich einrichten. Das läßt sich ertragen. Das läßt sich besser
> sagen als schreiben. Der Wein läßt sich trinken. Der neue Plast läßt
> sich leicht verarbeiten. Er läßt mit sich reden.

In beiden Fällen ist die Bedeutung des Satzes trotz aktiver Verbform
passivisch.

419 Reziproker Gebrauch

1. Das Reflexivpronomen kann eine wechselseitige Beziehung zwischen mehreren Subjekten *(= einander)* ausdrücken. Das Verb muß in diesem Fall im Plural gebraucht werden. Reziproke Verben sind:

> sich ausweichen, sich begegnen, sich beistehen, sich beleidigen, sich fliehen, sich grüßen, sich umarmen, sich unterstützen, sich verklagen, sich versöhnen, sich treffen, sich zürnen u. a.: Die Parteien *versöhnten sich* schon nach kurzer Zeit.

2. Verbformen, die sowohl reflexiv als auch reziprok gebraucht werden können, verlangen im Falle des reziproken Gebrauchs *einander* oder *sich gegenseitig*, damit keine Mißverständnisse entstehen:

> Die beiden gönnten *sich* nichts. / Sie gönnten *einander* nichts.

420 Das Passiv der reflexiven Verben

Reflexive Verben können schriftsprachlich nicht im Passiv gebraucht werden. Statt dessen stehen aktivische Formen:

> Nicht: An alte Zeiten wurde sich erinnert. Sondern: Man erinnerte sich, wir erinnerten uns an alte Zeiten.

Umgangssprachlich wird manchmal ein reflexives Passiv subjektlos verwendet (↑ 410).

Die Partizipien reflexiver Verben

421 1. Wird das Partizip I reflexiver Verben als Adjektiv empfunden, so fehlt in der Regel das Reflexivpronomen:

> ein anmaßender Mensch, ein anmaßendes Benehmen, ein herablassender Vorgesetzter, mit herablassender Miene; zurückhaltende Käufer; ein hingebender Blick; [sich] aufopfernde Eltern

Früher war der Wegfall des Reflexivpronomens noch häufiger:

> die türmende Stadt (SCHILLER); heute: der *sich* vor uns erhebende Berg

Bei deutlich verbaler Bedeutung wird das Reflexivpronomen gesetzt:

> der sich schämende Junge, der sich besinnende Lehrer, der sich der Stimme enthaltende Abgeordnete, der sich empfänglich zeigende Jugendliche; die sich des Lebens freuende Jugend

422 2. Das Partizip II reflexiver Verben wird attributiv nur gebraucht, wenn es ein durch Tätigkeit oder Verhalten bedingtes Merkmal bezeichnet. In diesem Falle hat es aktivische Bedeutung (Zustandsreflexiv):

> ein abgearbeiteter Bergmann (... der sich abgearbeitet hat), abgearbeitete Hände; der auf seinen Ruf bedachte Kaufmann; ein begeisterter Anhänger, eine besonnene Frau; ein erkältetes Kind, eine gelassene

Haltung; ein verliebtes, verlobtes Paar; eine bewußte Lüge, ein [sich] seiner Kraft bewußter Mensch (man kennt das alte Verb *bewiesen* nicht mehr und denkt an *sich bewußt sein,* daher das Reflexivpronomen)

Bei rein verbaler Bedeutung ist ein attributives Partizip II reflexiver Verben nicht möglich (↑ 445):

Nicht: +der mit der Sache befaßte Richter, +der niedergelassene Arzt sondern: der Richter, der sich mit der Sache befaßt usw.

Die Substantivierung reflexiver Verben   **423**

Die Rückbezüglichkeit der Handlung wird im Substantiv nicht immer ausgedrückt:

sich betragen, sich benehmen – das Betragen, das Benehmen; ohne sich zu besinnen – ohne Besinnen; sich entsetzen – das Entsetzen

In neuerer Zeit wird das Reflexivpronomen häufiger gebraucht, vgl.

das Sicheinleben, das Sichauslaufen, das Sichfreuen

● Die Nominalformen des Verbs   **424**

Nominalform oder *Verbum infinitum* heißt die Form des Verbs, die nicht durch eine Person bestimmt ist (lat. *infinitus* = ‚unbestimmt'). Es sind dies die Infinitive und Partizipien. Sie stehen ohne Bezug zu einem Subjekt. Sie sind zwar zeitlich unterschieden (↑ 425), aber die Zeit ist bei ihnen nicht wie beim finiten Verb auf das dargestellte Geschehen festgelegt. Der Infinitiv des Präsens z. B. steht beim Futur oder bei einem in der Vergangenheit ausgedrückten Geschehen:

Ich werde dich *besuchen.* Ich freute mich, ihn *wiederzusehen.*

Sie stehen ohne Bezug zum Modus:

Du kannst ihn *fragen.* Du könntest ihn *fragen.* Wenn er *gefragt* hat / wenn er *gefragt* hätte ...

Sie haben zwar aktive oder passive Bedeutung (↑ 425, 440 f.), stehen aber oft, ohne das Genus verbi auszudrücken. In folgenden Beispielen hat der Infinitiv Aktiv passive Bedeutung:

Das Gedicht *ist zu lernen* (muß gelernt werden). Die Straße *ist* leicht *zu finden.* Ich höre das Lied *singen* (das Lied wird gesungen). Aber: Ich höre den Sänger *singen* (der Sänger singt).

Der Infinitiv

1. Es gibt zwei Infinitive, aber entsprechend den beiden Genera **425** verbi vier Infinitivformen:

den Infinitiv des Präsens (Infinitiv I) des Aktivs und des Passivs, den Infinitiv des Perfekts (Infinitiv II) des Aktivs und des Passivs.

a) Der Infinitiv I des Aktivs ist eine einfache Form. Es ist die Nennform aller Verben und endet auf *–en* oder *–n*:

> tragen, laufen; wechseln, lächeln, poltern, zittern

Nach *h* oder Vokal kann das *e* der Endung umgangssprachlich ausfallen:

> geh[e]n, steh[e]n, schrei[e]n, scheu[e]n, schau[e]n

b) Der Infinitiv im Passiv und der Infinitiv II in Aktiv und Passiv sind
zusammengesetzte Formen:

> Infinitiv I Passiv: getragen werden, gewechselt werden, gesehen werden
> Infinitiv II Aktiv: getragen haben, gelaufen sein, gelandet sein
> Infinitiv II Passiv: getragen worden sein, gesehen worden sein

Verben, die kein Passiv bilden (↑ 486c), haben in der Regel keine passiven Infinitivformen (aber: *Eine Strecke wurde gelaufen,* ↑ 461).

426 2. Man unterscheidet den reinen Infinitiv und den Infinitiv mit *zu, zu*
ist hier Verbalpräposition

> Sie kann *singen.* Das Lied kann *gesungen werden.* Er soll *gefragt haben.* Sie
> beginnt *zu singen.* Er behauptet, *gefragt zu haben.* Er erklärt, *gefragt*
> *worden zu sein.*

Je nachdem, ob beim Infinitiv eine nähere Bestimmung steht oder
nicht, spricht man von erweitertem oder nichterweitertem Infinitiv.
Unter einer Infinitivgruppe oder -konstruktion versteht man einen
Infinitiv mit einer oder mehreren Bestimmungen:

> Ich habe Grund, *ihm sofort zu schreiben.* Wir bitten Sie, *sich noch einige*
> *Zeit zu gedulden.* Wir erwarten, *ihn morgen bei uns zu sehen.*

3. Für den Gebrauch des reinen und des erweiterten Infinitivs gilt:

427 a) Ein von einem Substantiv oder Adjektiv abhängiger Infinitiv steht
immer, ein vom Verb abhängiger Infinitiv überwiegend mit *zu.*

428 b) Der Infinitiv ohne *zu* steht

– nach Modalverben als ein Teil des Prädikats:

> Wir *dürfen hoffen.* Er *mag kommen.* Wir *wollen* sie für nächsten **Sonnabend**
> einladen. Ich *muß* es in der Prüfung *können.*

– nach Verben der Bewegung wie *gehen, fahren, führen, reiten, schicken*:

> Sie *gehen* baden, spielen, einkaufen. Sie ist am Nachmittag einkaufen
> *gegangen.* Die Mutter *schickte* das Kind einkaufen.

Mit *spazieren* zusammen bildet der Infinitiv ein unfest zusammengesetztes Verb:

> Wir fahren, reiten, gehen spazieren; wir sind spazierengefahren, spazie-
> rengegangen. Wir werden morgen spazierengehen.

Bei *kommen* ist der Infinitiv selten:

> Wir *kommen* dich morgen *besuchen*. (= Ich werde dich morgen besuchen.)

Der reine Infinitiv steht nach *bleiben* in Verbindung mit lokalen Verben wie *bestehen, haften, hängen, kleben, leben, liegen, sitzen, stehen, stecken, wohnen*:

> Er blieb *sitzen*, wo er saß. Wir blieben im Hause unserer Eltern *wohnen*.

Auch hier entstehen unfest zusammengesetzte Verben, nämlich dann, wenn *bleiben* nur als Verstärkung zum dabeistehenden Verb empfunden wird oder bei neuer, übertragener Bedeutung:

> Wir dürfen hier nicht *stehenbleiben*. In der Klasse war kein Kind *sitzengeblieben*.

– Er steht nach *haben* bei den Verben *stehen, stecken, liegen, hängen* u. a. (↑ 228, Abs. b).
Formen mit präpositionalem Infinitiv nach *haben* gehören der Berliner Umgangssprache an; sie sind nicht literatursprachlich:

> Nicht: Sie haben viel Obst im Keller *zu liegen*.

– Der reine Infinitiv steht in der Konstruktion des Akkusativs mit Infinitiv (A. c. I.), ↑ 228.

– Bei *finden* steht seit früher Zeit zuweilen das Partizip I für den Infinitiv:

> Wir fanden ihn *schlafend*. Sie fanden Schneewittchen im Walde *liegend*.

c) Der reine Infinitiv steht statt des Partizips II bei den Modalverben **429** und den Verben *sehen, hören, heißen, helfen, brauchen, lassen*, wenn sie mit dem Infinitiv eines anderen Verbs zusammenstehen:

> Ich hätte dir schreiben *müssen*. Ich habe dich kommen sehen. Wir haben ihn gehen *heißen*. Hast du ihn kommen *lassen*?

Bei *machen* sind beide Formen richtig. Auch bei *lassen* und *hören* findet sich schon häufig das Partizip II:

> Du hast mich lachen *machen*. Du hast mich lachen *gemacht*. Sie hat die Tasche *fallen lassen* (auch: *fallen gelassen*).

d) Manchmal schwankt der Gebrauch des Infinitivs mit oder ohne *zu*. **430** Bei *heißen* („nennen', ‚bezeichnen'; ‚bedeuten') und *heißen* („befehlen'):

> Das heiße ich pünktlich *sein*. Das hieße die Sache *verderben*. Hier heißt es schnell *zugreifen*. Ich hieß ihn *aufstehen*. Wer hat dich das tun *heißen*? (Aber: Wer hat dich geheißen, *das zu tun*?)

Bei *helfen*:
Der reine Infinitiv kann nur stehen, wenn das Subjekt selbst an der Tätigkeit, die der Infinitiv angibt, teilnimmt:

> Er half ihm *tragen*. Wir halfen ihnen *jäten*.

Auch der präpositionale Infinitiv findet sich schon:

> Die Kinder halfen der Mutter[,] die Wohnung *[zu]* *säubern.*

Der präpositionale Infinitiv muß stehen, wenn das Subjekt zu *helfen* an der durch den Infinitiv gekennzeichneten Tätigkeit nicht teilnimmt:

> Er half ihm, sich um ein Studium *zu bewerben.* Er half dem Freunde, über den Zaun *zu klettern.*

Bei *lehren* (↑ auch 228):

> Er lehrte die Kinder *schwimmen.* Wir werden euch *gehorchen* lehren. Wir lehrten sie mit Büchern *umgehen.*

Wenn mehrere nähere Bestimmungen dabeistehen, steht heute in der Regel der Infinitiv mit *zu*:

> Die Mutter lehrte die (der) Tochter, ihre Sachen selbst *zu nähen.* Wir lehrten sie, gewissenhaft mit den Büchern *umzugehen.*

Bei *lernen*:

> Sie lernte *nähen* und *kochen.* Man lernt diese Mengen nicht nur *nachweisen*, man lernt, ihr kaum mehr faßbares Gewicht aus der Stärke der Strahlen quantitativ *zu ermitteln* (Zs. Kosmos 1956, S. 491). Du mußt noch lernen, dich frei *zu bewegen.*

M e r k e :

Bei den obengenannten Verben *heißen, helfen, lehren, lernen* muß der reine Infinitiv stehen, wenn der Infinitiv oder das Partizip II dieser Verben mit dem Infinitiv am Ende des Satzes steht:

> Wer hat dich das *tun* heißen? Die Eltern werden den Kindern das Leben *meistern* helfen. Die Mutter hat die (der) Tochter die Kleidung selbst *nähen* gelehrt. Du mußt dich frei *bewegen* lernen.

Bei *brauchen*:

Es wird mit negativer Bedeutung im Sinne ‚nicht *müssen*‘ verwendet und fordert heute den Infinitiv mit *zu*. Der Gebrauch ohne *zu* ist landschaftlich und umgangssprachlich:

> Du brauchst nicht gleich *zu weinen.* Du brauchst noch nicht *zu gehen.* Ich habe nichts *zuzuzahlen* brauchen.

431 Der erweiterte Infinitiv als Subjekt oder Prädikativ steht ohne oder mit *zu*:

> *Den Rasen [zu] betreten* ist verboten. Jemanden zum Gehorsam *[zu] zwingen* heißt nicht[,] ihn unfair *[zu] behandeln.*

432 3. In neuhochdeutscher Zeit können die Präpositionen *[an]statt, ohne, um* zum Infinitiv mit *zu* treten:

> *Anstatt zu spielen*, arbeite jetzt lieber! Lerne leiden, *ohne zu klagen.* Wir schrieben, *um* ihn zum Geburtstag *einzuladen.*

Besonders *um zu* ist sehr verbreitet. Es betont die im Infinitiv bezeichnete Handlung als Zweck der vom regierenden Wort ausgedrückten Tätigkeit stärker als bloßes *zu* oder als der reine Infinitiv:

> Er ging seinen Bruder *holen*. Er ging, seinen Bruder *zu holen*. Er ging, *um* seinen Bruder *zu holen*.

In der Gegenwartssprache zeigt *um zu* auch die unbeabsichtigte Folge an. Dieses Stilmittel sollte man aber mit Vorsicht gebrauchen:

> Er verschwand, *um* nicht wieder *gesehen zu werden*.

Nach Adjektiven steht *um zu* gern, wenn *genug* oder *zu* dem Adjektiv zugefügt ist:

> Er ist klug *genug, [um]* den Rat *zu befolgen*. Er war *zu alt, [um]* die Bergtour *machen zu können*.

4. Die Entstehung des Infinitivs aus dem erstarrten Kasus eines Sub- **433** stantivs, das eine Handlung bezeichnet (Nomen actionis, ↑ 1 011), wirkt sich auch auf seinen Fügungswert aus, der nominale und verbale Seiten zeigt. Schon das Hinzutreten der Präposition zum Infinitiv ist ein nominales Merkmal.

a) Der Infinitiv kann substantiviert und dann auch dekliniert werden. Er hat allerdings nur das neutrale Geschlecht und wird in der Regel (↑ 601) nicht in den Plural gesetzt:

> das Arbeiten, das Turnen, ein Hämmern und Pochen; (seine Art) des Arbeitens, dem Arbeiten, das Arbeiten

Es gibt substantivierte Infinitive, die wir als Substantive empfinden und teilweise auch in den Plural setzen:

> das Ansinnen, das Einkommen, das Leben, das/die Leiden, das/die Verfahren, das Vermögen, das Wesen, das Essen u. a.

b) Der substantivierte Infinitiv kann attribuiert werden:

> das Lesen des Buches (verbal: Ich lese das Buch.), unser Turnen am Barren (verbal: Wir turnen am Barren.).

c) Ein substantivischer Infinitiv kann mit jeder Präposition verknüpft werden:

> auf Biegen und Brechen, ohne Zögern (aber: ohne zu zögern), Freude am Tanzen, mit Zittern und Zagen, ins Stocken geraten

Merke:
Man muß orthographisch und nach der Bedeutung zwischen Infinitiv mit *zu* und substantivischem Infinitiv mit *zum* unterscheiden:

> Die Aufgabe ist *zu lösen*. *Zum Lösen* der Aufgabe ist noch Zeit.

434 d) Der Infinitiv kann als Satzglied wie ein Substantiv stehen:

Subjekt: *Irren* ist menschlich. *Handeln* ist Pflicht. ↑ 163.
Objekt: Er hofft *zu genesen.* Ich erinnere mich, *ihn gesehen zu haben.* Er hat versprochen *zu kommen.* ↑ 168, Abs. 3.
Finalbestimmung: Er ist verreist, *um zu genesen.* ↑ 220.
Prädikativ: Leben heißt *kämpfen.* Das nenne ich *arbeiten.*
Attribut: Der Wunsch *zu bleiben* wurde ihm erfüllt.

e) Häufig tritt der Infinitiv mit *zu* als nähere Bestimmung zum Adjektiv:

nicht fähig zu lügen; würdig, belohnt zu werden; geeignet, die Werkstatt zu leiten (↑ auch 240, 695)

435 f) Der Infinitiv I bildet zusammen mit *werden* das Futur I:

ich *werde* treffen, ich *werde* getroffen werden

Der Infinitiv ist hier sprachgeschichtlich aus dem Partizip I entstanden. Der Infinitiv II bildet zusammen mit *werden* das Futur II:

ich werde gelernt haben, das Gedicht wird gelernt worden sein

g) Der Infinitiv I mit *zu* des Aktivs hat in unmittelbarer Verbindung mit *sein, bleiben, stehen* in bestimmten Kontexten oft passive Bedeutung. Es wird eine Möglichkeit oder Notwendigkeit ausgedrückt.

Es ist kaum zu glauben (Es kann kaum geglaubt werden.). Die Folgen bleiben abzuwarten (... müssen abgewartet werden). Hier steht zu lesen (... kann gelesen werden), ...

h) Der Infinitiv I kann eine Aufforderung ausdrücken, d. h. einen Imperativ vertreten:

Aufpassen! Einsteigen! Setzen! Nicht drängeln!

i) Der Infinitiv I kann aus stilistischen Gründen elliptisch stehen. Man spricht dann auch vom abrupten Infinitiv:

Ich dich *ehren?* Wofür? (GOETHE). Nageln mit Köpfchen: Bei Holz *aufpassen.* Kurz und kräftig *zuschlagen* (Tageszeitung 1976).

Das Verb als Bestimmungswort in Zusammensetzungen ↑ 982, 1 026. Zur Stellung des Infinitivs ↑ 322.

Das Partizip

436 1. Das Partizip steht seiner Entstehung, Bildung und seinem Gebrauch nach zwischen Adjektiv und Verb. Es hat nominale und verbale Gebrauchseigenschaften. Deshalb spricht man auch vom „Mittelwort". Die Bezeichnung *Partizip* ist vom lateinischen Verb *participare* = ‚teilhaben' gebildet. Man rechnet das Partizip zu den Nominalformen, weil sein Verhalten zu Genus verbi, Tempus und Modus dem Verhalten des Infinitivs (↑ 424) ähnlich ist.

a) Das Partizip I (Präsenspartizip) wird aus dem Präsensstamm
+ –(e)nd gebildet:

> treffend, entscheidend, lächelnd, zitternd, kniend

Das *e* fällt nach *h* oder Vokal nicht aus:

> stehend, gehend; ziehend; schneiend, schauend

Merke:
Aus Partizip I und präpositionalem Infinitiv wird eine eigentümliche
Mischform mit passiver und auffordernder Bedeutung gebildet. Sie
entspricht dem lateinischen Gerundivum (= eine die Möglichkeit oder
Notwendigkeit ausdrückende infinite Verbform):

> das *zu bearbeitende* Material = das Material, das bearbeitet werden soll;
> die *zu lösende* Aufgabe, die *zu respektierende* Vorschrift

Zum Gebrauch dieser Form ↑ 494.

b) Das Partizip II (Perfektpartizip) hat meist das Präfix *ge–*. Die schwa- **437**
chen Verben haben die Endung *–t*, die starken Ablaut und die Endung
–en (↑ 374):

> geliebt, gelächelt, gezittert; getroffen, gefunden, gegeben

Nach *h* oder Vokal im Stamm starker Verben fällt in der Umgangssprache das *e* der Endung manchmal aus:

> geseh[e]n, geschrie[e]n, gehau[e]n

Die Setzung des Präfixes *ge–* richtet sich nach der Wortbetonung. **438**

– Das Präfix *ge–* haben alle einfachen Verben, die auf der ersten Silbe
betont sind, und alle zusammengesetzten Verben, die auf dem ersten
Bestandteil betont werden:

> loben – *ge*lobt, brechen – *ge*brochen; wetteifern – *ge*wetteifert; brand-
> marken – *ge*brandmarkt, umfallen – um*ge*fallen

Bei Komposita, deren erster Bestandteil vom zweiten getrennt wird,
steht *ge–* zwischen erstem und zweitem Bestandteil:

> aufbrechen, ich breche auf – bin auf*ge*brochen
> hochschätzen, ich schätze hoch – habe hoch*ge*schätzt
> radfahren, ich fahre Rad – bin rad*ge*fahren

– Ohne *ge–* stehen alle Verben, die im Infinitiv nicht auf der ersten
Silbe, bei Komposita nicht auf dem ersten Bestandteil betont werden:

> bezwingen – bezwungen; verblühen – verblüht; zerreißen – zerrissen;
> vollbringen – vollbracht; empfangen – empfangen

Deshalb stehen auch alle Verben auf *–ieren* ohne das Präfix *ge–*:

> buchstabieren – buchstabiert; studieren – studiert; rasieren – rasiert

– Bei schwankender Betonung schwankt auch die Form des Partizips II:

> liebkosen – geliebkost, seltener lieb'kosen – liebkost;
> willfahren – gewillfahrt, will'fahren – willfahrt

In diese Gruppe gehören vor allem die Verben mit *durch, hinter, über, um, unter, wider, wieder, voll* als Präfix. Oft ist ein Bedeutungsunterschied des Verbs mit dem Betonungswechsel verbunden:

> '*unterhalten* („darunterhalten'): Er hat ein Gefäß '*untergehalten.*
> *unter'halten* („plaudern'; „für jemanden sorgen'): Wir haben uns *unter-'halten.* Er hat seine Eltern *unter'halten.* Sie hat das Feuer im Ofen *unter'halten.*

– An Stelle des Partizips II kann auch der Infinitiv stehen (↑ 394, 429).

439 Merke:
Es gibt auch Partizipialformen, die nicht von Verben, sondern von Substantiven abgeleitet sind und die nur formal nach dem Muster von Perfektpartizipien schwacher Verben, d. h. mit der Endung *–t*, gebildet sind (↑ 1041):

> *Stern:* gestirnt, hellgestirnt; *Art:* so geartet; *Nachbar:* benachbart; *Laune:* gut, schlecht gelaunt; *Tag:* hochbetagt; *Sitte:* wohlgesittet

Bei solchen Formen sind die Regeln der Zusammen- oder Getrenntschreibung besonders zu beachten.

2. Zur Bedeutung der Partizipien ist folgendes zu bemerken:

440 a) Das Partizip I stellt den Verlauf einer Handlung dar. Es hat keine Gegenwartsbedeutung an sich, sondern zeigt nur die Gleichzeitigkeit mit der Satzhandlung:

> Der *lesende* Student raucht, rauchte, hat geraucht, wird rauchen. (Lesen und Rauchen geschehen immer gleichzeitig.)

Das Partizip I hat vorwiegend aktivische Bedeutung:

> der *lesende* Student (der Student, der liest),
> Aber passivische Bedeutung:- die *betreffende* Person (die Person, die betroffen wird), die *fahrende* Habe (die Habe, die gefahren wird)

441 b) Das Partizip II drückt die Vorzeitigkeit zur Satzhandlung aus:

> Die *angekommenen* Gäste wurden begrüßt. Die *geförderte* Kohle wird verladen. (Das Ankommen liegt vor dem Begrüßen, das Fördern vor dem Verladen.)

Das Partizip II drückt immer die Vollendung aus und hat bei transitiven Verben in der Regel (↑ unten) passivische Bedeutung:

> ein *gepflügtes* Feld (ein Feld, das gepflügt worden ist), die *verkaufte* Ware

Das Partizip II hat aktivische Bedeutung,
wenn es reine Zustandsbezeichnung geworden ist. Solche Partizipien
werden oft als Adjektive empfunden:

> bewußt, belesen, verdutzt, gefroren, trunken, vergessen (in: ehrver-
> gessen, pflichtvergessen)
> ein gedienter Soldat (zu altem transitivem *gedienen* = ‚durch Dienen er-
> proben‘), ein gelernter, ausgelernter Schneider (ein Schneider, der ge-
> lernt, ausgelernt hat), verdiente Männer; ein Bedienter (‚einer, der be-
> dient‘), ein Geschworener

wenn es ein Partizip II intransitiver Verben ist (soweit diese überhaupt
attributiv gebraucht werden, ↑ 444):

> die *angekommenen* Gäste (die Gäste, die angekommen sind), eine *verblühte*
> Rose (eine Rose, die verblüht ist), der *verunglückte* Kraftfahrer

Hierher gehören auch die zu Adjektiven gewordenen Partizipien II
wie *gefallen, gestorben, verschollen*

3. Der Fügungswert des Partizips ergibt sich aus der Tatsache, daß es **442**
am Nomen und am Verbum ,,teilhat" (↑ 436).

Der nominale Charakter des Partizips

Der nominale Charakter des Partizips zeigt sich darin, daß es wie ein
Adjektiv verwendet werden kann, sei es als Attribut, sei es als Prädikatsadjektiv, sei es als Modalbestimmung. ↑ auch 449.

1. Das Partizip I kann immer Attribut sein: **443**

> der *bedeutende* Gelehrte, der *lesende* Student, das *schlafende* Kind, der *an-
> kommende* Gast, der *schwimmende* Schüler

Das Partizip II ist nur in besonderen Fällen attributiv verwendbar.   **444**

Attribut kann sein

a) das Partizip II transitiver Verben, wenn sein Bezugswort sinnvolles
Akkusativobjekt des entsprechenden verbalen Geschehens im Aktiv ist:

> *den Acker* pflügen: der *gepflügte* Acker
> Man kann deshalb auch sagen: das *gelesene* Buch, die *begonnene* Arbeit,
> *gebrannter* Kalk, eine *bestandene* Prüfung, *gestrickte* Strümpfe

Kann das Bezugswort nicht Objekt sein, so ist attributiver Gebrauch
des Partizips II dieser Verben nicht möglich:

> Nicht: +der gepflügte Bauer, +die begonnene Grippe, +eine bestandene
> Vorschrift, + gebranntes Licht

b) das Partizip II intransitiver Verben, die ihrer Bedeutung nach auf
den Abschluß eines Vorgangs gerichtet sind oder einen vollendeten

Zustand bezeichnen, die also der perfektiven Aktionsart (↑ 528) angehören:

> die heimgekehrten Kinder, die erblühte, verblühte Rose, erfrorene Blüten,
> ein umgefallener Baum, ein entlaufener Gefangener

c) das Partizip II intransitiver Verben, die durch eine nähere Bestimmung perfektiven Charakter erhalten:

> das auf die Straße gelaufene Kind, der über den Fluß geschwommene
> Flüchtling, der nach Moskau geflogene Politiker

445 Merke:
Bei intransitiven Verben, die die Dauer kennzeichnen, also der durativen Aktionsart (↑ 528) angehören, wie *danken, wachen, schlafen, trotzen,
laufen, schwimmen*, kann Partizip II nicht attributiv gebraucht werden:

> Nicht: +das geschlafene, +gewachte Kind, +der geschwommene Flücht-
> ling

Da echte reflexive Verben intransitiv sind, kann auch ihr Partizip
nicht attributiv verwendet werden (↑ auch 422):

> Nicht: +der [sich] geschämte Vater, +die erbarmten Eltern

Diese Partizipien II haben also nur verbalen, keinen nominalen Fügungswert. Aber ↑ 446: *der eingebildete Kranke*

446 d) alle Partizipien II, die Adjektive geworden sind:

> ein belesener Schüler, eine geeignete Wohnung, gefrorenes Wasser, ein
> gefallener, verschollener Soldat, eine bewußte Lüge; ↑ 441.

447 2. Die Partizipien I und II können bei adjektivischer Bedeutung kompariert werden, soweit es ihre Bedeutung zuläßt:

> die *schreiendsten* (grellsten) Farben, die *ausgesprochensten* (schärfsten) Gegen-
> sätze, ein *geeigneteres* Beispiel, der *treffendste* Vergleich

Bei verbaler Bedeutung darf nicht gesteigert werden:

> die *schreienden* Kinder, der *ausgesprochene* Dank, der *getroffene* Gegner

448 3. Wie Substantive und Adjektive werden die Partizipien vorwiegend
durch *un–* verneint; in dieser Form werden sie meist als Adjektive empfunden und gebraucht:

> unbedeutend, unbefriedigend, ungenügend, unzureichend; unange-
> fochten, unangemessen, unartikuliert, unaufgeklärt, unbedacht, unbe-
> gründet

Bei rein verbalem Gebrauch wird mit *nicht* verneint:

> die *nicht arbeitenden* Drohnen, die *nicht getroffene* Scheibe, ein *nicht* genau
> *zutreffender* Vergleich (aber: ein *unzutreffender* Vergleich), ein *unerfüllter*

oder *nichterfüllter* Wunsch, eine *unzureichende* oder *nicht zureichende* Unterstützung

d) Wegen seines nominalen Charakters kann das Partizip auch als **449** Prädikatsadjektiv oder – in substantivierter Form – als Prädikatssubstantiv gebraucht werden:

> Der Film ist *spannend.* Das Tor bleibt *geöffnet.* Der Ausgang ist *unbefriedigend.* Er scheint *gekränkt, erfreut.* Wir blieben *die Leidtragenden, die Geschädigten.*

Mit Beziehung auf das Objekt kann es in Verbindung mit *bekommen, erhalten, kriegen, sehen* u. a. das Prädikat bilden:

> Er *bekam* ein Buch geschenkt. Wir *sahen* den Freund *erschreckt.*

Zur Verwendung des Partizips II bei kommen ↑ 396, 452.

e) Das Partizip kann wie das Adjektiv auch als Adverbialbestimmung **450** gebraucht werden:

> Er spricht *fließend* Spanisch und Polnisch. Er fiel *taumelnd* zu Boden. Er erreichte *humpelnd* das Ziel.

f) Alle attributiv verwendbaren Partizipien können substantiviert wer- **451** den, d. h.

alle Partizipien I:

> die Pflügenden, Gebenden, Laufenden, Schwimmenden, Ankommenden, Betreffenden

alle Partizipien II, die nicht zu intransitiven durativen Verben (↑ 445) gehören:

> die Angekommenen, das Gefrorene, das Erreichte, das Angemessene, die Entlaufenen; der Gejagte, die Verfolgten; die über den Fluß Geschwommenen, die auf die Straße Gelaufenen

Der verbale Charakter des Partizips

1. Das Partizip II dient zur Bildung der zusammengesetzten Zeiten **452** (außer dem Futur I) im Aktiv und zur Bildung des Passivs:

> ich habe, hatte das Buch vertauscht, werde das Buch vertauscht haben; das Buch wird, wurde vertauscht, wird vertauscht werden, ist vertauscht worden; ↑ 459–462.

2. Teil des Prädikats ist das Partizip II (meist eines Verbs der Bewegung) auch in Verbindung mit einer finiten Form von *kommen:*

> Sie kamen gelaufen, geflogen, gefahren. Er kommt gesungen.

3. Das Partizip kann durch Objekte oder Adverbialbestimmungen oder **453** durch beides erweitert werden. Es kann nebensatzähnlich als Adverbialbestimmung oder Attribut (Gliedteil) gebraucht werden. ↑ 72 f.

4. Das Partizip II kann absolut stehen

454 a) als Subjekt oder Prädikatsnominativ (diese Verwendung berührt sich mit dem nominalen Charakter des Partizips):

> *Frisch gewagt* ist *halb gewonnen.* Mut *verloren,* alles *verloren. Mitgegangen, mitgefangen, mitgehangen.*

b) als Aufforderung in Vertretung eines Imperativs:

> Aufgepaßt! Stillgestanden! Rauchen verboten! Betreten untersagt!

455 c) Formen wie *ausgenommen, einbezogen, inbegriffen* stehen dem Gebrauch einer Präposition nahe:

> Seine Geschwister, *inbegriffen* sein ältester Bruder aus Kanada, waren zum Jubiläum gekommen.

Als reine Präpositionen gelten heute *betreffend, entsprechend, ungeachtet, während.* ↑ 881.

456 d) Partizipien wie *abgesehen* [davon], *angenommen, gesetzt [den Fall],* zu*gestanden* u. a. stehen meist zusammen mit *daß* oder *wenn* als konditionale Konjunktionen:

> *Vorausgesetzt,* daß du das Buch bald zurückgibst, leihe ich es dir.

Zur Stellung der Partizipien ↑ 324.

● Die Personalformen des Verbs

457 Den Nominalformen des Verbs, dem *Verbum infinitum,* stehen die Per**sonalformen** gegenüber, das *Verbum finitum* (lat. *finitus* = ‚bestimmt‘). Das Verb in diese Formen setzen heißt es konjugieren.

Die Konjugation des Verbs umfaßt

drei Personen: die sprechende, die angesprochene, die besprochene Person

zwei Numeri (Zahlformen; ↑ 458): Singular und Plural

sechs Tempora (Zeitformen; ↑ 459 ff.): Präsens, Präteritum, Futur I, Perfekt, Plusquamperfekt, Futur II

drei Modi (Aussageweisen; ↑ 497 ff.): Indikativ, Konjunktiv, Imperativ

zwei Genera verbi (Blickrichtungsformen; ↑ 483 ff.): Aktiv und Passiv

458 *Personen und Numeri*

Personen und **Numeri** werden durch die entsprechenden Personalpronomen (↑ 792 ff.) und durch Endungen gekennzeichnet:

> ich lob*e,* du lob*st,* er lob*t,* wir lob*en,* ihr lob*t,* sie lob*en*

Die drei Personen wirken als Beziehungsmittel, weil sie durch ihre
Form von vornherein kennzeichnen, ob der vom Verb dargestellte
Prozeß für den Sprecher (1. Person), für den Hörer (2. Person) oder
für einen nicht am Gespräch beteiligten Dritten (3. Person) gilt.
Durch die Höflichkeitsanrede *Sie* kommt noch eine weitere Form hinzu, die die Bedeutung der zweiten Person mit der Form der dritten
Person Plural verbindet. Sie gilt als Anrede an eine Person und an
mehrere. Zur Stellung der Personalform und zu ihrer Bedeutung für
den Satzbau ↑ 288 ff.
Die Fähigkeit der Unterscheidung durch Numeri hat das Verb mit dem
Substantiv und dem Adjektiv gemeinsam. Zwischen Person und Numerus des Subjekts einerseits und des Verbs als Prädikat andererseits
herrscht Kongruenz (↑ 109 ff.).

Die Tempusformen im Aktiv   **459**

1. Präsens und Präteritum sind einfache Zeiten:

    ich frage, ich sehe; ich fragte, ich sah

Endet bei schwachen Verben der Stamm auf einen Dental oder auf
Konsonant + Nasal, so lautet die Endung im Präteritum –*ete*:

    reden – red*ete*, leiten – leit*ete*, zeichnen – zeichn*ete*, atmen – atm*ete*

Bei starken Verben findet sich in der 2. und 3. Person des Singulars
Präsens oft Umlaut (↑ 379) oder Wechsel von *e* zu *i* (↑ 380), im Präteritum der Ablaut (↑ 374), manchmal grammatischer Wechsel (↑ 969):

    ich blase, du bläst, er bläst, ich blies; ich sehe, du siehst, er sieht, ich sah;
    ich schneide, ich schnitt; ich ziehe, ich zog

2. Perfekt und Plusquamperfekt werden aus dem Präsens bzw. dem
Präteritum von *haben* oder *sein* (↑ 464) als finite Form + Partizip II
des entsprechenden Verbs gebildet:

    ich habe gefragt, habe gesehen; ich hatte gefragt, hatte gesehen; ich bin
    gekommen, war gekommen

3. Das Futur wird mit dem Präsens von *werden* (↑ 465) als finite Form
gebildet. Dazu tritt beim Futur I der Infinitiv I, beim Futur II der
Infinitiv II des entsprechenden Verbs:

    ich werde fragen, sehen, kommen; ich werde gefragt, gesehen haben,
    gekommen sein

4. Zum Gebrauch von *haben* und *sein* bei den zusammengesetzten Zei-   **460**
ten des Aktivs ist folgendes zu sagen:

a) *haben* steht als Hilfsverb
bei allen transitiven und transitiv gebrauchten Verben:

> *jemanden* fragen: ich *habe* gefragt, *etwas* geben: ich *habe* gegeben, *etwas*
> fahren: Ich *habe* Sand gefahren (↑ 461).

bei allen reflexiven Verben:

> *sich* freuen: ich *habe* mich gefreut, *sich* einbilden: ich *habe* mir eingebildet

bei allen intransitiven Verben, die den bloßen Ablauf eines Geschehens
oder einen Zustand bezeichnen, außer bei den Verben der Bewegung
(↑ Abs. b):

> ich *habe* gearbeitet, geschlafen, gefroren, dein gedacht; er *hat* gehorcht,
> getrotzt, [aus]geruht, gewartet, zugesehen

b) *sein* steht als Hilfsverb
bei den intransitiven Verben, die auf den Abschluß eines Vorganges
gerichtet sind oder die einen neuen vollendeten Zustand bezeichnen
(↑ auch 529, 532):

> Er *ist* erkrankt, genesen, gestorben. Die Blume *ist* verblüht (aber: Die
> Blume *hat* geblüht.). Das Haus *ist* abgebrannt (aber: Das Haus *hat* ge-
> brannt.). Ich *bin* verstummt (aber: Ich *habe* geschwiegen.). Ich *bin* aufge-
> standen (aber: Ich *habe* gestanden.).

bei den Verben der Bewegung, wenn sie eine Ortsveränderung bezeichnen:

> ich *bin* gegangen, gekommen, gewandert, geflohen; auch: ich *bin* planlos
> umhergestreift, die Straße entlanggeschlendert, durch die Gegend geirrt.
> Ich *bin* aus dem Zimmer getanzt (aber: Ich *habe* getanzt.). ↑ auch 461,
> Merke.

461 c) *haben* oder *sein* steht, wenn es sich beim gleichen Verb einmal um
den bloßen Verlauf, das andere Mal um den vollendeten Zustand handelt:

> Verlauf: er *hat* gealtert, sie *haben* gefroren
> Vollendeter Zustand: er *ist* gealtert, die Früchte *sind* gefroren

Bei den Verben der Bewegung läßt der Gebrauch von *haben* die Aktivi-
tät des Subjekts hervortreten und macht diese Verben transitiv. Beim
Gebrauch von *sein* tritt die Tätigkeit des Subjekts in den Hintergrund;
das Augenmerk liegt auf dem Vorgang. Die Verben bleiben intransitiv:

> Er *hat* [den Wagen] gefahren.   Er *ist* [im Wagen] gefahren.
> Er *hat* das Flugzeug geflogen.   Er *ist* nach Moskau geflogen.
> Er *hat* drei Stunden gesegelt.   Er *ist* nach Rügen gesegelt.

Merke:
Das oberdeutsche *er ist gesessen, er ist gestanden*, das in der Literatursprache abgelehnt wird, ist also nicht falsch, sondern gibt – wenigstens
ursprünglich – das Verb in einem Sinne wieder, der die Veränderung
eines Zustandes bezeichnet.

Die Tempusformen im Passiv   **462**

1. Alle Zeitformen des Passivs sind zusammengesetzt. Sie werden aus den flektierten Formen von *werden* + Partizip II des entsprechenden Verbs gebildet:

> ich werde gefragt, wurde gefragt
> ich bin gefragt worden, war gefragt worden
> ich werde gefragt werden, werde gefragt worden sein

Man achte auf den Unterschied

a) zwischen dem Futur I des Aktivs (mit Infinitiv) und dem Präsens des Passivs (mit Partizip II):

> ich werde *fragen* – ich werde *gefragt*

Bei manchen Verben können diese beiden Formen nur an Hand des Kontextes unterschieden werden:

> ich werde vergessen (man vergißt mich oder: Ich werde mich nicht erinnern.), sie werden empfangen (man empfängt sie oder: Sie werden die Empfänger sein.), es wird erhalten

b) zwischen dem Partizip II von *werden* als Hilfsverb und dem Partizip II von *werden* als kopulativem Verb:

> er ist gefragt *worden* – er ist Lehrer *geworden* / er ist fleißiger *geworden*

2. Das Zustandspassiv wird aus *sein* + Partizip II eines transitiven Verbs gebildet:

> Das Fenster ist geöffnet, war geöffnet, wird geöffnet sein, ist geöffnet gewesen, war geöffnet gewesen, wird geöffnet gewesen sein; sei geöffnet usw. Näheres ↑ 488 f.

Konjugationsmuster   **463**

	Starkes Verb		Schwaches Verb	
Aktiv:	*Indikativ*	*Konjunktiv*	*Indikativ*	*Konjunktiv*
	Präsens			
ich	trage	trage	lobe	lobe
du	trägst	tragest	lobst	lobest
er } sie } es }	trägt	trage	lobt	lobe
wir	tragen	tragen	loben	loben
ihr	tragt	traget	lobt	lobet
sie	tragen	tragen	loben	loben

Aktiv:	Starkes Verb		Schwaches Verb	
	Indikativ	*Konjunktiv*	*Indikativ*	*Konjunktiv*
	Präteritum			
ich	trug	trüge	lobte	lobte
du	trugst	trügest	lobtest	lobtest
er sie es	trug	trüge	lobte	lobte
wir	trugen	trügen	lobten	lobten
ihr	trugt	trüget	lobtet	lobtet
sie	trugen	trügen	lobten	lobten
	Perfekt			
ich	habe	habe	habe	habe
	getragen	getragen	gelobt	gelobt
usw.	(↑ aber 460, Abs. b)			
	Plusquamperfekt			
ich	hatte	hätte	hatte	hätte
	getragen	getragen	gelobt	gelobt
usw.	(↑ aber 460, Abs. b)			
	Futur I			
ich	werde	werde	werde	werde
	tragen	tragen	loben	loben
usw.				
	Futur II			
ich	werde	werde	werde	werde
	getragen	getragen	gelobt	gelobt
	haben	haben	haben	haben
usw.				
	Imperativ			
Sing.:	trag[e]!		lobe!	
Plur.:	tragt!		lobt!	
	Infinitiv			
Inf. I:	tragen		loben	
Inf. II:	getragen haben		gelobt haben	
	Partizip			
Part. I:	tragend		lobend	
Part. II:	getragen		gelobt	

Passiv:	Starkes Verb		Schwaches Verb	
	Indikativ	*Konjunktiv*	*Indikativ*	*Konjunktiv*
	Präsens			
ich	werde	werde	werde	werde
	getragen	getragen	gelobt	gelobt
usw.				
	Präteritum			
ich	wurde	würde	wurde	würde
	getragen	getragen	gelobt	gelobt
usw.				
	Perfekt			
ich	bin	sei	bin	sei
	getragen	getragen	gelobt	gelobt
	worden	worden	worden	worden
usw.				
	Plusquamperfekt			
ich	war	wäre	war	wäre
	getragen	getragen	gelobt	gelobt
	worden	worden	worden	worden
usw.				
	Futur I			
ich	werde	werde	werde	werde
	getragen	getragen	gelobt	gelobt
	werden	werden	werden	werden
usw.				
	Futur II			
ich	werde	werde	werde	werde
	getragen	getragen	gelobt	gelobt
	worden sein	worden sein	worden sein	worden sein
usw.				
	Infinitiv			
Inf. I:	getragen werden		gelobt werden	
Inf. II:	getragen worden sein		gelobt worden sein	
	Partizip			
Part. I:	[ein zu] tragend[er]		[ein zu] lobend[er]	
	(↑ 436, Merke)			
Part. II:	getragen		gelobt	

464

	haben		sein	
	Indikativ	*Konjunktiv*	*Indikativ*	*Konjunktiv*
	Präsens			
ich	habe	habe	bin	sei
du	hast	habest	bist	sei[e]st
er ⎫ sie ⎬ es ⎭	hat	habe	ist	sei
wir	haben	haben	sind	seien
ihr	habt	habet	seid	seiet
sie	haben	haben	sind	seien
	Präteritum			
ich	hatte	hätte	war	wäre
du	hattest	hättest	warst	wärest
er ⎫ sie ⎬ es ⎭	hatte	hätte	war	wäre
wir	hatten	hätten	waren	wären
ihr	hattet	hättet	war[e]t	wäret
sie	hatten	hätten	waren	wären
	Perfekt			
ich	habe gehabt	habe gehabt	bin gewesen	sei gewesen
usw.				
	Plusquamperfekt			
ich	hatte gehabt	hätte gehabt	war gewesen	wäre gewesen
usw.				
	Futur I			
ich	werde haben	werde haben	werde sein	werde sein
usw.				
	Futur II			
ich	werde gehabt haben	werde gehabt haben	werde gewesen sein	werde gewesen sein
usw.				
	Imperativ			
Sing.:	habe!		sei!	
Plur.:	habt!		seid!	

	haben		sein	
	Indikativ	*Konjunktiv*	*Indikativ*	*Konjunktiv*
	Infinitiv			
Inf. I:	haben		sein	
Inf. II:	gehabt haben		gewesen sein	
	Partizip			
Part. I:	habend		seiend	
Part. II:	gehabt		gewesen	

465

	werden			
	Indikativ	*Konjunktiv*	*Indikativ*	*Konjunktiv*
	Präsens		*Präteritum*	
ich	werde	werde	wurde	würde
du	wirst	werdest	wurdest	würdest
er sie es	wird	werde	wurde	würde
wir	werden	werden	wurden	würden
ihr	werdet	werdet	wurdet	würdet
sie	werden	werden	wurden	würden
	Perfekt		*Plusquamperfekt*	
ich	bin	sei	war	wäre
	geworden	geworden	geworden	geworden
usw.				
	Futur I		*Futur II*	
ich	werde	werde	werde	werde
	werden	werden	geworden sein	geworden sein
usw.				

	Imperativ	*Infinitiv*	*Partizip*
Sing.:	werde!	Inf. I: werden	Part. I: werdend
Plur.:	werdet!	Inf. II: geworden sein	Part. II: geworden

● Der Gebrauch der Tempora

Zeitstufe und Tempusbedeutung

Mit Hilfe der grammatischen Tempora wird das Geschehen oder Sein, **466**
das vom Verbstamm bezeichnet wird, in den Ablauf der Zeit eingeordnet. Gewöhnlich werden drei objektiv-reale Zeitstufen unterschieden:

     Vergangenheit ← Gegenwart → Zukunft

In diesen drei Zeitstufen kann das Geschehen ablaufen oder vollendet
sein. Das Verhältnis der Tempora des Verbs zu diesen Zeitstufen wird
davon bestimmt, daß

1. die zeitlichen Beziehungen nicht allein durch die Tempora, sondern
auch durch lexikalische Mittel, z. B. temporale Adverbien, Konjunktionen und Präpositionalfügungen, ausgedrückt werden können,

2. ein bestimmtes Tempus in unterschiedlichen Text- oder Situations-
zusammenhängen verschiedenartige Zeitbedeutungen realisiert, z. B.

> Da *bist* du ja. (Präsens; gegenwärtig)
> Nächste Woche *sehe* ich mir Aitmatows Stück „Der Tag zieht den Jahrhun-
> dertweg" in der Berliner Volksbühne an. (Präsens, zukünftig)
> 1. November 1786: Goethe *erreicht* auf seiner italienischen Reise die
> Stadt Rom. (Präsens, vergangen)
> In der ganzen Welt *rufen* seit Jahren Naturschützer und umweltbewußte
> Menschen immer wieder zu einem rücksichtsvollen Umgang mit der Natur
> auf, um der Erhaltung der natürlichen Lebensbedingen zu *entsprechen*. (Prä-
> sens, allgemeingültig, zeitindifferent)

3. einige Tempora, z. B. Präsens und Futur, außer temporalen auch
modale Bedeutungsvarianten besitzen, z. B. zum Ausdruck einer Aufforderung oder einer Vermutung:

> Du *wirst* dich jetzt bei unserem Gast entschuldigen. (Futur I)
> Paul ist nicht da. Er *wird* doch den Termin nicht *vergessen haben*. (Futur II)

Absolute und relative Zeitbedeutung

467 Man muß beim Gebrauch der Tempora zwei Arten von zeitlichen Beziehungen unterscheiden:

1. Der Sachverhalt wird in seinem zeitlichen Verhältnis zur Betrachtzeit
des Sprechers oder Schreibers erfaßt. Diese Darstellungsweise beherrscht
den Gebrauch der Tempora in selbständigen einfachen Sätzen, in den
Hauptsätzen der Satzgefüge und im ersten Teilsatz von Satzverbindungen. Hierbei handelt es sich um *absolute* Zeitbedeutung.

2. In zusammengesetzten Sätzen werden zeitliche Beziehungen zwischen zwei oder mehreren Sachverhalten ausgedrückt. Es wird dabei
zum Ausdruck gebracht, daß sich ein Prozeß gleichzeitig mit einem
anderen, vor oder nach einem anderen vollzieht. Solche Beziehungen
der Gleichzeitigkeit, Vor- oder Nachzeitigkeit von Prozessen werden vor
allem in Nebensätzen sowie in solchen Teilsätzen von Satzverbindungen
ausgedrückt, die jeweils dem ersten Teilsatz folgen. In solchen Fällen
liegt *relative* Zeitbedeutung vor. Beispiele:

absolut: Wir *arbeiteten* im Garten. Wir *frühstückten* gut.
relativ: *Nachdem* wir gut *gefrühstückt hatten, arbeiteten* wir im Garten (Vorzeitigkeit).

Für den relativen Gebrauch der Tempora gelten folgende Grundregeln: **468**

a) Zum Ausdruck der Gleichzeitigkeit zweier Geschehnisse steht in
Teilsätzen das gleiche Tempus:

> Ich *sah gerade* den ältesten Jungen beim Armbrustschießen zu, *als* Werner
> Gideon zu mir *kam* und *sagte,* meine Schwester sei Königin (KANT).
> *Während* Otto Briefe *schreibt, malen* Inge und Hans Bilder.

b) Zum Ausdruck der Vorzeitigkeit steht das Perfekt neben dem Präsens und Futur I, das Plusquamperfekt neben dem Präteritum:

> *Eine halbe Stunde später wußte* ich, was sie damit *gemeint hatte* ... (KANT).
> Wenn er das *gesagt hat, tut* er es auch / *wird* er es auch *tun.*

Auch das Präteritum wird zuweilen mit dem Perfekt kombiniert:

> Die große Industrie *hat* den Weltmarkt *hergestellt,* den die Entdeckung
> Amerikas *vorbereitete.*

c) Zum Ausdruck der Nachzeitigkeit können in den Teilsätzen gleiche
oder unterschiedliche Tempora verwendet werden. Das im Nebensatz
dargestellte Geschehen folgt auf das im Hauptsatz ausgedrückte:

> Sie *gackerten* und *kicherten so lange* auf der Straße herum, *bis* ich mit Steinen
> nach ihnen *warf* (KANT). Wir *erreichten / hatten* das Wanderziel *erreicht,*
> *ehe* die Sonne *unterging.*

d) Temporale Adverbien, Konjunktionen und substantivische Temporalbestimmungen verdeutlichen oder modifizieren das Zeitverhältnis.
Im folgenden soll der Gebrauch der Tempora im einzelnen behandelt
werden.

Das Präsens

„Gegenwart" ist genaugenommen nur ein Augenblick, nur punktuelles   **469**
Geschehen. Die meisten Handlungen, Vorgänge und Zustände aber
sind nicht punktuell, sondern vollziehen sich in einem kleineren oder
größeren Zeitabschnitt. Durch seine Achsenstellung innerhalb der Zeitstufen Zukunft – Gegenwart – Vergangenheit wird das Präsens zu
einem neutralen Tempus. Wesentlich ist dabei die Vergegenwärtigung
auch vergangenen, künftigen oder sich wiederholenden Geschehens
durch den Sprecher.

1. Das Präsens (lat. *praesens* = ‚gegenwärtig') bezeichnet ausgespro-
chen gegenwärtiges Geschehen (aktuelles Präsens):

> Ich *lese* [eben]. Sie *stickt* [gerade]. Es *klopft.* Herr N., Sie *werden* ange-
> rufen! Jetzt *muß* ich gehen. Plötzlich *steht* er vor mir.

2. Es bezeichnet Vorgänge von Dauer, die in die Gegenwart hinein-
reichen oder hineinversetzt werden:

> Er *wohnt* auf dem Lande, *studiert* in Leipzig. Er *ist* krank. Er *ist* wieder
> gesund. Wir *warten* schon drei Stunden.

In dieser Bedeutung wird das Präsens auch in der Reportage und in
Bühnenstücken verwendet, u. a. in der „Teichoskopie“ (griech. =
‚Mauerschau‘), wenn Vorgänge, die sich auf der Bühne nicht oder nur
sehr schwer darstellen lassen, den Zuschauern nahegebracht werden
sollen. Ein Beispiel dafür ist der 10. Auftritt im 5. Akt von SCHILLERS
„Jungfrau von Orleans“. (Ein Soldat schildert von der Mauer herab
den Verlauf der Schlacht.)

3. Es bezeichnet die Allgemeingültigkeit. Deshalb steht es in allgemeinen Feststellungen und in Sprichwörtern (generelles Präsens):

> Die Winkelsumme im Dreieck *beträgt* 180°. Eis *schmilzt* bei 0° Celsius.
> Heutzutage *denkt* man über viele Dinge anders als früher. Müßiggang
> *ist* aller Laster Anfang. Was sich *neckt*, das *liebt* sich.

470 4. Das Präsens steht häufig anstelle des Futurs I. Temporalangaben
sind ratsam, um diesen Zeitbezug zu verdeutlichen:

> In vierzehn Tagen *sind* Ferien. „Also höre, Junge, ich *gehe*. Vielleicht
> *bin* ich in einer Stunde zurück, vielleicht schon früher“ (BREDEL, zit.
> nach ADMONI, Sprachbau, S. 187).

Futurische Bedeutung hat häufig das Präsens perfektiver Verben (↑ 528):

> Sei überzeugt, ich *komme*! Wir *treffen* uns also [morgen] auf dem Rathaus-
> platz. Du *bekommst* dieses Buch zu deinem Geburtstag. Ich *gehe* ins Museum.
> Wo *finde* ich dich?

5. In Verbindung mit Wörtern wie *wohl*, *sicher*, *doch* drückt das Präsens
eine Vermutung aus:

> Er arbeitet *wohl*. Du bist *doch* am Abend zurück?

471 6. Der Indikativ des Präsens kann energischer Befehl sein:

> Du *gehst*! Du *bleibst* hier! Ihr *schweigt* und *wartet*, bis ihr *gefragt werdet*.

Der Konjunktiv I kann eine mildere Form der Aufforderung ausdrücken.

472 7. Das Präsens steht als historisches Präsens in Aussagen über Vergangenes.

> In historisch-literarischen Registern: 1781 (15. Februar): Lessing *stirbt*. In hi-
> storischen Feststellungen: Der Fenstersturz in Prag (1618) *führt* zum Drei-
> ßigjährigen Krieg.

Es steht als lebhaft vergegenwärtigte Vergangenheit, als Zeichen der
Erregung, als Mittel, bestimmte Vorgänge von anderen abzuheben, in
der Sprache der schönen Literatur und in der Umgangssprache oft im
Wechsel mit dem Präteritum (dramatisches Präsens):

> Frau Hardekopf *sollte* noch eine Weihnachtsüberraschung erleben. Am
> Nachmittag des zweiten Festtages *tritt* ihr Sohn Ludwig in die Tür, und
> mit ihm eine Frau ... Frau Hardekopf *bleiben* vor Überraschung und
> Staunen die Worte in der Kehle stecken. Sie *erhebt* sich schwerfällig
> (BREDEL).
> Hofmann *wollte* den Ball gerade ins Tor schießen. Da *pfeift* der Schieds-
> richter ab.

Besonders häufig ist das dramatische Präsens in der Balladendichtung.
Man achte darauf bei GOETHE und SCHILLER, bei UHLAND und PLA-
TEN, bei C. F. MEYER, HEINE und FONTANE!

Merke:
Dieses Präsens ist bei Wechsel der Handlung, zum Erregen von Spannung und aus ähnlichen stilistischen Gründen berechtigt. Man vermeide
aber unnötigen und zu häufigen Gebrauch.

Das Präteritum

1. Im Präteritum wird vergangenes Geschehen dargestellt. Gewöhn- **473**
lich wird es Tempus der Erzählung genannt; TH. MANN bezeichnet
den Erzähler sogar als „raunenden Beschwörer des Imperfekts". Das
Präteritum verweist erinnernd in die Vergangenheit. Es beschreibt und
schildert Zustände ebenso wie Handlungen und Vorgänge. Es stellt
sowohl das Nacheinander der Geschehnisse als auch Gleichzeitiges dar
und ermöglicht so den Eindruck der Stetigkeit in der Vergangenheit.

> An einem Augusttag *war* es. Der heiße Mittag *drückte* die braune Ebene
> (SEGHERS). Schiller *wurde* 1759 in Marbach geboren. *Jetzt* war alles nicht
> mehr so arg (BREDEL). *Heute sollte* es sich entscheiden. *Bald darauf kam*
> mein Bruder.

Wenn das Präteritum mit Adverbialangaben der Gegenwart und Zukunft kombiniert ist, bezieht sich der Erzähler in der Erinnerung auf
einen vergangenen Zeitpunkt. Manchmal wird durch ein anderes
Tempus vorher auf den Sprung in die Vergangenheit hingewiesen:

> Gern *rufe* ich mir das Bild meines Vaters vor die Seele zurück, wie er mit
> seinem weißen Spitzbart und seinem mit weißseidener Weste umhüllten
> Bauch der Tafel *vorsaß* ... (TH. MANN). *Erinnerst* du dich noch, wie wir
> oft nachmittags in dem Garten *saßen*, wie es recht schön *war*, wie die
> Bienen um uns *summten*, die Linden *dufteten* und die Sonne von dem
> Himmel *schien*? (STIFTER)

474 2. In der Umgangssprache schwankt der Gebrauch von Präteritum und Perfekt. Im Oberdeutschen ist statt des literatursprachlichen Präteritums überwiegend das Perfekt das Tempus der Erzählung. Im Niederdeutschen dagegen wird das Präterium über seinen eigentlichen Bereich hinaus verwendet. Dies führt in der Alltagsrede der mittleren Gebiete manchmal zum unangemessenen Gebrauch des Plusquamperfekts:

> Ich *bin* beim Bäcker *gewesen* (oberdt.). Ich *war* beim Bäcker (niederdt.). Ich *war* beim Bäcker *gewesen* (obersächs.).

Hinsichtlich des absoluten Gebrauchs von Präteritum und Perfekt gilt, daß man mit dem Perfekt einzelne abgeschlossene Feststellungen macht, im Präteritum aber zusammenhängend erzählt oder berichtet.

Das Perfekt

475 Das Perfekt hat seiner Bildung entsprechend (Hilfsverb + Partizip II, ↑ 441) Vollzugscharakter. Es stellt fest. Der Gedanke an einen Ablauf ist ausgeschlossen. Diese aktionale Bedeutungskomponente kennzeichnet alle Varianten beim Gebrauch des Perfekts.

1. Ist das Präsens Ablaufform der Zeitstufe Gegenwart, so ist das Perfekt die Vollendungsform. Es drückt das Vergangene in bezug auf die Gegenwart aus. Im Perfekt werden Vorgänge dargestellt, die noch in die Gegenwart hineinwirken, auf deren Folge oder Ergebnissen die gegenwärtige Lage oder Handlung beruht:

> Ich *habe* mir gute Mitarbeiter *gewonnen* (also kann ich jetzt gut arbeiten). Wir *haben* die Bücher schon letzte Woche *zurückgegeben* (obwohl der Termin ihrer Rückgabe noch nicht abgelaufen war). Wir *haben* Ihren Brief *erhalten* und möchten darauf folgendes mitteilen. (Nicht: „… *erhielten* Ihren Brief“; denn der Brief veranlaßt das heutige Schreiben.)

2. Das Perfekt steht bei sachlich betonter Feststellung, da diese den Vollzug eines Geschehens konstatiert.

> Gestern abend *hat* sich an der Albertbrücke ein schwerer Verkehrsunfall *ereignet*. Die Polizei *hat festgestellt*, daß er durch die Straßenglätte *verursacht worden ist*.
> Umg.: Das *hast* du gut *gemacht*! Das *hat geklappt*!

3. Das Perfekt kann auch den völligen Abschluß einer Handlung ausdrücken:

> Was war, *ist* für immer *gewesen* (Börne). Regnet es noch? Nein, es *hat geregnet*. (Man beachte die Betonung!)

4. Man benutzt das Perfekt als Tempus der Zusammenfassung nach oder vor Ausführungen im Präteritum:

Von Kohlhaas aber *haben* noch im vergangenen Jahrhundert im Mecklenburgischen einige frohe und rüstige Nachkommen *gelebt* (KLEIST).

5. In Verbindung mit entsprechenden lexikalischen Mitteln drückt das Perfekt anstelle des Futurs II in der Zukunft vollendetes Geschehen aus.

Morgen um diese Zeit *ist* er wieder *abgereist*. Wage, und du *hast gewonnen*. Bald *hast* du es *geschafft*.

6. Obwohl wegen seines resultativen Charakters eigentlich nicht geeignet, wird das Perfekt im Oberdeutschen oft als Erzähltempus gebraucht: **476**

Wir *haben gezittert* am ganzen Leib, fuhr der braune Schmied fort (ROSEGGER). Ich *hab* ein Ladengeschäft *gehabt* (FALLADA).

Der umgangssprachliche Gebrauch des Perfekts anstatt des Präteritums hat in der Alltagsrede bereits zu einer doppelt umschriebenen Form zum Ausdruck vollendeten Geschehens geführt.

Ich *habe* die Brötchen *geholt gehabt*.

7. Das Perfekt ist relatives Tempus zum Ausdruck der Vorzeitigkeit **477** gegenüber dem im Präsens dargestellten Geschehen (↑ 468):

Mit der Baggerkolonne *sind* wir in einem Fahrstuhl nach oben *gefahren*, und die Eimer *greifen jetzt* spielend in den noch Frucht tragenden Boden (Leipziger Volkszeitung). Die Natur ist die Probe auf die Dialektik, und wir müssen der Naturwissenschaft nachsagen, daß sie ... Material *geliefert hat* (ENGELS). Ich *sehe eben* noch einmal nach, was Herr Sch. *geschrieben hat*.

Das Plusquamperfekt

1. Auch das Plusquamperfekt (lat. = ‚mehr als vergangen') hat **478** Vollzugscharakter. Es stellt Vorgänge dar, die in der Vergangenheit bereits vollendet sind. Es verhält sich zum Präteritum wie das Perfekt zum Präsens. Das Plusquamperfekt ist daher oft relatives Tempus (↑ 479), kommt aber auch absolut vor:

Ich *hatte* zum heutigen Tag eines jener weißen Stärkhemden *angelegt*, die mein Pate mir auf den Lebensweg *mitgegeben* ... (TH. MANN).

2. Wie das Perfekt wird auch das Plusquamperfekt zur Zusammenfassung benutzt:

Die Kinder *waren* von dem Tage an erst recht das Eigentum des Dorfes *geworden*; sie wurden von nun an nicht mehr als Auswärtige, sondern als Eingeborene betrachtet (STIFTER).

3. Direkte, im Dialog im Perfekt gegebene Rede wird als erlebte Rede im Plusquamperfekt wiedergegeben:

> Riedl rührte sich nicht. Er sah den Mann an. Das Gesicht kam ihm bekannt vor. Wo aber *hatte* er es *gesehen?* (SEGHERS, zit. nach FLEISCHER/ MICHEL, Stilistik, S. 227)

479 4. Das Plusquamperfekt steht häufig als relatives Tempus. Es drückt dann Vorzeitigkeit gegenüber dem Präteritum aus (↑ 468):

> Seine Frau – die Trauung *hatte* vor einigen Tagen in aller Stille *stattgefunden* – trippelte mit kleinen Schritten heran (BREDEL). Die Schüler stürmten aus dem Klassenzimmer. Es *hatte* eben *geläutet*. Als ich die Arbeit *beendet hatte*, rief ich den Freund an.

Das Futur I

480 Futur I (lat. *futurus* = ‚zukünftig‘) und Futur II werden in gesprochener Rede nicht oft verwendet. In den meisten Fällen kann man für Futur I das Präsens setzen (↑ 470). Bezeichnend für Futur I und Futur II ist ihr vorherrschender Gebrauch in modaler Bedeutung (Vermutung, Aufforderung u. ä.). Für die aktuelle Bedeutung ist auch die Person, in der das Subjekt steht, maßgebend, wenn die drei Bedeutungsvarianten des Futurs I auch nicht an bestimmte grammatische Personen gebunden sind.

481 1. Das Futur I bezeichnet eine zukunftsgewisse Voraussage:

> Unsere Kinder *werden sich* in einer gesunden Umgebung *erholen.*
> Unsere Gruppe *wird* (im nächsten Sommer) ins Ferienlager *fahren.*

Insbesondere die 1. Person drückt eine feste Zusicherung aus:

> Ich *werde* darauf *bestehen.* Dem *werde* ich *helfen!*

2. Das Futur I steht in der 2. Person für eine energische Aufforderung:

> Ihr *werdet* die Aufgaben bis morgen *erledigen.* Du *wirst* dich jetzt bei Herrn Riedel *entschuldigen.*

3. Das Futur I steht für eine auf die Gegenwart oder Zukunft bezogene Vermutung (meist mit der 3. Person des Subjekts):

> Er *wird* sich auf seine Prüfung *vorbereiten.* Er *wird* morgen (sicher) pünktlich zurück *sein.* Das *wird* schon wahr *sein.*

Das Futur II (Futurum exactum)

482 1. Das Futur II drückt eine Vermutung über bereits vollzogenes Geschehen aus:

> Es *wird* vier Uhr *geschlagen haben.* Da *werden* Sie sich *geirrt haben.*

2. Als relatives Tempus ist das Futur II unserer Sprache im allgemeinen fremd. Es steht dann für einen Vorgang, der vorüber ist, wenn der im Futur I berichtete eintritt.

> Wenn die Kommission alle Zahlen *geprüft haben wird, werde* ich Bescheid geben.

Gewöhnlich wird in der Zukunft vollendetes Geschehen im Nebensatz durch das Perfekt wiedergegeben. Obiger Satz lautet also besser:

> Ich *werde* Auskunft geben, wenn die Kommission alle Zahlen *geprüft hat.*

● Die Genera verbi

Mit Hilfe des **Genus verbi** wird das Verhältnis des grammatischen **483** Subjekts zum Geschehen im Satz ausgedrückt. Zu unterscheiden sind dabei das Aktiv, das Vorgangspassiv und das Zustandspassiv. Die charakteristischen Bedeutungen der Genera verbi (lat. = ‚Geschlecht des Verbs‘) werden besonders beim passivfähigen Verb deutlich.

Merke:
Wie im Aktiv (lat. *agere* = ‚handeln‘) nicht nur Tätigkeiten stehen *(tun, arbeiten, herstellen)*, sondern auch Vorgänge *(blühen, vor sich gehen, fallen, regnen, werden)* und Zustände *(sein, bleiben, leiden, stehen, wohnen)*, so stellt auch das Passiv (lat. *pati* = ‚leiden‘) oft kein Leiden dar:

> Die Klasse *wird gelobt.* Amerika *wurde* 1492 *entdeckt.* Das Mädchen *wurde* reich *beschenkt.*

Das Aktiv

1. Das **Aktiv** bezeichnet bei Tätigkeitsverben eine Handlung des Sub- **484** jekts. Ein Objekt kann dabeistehen:

> Die Kinder spielen. Ich las *den Roman.* Sputniks umkreisen *die Erde.* Ich helfe *dem Freund.*

2. Das Aktiv kann auch einen Vorgang oder Zustand bezeichnen. Vorgangs- und Zustandsverben sind nicht passivfähig:

> Die Sonne *scheint.* Das Wasser *fließt* schnell. Die Rose *blüht.* Die Frucht *reift.* Der Kranke *erblindete.* Die Tage *werden* kürzer.

3. Nur im Aktiv kommen Impersonalia (↑ 407) vor, bei denen eigentlich gar kein Subjekt zum Ausdruck kommt (*es* ist Scheinsubjekt):

> Es *donnert.* Es *hat geklopft.* Es *grünt* und *blüht.* Was *gibt's?*

4. Zum Aktiv gehört auch die Konjugation reflexiver Verben. Bei reflexiv gebrauchten (semantisch-reflexiven) Verben liegt an sich eine besondere Handlungsrichtung (Subjekt ⇔ Objekt) vor. Zur Bildung des Aktivs ↑ 459 ff.

Das Vorgangspassiv

485 1. Im Passiv wird das Akkusativobjekt des Aktivsatzes zum (grammatischen) Subjekt. Die Bezeichnung des *Agens* (des Täters) kann im Passivsatz fehlen oder wird Präpositionalobjekt, als Urheber mit *von*, als Ursache oder Mittel mit *durch* (dreigliedriges Passiv). Es gibt Fälle, wo man im Gebrauch der Präposition schwanken kann:

> Aktiv: Er trifft das Ziel. Passiv: Das Ziel wird von ihm getroffen. Angloamerikanische Bomber zerstörten Dresden. / Dresden wurde von angloamerikanischen Bomben zerstört. Bomben zerstörten Dresden. / Dresden wurde durch Bomben zerstört. Sputniks umkreisen die Erde. / Die Erde wird von (durch) Sputniks umkreist.

Die Blickrichtung ist also in den Genera verschieden. Weil das Akkusativobjekt des Aktivsatzes zum Subjekt im Passiv wird, spricht man auch von „Umkehrrichtung" (SCHMIDT, Grundfragen, S. 208).

486 2. Das Wesen des Passivs liegt aber nicht nur in der umgekehrten Blickrichtung. Folgendes ist zu beachten:

a) Man kann bei transitiven Verben ein Vorgangspassiv ohne Nennung des Agens bilden (zweigliedriges Passiv):

> Das Ziel *wurde getroffen.* Die Abhandlung *wurde gedruckt.* Es war nur gut, daß der Markt um zehn *geschlossen wurde* . . . (KANT).

b) Bei intransitiven Verben, soweit diese ein Passiv bilden können, stellt das subjektlose Passiv eine Tätigkeit ohne Angabe des persönlichen Urhebers und teilweise auch ohne Angabe des Ziels dar:

> Solange *verhandelt wird, wird* nicht *geschossen* (NEUTSCH). Davon *muß gesprochen werden.* Der Toten *wurde gedacht.* Auf den Straßen *wurde gespielt und getanzt.* Jetzt *wird aufgepaßt*!

c) Eine Anzahl Verben, die einen Akkusativ bei sich haben können, aber keine aktive Handlung des Subjekts bezeichnen, bilden kein Passiv. Es handelt sich um Verben wie *haben, bekommen, wissen, kennen, dünken, anmuten, kosten, ergeben, umfassen, betragen* sowie *es gibt*:

> Wir *haben* schönes Wetter, zuverlässige Freunde. Ich *kenne* diesen Ort nicht. *Es gibt* jetzt Erdbeeren. Ich *weiß* ein Versteck.

Dazu gehören auch die Verben mit dem Akkusativ des Inhalts (↑ 173):

> Dieses Buch *enthält* Novellen von Keller. Es *kostet* zehn Mark. Ich habe das Buch von einem Freund *bekommen*. Die Sommersonne *rastet* Mittagsrast (HUCH).

Verben, deren Akkusativobjekt einen Körperteil oder ein Kleidungs- **487**
stück des Subjekts bezeichnet, sind in der Passivbildung eingeschränkt:

> Er *schüttelte* den Kopf, *zuckte* die Schultern, *rümpfte* die Nase.

Meist ist nur ein Passiv ohne Nennung des Agens möglich:

> Aus den Unterständen ... *wurden* Fäuste *gereckt* und furchterregend *geschüttelt* (WEBER). Die Hände *werden* nach dem Essen *gewaschen*. Der Mantel *wurde angezogen*.

Ein dreigliedriges Passiv ist möglich, aber stilistisch nicht zu empfehlen, wenn der Körperteil einer anderen Person genannt wird:

> Die Mutter wäscht dem Kinde das Gesicht. Nicht zu empfehlen: Das Gesicht wird dem Kinde von der Mutter gewaschen. Aber ohne Beanstandung: Den Verletzten *wurden* Verbände *angelegt* und gebrochene Gliedmaßen *geschient*.

Reflexive Verben und der Akkusativ mit Infinitiv (↑ 228) werden in der Literatursprache nicht ins Passiv gesetzt.

Das Zustandspassiv

Außer dem Vorgangspassiv, das aus *werden* + Partizip II gebildet **488**
wird, gibt es noch das Zustandspassiv, das aus *sein* + Partizip II
von Tätigkeitsverben gebildet wird und einen Zustand kennzeichnet,
der Resultat einer vorausgegangenen Tätigkeit ist. Der Täter wird im
Zustandspassiv nur äußerst selten genannt. Man muß Vorgangs- und
Zustandspassiv klar unterscheiden:

> Vorgangspassiv: Das Fenster *wurde* geöffnet. Hier *waren* Karl Liebknecht und Rosa Luxemburg ihren Mördern *ausgeliefert worden* (HERZFELDE). An alles *war gedacht worden*.
> Zustandspassiv: Das Fenster *ist geöffnet* / *offen*. Die Gefangenen *sind* ihren Peinigern *ausgeliefert*. An alles *ist gedacht*.

Der Wegfall des Partizips II von *werden (worden)* läßt zuweilen das
Perfekt des Vorgangspassivs dem Präsens des Zustandspassivs gleich
erscheinen:

> Der Worte *sind* genug *gewechselt (sind gewechselt worden)*. Ein Kind *ist geboren (ist geboren worden)*.

Merke: **489**
Das Zustandspassiv darf nicht mit Formen intransitiver Vorgangsverben verwechselt werden, die ihre zusammengesetzten Zeiten im Aktiv
mit *sein* bilden (↑ 460):

Ein Schriftstück *war verschwunden.* Die Rose *ist verblüht.* Der Kollege *ist* ganz überraschend *gestorben.*

Zum stilistischen Gebrauch des Passivs

490 Es geht nicht darum, das Aktiv grundsätzlich zu empfehlen, wenn der Handelnde dem Autor bekannt ist, sondern die unterschiedlichen Bedeutungen der Genera verbi bei der Ausdrucksgestaltung gegenstandsadäquat und situationsangemessen zu nutzen. Dabei müssen auch die Unterschiede zwischen den verschiedenen Passivvarianten (dreigliedrige, zweigliedrige, subjektlose Passivkonstruktion) berücksichtigt werden.

a) Soll das Ziel der Handlung zugleich Gegenstand der Aussage sein, so ist das syntaktisch nur im Passiv möglich:

Die Meister in diesen Sportarten *wurden* Könige *geheißen* und als solche reich *beschenkt* (KANT). Die 5. Klasse *wird* von Frau Meier *unterrichtet.*

Der Handelnde kann für die Mitteilung ganz unwichtig sein:

Das Leben *wurde* jedoch bereits für weniger wichtige Sachen *riskiert* ... (APITZ). Die Leipziger Herbstmesse *wird* am 6. September *eröffnet.* Sein Vater *wurde* zum Direktor *ernannt.*

Der Täter kann unbekannt sein:

Plötzlich *wird* die Tür *aufgerissen.* In der Nacht zum Montag *wurde* in dem Juweliergeschäft ein Einbruch *verübt.*

Das Passiv eignet sich gut für allgemeingültige Aussagen:

Unter Standardsprache *wird* die im gesamten Sprachgebiet gültige und durch Normen geregelte Form der Sprache *verstanden.* Nichts *wird* so oft unwiederbringlich *versäumt* wie eine Gelegenheit, die sich täglich bietet (EBNER-ESCHENBACH).

Auch schicksalhaftes Geschehen wird gern im Passiv ausgedrückt:

Es *ist* dafür *gesorgt,* daß die Bäume nicht in den Himmel wachsen.

b) Für das Futur I des Passivs verwendet man in der Umgangssprache fast immer das Präsens (↑ auch 470):

Der ausgefallene Unterricht *wird nachgeholt.* Ich *werde erwartet.*

Komplizierte Formen wie das Futur II *(Der Berg wird von dem Touristen erstiegen worden sein.)* sind auch für die Standardsprache nicht zu empfehlen (↑ auch 482).

Konkurrenzformen des Passivs

491 Bestimmte syntaktische Konstruktionen mit Aktivformen sind mit dem Passiv bedeutungsverwandt, d. h.: sie stellen das Geschehen ebenfalls

ohne Angabe eines konkreten Täters dar, und sie können im Satzzusammenhang unter Beibehaltung ihrer Bedeutung durch das (meist
zweigliedrige) Passiv ersetzt werden. Bei diesen Konkurrenzformen des
Passivs werden zwei Gruppen unterschieden: Passivsynonyme ohne
modale Komponente und mit einer solchen.

1. Konkurrenzformen des Passivs ohne modale Komponente

a) Die persönlich-unbestimmte Konstruktion mit *man* ist zwar agens- **492**
bezogen, aber die Agensangabe ist unbestimmt und nicht spezifiziert:

> *Man* rief nach einem Arzt, nach der Polizei. *Man* stürmte das Podium
> (Th. Mann). (= Das Podium *wurde gestürmt.*)

b) Die Reflexivkonstruktion, bei der sich das Verb und das Reflexivum
auf ein Subjekt beziehen, das das Patiens nennt (↑ 417):

> Plötzlich *öffnet sich* die Tür. Das Buch *wird sich* schon *finden.*

c) Intransitive lexisch-semantische Varianten von Verben, die sowohl
intransitive als auch transitive Sememe besitzen (↑ 405):

> Die Kohlen *lagern* im Keller (= *werden* im Keller *gelagert*). Das Museum
> *öffnet* sonntags zehn Uhr und *schließt* siebzehn Uhr.

Diese Konstruktionen sind nicht in jedem Falle Passivkonkurrenten,
sondern nur dann, wenn tatsächlich eine Person das Geschehen bewirkt.
Wenn Naturvorgänge dargestellt werden, die sich ohne menschliche
Einwirkung vollziehen, liegt keine Konkurrenzform des Passivs vor:

> Das Eis *schmilzt.* Im Sommer *verdampft* das Wasser.

d) Bei der Konstruktion *bekommen / erhalten / kriegen* (umg.) + Partizip II wird die Bezeichnung des Adressaten syntaktisches Subjekt:

> Eine Erkenntnis, die der Zuschauer leider nur aus dem Kommentator
> text *vermittelt bekommt.*

e) Funktionsverbfügungen mit Passivbedeutung bestehen aus einem **493**
Substantiv, das von einem transitiven Verb abgeleitet wurde, und einem
der Funktionsverben *erfahren, erhalten, finden, gelangen, genießen* u. a.

> Seine Leistung hat allgemeine *Anerkennung gefunden* (= *ist* allgemein *an*
> *erkannt worden*). Der Gelehrte *genießt* in Fachkreisen große *Achtung.* Das
> neue Stück *gelangt* in Rostock *zur Uraufführung.*

f) Verbalsubstantive können auch mit Ereignisverben kombiniert werden:

> Die *Abscheidung* des Kupfers *geschieht* entweder durch Zementation mit
> Eisen oder durch Elektrolyse (Brockhaus-ABC). Angenommen, die
> *Adoption* wäre vor dem 1. Januar 1968 *erfolgt* (Tageszeitung 1974).

2. Konkurrenzformen des Passivs mit modaler Bedeutungskomponente

494 a) Von Verben abgeleitete Adjektive auf *–bar* und *–lich* bezeichnen die Eignung einer Sache für eine Tätigkeit, eine Möglichkeit:

> Die Straße nach Elend ist nicht *befahrbar*. Seine Schrift ist *lesbar / leserlich*. Dieses Versäumnis ist doch *entschuldbar*.

b) Die Fügung *sein* + *zu* + Infinitiv ist nicht eindeutig; sie kann eine Möglichkeit (Ersatz durch *können* + Passiv) oder eine Forderung (Ersatz durch *sollen* oder *müssen* + Passiv) ausdrücken:

> Diese Aufgabe *ist zu lösen* (= *kann / soll gelöst werden*). Der Zimmerschlüssel *ist* beim Hotelportier *abzugeben*.

c) Ähnlich verhält es sich mit dem *Gerundiv* (lat. *gerundivum* = ‚auszuführend‘, ↑ 436, Merke), dem attributiven Partizip I mit *zu*:

> die *zu erwartende* Nachricht (= die Nachricht, die *erwartet* wird), die immer wieder *zu beobachtende* Gleichgültigkeit, eine *zu schreibende* Arbeit (eine Arbeit, die *geschrieben werden soll*)

495 d) Reflexivkonstruktion mit *lassen* oder mit Modalergänzung:

> Dieses Material *läßt sich biegen, dehnen, gut verarbeiten*. Der Vorschlag *läßt sich hören*. Der Wein *läßt sich trinken*. Diese Ware *verkauft sich* gut. Das Gerät *handhabt sich* leicht.

e) Konstruktion aus *es gibt / bleibt* + *zu* + Infinitiv:

> *Es gibt* jetzt eine Menge Arbeit *zu tun* (= Es *muß* jetzt eine Menge Arbeit *getan werden*.). Ob dieses Vorhaben Erfolg hat, *bleibt abzuwarten* (= *muß abgewartet werden*).

496 f) Funktionsverbfügungen aus *bedürfen* + Verbalsubstantiv im Genitiv:

> Solche Beispiele *bedürfen* einer besonderen *Erörterung* und *Erläuterung* (= müssen besonders erörtert und erläutert werden). Damit es (das Geld) die Frau des Schmiedes ausgezahlt bekommt, *bedarf es* einiger *Laufereien, Fahrereien, Schrebereien* und *Gebühren* (H. HAUPTMANN).

● Die Modi und die Modalität

497 Ein Geschehen kann vom Standpunkt des Sprechers als wirklich, vorgestellt, möglich, vermutet, erwünscht, befohlen, erforderlich, unsicher, zweifelhaft, nichtwirklich dargestellt werden. Er kann die Rede eines anderen wiedergeben, mit mehr oder weniger persönlicher Zustimmung. Um diese unterschiedlichen Geltungsgrade, die Modalität der Aussage, auszudrücken, hat die Sprache verschiedene lexikalische, syntaktische und morphologische Mittel zur Verfügung. Lexikalische Mittel sind die Modalwörter (*hoffentlich*; *sicher[lich]*, *vermutlich*, *gewiß*, *leider* u. a., ↑ 785), Partikeln (*also*, *beinahe*, *fast*, *geradezu* usw.) und Modal-

verben (*können, mögen, müssen* usw. ↑ 394). Syntaktische Mittel sind
vor allem *haben* und *sein* mit folgendem Infinitiv mit *zu* (↑ 393, Abs.
b, 494) sowie die Umschreibung mit *würde* (↑ 514–517). Morphologische
Mittel, die Modalität auszudrücken, sind die Modi (lat. *modus* =
Art und Weise), d. h. die Aussageweisen des Verbs: der Indikativ, der
Konjunktiv, der Imperativ.

Der Indikativ

Der Indikativ (lat. *indicare* = ‚anzeigen‘) ist der häufigste, weil neu- **498**
trale Modus. Er stellt einen Sachverhalt als gegeben dar. Die Gültigkeit der sprachlichen Äußerung ist dabei nicht eingeschränkt.

1. Der Indikativ steht im einfachen Satz und im Hauptsatz:

> Viele Geschichten *spielen* in alten Zeiten (SEGHERS). Der Zug *poltert* durch
> die Nacht. Es *liegt* im Charakter der Wissenschaft, nicht bei der Fülle
> der Einzelerscheinungen stehenzubleiben.

Der Indikativ steht auch bei energischem Befehl (↑ 520). Der Redende
denkt sich den Befehl schon ausgeführt:

> Du *wartest* hier, bis ich wieder da bin. Sie *zeigen* mir bitte Ihren Ausweis.
> Du *bleibst* hier!

2. Der Indikativ steht im Nebensatz, wenn dessen Aussage als wirk- **499**
lich vorgestellt wird.

a) Der Indikativ steht immer in einem Temporalsatz mit *wenn*:

> Wenn er um vier Uhr zu Tische *kam*, so schienen die Falten zwischen
> seinen Brauen täglich tiefer (TH. MANN). Wenn die Sonne *scheint, schmilzt*
> der Schnee.

Der Indikativ steht im Konditionalsatz, wenn die darin ausgedrückte
Bedingung als wirklich gegeben vorausgesetzt wird:

> ... denn nur, *wenn* der Künstler sich über die Natur *erhebt*, ... *entsteht*
> in der Kunst eine der Natur adäquate Schöpfung (BECHER).

b) Der Indikativ steht im *daß*-Satz nach Verben wie *durchsetzen, bewir-* **500**
ken u. ä. und nach Wendungen wie *fest überzeugt sein, es steht fest, es ist*
Sitte, es ist Gewohnheit, es ist recht, wer wüßte nicht, jedermann weiß u. ä.:

> Er setzte durch, daß sein Vorschlag *geprüft wurde.* Ich verlange, daß du
> pünktlich *bist.* Es ist gut, daß du *kommst.* Wer wüßte nicht, daß ein sechsjäh-
> riges Kind bei uns schulpflichtig *ist.*

c) Der Indikativ steht in der indirekten Rede nach Verben des Sagens, **501**
Erwartens, Hoffens, Versprechens, Fürchtens u. a. im Präsens, besonders wenn sie in der 1. Person Singular oder Plural gebraucht werden:

Ich glaube (meine, hoffe, wünsche, vermute, erkläre, bin sicher, fürchte), daß er im Recht *ist* / recht *hat.* Wir glauben usw., daß er im Recht ist. Wir [be]zweifeln, daß er recht *hat.*
Aber Konjunktiv bei präteritalem regierendem Verb: Ich glaubte (meinte, hoffte), er *komme, käme.* ↑ 504. Manchmal auch bei anderen Personen: ... du sagst, daß man es nicht so nennen *kann* (TH. MANN). Du weißt, daß Doktor Hinzpeter zu Hause es dir extra verboten *hat* (TH. MANN). ↑ aber 506.

502 d) Wie in einem Satzgefüge Indikativ und Konjunktiv je nach der Modalität sprachrichtig wechseln, zeigt folgendes Beispiel:

Die Urkunde berichtete, daß Neuendorf niedergebrannt *sei*, während die Flammen Wiesenfeld, das unmittelbar an Neuendorf *anschließt*, verschont *hatten.*

Zur Form des Indikativs ↑ 463 ff.

Der Konjunktiv

1. Zum Wesen des Konjunktivs (lat. *conjungere* = ‚verbinden') ist folgendes zu sagen:

503 a) Der Konjunktiv ist heute durch eine große Vielfalt von Gebrauchsweisen und durch dadurch bedingte Vieldeutigkeit gekennzeichnet. Wegen dieses vielseitigen und vieldeutigen Inhalts des Konjunktivs ist der Ausdruck „Möglichkeitsform" nicht zu empfehlen. Er sagt zu wenig. Der lateinische Ausdruck Konjunktiv ist wegen seines allgemeineren Inhalts vorzuziehen.
Der Konjunktiv bezeichnet das Nichtwirkliche und nicht Überprüfte im weitesten Sinne, d. h. die Aufforderung, den Wunsch, das Ungewisse, das Nichttatsächliche, das mittelbar Berichtete. Allerdings ist der Modus „allein nicht in der Lage..., inhaltliche Varianten der angeführten Art kenntlich zu machen. Es ist der Sinnzusammenhang der Rede, verdeutlicht durch Sprechsituation oder Kontext, der die inhaltlichen Differenzierungen in die konjunktivische Verbalaussage hineinprojiziert" (FLÄMIG, Konjunktiv, S. 169). ↑ 507.

504 b) Zwischen zeitlichen Bedeutungen des Indikativs und des Konjunktivs besteht keine Parallelität.

– Im Gegensatz zum Indikativ hat der Konjunktiv des Präteritums keine Vergangenheitsbedeutung. Er kann wie das Präsens gegenwärtiges Geschehen bezeichnen:

In die ausgestreckte Hand eines Tavárez, *wäre* der *jetzt* frei und *böte* ihm ein Bündnis an, hätte er ohne Zögern eingeschlagen (SCHREYER). Du *könntest*, wenn du *wolltest* (Du *kannst*, wenn du *willst*.).

Im Nebensatz bezeichnet heute der Konjunktiv des Präsens ebenso wie der des Präteritums die Gleichzeitigkeit des Geschehens mit dem im Hauptsatz, wenn dort Präsens oder Präteritum steht:

Auf die Frage der erstaunten Soldaten ... *gab* sie unbefangen zur Antwort, daß sie sich vergewissern wollte, ob es wahr *sei*, daß die Russen Hörner *trügen* und sie des Teufels *seien* (BECHER). Er *behauptet*, er *sei* / *wäre* krank. Er *erklärte*, er *sei* / *wäre* krank (↑ 507).

– Will man die Vorzeitigkeit des Geschehens im Nebensatz ausdrücken, so muß man den Konjunktiv des Perfekts oder Plusquamperfekts setzen:

> Er *sagt[e]*, er *habe* lange *gearbeitet*. ... Charly *erzählte*, sie *hätten* so blöde Stilaufgaben *aufbekommen* ... (KANT).

– Im konjunktivischen Hauptsatz steht Vollendetes oder vollendet Gedachtes immer im Konjunktiv Plusquamperfekt:

> Ich *hätte* dich *fragen können*. *Hätte* er die Prüfung nur erst *bestanden*!

– Entsprechend dem unterschiedlichen Geltungsgrad, der durch die Formen des Konjunktivs ausgedrückt wird, unterscheidet man häufig zwischen Konjunktiv I und Konjunktiv II.
Unter Konjunktiv I versteht man die Konjunktive des Präsens, des Perfekts und des Futurs I, unter Konjunktiv II die Konjunktive des Präteritums und des Plusquamperfekts.

2. Für Gebrauch, Semantik und Fügungswert des Konjunktivs I gilt: **505**

a) Der Konjunktiv I drückt in nichtwörtlicher Rede die Inhalte fremder oder früherer eigener Rede und Reflexion aus. Der Berichtende verzichtet dabei auf eine eigene Stellungnahme. Bei berichteter Rede erscheinen die Redeinhalte ganz oder teilweise in selbständigen Sätzen:

> Aus einem Prozeßbericht: Der Angeklagte erklärte, er *habe* von dem Vertrage nichts gewußt. Er *habe* in gutem Glauben gehandelt, als er zum Verkauf der Ware geraten *habe*. Der Kläger *sei* ihm vorher nicht bekannt gewesen.

Der Konjunktiv I ist zur Kennzeichnung fremder Rede hier unentbehrlich, da andere Ausdrucksmittel (abhängiger Satz, Konjunktion) fehlen.
Der Konjunktiv I steht auch in der Regel (↑ aber 500 f.) in der indirekten Rede im uneingeleiteten Nebensatz:

> Du meinst / meintest, er *sei* verheiratet? Er entgegnete, die Zeiten *seien* bewegt. In diesem Falle, überlegte der Konsul, *müsse* er sich zur Hergabe jeder Geldsumme bequemen (TH. MANN).

Nach präteritalem Hauptsatz steht Konjunktiv I auch häufig im eingeleiteten Nebensatz:

> Er schrieb, daß sein Bruder wieder gesund *sei*. Herder sagte, daß die Vernunft stets auch „mit einer gewissen Organisation des Körpers" verbunden *bleibe*. Man hat sie in dem glücklichen Wahn gelassen, daß alles Theater *sei* (TH. MANN).

Die mittelbare Wiedergabe kann auch durch einen anderen Nebensatz ausgedrückt werden (Finalsatz, Relativsatz, Komparativsatz):

> Über die Jugend *spreche* er auch von oben herab, so als ob er nicht dazugehöre ... (TH. MANN). Bei den Aggressionsakten *handele* es sich um eine großangelegte Einschüchterungskampagne, die als Teil einer großen imperialistischen Verschwörung angesehen werden *müsse*.

Nach präteritalem Hauptsatz steht in der abhängigen Frage der Konjunktiv:

> Der Arzt fragte, ob er sich *schone*, was er *gegessen habe*. Er ... fragte einen Türhüter, wer es *sei*, der *reise* (TH. MANN, zit. nach FLÄMIG, Konjunktiv, S. 87).

Seltener steht der Konjunktiv I nach präsentischem Hauptsatz (↑ 500 f.):

> Du meinst, daß er verheiratet *sei*? (Der Fragende ist unsicher.) Es (das Werk) hat den Ehrgeiz, glauben zu machen, daß es nicht gemacht, sondern entstanden und entsprungen *sei*, gleichwie Pallas Athene aus Jupiters Haupt entsprang (TH. MANN, zit. nach FLÄMIG, Konjunktiv, S. 70; der Konjunktiv besagt, daß sich der Erzähler von der im *daß*-Satz ausgedrückten Meinung distanziert. Er fügt hinzu: „Doch das ist Vorspiegelung. Nie ist ein Werk so hervorgetreten.").

Nach präsentischem Hauptsatz ist in der indirekten Frage der Indikativ vorherrschend. Man faßt den Inhalt der Frage als Tatsache auf:

> Ich weiß nicht, wann er *zurückkehrt*. Es hat unsereiner ja seine Zweifel, ob jedermanns Gedanken die richtigen *sind* (TH. MANN, zit. nach FLÄMIG, Konjunktiv, S. 85).

506 b) Der Konjunktiv drückt die Aufforderung, die erfüllbare Bitte aus:

> Es *lebe* die internationale Solidarität! Und wer Spaß daran hat, *sehe* sich das Gästebuch an. *Möge* jeder sein Bestes tun!

Im Nebensatz kann auch eine Erwartung, die betonte Unsicherheit, die Absicht oder eine nicht hinreichende Bedingung ausgedrückt werden:

> ... und wartet darauf, daß er's genug sein *lasse*, sich *wende*, sie *bemerke* und sie *begrüße* (TH. MANN, zit. nach FLÄMIG, Konjunktiv, S. 135). Die ärztliche Wissenschaft will, daß Fieber nur die Folge der Vergiftung des Blutes durch ... Krankheitserreger sein *könne*. Du mußt dich fester ketten, damit Jahwe sein Blut mit dir *teile* (FEUCHTWANGER). Es *sei*, wie es *wolle*, du darfst dich nicht entmutigen lassen.

507 3. Der Konjunktiv II ist der Modus zur Kennzeichnung der Nichtwirklichkeit im weitesten Sinne:

a) Er steht für eine unsichere Behauptung, oft in umschriebener Form:

> Ich *möchte* es fast glauben. Das *dürfte* richtig sein. (Ich weiß es aber nicht genau.) Du *könntest* einmal schreiben. Das *müßte* reichen.

b) Er steht für einen Wunsch, dessen Erfüllung nicht sicher ist (Prät.):

> Ach, daß hier auch die arme schöne Jüdin Rebekka *stünde* (HESSE, zit.
> nach FLÄMIG, Konjunktiv, S. 140). Ich wünschte, er *ginge*. Ach, wenn
> es doch immer so *bliebe!* Wenn doch der Regen endlich *aufhörte!*

c) Er steht in allen konditionalen Satzgefügen (↑ 222, 515), die einen
Fall nur annehmen, ihn als Bedingung setzen:

> Wenn er *käme, müßte* ich dich rufen. Wenn ich Zeit *hätte, führe* ich mit.
> Vor einer Woche noch *hätte* man Estrella eingesperrt, *wäre* man seiner
> habhaft geworden (SCHREYER).

Überschneidungen mit Konjunktiv Präsens können sich ergeben, wenn
das Konditionalgefüge in berichteter Rede erscheint:

> Im Bericht: ... er *sei* kein Schwätzer, ... man *irre* sich sehr, wenn man
> nur dergleichen in ihm *sähe* ... (TH. MANN, zit. nach FLÄMIG, Konjunk-
> tiv, S. 17).

d) Im Konzessivsatz drückt Konjunktiv Präteritum eine unzureichende
Bedingung, einen nicht wirksam werdenden Sachverhalt aus:

> Und wenn du mir die beste Gelegenheit zur Reise *gäbest,* ich *könnte* nicht
> fahren. Aber Indikativ bei einzuräumender Tatsache:
> Und wenn du mir auch Gelegenheit zur Reise *gibst,* ich *kann* nicht fah-
> ren. ... und *war* sie auch keine Schönheit zu nennen, so *gab* sie doch ...
> ein Gefühl von Klarheit (TH. MANN, zit. nach FLÄMIG, S. 158).

e) Konjunktiv II steht in irrealen Konsekutivsätzen nach *als daß:*

> Die Mauer ist zu hoch, als daß man sie ohne Leiter überwinden *könnte.*
> Es war zu starker Nebel, als daß ein Flugzeug *hätte starten können.*

f) Konjunktiv Plusquamperfekt steht bei Bezug auf eine verstrichene **508**
Gelegenheit zum Ausdruck nicht realisierbaren Geschehens (Irrealis):

> Du *hättest* anrufen *können.* Fast *wäre* das Schiff *gestrandet.* Wenn er doch
> unsere Warnung *beachtet hätte!*

Zum Ausdruck reiner Nichtwirklichkeit steht Konjunktiv II (Präteritum oder Plusquamperfekt) auch in Vergleichssätzen:

> Er tat, als ob er taub *wäre.* Mir ist, als *hätte* ich das Buch auf den Tisch
> *gelegt.* Die Jungen begutachteten den Motor, als *wären / seien* sie erfahrene
> Techniker.

oft in Nebensätzen mit vorangehendem verneintem Hauptsatz:

> Ich kenne wahrhaftig nichts auf der Welt, worüber ich erschrecken
> *könnte* (SEGHERS). Ich kenne kein Schiff, das schneller *führe.*

Der Hauptsatz braucht auch nur dem Sinne nach verneint zu sein:

> Wo ist er, der so etwas behaupten *könnte?* Es fehlte nur noch, daß ich
> den Zug *versäumt hätte!*

Bei betonter Realität steht der Indikativ:

> Ich kenne kein Schiff, das schneller *fährt*.

509 g) Der Konjunktiv Präteritum steht als Ersatz für Konjunktiv Präsens, wenn dieser sich nicht von den Indikativformen unterscheidet. Das gilt vor allem für die indirekte Rede:

> (Hans) erklärte, alle, die da mit einem Schachbrett vor dem Kopf *herumliefen* und *meinten*, im Kampf auf den vierundsechzig Feldern zeige sich die Intelligenz, *sollten* nur morgen in den Kulturraum kommen, dort *würden* sie *erleben*, wie wir, einfache Soldaten und Arbeiter wie sie, die Offiziere *schlügen* (KANT).

510 Merke:
In verschiedenen funktionalen Stiltypen (Alltagsrede, Sachprosa, dichterische Prosa, Lyrik) schwankt der Modusgebrauch. In der Alltagsrede wird, außer im Oberdeutschen, fast ausschließlich der Konjunktiv II gebraucht. So kommt es, daß zuweilen auch Schriftsteller von den grammatischen Regeln abweichen.

511 4. Die Formen des Konjunktivs sind aus dem Konjugationsmuster (↑ 463–465) ersichtlich. Folgendes ist zu beachten:

a) Konjunktiv und Indikativ stimmen in manchen Formen überein:

– Im Präsens in der 1. Person Singular und Plural und in der 3. Person Plural:

> Sowohl Indikativ wie Konjunktiv: ich lobe, wir loben, sie loben; ich schreibe, wir schreiben, sie schreiben

– Im Präteritum bei schwachen Verben in allen Personen:

> Sowohl Indikativ wie Konjunktiv: ich lobte, du lobtest, er lobte usw.

– Im Präteritum der nichtumgelauteten starken Verben in der 1. und 3. Person Plural:

> Sowohl Indikativ wie Konjunktiv: wir schrieben, sie schrieben

b) Der Konjunktiv unterscheidet sich vom Indikativ

– durch *–e* in der Endung der Präsens- und Präteritumformen, die im Indikativ ohne *–e* stehen:

> Indikativ: du lobst, er lobt, ihr lobt; ich schrieb, du schriebst, er schrieb, ihr schriebt
> Konjunktiv: du lob*e*st, er lob*e*, ihr lob*e*t; ich schrieb*e*, du schrieb*e*st, er schrieb*e*, ihr schrieb*e*t

– bei starken Verben mit dem Stammvokal *a, o, u, au* durch Fehlen des Umlauts und des Wechsels von *e* zu *i* im Konjunktiv I:

Indikativ: du fällst, er fällt; du stößt, er stößt; du läufst, er läuft; du
hilfst, er hilft; du triffst, er trifft
Konjunktiv: du fallest, er falle; du stoßest, er stoße; du laufest, er laufe;
du helfest, er helfe; du treffest, er treffe

Starke Verben mit *a*, *o*, *u*, *au* als Stammvokal im Indikativ des Präteritums haben im Konjunktiv Präteritum in allen Personen Umlaut:

Indikativ: ich gab, du gabst, er gab, wir gaben, ihr gabt, sie gaben
Konjunktiv: ich gäbe, du gäbest, er gäbe, wir gäben, ihr gäbet, sie gäben

Da manche starken Verben im Präteritum früher zwei Ablautformen **512**
hatten (noch erhalten in *ich ward – wir wurden*), haben einige dieser
Verben noch heute zwei Konjunktivformen im Präteritum:

ich *beföhle*, weniger üblich: ich *befähle*; ich *begönne*, seltener: ich *begänne*;
ich *drösche*, seltener: ich *dräsche*; ich *empföhle*, jünger: ich *empfähle*; ich
gölte, jünger auch: ich *gälte*; ich *gewönne*, auch: ich *gewänne*; ich *höbe*,
veraltet: ich *hübe*; ich *hülfe*, jünger, aber seltener: ich *hälfe*; ich *schwömme* /
ich *schwämme*; ich *schwüre*, auch: ich *schwöre* vom Indikativ ich *schwor*
(die Form ist also lautgleich mit dem Indikativ Präsens, deshalb selten);
ich *sänne*, älter: ich *sönne*; ich *spönne*, jünger, aber seltener: ich *spänne*;
ich *stähle*, älter: ich *stöhle*; ich *stünde*, jünger: ich *stände*; zu sterben: ich
stürbe; zu verderben: es *verdürbe*; zu werben: ich *würbe*; statt: ich
wärbe

Dabei haben sich im allgemeinen diejenigen Formen des Konjunktivs
Präteritum durchgesetzt, deren Umlaut aus dem Stammvokal des
Indikativs nach dem frühneuhochdeutschen Präteritalausgleich gebildet ist. Dagegen wird der Umlaut aus den alten Pluralformen des Präteritums dort bevorzugt, wo er deutlicher ist als die jüngere Form. Im
übrigen führen gerade diese schwankenden Formen starker Verben
zur Unsicherheit und zum dadurch bedingten Gebrauch von *würde* +
Infinitiv anstelle des Konjunktivs Präteritum starker Verben.

c) Die Modalität der Aufforderung und unterschiedlicher Geltungs- **513**
grade eines Urteils kann auch durch Modalverben ausgedrückt werden.
Dabei kann einerseits das gleiche Modalverb verschiedene modale Bedeutungsvarianten besitzen, andererseits können verschiedene Modalverben zuweilen in der gleichen Bedeutungsgruppe auftreten. Außerdem ist zu beachten, daß die Modalverben im Indikativ und Konjunktiv vorkommen können. Modalverben können folgende Modalitäten
ausdrücken:
den erfüllbaren Wunsch:

Möge der Wunsch bald in Erfüllung gehen! Ich *möchte* jetzt spazieren-
gehen. Ich *mag* keinen Meerrettich. Du *könntest* mir einmal helfen.

eine Aufforderung mit unterschiedlichen Graden der Verbindlichkeit:

Sie *möchten* bitte noch einmal wiederkommen. Das *möchte* ich dir geraten
haben. Er *soll* mich einmal besuchen. Du *solltest* das nicht noch einmal

tun. Du *mußt* morgen an der Versammlung teilnehmen. Das *müßtest* du eigentlich (unbedingt) wissen.

einen möglichen Fall, der auf einen Plan ohne Einfluß bleibt:

Mag die Aufgabe auch schwer sein, wir müssen sie lösen.

die Behauptung einer fremden Person:

Der Meister *soll* krank sein. Paul *will* Willi gestern im Kino gesehen haben. Es *soll* einen strengen Winter geben.

eine Vermutung:

Was du errechnet hast, *dürfte* richtig sein. Was er behauptet hat, *könnte* zutreffen. Sie *mochte* kaum die Schulzeit beendet haben.

die Gewißheit, eine Vermutung mit großer Wahrscheinlichkeit:

Ich habe ihn lange nicht gesehen, er *muß* verreist sein.

die Absicht:

Er *will* mir nächste Woche schreiben. Ein Hilfszug kam an, der die Verunglückten bergen *sollte*.

eine Möglichkeit oder Forderung, die nicht mehr realisiert werden kann, weil die Gelegenheit dazu vorüber ist (Konjunktiv Plusquamperfekt):

Du *hättest* den Passanten nach dem Weg fragen *können, sollen, dürfen*. Ich *hätte* vorsichtiger sein *sollen, müssen, können*.

514 d) Auch *würde* dient zur Kennzeichnung der Modalität:
Als eine Flexionsform von *werden* kennzeichnet *würde* zukünftiges Geschehen und kann wie das Futur in modaler Bedeutung eine Vermutung ausdrücken; als Konjunktiv Präteritum von *werden* ist es Modus der Irrealität, also Ausdruck der Nichtwirklichkeit, und Ersatz für undeutliche oder ungebräuchliche Formen von Vollverben:

Würdest du das wirklich annehmen? Man *würde* vielleicht einmal aufhören zu lachen! (TH. MANN, zit. nach FLÄMIG, Konjunktiv, S. 34) In dem allgemeinen Durcheinander und der Aufregung *würde* sie kaum vermißt werden (BREDEL).

515 – Die Umschreibung mit *würde* ist im konditionalen Satzgefüge besonders häufig. Sie ist berechtigt zur Hervorhebung zukünftigen Geschehens, das an sich durch *werden* gekennzeichnet wird, und zur Kennzeichnung des Modus bei schwachen Verben, bei denen der Konjunktiv des Präteritums nicht erkennbar ist, und bei starken Verben, wenn dieser Modus nicht mehr gebräuchlich ist (↑ 512):

Wenn du ohnmächtig *niederstürztest*, wenn Blut aus deinem Munde *bräche*, Krämpfe dich *packten* – wie *würde* dann auf einmal die Härte und Gleichgültigkeit der Welt sich in Aufmerksamkeit ... verkehren! (TH. MANN, zit. nach FLÄMIG, Konjunktiv, S. 31) Er *würde* sich *freuen*, wenn wir Blumen *schenkten*.

Manchmal wird empfohlen, die Form *würde* + Infinitiv nur im Hauptsatz, nicht im Konditionalsatz zu verwenden. Die starre Schulregel, daß diese Form im Konditionalsatz falsch sei, gilt aber nicht mehr. Sie hat ihre Berechtigung des Wohlklangs wegen oder zur Kennzeichnung zukünftigen Geschehens. Das zeigen auch folgende Beispiele:

> *Würde* sich die Sittenstrenge gewisser Leute gegenüber der kosmetischen Kunst ... auch auf ihre Zähne erstrecken, so *würden* sie nicht wenig Anstoß erregen (TH. MANN).
> Wenn zum Beispiel ... ein Fischlein sich die Flosse *verletzen würde*, dann würde ihm sogleich ein Verband gemacht ... (BRECHT).

– Die Umschreibung mit *würde* findet sich häufig in unverbindlicher **516** Aussage, in der Satzfrage und in erlebter Rede:

> Das *würde* ich dir nicht empfehlen. Was *würdest* du dazu sagen?

– Die Umschreibung mit *würde* ist im Konzessiv- und Vergleichssatz nicht berechtigt:

> Sie taten (so), als ob sie uns nicht *sähen* (oder: nicht sehen *wollten*). Nicht zu empfehlen: Sie taten, als ob sie uns nicht *sehen würden*.

– Nicht immer handelt es sich beim Gebrauch von *würde* um Umschreibungen. Es kann auch der Konjunktiv II (Präteritum) von *werden* gemeint sein (beim kopulativen Verb oder beim Vorgangspassiv): **517**

> *Würde* er doch zur rechten Zeit fertig! Wenn er zur rechten Zeit fertig *würde*, wäre es erfreulich. Wenn er gefragt *würde*, wüßte er zu antworten (vgl. Indikativ: Er wurde fertig. Er wurde gefragt.).

e) Zusammenfassend läßt sich zum Gebrauch des Konjunktivs sagen: **518**

– Im Sprachgebrauch der Gegenwart wird der Indikativ in immer stärkerem Maße verwendet. Es ist sicher schwer, die Bedeutungen des Konjunktivs auf einen gemeinsamen Nenner zu bringen, aber fest steht: Der Konjunktiv verändert die Bedeutung des Satzes; er ist deshalb ein wichtiges Mittel der Bedeutungsschattierung. Nicht nur für die schöne Literatur, sondern auch für die Sachprosa und für die Alltagsrede ist er wichtig. Wenn man den Unterschied zwischen Indikativ und Konjunktiv in Briefen, Gesprächen, Protokollen, Berichten und Erzählungen nicht beachtet, können Mißverständnisse entstehen.

– Die Formen des Konjunktivs II (Präteritum), die wir besitzen, sind sprachgeschichtlich und klanglich so wertvoll, daß man sie verwenden soll, wo sie ihren Zweck erfüllen:

> *Käme* er doch zur rechten Zeit! *Wäre* er doch gesund! Sie tat, als ob sie *äße*. Ich erklärte ihm, daß er viel *gewönne*, wenn er sich dieser kleinen Mühe *unterzöge*. *Bliebe* er nur nicht so lange weg!

– Die Wiedergabe durch Modalverben findet sich häufiger in Hauptsätzen als in Nebensätzen.

Der Imperativ

519 1. Der Imperativ (lat. *imperare* = ‚befehlen‘) wird in der Regel (↑ 520) im selbständigen Satz gebraucht. Seine Formen gelten nur für die zweite Person im Singular und Plural (↑ 463):

> Frage! Fragt! Fragen Sie! Komm[e]! Kommt! Kommen Sie!

a) Die Singularform hat in gehobener Rede sowohl beim schwachen wie beim starken Verb, falls bei diesem kein *e/i*-Wechsel vorliegt (↑ 380), die Endung *–e*:

> Bitte! Frage! Schenke! Reite! Schlafe! Laufe! Werde!

Häufig fällt aber das *–e* weg (immer ohne Apostroph), besonders bei starken, aber auch bei schwachen Verben, nicht bei Verben auf *–eln*, *–ern*, *–nen*:

> *Frag* einmal! *Schlaf* gut! *Geh* nicht so schnell! *Leugne* es nicht ab! *Lächle* nicht so undurchsichtig!

M e r k e :
Verben mit *e/i*-Wechsel in der 2. Person Singular Indikativ Präsens (↑ 380) haben im Imperativ des Singulars kein *–e*:

> *Gib! Hilf! Nimm! Lies! Versprich* es mir! *Brich* nichts entzwei! Ausnahmen: Werde! Sieh[e]!

b) Die 2. Person Plural des Imperativs endet wie die 2. Person Plural des Indikativs Präsens auf *–t*; nach *t* und *d* und nach mehrfacher Konsonanz, nach der man *–t* schlecht aussprechen kann, steht *–et*:

> ihr fragt, schenkt, hüpft, lauft, seht – Fragt! Schenkt! Hüpft! Lauft! Seht!
> ihr bittet, bindet – Bittet! Bindet!
> ihr öffnet – Öffnet!

M e r k e :
Der Imperativ Singular von *sein* wird nach dem Konjunktiv des Präsens gebildet, der Imperativ Plural nach dem Indikativ Präsens:

> ich sei – Sei fleißig!, ihr seid – Seid wachsam!

c) Das Passiv des Imperativs wird heute in der Regel mit dem Imperativ von *sein* gebildet. Es kommt nur selten vor:

> *Sei* mir gegrüßt, mein Berg, mit dem rötlich strahlenden Gipfel! (Schiller). *Seid* umschlungen, Millionen! (Schiller)

520 2. Der Imperativ ist nicht nur „Befehlsform“. Er drückt auch Erlaubnis, Warnung und Bitte aus. Jeder Imperativ aber ist eine Willensäußerung, die an einen Angesprochenen, zuweilen auch an den Sprecher selbst gerichtet ist oder den Sprecher einschließen kann. Manchmal sind andere Formen der Aufforderung treffender als der Imperativ.

a) Es können andere Verbformen sein:

der kategorische Indikativ des Präsens oder des Futurs als energischste Befehlsform:

> „Sie *fahren* nicht weiter!" schrie er. „Sie *tun* es nicht! Sie *fahren* dort draußen und nicht auf dem Wege zum Friedhof, hören Sie mich?! Sie *steigen ab*, Sie *steigen* sofort *ab*!..." (Th. Mann) Du *bleibst* hier! *Wirst* du gleich still sein! Wir *werden* jetzt einmal zusammen *arbeiten*, Hans!

der Konjunktiv I (Präsens), oft verbunden mit *man*:

> *Man nehme* einen Eßlöffel Zucker! *Leg einer* schon los! Er *gebe nach* und *bescheide* sich! (Th. Mann, zit. nach Flämig, Konjunktiv, S. 112)

der Infinitiv:

> Aufpassen! Setzen! Durch vorsichtiges Fahren Unfälle verhüten! Die künftigen Abgeordneten zur Mitarbeit heranziehen!

das Partizip II:

> Aufgepaßt! Nicht soviel geschwatzt! Rauchen verboten! Stillgestanden! Wohlauf, noch getrunken den funkelnden Wein! (Kerner)

das subjektlose Passiv (Präsens):

> Jetzt wird gearbeitet! Hier wird nicht geraucht!

b) Es können elliptisch gebrauchte Nomina und Adverbien sein: **521**

> Achtung! Tempo! Vorsicht! Still! Lauter! Los! Vorwärts! Halt!

c) Es kann ein Spannsatz, besonders ein *daß*-Satz, sein: **522**

> Aber *daß* kein Mensch etwas davon *erfährt*! (Weiskopf) Daß du mir gut *aufpaßt*!

d) Der Imperativ kann wie der Konjunktiv durch Modalverb + In- **523** finitiv vertreten werden, nämlich durch finite Formen des Präsens von *sollen, müssen, wollen, nicht dürfen* sowie die 2. Person Plural von *lassen*:

> Du *sollst* kommen! Ihr *sollt* antworten! Wir *müssen* endlich schreiben! *Wollt* ihr gleich aufhören! Wir *wollen* baden gehen! *Laßt* uns baden gehen! Du *darfst* / ihr *dürft* / Sie *dürfen* hier nicht lärmen!

Zur Zeitenfolge

1. Strenge Zeitenfolge (Consecutio temporum) herrscht heute nur **524** noch in konditionalen Satzgefügen:

> Wenn ich Zeit *habe, komme* ich. Wenn ich Zeit *hätte, käme* ich. *Hätte* ich Zeit, so *käme* ich. *Hätte* ich Zeit *gehabt*, so *wäre* ich *gekommen*.

in anderen Satzgefügen, wenn im übergeordneten Satz schon ein Konjunktiv steht:

> Über die Jugend *spreche* er auch von oben herab, so als ob er nicht *dazugehöre* (TH. MANN, zit. nach FLÄMIG, Konjunktiv, S. 98). Die Kunst *könne* überhaupt die abstoßenden Charaktereigenschaften viel besser *brauchen*, als er *glaube* ... (TH. MANN).

2. Zur Zeitenfolge zwischen Haupt- und Nebensatz eines Satzgefüges, das keine indirekte Rede darstellt, ↑ 468.

525 3. Für die Zeitenfolge in der indirekten Rede oder Frage gilt:

a) Steht die indirekte Rede im Indikativ (↑ 501), so steht die Zeitstufe der wörtlichen Rede:

> Du *weißt* doch, daß er *kommt (kommen will, kommen wollte)*. Ich *wußte*, daß du *kommst*. Ich *glaube*, er *ist* morgen in Berlin (*wird* morgen in Berlin *sein*). Ich *glaube*, er *war* gestern in Berlin (*ist* gestern in Berlin *gewesen*). Wir *werden erfahren*, ob er *geschrieben hat* (in Berlin *war*, den Lehrer *erkannt hatte*).

526 b) Steht die indirekte Rede im Konjunktiv, so wird in der Regel der Konjunktiv Präsens verwendet (auch bei Präteritum im Hauptsatz):

> Er sagt/sagte, du *seiest* krank. Er schrieb, er *könne* nicht *kommen*. Er sagt/sagte, du *seiest* krank *gewesen*. Er begründete, weshalb er nicht *habe kommen können*. Du versprachst doch, du *werdest kommen*.

Als Ersatzform (↑ 509) oder umgangssprachlich (↑ 510) steht der Konjunktiv Präteritum:

> Du meinst, ich *käme* früh genug? Ich schrieb, daß ich nicht *hätte kommen können*. Sie hofften, ich *würde kommen*.

● Die Aktionsarten

Die Bedeutung der Aktionsarten

527 Die genaue Wiedergabe der Wirklichkeit verlangt, ein Geschehen auch in seiner Verlaufsweise darzustellen, und zwar sowohl in bezug auf den zeitlichen Ablauf als auch in bezug auf die modale Differenzierung. Ordnungsweisen mit dieser sprachlichen Aufgabe heißen Aktionsarten. Nicht alle Verben lassen sich eindeutig einer Aktionsart zuordnen. Es gibt im Deutschen auch keine Formmerkmale, die ausschließlich und deshalb eindeutig die Aktionsart kennzeichnen. Wohl aber ist die Aktionsart maßgebend für den Gebrauch von *haben* oder *sein* bei zusammengesetzten Zeiten (↑ 460 f.) und für die Fähigkeit des Partizips II zum Gebrauch als Attribut (↑ 444 f.).

1. Nach dem zeitlichen Verlauf des Geschehens unterscheidet man **528**
eine *durative* (lat. *durare* = ,andauern') oder *imperfektive* Aktionsart (dieser Ausdruck ist weniger empfehlenswert), die nur den Ablauf kennzeichnet, also der zeitlichen Begrenzung gegenüber neutral ist, und
eine *nichtdurative* oder *perfektive* Aktionsart, die ein Geschehen kennzeichnet, das zeitlich irgendwie begrenzt oder vollendet ist, mit einem
Ergebnis verläuft.

a) Da bei der perfektiven Aktionsart verschiedene Phasen der Voll- **529**
endung des Geschehens möglich sind (z. B. *aufjagen – erjagen, einschlafen
– ausschlafen, loslaufen – auslaufen*), so kennt diese Aktionsart auch verschiedene Untergruppen. Für ihre Bezeichnung hat die Sprachwissenschaft keine einheitliche Terminologie. Die Bezeichnung der Aktionsarten ist uneinheitlich, weil diese oft verschieden gedeutet werden können. Ist z. B. *reifen (reif werden)* seiner Aktionsart nach ein Verb, das
den Beginn eines Vorgangs zeigt, oder ist mehr zu berücksichtigen,
daß ein Wandel des Zustandes vorliegt? Nach der ersten Auffassung
liegt *ingressive* oder *inchoative* Aktionsart vor (lat. *ingredi* = ,hineingehen',
,anfangen'); bei der anderen Auffassung *mutative* Aktionsart (lat. *muta-
bilis* = ,veränderlich', ,wandelbar'). Das Verb *finden* ist ein perfektives
Verb, das das Ergebnis des Vorgangs kennzeichnet: Das Suchen hatte
Erfolg. Man rechnet es deshalb zur *resultativen* Aktionsart.

b) Wir wollen uns an folgende Terminologie halten: **530**

Bei zeitlich neutralem Geschehen, das nur den Ablauf erkennen läßt,
sprechen wir von durativer Aktionsart und von durativen Verben, z. B.

   jagen, schlafen, laufen, arbeiten, leben, vegetieren, suchen.

Bei einem Geschehen, das eine Vollendung des Vorgangs erkennen läßt,
sprechen wir von nichtdurativer oder perfektiver Aktionsart und von
perfektiven oder nichtdurativen Verben.

Dabei unterscheiden wir im einzelnen

– die *ingressive* oder *inchoative* Aktionsart und entsprechend ingressive
oder inchoative Verben, wenn der Beginn des Geschehens akzentuiert
wird, z. B.

   aufjagen, abfahren, einschlafen, erblicken, entbinden, loslaufen;

– die *mutative* Aktionsart und entsprechend mutative Verben, wenn
der Übergang von einem Zustand in einen anderen, ein Wandel, ausgedrückt wird, z. B.

   grünen, reifen, rosten, faulen, erkranken, erkälten, gesunden;

– die *resultative* Aktionsart und entsprechend resultative Verben, wenn
das Verb den Abschluß eines Geschehens bezeichnet, z. B.

   finden, erjagen, erreichen, gewinnen, verblühen, ausschlafen, sterben.

531 2. Auch in bezug auf die modale Differenzierung des Geschehens spricht man von Aktionsarten. ↑ auch 1 074 f.

a) Ein Verb kann gegenüber einem anderen ein Veranlassen, ein Bewirken ausdrücken. Wir sprechen dann von *kausativer* oder *faktitiver* Aktionsart und entsprechend von kausativen oder faktitiven Verben:

> *fällen* (zu *fallen*): veranlassen, bewirken, machen, daß etwas fällt
> *flößen* (zu *fließen*): veranlassen, machen, daß etwas fließt

Andere Kausativa oder Faktitiva sind z. B. *tränken* zu *trinken, sprengen* (zu *springen*), *stecken* (zu *stechen*), *senken* (zu *sinken*), *schwenken* (zu *schwingen*). In dieser Weise kann die Sprache heute keine Kausativa mehr bilden. Kausative Aktionsart wird deshalb besonders durch Funktionsverbfügungen mit *bringen* und *setzen (in Gang / in Bewegung setzen; in Schwung, zum Kentern bringen)*, *lassen* + Infinitiv und Adjektiv + *machen* ausgedrückt. Zu unterscheiden sind auch:

> Er *drängte* sich durch die Menge und *drang* bis zum Podium vor.
> Er *hängte* das Bild über das Regal, dort *hing* es lange.
> Der Hund *erschreckte* den Vogel; der Vogel *erschrak*.

b) Ein Verb kann gegenüber der Bedeutung eines stammverwandten Verbs eine Verstärkung oder Abschwächung der Tätigkeit ausdrücken. Im Falle einer Verstärkung sprechen wir von *intensiver* Aktionsart und von intensiven Verben:

> *bücken* (zu *biegen*), *endigen* (zu enden), *hochschätzen* (statt schätzen), *brüllen, saufen*; ↑ auch 1 064.

c) Wenn eine geringere Intensität des Geschehens ausgedrückt wird, sprechen wir von *diminutiver* Aktionsart und von diminutiven Verben:

> *lächeln* (leicht lachen), *hüsteln* (leicht husten), *streicheln* (sanft streichen), *tänzeln* (zu tanzen), *trippeln*

d) Ein Verb kann die (mehrfache) Wiederholung eines Prozesses ausdrücken. Wir sprechen dann von *iterativer* oder *frequentativer* Aktionsart und von iterativen oder frequentativen Verben:

> *betteln* (mehrfach bitten), *klingeln* (zu klingen), *tröpfeln* (zu tropfen), *klappern* . (zu klappen), *plätschern* (zu platschen), *stochern* (zu stechen), *schnitzeln* (zu schnitzen), *sticheln* (zu stechen)

Wenn man intensive, diminutive und iterative Verben unter dem Aspekt des zeitlichen Ablaufs betrachtet, gehören sie zu den durativen Verben.

Die sprachliche Darstellung der Aktionsarten

532 1. Viele Verben bringen allein durch ihre Bedeutung die Aktionsart mit zum Ausdruck. Die meisten einfachen Verben sind Durativa:

> arbeiten, bitten, blühen, lesen, schlafen, schreiben, tönen, klingen

Andere Verben kennzeichnen den Abschluß eines Geschehens, sind
also resultativ:

> *bringen* (verläuft mit einem Ergebnis), *finden* (Abschluß des Suchens),
> *kommen* (eintreffen, an ein Ziel geraten), *treffen* (Abschluß des Zielens),
> *sterben* (Abschluß des Lebens), *platzen*

2. Die Aktionsart kann durch Ableitung oder Zusammensetzung zum **533**
Ausdruck gebracht werden (↑ 1 073 f.):

a) Die ingressive Aktionsart wird vor allem durch die Präfixe *er–*, *ent–*,
ge– und *auf–*, *ein–*, *ab–*, *an–* sowie die Adverbien *los* und *weg* gekennzeichnet:

> erbleichen, erheben, entflammen, gefrieren, abfahren, anlaufen, an-
> schieben, aufblühen, einschlafen, losgehen, wegkommen

Die resultative Aktionsart wird durch die Präfixe *be–*, *er–*, *ge–*, *ver–*, *zer–*,
durch Adverbien und Adjektive gekennzeichnet:

> bereinigen, beleuchten; erklimmen, erringen; gebären, gefrieren; ver-
> blühen, verbluten; zerbrechen, zerbröckeln; abreißen, durchschlagen;
> totschlagen, vollziehen, vollstrecken

Aus der perfektivierenden Funktion des Präfixes *ge–* entwickelte sich
sein Gebrauch beim Partizip II, der Vollendungsform des Verbs:

> schenken – *ge*schenkt; kommen – *ge*kommen

b) Die kausative Aktionsart kann durch Umlaut oder *e/i*-Wechsel und
durch Ableitung aus Adjektiven ausgedrückt werden (↑ 1063 f.):

> bleichen, glätten, öffnen; setzen (zu sitzen), legen (zu liegen)

3. Die Aktionsart kann durch Suffixe ausgedrückt werden. Iterative
und diminutive Aktionsart ist oft an den Suffixen *–eln* und *–ern* sichtbar.
Intensive Aktionsart wird durch *–igen*, *–sen*, *–zen*, *–chen*, *–ieren* kenntlich
gemacht (↑ 1066 ff.):

> kündigen (zu künden), grausen (zu grauen), grinsen (zu grienen), hor-
> chen (zu hören), spendieren (zu spenden)

4. Die Aktionsart kann durch Mittel der Wortwahl und der Satzfügung **534**
zum Ausdruck kommen:

> Durative Aktionsart: Er übt *weiter*. Er *ist und bleibt* krank. Er *kommt ge-*
> *laufen*. Er *läuft und läuft*. Er *fährt fort* zu üben.
> Ingressiv: Er *beginnt* zu reden. Er *ist im Begriff*, den Betrieb zu verlassen.
> Das Rennen *geht los*. Er kommt *ins Reden. Plötzlich* ruft es.
> Resultativ: Ich schwimme *durch den Fluß*. Er *hört auf* zu reden.
> Iterativ: Sie *pflegen* nach dem Essen zu schlafen. Er putzt *täglich* zweimal
> die Zähne. Er grüßt *jedesmal* zuerst.

5. Die Aktionsart kann durch den Gebrauch von *haben* und *sein* bei den zusammengesetzten Zeiten gekennzeichnet werden (↑ 461).

Er *hat* lange geschwommen. Er *ist* ans Ufer geschwommen.

6. Zur Aktionsart der Tempora ↑ 469, 473, 475, 478, 482.

Das Substantiv

● Grundsätzliches

535 *Das Wesen des Substantivs*

Das Substantiv (lat. *substantivus* = ,für sich selbst Bestand habend') ist außer dem Verb die wichtigste Wortart. Substantive machen mehr als die Hälfte unseres Wortschatzes aus (ca. 66 %).

Das Substantiv hat die Fähigkeit, nicht nur Lebewesen und Gegenstände der objektiven Realität, sondern auch Vorgänge, Zustände, Eigenschaften und Beziehungen, die zum Teil auch durch andere Wortarten bezeichnet werden können, zu benennen. Wesentlich für das Substantiv ist vor allem, daß es mit einem Artikel verbunden, dekliniert, in Singular und Plural gesetzt und mit Attributen versehen werden kann:

> Hammer, Walzstraße, Dorflinde; Freund, Vater, Mutter, Peter, Inge; Reise, Sprache, Ankunft; Recht, Größe; Beziehung, Zeitlichkeit

536 *Der Fügungswert des Substantivs*

1. Der Fügungswert des Substantivs liegt vor allem in der Eigenart seiner Wortklasse als „Ding"- und „Nenn"wort und in seiner Fähigkeit, in die verschiedenen Kasus zu treten.

a) Das Substantiv ist vorwiegend Subjekt und Objekt:

> Unser *Betrieb* bietet seinen *Mitarbeitern* viele *Einsatzmöglichkeiten.* Weitere Beispiele ↑ 161 ff., 166 ff.

b) Das Substantiv steht als Prädikatsnominativ oder Prädikatsakkusativ und kennzeichnet dabei Subjekt oder Objekt genauer (↑ 155).

> Der Rundfunk ist ein *Erziehungsmittel.* Ich kenne ihn als guten *Arbeiter.*

c) Das Substantiv steht im Genitiv oder Akkusativ oder mit Präposition als Adverbialbestimmung:

> Eines *Tages* besuchte er uns unerwartet. Ich freute mich den ganzen *Tag.* Ich bin am *Abend* auf jeden *Fall* zu *Hause.* Weitere Beispiele ↑ 202.

d) Das Substantiv kann als Attribut zum Substantiv treten:

> Martin Luther King gab mit seinem Leben und Kampf allen Menschen ein Beispiel der *Verwirklichung* der *Ideale* der *Freiheit*, der *Gleichheit*, des *Friedens*, der *Gewaltlosigkeit* und der *Brüderlichkeit*. Er las ein Gedicht *Goethes*. Weitere Beispiele ↑ 237 ff.

Merke:
Das Substantiv kann als Präpositionalkasus Objekt, Adverbialbestimmung oder Attribut sein:

> Ich verlasse mich *auf dein Wort*. Er fuhr *in die Ferne*. Die Hoffnung *auf ein Wiedersehen* erfüllte sich zehn Jahre *nach der Prüfung*.

e) Das Substantiv kann als nähere Bestimmung beim Adjektiv stehen (↑ 695):

> Holt war *der Szene* überdrüssig (NOLL). Arm *am Beutel*, krank *am Herzen* ... (GOETHE); ein als *Heilmittel* brauchbares Genußmittel

2. Das Substantiv als Stammform für abgeleitete Partizipien II ↑ 439.

3. Das Substantiv als Kompositionsglied in Zusammensetzungen ↑ 980 ff., 1025 f., 1058.

4. Zum nominalen (attributiv-substantivischen) Rahmen ↑ 295.

Die Einteilung der Substantive

Üblicherweise teilt man die Substantive ein   **537**

– nach der Beziehung, die sie zum sinnlich Wahrgenommenen haben, in Konkreta und Abstrakta (↑ 538 ff.),
– nach dem Genus (Geschlecht) in Maskulina, Feminina, Neutra (↑ 554 ff.),
– nach ihrer Deklinationsart (↑ 639 ff.),
– nach der Art ihrer Wortbildung (↑ 980 ff.).

1. Konkreta

Konkreta (gegenständliche Substantive) sind Bezeichnungen für alle mit den Sinnen wahrnehmbaren Gegenstände. Im einzelnen teilt man Konkreta in folgende Gruppen ein:

a) Eigennamen bezeichnen Individuen (Einzelerscheinungen):   **538**

> Inge, Helfried, Teuchert, Lehmann; Leipzig, Elbe, Brocken, Rennsteig, Harz, Pazifik; Goethestraße, Gartenverein „Immergrün"

Eigennamen können mehrteilig sein. Die zum Eigennamen gehörenden Adjektive, Partizipien und Numeralien werden mit großem Anfangsbuchstaben geschrieben und gelten nicht als Attribute:

> der Stille Ozean, der Dreißigjährige Krieg, das Internationale Olympische Komitee, die Union der Sozialistischen Sowjetrepubliken (UdSSR), das Britische Museum, der Rote Platz, die Klinische Wochenschrift, der Schwarze Peter (ein Kartenspiel)

539 b) *Appellativa* (Gattungsbezeichnungen; lat. *appellare* = ‚nennen‘) können Personen, Tiere, Pflanzen und Dinge bezeichnen, und zwar als Gesamtheit und als Einzelnes. Sie bilden Singular und Plural; denn man kann sie jeweils als Einzelnes oder als Vielheit wahrnehmen:

> Mensch, Vater, Mutter, Junge, Mädchen; Tier, Vogel, Fisch, Pferd; Pflanze, Baum, Nadelbaum, Fichte; Fluß; Berg, Buch, Staat, Gesetz

Appellativa stehen als die „normale, allertypischste Substantivklasse" allen anderen Arten des Substantivs gegenüber (ADMONI, Sprachbau, S. 97). Zum Übergang anderer Substantive zu Appellativa ↑ 546.

540 c) *Kollektiva* (Sammelbezeichnungen) benennen, in der Einzahl gebraucht, Gruppen von Lebewesen oder Dingen. Sie sind zugleich Einheit und Vielheit. Das Einzelwesen, das zum Kollektiv gehört, hat eine andere Bezeichnung und ist als Substantiv Appellativ:

> Gebirge (Berg), Herde (Kuh, Schaf, Ziege usw.), Gewässer (Bach, Fluß, Teich usw.), Wurzelwerk (Möhre, Sellerie usw.), Gewerkschaft (Gewerkschafter), Gebüsch (Busch), Gewölk (Wolke), Mannschaft (Mitglied)

Kollektiva bilden einen Plural, wenn die von ihnen benannte gegliederte Einheit mehrfach vorhanden ist:

> die Gebirge, die Herden, die Gewässer, die Gewerkschaften; ↑ aber 597.

Zu den Kollektiva gehören auch Mengenbezeichnungen wie *Anzahl, Fülle, Haufen, Dutzend, Mandel, Schock, Gros*.

541 d) Stoffbezeichnungen benennen eine Stoffmasse. Jeder Teil davon hat den gleichen Namen wie das Ganze. Er steht nur im Singular und oft ohne Artikel:

> Gold, Wasser, Fleisch, Öl, Gas; ein Tropfen Wasser, eine Tasse Kaffee, ein Stück Brot, 100 g Butter; ↑ auch 596.

Wenn ursprüngliche Stoffbezeichnungen im Plural oder mit dem unbestimmten Artikel stehen, sind sie Appellativa (Sorten- oder Gegenstandsbezeichnungen):

> ein Gas, reale Gase; ein Öl, ätherische Öle; er kaufte ein Brot, sechs Brote; mit allen Wassern gewaschen sein

Zu manchen Stoffbezeichnungen treten Zusammensetzungen mit *-arten* und *-sorten* als Appellativa im Plural:

> Bernstein / Bernstein*arten*; Wolle / Woll*sorten*; Kaffee / Kaffee*sorten*

e) Schwankungen in der Zuordnung und Übergang vom Konkretum zum Abstraktum ↑ 544 ff.

2. Abstrakta   **542**

a) *Abstrakta* (lat. *abstrahere* = ‚abziehen' [vom Besonderen]) repräsentieren sprachlich Begriffe, die Eigenschaften, Vorgänge, Maße und Beziehungen gedanklich widerspiegeln. Abstrakta bezeichnen also keine materiellen Gegenstände:

> Treue, Milde, Röte; Angst, Einigkeit, Ruhe, Krankheit; Sprung, Lauf, Traum, Erlebnis, Verfahren, Entgegenkommen, Liebe, Haß

Zu den Abstrakta rechnet man Maß- und Gewichtsbezeichnungen:

> Kilogramm, Meter, Volt, Ampere, Watt, Stunde

b) Abstrakta sind, soweit sie Zustände und Vorgänge kennzeichnen, **543** im Grunde stubstantivische Ausdrücke für Satzinhalte:

> ihre *Treue*: Sie ist treu. Ich glaube, daß sie treu ist. Oder: Ich glaube an ihre *Treue*.
> die *Erkrankung* des Vaters: Der Vater ist erkrankt. Er erfuhr, daß der Vater erkrankt ist. Oder: Er erfuhr von der *Erkrankung* des Vaters.
> die *Bewegung* der Erde um die Sonne: Die Erde bewegt sich um die Sonne. Galilei war überzeugt, daß sich die Erde um die Sonne bewegt. Oder: Galilei war von der *Bewegung* der Erde um die Sonne überzeugt.

Schwankungen in der Zuordnung der Substantive   **544**

a) Viele Substantive sind mehrdeutig. Verschiedene Bedeutungsvarianten eines Substantivs müssen oft verschiedenen Subklassen zugeordnet werden. Eine klare Zuordnung ist nur möglich, wenn man die jeweilige Bedeutungsvariante des Substantivs im Kontext erfaßt.
So kann *Leitung* ein Abstraktum (die Fähigkeit oder Tätigkeit zu leiten), ein Appellativ (ein Röhrensystem, z. B. die *Wasserleitung*) oder ein Kollektivum (eine Gruppe von Personen mit Leitungsaufgaben, z. B. die *Kirchenleitung, die Verlagsleitung*) sein.
Oft läßt sich nur aus dem Satzzusammenhang erkennen, ob ein Substantiv abstrakt oder konkret ist:

> abstrakt: Er ist ein Mann von *Welt*. Wer hat die *Macht* im Staat?
> konkret: der Frieden der *Welt*; die bewaffnete *Macht*

b) Auch die Einordnung der Konkreta in die einzelnen Unterarten wird von ihrer aktuellen Bedeutung im Kontext mitbestimmt. *Dorf* und *Stadt* kann man z. B. als Kollektiva auffassen; als Bezeichnung für bestimmte Siedlungsformen sind sie Appellativa. *Brot* ist Stoffbezeichnung, wenn ich von einem *Stück Brot* spreche; es ist Appellativ, wenn ich Brot beim Bäcker kaufe.

545 c) Oft tritt ein Wechsel von einer Gruppe in eine andere ein. Abstrakta entstanden und entstehen aus konkreten Substantiven:

> *Ursprung:* eigentlich die Quelle, die aus der Erde springt
> *Grund* (Erkenntnisgrund): aus *Grund* (Boden), ebenso *Zweck* (vgl. Zwecke)

546 Eigennamen werden zu Appellativa:

> Rudolf Diesel (Erfinder) – der Diesel (Motor oder Treibstoff); Konrad Duden – der Duden (Rechtschreibbuch); Boykott, Cognac, Champagner; kein zweites *Hiroshima*! Luther ... dichtete Text und Melodie jenes siegesgewissen Chorals, der die *Marseillaise* des 16. Jahrhunderts wurde (Engels).

547 Eigennamen werden zu Abstrakten (Maßbezeichnungen):

> Ampère (Physiker) – Ampere (Einheit der elektrischen Stromstärke); Hertz (deutscher Physiker) – Hertz (Einheit der Frequenz)

548 Abstrakta können für Lebewesen stehen, um die Beziehung dieses Lebewesens zu der betreffenden Eigenschaft zu charakterisieren:

> Er ist *die Gewissenhaftigkeit* selbst; er ist *die wandelnde Selbstzufriedenheit*; sie spielt *die gekränkte Unschuld; eine Unschuld vom Lande.* Aber den Kindern hatte die *vierbeinige Trübsal* unter dem Tisch es natürlich angetan (Th. Mann).

549 *Der substantivische Stil*

1. Das Substantiv ist zahlenmäßig die umfangreichste Wortart. Durch seine fast unbegrenzten Bildungsmöglichkeiten (↑ 980 ff.) wächst es dauernd an Zahl. Naturgemäß spielt es auch im Sprachgebrauch eine sehr wichtige Rolle. Texte können 40 % Substantive und mehr enthalten.

a) Lebewesen und Dinge im Raum, Vorgänge und Zustände in der Zeit *(Reise, Ankunft, Vorgang, Krankheit, Ewigkeit)* werden in der Sprache als Substantive verfügbar (↑ 542).

b) Erscheinungen, die mit Gegenständen nichts zu tun haben, werden durch substantivische Bezeichnung vergegenständlicht und veranschaulicht:

> Vom *Ich* zum *Wir*; das *Wenn* und *Aber*, das *Für* und *Wider* abwägen

c) Ganze Satzinhalte können durch Substantive wiedergegeben werden. Durch Anwendung von Substantiven wird oft ein verwickelter Satzbau vermieden und eine Verdichtung der Aussage erreicht:

> Der Aufbau der physikalischen Wissenschaft vollzieht sich auf der Grundlage von Messungen, und da jede Messung mit einer sinnlichen Wahrnehmung verknüpft ist, so sind alle Begriffe der Physik der Sinnenwelt entnommen. (Max Planck).

Die Weiterführung des von Ingenieur N. entwickelten Verfahrens führte zur
Entstehung eines neuen Werkstoffes.

d) Substantivischer Stil ist am Platze, wo es die bunte Erscheinungswelt **550**
der Wirklichkeit in Begriffe zu fassen gilt. Er ist in Texten der Wissenschaft, der Rechtsvorschriften, in Zeitungsüberschriften und Trans-
parenten berechtigt.

e) Er kann auch in der schönen Literatur wirksam sein:

Eine breite *Straße*. Auf der sich der *Töpfermarkt* breitgemacht hat, heute
am *Sonnabend*. *Töpfe* also, *Steintöpfe, Kannen, Vasen, Blumentöpfe, Schalen,
Schüsseln*, grün oder braun glasiert, aber zerbrechlich freilich ... (Bo-
BROWSKI).

2. Nicht immer und überall ist substantivischer Stil angemessen.   **551**

a) Das zeigt sich gerade bei der Gegenüberstellung mit verbalem Stil:

Aus einem Lehrlingsbericht:
Das *Ausschreiben* von Überweisungen *erfolgt* auf der Basis vorgedruckter
Formulare. Statt: Überweisungen werden auf vorgedruckte Muster
(Formulare) geschrieben.
Eine dienstliche Mitteilung:
Zur *Zuschrift* der ... Druckerei in B., die *Drucklegung* eines Nachtrages
zum Verzeichnis oder die *Neuauflegung* des Verzeichnisses sämtlicher im
Handelsregister eingetragenen Firmen aus dem Lande betreffend, refe-
rierte der Dienststellenleiter. Besser: Der Dienststellenleiter berichtete
über eine Anfrage der ... Druckerei in B., ob das Verzeichnis sämtlicher
im Handelsregister eingetragenen Firmen des Landes *neu aufgelegt* oder
nur ein Nachtrag dazu *gedruckt* werden solle.
Aus einer Fachzeitschrift:
Zur *Erzielung* guter Ergebnisse bei der Pflanzenbestäubung muß umfas-
sende *Einblicknahme* des Technikers in das Verfahren gesichert werden.
Besser: Sollen bei der Pflanzenbestäubung gute Ergebnisse *erzielt werden*,
so muß der Techniker einen umfassenden Einblick in das Verfahren
gewonnen haben (zit. nach MÖLLER, Dt. v. heute, S. 44).

b) An die Stelle eines einfachen Verbs tritt oft eine Funktionsverb- **552**
fügung, bestehend aus abstraktem Substantiv + Verb:
Viele solcher Fügungen sind jedoch nicht durch einfache Verben ersetz-
bar:

den Schein wahren (nicht = scheinen), seinen Scherz treiben (nicht =
scherzen), in Angriff nehmen (nicht = angreifen)

Satzakzentuierung und Rhythmus oder beabsichtigter Satzrahmen
können Funktionsverbfügungen verlangen.
Manche der Wendungen haben fachsprachlich ihre Berechtigung:

In der Rechtssprache bedeutet *unter Beweis stellen* den Beweis für eine
Tatsache anbieten, den Beweis auf eine Tatsache erstrecken, etwas beweisen wollen; *beweisen* meint den Vorgang selbst.

Grundsätzlich aber sollten solche Fügungen sorgfältig geprüft und mit anderen Ausdrucksvarianten verglichen werden, ehe man sie gebraucht:

> in Abrede stellen (besser: bestreiten, [ab]leugnen), in Anwendung bringen (besser: anwenden), sich einer Prüfung unterziehen (besser: sich prüfen lassen), Meldung machen / erstatten (auch: melden)

Merke:
Von den Funktionsverbfügungen sind *Phraseologismen* (feste Redewendungen) zu unterscheiden:

> sich auf die Hinterbeine stellen, an den Mann bringen, den Hof machen

553 c) Heute besteht verbreitet eine allgemeine Neigung, sich substantivisch auszudrücken. In diese Richtung wirken spürbar auch Schablonen und Klischees. Um so nötiger ist es, sich auf die Zweckgebundenheit dieses Stils zu besinnen und sich im klaren zu sein, daß die begriffliche und substantivische Ausdrucksweise nicht allen Redesituationen angemessen ist, daß substantivischer Stil zuweilen starr wirkt, daß Verben am dynamischen, wirkungsvollen Ausdruck großen Anteil haben. Der Stil sollte nie abstrakter sein, als es die Aufgabe verlangt.

● Das Genus

554 *Grundsätzliches*

Das Genus (grammatisches Geschlecht) ist eine Kategorie des Substantivs und der mit ihm eng zusammenhängenden Wortarten, des Artikels, des Pronomens und des Adjektivs. Es gibt ein natürliches und ein grammatisches Geschlecht. Das natürliche Geschlecht (Sexus) kann nur männlich oder weiblich sein. Das grammatische Geschlecht unterscheidet seit indoeuropäischer Zeit *Maskulina* (lat. *masculinum* = ‚männlich‘), *Feminina* (lat. *femininum* = ‚weiblich‘) und *Neutra* (lat. *neutrum* = ‚keins von beiden‘). Die Einteilung geht aber offenbar nicht auf das natürliche Geschlecht zurück. Das Genus scheint sich besonders aus der Lautgestalt der Suffixe ergeben zu haben. Manche Wortbildungsmorpheme weisen auch heute eindeutig auf ein bestimmtes Genus hin, z. B. auf ein Maskulinum die Suffixe *–ling, –ig, –er (Jüngling, Käfig, Fehler)*, auf ein Femininum *–heit, –keit, –schaft, –ung (Wahrheit, Fähigkeit, Bürgschaft, Zeitung)*. Substantive sind genusfest, Adjektive und ein Teil der Pronomen genusveränderlich, d. h., diese richten sich im Genus nach dem Substantiv, auf das sie sich beziehen.

555 *Natürliches und grammatisches Geschlecht*

1. Im allgemeinen sind männliche Lebewesen von jeher auch grammatisch Maskulina, weibliche sind Feminina:

der Mann, die Frau; er, sie; der Hahn, die Henne; der Hengst, die Stute; der Bock, die Ricke; der Ganter, die Gans
Die Form *das Weib* ist ungeklärt. Die Herkunft des Wortes ist dunkel.

2. Oft wird bei Lebewesen das grammatische Geschlecht gebraucht, ohne nach dem natürlichen zu unterscheiden:

> *der* Mensch, *die* Person, *der* Marder, *der* Adler, *der* Karpfen; *die* Katze, *die* Maus, *die* Biene; *das* Pferd, *das* Wiesel, *das* Reh, *das* Schaf

3. Manchmal widerspricht das grammatische Geschlecht dem natürlichen:

> *die* Wache, *der* Weisel (Bienenkönigin), *die* Drohne (männliche Biene; in der Fachsprache der Imker *der* Drohn); *der* Backfisch, *das* Frauenzimmer (weil *der* Fisch, *das* Zimmer)

Verkleinerungen und Koseformen auf –*chen* (↑ 989) und –*lein* (↑ 998) sind Neutra, ohne Rücksicht auf das natürliche Geschlecht:

> das Männlein, das Männchen; das Mädchen, das Fräulein

M e r k e :
Bei Koseformen auf –*el* steht meist, bei Koseformen auf –*i* immer das natürliche Geschlecht:

> der Hansel, die Gretel; der Vati, die Mutti, der Rudi

Manchmal finden sich grammatisches und natürliches Geschlecht nebeneinander:

> Das Gräflein, *es* blicket hinüber: Es dünkt ihm, als läg *er* im Fieber (Goethe). Kennst du dieses Mädchen? Ich kenne *es* (oder *sie*) nicht.

Neuere Berufsbezeichnungen für die Frau sind teilweise, akademische und amtliche Titel noch oft maskulin:

> Sie wurde *Ingenieur*, *der Lehrling* (oder *die Auszubildende*) Lotte Müller, Frau *Justizminister* ..., Frau *Staatssekretär* ..., Frau Dr. (lies: Doktor) E., Frau *Professor* (oder *Professorin*) M., Frau S. wurden Mitglieder des Ministeriums.

4. Manchmal erklärt sich das Genus aus dem ursprünglich dazu- **557** gehörigen, später weggelassenen Substantiv:

> der Emmentaler (Käse), der Espresso (Kaffee), die Rechte (Hand), die Elektrische (Straßenbahn); die Consul (eine Schreibmaschine), das Tennis (-Spiel)

5. Die Bezeichnung „sächliches" Geschlecht ist irreführend. Es ist ein **558** „neutrales" Geschlecht (↑ 554).

Das Neutrum steht bei Lebewesen, wenn man das natürliche Geschlecht nicht bezeichnen will oder kann:

> das Kind (Junge oder Mädchen), das Junge (männliches oder weibliches Tier), das Rind (Bulle oder Kuh)

Das Neutrum steht bei Verkleinerungen auf *–chen* und *–lein* (↑ 555). Das Neutrum ist nötig, wenn man es auf Substantive beiderlei Genus bezieht, also in der Funktion eines gemeinsamen Geschlechts.

> *Alles* lachte, die Jungen und die Mädchen und die Damen jenseits der Portieren … (TH. MANN). Sie stehen eine Weile schweigend, *jedes* die Hand auf der Schulter *des anderen* (FALLADA). Kommt alle herein, Mutter, Kinder! fürchte sich *keines* (SCHILLER). Ich will *keines* von beiden.

Das Neutrum steht bei abschätziger Bedeutung:

> *das* Mensch, *das* Ekel, *das* Wurm

Besonderheiten

559 1. Manche Substantive werden bei gleicher Bedeutung mit verschiedenem Genus gebraucht:

> *das*, seltener *der* Bauer (Käfig), *der*, seltener *das* Bereich, *der* oder *das* Bonbon, *der* oder *das* oder *die* Dschungel (↑ 565), *der*, technisch meist *das* Filter, *der* oder *das* Friesel, *das*, auch *der* Häcksel, *der* oder *das* Juchten, *das*, jünger *der* Kehricht, *der* oder *das* Keks, *die*, auch *der* oder *das* Klafter, *der* oder *das* Knäuel, *der* oder *das* Kompromiß, *das*, umg. meist *der* Liter, *der* oder *das* Match, *das*, umg. meist *der* Meter, *der* oder *das* Primat, *der* oder *das* Radar, *die*, seltener *das* Schorlemorle, *die*, auch *das* Soda, *der* oder *die* Spachtel, Spatel, *das* oder *der* Spind, *das*, auch *der* Trikot, *der* oder *die* Wulst, *der* oder *das*, umg. auch *die* Zigarillo, *das* oder *der* Zubehör

560 2. Eine Reihe gleichlautender stammverwandter Wörter hat verschiedenes Genus bei verschiedener Bedeutung. Die Differenzierung des Genus dient also der Unterscheidung verschiedener, gleichlautender Substantive (Homonyme, ↑ 21):

> *der* Band (Buch), *das* Band (zum Binden); *der* Bund (Bündnis), *das* Bund (Bündel); *der* Erbe (Person), *das* Erbe (Erbteil); *die* Fasson (Form, Muster, Lebensart); *das* Fasson (Jacken-, Mantelaufschlag); *der* Flur (Korridor), *die* Flur (Landfläche); *der* Gehalt (Inhalt, Wert), *das* Gehalt (Lohn); *der* Kaffee (Getränk), *das* Kaffee oder Café (Kaffeehaus); *das* Maß (richtige Größe, Menge), *die* Maß (oberdt. Flüssigkeitsmaß); *der* Schild (Schutzwaffe), *das* Schild (Erkennungszeichen); *der* See (Binnensee), *die* See (Meer); *das* Steuer (zum Lenken), *die* Steuer (Abgabe); *der* Verdienst (Lohn), *das* Verdienst (Leistung); *der* Teil (abgegrenzter Teil des Ganzen, z. B. *der* dritte Teil, *der* östliche Teil, *der* Ersatzteil), *das* Teil (Anteil, z. B. *das* Erbteil, *das* Pflichtteil)

In einigen Zusammensetzungen und in Verbindungen mit *für* und einem Possessivpronomen schwankt das Genus von *Teil*:

> *der* oder *das* Ober-, Unter-, Vorderteil, ich für *mein* (oder *meinen*) Teil

3. Verschiedenes Genus steht auch bei nichtverwandten Homonymen: **561**

der Alp (Alpdrücken), *die* Alp (Bergweide); *der* Harz (Gebirge), *das* Harz (Baumabsonderung); *der* Kiefer (Knochen), *die* Kiefer (Nadelbaum); *die* Leiter (Gerät zum Steigen), *der* Leiter (Leitender); *der* Reis (Getreideart), *das* Reis (kleiner Zweig); *der* Tau (Niederschlag), *das* Tau (starkes Seil); *das* Tor (große Tür), *der* Tor (Narr, törichter Mensch) usw.

Ursachen des Genuswandels

Die Ursachen des Genuswandels sind meist nicht genau festzustellen. **562** Oft beruht er auf der mangelhaften Einprägung des Genus, vor allem wenn es der Form der Wörter nicht entspricht. Manchmal weiß man das Genus nicht, so bei manchen Fremdwörtern. Oft ist der Genuswandel eine Wirkung der Analogie.

1. Im Mittelhochdeutschen waren viele Substantive auf *–e* Feminina. **563** Sie zogen im Neuhochdeutschen auch mittelhochdeutsche Maskulina und Neutra auf *–e* zu sich herüber:

mhd. der snecke, das ecke > nhd. *die* Schnecke, *die* Ecke, entsprechend alten Femininen wie *die* Blüte, *die* Farbe, *die* Garbe

Hierher gehören auch:

die Schlange, die Ratte, die Niere, die Kohle, die Blume, die Rippe, die Beere u. a.

In der Mundart und in Zusammensetzungen ist das alte Geschlecht oft noch erhalten:

der Schneck, der Ratz; das Dreieck

Französische Maskulina auf *–e* wurden im Deutschen Feminina:

franz.: *le* buste (m.), *le* cigare (m.), *le* garage (m.); deutsch: *die* Büste, *die* Zigarre, *die* Garage

2. Nicht selten ist die Angleichung an das Genus sinnverwandter Wör- **564** ter. Das ist besonders bei Lehnwörtern der Fall:

lat. murus (m.), deutsch *die* Mauer (weil schon vorhanden: *die* Wand); franz. *la* douzaine (f.), deutsch *das* Dutzend (weil *das* Schock, *das* Hundert); franz. *la poudre* (f.), deutsch der Puder (weil *der* Staub; außerdem enden viele Maskulina auf *–er*: *der* Maler, *der* Tischler, *der* Donner, *der* Halter)

Das Genus bei Fremdwörtern, Kurz- und Initialwörtern **565**

1. Viele Fremdwörter behalten ihr Genus aus der Herkunftssprache:

franz. *le* carton (m.), deutsch *der* Karton; franz. *la* coquetterie (f.), deutsch *die* Koketterie; lat. tractatus (m.) oder tractatum (n.), deutsch *der* oder *das* Traktat

2. Das Genus mancher Fremdwörter schwankt, weil es aus der Herkunftssprache nicht allgemein bekannt ist:

> *der* oder *das* oder *die* Dschungel; *der* oder *das* Radar, ↑ auch Abs. 3

3. Oft ändert sich das ursprüngliche Genus der Fremdwörter und gleicht sich heimischen Wörtern mit gleichem Suffix oder Synonymen an:

> franz. *le* garage (m.), deutsch *die* Garage; russ. погром (m.), dt. *das* Pogrom (wohl weil *das* Atom, *das* Phantom usw.); franz. *le* bouillon (m.), dt. *die* Bouillon (weil *die* Brühe); russ. водка (f.), dt. *der* Wodka (weil *der* Branntwein); franz. *le* menuet (m.), dt. *das* Menuett (weil *das* Ballett, *das* Bankett, *das* Parkett)

Substantive aus dem Englischen, dessen Artikel kein Genus angibt, und Substantive aus dem Französischen, das nur Maskulinum und Femininum kennt, erhalten im deutschen Text oft in Anlehnung an sinnverwandte heimische Wörter den Artikel:

> *der* Broadway (the way = *der* Weg), *die* Daily Mail (the mail = *die* Post), *die* Tour de France (*le* tour = *die* Tour, weil *die* Reise), *das* Maison de ville (das Stadthaus, Rathaus; *la* maison = *das* Haus), *der* Foxtrott, *der* Swing, *der* Twist (weil *der* Tanz)

Häufig gleicht sich das Genus an die Bedeutung eines Substantivs nach dem Prinzip der Analogie an.

4. Kurz- und Initialwörter haben das Genus des Vollwortes:

> *der* Akku (*der* Akkumulator), *die* Lok (*die* Lokomotive), *das* EKG (das Elektrokardiogramm), *der* Ober (*der* Oberkellner)

566 *Zum Erkennen des Genus*

Feste Regeln, welches grammatische Geschlecht ein Substantiv im Deutschen hat, lassen sich im allgemeinen nicht geben, wohl aber sind Faustregeln auf Grund der Wortbildung und der inhaltlichen Zugehörigkeit der Substantive zu gewissen Gruppen möglich.

567 1. Hinweise auf das Genus gibt die Wortbildung (↑ 1014 ff.).

a) Maskulina sind in der Regel

– von Verben abgeleitete Substantive ohne Suffix *(der Trank, der Sprung, der Betrieb)*;
– Substantive mit dem Suffix *s (der Schnaps, der Knirps, der Fuchs, der Luchs)*;
– Substantive mit den Suffixen *–er, –el, –ig, –[l]ing*;
– Fremdwörter mit den Suffixen *–ant, –är* (wenn Personenbezeichnungen), *–ast, –[i]ent, –eur, –ier, –ier [–ie:]* (bei Personenbezeichnungen), *–iker, –ikus, –ismus, –ist, –or*.

b) Feminina sind in der Regel

– vom Verb abgeleitete Substantive auf *–t (die Pacht, Fahrt, Sicht)*,
– die meisten Substantive auf *–e* (aber: *der Bote, das Ende, das Getreide*),
– Substantive mit den Suffixen *–ei, –in, –heit, –keit, –schaft, –ung*, fremdsprachige Substantive mit den Suffixen *–a, –ade, –age (Etage), –aille (Medaille), –aise*, eingedeutscht *–äse (Marseillaise, Polonäse), –äne, –anz, –elle, –enz, –ette, –euse, –öse, –ie (Materie), –ie (Prärie), –[i]ere (Portiere), –ik, –ille, –ine, –ion, –isse, –[i]tät, –itis, –ive, –ose, –sis*, eingedeutscht *–se (die Analysis, die Analyse), –ur, –üre (Tortur, Maniküre)*.

c) Neutra sind in der Regel

– alle anderen Wortarten, wenn sie substantiviert sind (↑ 549, Abs. b),
– alle Substantive mit den Suffixen *–chen* und *–lein, –icht* und *–tum* (aber: *der* Irrtum, *der* Reichtum),
– fremdsprachige Substantive mit den Suffixen *–ett* (falls keine Personenbezeichnung), *–in (das Benzin), –[i]um, –ma (Dogma), –ment (das Engagement*, aber: *der* Zement).

d) In Zusammensetzungen richtet sich das Genus nach dem Grundwort.

2. Hinweise auf das Geschlecht gibt die sachliche Zugehörigkeit. (Hier **568** handelt es sich weit mehr als in Abs. 1 um Faustregeln. Es werden sich immer Ausnahmen finden lassen.)

a) Personenbezeichnungen richten sich in der Regel nach dem natürlichen Geschlecht.

b) Tierbezeichnungen haben z. T. natürliches, meist aber nur grammatisches Geschlecht (↑ 555).

c) Bezeichnungen für Jahreszeiten, Monate und Wochentage sind Maskulina:

> der Sommer, der Winter, der Lenz, der Herbst, der Monat, der August, der Mittwoch, der Montag; aber: die Woche, das Jahr, das Frühjahr

d) Bezeichnungen für Himmelsgegenden, Winde und atmosphärische Niederschläge sind Maskulina:

> der Osten, der Süden, der Westen, der Norden; der Föhn, der Taifun, der Monsun, der Orkan; der Schnee, der Nebel, der Tau, der Reif, der Regen

e) Länder- und Landschaftsnamen sind in der Regel Neutra. Außer bei Landschaftsnamen steht der Artikel meist nur zusammen mit Attributen:

> das Afrika der Gegenwart, das England Shakespeares, das östliche Europa; das Elsaß, das Engadin

Maskulina sind:

> der Balkan, der Darß, der Irak, der Iran, der Jemen, der Libanon, der Peloponnes, der Sudan

Feminina sind:

> die Krim, die Lausitz, die Pfalz, die Schweiz, die Wachau, die Arktis, die Antarktis

außerdem die Länder- und Landschaftsnamen auf *–a, –ei, –e, –ie*:

> die Riviera, die Türkei, die Ukraine, die Provence, die Normandie

Ländernamen im Plural sind:

> die Niederlande, die USA

f) Ortsnamen sind im allgemeinen Neutra (auch bei andersgeschlechtigem Grundwort):

> *Mein Leipzig* lob' ich mir, *es* ist *ein Klein-Paris* ... (GOETHE), *das* neue Moskau, *das* altertümliche Rothenburg, *das* belebte Annaberg

g) Berg- und Gebirgsnamen sind in der Regel Maskulina:

> der Brocken, der Kyffhäuser, der Olymp, der Vesuv, der Monte Rosa, der Ätna; der Harz, der Himalaja, der Jura, der Spessart

Manche Gebirgsnamen sind Feminina, viele stehen im Plural:

> die Marmolada; die Rhön, die Eifel; die Alpen, die Anden

h) Flußnamen, auch die meisten fremden auf *–a* oder *–e*, sind Feminina:

> die Elbe, die Saale, die Elster, die Spree, die Oder, die Weser, die Werra, die Mulde; die Wolga, die Moskwa, die Rhone, die Themse

Maskulina sind die meisten fremden Flußnamen und einige deutsche:

> der Dnepr, der Ganges, der Jordan, der Jangtse, der Mississippi, der Po, der Amur; der Rhein, der Main, der Neckar, der Inn, der Lech

i) Namen von Hotels, Cafés und Kinos sind Neutra:

> das Astoria, das Kapitol, das Korso

k) Baumnamen und viele Blumennamen sind meist Feminina:

> die Buche, die Eiche, die Linde, die Tanne, die Kiefer; aber: der Baum, der Ahorn; die Blume, die Rose, die Nelke, die Dahlie, die Tulpe

l) Bezeichnungen für Metalle und chemische Elemente sind meist Neutra:

> das Eisen, das Gold, das Uran, das Kalzium, das Silizium, das Kupfer, das Zinn; aber: der Schwefel, die Bronze

Die meisten Gesteinsnamen sind Maskulina:

> der Basalt, der Granit, der Schiefer, der Sand; aber: die Kreide

m) Schiffsnamen sind vorwiegend Feminina:
Schiffsnamen nach Ländern und Städten sind immer Feminina:

> die Transsilvania, die Rostock, die Leipzig

Schiffsnamen nach männlichen Personen und nach Flüssen männlichen
Geschlechts werden gewöhnlich feminin, seltener maskulin gebraucht:

> die Fahrt der (des) Gorch Fock; die (der) Theodor Körner, die (der)
> Indus

Schiffsnamen nach Tieren entsprechen meist deren Geschlecht:

> der Tiger, der Kormoran, der Falke, die Möwe

Bei Schiffsnamen nach Appellativa und Abstrakta steht in der Regel
das dem Worte zukommende oder das feminine Geschlecht:

> die Arkona, das Kreuz des Südens, der Nordwind

n) Autonamen sind meist maskulin und unflektiert:

> der Audi, der Wolga; des Skoda, des Trabant; Plural: die Audi

o) Die Grundzahlen sind als Substantive Feminina (zu ergänzen: die
Zahl), die Bruchzahlen sind Neutra (*–tel* = das Teil):

> die Eins, die Zehn, die Million; das Viertel, das Drittel, das Achtel

● Der Artikel

Bedeutung und Fügungswert des Artikels

1. Der Artikel (das Geschlechtswort; lat. *articulus* = ‚Glied‘, ‚Gelenk‘) **569**
ist keine selbständige Wortart. Manche Sprachen, z. B. das Lateinische
und das Russische, kommen ohne ihn aus.

2. Der bestimmte Artikel *der, die, das* (Plural: *die*) ist aus dem abge-
schwächten Demonstrativpronomen (↑ 816), der unbestimmte Artikel
ein, eine, ein (keine Pluralform) aus dem Indefinitpronomen (↑ 841) entstanden.

3. Der Artikel kündet das Substantiv an und begleitet es.

a) Der Artikel kennzeichnet das Geschlecht des Substantivs:

> *der (ein)* Mann, *die (eine)* Frau, *das (ein)* Kind; *der (ein)* Baum, *die*
> *(eine)* Blume, *das (ein)* Fenster, *der (ein)* Tisch

b) Der Artikel verdeutlicht die Kasusform des Substantivs, da ihre Bezeichnung durch den allmählichen Schwund der ursprünglich kennzeichnenden Endungen mangelhaft geworden ist:

des Löwen, *die* Löwen, *dem* Löwen; *einem* Mann, *der* Kinder, *die* Kinder

4. Der Artikel vermag jede Wortart in den Rang von Substantiven zu erheben, sogar sich selbst:

das Für und Wider, *das* Grün, *die* Dreizehn, *ein* Der, *eine* Die

570 5. Der unbestimmte Artikel, ursprünglich identisch mit dem gleichlautenden Numerale und dem Indefinitpronomen, hat noch heute die Aufgabe, ein beliebiges, noch nicht genanntes Einzelnes aus einer Gattung hervorzuheben:

Ich möchte *einen Bleistift* haben. *Ein Brief* fiel durch den Türschlitz. *Ein Mann* steht draußen. Er bringt *ein Paket.*

Dem unbestimmten Artikel *ein* im Singular entspricht Artikellosigkeit im Plural:

Ich möchte *Bleistifte* haben. *Briefe* fielen durch den Türschlitz. Draußen stehen *Männer.* Sie bringen *Möbel.* ↑ auch 572, 577.

571 6. Der bestimmte Artikel bezeichnet ein irgendwie bestimmtes, irgendwie schon bekanntes Einzelnes. Die Bekanntschaft mit dem Einzelnen kann schon durch den bloßen Gebrauch des bestimmten Artikels zum Ausdruck kommen:

Der Briefträger läutet. Vielleicht bringt er *den* (erwarteten) Brief.

Bekanntschaft mit etwas Einzelnem besteht auch, wenn es vorher einmal genannt ist. Dann wechselt der unbestimmte mit dem bestimmten Artikel:

Ein Mann steht draußen. Was will *der* Mann? Zu *einem* alten Araber kamen drei junge Leute ... *Der* Araber dachte nach und sagte ... (BRECHT).

Formale äußere Betonung, z. B. ein Attribut, kann genügen, um den bestimmten Artikel zu fordern:

der Inhalt des Buches, *der* Inhalt eines Koffers, *der* Monat Oktober, *die* Venus des Tizian; aber ohne Artikel bei vorangestelltem Genitivattribut: *Goethes Gartenhaus*, einer Nachtigall schmetterndes *Lied* (FÜRNBERG)

572 Merke:
Der Artikel kann auch verallgemeinernde Funktion haben. Bei einem Appellativ im Singular kann der bestimmte wie der unbestimmte Artikel die ganze Gattung bezeichnen und so auch der Singular mit dem Plural ausgetauscht werden:

Der / Ein Arzt muß bereit sein, seine Freizeit zu opfern. *(Die) Ärzte* müssen bereit sein, ihre Freizeit zu opfern.

Deklinationstabelle des bestimmten und des unbestimmten Artikels **573**

		Maskulinum	*Femininum*	*Neutrum*
Singular:	Nom.	der	die	das
	Gen.	des	der	des
	Dat.	dem	der	dem
	Akk.	den	die	das
Plural:	Nom.		die	
	Gen.		der	
	Dat.		den	
	Akk.		die	
Singular:	Nom.	ein	eine	ein
	Gen.	eines	einer	eines
	Dat.	einem	einer	einem
	Akk.	einen	eine	ein

Der unbestimmte Artikel hat keinen Plural (↑ 570).

Die Anwendung des Artikels

Den bestimmten Artikel gebrauchen heißt das Substantiv irgendwie **574** als bestimmtes oder bekanntes kennzeichnen (↑ 571). Ein Substantiv wird ohne bestimmten Artikel gebraucht, wenn es an sich schon Bestimmungscharakter hat (Eigennamen) oder wenn es nur allgemeinen Sinn hat bzw. wenn es jemand verallgemeinernd meint.

1. a) Personennamen stehen in der Regel (↑ aber Abs. b) ohne Artikel, **575** da sie ein bestimmtes Einzelwesen nennen:

> *Jacob* und *Wilhelm Grimm* sind die Begründer des Deutschen Wörterbuchs. Die Zeit *Goethes* und *Schillers* war Weimars große Zeit. Kennst du *Petra* und *Iris?*

Der Artikel fehlt auch, wenn *Herr, Frau, Fräulein*, ein Titel oder eine Verwandtschaftsbezeichnung vor dem Namen steht:

> Wir dankten *Professor Karl Förster, Dr. Hermann Lindner.* Er schrieb an *Fräulein Schulz, Herrn Fischer*, an *Tante Käte*, an *Onkel Paul.*

Verwandtschaftsnamen stehen oft auch ohne Artikel, wenn kein Personenname dabeisteht. Man weiß, welche Person gemeint ist:

> *Vater* ruft! *Mutter* hat geschrieben. *Tante* meint, daß ...

Berufsbezeichnungen und ähnliche Formen der Apposition + Name stehen oft mit Artikel, kommen aber auch ohne diesen vor:

Goethe kannte *die* Schauspielerin Corona Schröter schon aus seiner Leipziger Zeit. *Ingenieur* Schneider ist Schöffe.

b) Der Artikel steht bei Personennamen,

– wenn er Kasus oder Genus kenntlich machen soll:

das Ei *des* Kolumbus, die Schriften *des* Aristoteles (besser als: Aristoteles'), ich war *der* Elli treu (SEGHERS). Zu Pauls Erleichterung machte *die* Grabber keine Einwände (SEGHERS).

– wenn ein Attribut zum Eigennamen hinzutritt:

der kleine Thomas, der Stil *des* jungen Goethe, *der* Lessing der Wolfenbütteler Jahre; aber ohne Artikel, wenn das Attribut unflektiert als Teil des Namens aufgefaßt wird: Jung Siegfried, Klein Roland (UHLAND), Schön-Rohtraud (MÖRIKE)

– in der Umgangssprache und in der Mundart, außer im Niederdeutschen:

Der Hans kommt. Grüß mir *die* Gretel! *Der* Fritz? Ja, der Fritz, der kann arbeiten (H. HAUPTMANN). *Der* Werner Kahle ist ihnen vom Himmel gefallen (SEGHERS).

c) Der Artikel steht bei Geschlechter- und Familiennamen im Plural:

die Karolinger, *die* Ottonen; *die* Humboldts, *die* Schlegels

Oft fehlt bei Familienbezeichnungen der Artikel:

„*Buddenbrooks*" (TH. MANN); *Müllers* besuchen uns am Sonntag.

576 d) Der Artikel muß stehen, wenn Personennamen als Appellativa gebraucht werden, wenn sie Personen auf Porträts oder in belletristischen Werken oder die Werke selbst bezeichnen:

Der Duden erschien 1947 in 13. Auflage. Puschkin wird *der* Goethe der russischen Literatur genannt. Kennst du *die* Venus Tizians? Wer spielt *den* Faust, *die* Ophelia, *das* Gretchen? Wir lasen *[den]* „Macbeth". Aber: Wir lasen „*Hermann und Dorothea*" (kein Artikel bei Namenpaaren).

577 e) Bei Personennamen kann der unbestimmte Artikel stehen im Sinne von *ein Mann namens* (einer aus der Familie), *ein Mann wie*:

Nun sah er, daß auch *ein* Bonaparte Vorgänger hatte (BREDEL). *Ein* Wrangel war's, der vor Stralsund viel Böses mir zugefügt (SCHILLER).

578 2. a) Erdkundliche Namen sind meist Neutra und stehen dann in der Regel (↑ 568) ohne Artikel. Nichtneutra haben den Artikel. ↑ 568, Abs. e. Steht vor erdkundlichen Namen ein Attribut oder haben sie den Charakter eines Appellativums, dann muß der Artikel stehen:

das südliche Europa, *das* neue Dresden

b) Flußnamen sind nie Neutra und haben immer den Artikel, ↑ 568.

c) Namen für Meere, Seen, Gebirge und Berge haben den Artikel:

> *der* Atlantische Ozean, *der* Atlantik, *die* Ostsee; *der* Bodensee, *das* Schwarze Meer; *der* Kaukasus, *die* Alpen; *der* Brocken, *das* Matterhorn, *der* Großglockner, *der* Chimborasso

3. Namen für Sterne, Tiere, Blumen, Gebäude haben den Artikel: **579**

> *der* Jupiter, *die* Venus; *der* Wolf, *die* Nachtigall, *das* Reh; *die* Rose, *der* Farn; *der* Louvre, *das* Kapitol, *der* Zwinger, *das* Pantheon

4. Schiffsnamen haben den Artikel (↑ 568).

5. a) Stoffbezeichnungen stehen ohne Artikel, wenn sie ganz allgemein **580** aufzufassen sind:

> *Gold* und *Silber* lieb' ich sehr (Volkslied). Das ist *Wein* aus Ungarn. *Brot* backen; *Wasser, Wein, Bier* trinken; aber als Genitivattribut: das spezifische Gewicht *des Goldes*, die Wirkung *des Kaffees*

b) Der Artikel steht, wenn Attribute die Stoffbezeichnung zum Appellativum werden lassen:

> *die* Weine, die er anbot; *das* Wasser des Rheins; *das* Brot für morgen

6. Abstrakta können, soweit sie Eigenschaften oder Zustände bezeich- **581** nen, als Subjekt oder Akkusativobjekt ohne Artikel oder mit bestimmtem Artikel (im Sinne der Verallgemeinerung, ↑ 572) stehen:

> *Fleiß* und *Ausdauer* sind erforderlich. *[Die] Röte* stieg ihr ins Gesicht. Er braucht *Ruhe* und *Entspannung*. Mir reißt *die Geduld*. *Not* lindern, *Solidarität* üben, *Freude* und *Leid* miteinander teilen; aber: jemandem *die Freude* verderben, *die Freude* war groß

Beim Genitiv- und Dativobjekt im Singular muß der Artikel als Kasusmerkmal stehen:

> *der* Ruhe bedürfen, *dem* Genusse frönen, *der* Not trotzen

7. Der Artikel fehlt   **582** bei bloßer Nennung des Substantivs:

> Wie heißt *Hammer* auf russisch? Wie wird *Nachbar* dekliniert? Wie heißt der Plural von *Komma*? Sprich schnell *Cottbusser Postkutschkasten*!

bei Ruf und Anrede:

> Warme *Würstchen*! *Hilfe*! *Feuer*! Komm einmal her, *Kollege*!

8. Er kann in bestimmter stilistischer Absicht fehlen: **583**

> Saint Just war überzeugt, daß wieder *Verräterei* am Werke war; Carnot hingegen hatte nur von *Unfähigkeit* und *Schwäche* gesprochen (BREDEL).

Dann muß *Klang* der Gläser tönen und *Rubin* des Weins erglänzen (GOETHE).

Auch Überschriften gehören hierher:

Wanderers Nachtlied, *Sängers* Abschied; *Protest* gegen *Krisenlasten*

584 9. Bezeichnungen des Berufs, der Funktion, der Nationalität und anderer Eigenschaften einer Person haben im Prädikativ keinen Artikel:

Sein Bruder ist *Student, Witwer, Nichtraucher, Bergsteiger.* Er wird *Lehrer.*
(Aber: Er wird *der* Lehrer unseres Sohnes.)

585 10. Ohne Artikel steht meist ein Verbalsubstantiv, wenn es mit dem Verb eine phraseologische Einheit bildet:

Recht behalten; *Bürgschaft, Folge* leisten; *Kummer, Lärm, Verdruß* machen

Hierher gehören auch feste Verbindungen von Präpositionen mit artikellosem Substantiv:

an *Bord* gehen, an *Hand*, an *Stelle*, auf *Erden*; auf *Ordnung*, auf *Sauberkeit* halten; bei *Tische*; in *Frage* kommen, mit *Mann* und *Maus*; nach *Hause*, über *Land* gehen, über *Bord* gehen, sich über *Wasser* halten, von *Anfang* an, von *Hause* aus, von *Herzen*, von *Kopf* bis *Fuß*, von *Zeit* zu *Zeit*, vor *Augen* haben, vor *Anker* liegen, zu *Kreuze* kriechen, zu *Wasser* und zu *Lande*, zu *Füßen*, zu *Häupten*, zu *Fuß*, zu *Pferde*, zu *Bett* gehen, zu *Grabe* tragen, zu *Boden* fallen, zu *Ohren* kommen, zu *Schaden* kommen, zu *Nutz* und *Frommen*, zu *Willen* sein, zu *Worte* kommen, zu *Mittag* essen, zu *Abend* essen, zu *Ehren*; zu*liebe*, zu*leide*

586 11. Der Artikel fehlt bei Substantiven in Sprichwörtern und in formelhaften Wendungen:

Morgenstunde hat *Gold* im Munde. Eigner *Herd* ist Goldes wert. *Not* kennt kein Gebot. Berg und Tal, Mann für Mann, Wort für Wort, unter Dach und Fach, Leib und Leben, Haus und Hof, Kind und Kegel

587 12. Der Artikel steht nicht in Präpositionalfügungen, die allgemeine Bedeutung haben:

mit *Scheck* (bargeldlos) bezahlen; aber: mit *einem Scheck* bezahlen. Er ist von *Jubel* erfüllt; aber: Er ist von *dem Jubel* über das schöne Geschenk erfüllt. Er starb im *hohen* Alter; aber: Er starb *im hohen* Alter *von* 81 Jahren (also in einem ganz bestimmten Alter).

13. Der Artikel fehlt oft in Schlagzeilen der Zeitungen. Dabei sollte immer eindeutige Verständlichkeit gewährleistet sein:

Vergiftung forderte 150 Tote; Heiße *Tips* für Handwerker

Verschmelzung von Präposition und Artikel

1. Die Präpositionen *an, bei, hinter, in, über, unter, von, vor, zu* verschmel- **588**
zen ohne Apostroph mit folgendem *dem* zu *am, beim, hinterm, im, überm,
vom, vorm, zum*; *zu* mit *der* zu *zur*:

> *am* Sonnabend, *beim* Springen, *im* Hause, *vom* Lande sein, *zum* Bahnhof,
> *zur* Post gehen; mit seiner Meinung nicht *hinterm* Berge halten, *vorm*
> Bahnhof aussteigen, „*Unterm* Birnbaum" (Fontane), ↑ 590.

2. Die Präpositionen *an, auf, durch, für, hinter, in, über, um, unter, vor* ver- **589**
schmelzen besonders in der Umgangssprache ohne Apostroph mit fol-
gendem *das* zu *ans, aufs, durchs, fürs, hinters, ins, übers, ums, unters, vors*:

> *ans* Werk gehen; *aufs* Land fahren; Hand *aufs* Herz!, *aufs* beste, *fürs*
> Leben gern, *fürs* erste; *hinters* Licht führen (↑ 590); *ins* Stocken geraten,
> *ins* Zimmer treten; *übers* Jahr, *übers* Knie brechen, einen Mantel *übers*
> Kleid ziehen (↑ 590); *unters* Fenster treten, *ums* Ganze gehen; bis *vors*
> Haus fahren (↑ 590)

Die Präpositionen *hinter, über, unter* bilden umgangssprachlich auch mit
den (Singular) die Zusammenziehungen *hintern, übern, untern,* ↑ 590.

Merke:
Die Verschmelzungen *außerm, hinterm, überm, unterm, vorm; durchs, hin-* **590**
ters, übers, unters, vors und die Verschmelzungen mit *den* sind umgangssprachlich. In manchen Fügungen (↑ 589) sind sie unauflösbar.

Die Verschmelzung findet nur statt, wenn der Artikel schwach betont **591**
ist, deshalb in der Regel nicht, wenn der Artikel auf einen folgenden
Nebensatz vorausweist:

> *am* Tage seiner Geburt, aber: *an dem* Tage, an dem er geboren wurde.
> Die Grillen zirpten *in dem* Grase, das hart am Wasser in dünnes Schilf
> überging (Th. Mann). Er kam *zu der* Überzeugung, daß alles Suchen
> vergeblich sei. *Vor dem* Grundstück, das am Wege lag...

Durch die Verschmelzung verliert der bestimmte Artikel an bestim-
mender, hinweisender Kraft. Besonders bei Verschmelzungen mit *zu*
liegt oft die Funktion des unbestimmten Artikels oder der Artikellosigkeit vor:

> *am* Abend (abends) arbeiten, *zum* Gehilfen (*zu einem* Gehilfen) machen,
> *zum* Stadtrat (als Stadtrat) wählen

Die Stellung des Artikels

1. Der Artikel steht vor dem Substantiv und bildet mit dem zugehöri- **592**
gen Substantiv den nominalen Rahmen (↑ 295):

> *das* Haus, *das* neue *Haus*, *das* neue, am Waldrand gelegene *Haus*; *ein* in
> freien Rhythmen geschriebenes und feierlich vorgetragenes *Gedicht*

2. Manchmal ist darauf zu achten, ob der Artikel vor der Wortreihe einfach stehen kann (Einheit) oder ob er wiederholt werden muß:

> Die Entscheidung hierüber trifft *der* Lehrausbilder und Abteilungsleiter (*eine* Person). Die Entscheidung hierüber *treffen der* Lehrausbilder und *der* Abteilungsleiter (*zwei* Personen).

● Die Numeri

593 *Grundsätzliches*

1. Unsere Sprache besitzt zwei **Numeri** (Zahlformen), den *Singular* (die Einzahl) und den *Plural* (die Mehrzahl). Von einem alten *Dual* (Zweizahl) existieren noch Reste im Bayrischen: *ös* (ihr beiden), *enk* (euch beiden, Dativ und Akkusativ). Auch diese Dualformen werden seit dem 13. Jahrhundert schon pluralisch gebraucht.

2. Der Numerus ist ein dem Substantiv, Adjektiv, Pronomen und Verb eigenes Ausdrucksmittel. Er ist, da er Kongruenz fordert (↑ 109 ff.), auch für den Satzbau wichtig. Bei Abstrakta, Stoff- und Sammelbezeichnungen kann man schwanken, ob ein Plural sinnvoll ist. Er kann gesetzt werden, wenn konkrete Einzelfälle oder Einzelgruppen möglich sind:

> Dummheit, Dummheiten (dumme Streiche), Wein, Weine (Weinarten), Wald, [einzelne] Wälder; das Geläut, die Geläute (Läutwerke), ↑ 597, 605.

Der Singular

594 1. Der **Singular** ist die Grundform, von ihm wird der Plural abgeleitet. Er ist zugleich die neutrale Form. Substantive, vor allem Appellativa, die lediglich in ihrer allgemeinen Bedeutung gesetzt sind, können im Singular stehen. Er schließt eine Vielheit ein. Er wird gesetzt, wenn es nicht auf die Zahl, auf Einheit oder Gegliedertheit des Ganzen ankommt, sondern auf den Begriff im allgemeinen:

> *Der Hund* ist *ein Haustier. Das Fenster* ist geschlossen. Im Frühjahr blüht *der Flieder.* ↑ auch 572.

Nicht alle Substantive haben die Fähigkeit, Einheit und Vielheit zu unterscheiden. Es gibt weit mehr Substantive, die nur im Singular vorkommen (Singulariatantum), als solche, die nur im Plural stehen können (Pluraliatantum).

595 2. Nur im Singular stehen Eigennamen, wenn sie eine bestimmte Einzelerscheinung bezeichnen:

Frankreich, die Elbe, die Schweiz, der Stille Ozean, Leipzig; die Aka-
demie der Künste; mein Freund Peter, seine Schwester Hilde, Konrad
Duden; „Der zerbrochene Krug" (Lustspiel)

Der Plural kann stehen, wenn es sich um mehrere Träger des gleichen
Namens, um einen Geschlechternamen oder um den Gebrauch als
Gattungsbezeichnung handelt:

> *die* Peter, *die* Hilden, *die* Hardekopfs; *die* Ottonen, *die* Hohenzollern;
> *die* Heulsusen

Nur im Singular stehen auch *Unika* (Substantive, die Erscheinungen
bezeichnen, die als einmalig aufgefaßt werden), z. B. *Weltall, Universum,*
die *Sonne,* der *Mond,* die *Bibel* (↑ auch 593).

3. Nur im Singular stehen Stoffbezeichnungen im weitesten Sinne, **596**
wenn sie allgemein gebraucht werden und die Stoffe ohne deutliche
Gestalt sind:

> Gold, Eisen, Kalk, Gußeisen, Sand, Asche, Holz, Wolle, Seide; Brot,
> Fleisch, Butter, Honig, Milch, Weizen; Wasser, Wein, Blut; Atem, Rost,
> Schmutz
> Aber als Sortenbezeichnung: ausländische Hölzer, verschiedene Weine,
> Fette und Öle; ↑ auch 593

4. Nur im Singular stehen die Kollektiva, die nicht zugleich auch Appel- **597**
lativa oder Bezeichnungen für Einzelgruppen sein können:

> Arbeiterschaft, Reiterei, Polizei, Menschheit, Publikum, Obst, Vieh;
> aber: Heer/Heere; Volk/Völker

Auch Kollektiva, die Vorgänge nennen, stehen nur im Singular:

> Gebell, Geschrei, Gezänk, Geplauder, Gelaufe

Bei folgenden Kollektiva ist Plural möglich:

> Haar, Volk, Flotte, Haufen, Dutzend, Geläut (Läuteanlage), Gewerk-
> schaft, Genossenschaft, Gemeinschaft

5. Meist im Singular stehen Bezeichnungen für Witterungserscheinun- **598**
gen:

> Sonnenschein, Regen, Nebel, Hagel, Schnee, Reif, Tau; Wärme, Kälte

Zur Bezeichnung des Plurals bei Witterungserscheinungen u. a. ↑ 608.

6. Bezeichnend ist, daß Körperteilbezeichnungen oft im Singular ste- **599**
hen, wenn die Körperteile als Organe oder Verhaltensweisen aufgefaßt
sind, daß Singular und Plural aber unterschieden werden, wenn die
Körperteile in ihrer materiellen Erscheinungsform vorgestellt werden:

> sich die *Hand* geben, die Sache hat *Hand* und *Fuß,* einer Gefahr ins *Auge*
> sehen, ganz *Auge* und *Ohr* sein, in aller *Munde* sein, auf großem *Fuße*

leben; aber: mit leeren *Händen,* zu *Füßen* sitzen, jemandem zu tief in die *Augen* sehen

600 7. Abstrakta stehen nur im Singular, wenn sie Allgemeinbegriffe bezeichnen, zeitlich und räumlich unbegrenzt:

> Liebe, Treue, Durst, Hunger, Achtung, Blindheit, Kälte, Wärme, Schlaf, Armut; aber: die Höflichkeit, *die Höflichkeiten* (höfliche Formen); die Schönheit, *die Schönheiten* (einzelne Formen der Schönheit, z. B. schöne Frauen), die *Sehenswürdigkeiten* der Stadt

601 8. Ohne Plural stehen neutrale substantivierte Adjektive und Infinitive, wenn sie nicht Gegenstandsbegriffe geworden sind:

> das Gute, das Wahre und Schöne, das Grün der Wiesen, das Schwimmen, das Üben der Sportler; aber: das Schreiben, die Schreiben (schriftliche Mitteilungen); die verschiedenen Blau (Farbnuancen)

Zum Plural von Abstrakten ↑ 608

9. Zum Gebrauch von Singular und Plural sowie zur Deklination von Maß-, Mengen- und Münzbezeichnungen ↑ 679 ff.

Der Plural

602 1. Im Laufe unserer Sprachentwicklung haben sich die Kasusendungen immer mehr einander angeglichen, dagegen werden Singular und Plural deutlich unterschieden. Das Deutsche bietet eine Fülle von Möglichkeiten, den Plural zu kennzeichnen, vor allem durch Endungen:

– die Endung –*e* bei allen drei Genera,
– die Endung –*en* oder –*n* bei allen drei Genera,
– die Endung –*er* bei Maskulinen und Neutren,
– die Endung –*s* bei vielen Fremdwörtern und einigen heimischen Wörtern: Beispiele ↑ 644.

Bei Fremdwörtern finden sich manchmal Doppelformen im Plural; denn neben fremdsprachigen sind auch eingedeutschte Formen üblich ↑ 655.

603 2. Ohne besondere Endung im Plural stehen Maskulina und Neutra auf –*el,* –*er,* –*en*: Beispiele ↑ 644.

Merke:

Feminina auf –*el* nehmen im Plural die Endung –*n* an, ebenso Feminina auf –*er,* wenn kein Umlaut den Plural kennzeichnet:

> die Achsel, die Achsel*n*; die Gabel, die Gabel*n*; die Schüssel, die Schüsseln; die Kiefer, die Kiefer*n*; die Mutter, die Mutter*n* (Schraubenmuttern); aber: die Mutter, die M*ü*tter; die Tochter, die T*ö*chter

Auch einige Maskulina auf *–el* und *–er* haben im Plural die Endung *–n*:

> der Muskel, die Muskel*n*; der Stachel, die Stachel*n*; der Pantoffel, die Pantoffel*n*; der Bauer (,Landwirt'), die Bauer*n*; der Vetter, die Vetter*n*; der Bayer, die Bayer*n*; aber: der Tirol*er*, die Tirol*er*

3. Ohne Unterscheidung von Singular und Plural stehen die Wörter **604** auf *–chen* und *–lein*:

> das Käppchen / die Käppchen; das Büchlein / die Büchlein

Ohne formale Unterscheidung von Singular und Plural stehen Kollektiva mit dem Präfix *ge–* und dem Suffix *–e*, soweit sie nicht überhaupt Singulariatantum sind (↑ 597):

> das Gebirge / die Gebirge; das Geschmeide / die Geschmeide; das Gestade / die Gestade (geh.)

4. Bei Substantiven, die Singular und Plural formal nicht unterscheiden, lassen andere Beziehungsmittel, der Artikel, das Numerale, ein **605** dekliniertes Adjektiv, ein Pronomen, die finite Verbform oder der Satzzusammenhang, Singular und Plural erkennen:

> Singular: *das Mädchen, ein Mädchen*; *Mädchen* ist eine Personenbezeichnung. Als sie noch *ein Mädchen* war. *Mädchen*, was hast *du* angestellt?
> Plural: *die* Mädchen, *zwei, ˜drei* Mädchen, *einige* Mädchen, *hübsche* Mädchen; als sie noch *Mädchen waren*. *Mädchen*, was habt *ihr* angestellt?

5. Aus einem Singularetantum wird manchmal durch Zusammensetzung oder Ableitung ein Plural gebildet:

> Getreide / Getreide*arten*; Kaffee / Kaffee*sorten*; Regen / Regen*fälle*; Regen*güsse*; Schnee / Schnee*fälle*; Lohn / *Belohnungen*; Urlaub / *Beurlaubungen*; Atem / Atem*züge*; Rat / Rat*schläge*; Lob / *Belobigungen*

6. Im Verhältnis zur Zahl der Singulariatantum ist die Zahl der Plu- **606** raliatantum (Singular: Pluraletantum), d. h. der Substantive, die nur im Plural vorkommen, gering. Sie stellen alle eine Vielheit dar:

> Geographische Bezeichnungen (Eigennamen): die Alpen, die Anden, die Argonnen, die Ardennen, die Karpaten, die Pyrenäen; die Azoren, die Hebriden, die Bermudas; die Niederlande, die USA
> Personen: Eltern, Gebrüder, Geschwister, Leute
> Krankheiten: Blattern, Masern, Pocken, Röteln, Hämorrhoiden
> Kaufmännische Bezeichnungen: Aktiva, Passiva, Auslagen, Einkünfte, Finanzen, Kosten, Unkosten, Spesen, Briefschaften, Immobilien, Zinsen (vereinzelt auch im Singular: Zins, Zinseszins)
> Zeitbegriffe: Äonen, Ferien, Fasten, Flitterwochen, Iden, Memoiren, Zeitläufte, die Zwölften (= die Zwölf Nächte nach Weihnachten)
> Rechtsbegriffe: Alimente, Diäten, Pandekten, Personalien, Sporteln, Subsidien

Gesellschaftliche Begriffe: Honoratioren, Honneurs (die Honneurs machen), Dehors (äußerer Anstand)
Gegenstände: Altwaren, Kurzwaren, Wirkwaren, Lebensmittel, Naturalien, Graupen, Spirituosen, Möbel, Chemikalien, Trümmer, Utensilien
Körperteile: Gliedmaßen, Kaldaunen
Kleidung: Hosenträger, Shorts, Spikes, Textilien, Pretiosen
Anderes: Allotria, Fisimatenten, Flausen, Imponderabilien, Kinkerlitzchen, Konsorten, Ränke, Schliche, Umtriebe, Wirren, Zutaten

607 **Merke:**
Bei *Eltern* gibt es fachsprachlich auch einen Singular:

> *der*, auch *das Elter* (in der biologischen Statistik für *Elternteil*)

Zu den Pluraliatantum gehören auch die drei christlichen Feste:

> grüne Weihnachten, weiße Ostern; die ewigen Ostern des Herzens (KELLER)

Sie werden aber meist als Singular behandelt:

> Pfingsten, *das* liebliche *Fest, war* gekommen (GOETHE). Weihnachten *ist* ein schönes *Fest*. Ostern *liegt* nach dem ersten Frühjahrsvollmond.

Die Möglichkeit, einen Plural als Stoffbezeichnung aufzufassen, läßt manchmal den Numerus schwanken:

> *das* Haar, *die* Haare kämmen; *das* Eingeweide, *die* Eingeweide

608 7. Schon in alt- und mittelhochdeutscher Zeit findet man Abstrakta im Plural. Erstarrte Reste sind Wendungen wie *in Ehren, mit Freuden, in Gnaden, zugunsten, zuschanden werden*. Ihr Gebrauch häuft sich in der Fachsprache und in der Belletristik. Der Plural bei Abstrakta bedeutet in der Regel eine ·Konkretisierung des Begriffs (↑ 593), besonders in der Fachsprache, eine beabsichtigte Steigerung der Bedeutung und ihres Umfangs, den Wunsch nach Vorstellung größerer Mannigfaltigkeit in der schönen Literatur:

> Arbeitskonferenz zur schnellen Einführung von *Standardisierungen, Mechanisierungen* und *Automatisierungen* (Zs. messen, steuern, regeln, 4/61, S. 313 f.). Der Trieb, der beladen war mit Gedanken, die er noch nicht gedacht, mit *Ehrgeizen*, die er noch nicht befriedigt hatte (SEGHERS). ... der zähe langsame Brei seiner Rede, belebt von den dröhnenden *Gelächtern* ... (FALLADA). Den *Morgenröten* und den *Abendröten* war er, der Brüderliche, tief verwandt (BECHER).

609 8. Manche Wörter haben doppelte Pluralformen. Es handelt sich dabei oft um Homonyme (↑ 21) oder verschiedene Bedeutungsvarianten:

> das Band: die *Bänder* (zum Binden, seidene Bänder), die *Bande* (der Freundschaft, Fesseln) – der Band, die *Bände* (eines Werkes)
> die Bank: die *Bänke* (zum Sitzen), die *Banken* (Geldinstitute)

der Bau: die *Bauten* (Bauwerke, z. B. Neubauten), die *Baue* (Erdwohnungen von Tieren, z. B. *Dachsbaue*)
der Bauer: die *Bauern* (Landleute), aber: die Brunnen*bauer*, die *Erbauer*; *das*, auch *der* Bauer (Käfig), die *Bauer* (die Vogelbauer)
der Bogen: die *Bogen* (Papierbogen), die *Bögen* oder *Bogen* (Waffen; Krümmungen, z. B. Brückenbögen)
das Ding: die *Dinge* (Gegenstände), die *Dinger* (umg. kleine Gegenstände, unbedeutende Wesen)
der Dorn: die *Dornen* (am Dornbusch), die *Dorne* (techn. Werkzeug)
der Laden: die *Läden* (Kaufläden), die Fenster*laden* oder -*läden*
das Land: die *Länder* (üblicher Plural), die *Lande* (poetisch)
das Licht: die *Lichter*, die *Lichte* (Kerzen; poetisch u. veraltend)
der Mann: die *Männer* (üblicher Plural), auch: *Biedermänner*, *Schnee-*, *Stroh-*, *Ehemänner* (aber: Ehe*leute* = Ehemann und Ehefrau); viele mit -*mann* zusammengesetzte Berufs- u. Standesbezeichnungen haben den Plural -*leute*: Edel*leute*, Fuhr*leute*, Kauf*leute*, Berg*leute*; die *Mannen* (Vasallen, Dienst*mannen*; auch: ergebene Anhänger)
der Ort: die *Orte* (Stelle im allgemeinen, Raumteil, Platz), die *Örter* (begrenzter Platz, Landstrecke, Gebiet; bergmännisch, mathematisch)
der Rest: die *Reste*; kaufmännisch die *Rester* (bes. bei Textilien)
der Schild: die *Schilde* (Schutzwaffen) – *das* Schild, die *Schilder* (Wappen*schilder*, Aushänge*schilder*, Tür*schilder*)
die Schnur: die *Schnüre* (zum Schmuck od. als Abzeichen, die Schnüre des Mieders, Schnüre und Tressen), seltener die *Schnuren* (zum Binden)
das Tuch: die *Tücher* (einzelne Tücher, Hand-, Wisch-, Kopf*tücher*), die *Tuche* (Tuch-, Stoffarten)
das Wort: die *Worte* (im Zusammenhang), die *Wörter* (Einzelwörter)

9. Einige Wörter, die jetzt im Singular gleichlauten, sich aber im Plural **610** unterscheiden, sind ganz unterschiedlicher Herkunft:

der Strauß (Blumen; Kampf), die *Sträuße* – der Strauß (Vogel), die *Strauße*; der Tor (Narr), die *Toren* – das Tor (Tür), die *Tore*

10. Zum Plural bei Fremdwörtern ↑ 655 ff.

● Die Kasus

Bedeutung und Fügungswert der einzelnen Kasus

Der Nominativ

1. Der Nominativ ist der „Nennfall" (lat. *nominare* = ‚nennen'). **611** Werden deklinierbare Wörter in Listenform (z. B. in Wörterbüchern) oder ohne jede Beziehung aufgezählt, so setzt man sie in den Nominativ:

Aal, Aar, Aaron, Aas, Abart, Abend; der, er, ich, jemand

2. Der Nominativ ist im Gegensatz zu anderen Kasus unabhängig. Er **612** ist der „Casus rectus" (↑ 103), deshalb auch der einzige Kasus, der sich

nicht mit Präpositionen verknüpfen läßt. Er ist damit die kennzeichnende Form bestimmter Satzglieder:

a) Der Nominativ ist der Kasus des Subjekts, d. h. des Satzgliedes, auf das das aussagende Verb angewiesen ist. Beide (Subjekt und Prädikat) sind einander zugeordnet (↑ 84):

> Der Turm ragt über die Bäume. Die Zäune begrenzen die Viehweide.

613 b) Der Nominativ kennzeichnet das Prädikatssubstantiv, das die gleiche Erscheinung meint wie das Subjekt und diese genauer bestimmt:

> Der hohe Turm ist, wird, bleibt ein Wahrzeichen der Stadt. Helmut war der Vertreter seiner Klasse. Das ist ein Maulwurf. Er heißt Werner Lenz. Er heißt wie du. Er ist als Angestellter tätig.

614 3. Der Nominativ ist Anrede- und Rufkasus; denn die Anrede tritt stets unabhängig vom Satz auf, auch unabhängig vom Subjekt (↑ 135):

> Kinder! Was hast du, mein Lieber? Was ist mit dir, mein Lieber? Was ist mit deiner Frau, mein Lieber?

615 4. Der Nominativ kennzeichnet den neutralen Kasus im Sinne eines Attributs oder einer Apposition, wenn man nicht den kongruenten Kasus setzt (↑ 248):

> mit dem Schauspieler X als Nathan der Weise; Vortrag von Dr. Wagner, Professor für innere Medizin; ... von R. Müller, Amtierender Bürgermeister

5. Der Nominativ erscheint als absoluter Nominativ (↑ 285).

Der Genitiv

616 1. Der Genitiv (Die griechische Bezeichnung dieses Kasus wurde fälschlich auf lat. genitus = ‚hervorgebracht‘ statt auf genus = ‚Gattung‘ bezogen.) kennzeichnet Satzglieder und Gliedteile. Beim Verb stehend, kann er ein Objekt (↑ 184 ff.), eine Adverbialbestimmung (↑ 202), manchmal auch ein Prädikativ (↑ 155) sein. Beim Substantiv steht der Genitiv als Attribut.
Beim Verb spielt der Genitiv heute nur noch eine geringe Rolle. Er gehört jetzt vorwiegend in die Sphäre des Substantivs. Oft steht statt des Genitivs die Präpositionalfügung mit von (↑ 870).

617 2. Der Genitiv kennzeichnet bestimmte Beziehungen, und zwar als Objekt beim Verb und prädikativen Adjektiv (↑ 184 ff.), besonders aber als Attribut beim Substantiv (↑ 240, 254). Es handelt sich dabei um Beziehungen zwischen Gegenständen und Merkmalen der Wirklichkeit. Sie werden gedanklich widergespiegelt sowie sprachlich fixiert und ausgedrückt. Wir geben hier einen knappen Überblick über die

wichtigsten Beziehungen, die der Genitiv in seinen Bedeutungen widerspiegelt.

a) Schon die lateinische Grammatik kannte einen Genitivus possessivus. **618**
Auch in unserer Sprache kann der Genitiv Besitz- und Zugehörigkeits-
verhältnisse ausdrücken:
Der Genitiv bezeichnet den Eigentümer:

> Peters Bleistift, der Garten der Eltern, der Inhaber der Firma, die Kleider
> der Tochter

Im weiteren Sinne bezeichnet der Genitiv die Person oder Sache, ja
den Ort oder die Zeit, der jemand oder etwas zugehört:

> der Bruder der Mutter, die Frau des Lehrers, die Seite des Buches, die Mit-
> glieder des Chores, das Ende des Liedes; die Bäume des Waldes, die Tage
> des Monats Mai, die Kälte des Winters, der Held des Tages, die strahlenden
> Augen des Kindes

Die Angabe der Zugehörigkeit kann sich zum Bereich im eigentlichen
und übertragenen Sinne erweitern:

> die Macht des Staates, ein Professor der Philosophie, der Bote einer neuen
> Zeit (auch ↑ 620)

b) Der Genitiv kann die Herkunft (räumlich oder kausal) angeben: **619**

> der Botschafter der Sowjetunion, der Schein des Mondes, der Duft der
> Rosen, das Rauschen der Quelle (↑ auch 621)

Der Genitiv kann den Schöpfer eines Werkes, den Urheber und damit
den Verantwortlichen bezeichnen; deshalb ist er oft ein Eigenname:

> Goethes Gedichte, die Dramen Shakespeares, Ciceros Reden, der Entwurf
> des Architekten

Der Genitiv des Ursprungs findet sich auch in übertragener Bedeutung:

> die Freude des Wiedersehens, der Mut der Verzweiflung

c) Der Genitiv kann eine Beschaffenheit, eine Qualität des vom Be-   **620**
zugswort Bezeichneten angeben. Schon die lateinische Grammatik
spricht von einem Genitivus qualitatis:

> ein ... junger Mann festen Blicks und ruhigen Betragens (GOETHE);
> eine Erklärung dieses Inhalts, in Monaten kühlen Wetters, ein Abteil
> erster Klasse, ein Verfechter der Wahrheit; Maler des Impressionismus
> (↑ auch 618)

Hierher gehört auch die Wiederholung des Bezugswortes als Genitiv.
Sie kommt in der gehobenen Stilschicht als Mittel einer Steigerung des
Substantivinhaltes vor (Genitiv der Steigerung):

> das Buch der Bücher, die Nacht der Nächte (SCHILLER), Frau der
> Frauen (PLATEN), das Lied der Lieder

Die Bedeutungsbeziehung zwischen dem Genitiv der Qualität und dem Bezugswort kann derjenigen zwischen Subjekt und Prädikatsnominativ im Substantivsatz entsprechen:

> die Pflicht der Dankbarkeit (die *Dankbarkeit* ist eine Pflicht), der Titel eines Professors (*Professor* ist ein Titel); ebenso: die Qual der *Langeweile*, die Tugend der *Ehrlichkeit*

Durch das Wort im Genitiv wird die Bedeutung des Bezugswortes spezifiziert. Dabei kann es auch zum Ausdruck sprachlicher Bilder kommen:

> die Schule des *Lebens* (das Leben ist eine Schule), der Segen des *Friedens* (der Friede ist ein Segen)

d) Bestimmte Bedeutungsbeziehungen zwischen Genitiv und Bezugswort werden durch die Ableitung des Bezugswortes von einem Verb oder Adjektiv motiviert:

621   – Der sogenannte subjektive Genitiv bezeichnet den Vorgangs- oder Eigenschaftsträger
bei Substantiven aus intransitiven Verben:

> das Knarren der Tür (die Tür knarrt), die Heimkehr des Sohnes, die Hilfe des Arztes, der Schein des Mondes (auch ↑ 619)

vorwiegend auch bei Verbalsubstantiven aus reflexiven Verben:

> der Rückzug der Truppen (die Truppen ziehen sich zurück), die Entwicklung der Wissenschaften, die Freude der Kinder, die Erinnerungen des alten Mannes

bei aus Adjektiven abgeleiteten Substantiven:

> die Kürze des Besuchs (der Besuch war kurz), die Schönheit der Landschaft, die Gesundung der Mutter (die Mutter wird gesund, ist gesund geworden), die Fröhlichkeit der Kinder, das Befremdende des Verhaltens

auch bei aus transitiven Verben gebildeten Substantiven:

> der Besuch des Freundes, die Anerkennung, das Lob, der Tadel des Lehrers, die Darlegungen des Dozenten, der Gruß der Eltern

622   – Der sogenannte objektive Genitiv bezeichnet das Objekt der Tätigkeit:

> die Erforschung der Wahrheit (die Wahrheit erforschen, die Wahrheit wird erforscht), die Befriedigung der Bedürfnisse, die Lösung der Aufgabe, die Beschaffung des Materials, die Prüfung des Bewerbers

Von Verben abgeleitete Substantive, die den Täter nennen (Nomina agentis), können nur einen objektiven Genitiv bei sich haben:

> die Gründer der Stadt (sie gründeten die Stadt), der Darsteller des Faust (er stellt den Faust dar), der Entdecker des Nordpols, der Schmied seines Glücks, der Käufer des Buches

– Bei vielen Verbalsubstantiven aus transitiven Verben kann entweder **623** ein subjektiver oder ein objektiver Genitiv stehen:

> die Untersuchung des Arztes – die Untersuchung des Kranken; die Erwartung[en] des Freundes – in Erwartung des Freundes

Hierher gehören auch Verbalsubstantive der Mitteilung:

> das Geständnis des Angeklagten – das Geständnis der Tat; die Mitteilung des Direktors – die Mitteilung des Auftrags; der Befehl des Offiziers – der Befehl des Rückzugs (oder: der Befehl zum Rückzug)

Das gilt auch von fremdstämmigen Verbalsubstantiven:

> die Konzeption[en] des Regisseurs – die Konzeption des Buches

Solche Fügungen können doppeldeutig sein:

> der Besuch der Eltern (die Eltern kommen zu Besuch / werden besucht), der Empfang des Diplomaten (der Diplomat gibt einen Empfang / wird empfangen), die Beurteilung des Schülers

– In einigen Fällen ist der objektive Genitiv durch den Präpositionalkasus verdrängt worden. Dann wird nur noch der subjektive Genitiv gebraucht:

> die Liebe der Eltern (die Eltern lieben), aber nicht mehr: die Liebe des Vaterlandes (noch bei LESSING = das Vaterland wird geliebt); die Furcht des Jungen, aber nicht mehr: die Furcht der Schlange, sondern: die Furcht *vor* der Schlange; die Erinnerung des Vaters, aber nicht mehr: die Erinnerung schöner Zeit (GOETHE), sondern: die Erinnerung *an* die schöne Zeit

In anderen Fällen wird heute nur der objektive Genitiv gebraucht: **624**

> die Befreiung der Stadt, des Volkes, das Betreten des Rasens, der Gebrauch der Sinnesorgane, die Annahme der Bedingungen

e) Beim gleichen Bezugswort können zuweilen zugleich subjektiver und objektiver Genitiv stehen (sehr selten):

> *Herrn Eugen Dührings* Umwälzung *der Wissenschaft* (ENGELS)

Ein Genitiv kann zugleich subjektiver und objektiver Genitiv sein:

> ... die den Bestand, die Fortbildung, die Reinhaltung *dieser Sprache* überwacht („dieser Sprache" = subjektiver Genitiv zu „Bestand", objektiver Genitiv zu „Fortbildung" und „Reinhaltung").

f) Der partitive Genitiv bezeichnet den Teil eines Ganzen. Er kann **625** als Objekt und als Attribut stehen. Ein Objekt wird in diesem Falle – im Gegensatz zum Akkusativobjekt – nur zum Teil von der Verbalhandlung erfaßt (diese Konstruktion ist veraltet und heute nicht mehr gebräuchlich):

> Tragt nur zu *des kostbaren Guts* (GRILLPARZER). ... und hätte *der Liebe* nicht (LUTHER).

Folgende Wendungen enthalten den partitiven Genitiv als Objekt:

> des Erbes walten, eines guten Trunkes teilhaftig werden, des Glaubens leben (in Analogie zu: des Brotes leben)

Vorrangig findet sich heute der partitive Genitiv als Attribut nach adjektivischen und substantivischen Bezeichnungen für Mengen:

> zwei *meiner Freunde*, viele *unserer Kollegen*, keiner *der* Jungen, der dritte *der Reihe*; ein Trunk *süßen Weines*, eine Menge *guter Bücher*

3. Genitiv nach Präpositionen ↑ 881. Zur Form des Genitivs ↑ 647 ff.

626 Der Dativ

1. Wenn der Dativ auftritt, kennzeichnet er meist die Beziehung des Subjekts zu einem Partner. Das kann ein geistiges oder ein sinnliches Verhalten, auch ein räumliches Verhältnis sein. Bereits in indoeuropäischer Zeit war der Dativ vorwiegend ein Personenkasus.
Es entspricht der Bedeutung des Dativs,

a) wenn er als einziger Objektkasus steht bei den Verben des Helfens, Nutzens, Schadens, Gesinntseins, bei den Verben des Gehorchens, Glaubens und Vertrauens, bei Verben, die ein räumliches Verhalten zu einem – meist persönlichen – Objekt wiedergeben (↑ 177);

b) wenn er bei den Verben des Mitteilens, des Gebens und Nehmens zu dem vorhandenen Akkusativobjekt tritt zur Bezeichnung des Adressaten, des Empfängers, oder dessen, dem etwas genommen wird (↑ 229);

627 c) wenn er zu Verben tritt, die nicht von vornherein objektgerichtet sind (freier Dativ):

> Der Musiker lebte nur *seiner Kunst*. Haltet *mir* unterwegs Ordnung!

Hierher gehört auch die Verwendung des Dativs in Sätzen, deren Subjekt, Akkusativobjekt oder Richtungsangabe als Teil zu einem Ganzen gehört, meist als Körperteil oder „Zubehör" zu einer Person:

> Wie steht *ihr* der Hut? *Der Dolmetscherin* ... stellten sich auf dem Kopf die Haarnadeln auf (Otto). Aber auch: ... den langen, harten Rüssel, den wir *der Erde* in den Bauch stoßen ... (Otto)

628 2. Der Dativ steht seiner Bedeutung entsprechend auch bei vielen Adjektiven und adjektivischen Partizipien (↑ 181).

a) Zu den Adjektiven, die oft ohne nähere Bestimmung bleiben, tritt ähnlich häufig der Dativ (der Person):

> Du bist *mir* wert. Das war *mir* neu. Das fällt *ihm* leicht. Das ist *den Kindern* klar. Du bist *den Anstrengungen* nicht gewachsen.

Der Dativ steht zur Nennung der besonders interessierten Person bei allen Adjektiven, denen *zu, allzu* vorangeht oder *genug* folgt:

> Das Zimmer ist *ihm* zu klein. Er arbeitete *dem Meister* zu langsam. Das Kleid war *ihr* allzu auffällig. Die Wohnung ist *ihm* groß genug.

Der persönliche Maßstab wird besonders deutlich, wenn man Sätze mit *für* + Akkusativ vergleicht, die eine objektive Feststellung ausdrücken: Die Wohnung ist *für ihn* groß genug.

b) Bei von Verben abgeleiteten Adjektiven ist folgendes bemerkens- **629** wert:

– Oft steht beim Adjektiv ein Dativ, wenn bei dem entsprechenden Verb ein Akkusativ steht:

> Der Aufenthalt an der See war *seiner Gesundheit* förderlich (... förderte *seine Gesundheit*). Die Nachricht ist *mir* schmerzlich, ist *ihm* tröstlich (die Nachricht schmerzt *mich*, tröstet *ihn*).

– Der Dativ bei Adjektiven mit passivischer Bedeutung entspricht dem Subjekt der Konstruktion mit dem Verb:

> begreiflich (das, was begriffen wird): Seine Erregung ist *mir* begreiflich. / *Ich* begreife seine Erregung. unerreichbar (was nicht erreicht werden kann): *Dieses Ziel* wird dir unerreichbar sein. / Du wirst *dieses Ziel* nicht erreichen können.

3. Der Dativ steht in folgenden Fällen bei Substantiven: **630**

a) Er nennt in Substantivsätzen Lebewesen, die ein persönliches Verhältnis zu dem vom Subjekt Bezeichneten haben:

> Er war *den Kindern* ein guter Vater. Er war *mir* ein lieber Freund. Der Revolutionär ist *der Jugend* ein Vorbild. Das ist *mir* ein Vergnügen. Die chemischen Versuche waren *den Jungen* die Hauptsache.

b) In der niederen Schicht der Umgangssprache hat sich ein Dativ des Besitzers entwickelt; er sollte schriftsprachlich vermieden werden:

> „Brennen sollst du und *dem Xaver seine Pfeife* anzünden!" (BECHER). / *dem Freunde sein* Buch (= das Buch des Freundes)

Ursprünglich lag hier wohl ein freier Dativ (Dativobjekt) vor:

> Er hat *dem Freunde* (Objekt) *sein* Buch gebunden.

4. Zum Dativ nach Präpositionen ↑ 883; zur Form des Dativs ↑ 650 f.

Der Akkusativ

1. Akkusativ bedeutet den die „Anklage" betreffenden Fall (lat. **631** *accusare* = ‚anklagen'). Wie beim Genitiv liegt auch hier eine falsche Übersetzung vor. Das griechische Fachwort bedeutet ‚das Bewirkte',

also einen Kasus, der angibt, was durch die vom Verb ausgedrückte Handlung bewirkt wird.

632 a) Der Akkusativ kennzeichnet mehr als jeder andere der drei obliquen Kasus das Patiens (↑ 166 ff.). Er nennt das, was von der Handlung oder dem Vorgang unmittelbar betroffen oder hervorgebracht wird. Seine Sonderstellung unter den Kasus wird auch daraus ersichtlich, daß der Akkusativ bei Handlungsverben und einer Reihe Vorgangsverben, z. B. bei *begreifen, singen, wahrnehmen,* im Passiv zum Subjektsnominativ wird. Das ist aber nicht möglich

– bei einem Akkusativ des Inhalts (↑ 173),
– bei *haben, behalten, bekommen, besitzen, erhalten* als Prädikat,
– wenn der Akkusativ eine Raum- oder Zeitangabe, eine Maß- oder Wertangabe ist (↑ 173).

633 b) Im Laufe der Entwicklung hat der Akkusativ besonders mit dem Dativ als Objektskasus mancher Verben konkurriert und konkurriert noch. Bei *rufen, betten, schirmen, liebkosen, befremden* hat der Akkusativ gesiegt. Bei subjektlosen Fügungen für Sinnesempfindungen und Gefühle schwankt der Gebrauch manchmal heute noch:

> Wir sagen jetzt:
> *mich* hungert, dürstet, jammert, gelüstet, friert; *mir / mich* schaudert, es ekelt *mich / mir;* es dauert, reut, verdrießt, erbarmt *mich*

Auch mit dem Genitivobjekt konkurriert der Akkusativ manchmal noch. ↑ 188.

Wo Akkusativ und Präpositionalfügung konkurrieren, bestehen zwischen den Objekten verschiedener Form Bedeutungsdifferenzen unterschiedlicher Art:

> Der Polizist griff *den Dieb.* Der Polizist griff *nach der* Waffe. Wir suchten *den Freund / nach dem Freund.* Er warf *einen Stein.* Er warf *nach dem Sperling.*

634 2. Bei Verben des Nennens steht neben dem Objekt der Prädikatsakkusativ:

> Sie nannten ihn *Amigo* (Filmtitel). Er schimpfte ihn *einen Narren.*

635 3. Bezeichnet der Akkusativ Maß oder Wert einer Sache, eine Strecke oder einen Zeitabschnitt, handelt es sich um eine Adverbialbestimmung:

> *einen Weg* gehen, *seine Straße* ziehen, *5 km* laufen, *10 g* wiegen. Wir arbeiteten *den ganzen Tag.* Wir halten uns dort *einen Monat* auf. Wir kommen *Sonntag. Nächsten Montag* ist er wieder in Berlin.

Die Raumangabe kann mit einem Richtungsadverb kombiniert sein:

> Er kam *die Treppe herunter.* Wir stiegen *den Berg hinauf,* wanderten *den Fluß entlang.*

Ortsakkusativ und Adverb sind manchmal zur Einheit verschmolzen:

> Wir stiegen *bergauf*, wanderten *flußabwärts*, liefen *straßauf*, *straßab*.

Wohnungsangaben werden durch den Akkusativ (oder Nominativ) wiedergegeben:

> Sie wohnen *Unteren Münsterweg 10*. Sie wohnen *Unterer Münsterweg 10*.

4. Der Akkusativ beim Prädikatsadjektiv ist meist Adverbialbestim- **636** mung, nur sehr selten Objekt (↑ 174):

> Adverbiale Maßbestimmung: Die Ware ist *keinen Heller* wert. Sie ist *20 Jahre* alt. Er ist *zwei Jahre* älter. Der Graben ist *einen Meter* tief. Objekt: Ich bin *den Schnupfen* endlich los. Sie ist *die Arbeit* gewohnt. Du bist mir *eine Erklärung* schuldig.

5. Aus einem Objektsverhältnis ist der alleinstehende oder elliptische **637** Akkusativ zu erklären, der als Ausruf oder Zuruf vorkommt:

> Einen Hammer [will ich]!, Guten Tag [wünsche ich]!

6. Der absolute Akkusativ drückt entweder einen äußeren Zustand des **638** Subjekts oder einen das Geschehen begleitenden Umstand aus. Er steht damit der Partizipialkonstruktion (↑ 72 f.) nahe und ist wie diese Adverbialbestimmung oder Attribut:

> Arthur Carson, *ein großes Glas mit Whisky und Selters* neben sich, sah sich den Fernsehserienkrimi an (WINNINGTON). *Berlin* vor Augen, *den Sieg* greifbar nahe, wurde der Soldat von einem Granatsplitter tödlich getroffen.

Zum absoluten Akkusativ rechnen wir den Akkusativ in festen Verbindungen wie *Hand in Hand, Kopf an Kopf, Schritt für Schritt*.

7. Zum Akkusativ nach Präpositionen ↑ 884 f.

Die Deklinationsklassen

1. Wenn man von starker, schwacher und gemischter Deklination **639** spricht, geht man von kennzeichnenden Endungen aus. Man unterscheidet zwei Kennfälle, und zwar den Genitiv des Singulars und den Nominativ des Plurals. Der Nominativ des Singulars steht immer ohne besondere Flexionsendung.

a) Kennzeichen der starken Deklination ist   **640**
im Genitiv Singular die Endung *–es* oder *–s*,
im Nominativ Plural die Endung *–e* oder *–er* oder keine besondere Flexionsendung.
Weitere Kennzeichen der starken Deklination sind gelegentlich *–e* im Dativ des Singulars und Umlaut im Plural.

Der starken Deklination gehören z. B. an:

> der Lehrer: des Lehrers, dem Lehrer, die Lehrer
> der Tag: des Tages, dem Tag[e], die Tage
> das Lamm: des Lammes, dem Lamm[e], die Lämmer

Auch Feminina, die im Plural die Endung –*e* und Umlaut annehmen, rechnet man bei dieser Einteilung zur starken Deklination:

> die Hand, die Hände; die Not, die Nöte; die Gruft, die Grüfte; die Mutter, die Mütter

641 b) Kennzeichen der schwachen Deklination ist
im Genitiv Singular die Endung –*n* oder –*en* oder (bei den Femininen) keine Endung,
im Nominativ Plural die Endung –*n* oder –*en*.
Der schwachen Deklination gehören z. B. an:

> der Bär: des Bären, die Bären; der Bote: des Boten, die Boten
> die Frau: der Frau, die Frauen; die Biene: der Biene, die Bienen

642 c) Kennzeichen der gemischten Deklination ist
im Genitiv Singular die Endung –*s* oder –*es* (also starker Singular),
im Nominativ Plural die Endung –*en* oder –*n* (also schwacher Plural).
Der gemischten Deklination gehören z. B. an:

> der Staat: des Staates, die Staaten; der Reaktor: des Reaktors, die Reaktoren; das Auge: des Auges, die Augen

2. Ein anderer Einteilungsgrundsatz geht von der Tatsache aus, daß die Deklination unserer Substantive dazu neigt, Singular und Plural deutlich zu unterscheiden, und daß im Singular das Genus für die Deklinationsklasse maßgeblich ist.

643 a) Vom Singular ausgehend, ordnet man das Substantiv nach seinem Genus und dem Kennfall entsprechend der starken, schwachen oder *femininen* (endungslosen) Deklination zu:

Maskulina deklinieren *stark* oder *schwach*:

stark:

Nom.	der	Lehrer	Hebel	Mann	Strahl	Vati
Gen.	des	Lehrers	Hebels	Mannes	Strahl[e]s	Vatis
Dat.	dem	Lehrer	Hebel	Mann[e]	Strahl[e]	Vati
Akk.	den	Lehrer	Hebel	Mann	Strahl	Vati

schwach:

Nom.	der	Bär	Bote	Löwe	Mensch	Erbe
Gen.	des	Bären	Boten	Löwen	Menschen	Erben
Dat.	dem	Bären	Boten	Löwen	Menschen	Erben
Akk.	den	Bären	Boten	Löwen	Menschen	Erben

Neutra deklinieren immer *stark*:

Nom.	das Auge	Ohr	Segel	Wetter	Lamm
Gen.	des Auges	Ohr[e]s	Segels	Wetters	Lammes
Dat.	dem Auge	Ohr	Segel	Wetter	Lamm[e]
Akk.	das Auge	Ohr	Segel	Wetter	Lamm

Feminina deklinieren im Singular *ohne Flexionsendung*:

Nom.	die Frau	Maus	Sprache	Mutter	Mutti
Gen.	der Frau	Maus	Sprache	Mutter	Mutti
Dat.	der Frau	Maus	Sprache	Mutter	Mutti
Akk.	die Frau	Maus	Sprache	Mutter	Mutti

M e r k e :
Früher wurden Feminina auch im Singular verändert. Solche alten Formen finden sich noch in der Dichtung und in Zusammensetzungen:

Röslein auf der Heiden; Sonnenschein, Frauenkirche (↑ 945)

In den oberdeutschen Mundarten, z. B. im Bairischen, ist durchgehend schwache Deklination noch heute üblich:

auf der Wiesen, bei der großen Hitzen

Auch das Genitiv-*s* gibt es bei Feminina, und zwar bei Personennamen:

Mutters, Ilses Geburtstag; nachts (in Analogie zu tags)

b) Im Plural unterscheidet man nach der Endung im Nominativ, die **644** in allen Kasus wiederkehrt – den Dativ ausgenommen, der in der Regel (außer bei der Pluralendung *–s*) auf *–[e]n* endet –, verschiedene Typen.

Typ I: ohne besondere Endung (Maskulina und Neutra, die schon im Singular auf *–el*, *–er* oder *–en* ausgehen; Feminina auf *–er* mit Umlaut; ↑ auch Typ III, ↑ 603)

die Hebel, Äpfel, die Anhängsel, Kapitel
die Lehrer, Brüder, die Märchen, Mädchen
die Mütter, Töchter

Typ II: *–e* (bei allen 3 Genera):

die Hüte, die Hände, die Hindernisse

Typ III: *–en* oder *–n* (bei allen 3 Genera):

die Staaten, Löwen; die Herzen, Augen
die Frauen; die Fragen, Gabeln; Kiefern, Muttern

Typ IV: *–er* (bei Maskulinen und Neutren):

die Leiber, Wälder, Irrtümer; die Kinder, Bilder, Lämmer
Landschaftl.: die Butterbröter; umg. Dinger (↑ 609), Geschmäcker, Scheiter, Stücker

Typ V: –s (bei Substantiven aller drei Genera):
Die Endung –s steht nur in bestimmten Fällen, und zwar literatursprachlich

-- bei vielen Fremdwörtern, besonders aus dem Englischen und Französischen:

> die Boys, die Girls, die Hotels, die Plaids

-- bei deutschen und fremden Substantiven, die auf Vokal enden:

> die Uhus, die Echos, die Sofas; die Bubis, die Vatis, die Muttis

-- bei Kurzwörtern aus Silben oder Buchstaben (immer ohne Apostroph):

> die Akkus, die LKWs (besser: die LKW, ↑ 685)

– bei niederdeutschen Wörtern, die im Hochdeutschen heimisch sind:

> die Haffs (neben: die Haffe), die Wracks (neben: die Wracke), die Steppkes

Nur umgangssprachlich findet sich das Plural-s nach niederdeutschem Vorbild auch bei einigen hochdeutschen Wörtern:

> die Mädels, die Jungens, die Kumpels

In der Literatursprache heißt es richtig:

> die Fräulein, die Mädel, die Jungen, die Kumpel. Im Setzkasten sind die B ausgegangen. Es gab viele *Wenn* und *Aber*.

645 3. Eine Reihe von Substantiven hat sich im Laufe der Zeit einer anderen Deklinationsart angeschlossen oder kann auch heute noch nicht eindeutig einer Deklinationsklasse zugeordnet werden:

a) Einige Substantive haben im Nominativ Singular –e oder –en im Auslaut. Die e-Form ist die ältere. Diese Substantive wurden ursprünglich schwach flektiert. Die schwache Flexionsform auf –n drang in den Nominativ, und das Substantiv wurde dann in Analogie zu starken Substantiven auf –en *(Wagen)* stark flektiert. Heute ist zum Teil die Form mit –en üblich – die e-Form wirkt dann gehobener, feierlicher –, zum Teil noch die e-Form. Manchmal besteht zwischen beiden ein Bedeutungsunterschied:

> Frieden und Friede; Gefallen, veraltet Gefalle; Haufen (Geschichtetes, umg. für Menge, Schar), Haufe (Menge, Schar); Samen, selten und gehoben Same; Schaden, veraltet und gehoben Schade (es ist schade), Plur. meist Schäden; Funke, auch Funken; Gedanke, weniger gebräuchlich Gedanken; Glauben, älter Glaube; Name, seltener Namen; Wille, seltener Willen
> der Drache (Fabeltier), der Drachen (Fluggerät)

Im Singular werden die Substantive jetzt stark dekliniert:

> des Friedens, des Funkens, des Gedankens, des Gefallens, des Haufens, des Glaubens, des Namens, des Samens, des Schadens, des Willens

Reste der alten schwachen Deklination haben sich noch in Zusammensetzungen wie *namenlos, willenlos* erhalten.

646 b) Schwankungen gibt es außerdem in der Deklination folgender Wörter:

> der Bauer (Landmann): des Bauern, seltener: des Bauers, noch geläufig: dem Bauer; Plural nur: die Bauern; aber: des Orgelbauers, die Orgelbauer; vgl. auch: der Nachbar: des Nachbars und des Nachbarn; der Pantoffel: die Pantoffel und die Pantoffeln; der Stiefel: namentlich im Niederdeutschen schwacher Plural: die Stiefeln

Die Form des Genitivs Singular   **647**

Sowohl im Genitiv als auch im Dativ des Singulars ist *e* im Schwinden begriffen. Oft läßt sich noch nicht eindeutig sagen, welche Form zu setzen ist. Entscheidend für die Wahl sind der Charakter des Wortes (Fremdwort, Eigenname, Substantivierung), seine Form (Umfang, Auslaut und Betonung), seine Stellung und Fügung (Voranstellung, Zusammensetzung, erstarrte Wendung).

648 1. Die volle Form –*es* ist bei stark flektierten einsilbigen Substantiven die Normalform. Sie steht besonders bei Konsonantenhäufungen am Ende und bei Voranstellung des Genitivs:

> des Rates, des Strauches, eines Tages, des Kampfes, des Hengstes; des Tages Lauf, des Jahres Wende

Sie muß stehen bei Substantiven auf *s, ß, x, chs, z, tz*:

> des Hauses, des Flusses, des Geheimnisses, des Lachses, des Riesenwuchses, des Geizes, des Antlitzes

Sie wird bevorzugt bei Substantiven auf *sch* und *st*:

> des Hirsches, des Rausches, des Nestes, des Obstes

Sie schwankt bei mehrsilbigen deutschen Substantiven, die auf betonte Silbe ausgehen:

> des Erfolg*[e]s*, des Getränk*[e]s*, des Gestüt*[e]s*, des Verruf*[e]s*, des Behelf*[e]s*, des Betreffs, des Beginns (↑ 649)

Bei Zusammensetzungen sind beide Formen möglich:

> des Bergwerks, des Webstuhls, des Wattenmeers, aber auch: des Bergwerkes usw.; ↑ auch 955

649 2. Die verkürzte Form *–s* wird bei mehrsilbigen Substantiven entschieden bevorzugt. Sie steht immer bei Substantiven mit den schwachtonigen Silben *–el, –er, –em, –en, –[l]ing, –icht, –at, –sal*:

> des Hebel*s*, des Lehrer*s*, des Messer*s*, des Atem*s*, des Märchen*s*, des Jüngling*s*, des Röhricht*s*, des Monat*s*, des Schicksal*s*

Sie steht immer bei Substantivierungen:

> des Grün*s* der Wiesen, des Pariser Blau*s*, die Aussprache seines Deutsch*s*; des Sein*s*, des Hoffen*s*; des Ich*s*, des Du*s*; aber nur: des *A*, des *B*

Sie steht bei Substantiven, die auf Vokal oder Vokal + *h* enden:

> des Schnee*s*, des Uhu*s*; des Schuh*s*, des Stroh*s*; aber nach Diphthongen: des Ei*s* oder Eie*s*, des Heu*s* oder Heu*es*

Sie steht in Formen, die zum Adverb erstarrt sind, und in erstarrten Wendungen:

> abend*s*, mittag*s*, anfang*s*, eingang*s*, unterweg*s*, keinesfall*s*; tag*s* darauf, Mann*s* genug, von Recht*s* wegen

3. Verweise
Zum Genitiv bei Fremdwörtern ↑ 652 ff.
Zum Genitiv bei Eigennamen ↑ 663, 669, 674 f., 677 f.
Zum Genitiv bei Wortpaaren ↑ 685.

Die Form des Dativs Singular

650 1. Die Entscheidung, ob man das Dativ-*e* setzt oder nicht, wird weitgehend vom Wohllaut beeinflußt, ist also vom persönlichen Empfinden abhängig. Der angenehme Sprechtakt ist maßgebend. Dem Rhythmus unserer Sprache, die zum Wechsel von betonter und unbetonter (schwach betonter) Silbe neigt, wird Rechnung getragen:

> im Staub*e* liegen, dem Freund*e* schreiben, am Tag*e* arbeiten, unter Tag*e* arbeiten; aber: bei Tag und Nacht, im Wald und auf der Heide
> Er arbeitet an dem Werk*e* der Elektrifizierung. Er arbeitet im Kraftwerk als Maschinist.

Das Dativ-*e* hat sich in einigen festen Fügungen erhalten:

> im Grund*e* genommen, zugrund*e* gehen, nach Haus*e* gehen, zu Haus*e* sein, zustand*e* bringen, zuleid*e* tun, zu Kreuz*e* kriechen, zu Rat*e* ziehen

651 2. Das Dativ-*e* steht nicht
bei Substantiven, die auf einfachen Vokal oder Diphthong oder Vokal + *h* enden:

> dem *Uhu*, dem *Ei*, im *Schnee*; auf dem *Heu*, mit dem *Brei*, in dem *Verhau*, im *Stroh*, mit dem *Reh*

meist auch nicht vor unmittelbar folgendem Vokal als Anlaut:

> am *Tisch* essen, von *Haus*[e] aus, bei *Tag* und *Nacht*, am *Rand*[e] einer Stadt; aber: am *Rande* der Stadt

nicht bei Substantiven ohne Artikel mit vorangehender Präposition:

> aus *Holz*, von *Fall* zu *Fall*, in *Feld* und *Flur*

nicht bei substantivierten Formen:

> in diesem *Rot*; nicht seinem *Ich*, sondern dem *Wir* folgend; mit einem *Wenn*; mit *Ach* und *Weh* (↑ aber 649)

häufig nicht bei Zusammensetzungen:

> vom Blitzstrahl getroffen, am Montag, mit diesem Vorteil, im Gasthof

nicht nach schwachtonigen Silben:

> dem Jüngling, auf dem Teppich, dem Schicksal trotzend

nicht bei Substantiven im Dativ, die zu einer Maßangabe im Dativ gehören:

> bei einem Glas[e] kühlem *Bier*; mit einem Tropfen *Öl* (↑ auch 253)

Zur Deklination von Fremdwörtern

652 Heimisch gewordene Fremdwörter deklinieren in der Regel (↑ aber 654 f., 658, 660) nach deutschem Muster.

1. Im Singular werden Fremdwörter wie heimische Substantive dekliniert (↑ 640 ff.).

a) Maskulina dekliniert man im Singular stark oder schwach:

> der Friseur, des Friseur*s*; der Film, des Film*s*; der Balkon, des Balkon*s* (↑ 657); der Professor, des Professor*s*
> der Student, des Student*en*; der Laborant, des Laborant*en*; der Pädagoge, des Pädagog*en*; der Demokrat, des Demokrat*en*; der Astronom, des Astronom*en*; der Philosoph, des Philosoph*en*

b) Neutra dekliniert man im Singular stark:

> das Beefsteak, des Beefsteak*s*; das Kollektiv, des Kollektiv*s*; das Drama, des Drama*s*; das Museum, des Museum*s*; das Magazin, des Magazin*s*; das Kapitel, des Kapitel*s*; das Hotel, des Hotel*s*; das Nomen, des Nomen*s*

c) Feminina dekliniert man im Singular endungslos:

> die Mode, der Mode; die Philosophie, der Philosophie; die Konsequenz, der Konsequenz; die Psychose, der Psychose

653 Merke:
Die Genitivendung fremdsprachiger Maskulina und Neutra ist in der Regel bloßes –*s* (↑ aber 654).

654 Fremdsprachige Maskulina und Neutra auf *–s*, *–ß*, *–x*, *–st* haben die Endung *–es*, wenn es sich um Wörter handelt, die bei uns häufiger gebraucht werden. Manchmal sind beide Formen im Gebrauch:

> der Diskurs, des Diskurs*es*; der Gips, des Gips*es*; der Kongreß, des Kongress*es*; der Morast, des Morast*es*; aber: des Atlas oder Atlass*es*; des Kodex oder Kodex*es*; des Index oder Index*es*; nur: des Kolchos, des Styx, des Borax

Der Genitiv Singular schwankt manchmal zwischen starker und schwacher Deklination:

> des Partisan*s* oder Partisan*en*; des Satyr*s* oder Satyr*n*

Das Dativ-*e* fehlt im allgemeinen bei Fremdwörtern:

> dem Offizier antworten, zu einem Problem werden, im Senat vertreten sein, vom Balkon herab sprechen

2. Für den Plural gilt folgendes:

655 a) Fremdwörter haben die Pluralendungen *–e*, *–[e]n*, *–s* oder fremdsprachige Endungen:

> *–e* (Maskulina und Neutra): die Film*e*, Friseur*e*, Offizier*e*; die Magazin*e*, Element*e*, Kollektiv*e*, Ventil*e*, Inserat*e*, Kontingent*e*, Lazarett*e*
> *–[e]n* (Maskulina, Neutra und die meisten Feminina): die Student*en*, Traktor*en*, Jurist*en*, Konsonant*en*; die Aquari*en*, Muse*en*, Paradigm*en*; die Fassad*en*, Garag*en*, Konsequenz*en*, Neuros*en*
> *–s* (Maskulina und Neutra, besonders aus dem Englischen und Französischen): die Boy*s*, Bankier*s*, Balkon*s*, Banderillero*s* (Stierkämpfer); die Girl*s*, Plaid*s*, Hotel*s*, Banderilla*s*, Auto*s*, Echo*s*, Aroma*s*, Kamera*s*

656 Fremdsprachige Endungen: das Lexikon, die Lexik*a*; der Modus, die Mod*i*; der Numerus, die Numer*i*; der Kodex, die Kod*ices*; die Bronchitis, die Bronchit*iden*; die Neuritis, die Neurit*iden* (Bezeichnung für mehrere Fälle dieser Krankheit); das Nomen, die Nom*ina*; das Thema, die Them*a*ta (↑ 657); der Kasus, die Kas*us*; das Klima, die Klim*a*te ↑ auch 657.

657 b) Manche fremde Substantive haben im Plural Doppelformen, seien es verschiedene heimische Deklinationsformen oder heimische Deklination und *–s* oder heimische und fremde Deklinationsendungen:

> die Atlas*se* oder Atlan*ten*; die Morast*e* oder Morä*ste*; die Generä*le* oder General*e* (aber vorwiegend: die Admiral*e*); die Balkon*e* oder Balkon*s*; die Blöck*e* (Felsblöcke) oder Block*s* (zum Schreiben); die Arom*en* oder Aroma*s*; die Verb*en* oder Verb*a*; die Pronom*en* oder Pronom*ina*; die Them*en* oder Them*a*ta; die Komma*s* oder Komm*a*ta; die Porto*s* oder Port*i*

658 Merke:

Ein Plural auf *–er* ist bei Fremdwörtern sehr selten:

> die Regiment*er*, die Schi*er* (selten die Schi), die Spitäl*er* oder Spital*e*, Hospitäl*er* oder Hospital*e*

Fremde Substantive auf *–or* verlagern vor der Endung *–en* den Akzent auf das *o* der Endung:

der 'Traktor, die Trak'toren, der Pro'fessor, die Profes'soren

Bei fremdsprachigen Substantiven mit auslautendem stummem *s* wird das *s* im Plural gesprochen:

der Sozialfonds [...fõ:], die Sozialfonds [...fõ:s]; das Korps [ko:r], die Korps [ko:rs]

Falsch ist doppelte Pluralendung: **659**

nicht Verba*s*, Antibiotika*s*, sondern: Verb*a* oder Verb*en*, Antibiotik*a*; aber: Handel mit Antibiotik*a* oder Antibiotic*is* (Dat. Plur.)

c) Fremde Substantive auf *–us* und *–os* bleiben bis auf wenige Aus- **660** nahmen im Singular ohne Flexionsendung:

der Spiritus, des Spiritus, dem Spiritus, den Spiritus
der Rhythmus, des Rhythmus, dem Rhythmus, den Rhythmus
das Epos, des Epos, dem Epos, das Epos
aber: der Fidibus, des Fidibus*ses*; der Pfiffikus, des Pfiffikus*ses* oder des Pfiffikus; der Omnibus, des Omnibus*ses*

Substantive auf *–ismus* bleiben immer ohne Endung: **661**

der Impressionismus, des Impressionismus, dem Impressionismus, den Impressionismus

d) In der Umgangssprache häufig gebrauchte Substantive auf *–us* **662** haben im Plural die Endung *–usse*:

die Omnibus*se*, die Sozius*se*, die Krokus*se*, die Spiritus*se*, die Fidibus*se*, die Pfiffikus*se*, auch die Musikus*se* (neben: die Music*i*)

Seltener gebrauchte Substantive auf *–us*, die Substantive auf *–os* und die Substantive auf *–ismus*, soweit sie überhaupt einen Plural haben, enden auf *–en*:

die Rhythm*en*, die Radi*en*; die Ep*en*; die Antagonism*en*

Die Deklination der Eigennamen

Personennamen

1. Von Personennamen im Singular gilt folgendes:

a) Sie bilden den Genitiv mit *–s*, wenn der Name noch nicht durch ein **663** vorhergehendes Wort als Genitiv gekennzeichnet ist:

die Ermordung Cäsar*s*; Goethe*s* Enkel; der Geburtstag Helfried*s*, die Eltern Gretel*s*, Onkel Bräsig*s* Briefe, Lehrer Hohberger*s* Unterricht, der Unterricht Lehrer Hohberger*s*
aber: der Geburtstag unseres Helfried, der Unterricht des Lehrers Hohberger

Bei mehreren Namen einer Person erhält nur der letzte eine Endung:

> die Fugen Johann Sebastian Bachs, die Lyrik J. R. Bechers, die Eltern Karl-Joachims

Weibliche Vornamen auf *–e* können im Genitiv die Endung *–ens* haben:

> Maries od. Mariens Bruder, Ilses od. Ilsens Eltern

Personennamen mit voranstehendem Adjektiv stehen heute meist ohne *–s*:

> Die Leiden des jungen Werther (so die im Inselverlag erschienene Ausgabe, Goethe selbst schrieb: Die Leiden des jungen Werthers)

664 Bei Familiennamen, die zu Gattungsbezeichnungen geworden sind, schwankt der Sprachgebrauch. Die deklinierte Form ist vorzuziehen:

> die Leistungen eines Diesels, die Auflagen des Dudens

665 b) Bei Namen auf *s, ß, x, chs, z, tz, ce* (gesprochen *s*), *č* und englisches *th* kann der Genitiv verschieden gekennzeichnet werden, nämlich bei heimischen Namen altertümelnd durch die Endung *–ens*:

> Hansens Brief, Götzens eiserne Hand, Vossens Homerübersetzung

durch Setzung des Artikels oder eines Gattungsbegriffes oder eines Pronomens vor den Eigennamen:

> das Ei *des* Columbus, der Brief *unseres* Fritz, *des Dichters* Wordsworth

durch Apostroph, wenn der Name unmittelbar vor dem zugehörigen Substantiv steht:

> Engels' Schriften, Marx' „Kapital", Wordsworth' Dichtungen

durch fremdsprachige Deklinationen (besonders bei biblischen Namen):

> die Geburt Christi, das Leiden Jesu (Akkusativ: Jesum), Mariä Himmelfahrt, das Evangelium Johannis (des Johannes); ↑ auch 659.

666 Der Genitiv kann durch Umschreibung mit Präposition ersetzt werden:

> der Brief *von* Hans, Romane *von* Anatole France, das „Kapital" *von* Marx, ich erinnere mich *an* Götz

667 c) Bei Familiennamen mit Präposition erhält in der Regel der Familienname die Flexionsendung:

> die Opern Carl Maria von Webers, die Anschrift Alfred Zurmühlens

Wird der Beiname noch deutlich als Ortsname empfunden, dann dekliniert man den Vornamen:

> Die Gedichte Walthers von der Vogelweide, der Parzival Wolframs von Eschenbach, die Anschrift Alfreds zur Mühlen

2. Für Personennamen im Plural gilt folgendes: **668**

a) Die weiblichen Vornamen auf *–e* bilden den Plural mit *–en*:

    die Marie*n*, die Lotte*n*, die Hilde*n*

Alle anderen weiblichen Vornamen hängen *–s* an:

    zwei Irmgard*s*, drei Ruth*s*, zwei Anna*s*, zwei Betti*s* sind in unserer Klasse

b) Männliche Vornamen auf Vokal bilden den Plural auf *–s*, Vornamen auf *–chen*, *–el*, *–en*, *–er* und Satznamen bleiben im Plural undekliniert, die anderen hängen *–e* an:

    die Willi*s*, die Otto*s*; die Hänschen, die Walter, die Jürgen; die Leberecht, die Fürchtegott; die Alfred*e*, die Heinrich*e*, die Wilhelm*e*

c) Familiennamen erhalten im Plural meist *–s*, können aber auch undekliniert bleiben, besonders die auf *–el*, *–er* und *–en* (wie die übrigen Substantive dieser Art):

    die Grimm[s], die Müller[s], die Schlegel, die Hebbel, die Fiedler, die Hausen

Ohne Artikel müssen sie *–s* erhalten:

    Grimm*s*, Müller*s*, Fiedler*s*, Hebbel*s*, Hausen*s*, Buddenbrook*s*

d) Namen auf *s*, *ß*, *x*, *chs*, *z*, *tz* erhalten im Plural *–ens*. Namen auf *–e* können umgangssprachlich *–ns* erhalten:

    Fuchs*ens*, Götz*ens*; Weise*[n]s*, Schulze*[n]s*

3. Berufsbezeichnungen und Titel bei Personen- und Familiennamen ↑ 250 ff.

Erdkundliche Namen

1. Bei erdkundlichen Namen schwankt die Setzung des Genitiv-*s*. Es   **669** ist zu setzen bei artikellosen Namen, steht aber auch meist bei solchen mit Artikel (Maskulina und Neutra):

    die Größe Berlin*s*, der Wiederaufbau Dresden*s*, die Wirtschaft Frankreich*s*; an den Ufern des Rhein*s*, der Gipfel des Brocken*s*, die landschaftlichen Schönheiten des Engadin*s*; innerhalb Leipzig*s* (nicht korrekt: innerhalb Leipzig)

Bei vorangestelltem Adjektiv schwankt die Deklination:

    unseres gräßlich zugerichteten München, des berühmten Frankfurt*s* (Th. Mann), des heutigen England*[s]*, der Wiederaufbau des zerstörten Dresden*[s]*

Mehrteilige Namen folgen den entsprechenden Regeln (↑ 250):

> die Straßen Hamburg-Altonas, die Bedeutung des Dortmund-Ems-Kanals,
> die Heilquellen Bad Elsters, die Lage Kap Arkonas oder des Kaps Arkona
> (↑ 250, Abs. c), die Küsten des Schwarzen Meeres, die Regierung der Verei-
> nigten Staaten

670 2. **Fremde erdkundliche Namen** pflegen ein Genitiv-*s* nur anzunehmen,
wenn sie eingedeutscht sind oder häufig gebraucht werden:

> des Tibers, des Vesuvs; des Ätna*[s]*, des Nil*[s]*, des Rigi*[s]*; des Ural*[s]*,
> des Po*[s]*, die Bewohner des Jemen*[s]*

3. Das Plural-*s* wird heute meist abgestoßen:

> die beiden Frankfurt, die zwei Amerika

4. Genus und Artikel bei geographischen Namen ↑ 568, 578.

Völkernamen

671 1. **Völkernamen** enden im Nominativ Singular in der Regel auf –*e*
oder –*er*:

> der Bulgare, Russe, Chinese; Römer, Engländer, Italiener, Amerikaner;
> Indianer, Afrokubaner; Zimber, Bayer (↑ 672)

Völkernamen auf –*e* werden schwach dekliniert; auch im Plural haben
sie die Endung –*n*:

> des Bulgaren, dem Bulgaren, den Bulgaren, die Bulgaren

Völkernamen, die Ableitungen auf –*er* sind, haben im Genitiv –*s*, in
allen anderen Kasus und im Plural (außer dem Dativ Plural) sind sie
endungslos:

> der Römer, des Römers, dem Römer, den Römer
> die Römer, der Römer, den Römern, die Römer

672 Besonders zu beachten sind folgende Deklinationen:

> der Zimber, des Zimbers, dem Zimber, den Zimber; aber: die Zimbern;
> dem Bayern; die Bayern (ebenso: der Kaffer)
> der Bulgare, Russe, ein Bulgare, Russe; aber: der Deutsche, ein Deut-
> sch*er* (hier liegt ein substantiviertes Adjektiv [deutsch] vor. Die Deklina-
> tion richtet sich also nach dessen Regeln, ↑ 719 ff.).

673 2. **Fremde Völkernamen,** die auf Vokal enden, bilden den Genitiv
Singular und den Plural mit oder ohne –*s*:

> des Eskimo*[s]*, die Eskimo*[s]*; des Zulu*[s]*, die Zulu*[s]*

Buchtitel und Gebäudenamen   **674**

1. Titel von Büchern, Dichtungen, Zeitungen usw. müssen dekliniert werden. Das geschriebene Wort steht darin dem gesprochenen nicht nach. Tritt ein Artikel hinzu, so werden Artikel und Titel dekliniert. Der Titel sollte in Anführungsstriche gesetzt werden:

> Die Vertonung des „Erlkönigs", der Leitartikel des „Rheinischen Merkurs", aus den „Kranichen des Ibykus", die Redaktion des „Forums", in den „Vier Jahreszeiten", im „Schwarzen Bären", in „Stadt Kiew"(Hotelnamen)
> Aber falsch: Leider habe ich nicht begriffen, wer in *„Das* Stimmungsbarometer" kritisiert werden soll (aus einer Rezension).

Bei vorangehenden Verfassernamen fällt ein zum Titel gehörender Artikel weg:

> Kellers *„Grüner* Heinrich", Kleists *„Zerbrochener* Krug", aus Schillers *„Kranichen* des Ibykus", in Marx' *„Kapital"*

2. Will man den Titel nicht „verletzen", dann muß ein Appellativum   **675** vorangestellt werden:

> in Marx' *Werk* „Das Kapital", Verse aus Schillers *Ballade* „Die Kraniche des Ibykus", im *Hotel* „Vier Jahreszeiten", im *Gasthof* „Goldener Löwe", in der *Gaststätte* „Stadt Kiew"

Monate und Wochentage

1. Monatsnamen können im Genitiv ohne –s bleiben. Ein Dativ-e steht nicht. In Verbindung mit *Anfang, Mitte, Ende* und mit *Monat* stehen sie immer undekliniert:

> des Januar*[s]*, des März*[es]*, des Mai*[s]* (dichterisch des Mai*en*), des September*[s]*
> *Anfang* August bis *Ende* November, *Mitte* Januar, des *Monats* März

2. Wochentagsnamen bilden den Genitiv mit –s. Ein Dativ-e wird in   **676** der Regel nicht gesetzt:

> die Veranstaltungen des Dienstag*s*, des Mittwoch*s*, eines schönen Sonntag*s*; an einem Sonntag, die Nacht vom Dienstag zum Mittwoch

Straßen-, Brücken- und Flurnamen   **677**

1. Maskulina und Neutra zusammengesetzter Straßennamen erhalten im Genitiv –s, Namen auf *s, ß, z, tz, x, chs* erhalten –*es*:

> des Wickingerdamm*s*, des Neumarkt*s*, des Schmalweg*s*, des Schwarzbeersteig*s*, des Friedensplatz*es*
> Die anderen Kasus haben keine Endung.

2. Bei Straßennamen aus flektiertem Adjektiv und Substantiv werden Adjektiv und Substantiv dekliniert:

> die Breite Straße, in der Breiten Straße, in der Oberen Münsterstraße, an der Großen Fleischergasse, des Grimmaischen Steinwegs, am Grimmaischen Steinweg

3. Bei zusammengesetzten Namen, deren Bestimmungswort aus dekliniertem Adjektiv + Substantiv besteht, kann das Adjektiv unverändert bleiben oder innerhalb der Zusammensetzung flektiert werden:

> die Hohetorstraße; der Hohentorstraße oder der Hohetorstraße; die Grüneturmgasse; in der Grünenturmgasse oder in der Grüneturmgasse; der Rotemühlweg; des Rotenmühlwegs oder des Rotemühlwegs

678 *Die Deklination der Sprachbezeichnungen*

1. Substantivisch gebrauchte Sprachbezeichnungen können im Genitiv –*s* erhalten oder in allen Kasus ohne Flexionsendung bleiben:

> die Aussprache seines Deutsch*[s]*, seines Englisch*[s]*, seines Russisch*[s]*; ein Lehrer des Sanskrit*s*, die Wortform des Tamil*[s]* (eine drawidische Sprache), die Laute des Kisuaheli*[s]* (eine afrikanische Sprache), eine Grammatik des Hindi (Staatssprache der Indischen Union), der Wortschatz des Afrikaans (Sprache der Buren in Südafrika)

2. Sprachbezeichnungen auf –*isch (-sch)* mit der Endung –*e* werden schwach flektiert. Sie erhalten im Genitiv und Dativ die Endung –*en*:

> das Deutsche, das Englische, Russische; die Aussprache des Deutsch*en*, Englisch*en*, Russisch*en*; seine Zensur im Deutsch*en*, Englisch*en*, Russisch*en*

Maß-, Geld- und Mengenbezeichnungen

679 Die Deklination richtet sich nach Genus und Numerus der Bezeichnungen, bei Mengenbezeichnungen auch nach dem Auslaut. Zu unterscheiden ist auch, ob die Bezeichnungen Maß- oder Wertangaben sind oder konkrete Gegenstandsbezeichnungen.

680 1. Maskulina und Neutra der Maß- und Mengenbezeichnungen bleiben im Plural als Wertangaben (↑ aber 683, Abs. 4) endungslos. Die undeklinierte Form geht auf Fälle zurück, in denen Singular und Plural schon frühzeitig lautgleich wurden:

> das Lot, 3 *Lot* (Plural im Mittelhochdeutschen: lot); 4 *Stück* Kuchen, 2 *Paar* Schuhe, 150 *Kilowatt* Strom, 250 *Gramm* Butter, 2 *Pfund* Mehl, 5 *Kilo* Kartoffeln, 100 *Sack* Weizen; 3 *Fuß* hoch

Besonders zu beachten sind folgende Fälle:

> eine Mauer von 2 *Meter* Höhe, aber: eine Höhe von 2 Meter*n*

Ebenso dekliniert man *Liter, Pfennig, Taler, Zentner* u. ä.

Im Singular wird die Maßbezeichnung oder das ihr folgende Substan- **681**
tiv dekliniert (↑ aber 682):

> der Preis eines *Kilos* Bananen, wegen eines *Glases* Wein oder wegen
> eines Glas *Weines* (↑ 253)

Das Dativ-*e* fällt meist weg:

> mit einem *Sack* Weizen, bei einem *Glas* Wein

2. Feminina von Maß- und Mengenbezeichnungen bleiben im Singu- **682**
lar regelmäßig unverändert; im Plural erhalten sie Flexionsendungen:

> wegen einer *Flasche* Bier, mit einer *Portion* Erbsen; wegen zehn *Flaschen*
> Bier, mit vier *Portionen* Erbsen, 3 *Millionen* Einwohner, 3 *Mandeln* Eier

3. Geldbezeichnungen ohne auslautendes –*e* bleiben als Wertangaben **683**
im Plural meist unverändert, fremde Geldbezeichnungen können Flexionsendungen haben:

> ein Preis von 200 *Mark*, von 90 *Pfennig*, von mehreren *Dollar[s]*, von einigen
> *Rubel[n]*

Geldbezeichnungen mit auslautendem –*e* werden im Plural immer
dekliniert:

> 20 *Kronen*, im Preise von 30 *Drachmen*, 1000 *Peseten* oder *Pesetas*

4. Maß-, Mengen- und Geldbezeichnungen, die nicht als Wertangaben,
sondern als Gegenstandsbezeichnungen gebraucht werden, werden dekliniert:

> 100 *Säcke* mit Mehl, zehn tanzende *Paare*, zwei *Gläser* mit Wein, einige
> *Pfennige*, *Markstücke* in der Tasche haben; ↑ auch 763

5. Zur Deklination des Substantivs nach der Maß- und Mengenbe-
zeichnung ↑ 253.

Merke:
Zeitangaben werden flektiert:

> zwei *Nächte* lang, die drei *Tage* dauernde Konferenz; er war 5 *Jahre* und
> 2 *Monate* alt.

Kurzwörter und Abkürzungen

1. Kurzwörter werden im Singular ihrem Geschlecht und ihrer Form **684**
entsprechend dekliniert; im Plural erhalten sie meist –*s*:

> der Akku, des Akkus, dem Akku, den Akku; die Lok, der Lok usw.; die
> Mitropa, der Mitropa usw.; der Bus, des Busses, dem Bus, den Bus; die
> Akku*s*, die Lok*s*; die Bus*se*

2. Initialwörter, d. h. Kurzwörter, die aus Anfangsbuchstaben mehrerer Wörter bestehen, bleiben im Singular gewöhnlich ohne Flexionsendung. Wenn der Genitiv aus dem Satzzusammenhang nicht erkennbar ist, kann er durch Anhängen eines –s (bei Maskulinen und Neutren) gekennzeichnet werden. Ein Apostroph steht nicht:

> der LKW, des LKW[s]; der DFB, des DFB[s]; die TU, der TU; die TH, der TH

Auch der Plural wird in der Regel nur flektiert, wenn ihn der Satzzusammenhang nicht kennzeichnet, und dann durch Anhängen von –s ohne Apostroph, nicht durch andere Endungen:

> die LKW[s], die WC[s]; die TH, auch THs

3. Abkürzungen mit Punkt werden nur bei Eigennamen dekliniert, sonst nicht:

> Buschs (B.s) Verse, Lessings (L.s) Schriften, aber: des Jg. (des Jahrgangs), des Jh. (des Jahrhunderts), d. M. (dieses Monats); des Koll. (des Kollegen), die Koll. (die Kollegen)

685 *Unterlassung der Deklination*

1. Manche traditionellen Verknüpfungen von Substantiven durch *und* werden als Einheit empfunden, nähern sich also einer kopulativen Zusammensetzung (↑ 987), nur der letzte Teil wird flektiert:

> dem Gut und Bösen, des ihm gehörigen Grund und Bodens, die Zeit des Sturm und Drangs

Fügungen wie *Haus und Hof, Weib und Kind, Mann und Maus* bilden in der Regel auch heute noch keinen Genitiv. Im Dativ haben sie keine Flexionsendung:

> in Haus und Hof, bei Weib und Kind, mit Mann und Maus, in Hülle und Fülle

686 2. Enge Verbindungen zweier Substantive ohne Artikel, die in verallgemeinernder Bedeutung gebraucht werden, so daß statt des Singulars auch der Plural stehen kann (↑ 572), stehen unflektiert:

> der Verkehr von *Mensch* zu *Mensch*, das Verhältnis zwischen *Mann* und *Frau*, der Unterschied zwischen *Mensch* und *Tier*, zwischen *Tiger* und *Löwe*, eine für *Patient* und *Arzt* erfreuliche Wendung in der Krankheit, die Beziehung zwischen *Produzent* und *Konsument*

687 3. Der in der Sprachentwicklung öfter vorkommende Wechsel in der Deklinationsart ist auch in unserer Zeit wirksam. In den folgenden Fällen ist er aber noch nicht schriftsprachlich und deshalb nicht ohne weiteres nachahmenswert, auch wenn er sich ab und zu bei guten Schriftstellern findet:

a) Bei starken Substantiven wird manchmal das Genitiv-*s* nicht geschrieben, obwohl es die kodifizierte literatursprachliche Norm verlangt:

> die Musik des französischen *Barock* (Gewandhausprogramm vom 29. 11. 1964), die Bauten des *Rokoko*

b) Schriftsprachlich schwach flektierte Substantive finden sich manchmal mit starker Flexion, d. h. im Genitiv Singular mit der Endung –*[e]s*, im Dativ und Akkusativ ohne die Endung –*[e]n*. Hierher gehören unter anderem folgende Substantive:

> Dirigent, Gendarm, Komet, Lakai, Leopard, Paragraph

4. Zur Unterlassung der Flexion nach Präpositionen ↑ 882, bei bloßer Nennung des Substantivs ↑ 582.

Das Adjektiv

● Zum Verhältnis von Adjektiv und Adverb   **688**

1. Zwischen *Adjektiv* (Eigenschaftswort; lat. = ‚das Hinzugefügte‘) und *Adverb* (Umstandswort; lat. = ‚beim Verb oder beim Wort‘) besteht teilweise kein grundsätzlicher semantischer Unterschied. Die Adverbien treten zu dem Verb in eine ähnliche Bedeutungsbeziehung wie die Adjektive zu dem Substantiv:

> *lange* reden – eine *lange* Rede; *häufig* weinen – *häufige* Tränen

Adjektiv und Adverb bezeichnen gleichermaßen Merkmale von Erscheinungen: von Gegenständen, Zuständen und Vorgängen. Nur diesen beiden unter allen Wortarten ist auch eine bestimmte grammatische Veränderung, die Komparation, eigen. Allerdings sind nur wenige Adverbien komparierbar und auch diese überwiegend unregelmäßig (↑ 737).

2. Adjektiv und Adverb haben aber auch jedes seine besondere Art und Fügungsmöglichkeit. Wir werden sie deshalb getrennt behandeln. Trotzdem findet sich dabei Gemeinsames, finden sich Austauschmöglichkeiten und Überschneidungen: Manche Fügungen aus Adjektiv + Substantiv haben den Sinn von Verb und Adverb, weil sie eine „Verhaltensweise“, nicht eine Person an sich kennzeichnen:

> Ein *starker* Raucher ist nicht ein rauchender *starker* Mann, sondern ein Mann, der *stark* (Adverbialbestimmung) *raucht*; ein *guter* Redner braucht kein *guter Mensch* zu sein, sondern ist ein Mensch, der *gut* (Adverbialbestimmung) *redet*.

Umgekehrt können lokale und temporale Adverbien nicht nur attributiv beim Substantiv stehen *(das Wetter heute)*, sondern auch adjektivische Form annehmen und als adjektivisches Attribut gebraucht werden *(das heutige Wetter)*. Es entsprechen einander:

> hier – hiesig, dort – dortig, diesseits – diesseitig, jenseits – jenseitig; heute – heutig, gestern – gestrig, vorgestern – vorgestrig, morgen – morgig; bald – baldig, jetzt – jetzig, damals – damalig, sofort – sofortig (↑ 693).

● Die Bedeutung des Adjektivs

689 Das Adjektiv ist die wichtigste Wortart, die Merkmale, vor allem Eigenschaften, bezeichnet. Diese sind an eine Person, eine Sache, einen Vorgang oder Zustand als ihren Träger gebunden. Deshalb wird das Adjektiv satzgliedmäßig besonders häufig als Attribut (↑ 692) gebraucht. Das Adjektiv kann Bereichs- und Herkunftsangabe sein:

> *Goethische* Gedichte, die *Leipziger* Messe, die *hiesigen* Zeitungen

Es kann Zustände bezeichnen (das tun oft Partizipien):

> *kranke* Menschen, ein *fester* Stoff, *gasförmige* Körper, die *flüssige* Masse; mit *lachenden* Augen, die *geöffnete* Tür

Es kann innere und äußere, wesentliche und zufällige Merkmale nennen:

> der *runde* Tisch, die *grüne* Farbe; eine *notwendige* Voraussetzung, die *wechselseitige* Kritik, der *starke* Verkehr, die *seltene* Pflanze

Auch Numeralien sind meist (↑ 750 ff.) Adjektive. Sie bezeichnen Eigenschaften des Maßes und der Zahl:

> die *zehn* Artikel, die *zweite* Schicht; *viele* Freunde

● Der Fügungswert des Adjektivs

690 1. Das Adjektiv kann als Satzglied oder als Gliedteil stehen.

a) Als Subjekt, Objekt oder Prädikatssubstantiv ist das Adjektiv substantiviert:

> Das *Gute* – dieser Satz steht fest – ist stets das *Böse*, das man läßt (Busch). Dem *Glücklichen* schlägt keine Stunde.

b) Das Adjektiv ist häufig Prädikatsadjektiv (↑ 155, 157):

> Das Wetter wird, bleibt *schön*. Er schien ganz *gesund*. Der Mitarbeiter ist *zuverlässig*. Der Rucksack scheuert den Rücken *wund*.

Es gibt eine kleine Anzahl Adjektive, die nur prädikativ verwendet werden können, meist in Verbindung mit *sein, werden, machen*:

– Es sind ursprüngliche Substantive, die die Wortart gewechselt haben:

> angst, feind, freund, gram, leid, schade, schuld: Mir ist *angst* um den Jungen. Bist du mir *gram?* Es ist *schade*, daß du nicht kommst.

– Es sind Adjektive, die, teilweise ohne kennzeichnende äußere Form, einen Verbalstamm enthalten:

> abspenstig (zu abspannen), anheischig, ansichtig, ausfindig, eingedenk, gewahr, gewärtig, habhaft, hundsgemein, kund, nütze (aber nicht: unnütz); teilhaft[ig], verlustig, vorstellig, quitt (zu quittieren): Sie war seines Winks *gewärtig.* Wir wurden unseren Irrtum *gewahr.* Er hat dem Nachbarn die Freundin *abspenstig* gemacht.

– Hierher gehören auch zweigliedrige starre Fügungen:

> blink und blank, fix und fertig, gang und gäbe, klipp und klar, null und nichtig, recht und billig: Dieser Brauch ist *gang und gäbe.*

c) Das Adjektiv kann Adverbialbestimmung sein:

> Der Ober bedient *flott.* Der Zug fährt *pünktlich ab.*

Einige Adjektive schätzen Satzinhalte vom Standpunkt des Sprechers aus ein; sie werden als ,,Modalwörter" klassifiziert:

> Er kommt *wahrscheinlich* morgen. *Natürlich* sehe ich ihn dort.

M e r k e :   **691**
Verwandelt man einen Satz in eine Substantivgruppe, so wird das prädikative oder adverbiale Adjektiv zum Attribut:

> Die Milch ist *sauer* – die *saure* Milch; der Kellner bedient *flott* – die *flotte* Bedienung. Er arbeitet *fleißig* – die *fleißige* Arbeit

Bei Modalwörtern (↑ 785 f.) ist das nicht immer möglich. Ihr Inhalt läßt sich auch verbal wiedergeben:

> Mein Bruder ist *wahrscheinlich* im Kino. – Ich *nehme an*, daß mein Bruder im Kino ist.

d) Das Adjektiv wird vorwiegend als Attribut verwendet (↑ 237 ff.)   **692**
– Als Attribut beim Substantiv hat es oft den höchsten Mitteilungswert:

> das *blaue* Meer, die noch *ausstehende* Antwort, die *frohen* Stunden, ... in den *zierlichen* Schuhen steckten *zierliche* Füße, und das *weiße* Leinenkleid wäre nichts gewesen ohne die *dünnen*, aber *golden schimmernden* Arme und Beine Judiths (KANT).

– Es tritt als Attribut zu einem übergeordneten Adjektiv:

> ein *außerordentlich* tüchtiger Mensch; ein *sperrangelweit* offenes Fenster; eine *relativ* leichte Aufgabe, etwas *eindringlich* Gesagtes

693 e) Manche Adjektive und Adjektivvarianten können nur attributiv gebraucht werden. Sie sind von Substantiven und Adverbien abgeleitet, die einen Gegenstand nach Stoff, Herkunft, Zugehörigkeit zu einem Bereich oder zu einer Person oder ein Geschehen nach Ort und Zeit charakterisieren. Sie stehen als semantisch relative Adjektive den qualitativen Adjektiven gegenüber, die prädikativ, attributiv und adverbial gebraucht werden können. Semantisch relative Adjektive sind auch nicht komparierbar.

– Es sind Adjektive, die Stoff, Herkunft oder Urheberschaft nennen:

> eisern, hölzern, seiden, stählern; deutsch, russisch, Shakespearisch: ein *eisernes* Gitter; nicht möglich: das Gitter ist *eisern*; aber übertragen: sein Wille ist *eisern*; *französische* Weine; nicht möglich: die Weine sind *französisch*. Aber: Er empfahl sich *französisch* (= er trennte sich unauffällig von der Gesellschaft).

– Es sind aus Raum- und Zeitadverbien gebildete Adjektive (↑ 688):

> die *hiesige* Behörde, seine *baldige* Rückkehr, *innere* Verletzungen

– Auch Adjektive, die für ein Genitiv- oder Präpositionalattribut stehen, können nicht prädikativ gebraucht werden:

> eine *medizinische* Zeitschrift, die *ärztliche* Praxis; ein *städtischer* Angestellter; aber: ein städtischer Betrieb – der Betrieb ist städtisch / staatlich / volkseigen / privat / genossenschaftlich

– Hierher gehören auch Fügungen wie *ein starker Raucher* (↑ 688).

694 f) Die große Mehrzahl der Adjektive kann attributiv, prädikativ und adverbial verwendet werden:

> Die Tat ist *stumm*, der Gehorsam *blind* (SCHILLER) – die *stumme* Tat, der *blinde* Gehorsam. Er gehorcht *blind*. Er handelt *stumm*.

695 g) Eine Anzahl von Adjektiven regiert bestimmte Kasus (↑ auch 98):

> den Genitiv: der *seiner Sache sichere* Zeuge; er war *seiner Sache sicher* (↑ 186); den Dativ: eine *der Gesundheit dienliche* Speise; die Speise ist *der Gesundheit dienlich* (↑ 181); eine Präpositionalfügung oder einen Infinitiv: die *über den Erfolg frohen* Sportler; die Sportler *sind über den Erfolg froh*; sie sind froh, *Erfolg gehabt zu haben*; einen maßbestimmenden Akkusativ: der *einen Meter hohe* Hocker, der Hocker ist *einen Meter hoch* (↑ 696)

696 M e r k e :
Die von einem attributiven Adjektiv abhängigen Substantive und Pronomen (↑ 695, jeweils das 1. Beispiel) sind Attribute. Die von einem prädikativen Adjektiv abhängigen Substantive und Pronomina sind Objekte oder Adverbialbestimmungen.

2. Das Adjektiv kann – abgesehen von einigen Adverbien, als einzige Wortart – durch Komparation verschiedene Grade einer Eigenschaft ausdrücken. Näheres ↑ 727 ff.

3. Das Adjektiv ist wie die 3. Person Singular des Personalpronomens **697** und wie adjektivische Pronomen genusveränderlich. Es paßt sich in Genus, Numerus und Kasus seinem substantivischen Bezugswort an:

> *guter* Freund, *schöne* Frau, ein *treffendes* Beispiel; *diese* Frage ist keine *pädagogische*, sondern eine *politische*

4. Der Bestand an Adjektiven wird durch zahlreiche Zusammensetzun- **698** gen und Ableitungen ständig vermehrt. „Auf allen Gebieten – von der Textilindustrie und der Mode bis zur Landwirtschaft, vom Segelsport bis zur Philosophie – schwelgt man förmlich in zusammengesetzten Adjektiven" (MÖLLER, Dt. v. heute, S. 16).
Manche Adjektive treten suffixartig auf. Allein mit *–artig* (= ,in der Art wie', ,geartet') nennt das „Wörterbuch der deutschen Gegenwartssprache" 86 Bildungen, z. B.

> affenartig, grasartig, turmartig, blitzartig, fremdartig

● Form und Stellung des Adjektivs   **699**

Das Adjektiv vermag sich in der Regel durch Flexionsendungen in Genus, Numerus und Kasus an sein substantivisches Bezugswort anzupassen. Es kann im Satz in flektierter und in unflektierter Form stehen.

1. Das attributive Adjektiv steht in der Regel (↑ aber 702) in deklinier- **700** ter Form; es richtet sich in Genus, Numerus und Kasus nach seinem substantivischen Beziehungswort:

> Das war ein gut*er* Vortrag, eine gut*e* Rede, ein gelungen*es* Experiment. Ich habe einen gut*en* Vortrag gehört. Ich war zu mehreren gut*en* Vorträgen.

Nach kopulativem Verb wird der Prädikatsnominativ zuweilen erspart, **701** um die Wiederholung des Substantivs zu vermeiden, das Subjekt des Satzes ist. Für Artikelgebrauch und Adjektivdeklination gelten dann die gleichen Regeln wie für die vollständige Substantivgruppe:

> Diese Weine sind *ungarische*, sind *bulgarische*, *sowjetische*. Mein Beruf ist schwer, und meine Gesundheit ist nicht die *robusteste* (TH. MANN). Sein Plan war *folgender*.

2. a) In einigen Fällen ist die endungslose attributive Form erhalten: **702**

> in Komposita: *Grün*specht, *Quer*straße, *Schön*wetterperiode
> in geographischen Namen: *Schwäbisch*-Hall, *Alt* Töplitz

in erstarrten Wendungen: *Schön* Wetter heute!, *gut* Freund, auf *gut* Glück, ein *voll* gerüttelt Maß, ein *gut* Stück, ein *gut* Teil
bei Vornamen: *Jung* Siegfried, *Klein* Dieter, *Schön*-Rohtraud
in der Dichtung: Ein *unnütz* Leben ist ein früher Tod (GOETHE). Sie war ein *seltsam* Mädchen (GOTTHELF). Nun war es aber mit der Arbeitsauffassung von Max ein *eigen* Ding (KANT).

In der Dichtung findet sich das endungslose attributive Adjektiv auch nachgestellt:

Röslein *rot* (GOETHE), bei einem Wirte *wundermild* (UHLAND), ein Mädchen *schön und wunderbar* (SCHILLER), Christian, ein unselbständiger Kopf ..., aber *eindrucksfähig* und jeder Beeinflussung *zugänglich* (TH. MANN).

Appositioneller Gebrauch findet sich auch sonst in der Schriftsprache:

Dieses Adjektiv, *nachgesetzt*, hebt stärker hervor. Der Junge, *klein*, aber *gewandt*, turnte ausgezeichnet.

Das attributive Adjektiv steht unverändert als Attribut beim Adjektiv, auch bei einem substantivierten, und beim Adverb:

eine *herausragend* gute Leistung, er kam *recht* früh, das *viel* Größere am *zweifellos* Großen zu messen (TH. MANN)

703 b) Das Prädikatsadjektiv bleibt in der Regel unverändert:

Der Vortrag war *gut*. Die Rede war *gut*. Die Zensuren waren *gut*.

704 c) Unverändert steht das adverbial gebrauchte Adjektiv:

Ich saß auf dem Dach und konnte alles *genau* sehen (KANT). An nichts hab ich *fest* genug geglaubt, um sie *richtig* davon zu überzeugen (SEGHERS).

705 ● Die Deklination des Adjektivs

Neben den endungslosen Formen, die z. T. auch heute noch die gleichen Aufgaben haben wie die flektierten, unterscheidet man nach J. GRIMM eine starke und eine schwache Deklination des Adjektivs. Die starke Deklination hat die gleichen Endungen wie der Artikel und die Demonstrativpronomen *dieser, jener*. Man spricht deshalb auch von pronominaler Flexion.
Die schwache Deklination richtet sich nach der der schwachen maskulinen Substantive auf *−e* (Typus *Bote*, ↑ 641). Man spricht deshalb von nominaler Flexion. Ob ein Adjektiv schwach oder stark dekliniert wird, richtet sich danach, ob der Satzgliedwert des dazugehörigen Substantivs, besonders ob sein Kasus schon genügend formal gekennzeichnet ist oder einer formalen Kennzeichnung durch das Adjektiv noch bedarf.

Für die Praxis gelten folgende Regeln:

1. Geht dem Substantiv der Artikel oder ein Pronomen voraus und ist **706** es auf diese Weise im Numerus, Genus und Kasus bestimmt, so wird das Adjektiv schwach, also nominal, dekliniert:

> die Augen *des staunenden* Jungen, die Vorschläge *der höflichen* Verkäuferin, *welches großen* Könnens bedurfte es; bei *dem (diesem, jedem) frohen* Spiel; ohne *meinen alten* Freund; das *freundliche* Gesicht

Die schwache Deklination des Adjektivs kennt nur
die Endung *–e* im Nominativ Singular des Maskulinums und im Nominativ und Akkusativ Singular des Femininums und Neutrums,
die Endung *–[e]n* in allen anderen Kasus des Singulars und im Plural.

Deklinationsmuster des schwachen Adjektivs   **707**

Maskulinum

	Singular		Plural	
Singular	der dichte Nebel	*Plural*	die dichten Nebel	
	des dichten Nebels		der dichten Nebel	
	dem dichten Nebel		den dichten Nebeln	
	den dichten Nebel		die dichten Nebel	

Femininum

Singular	die bildende Kunst	*Plural*	die bildenden Künste	
	der bildenden Kunst		der bildenden Künste	
	der bildenden Kunst		den bildenden Künsten	
	die bildende Kunst		die bildenden Künste	

Neutrum

Singular	das gute Buch	*Plural*	die guten Bücher	
	des guten Buches		der guten Bücher	
	dem guten Buch		den guten Büchern	
	das gute Buch		die guten Bücher	

2. Steht das attributive Adjektiv ohne Artikel oder Pronomen beim **708** Substantiv, kennzeichnet also das Adjektiv den Kasus des Substantivs, so muß es stark, also pronominal, flektiert werden.

Deklinationsmuster des starken Adjektivs

Maskulinum

Singular	dichter Nebel	*Plural*	dichte Nebel	
	dichten (↑ 709) Nebels		dichter Nebel	
	dichtem Nebel		dichten Nebeln	
	dichten Nebel		dichte Nebel	

Femininum

Singular	bildende Kunst	*Plural*	bildende Künste	
	bildender Kunst		bildender Künste	
	bildender Kunst		bildenden Künsten	
	bildende Kunst		bildende Künste	

Neutrum

	Singular			*Plural*	
	gut*es*	Buch		gut*e*	Bücher
	gut*en*	Buches		gut*er*	Bücher
	gut*em*	Buch[e]		gut*en*	Büchern
	gut*es*	Buch		gut*e*	Bücher

3. Bei der Deklination des attributiven Adjektivs gibt es einige Sonder-
fälle:

709 a) Beim Genitiv Singular des Maskulinums und des Neutrums starker
Substantive wird heute ein attributives Adjektiv ohne Artikel oder
Pronomen in der Regel schwach dekliniert:

> stehend*en* Fußes, eilend*en* Laufs, gut*en* Willens, der Genuß gut*en* alt*en*
> Weines; rein*en* Herzens neben: rein*es* Herzens, gut*en* Mutes; all*en* Ern-
> stes, jed*en* Alters; aber: die Beschreibung all*es* Möglichen, das Streben
> jed*es* Guten

Erhalten ist die starke Flexion noch in Zusammensetzungen:

> kein*es*falls, kein*es*wegs; aber schon: ander*n*falls, jed*en*falls, größ*t*enteils

Der Vorgang ist historisch begründet.

710 b) Nach dem unbestimmten Artikel *ein* wird das folgende attributive
Adjektiv stark dekliniert (↑ 708):

> *ein* dicht*er* Nebel (Nominativ), *ein* gut*es* Buch (Nominativ und Akkusa-
> tiv), *ein* solch*er* dicht*er* Nebel, *ein* solch*es* gut*es* Buch

Auf deklinierte Formen von *ein* folgt ein schwach dekliniertes attributives Adjektiv:

> ein*es* dicht*en* Nebels, mit ein*em* [solch*en*] gut*en* Buch, ein*en* schön*en* Gruß

711 c) Mehrere aufeinanderfolgende Adjektive haben immer die gleiche
Deklinationsendung:

> gut*er*, alt*er* Wein; mit tiefgefühlt*em*, herzlich*em* Dank; bei dunkl*em* bay-
> risch*em* Bier, den gut*en*, alt*en* Wein, auf dem hoh*en*, schneebedeckt*en*
> Berg

Wenn Substantive mit dem unmittelbar vorangehenden Adjektiv eine
Einheit bilden, so wird im Dativ der Maskulina und Neutra dieses
letzte Adjektiv in der Literatursprache manchmal auch schwach dekliniert:

> an weiter*em* leicht*en* Gewichtsverlust (Th. Mann), mit frisch*em*, rot*en* Ge-
> sicht (Döblin), mit weich*em*, blond*en* Haar (Hofmannsthal)

712 d) Von zwei oder mehr Adjektiven, die zusammen eine begriffliche
Einheit bilden und meist mit Bindestrich geschrieben werden, erhält
nur das letzte die Endung:

der bayrisch-österreichische Dialekt, die schwarzrotgoldene Fahne, ein blau-rotes Band

e) Ein nach einer Kardinalzahl stehendes Adjektiv wird, wenn kein **713** Artikel vorangeht, immer stark dekliniert, wenn die Kardinalzahl keine Flexionsendung hat; auch nach Kardinalzahlen mit starker Flexionsendung wird heute vorwiegend stark dekliniert:

> *zwei* starke Männer, *drei* mächtige Völker; zwei*er* gut*er* (auch: gut*en*) Freunde, *dreier* mächtig*er* (auch: mächtig*en*) Staaten

f) Für die Deklination des Adjektivs nach Pronomen gilt folgendes:

– Nach einem Personalpronomen wird im Nominativ Singular das **714** Adjektiv vor einem Maskulinum und Neutrum stark, vor einem Femininum schwach dekliniert:

> *ich* glücklich*er* Mensch, *ich* glücklich*es* Mädchen, *ich* glücklich*e* Braut; *du* lieb*er* Kerl, *du* klein*es* Dörfchen; *du* (*ihr*) neuvermählt*es* Paar; *Sie* glücklich*er* Mensch, glücklich*es* Mädchen, glücklich*e* Braut

In den obliquen Kasus wird regelmäßig stark dekliniert, da keine starke Endung vorangeht; man findet aber oft schon schwache Deklination:

> *mir* fremd*em* (auch: fremd*en*) Mann, nur: *mir* arm*en* Kerl; *mir* glücklich*er* (auch: glücklich*en*) Braut; ich gratuliere *dir* glücklich*en* Braut (↑ auch 722); ich grüße *dich* klein*es* Dörfchen, *euch* neuvermählt*es* Paar

Nach *ihr* und *wir* wird heute vorwiegend schwach dekliniert:

> *wir* froh*en* Menschen, *ihr* fleißig*en* Kinder; aber: *wir* all*e*, *wir* beid*e*, *ihr* beid*e*; auch: *wir* beid*en*, *ihr* beid*en*

– Nach einem Possessivpronomen ohne Flexionsendung wird regel- **715** mäßig stark dekliniert (↑ aber 716):

> *mein (dein, sein, unser, euer, ihr)* lieb*er* Vater, *mein (dein, sein, unser, euer, ihr)* lebhaft*es* Geplauder

Das ist besonders zu beachten, wenn zwischen dem Possessivpronomen und dem Substantiv noch ein Satzglied eingeschoben ist:

> *mein (dein, sein, unser, euer, ihr)* an den Direktor der Schule gerichtet*er* Brief, gerichtet*es* Schreiben

Nach Possessivpronomen mit Flexionsendung und nach Demonstrativ- **716** pronomen wird regelmäßig (↑ 706) das folgende Adjektiv schwach dekliniert:

> meine (deine, seine, unsere, eure, ihre) groß*en* Pläne, das Ergebnis *dieser* lang*en* Besprechung

deren, dessen erhalten keine andere Flexionsendung.   **717**
Ein folgendes attributives Adjektiv wird deshalb stark dekliniert:

> mit *deren* ehrlich*em* Rat, mit *deren* baldig*er* Rückkehr wir rechnen; von *dessen* wundervoll*em* Spiel wir entzückt sind

718 g) Bei einer Reihe adjektivisch gebrauchter unbestimmter Pronomina (Pronominaladjektive) schwankt die Flexion des folgenden attributiven Adjektivs, weil man sie als Pronomina oder als Adjektive auffassen kann.

-- Nach den unflektierten Formen *manch, solch, welch; viel, wenig* wird ein folgendes attributives Adjektiv regelgemäß stark dekliniert:

> *Manch* bunte Blumen sind an dem Strand (GOETHE), mit *solch* frischem Mut, *welch* schöner Tag, *viel* neues Gerät, von *wenig* guter Qualität

-- Im übrigen herrscht folgender Sprachgebrauch:
alle, beide, keine:
Dabeistehende Adjektive und Partizipien werden heute in der Regel schwach dekliniert. Starke Deklination ist veraltet und nur noch selten:

> *alle* gewählten Vertreter, die Namen *aller* guten Schüler; *beide* jungen Leute, die Eltern *beider* jungen Mädchen; *keine* großen Worte gebrauchen, *keiner* großen Worte bedürfen

andere, einige, etliche, mehrere, verschiedene, viele, wenige:
Dabeistehende Adjektive oder Partizipien werden im Nominativ und Akkusativ heute fast nur noch stark, im Genitiv vorwiegend stark dekliniert:

> *andere* neue Geräte, die Ausstellung *anderer* neuer (auch: neuen) Geräte, der Verkauf *etlicher* guter (auch: guten) Bücher

irgendwelche, manche, sämtliche, solche, welche:
Bei dabeistehenden Adjektiven und Partizipien gewinnt die schwache Deklination an Einfluß. Man dekliniert aber auch noch stark. Das gilt besonders bei *manche:*

> *sämtliche* anwesenden Gäste, die Meinung *sämtlicher* anwesenden (auch: anwesender) Gäste: *welcher* unendlichen (auch: unendlicher) Mühen bedurfte es, *manche* junge (auch: *jungen*) Tiere

folgend:
Dabeistehende Adjektive und Partizipien werden im Singular vorwiegend stark dekliniert:

> *folgender* wichtige (auch: wichtiger) Erlaß, in *folgendem* neuen (auch: neuem) Gesetz, *folgende* wichtige (auch: wichtigen) Erlasse, die Veröffentlichung *folgender* neuer (auch: neuen) Gesetze. Er legte einen Entwurf vor, der *folgende* interessante Vorschläge enthält. Er teilte der Polizei *folgende* sachdienliche Hinweise mit. Aber nur: der *folgende* wichtige Erlaß, *die folgenden* neuen Gesetze

derartig, einzeln, einzig:
Man behandelt sie in der Regel als Adjektive. Ohne vorangehenden Artikel wird ein folgendes Adjektiv parallel dekliniert:

> *einzelne* neue Gegenstände, der Kauf *einzelner* neuer Gegenstände; ... dessen *einziges* erhaltenes (auch: erhaltene) Exemplar

Die Deklination des substantivierten Adjektivs 719

a) Der größte Teil der substantivierten Adjektive folgt den Regeln der attributiven Adjektive, auch solche noch, die schon als Substantive empfunden werden, wie *der Abgeordnete, der Bekannte, der Gelehrte, der Fremde, der Verlobte, der Verwandte, der Vorsitzende.*
Deklinationsformen wie *der Abgeordnete – ein Abgeordneter* (↑ 710), aber *der Bote – ein Bote,* zeigen den Unterschied zwischen Substantivierung und ursprünglichem Substantiv.

Starke Deklination: 720

↑ 708: er ist Abgeordnet*er*, mit Alt*em* und Neu*em*, des Hauses Inner*es*
↑ 710: ein Abgeordnet*er*, ein angenehmes Äußer*es* (auch: Äußer*e*)
↑ 714 f.: du Lieb*er*; sein Bekannt*er*, sein ganzes Inner*es* (auch: Inner*e*)
↑ auch 722: wir Abgeordnet*en* oder wir Abgeordnet*e*
↑ 713: zwei Angestellt*e*, zweier Angestellt*er* oder Angestellt*en*

Schwache Deklination: 721

↑ 706: der Abgeordnet*e*, ohne diese Abgeordnet*en*, mit einem Abgeordnet*en*
↑ 714: ihr Glücklich*en*, wir Angestellt*en*
↑ 716: seines Bekannt*en*, sein*es* ganzen Inner*en*
↑ 718: alle Abgeordnet*en*, keine Arbeitslos*en*, beide Angestellt*en* oder Angestellt*e*, der Wunsch vieler Berufstätig*er* (auch: Berufstätig*en*), andere Jugendlich*e*, manche Freischaffend*e* oder Freischaffend*en*, die Namen folgender Abgeordnet*er* (auch: Abgeordnet*en*), die Namen einzelner Abgeordnet*er*

Merke: 722
Im Dativ Singular wird bei der obengenannten Gruppe von Substantiven schwach dekliniert:

mir als Verwandt*en*, ihm als Gesandt*en*, mit ihm als Vorsitzend*en*; aber: mit zerrüttetem Inner*em* oder Inner*en*

Im Genitiv Plural steht häufig die schwache Deklination:

im Kreise guter Bekannt*en* (auch: Bekannt*er*), die Meinung dreier Bekannt*en* (auch: Bekannt*er*), dreier kommunistisch*en* Abgeordnet*en* (auch: kommunistisch*er* Abgeordnet*er*)

b) Eine zweite Gruppe von Adjektiven ist ganz zu Substantiven geworden. Sie werden meist schwach, die Neutra stark dekliniert: **723**

der Invalid(e), des Invalid*en*, die Invalid*en*; der Junge, des Jung*en*, die Jung*en*; die [Berliner] Weiß*e*, der Weiß*en*, die Weiß*en*; das Dunkel, des Dunkels; das Grün, des Grüns (aber: das Grün*e*, des Grün*en* usw.)

724 c) Eine dritte Gruppe von Adjektiven ist auf dem Wege, Substantiv zu werden. Sie folgen in der Deklination z. T. den Regeln der ersten Gruppe, z. T. schon denen der zweiten Gruppe:

> die Elektrische: entsprechend Gruppe I (↑ 719): der Elektrischen – entsprechend Gruppe II (↑ 723): zwei Elektrischen (seltener: zwei Elektrische)

Die Deklination muß in solchen Fällen dem Sprachempfinden des einzelnen anheimgestellt werden.

Merke:
Die Deklination schwankt, wenn ein substantiviertes Adjektiv einem Adjektiv folgt:

> ein geschlossenes Ganzes (auch schon: Ganze), mit gepflegtem Äußerem (auch schon: Äußeren), ↑ auch 722

725 Undeklinierbare Adjektive

a) Fremde Adjektive auf Vokal wie *blanko* und *prima* und fremde Farbbezeichnungen wie *beige, chamois, creme, lila, oliv, orange, rosa,* die ursprünglich Substantive sind, bleiben in der Regel undekliniert. Wenn man deklinierte Formen verwendet, umschreibt man sie durch Zusammensetzungen mit *-farben* oder *-farbig* oder mit präpositionaler Form:

> ein *prima* Spiel; ein *beige*farbener Mantel, eine *creme*farbige Bluse, ein Kleid in *Chamois,* in *Lila*

Umgangssprachlich werden einzelne Farben auch dekliniert:

> ein beiger Mantel, ein lila[n]es Kleid, ein rosa[n]es Kleid

b) Die Adjektive *halb* und *ganz* stehen undekliniert bei Orts- und Ländernamen ohne Artikel:

> die Einwohner *halb* Leipzigs, die Industrieproduktion von *ganz* England, die Kommunalwahlen in *ganz* Italien

726 Die Auslassung von „*e*" bei deklinierten Adjektiven

In deklinierten Formen fällt bei der Endung *–el* das *e* aus.
Bei den Endungen *–en* und *–er* kann *e* ausfallen:

> edle Menschen, ein komfortables Zimmer; sie waren munterer oder muntrer; ein bescheidenes oder bescheidnes Kind, ins Ungemessene oder Ungemeßne gehen

Hat sowohl die erste als auch die zweite Nachsilbe ein unbetontes *e,* so sind bei der Endung *–er* drei Formen möglich, da auch die zweite Nachsilbe (die Endung) ihr *e* aufgeben kann:

mit heiterem oder heitrem oder heiterm Sinn, von anderen oder andren oder andern Freunden, unseres oder unsres oder unsers, euerem oder eurem oder euerm (↑ auch 795)

Merke:
Bei Partizipien des Perfekts und Adjektiven auf –en ist die volle Form vorzuziehen:

> eine ungezwungene Unterhaltung, ein rosenholzfarbenes Kleid

Bei Fremdwörtern fällt unbetontes e bei der Deklination weg:

> ein makabres Aussehen, ein diskutabler Vorschlag, disponible Arbeiter

● Die Graduierung des Adjektivs

Bedeutung und Varianten der Graduierung

Den Gegenständen, Prozessen und anderen Erscheinungen der objektiven **727** Realität können Eigenschaften in unterschiedlichem Maße oder Grade zu eigen sein. Adjektive und einige wenige Adverbien haben die Fähigkeit, unterschiedliche Grade einer Eigenschaft in ihrer Bedeutung auszudrücken. Diese sprachliche Leistung wird zusammenfassend als Graduierung bezeichnet. Diese Bezeichnung schließt über die Komparation als morphologische Kategorie hinaus auch lexikalische und syntaktische Mittel ein, mit denen der unterschiedliche Grad einer Eigenschaft sprachlich ausgedrückt werden kann. Die Komparation ist also eine sprachliche Möglichkeit der Graduierung des Adjektivs unter anderen, allerdings die häufigste und bekannteste.

1. Der lateinische Ausdruck *Komparation* (= ‚Vergleichung') stellt den Vorgang fest, sagt aber auch, daß Beziehungen hergestellt werden; denn ein Vergleich verlangt Vergleichsgegenstände:

> Zwickau ist *groß*. Dresden ist *größer* (als Zwickau). Leipzig ist die *größte* Stadt in Sachsen.

Die Angabe des Vergleichsmaßes oder Vergleichsrahmens kann auch fehlen, wenn sie sich von selbst versteht:

> Heute ist es draußen *wärmer* [als gestern]. Asien ist der *größte* Erdteil [unter allen Kontinenten].

2. Der Ausdruck *Steigerung* weist auf die Voraussetzung des Vergleiches hin und geht davon aus, daß der Grad einer Eigenschaft verschieden hoch oder verschieden niedrig sein kann:

> groß, größer, am größten; klein, kleiner, am kleinsten

728 Will man unterschiedliche Grade von Eigenschaften bei Substantiven oder Verben ausdrücken, muß man verschiedene Wörter (1) oder Mittel der Wortbildung (2) einsetzen:

> (1) Zwerg – Riese; Bude – Hütte – Haus – Palast; rufen – schreien – brüllen; (2) Revanchist / *Erz*revanchist; Musikant / *Ur*musikant

Die Komparation verändert die Bedeutung des Adjektivs durch bloße Veränderung der Form:

> der *hohe* Turm, der *höhere* Turm, der *höchste* Turm

Die Stufen der Komparation

729 1. Man unterscheidet bei der Komparation neben der Grundstufe, dem *Positiv* (lat. *positio* = ‚[normale] Stellung‘), zwei Steigerungsstufen:
den *Komparativ* (lat. *comparare* = ‚vergleichen‘; die erste Steigerungsstufe oder die Mehrstufe),
den *Superlativ* (lat. *superlatum* = ‚das über etwas Hinausgetragene‘; die zweite Steigerungsstufe, die Meiststufe oder Höchststufe).

730 2. Für die Bildung der Komparationsstufen gilt folgendes:

a) Der Komparativ wird mit dem Suffix *–er* gebildet:

> schön, schön*er*; groß, größ*er*; reizend, reizend*er*; breit, breit*er*

b) Der Superlativ hat je nach dem Auslaut und je nach Ein- und Mehrsilbigkeit des Adjektivs das Suffix *–est* oder *–st*.
Adjektive auf *d, t, s, ß, x, tz, z, st* erhalten bei betonter Auslautsilbe *–est*:

> die mild*esten* Tage, der weit*este* Kragen, die heiß*este* Jahreszeit, die kürz*este* Frist; die lax*este* Moral, das fest*este* Gewebe, im gereizt*esten* Tone; aber: die reizend*sten* Kinder; rasch, der rasch*este* oder rasch*ste* Erfolg; Ausnahme: groß – die größ*te* Stadt

Mehrsilbige Adjektive und Partizipien, die nicht auf der Endsilbe betont sind, haben das Suffix *–st*:

> die verwegen*sten* Streiche, der geachtet*ste* Mann, der närrisch*ste* oder komisch*ste* Mensch, der nachhaltig*ste* Eindruck

Bei Adjektiven auf Vokal + *h* oder auf Diphthong kann *–st* oder *–est* stehen:

> die froh[e]*sten* Feste, der frei[e]*ste* Mensch, die rauh[e]*ste* Haut

Besonderheiten

731 1. Im Komparativ verlieren Adjektive auf *–el* regelmäßig *e*, Adjektive auf *–er* und *–en* werfen das *e* meist aus:

edel, eine edl*ere* Tat; bitter, das bitt*erere* oder bitt*rere* Getränk; heiter, heit*ereres* oder heit*reres* Wetter; verwegen, verweg*enere* oder verweg*nere* Streiche

Das *e* des Komparativsuffixes –*er* läßt man besser nicht weg:

das mild*ere* (nicht: mildre) Wetter, der bess*ere* (nicht: beßre) Läufer

2. Die Verwendung verschiedener Komparationssuffixe im Althoch- **732** deutschen hatte zur Folge, daß manche Adjektive mit umlautfähigem Stammvokal (*a, o, u*) bei der Komparation umgelautet werden, andere nicht; bei einigen Adjektiven sind beide Formen möglich:

groß, größer, größt; klug, klüger, klügst; lang, länger, längst; jung, jünger, jüngst
fromm: frömmer, frömmest oder frommer, frommest;
gesund: gesünder, gesündest oder gesunder, gesundest;
glatt: glätter, glättest oder glatter, glattest

Ohne Umlaut stehen die Komparationsformen
bei Adjektiven mit dem Stammvokal *au*:

schlau, schlauer, schlauest; sauber, sauberer, sauberst

bei Adjektiven mit den Suffixen –*bar, –e, –el, –er, –en, –haft, –ig, –lich*:

fruchtbar, fruchtbarer, fruchtbarst; lose, loser, losest; kantig, kantiger, kantigst; spaßhaft, spaßhafter, spaßhaftest

bei allen Partizipien und fremden Adjektiven:

passend, passender, passendst; interessant, interessanter, interessantest; obskur, obskurer, obskurest

Da auch manche andere Adjektive, wie *klar, zahm, froh, voll, plump*, ohne Umlaut kompariert werden, empfiehlt es sich, bei Adjektiven mit umlautfähigem Stammvokal im Zweifelsfall im Duden nachzuschlagen.

3. Nicht alle Adjektive können regelmäßig kompariert werden,

a) Nicht kompariert werden können
Farbadjektive, die nicht deklinierbar sind (↑ 725),
Adjektive, deren lexikalische Bedeutung die Vorstellung eines Mehr oder Minder ausschließt:

viereckig, rund, quadratisch, halb, jährlich, mündlich, tot, stumm, leer, schwarz, lebendig, links, rechts, maximal, minimal (↑ 690, 693)

In übertragener Bedeutung werden Adjektive dieser Gruppe manchmal gesteigert:

der *eisernste* Fleiß, *schwärzester* Undank, die *lebendigste* Schilderung

b) Partizipien werden nur kompariert, wenn sie adjektivischen Charakter haben:

> die *schreiendsten* (grellsten) Farben, die *ausgesprochensten* (schärfsten) Gegensätze; das *entzückendste* (anmutigste) Mädchen; aber nur: die *schreienden* Kinder, der *ausgesprochene* Dank

c) Bei der Komparation zusammengesetzter Adjektive und Partizipien ist folgendes zu beachten:

733 Zusammengesetzte Adjektive komparieren das zweite Glied, wenn sie als Ganzes eine Bedeutungseinheit sind:

> der toll*kühnste* Versuch, die alt*modischste* Tracht, eine viel*seitigere* Auswahl, in groß*zügigster* Weise

Man kompariert das erste Glied (das Bestimmungswort), wenn jeder Teil noch seine eigene Bedeutung gewahrt hat:

> *leicht*faßlich: eine *leichter* faßliche Aufgabe;
> *schwer*verdaulich: die *schwerst*verdaulichen Speisen

734 Zusammengesetzte Partizipien II komparieren im allgemeinen nur das erste Glied (das Bestimmungswort):

> der *öfter* genannte, *meist*genannte Redner, der *best*versorgte Kranke, *höchst*gestellte Persönlichkeiten, die *dichtest*bevölkerte Stadt

Zusammengesetzte Partizipien I schwanken in der Komparation:

> ein wohl*schmeckenderes* Gericht, schwer*wiegendere* (besser: *schwerer* wiegende) Bedenken, weit*gehendste* (besser: *weitest*gehende) Zugeständnisse, ein *näher*liegendes Argument, der *nächst*liegende Grund

735 4. Man graduiert mit *mehr, meist; weniger (minder), wenigst (mindest)*, wenn nicht zwei verschiedene Dinge, sondern zwei Eigenschaften desselben Dinges miteinander verglichen werden sollen, und bei Partizipien und Verbalformen:

> Die Kinder sind *mehr* (weniger) *müde als* teilnahmslos. Das Bild muß *mehr links* hängen (↑ 732). Er ist *mehr* gefürchtet als beliebt.

5. Weitere Graduierungsmöglichkeiten ↑ 746 ff.

Die unregelmäßige Komparation

736 1. Die Adjektive *gut, viel, wenig* (gering) werden unregelmäßig kompariert:

> gut, besser, best; viel, mehr, meist; wenig, minder, mindest; auch, aber nicht immer; wenig, weniger, wenigst;
> Er hat sich dieser Arbeit mit *mehr* oder *minder* (auch: *weniger*) großem Eifer angenommen. Das ist eine nicht *minder* (auch: *weniger*) gefährliche

Kurve als die vorhergehende. Er hat nicht die *mindesten* Aussichten, in diesem Spiel zu gewinnen.

Bei *hoch* und *nahe* verändert sich der auslautende Konsonant:

hoch, *höher, höchst*; nahe, *näher, nächst*

2. Komparation ist auch bei einer kleinen Anzahl von Adverbien mög- **737** lich. Die Adverbien *oft, bald, gern* werden unregelmäßig kompariert:

oft, öfter, am *häufigsten*; bald, *eher*, am *ehesten* (aber: *baldigst* als nur verstärkender Superlativ); gern, *lieber*, am *liebsten*

Der Vergleich und die Vergleichsstufen

1. Der Positiv, die Grundform des Adjektivs, geht vom Gleichsein der **738** verglichenen Dinge aus. Vergleichskonjunktionen sind *so – wie, ebenso – wie*. Falsch ist der Gebrauch von *als wie*; veraltet, aber in bestimmten Formen kommt noch *so – als* vor, z. B. in der Konjunktion *sowohl – als auch*:

Unser Haus ist groß. Unser Haus ist *so groß wie* das Haus unseres Nachbarn. Unser Haus ist aber *nicht so groß wie* das gegenüberliegende.

2. Der Komparativ bezeichnet die Ungleichheit zweier miteinander verglichener Dinge. Das Vergleichswort ist *als*:

Es ist heute *wärmer als* gestern. Es ging *schneller, als* wir glaubten. Fritz hat die Kugel *weiter* gestoßen *als* Erich.

3. Vergleichswörter sind *als* und *wie*:   **739**

a) Im Vergleich steht bei Gleichheit, auch bei verneinter, *wie*:

Ich arbeitete *ebenso wie* er. Du bist *so groß wie* ich. Du bist *fast so groß wie* ich. Heute ist es *nicht so kalt wie* gestern.

Als alte Redewendung hat sich erhalten:

so schnell *als* möglich, *so* bald *als* möglich; richtig ist auch: *so* schnell *wie* möglich, *so* bald *wie* möglich

b) Bei Ungleichheit steht die Vergleichskonjunktion *als*:

Er lernt jetzt *besser als* früher. Du bist *größer als* ich. Der Film war *ganz anders, als* ich erwartet hatte.

Die Ungleichheit wird außer durch den Komparativ auch durch Wörter wie *anders, niemand, nichts, entgegengesetzt, umgekehrt* ausgedrückt:

Niemand als du wird noch erwartet. Es kam gerade *umgekehrt, als* ich erwartet hatte. Er reagierte *anders als* vermutet.

740   c) Nach Ausdrücken wie *doppelt, dreifach, dreimal* sind beide Konjunktionen richtig. *als* steht, wenn man das Anderssein betonen will, *wie*, wenn man den Vergleich auf das vorangehende *so* bezieht:

> doppelt *so groß wie* er, doppelt *so groß als* im Jahre 1970

741   Das veraltete *denn* für *als* findet sich noch in der Redensart *mehr denn je.* Manchmal verwendet man es auch, um eine Wiederholung von *als* zu vermeiden:

> Er ist bedeutender *als* Wissenschaftler *denn als* Künstler.

Der Komparativ wird verstärkt durch *weit, bei weitem, noch*:

> Das ist *weit (bei weitem)* besser. Sie ist *noch* kleiner als Ilse.

Es gibt auch einen Komparativ ohne Ausdruck des höheren Grades. Er bezieht sich dem Sinne nach auf ein gegensätzliches Adjektiv:

> Ein *älterer* Herr ist kein *alter* Herr, sondern *jünger* als ein *alter* Herr; eine *längere* Reise ist *kürzer* als eine *lange* Reise.
> Ähnlich: eine *größere* Summe, eine *leichtere* Arbeit

Diese Art des Komparativs kann auch adverbial verwendet werden:

> Einem Kranken, dem es *besser* geht, braucht es noch nicht *gut* zu gehen. Ein Gericht, das man *lieber* ißt, braucht man deshalb noch nicht *gern* zu essen.

742   d) Die Adjektive *äußer, inner, ober, unter, vorder, hinter, mittler, nieder* sind formal Komparative, werden aber schon seit althochdeutscher Zeit als Positive verwendet. Sie bilden nur einen Superlativ:

> *äußere* Umstände, *äußerste* Zugeständnisse; die *oberen* Zimmer, das *oberste* Stockwerk; *innere* Organe, im *Innersten* spüren (↑ auch 693)

4. Der Superlativ hat zwei verschiedene Bedeutungen:

743   a) Bei Vergleich von mindestens drei Dingen gibt er einem davon den höchsten Platz. Der Rahmen, innerhalb dessen verglichen wird, ist meist genannt:

> Unsere Produktion ist die *größte (am größten)* von allen ähnlichen Werken des Bezirkes. Hans ist *der Größte* in seiner Klasse.

Der Vergleichsrahmen kann auch fehlen (↑ 744).
Zu den Superlativen in diesem Sinne gehören ihrer Bildung und Bedeutung nach auch die Ordinalzahlen. Sie werden durch *−te* oder (ab 20) durch *−ste* von den Kardinalzahlen abgeleitet. Das zugehörige Adverb wird durch das Suffix *−ens* einer adverbialen Superlativform (↑ 745, Abs. c) entsprechend gebildet (↑ auch 760):

> der *erste, dritte, achte, zwanzigste*; *erstens, zweitens, zehntens*

b) Der Superlativ kann als „absoluter Superlativ" oder *Elativ* (zu lat. **744**
elatum = ‚das Herausgehobene') außerhalb jedes Vergleiches liegen. Er
bezeichnet nur den sehr hohen Grad einer Eigenschaft. Er ist besonders in der Belletristik und in der Alltagsrede zu finden:

> ... weil für ihn ... *heiligste* Ziele auf dem Spiele standen ... (De
> Bruyn). Wir hatten gestern das *prächtigste* (sehr prächtiges) Wetter. Mit
> *herzlichsten* Grüßen ...

Da der Elativ keinen Vergleich voraussetzt, kann er auch mit dem unbestimmten Artikel verbunden sein, der beim Superlativ eigentlich un-
logisch ist:

> [die Zerstörung des Verlagsviertels in Leipzig:] ein *schwerster* Verlust nicht
> nur für uns Deutsche ... (Th. Mann)

5. Es gibt auch adverbiale Formen des Superlativs.   **745**

a) Am üblichsten ist die mit *am* und der Endung *–en* aus dem Superlativ gebildete Form. Sie kann als Adverbialbestimmung und als Prädikativ gebraucht werden:

> Diese Pflanzen gedeihen hier *am besten.* Sie sang *am lautesten.* Das ist so
> *das beste / am besten.* Ich halte es so für *das beste / am besten.*

b) Die Form mit *aufs* kann nur Adverbialbestimmung sein, ist aber
auch da nicht immer mit der *am*-Form gleichbedeutend:

> Wir wurden *aufs beste* versorgt. Er arbeitet *aufs genaueste.* Aber: Er ar-
> beitet *am genauesten.* Er schreibt *aufs sorgfältigste.*

Während *am* + Superlativ den höchsten Grad eines Merkmals kennzeichnet, bezeichnet *aufs* + Superlativ ähnlich dem Elativ (↑ 744) oft
nur einen sehr hohen Grad.

c) Einige Adjektive bilden weitere adverbiale Superlativformen. Einige wenige, überwiegend ein- und zweisilbige Adjektive haben eine
Adverbialform aus Superlativ + *–ens*:

> best*ens*, längst*ens*, schnellst*ens*, meist*ens*, schönst*ens*, strengst*ens*, genauest*ens*,
> wenigst*ens*, mindest*ens*

Adjektive wie *gehorsam, hoch, jung, nahe, äußer, inner, ober, unter* und einige
Adjektive auf *–ig* und *–lich* haben noch einen adverbialen Superlativ
aus dem Positiv + *–st*:

> gehorsam*st*, jüng*st* (letzthin); baldig*st*, billig*st*, gefällig*st*, freundlich*st*,
> höflich*st*, möglich*st*, schleunig*st*, tunlich*st*, äußer*st*; demnäch*st*, zunäch*st*
> (zu: *nahe*); zuinner*st*, zuober*st*, zuunter*st*

6. Unterschiedliche Grade einer Eigenschaft können neben der Kom-   **746**
paration auch lexische Mittel ausdrücken. Den besonders hohen Grad
einer Eigenschaft bezeichnet man auch

a) durch Hinzufügen von Adverbien wie *äußerst, besonders, ganz besonders, höchst, sehr, überaus* und von Adjektiven wie *absolut, außerordentlich, unbeschreiblich, ungemein* zum Positiv eines Adjektivs oder Adverbs:

> *sehr* schön, *höchst* selten, *ganz besonders* wichtig; *ganz* frisch; *äußerst* preiswert, *absolut* zuverlässig, *haushoch* überlegen

b) durch Zusammensetzung des Positivs mit Substantiven und Adjektiven als Bestimmungswort. Das Substantiv kann einen Vergleichsgegenstand nennen:

> *blitz*schnell, *feder*leicht, *flaum*weich, *stein*hart; *fuchsteufels*wild, *grund*falsch, *hoch*modern, *mords*mäßig, *tod*sicher, *quick*lebendig, *ur*komisch; ↑ auch 1021, 1025, Abs. c

c) durch Voranstellung von *aller* vor den Superlativ:

> das *Aller*beste, die *Aller*schönste, nach dem *aller*kleinsten Maßstab

Merke:
Gedankenloser Gebrauch von Steigerungswörtern und -formen führt oft zu Mißbrauch.

> Nicht: *furchtbar*·schön, *schrecklich* lieb, *riesig* nett, *fabelhaft* tüchtig

Generell ist vor der zu häufigen Verwendung von Superlativen zu warnen. Sie können leicht verflachend und klischeehaft wirken.

747 7. Eine Steigerung wird auch durch Wiederholung des Adjektivs oder Adverbs oder durch feststehende Wortpaare erreicht:

> *Lang, lang* ist's her. Mein *liebes, liebes* Mädchen! Er war *fix und fertig.* Ich sage es *klipp und klar.* Der Vertrag ist *null und nichtig.* ↑ auch 534

748 8. Die wachsende Zunahme eines Merkmals wird durch Voransetzung von *immer* oder durch Wiederholung des Komparativs gekennzeichnet:

> Er lief *immer* schneller. Er lief *schneller* und *schneller.*

749 9. Der eine Erwartungsnorm überschreitende Grad einer Eigenschaft wird durch die Partikeln *zu, allzu* oder durch Präfigierung mit *über-, super-* und *hyper-* ausgedrückt:

> Das ist *zu* schön. Er kam *zu* spät. *Allzuviel* ist ungesund. Sie ist *über*schlank. Das Kleid schien ihr *über*modern, *super*modern. Eine *hyper*korrekte Aussprache verstößt gegen die Norm.

Zum Gebrauch und Stilwert des Epitheton ornans ↑ 255.

● Das Zahladjektiv und andere Zahlwörter (Numeralien)

Die Einteilung der Numeralien

1. Das **Numerale** (das Zahlwort) ist keine Wortart im grammati- **750**
schen Sinne (↑ 364). Adjektive und Substantive, Pronomen und Adverbien können „Zahlwörter" sein. Die gemeinsame Leistung, Quantität
abstrakt ausdrücken – ADMONI (Sprachbau, S. 151) spricht von „ab-
strahierter Quantität" als ihrem spezifischen Bedeutungsinhalt –, und
praktische Gründe veranlassen uns, sie zusammenhängend zu beschreiben.

2. Der überwiegende Teil der zu den Numeralien gehörenden Wörter **751**
sind Adjektive. Man unterscheidet
Kardinalzahlen (↑ 754 ff.) und Ordinalzahlen (↑ 760 ff.), Distributiv-
oder Verteilungszahlen, aus der Kardinalzahl und dem Adverb *je*
gebildet,
Vervielfältigungszahlen, aus der Kardinalzahl + *–fach* oder *–fältig* gebildet,
Gattungszahlen aus dem alten Genitiv auf *–er* der Kardinalzahl + *–lei*
(mhd. *leie* = ‚die Art und Weise'),
Bruchzahlen, aus der Ordnungszahl + *–tel* (= Teil) gebildet (↑ 763).
Im Satz sind Zahladjektive meist Attribute, manchmal auch Prädikative oder Adverbialbestimmungen:

> *zwölf* Monate, der *elfte* Spieler, je *zwanzig* Pfennig, die *hundertfache* Ver-
> größerung, ein Kleid aus *zweierlei* Stoff
> Wir sind ihrer *vier. Dreifach* ist der Schritt der Zeit (SCHILLER).
> Adverbialbestimmung: Er hat *doppelt* und *dreifach* für seinen Fehltritt
> gebüßt.

In substantivierter Form können sie auch andere Satzglieder sein:

> Die *drei* besuchten uns. Die *Ersten* werden die *Letzten* sein. Nimm das
> *Vierfache* dieser Zahl! *Zweierlei* ist zu beachten.

3. Zahladverbien sind die Wiederholungszahlen, aus Kardinalzahl + **752**
–mal gebildet, und die ordnenden Zahladverbien aus den Ordinalzahlen + *–ens*. Diese können auch als Konjunktionaladverbien fungieren:

> Es klingelte *dreimal. Erstens* kommt es anders, *zweitens* als man denkt
> (BUSCH).

4. Substantive sind Wörter wie *Einer, Zehner* usw. (↑ 755), die Ziffern- **753**
bezeichnungen *die Eins, die Zwei* usw., die Zahlbezeichnungen *Million,
Milliarde* usw. und Mengenbezeichnungen wie *Dutzend, Mandel, Gros.*
Auch *hundert* und *tausend* sind manchmal Substantive:

> *Hunderte, Tausende, Zehntausende* von Zuschauern

Die Kardinalzahlen

Die Form der Kardinalzahlen

754 1. Die **Kardinalzahlen** (Grundzahlen) sind Zahladjektive, von denen die anderen Numeralien abgeleitet werden. Sie werden mit Hilfe der Ziffern 0 bis 9 geschrieben. Man spricht im Deutschen die Einer vor den Zehnern (13 = *dreizehn*). Die Zehner ab *zwanzig* enden auf das Suffix *–zig* (got. *tigus* = ,Zehnzahl', ,Dekade'). Die Zahlwörter unter einer Million werden zusammengeschrieben:

> null, eins (vor Zehnern *ein-*), zwei, drei, vier, fünf, sechs, sieben, acht, neun, zehn, elf, zwölf, dreizehn, vierzehn usw.; zwanzig, einundzwanzig usw.; dreißig, vierzig, sechzig usw.; hundert oder einhundert, hunderteins, hundertzehn usw., zweihundert usw.; tausend oder eintausend, tausendeins, tausendeinhunderteins usw., dreitausendneunhundertneunundachtzig; eine Million zweihundert

Jahreszahlen liest man in Hunderten, ausgenommen die von 1 000 bis 1 099:

> 1965 = neunzehnhundertfünfundsechzig
> 1077 = [ein]tausendsiebenundsiebzig

755 2. Die **Kardinalzahlen** bilden Substantive auf *–er* und entsprechende attributiv gebrauchte unflektierbare Adjektive auf *–er*:

> die Ein*er*, Zehn*er*, Hundert*er*; in den achtzig*er* Jahren des vorigen Jahrhunderts, der vierzig*er* Jahrgang; eine 53*er*-Bildröhre

Die Deklination der Kardinalzahlen

756 1. Von den Kardinalzahlen wird nur *ein* vollständig dekliniert, und zwar wie ein Adjektiv stark, wenn es ohne Artikel oder Pronomen steht, schwach, wenn der Artikel oder das Pronomen dabeisteht:

> einer, der eine; eins, das eine; eines Sinnes, einer Meinung sein; mit Hilfe des einen, der einen; einem, dem einen winkt der Preis

Die Form *ein[e]s* gebraucht man

> als alleinstehendes Wort: *eins* plus drei (1 + 3); zwei Augen sehen mehr als *ein[e]s*,
> am Ende einer Zahlengruppe: hundert[und]*eins*, tausend[und]*eins*,
> bei Zeitangaben ohne den Zusatz *Uhr*: um *eins*, gegen *eins*, halb *eins*.

Die Form *ein* gebraucht man

> vor Zehnern: *ein*undzwanzig, hundert*ein*undsiebzig,
> vor Bruchzahlen: *ein* Viertel, dividiert durch *ein* Drittel,
> vor *Uhr*: es ist *ein* Uhr; um, gegen *ein* Uhr (1 Uhr), gewöhnlich vor *bis* und *oder*: auf *ein* bis zwei Tage, in *ein* oder zwei Tagen, ein Gewicht von *ein* bis zwei Zentner[n]; *ein* oder zwei Leerzeilen; es *ein[em]* oder dem anderen sagen.

2. *zwei* und *drei* werden im Genitiv dekliniert, wenn nicht ein voran- **757**
gehendes Wort den Kasus kennzeichnet:

> der Zusammenprall *zweier* unterschiedlicher Meinungen, das künstlerische
> Ergebnis *zweier* produktiver Stunden, aus *dreier* Zeugen Mund; aber: die Aus-
> sage *dieser drei* Zeugen

beide, beides bezieht sich auf zwei vorher genannte oder wenigstens aus **758**
dem Zusammenhang bekannte Personen oder Sachen:

> Ich traf zwei ehemalige Mitschüler. *Beide* hatte ich lange nicht gesehen;
> wir *beide*, seltener: wir *beiden*; ihr *beide[n]*; immer: wir, ihr *beiden* + Sub-
> stantiv; *beide* + Adjektiv ↑ 718.

Der neutrale Singular *beides* (ebenso wie das umgangssprachliche *dreies*)
faßt zusammen:

> Alles *beides* (alles *dreies*) ist zu gewinnen.

3. Die Kardinalzahlen von *zwei* bis *zwölf* können die Dativendungen **759**
–en annehmen, wenn sie ohne Substantiv stehen:

> zu zwei*en*, zu vier*en*, zu acht*en*, zu zwölf*en* marschieren (in Zweier-,
> Vierer-, Achter-, Zwölferreihen); auf allen *vieren* kriechen, mit *sechsen*
> (6 Pferden) fahren. Ich sage dir ja, daß sie zu *zehnen* sind und nicht zu
> *elfen* (TH. MANN).

4. Bei den Zahlen *eins* bis *zwölf* kommt in einigen Redensarten und in
der Umgangssprache noch die Endung *–e* für Nominativ und Akkusativ vor:

> alle *neune* (Kegel) schieben, alle *viere* von sich strecken; wir sind der Kin-
> der *dreie* (Kinderlied); *fünfe* gerade sein lassen (‚etwas nicht so genau
> nehmen')

5. *Hundert* und *Tausend* werden als Substantive stark, *Million, Milliarde*
usw. schwach dekliniert (↑ 753, 766).
Zur Deklination des ihnen nachfolgend Gezählten ↑ 253.

Die Ordinalzahlen

Grundsätzliches

1. Die Ordinalzahlen kennzeichnen die Reihenfolge. Die einzelne **760**
Ordinalzahl (Ordnungszahl) hebt ein Glied aus einer Reihe hervor:

> der *Erste* Staatsanwalt, Heinrich der *Vierte*, der *achte* März

Die Ordinalzahlen von *zwei* bis *neunzehn* werden mit dem Suffix *–te*,
erst und die Ordinalzahlen von *zwanzig* an mit dem Suffix *–ste* gebildet:

> der zweite, der dritte, zehnte Mann; der erste, zwanzigste, hundertste,
> tausendste Mann; der million[s]te, milliardste Teil

Nach ihrer Bildung stimmen die Ordinalzahlen also mit dem Superlativ der Adjektive überein (↑ 743).

761   2. Zur Schreibung: In Ziffern geschriebene Grundzahlen mit folgendem Punkt bezeichnen die Ordinalzahlen; zur Bezeichnung von Herrschernamen usw. dienen die römischen Zahlenzeichen mit Punkt.
Man unterscheide auch:

> drei – der dritte, aber acht – der achte (nicht *tt*!); die *ersten beiden* Glieder eines Fingers, aber die *beiden ersten* Glieder (die Spitzenglieder) von zwei Fingern

762   3. Die Ordinalzahlen werden wie Adjektive dekliniert (↑ 707 f.):

> sechs*ter* Januar, der sechs*te* Januar, am sechs*ten* Januar

Nur das letzte Glied zusammengesetzter Ordinalzahlen wird flektiert:

> des einunddreißigs*ten* Dezember (↑ 712)

Ableitungen aus Ordinalzahlen

763   1. Bruchzahlen werden aus Ordinalzahlen gebildet. Sie können als Adjektive und als Substantive gebraucht werden:

> ein Drittel, ein Viertel, ein Zwanzigstel; ein achtel Kilogramm; aber: ein Hunderteinstel

2. Die Bruchzahl zu *zwei* heißt *halb*, *das Halbe*, in Bruchzahlen mit *hundert*, *zweihundert* usw. *-zweitel*:

> ein Hundert*zweitel*, drei Zweihundert*zweitel*

3. Als Maßeinheiten gebrauchte Bruchzahlen werden im Plural nicht dekliniert:

> Stoff in *drei Viertel* oder *Dreiviertel* der Länge, mit *fünf Achtel* Gemeinanteil, ein Gewinn von *drei Zehntel* des Gesamtbetrages, aber ohne Maßcharakter: In zwei *Dritteln* seiner Rede behandelte er Wirtschaftsfragen (↑ auch 683, Abs. 4).

Bruchzahlen werden mit einer folgenden Maßangabe zusammengeschrieben, wenn das Ganze als Maßeinheit zu werten ist:

> im *Vierteltakt*, ein *Achtelkilo*, drei *Zehntelgramm* Platin

764   4. Ordnende Zahladverbien werden aus Ordinalzahl + *-ens* gebildet (*drittens*, *zwölftens*, ↑ 745, Abs. 5 c, 752).

Zur Deklination der Numeralien

765   1. Bei zwei verschiedenen durch *und* oder *bis* verbundenen Numeralien wird, soweit eine Deklination überhaupt möglich ist, nur das zweite Numerale dekliniert. Das Gezählte kongruiert mit der zweiten Zahl:

vor *vier* und *einem halben* Jahr[e], ein Umfang von *ein* bis *drei* Seiten, von *einer* bis zu *vielen* Millionen

766 2. Wenn *eins* auf *hundert, tausend* usw. folgt oder wenn einer ganzen Zahl ein Bruch nachgestellt wird, wird entweder die zweite Zahl dekliniert und das Gezählte in den Singular gesetzt, oder die zweite Zahl bleibt undekliniert, und das Gezählte steht im Plural, weil es mit der ganzen Zahl in Verbindung gebracht wird:

tausend und *einen* Grund (ZSCHOKKE), Märchen aus Tausendund*einer* Nacht, hundert und *eine* Million oder hundert*ein* Millionen; vor zwei und *einer halben* Stunde oder vor *zweieinhalb* Stunden, *anderthalbe* Meile. Zu beachten ist auch: 1,1 (gelesen: *eins Komma eins*); 2,2 (gelesen: *zwei Komma zwei*) Milliarden

Unbestimmte Numeralien

767 1. Zwischen unbestimmten Numeralien und Indefinitpronomen gibt es keine feste Grenze. Deshalb werden unbestimmte Numeralien auch bei den Indefinitpronomen behandelt (↑ 842). Diejenigen, die den Numeralien besonders nahe stehen, bilden wie die Kardinalzahlen Vervielfältigungs-, Wiederholungs- und Gattungszahlen und Zahladverbien:

mannigfach, mehrfach, vielfach, vielfältig; andermal, jedesmal, manchmal, mehrmals, vielemal oder vielmals wie *einmal* usw.; allerlei, mancherlei, mehrerlei, vielerlei wie *zweierlei* usw.; meistens, wenigstens wie *erstens* usw.

768 2. Auch bestimmte Zahlen können Unbestimmtes ausdrücken:

Du hast mir *hundertmal* versprochen, ... Es ist *tausendmal* besser, daß ... Sei *tausendmal* gegrüßt!

Die Unbestimmtheit einer bestimmten Zahl kann man auch anders ausdrücken:

Er ist *einige* sechzig, *an* die sechzig (Jahre) alt; *gegen* fünfzig Kinder, Schüler *unter* zehn Jahren, *etwa* acht Tage, *ungefähr, ca.* 100 g

Umgangssprachlich gibt man bei Zehnerangaben manchmal nur das Suffix *–zig* der Zehner an:

...*zig* Stunden, ...*zig* Meilen, *-zig*tausend Kilometer

Das Adverb

• Die Bedeutung des Adverbs

769 Das Adverb bezeichnet lokale, temporale, kausale und modale Umstände. Es bestimmt auf diese Art Verben, Adjektive, Partizipien, Substantive, übergeordnete Adverbien und Satzinhalte näher.

Man unterscheidet:

770 1. Lokaladverbien auf die Fragen *wo?, woher?, wohin?*:

> da, daher, dahin; dort, dorther, dorthin; hier, hierher, hierhin; hinten, vorn, links, rechts, oben, unten, vorwärts, rückwärts, seitwärts, aufwärts, überall, dazwischen, bergauf, querfeldein usw.

2. Temporaladverbien auf die Fragen *wann?, seit wann?, bis wann?, wie lange?, wie oft?*:

> jetzt, bald, nie[mals], jemals, einst, stets, immer, seither, bisher, neulich, seitdem, oft, heute, gestern, morgen, übermorgen, abends, morgens, nachts, zeitlebens, jahre-, monate-, wochenlang usw.

3. Kausaladverbien auf die Fragen *warum?, weshalb?, wozu?* u. ä.:

> daher, darum, deswegen, andernfalls, mithin, trotzdem, gleichwohl, krankheitshalber, ihretwegen, sonst usw.

Kausaladverbien werden oft als Konjunktionaladverbien gebraucht (↑ 911).

4. Modaladverbien auf die Frage *wie geschieht etwas?*:

> allein, gern, besonders, so, zusammen, rittlings, verkehrt usw.

Zu den Modaladverbien gehören auch die Adverbien des Maßes:

> ziemlich, beinahe, völlig, meistenteils, größtenteils; erstens, zweitens; zweimal, dreimal usw.

771 5. Von Adverbien mit der Fähigkeit, selbständig Umstände benennen zu können – wie *bergauf, bergab, morgens, früh, krankheitshalber* –, sind Pro-Adverbien und Pronominaladverbien zu unterscheiden, die hinweisenden, fragenden oder Gesagtes wiederaufnehmenden Charakter haben, also demonstrativ, interrogativ oder relativ verwendet werden. Man spricht deshalb auch von Demonstrativ-, Relativ- und Interrogativadverbien. Zu unterscheiden sind:

a) die einfachen Pro-Adverbien *da, dort, dann, hier, her, hin, so, sonst, wann, wie, wo* u. ä.

b) aus diesen zusammengesetzte Pro-Adverbien: *daher, dorthin, hierher, hierhin, wohin, woher, wieso*

c) Zusammensetzungen zwischen einfachen Pro-Adverbien und Präpositionen, die Adverbialbestimmungen repräsentieren, an solche anaphorisch oder relativ anknüpfen oder Umstände eines Geschehens erfragen:

> darauf, dabei, darin, danach, daneben, darunter, dazwischen, deshalb, deswegen; warum, weshalb, weswegen; trotzdem, woraus

Pro-Adverbien sind ihrer Bedeutung nach Lokal-, Temporal-, Modal- und Kausaladverbien:

> da, dort, wo, woher, wohin; dann, danach, wann, irgendwann; so, wie; daher, darum, deshalb, sonst, trotzdem, warum, weshalb, wieso

d) Zusammensetzungen aus Pro-Adverbien und Präpositionen sowie aus Demonstrativpronomen und Präpositionen, die als Präpositionalobjekte an die Stelle von Präpositionalfügungen treten können, wenn das Substantiv in der Präpositionalfügung nicht Personen bezeichnet:

> Ich verlasse mich *darauf* (auf das Versprechen). *Hiervon* (von diesem Geschehen) erfährst du noch. Denke *daran! Woran* denkst du? Das war es, *worauf* ich dich aufmerksam machen wollte. *Worauf* sinnst du? Handelt es sich *darum? Dafür* hat er nichts übrig.

Bei c) und d) handelt es sich um Pronominaladverbien im engeren Sinne.

e) Treten *da, hin, her, dort, wo* in Zusammensetzungen untereinander auf, so können sie im Satz getrennt werden (sogenannte Tmesis):

> Er setzte sich *dahin.* / *Da setzte* er sich *hin. Woher* kommst du? / *Wo* kommst du *her?* Setz dich *hierher!* / *Hier* setz dich *her!*

f) Die Pro-Adverbien *da, her, hin* und ihre Verbindungen mit Präpositionen fungieren oft als Verbzusatz unfester Verbzusammensetzungen:

> *her*kommen, *hin*gehen, *darunter*legen, *hinunter*steigen, *da*bleiben

6. Zahladverbien ↑ 752.
Partikeln ↑ 260.

● Form und Herkunft der Adverbien

1. Das alte Suffix *–e* ist heute noch in umgangssprachlichen Formen **772** des eigentlichen Adverbs *gern (gerne, Gernegroß)* und der adverbial gebrauchten Adjektive *reine, schöne* zu finden:

> Warte nur, *balde* / ruhest du auch! (GOETHE). Guter Mond, du gehst so *stille* . . . (Volkslied); *reine* machen, *schöne* machen (bei Hunden)

Bei Adverbien aus Adjektiven ist die Endung *–e* heute nur noch bei dem Zeitadverb *lange* zu finden:

> Es ist *lange* her. Auch in der Konjunktion *solange: Solange* du da bist.

behende (eigentlich *bei der Hand*) ist schon früh als Adjektiv gebraucht worden. Auch *gerade* ist ursprünglich Adverb.

2. Viele Adverbien sind erstarrte Kasusformen.

a) Es sind vor allem Genitive von Substantiven und Adjektiven:

> flugs, abends, morgens, anfangs; links, rechts, bereits, stets, schnur-
> stracks (gestreckt wie eine Schnur), abwärts, aufwärts

Infolge der vielen erstarrten Genitive wurde –s als Kennzeichen des Adverbs aufgefaßt und auch dort gesetzt, wo kein Genitiv auf –s möglich ist:

> nachts, neuerdings, schlechterdings, hinterrücks, allerseits

–s trat auch an adverbial gebrauchte Partizipien an:

> eilends, unversehens, vergebens

b) Auch ein alter Dativ kommt bei Adverbien vor:

> zuweilen, einstweilen, allenthalben

c) Manche Adverbien gehen auf einen Akkusativ zurück:

> weg, kreuz und quer, allzeit

3. Manchen Adverbien liegt ein Demonstrativpronomen zugrunde:

> da (dar-), dann, hier, hin, her, heute (an *diesem* Tage), heuer

Die Wurzel des Interrogativpronomens *wer?* findet sich auch bei:

> *wo?, wann?, wie?*

773 4. Viele Adverbien sind Zusammensetzungen oder Zusammenrückungen:

> Adverb + Adverb: dorthin, daher, hierher, wohin, woher; voraus, vor-
> über, nebenbei, mitunter (↑ 1082)
> Präposition + Substantiv: zurück, unterwegs, abseits, abhanden, bei-
> zeiten, zuweilen, zwar (ahd. *ziwâre* = ‚in Wahrheit‘), übermorgen,
> überhaupt
> Substantiv + Präposition: bergan, stromauf, jahraus, jahrein
> Numerale + –mal[-ig]: einmal, dreimal, manchmal; einmalig, erst-
> malig
> Adverb + Präposition: daran, hierauf, wovon, worüber (↑ 771)

● Der Fügungswert des Adverbs

774 1. Das Adverb tritt als Adverbialbestimmung (↑ 198 ff.) zum Verb, substantiviert kann es auch Subjekt oder Objekt sein:

> Er arbeitet *hier.* Sie schreibt *oft.* Das *Gestern* liegt hinter uns, denkt an
> das *Morgen*!

Auch mehrere verschiedene Adverbialbestimmungen können zum Verb treten:

Krankheitshalber arbeitete er *heute* nicht *hier*.

2. Das Adverb kann wie das Adjektiv Gliedteil, d. h. Attribut, sein:

der Brief *hier*, der Film *gestern*, alle Freunde *zusammen*

3. Manche Adverbien können aufgrund ihrer Bedeutung „verbindende" Aufgaben haben, d. h., sie sind Konjunktionaladverbien (↑ 901):

Vorweg fahren die Kraftwagen, *dann* folgen die Motorräder.

4. Viele ursprüngliche Adverbien sind zu Präpositionen geworden: **775**

an, auf, aus, bei, in (ein), mit, ob (auf, über, oberhalb), um, vor, zu

Ihr adverbialer Charakter ist erhalten
in formelhaften Dopplungen:

durch und durch, nach und nach, über und über, um und um, auf und ab, nach wie vor, ab und an: Das ist *nach wie vor* meine Meinung.

in präfigierten Verben mit unfesten Präfixen (↑ 1056):

Er sprang *auf*. Der Knopf riß *ab*. Er stieg in Leipzig *zu*.

in prädikativen Wendungen mit *sein*:

Der Bart ist *ab*. Die Zeit ist *um (vorbei)*. Die Schule ist *aus*. Er ist auf Abenteuer *aus*. Die Tür ist *zu*. Das Radio ist *an* (umg.).

in adverbialen Zusammensetzungen:

voraus, nebenbei, mitunter, bergan, jahraus

● Zum Gebrauch der Adverbien

1. Eine Reihe Lokaladverbien kann auch durch ein entsprechendes **776** Adjektiv vertreten werden:

links, rechts, unten, oben, hier, dort, außen, innen: das Bein *links*, *rechts* das *linke*, das *rechte* Bein; die Wohnung *oben*, *unten* – die *obere*, die *untere* Wohnung

2. Andere Adverbien haben sich im Laufe neuhochdeutscher Sprach- **777** entwicklung den Adjektiven zugesellt; sie sind deklinierbar:

die *heile* Hand, eine *anderweitige* Nutzung, eine *pflichtgemäße* Beurteilung, *verhältnismäßige* Selbständigkeit

Teilweise sind nur Abstrakta als Beziehungswörter zulässig:

eine *lebenslange Freundschaft*, nicht: ein lebenslanger Freund

Manchem Adverb entsprechen verschiedene Adjektivformen. Dem Adverb *nieder* z. B. entsprechen die Adjektive *nieder* und *niedrig*:

> die *niedre* Stirn, die *niedrige* Stirn; eine *niedere* Kulturstufe, die *niedrige* Kulturstufe; aber nur: die *niedere* Jagd, die *niedere* Gerichtsbarkeit, der *niedere* Adel, die *niederen* Potenzen, Lebewesen *niederen* Grades

778 3. Ableitungen mit *–weise* waren ursprünglich Adverbien und Modalwörter:

> Sie ließ *unbekannterweise* grüßen. Er verkaufte die Milch *literweise*.

Ihr Gebrauch als attributive Adjektive greift immer mehr um sich. Er ist aber an zwei Voraussetzungen geknüpft:

a) Das erste Glied muß ein Substantiv sein:

> *probe*weise, *stufen*weise, *abschnitt*weise, *schritt*weise; aber nicht: *erfreulicher*weise, *unglücklich*erweise, *logisch*erweise

b) Das Substantiv, bei dem die Ableitung als Attribut steht, muß ein von einem Verb abgeleitetes Abstraktum sein:

> die *probeweise* Anstellung (zu anstellen), die *teilweisen* Verbesserungen, der *stückweise* Verkauf, die *schrittweise* Annäherung; aber nicht: *der *stückweise* Preis, *das *leihweise* Buch

779 4. Adverbien wie *bislang, insgeheim, neulich, ab, zu* sind als attributiv gebrauchte Adjektive abzulehnen:

> Nicht: der *neuliche* Aufenthalt, mit *zuen* Augen

780 5. Man setze Adverbien nicht zu solchen Verben, deren Bedeutungsgehalt demjenigen des Adverbs entspricht:

> Er *pflegt* es zu tun. ·Nicht: Er *pflegt* das *gewöhnlich* zu tun. Er *soll* gesagt haben. Oder: Er hat *angeblich* gesagt. Nicht: Er *soll angeblich* gesagt haben.

Auch Häufung gleichbedeutender Adverbien oder Zusammenstellung mit sinnverwandten Adjektiven oder Konjunktionen vermeide man:

> *Weitere* Gründe kommen hinzu. Oder: *Andere* Gründe kommen hinzu. Nicht: *Weitere* Gründe kommen *noch* hinzu. Er hat *nur* darauf hingewiesen. Oder: Er hat *lediglich* darauf hingewiesen.
> *Nachdem* die Ouvertüre verklungen war ... Nicht: *Nachdem danach* die Ouvertüre verklungen war ...

781 6. Gewisse Paare von Adverbien werden manchmal verwechselt.

a) *jetzt* bezeichnet den gegenwärtigen Zeitpunkt ganz allgemein, *nun* bedeutet soviel wie ‚unter den gegenwärtigen Umständen':

> Was tust du *jetzt*? Was tust du *nun*?

b) *voran* und *voraus* bezeichnen die Stellung des vordersten von zweien oder mehreren, die einander folgen:

> Geh *voran*! Sie gingen *voraus*.

c) *vorwärts* bezeichnet Richtung und Bewegung nach vorn. Nachfolgende können vorhanden sein, sind aber nicht erforderlich:

> Einen Schritt *vorwärts*! Immer *vorwärts*, niemals zurück!

d) *hin* bezeichnet vom Standpunkt des Sprechers aus die sich entfernende, *her* die sich nähernde Bewegung:

> Ich gehe die Treppe *hinauf*. (Der Sprecher steht zunächst unten an der Treppe.) Komm die Treppe *herauf*! (Der Sprecher steht oben an der Treppe.) Ich ging *hinaus*. Er kam *heraus*. Er sieht zum Fenster *hinaus* (vom Zimmer aus). Er sieht zum Fenster *heraus*. (Der Sprecher steht auf der Straße.)

Entsprechend unterscheiden sich:

> daher – dahin, dorther – dorthin, woher – wohin

Merke: **782**
her verliert seine Beziehung auf den Sprechenden in Verben mit übertragener Bedeutung und Ableitungen von diesen Verben:

> herausgeben (ein Buch veröffentlichen); der Herausgeber, die Herausgabe; herabsetzen (herabwürdigen); herunterkommen (in Verfall geraten)
> Formen wie *heraus*, *herein*, *herauf*, *herum* werden in der Umgangssprache oft zu *'raus*, *'rein*, *'rum* verkürzt.
> Ohne Apostroph: der *Rein*fall, rechts*rum*, links*rum*

e) *herum* bezeichnet eine kreisförmige Bewegung, *umher* heißt ‚hin und **783** her, nach allen Seiten‘. Die Umgangssprache gebraucht fast nur *herum*, die Schriftsprache sollte unterscheiden:

> Die Kinder drehten sich im Kreise *herum*. Das Bild wurde *herum*gegeben. Es hat sich *herum*gesprochen. Er kam um die Ecke *herum*. Aber: Er hat sich auf allen Meeren *umher*getrieben. Er läuft erregt im Zimmer *umher*. Nur: der *Herum*treiber.

● Zum Gebrauch der Pronominaladverbien   **784**

In der Literatursprache vermeidet man die Verbindung einer Präposition mit *was*, *das*, *es*, *dem* und *ihm*, wenn sich diese Pronomen auf Sachen oder Sachverhalte beziehen. Man setzt dafür Pronominaladverbien (↑ 771):

> *Womit* (nicht: *mit was*?) kann ich Ihnen behilflich sein? *Daran* hättest du mich erinnern müssen. *Hierin* (nicht: *in dem*) stimme ich dir bei. Ich schenkte ihr etwas, *woran / an dem* sie ihre Freude hatte.

Das Pronominaladverb steht nicht, wenn sich das Pronomen auf Personen bezieht:

> Das Kind, *von dem* ich euch erzählt habe ... *An ihn* hättest du denken müssen. *Mit dem* will ich einmal allein sprechen.

Das Modalwort

785 Als Modalwörter fassen wir unflektierte Wörter, mit denen ein Sprecher oder Schreiber zu einem sprachlich dargestellten Sachverhalt explizit modal oder emotional Stellung nimmt. Der Sprecher oder Schreiber schätzt mit Hilfe der Modalwörter entweder den Geltungsgrad, Wahrheits- oder Wahrscheinlichkeitsgehalt seiner Aussage ein oder drückt seine emotionale Einstellung dazu aus. Von Adverbien unterscheiden sich Modalwörter durch folgende syntaktische Eigenschaften:

– Adverbien werden durch Ergänzungsfragen erfragt, Modalwörter durch Entscheidungsfragen.

– Das Negationswort *nicht* kann vor Adverbien stehen (↑ 327). Bei Modalwörtern kann es entweder überhaupt nicht stehen – das gilt für solche, die eine Aussage verneinen *(keinesfalls, keineswegs, mitnichten)* oder am Satzanfang stehen –, oder *nicht* steht hinter dem Modalwort (↑ 328).

> Er ist krank, deshalb kann er *selbstverständlich / natürlich / sicher / wahrscheinlich / vermutlich / vielleicht* nicht zum Unterricht kommen.

– Modalwörter können aus der gegebenen Satzkonstruktion ausgegliedert und in einen übergeordneten Satz transformiert werden:

> Du bist *sicher* hungrig von der weiten Reise. → Es ist *sicher* so / *Ich nehme an / es ist anzunehmen,* daß du von der Reise hungrig bist.

Modalwörter beziehen sich also auf die ganze syntaktische Konstruktion, in der sie stehen.

786 Nach ihrer Bedeutung lassen sich die Modalwörter in folgende Gruppen ordnen:

1. Einschätzung des Geltungsgrades einer Aussage (Modalität)

a) Bestätigung oder nachdrückliche Bekräftigung des Inhalts der Aussage:

> begreiflicherweise, bestimmt, gewiß, natürlich, selbstredend, selbstverständlich, sicher[lich], tatsächlich, unzweifelhaft, wahrhaftig, wahrlich, wirklich, zweifellos, zweifelsohne

b) Einschränkungen des Inhalts der Aussage:

> allerdings, eigentlich, freilich

c) Vermutung unter Berufung auf einen offensichtlichen Tatbestand:

anscheinend, augenscheinlich, offenbar, offenkundig, offensichtlich, mutmaßlich, vermutlich, wahrscheinlich

d) Vorsichtiger bis starker Zweifel des Sprechers:

möglicherweise, kaum, schwerlich, vielleicht, womöglich, scheinbar

e) Distanzierung von der Aussage eines andern:

angeblich, vorgeblich

f) Nachdrückliche Verneinung der Aussage:

mitnichten, keinesfalls, keineswegs

2. Gefühlsmäßige Stellungnahme des Sprechers zur Aussage (Emotionalität)

a) Positive Emotionen (Befriedigung, Wunsch, Überraschung)

erstaunlicher-, erfreulicher-, glücklicher-, überraschenderweise, hoffentlich, gottlob

b) Negative Emotionen (Bedauern)

bedauer-, betrüblicher-, beklagenswerterweise, leider

Konkurrenzformen der Modalwörter sind

a) Verben des Denkens, Fühlens und Sagens und Funktionsverbfügungen:

annehmen, behaupten, hoffen, mutmaßen, vermuten, den Anschein haben

b) Substantiv- und Präpositionalgruppen

meines Erachtens, meines Wissens, meiner Meinung (nach), nach meiner Ansicht, dem Anschein nach, ohne (jeden) Zweifel, in der Tat

c) Modalverben (vgl. HELBIG/BUSCHA, Grammatik, S. 446 ff.)

Er ist *angeblich* krank gewesen. – Er *will* krank gewesen sein. Er ist *wahrscheinlich / vielleicht* krank. – Er *kann (mag, dürfte)* krank sein.

Das Pronomen

● Grundsätzliches

Bedeutung und Fügungswert des Pronomens

1. Der Terminus P r o n o m e n weist auf die Aufgabe der Wortart hin. **787** Pronomen stehen „für Nomina", d. h. für Substantive oder Adjektive.

Im Unterschied zu diesen **bezeichnen** sie nicht Gegenstände, Merkmale und Sachverhalte, sondern **verweisen** auf sie in Text oder Situation:

> Herr Schulze wird zu *ich*, wenn er von sich selbst spricht, zu *du* oder *Sie*, wenn man ihn anspricht, zu *er*, wenn man von ihm spricht und ihn schon erwähnt hat; er wird zu *dieser* oder *der da*, wenn man auf ihn zeigt, und zu *wer?*, wenn man nach ihm fragt.
>
> Das Buch Herrn Schulzes nennt er selbst *mein Buch*. Wir sehen, wie *er* in *seinem* Buche liest. *Es* gefällt *ihm* nicht. *Er* nimmt ein *anderes*. Wir sprechen von dem Buch, *das* Herrn Schulze gehört.

788 2. a) Das Pronomen erhält seine Bedeutung durch die Beziehung auf eine bestimmte Person, Sache, ein Merkmal oder einen Sachverhalt. Diese Beziehung ergibt sich aus dem Textzusammenhang oder aus der Sprechsituation. Einige Pronomen haben die gleichen Fügungsmöglichkeiten wie Substantive, andere ähneln Adjektiven, eine dritte Gruppe kann sowohl adjektivisch als auch substantivisch verwendet werden:

> Substantivischer Gebrauch: *Wer* ist da? *Ich* rief *ihn* zu *mir*. Draußen steht *jemand*. Die Zeitung, *die ich* lese, gehört *niemand[em]*.
> Adjektivischer Gebrauch: *mein* Freund, *unser* Betrieb, *sein* Klopfen
> Substantivisch und adjektivisch: *Jedem das Seine. Jeder* Mensch hat *seine* Vorzüge und Schwächen. *Dieser* und *jener* wird sich dafür interessieren. Paul erhielt *diesen*, Erich *jenen* Auftrag.

b) In der Form des Artikels (↑ 569 ff.) und bei adjektivischem Gebrauch wird das Pronomen zum Begleiter des Substantivs.

c) Pronomina können auch auf noch zu Sagendes hinweisen (Vorverweise):

> *Sie* hatte nicht so schmale, weiße Hände wie die Mutter; *Christines* Hände waren breit und rauh ... (BECHER).

Unterscheidend werden *dieser* und *jener* gebraucht:

> *Dies* hier ist eine Buche, *jenes* eine Eiche (↑ 821).

Dies verweist auf die nähere, *jenes* auf die entferntere Erscheinung. Ein Demonstrativpronomen kann die Gleichheit mit etwas anderem feststellen:

> Wir benutzen *dasselbe, ebendasselbe, das gleiche* Buch (↑ 824).

d) Das Pronomen kann eine Ergänzungsfrage (↑ 51) einleiten:

> *Wer* ruft? *Was* tust du? *Wem* verdankst du das? *Welche* Fragen gibt es?

Das Relativpronomen leitet Relativsätze ein:

> Die Zeitung, *die (welche)* ich lese, ...

3. Der Fügungswert der Pronomina ist vielfältig. Er ist an der Eintei- **789**
lung in verschiedene Gruppen erkennbar. Man unterscheidet: *Personal-*
pronomen (persönliche Fürwörter): ↑ 792 ff.
Hierzu rechnet man auch das *Reflexivpronomen* (das rückbezügliche Für-
wort) *sich* (↑ 802 ff.). Ihm steht das *reziproke Pronomen einander* (↑ 804)
nahe.
Possessivpronomen (besitzanzeigende Fürwörter): ↑ 806 ff.
Interrogativpronomen (Fragefürwörter): ↑ 836 ff.
Indefinitpronomen (unbestimmte Fürwörter): ↑ 841 ff.
Demonstrativpronomen (hinweisende Fürwörter): ↑ 815 ff.
Relativpronomen (bezügliche Fürwörter): ↑ 829 ff.
Pronominaladverbien (Umstandsfürwörter): ↑ 771.
Die meisten Pronomen sind „unmittelbar mit dem Redeakt verbunden,
können nur vom Kommunikationsprozeß aus verstanden werden.
... Das Pronomen erscheint ... als eines der Triebräder, die das Sub-
stantivsystem und überhaupt den Satz mit dem Redeakt ... verbin-
den" (ADMONI, Sprachbau, S. 153 f.).

Die Form des Pronomens   **790**

1. Die nichtabgeleiteten Pronomina *ich, du, er, sie, es; mein, dein* usw.;
der, die, das haben im übrigen Wortschatz keine Verwandten und weichen auch stark von der Deklination des Substantivs ab.
Die Personalpronomina *ich, du,* das Reflexivum *sich,* die Interrogativa
wer und *was* und der Plural der Pronomina haben keine Genusunter-
schiede.

2. Abgeleitete Pronomina, wie *der (die, das), meinige, deinige,* und zusammengesetzte Pronomina, wie *derjenige, derselbe,* erweitern den ursprünglichen Bestand bedeutungsmäßig.

3. Als Pronomen verwendete Wörter wie *folgender, obiger, (oben)genann-*
ter u. ä. vermögen Verflechtungsbeziehungen im Text klar und differenziert herzustellen; ↑ auch 821.

Die Deklination des Pronomens   **791**

1. Pronomina werden überwiegend stark dekliniert (↑ 794 ff.). Ihre
Formen weichen aber von denen des starken Substantivs (↑ 640) ab.
Indefinitpronomina werden meist schwach dekliniert (↑ 841 ff.).

2. Pronomina, die mit *der, die, das* zusammengesetzt sind, deklinieren
nur diesen Teil stark, den zweiten schwach (↑ 828, Abs. 2).
Ebenso werden substantivierte Pronomina schwach dekliniert, wenn
der Artikel vorangeht:

Gib von dem *Deinen* auch den anderen!

3. Die Kasus der Personalpronomina werden von verschiedenen Stämmen gebildet (↑ 794).

4. Das Reflexivpronomen hat nur in der 3. Person eine selbständige Form, nämlich *sich*. Diese Form kann als Dativ und Akkusativ im Singular und Plural auftreten (↑ 802).

> Er freut *sich*. Sie freuen *sich*. Sie traut es *sich* zu. Sie trauen es *sich* zu.

Die anderen Kasus werden durch das Personalpronomen gebildet.

5. Die Pronomina *etwas, nichts, selbst, selber* stehen ohne Deklinationsendung. Das Indefinitpronomen *man* ist nur Nominativ. Die anderen Kasus werden durch Deklinationsformen des unbestimmten *ein* ergänzt.

● Das Personalpronomen

Bedeutung und Fügungswert des Personalpronomens

792 1. Das Personalpronomen hat die gleichen Aufgaben wie das Substantiv. Es bezieht sich auf Personen, Sachen und Sachverhalte und kann als Satzglied in allen Kasus auftreten:

> Wir hören *ihn* (den Redner). Wir hören *ihn* (den Vortrag). Du hörst *sie* (die Rede). Sie lauschen *ihm* (dem Sänger). Sie lauschen *ihr* (der Musik). Ich verlasse mich auf *ihn* (auf den Freund).

Zum Personalpronomen kann als Verstärkung *selbst* oder *selber* hinzutreten (↑ 827).

793 2. Der Fügung Präposition + Personalpronomen zieht man das Pronominaladverb (↑ 771) vor, wenn sich das Pronomen auf eine Sache oder einen Sachverhalt bezieht (↑ 784). Manchmal setzt man aber auch aus Stilgründen, vor allem aus rhythmischen Gründen, das Personalpronomen:

> Neben dem Zaun, aber in gleicher Linie mit *ihm*, stand eine grüngestrichene Bank (FONTANE). In der Mitte stand ein gedeckter Tisch und auf *ihm* eine Anzahl irdener Teller (EBNER-ESCHENBACH).

794 *Die Deklination des Personalpronomens*

1. Das Personalpronomen hat drei Personen, die im Singular oder Plural stehen können:

die erste oder sprechende Person: *ich, wir*

die zweite oder angesprochene Person: *du, ihr, Sie* (Form der dritten Person Plural)

die dritte oder besprochene Person: *er, sie, es; sie* (↑ auch 457 f.).

Die 1. und 2. Person sind ungeschlechtig. Die 3. Person Singular unterscheidet die Geschlechter. Sie dient hauptsächlich dazu, Wörter bei Wiederholungen zu vertreten.

2. Die Deklinationsformen des Personalpronomens werden aus verschiedenen Stämmen gebildet:

| | | 1. Person | 2. Person | 3. Person | | |
				Mask.	Fem.	Neutr.
Singular	Nom.	ich	du	er	sie	es
	Gen.	meiner	deiner	seiner	ihrer	seiner
		mein	dein	sein		sein
	Dat.	mir	dir	ihm	ihr	ihm
	Akk.	mich	dich	ihn	sie	es
Plural	Nom.	wir	ihr		sie	
	Gen.	unser	euer		ihrer	
	Dat.	uns	euch		ihnen	
	Akk.	uns	euch		sie	

Die jetzt selteneren Formen *mein, dein, sein* im Genitiv Singular sind die **795** ursprünglichen:

> Vergiß *mein* nicht (auch: Vergiß*mein*nicht). Ich werde *dein* nicht vergessen (gehoben).

Die in der Umgangssprache vorkommenden Genitivformen *unserer, euerer* sind nicht korrekt. Es heißt literatursprachlich:

> Er spottet *unser.* Wir gedachten *euer.* Wir sind *unser* vier. Es liegt in *euer* beider Interesse. Er sprach in *ihrer* aller Namen. Du bist so gut wie *unser*einer.
> Aber Possessivpronomen: Wir gedachten *unserer, euerer* Eltern.

In Verbindung mit *-wegen, -willen, -halben,* wie *meinetwegen, um deinetwillen, unserthalben,* ist *t* ein sekundärer Übergangslaut.

3. Zum Gebrauch von *du, wir, er, Sie* (↑ auch 714) ist zu bemerken: **796**

a) Die Form *du* mit ihren Deklinationsformen *(dir, dich)* ist die vertrauliche Anrede und die Anrede an Kinder. Sie kann auch kollektive Bedeutung haben entsprechend dem Pronomen *man:*

> Da freust *du dich* das ganze Jahr auf den Urlaub, und dann regnet es.

In der Umgangssprache fällt vorangehendes *du* manchmal weg:

> Hast recht! Kannst es glauben! Mußt eben aufpassen!

In der Dichtung wechseln manchmal *ich* und *du* als Selbstanrede:

> ... dann sehne *ich* mich oft und denke: ach, könntest *du* das wieder ausdrücken ... (GOETHE)

b) Die Form *wir* meint manchmal nur den Angesprochenen, wenn sie auch der Form nach den Sprecher mit einschließt:

> Aber da werden *wir* doch nicht gleich weinen! Haben *wir* das verstanden?

Sie wird gebraucht, wenn sie Autor und Leser, Vortragenden und Hörer umfassen soll:

> Nun kommen *wir* zu Punkt 3 der Tagesordnung.

Als *Pluralis modestiae* (Plural der Bescheidenheit) schließt die Form scheinbar die Leser und Zuhörer mit ein, obwohl der Sprecher oder Schreiber nur sich selbst meint:

> *Wir* werden diese Frage (= ich werde diese Frage) weiter unten behandeln.

797 c) Die Anrede in der 3. Person Singular ist veraltet. Im 18. Jahrhundert war sie die Anrede an eine Person geringeren Ranges:

> Herr Wirt, *Er* ist doch ein Grobian (LESSING).

Aus der 3. Person des Plurals hat sich die heutige höfliche, achtungsvolle Anredeform *Sie* (immer groß geschrieben) entwickelt.

4. Zum Gebrauch von *mir* und *dir* als ethischer Dativ ↑ 183.

798 5. Das Pronomen *es* ist historisch das Neutrum zum Personalpronomen *er*. Wir behandeln es deshalb in seinem Gesamtgebrauch hier, obwohl es sich in seinen verschiedenen Funktionen von seinem historischen Ausgangspunkt z. T. weit entfernt hat. Die Ursache für die vielseitige Verwendung von *es*, die es schon seit alter Zeit hat, ist in erster Linie darin zu suchen, daß es ein Neutrum ist; weiterhin in den Schreibungszusammenfall von altem *ez* (ursprünglich nur für Nominativ und Akkusativ) und altem *es* (ursprünglich nur für Genitiv).

799 a) Das Pronomen *es* steht in der Funktion eines Personalpronomens. *es* steht als Subjekt oder Objekt für ein neutrales Substantiv.

> Das Buch liegt auf dem Tisch. *Es* gehört mir. Leih mir das Buch! Ich bringe *es* dir morgen mit.

es ersetzt als Subjekt bei Formen von *sein* ein vorher im Singular genanntes Maskulinum oder Femininum:

> Kennst du diesen Herrn? *Es* (auch: *er*) ist ihr Vater. Dort ist ihre Mutter. *Es* (auch: *sie*) ist eine vortreffliche Frau.

es steht als Subjekt bei *sein* für eine Person oder Sache, die vorher noch nicht genannt war, sich aber aus der Situation ergibt:

> (Man hört es läuten und etwas in den Kasten fallen und sagt wohl:) *Es* ist der Briefträger.

(Man erhält einen Brief, sieht nach dem Absender und meint:) *Es* ist
der versprochene Bescheid.

es ersetzt bei *sein, werden, scheinen, bleiben* ein vorher genanntes Prädikatssubstantiv oder Prädikatsadjektiv:

> Warst du schon Soldat? – Ich war *es*. Er wird Lehrer. – Ich möcht *es*
> auch einmal werden. Bist du deiner Sache sicher? – Ja, ich bin *es*. Wir
> blieben unverletzt, er blieb *es* leider nicht. Ist das nicht überzeugend? –
> Ja, das ist *es*.

es steht als ganz allgemeiner, unbestimmter Objektakkusativ:

> Mit dir nehme ich *es* noch auf. Wird er *es* ehrlich meinen? Du machst
> *es* dir aber sehr leicht. Die Aufgabe hat *es* in sich.

es steht als alter Objektsgenitiv. Man hält ihn heute für den Akkusativ
oder Nominativ, ↑ 188:

> Ich bin *es* müde. Er ist *es* würdig. *Es* verdrießt mich. *Es* jammert mich.

es bezieht sich vor- und rückweisend auf einen ganzen Satzinhalt:

> Hauptsatz: Sie liebten sich und verhehlten *es* niemand.
> Gliedsatz: Ich halte *es* für richtig, daß du ihm schreibst. ↑ 815.

b) Das Pronomen *es* steht als unbestimmtes Pronomen bei Verben, die **800**
an sich schon den ganzen Vorstellungsgehalt ausdrücken. Den Träger
des Vorgangs zu nennen ist entweder nicht möglich oder nicht notwendig.
es ist nur formales, inhaltlich leeres Subjekt (Scheinsubjekt) bei Verben
der Witterung und der Zeitangabe (↑ 407),
bei den sogenannten okkasionellen Impersonalien (↑ 409),
in Existentialsätzen bei der Wendung *es gibt* (↑ 409, Abs. b),
bei reflexiver Verbform + Adverbialbestimmung (↑ 408, 418),
bei Verben körperlicher oder seelischer Empfindung (↑ 408),
bei Verben des Mangels oder des Bedürfens (↑ 408).

c) Das Pronomen *es* kann als formale Satzspitze stehen.   **801**

es steht am Satzanfang bei subjektlosen Passivkonstruktionen mit intransitiven und objektlosen transitiven Verben (↑ 411). Wenn ein anderes Wort den Satz eröffnet, muß *es* wegfallen:

> *Es* wird viel getanzt. *Es* wurde gestern hoch gespielt. *Es* wurde drei Tage
> gekämpft. Aber: *Viel* wurde getanzt. *Gestern* wurde hoch gespielt. *Drei
> Tage* wurde gekämpft.

es steht als formale Satzspitze, um die Stellung des Subjekts im Nachfeld zu ermöglichen. Hier kann *es* nicht mehr als formales Subjekt aufgefaßt werden, da es auch bei einem Verb im Plural stehen kann. Der
Numerus des Verbs richtet sich nach demjenigen des Substantivs im
Nachfeld des Satzes:

Es verdunkelte sich der Himmel, *es* erhob sich ein Sturm, *es* fielen die ersten schweren Regentropfen.

Das Wort *es* kommt hier einem Adverb nahe, einem einleitenden *da* oder *einst*. Die innere Anteilnahme des Schreibers am Geschehen wird spürbar.

● Das Reflexivpronomen

802 1. Das Reflexivpronomen (rückbezügliche Fürwort) hat nur in der 3. Person eine eigene Form, nämlich *sich*. In den anderen Personen steht das Personalpronomen. Als Objektkasus bezieht es sich in der Regel auf das Subjekt desselben Satzes (↑ 412):

> Er freut *sich*. Ich wasche *mich*. Du spottest wohl *deiner*? Traust du *dir* das zu? Du spottest wohl *über dich (selbst)*?
> Aber auch: Wir können *ihn* nicht *sich* selbst überlassen.

2. Wo ein Akkusativ oder ein Dativ des übergeordneten Satzes Täterbezeichnung zu einem reflexiven Infinitiv ist, bezieht sich das Reflexivpronomen auf diese Kasus:

> Er befahl *dem Jungen, sich* zu entschuldigen. Wir baten *sie, sich* zu entfernen.
> Aber auf das Subjekt des regierenden Satzes bezogen: *Er* bat den Jungen, *ihn* zu entschuldigen. *Wir* baten den Jungen, *uns* zu entschuldigen.

Bei erweiterten Partizipialattributen bezieht sich das Reflexivpronomen auf das logische Subjekt des Partizips:

> Sie beobachteten die *sich* vergnügenden *Kinder*. (*Die Kinder* vergnügten sich.)

3. Man unterscheidet echte und unechte reflexive Verben (↑ 413 ff.). Bei unechten reflexiven Verben ist das Reflexivpronomen Objekt, bei echten gehört es mit zum Prädikat.

803 4. Die Stellung des Reflexivpronomens im Satz ist eine Frage der eindeutigen Beziehung und des Wohlklangs. Es soll immer möglichst weit vorn im Satz stehen:

> Zuerst müssen *sich* die Reisenden nach der langen Fahrt ausruhen. Wir hoffen, daß *sich* das Wetter bald bessert.

Das Reflexivpronomen wird immer, auch in der Anrede, klein geschrieben.

804 5. Das Reflexivpronomen kann *reziprok* (wechselbezüglich) sein. Das eigentliche reziproke Pronomen heißt in allen Personen *einander*. (↑ 419)

6. Eine besondere Bedeutung hat die Präpositionalgruppe *an sich*.   **805**

a) Sie steht als Attribut in der Bedeutung von *schlechthin*.

> das Ding *an sich* (Kantische Philosophie), eine *an [und für] sich* gesunde Idee

b) Sie steht als Ausdruck der Modalität in der Bedeutung von *eigentlich*:

> *An sich* ist die Idee nicht schlecht. Das Kleid ist *an sich* nicht teuer.

7. Verweise:
Grundsätzliches zur reflexiven Konstruktion ↑ 412.
Passive Bedeutung der reflexiven Konstruktion ↑ 495.
Zum Passiv reflexiver Verben: ↑ 420.
Das Reflexivpronomen beim Partizip ↑ 421 f., 802.

● Das Possessivpronomen

Das Possessivpronomen (besitzanzeigende Fürwort) hängt geschicht- **806**
lich und inhaltlich mit dem Personalpronomen zusammen. Es hat sich
aus dem Genitiv des Personalpronomens (↑ 794) entwickelt. Jedem
Personalpronomen entspricht ein Possessivpronomen:
ich – mein, du – dein, er – sein, sie – ihr, es – sein;
wir – unser, ihr – euer, sie – ihr:

> Das Buch gehört *mir*. Es ist *mein* Buch. Das Buch ist *mein* / das *meinige*.

Ein possessiver Genitiv (↑ 618) oder subjektiver Genitiv (↑ 621), der
bei einem von einem Verb abgeleiteten Substantiv steht, kann immer
durch ein Possessivpronomen ersetzt werden:

> das Haus *der Eltern* – *ihr* Haus; die Erfindung *Gutenbergs* – *seine* Erfindung;
> die Ankunft *des Gastes* – *seine* Ankunft

Zum Gebrauch des Possessivpronomens

1. Das Possessivpronomen drückt Zugehörigkeit im weitesten Sinne aus: **807**

> Ein Film, ein Roman hat *seinen* Helden; *mein* Buch, aber auch: *mein*
> Kollektiv; *meine* Straßenbahn (mit der *ich* fahre)

2. Das Possessivpronomen wird überwiegend adjektivisch gebraucht, **808**
kann aber auch substantivisch mit oder ohne Artikel stehen:

> *meine* Drehbank, *unser* Garten; die *Unseren* (auch: die *Unsrigen* oder
> *Unsere*) sind im Spiel. Grüße die *Deinen* von uns!

Merke:
Die Formen *meinige, deinige* usw. stehen nie ohne bestimmten Artikel.
Das substantivisch gebrauchte Possessivpronomen wird klein geschrieben, wenn es sich auf ein schon genanntes Substantiv bezieht:

> Ich brauche kein fremdes Werkzeug, ich nehme *meines / das meinige*.

809 3. Ein Possessivpronomen kann mit einem andern Possessivpronomen oder mit einem Genitivattribut koordiniert werden:

> *meine* und *deine* Verwandten, *seine* und *seiner Eltern* Gesundheit

810 4. Das Possessivpronomen richtet sich im Stamm nach Person, Genus und Numerus des „Besitzers":

> Er pflegt *seinen* Garten. (*Er* ist der Besitzer.) Er pflegt *meinen* Garten. (*Ich* bin der Besitzer.) Sie pflegt *ihre* Blumen. (*Sie* ist die Besitzerin, oder *mehrere Personen* sind Besitzer.) Ihr vergnügt euch in *unserem* Garten. (*Wir* sind die Besitzer.) Deshalb: Heute starb meine *liebe* Frau, *unsere* gute Mutter und Schwester. Nicht: ... *meine* liebe Frau, gute Mutter und Schwester.

Das Possessivpronomen richtet sich in seinen Endungen nach Kasus und Numerus des Besitztums:

> Er pflegt sein*en* Garten, sein*e* Wiese, sein Haus, sein*e* Blumen.

811 Merke:
Beim Adverb *seinerzeit* (= ,damals', ,früher') bleibt das Possessivpronomen stets unverändert:

> Er, sie, es war *seinerzeit* in Wien. Wir besuchten ihn *seinerzeit*.

In der Umgangssprache wird manchmal ein possessiver Genitiv durch ein Possessivpronomen + Dativ des Besitzers umschrieben:

> *[dem] Vater sein* Hut für: Vaters Hut

Die Deklination des Possessivpronomens

812 1. Das Possessivpronomen wird in der Regel stark dekliniert (↑ 813), hat also die Endungen des Artikels:

> mein*es* Vaters (d*es* Vaters), mein*er* Mutter (d*er* Mutter), mein*e* Brüder (d*ie* Brüder); Wie geht es dein*em* Bruder? Mein*em* geht es gut.

2. Wenn der Artikel vorangeht, wird das Possessivpronomen schwach dekliniert, d. h. mit der Endung *–e* im Nominativ und der Endung *–en* in den anderen Kasus:

> *Meinem* Bruder geht es gut. Wie geht des d*em* dein*en*?

3. Die Possessivpronomen *sein* und *ihr* werden durch demonstratives *dessen* und *deren* ersetzt, wenn ein Mißverständnis möglich ist (↑ 816, 818).

4. Das prädikativ gebrauchte Possessivpronomen bleibt in der Regel undekliniert:

> Der Bleistift ist *mein*, das Buch ist *dein*, die Tasche ist *sein*; die Bücher sind *dein*. Das ist *mein*. Sie ist *dein*.

Bei vorangestelltem unpersönlichem *es* (↑ 799) oder *das* wird das Possessivpronomen stark dekliniert. Die Endung ergibt sich aus seinem Bezugswort:

> Wem gehört der Bleistift, die Mappe, das Fahrrad? Es ist *meiner*, *meine*, *meines*.

Deklinationstabelle des adjektivischen Possessivpronomens (stark)   **813**

| | | *Singular* | | | *Plural* |
		Mask.	*Fem.*	*Neutr.*	*Mask., Fem., Neutr.*
1. Pers.	Nom.	mein	meine	mein	meine
Sing.	Gen.	meines	meiner	meines	meiner
	Dat.	meinem	meiner	meinem	meinen
	Akk.	meinen	meine	mein	meine
1. Pers.	Nom.	unser	unsere[1]	unser	unsere[1]
Plural	Gen.	unseres[1]	unserer[1]	unseres[1]	unserer[1]
	Dat.	unserem[1]	unserer[1]	unserem[1]	unseren[1]
	Akk.	unseren[1]	unsere[1]	unser	unsere[1]
2. Pers.	Nom.	dein	deine	dein	deine
Sing.	Gen.	deines	deiner	deines	deiner
	Dat.	deinem	deiner	deinem	deinen
	Akk.	deinen	deine	dein	deine
2. Pers.	Nom.	euer	euere[1]	euer	euere[1]
Plural	Gen.	eueres[1]	euerer[1]	eueres[1]	euerer[1]
	Dat.	euerem[1]	euerer[1]	euerem[1]	eueren[1]
	Akk.	eueren[1]	euere[1]	euer	euere[1]
3. Pers.	Nom.	sein	seine	sein	seine
Sing.	Gen.	seines	seiner	seines	seiner
Mask.	Dat.	seinem	seiner	seinem	seinen
	Akk.	seinen	seine	sein	seine
3. Pers.	Nom.	ihr	ihre	ihr	ihre
Sing.	Gen.	ihres	ihrer	ihres	ihrer
Fem.	Dat.	ihrem	ihrer	ihrem	ihren
	Akk.	ihren	ihre	ihr	ihre

[1] ↑ 814.

| | | Singular | | | Plural |
		Mask.	*Fem.*	*Neutr.*	*Mask., Fem., Neutr.*
3. Pers.	Nom.	sein	sein*e*	sein	sein*e*
Sing.	Gen.	sein*es*	sein*er*	sein*es*	sein*er*
Neutr.	Dat.	sein*em*	sein*er*	sein*em*	sein*en*
	Akk.	sein*en*	sein*e*	sein	sein*e*
3. Pers.	Nom.	ihr	ihr*e*	ihr	ihr*e*
Plural	Gen.	ihr*es*	ihr*er*	ihr*es*	ihr*er*
	Dat.	ihr*em*	ihr*er*	ihr*em*	ihr*en*
	Akk.	ihr*en*	ihr*e*	ihr	ihr*e*

814 Die Possessivpronomen *unser* und *euer* können das e ausstoßen, wenn die
Endung *–e* oder *–er* folgt:

> *unsre, eure; unsres, eures*

Bei den Endungen *–es, –em, –en* kann das *–e* der Endung ausfallen:

> *unserm, euerm; euern;* die Krankheit *euers* Vaters

Andere Formen mit ausgestoßenem e sind kaum üblich. ↑ auch 726.

● Das Demonstrativpronomen

Die Bedeutung des Demonstrativpronomens

815 Das Demonstrativpronomen (hinweisende Fürwort) besitzt in be-
sonderem Maße den Zeigecharakter des Pronomens. Es weist zurück
oder voraus. Es kann adjektivisch oder substantivisch gebraucht werden und als Neutrum auch für einen ganzen Satzinhalt stehen:

> Er wird morgen kommen. *Das* hat er mir versprochen.

Das Demonstrativum bezieht sich auf Personen:

> Jedenfalls war *dieser* weit entfernt, die Heiterkeit zu teilen (TH. MANN).
> *Solche* Leute haben immer Erfolg (ST. ZWEIG).

Es bezieht sich auf Gegenstandsbezeichnungen und Abstrakta:

> Von *dieser* Geschichte konnte der einzig Überlebende auf *jener* Insel
> trefflich leben (KUNERT). Es ist *dieses* prickelnde Gefühl, *dieser* heimliche
> Wonneschauer (TH. MANN).

Seine hinweisende Funktion gibt dem Demonstrativpronomen *anaphori-
schen* (wiederholenden) Charakter, so daß es sich mit der 3. Person des
Personalpronomens berührt:

> Und der Haifisch, *der* hat Zähne … (BRECHT)

Die einzelnen Demonstrativpronomen

1. *der, die, das* sind die ältesten und meistgebrauchten Demonstrativ- **816**
pronomen. Aus ihnen sind auch der bestimmte Artikel (↑ 569) und das
Relativpronomen (↑ 830) entstanden. Sie werden wie der bestimmte
Artikel dekliniert, ursprünglich auch im Genitiv.

a) Im Neuhochdeutschen haben sich die Genitivformen *dessen, deren*
und *derer* entwickelt. Die alte Form *des* findet sich nur noch in der
Dichtung, in Sprichwörtern und in zusammengesetzten Adverbien, die
wir heute oft als Konjunktionaladverbien verwenden:

> *Des* rühme der blut'ge Tyrann sich nicht (SCHILLER). *Des* freut sich alt
> und jung.
> *des*halb, *des*wegen, *des*gleichen, in*des*, unter*des* (↑ auch 819)

Demonstratives *dessen* ist der Genitiv Singular für Maskulinum und
Neutrum:

> Ich erinnere mich *dessen* recht wohl. Ich erinnere mich *dessen*, was du
> gesagt hast. Der Kaiser forderte ihn auf . . . dem König August alle Kosten
> zu erstatten und *dessen* Lande zu räumen (TH. MANN).

Wenn kein Mißverständnis möglich ist, setzt man für das rückverwei-
sende *dessen* besser das Possessivpronomen *sein*:

> Ich traf den Künstler und *seine* Tochter. Aber nur: *sein* Freund und
> *dessen* Sohn; ↑ 835.

Demonstratives *deren* ist Genitiv Singular für das Femininum und Geni- **817**
tiv Plural für alle Geschlechter. Manchmal wird dieses *deren* mit *derer*
vertauscht:

> Dankbar gedenken wir *deren*, die uns geboren hat. Du mußt also noch
> ein wenig Geduld haben; dein Vater hat *derer* doch so viel gezeigt (BAL-
> ZAC, zit. nach der Zs. „Sonntag" vom 12. 6. 1955; Übersetzer nicht ge-
> nannt).

Demonstratives *deren* ist Ersatz für mißverständliches *ihr*: **818**

> Sie besuchte *ihre* Freundin und *deren* Tochter. Brücken, ihre Erbauer und
> *deren* Lebensschicksale . . .

Wenn kein Mißverständnis möglich ist, steht für rückverweisendes
deren personales oder possessives *ihr*:

> Lest gute Bücher! Es gibt *ihrer* genug! Wir bewunderten die Tänzerin
> und *ihre* präzisen Bewegungen. ↑ auch 835.

Merke: **819**
Die Formen *dessen* und *deren* erhalten keine andere Endung:

> ohne *dessen* Tochter, mit *dessen* Tochter, von *dessen* wundervollem Spiel;
> ohne *deren* Rat, mit *deren* [elterlichem] Rat

Wie der alte Genitiv *des* finden sich auch *dessen* und *deren* in adverbialen Zusammensetzungen, meist mit eingeschobenem Wohlklangs-*t*:

> *dessen*ungeachtet, *dessent*wegen, *derent*wegen, *derent*halben

820 *derer* ist ein nur substantivisch gebrauchtes Demonstrativum, und zwar der nachdrücklich hervorhebende Genitiv Plural für alle drei Genera. Es steht vor einem Relativpronomen oder einem Substantiv, besonders vor einem Namen mit Präposition:

> Laßt uns gedenken *derer, die* gingen uns voran ... (BECHER); die bedeutendsten Physiker Europas und ein Teil *derer* anderer Erdteile

b) Statt Präposition + *das* oder Präposition + deklinierte Form von *das* steht literatursprachlich in der Regel das Pronominaladverb (↑ 771):

> Denkst du *daran* (nicht: an das)? Er spricht *davon* (nicht: von dem). Aber: Er spricht gerade *von dem*, was er erlebt hat (↑ 784).

Nach Präpositionen, von denen kein Pronominaladverb gebildet wird, steht *dieser* oder *derselbe*:

> Er brachte es durch seinen Fleiß zu Leistungen, die er ohne *diesen (denselben)* nicht erreicht hätte.

821 2. *dieser (diese, dieses)* weist auf Näherliegendes, *jener (jene, jenes)* auf Ferneres:

> A und B streiten sich; denn *dieser* hat *jenen* beleidigt und *jener diesem* grob geantwortet. (B hat A beleidigt, A hat B grob geantwortet.)

Die Beziehung *näher – ferner* braucht nicht maßgebend zu sein. Oft wirkt nur die Suggestivkraft des Demonstrativums (↑ 815).

> Und dann kommt *diese* prächtige alte Apfelallee (SCHLAF). *Jenen* denkwürdigen Tag werde ich nie vergessen.

Die Formen *ersterer, letzterer* sollten nicht ganz verbannt werden. Sie lassen die Beziehungen bequemer überschauen als das sprachlich einwandfreiere *dieser – jener*:

> Da waren Konsul Krögers mit ihren Söhnen Jürgen und Jakob, welch *letzterer* ... von Hamburg gekommen war (TH. MANN).

822 3. *solch, solcher (solche, solches)* ist ein pronominales Adjektiv. Im Singular steht es oft mit unbestimmtem Artikel.

a) Es weist hin und vergleicht. Es steht substantivisch und adjektivisch:

> Sportler und *solche*, die es werden wollen; eine *solche* Frau wie du

b) In Verbindung mit *als* verstärkt *solch* im Sinne von *selbst* (↑ 827):

> Der Fall *als solcher* interessiert. Wir machen die Organisation *als solche* haftbar. Wegen des Verlustes *als solchem* mache ich mir keine Sorgen. ↑ auch 805.

c) *solch* wird wie ein Adjektiv dekliniert (↑ 707 f.):   **823**

> *solcher* Stahl, *solche* Farbe, *solches* Material; die Härte *solchen* Stahls, *solchen* Materials, das Wunder *solcher* Liebe; jedes *solche* Buch, jedes *solchen* Mannes; *solche* guten Ratschläge (↑ 718)

Vor dem unbestimmten Artikel steht die nichtdeklinierte Form *solch*:

> *solch* ein Mann, mit *solch* einem Mut

Sie kann vor einem deklinierten Adjektiv und vor einem Neutrum im Nominativ oder Akkusativ Singular stehen:

> *solch* harter Stahl, *solch* tiefe Liebe, *solch* festes Material, *solch* gute Ratschläge; *solch* Empfinden, *solch* Geschreibsel

4. *derselbe (dieselbe, dasselbe)* ist mehrdeutig.   **824**

a) Korrekt verwendet wird es im Sinne von *ebenderselbe*:

> Ich wohne in *demselben* Bezirk wie Paul. Die Zeit zwischen meiner Heimkehr ins Vaterhaus und meinem Verlassen *desselben* ...

b) Man verwendet *derselbe* nicht
in der Bedeutung eines Personalpronomens

> Er nahm seinen Füller und legte *ihn* (nicht: *denselben*) neben das Heft.

in der Bedeutung des Possessivpronomens

> Das ist der Fichtelberg. *Seine* Höhe (nicht: die Höhe *desselben*) beträgt 1214 m.

in der Bedeutung des demonstrativen *deren* (↑ 818):

> Sie besuchte ihre Freundin und *deren* Tochter (nicht: die Tochter *derselben*).

Man sagt oder schreibt auch nicht:

> Erst im 3. Kapitel des Romans wird *derselbe* spannend; sondern: Erst im 3. Kapitel wird der Roman spannend.

c) *derselbe* muß, *der gleiche* kann im Sinne von *ebenderselbe* gebraucht **825** werden:

> Wir benutzten *dasselbe* oder *das gleiche* Buch (= *ebendasselbe* Buch, *ein* Exemplar). Es kommt auf *dasselbe* / auf *das gleiche* hinaus.

Aber nur: In beiden Schaufenstern liegt *das gleiche* Buch aus
(= verschiedene Exemplare mit dem gleichen Titel).

5. *derjenige (die-, dasjenige)* wählt aus. Man setzt es vor aus semanti- **826** schen Gründen nicht weglaßbare Relativsätze. Fast überall kann es durch einfaches *der (die, das)* ersetzt werden; im Unterschied zu *derjenige* können aber *der, die, das* auch vor nicht notwendigen, zusätzlich erläuternden Relativsätzen stehen:

Und *diejenigen, die* es wenigstens teilweise versucht haben ..., mußten letzten Endes scheitern ... (METTKE).
Er sprach mit *denjenigen / denen, die* sich zu Aufbauarbeiten gemeldet hatten.

827 6. *selbst* ist aus dem Genitiv von *selb* (= *selbes*) + *t* entstanden; *selber* ist umgangssprachlich.
selbst betont die Identität.

> Der Vater *selbst* kam. Damit betrügst du dich *selbst*. Komme zu dir *selbst!*
> Der Vater kam *selbst*. Hast du den Kuchen *selbst* gebacken? Er muß von selbst darauf kommen.

Unbetontes *selbst* (= sogar) ist Partikel (↑ 260):

> *Selbst* die Klügsten können irren. *Selbst* wenn er gekommen wäre, ...

828 *Die Deklination der Demonstrativpronomen*

1. Die einfachen Demonstrativa werden stark dekliniert.

Deklinationstabelle:

	Singular			*Plural*
	Mask.	*Fem.*	*Neutr.*	*Mask., Fem., Neutr.*
Nom.	der	die	das	die
Gen.	dessen	deren	dessen	deren, derer
	(des)	(der)	(des)	(der)
Dat.	dem	der	dem	denen
Akk.	den	die	das	die
Nom.	dies*er*	dies*e*	dies*es*	dies*e*
			(dies)	
Gen.	dies*es*	dies*er*	dies*es*	dies*er*
Dat.	dies*em*	dies*er*	dies*em*	dies*en*
Akk.	dies*en*	dies*e*	dies*es*	dies*e*
			(dies)	

Die Deklination gilt auch für das Relativpronomen (↑ 835) (Gruppe 1).

2. Die mit dem Artikel verbundenen Demonstrativa *derjenige* usw., *derselbe* usw., *ein solcher* usw. deklinieren den zweiten Teil schwach:

	Singular			*Plural*
	Mask.	*Fem.*	*Neutr.*	*Mask., Fem., Neutr.*
Nom.	derjenig*e*	diejenig*e*	dasjenig*e*	diejenig*en*
Gen.	desjenig*en*	derjenig*en*	desjenig*en*	derjenig*en*
Dat.	demjenig*en*	derjenig*en*	demjenig*en*	denjenig*en*
Akk.	denjenig*en*	diejenig*e*	dasjenig*e*	diejenig*en*

3. *solch* wird wie ein Adjektiv dekliniert (↑ 823).

4. *selbst, selber; desgleichen, derlei* u. ä. werden nicht dekliniert.

● Das Relativpronomen

Bedeutung und Fügungswert des Relativpronomens

Der Fügungswert des Relativpronomens (des bezüglichen Für- **829**
worts) besteht darin, daß es eine Geschehens- oder Zustandsbeschrei-
bung, d. h. einen Nebensatz, mit einer Person oder Sache verbindet.
In der Regel bezieht sich das Relativpronomen auf das unmittelbar
vorangehende Substantiv. Bei vorangehendem attributivem Genitiv
kann man im Beziehungswort schwanken:

> einer der besten Gesellschaftsromane, *die* je geschrieben *wurden*. Auch:
> ... *der* je geschrieben *wurde*.

Mehrere koordinierte Substantive als Beziehungswörter werden durch
ein Relativpronomen im Plural wieder aufgenommen:

> Sie gingen in der Freizeit in die umliegenden Dörfer, um dort *Korn und
> Mais* einzuhandeln, *die* sie dann wieder verkauften.

Zur Wiederaufnahme der 1. und 2. Person durch ein Relativum ↑ 113.
Vgl. auch das zum Relativsatz Gesagte (↑ 64).

Die Form des Relativpronomens   **830**

1. Die ursprünglichste und gebräuchlichste Form des Relativpronomens (aus einem Demonstrativpronomen entstanden) ist *der, die, das*:

> demonstrativ: Es war einmal ein kleines Mädchen. *Das* hieß Rotkäppchen.
> relativ: Es war einmal ein kleines Mädchen, *das* Rotkäppchen hieß.

2. Seit dem 15. Jahrhundert wird das Interrogativpronomen *welcher,* **831**
welche, welches (↑ 837) als Relativpronomen gebraucht. Es ist noch anwend-
bar, wenn sich dadurch Wiederholungen vermeiden lassen:

> Der Dichter, *welcher der* (statt: *der der*) Menschheit mit seinen Werken viel ge-
> geben hat ...

3. Verallgemeinernd verwendet man *wer* und *was* (wer auch immer, **832**
was auch immer) oder *derjenige, welcher; dasjenige, welches* und ihre Beu-
gungsformen:

> *Wer* wagt, gewinnt. *Was* zu tun ist, tue bald! Tue bald, *was* zu tun ist.

Manchmal wird ein Pronomen eingespart:

> Ehre *[demjenigen]*, *dem* Ehre gebührt.

833 4. Das relative *was* wird gebraucht

a) mit Bezug auf ein neutrales Pronomen oder Numerale:

> etwas, *was* viel Spaß bereitete; vieles, *was* ich vorbereitet hatte

b) mit Bezug auf ein neutrales Adjektiv, besonders im Superlativ:

> das Schönste, *was* ich je gesehen habe; das Schöne, *was* (besser: *das*) ich
> bei ihnen sah; etwas Schönes, *das* (auch: *was*) ich bei ihnen sah. Etwas
> Vollständiges, *das* allen Menschen Ehrfurcht einflößte (GOETHE). Aber
> nur: das schönste Buch, *das* ich gesehen habe; das Wohlwollen, *das* ich
> immer bei Ihnen gefunden habe

c) mit Bezug auf einen ganzen Satz (weiterführender Relativsatz, ↑ 79).

> Das Spiel mußte unterbrochen werden, *was* sehr bedauert wurde.

834 5. Es gibt auch relative Adverbien (↑ 771).

a) Statt Präposition + *was* steht das relative Pronominaladverb *wo*-
oder *wor*- + Präposition:

> etwas, *wovon* er Nutzen hat; vieles, *woran* sie Freude hatte, . . . Die Gruppe
> erhielt die Auszeichnung, *worüber* sie sich freute.

Die Genitivverbindungen *weshalb, weswegen* behalten ihre Form.

b) Nach Orts- und Zeitangaben kann relatives *wo* stehen:

> Es kam die Morgenstunde, *wo* die Figur fertig wurde (HESSE). Die
> Zeit kommt noch, *wo* du froh darüber sein wirst.

Der Gebrauch von *wo* konkurriert mit gewählterem *da* oder manchmal
auch mit *als*.

Ein modaler Attributsatz kann mit relativem *wie* angeschlossen werden:

> die Art, *wie* (= in welcher) er erzählte; Empfindungen, *wie* wir sie vom
> Abschiednehmen kennen

835 *Die Deklination des Relativpronomens*

Die Deklinationstabelle ist aus der des Demonstrativpronomens (↑ 828,
Abs. 1) und des Interrogativpronomens (↑ 840) ersichtlich.
Es ist noch folgendes zu bemerken:
Der Genitiv des Relativpronomens heißt im Singular *dessen* mit Bezug
auf ein Maskulinum oder Neutrum; *deren* mit Bezug auf ein Femini-
num; im Plural *deren* mit Bezug auf alle Geschlechter.
Die Formen erhalten keine Endungen:

> ein Buch, mit dess*en* (falsch: mit dess*em*) Erscheinen wir rechnen; Bücher,
> mit der*en* (falsch: mit der*em*) Erscheinen wir rechnen

● Das Interrogativpronomen

Die einzelnen Interrogativpronomen

Die Interrogativpronomen (die Fragepronomen) heißen *wer?*,
was?, *welcher?*, *was für ein?* mit den entsprechenden Deklinationsformen.

1. *wer?* bezieht sich auf Personen, *was?* auf Sachen oder auf einen gan- **836**
zen Satzinhalt. Sie fragen oft nicht nach einem bestimmten Wort, sondern ganz allgemein. *wer?* und *was?* und ihre Flexionsformen unterscheiden Singular und Plural nicht. Es gibt auch keine besondere Form
für das Femininum. Sie haben also ein defektes Formensystem:

> *Wer* kommt? – Der Vater, die Mutter, die Eltern. *Was* liegt auf dem
> Tisch? – Ein Apfel, eine Apfelsine, ein Buch, Bücher. *Was* tust du? –
> Ich mache Schularbeiten.

was? hat keinen Dativ. In der Umgangssprache steht dafür oft der
Akkusativ. In der Literatursprache ist *was?* nach Präpositionen un-
möglich. Dafür steht das Pronominaladverb:

> *Womit* (nicht: mit was) beschäftigst du dich? *Wofür* (nicht: für was)
> schaffen wir? *Woran* (nicht: an was) denkst du?

Für den Genitiv *wessen?* steht in Redensarten und erstarrten Fügungen
manchmal die alte Form *wes?*:

> *Wes* Geistes Kind ist er? Auch in: *weshalb? weswegen?*

2. *welcher (welche, welches)* fragt man bei Auswahl aus einer Menge. **837**
Alle drei Formen werden adjektivisch und substantivisch gebraucht:

> *Welches* Buch (unter mehreren)? (Eine Frau hat mit der Arbeit neu be-
> gonnen. Mehrere Frauen arbeiten an der Maschine. Der Betriebsleiter
> fragt:) *Welche* (oder: *welches*) ist die Neue?

Das Neutrum *welches* kann für alle drei Genera im Singular und Plural
verwendet werden:

> *Welches* ist *der* treffendste Ausdruck, *die* treffendste Redensart, *das* treffend-
> ste Wort? *Welches sind* die treffendsten Ausdrücke?

Natürlich ist der kongruente Gebrauch immer richtig:

> *Welcher* ist der treffendste Ausdruck? *Welche* ist die treffendste Redens-
> art? *Welche* sind die treffendsten Ausdrücke?

Zum Gebrauch der undeklinierten Formen *welch* und *solch* ↑ 718, 822 f.

3. *was für [ein]?* fragt nach wesensprägenden Eigenschaften eines **838**
Gegenstandes oder einer anderen Erscheinung:

> *Was für einer* ist das? *Was für eine* Geschichte ist das? *Was für* Möglich-
> keiten gibt es?

Üblich ist auch noch die ursprüngliche Wortfolge:

Was ist das *für eine* Geschichte? *Was* ist das *für einer*?

4. Zu beachten ist der Unterschied zwischen Interrogativpronomen und Interrogativadverb (↑ 770 f.): Pronomen werden dekliniert, Adverbien können nicht dekliniert werden. Beides sind Fragewörter.

839 *Der Fügungswert des Interrogativpronomens und -adverbs*

Interrogativpronomen und -adverbien haben mehrere gemeinsame Aufgaben.

1. Sie leiten Ergänzungsfragen ein (↑ 51). Pronomen fragen nach Subjekten, Objekten und Attributen:

Wer hat geklopft? *Wen* möchten Sie sprechen? *Wem* zuliebe geschieht das? *Zu wessen* Nutzen geschieht das? *An wen* dachten Sie?

Interrogativadverbien fragen vor allem nach bestimmten Umständen, nach Ort und Richtung, Zeit, Art und Weise, Grund und Folge:

Wo wohnt er? *Wohin* gehst du? *Wann* treffen wir uns? *Wie lange* bleiben wir? *Warum* antwortest du nicht? *Wie* geht es? *Wieviel* kostet das alles?

2. Sie knüpfen einen Nebensatz an einen übergeordneten Satz an (↑ 66):

Er fragte, *wer* geklopft habe (*wem* zuliebe das geschehe, an *wen* ich dächte, *wessen* Freund er sei, *wie* lange wir blieben, *warum* ich nicht antwortete, *wieviel* er zu zahlen habe). Sieh nach, *was* unten los ist! Er sagte, *wer* er sei (*woher* er komme, *wo* er wohne, *was* er wolle).

3. Sie leiten oft auch Relativsätze ein (↑ 64):

Alles, *was* die Arbeit erschwert, muß beseitigt werden. Der Grund, *weshalb* er fehlte, war nicht bekannt. *Wer* Ohren hat, zu hören, der höre. Es ist mein Ernst, *woran* ich Sie zu glauben bitte.

4. Sie werden in der Umgangssprache als Indefinitpronomen gebraucht (↑ 856).

840 *Die Deklination des Interrogativpronomens*

Das Interrogativpronomen wird stark dekliniert.
Die Kurzform *welch* bleibt stets undekliniert:

Welch eine Begeisterung! *Welch* große Begeisterung! *Welch* gutem Geist hab' ich das zu verdanken?

Deklinationstabelle

| | Singular | | | Plural |
	Mask.	Fem.	Neutr.	Mask., Fem., Neutr.
Nom.	wer?		was?	
Gen.	wessen? (wes?)			
Dat.	wem?			
Akk.	wen?		was?	
Nom.	welcher?	welche?	welches?	welche?
Gen.	welches?	welcher?	welches?	welcher?
Dat.	welchem?	welcher?	welchem?	welchen?
Akk.	welchen?	welche?	welches?	welche?

wer und *welcher* werden als Relativpronomen (↑ 835) in gleicher Weise dekliniert.

● Das Indefinitpronomen

Die Bedeutung des Indefinitpronomens

1. Das **Indefinitpronomen** (das unbestimmte Fürwort) steht für **841** eine nach Geschlecht und Zahl unbestimmte Person oder Sache, substantivisch oder adjektivisch. Es kann auch einen Zahlbegriff ausdrücken (↑ 767, 842):

> nur substantivisch: irgendwer, jedermann, man
> substantivisch und adjektivisch: etwas, irgend etwas, ein gewisser, jeder, ein jeglicher, [irgend] jemand, irgendein, niemand, nichts, mancher, kein

2. Die Grenzen zwischen Indefinitpronomen und unbestimmtem Nume- **842** rale sind fließend. Sowohl zur einen wie zur anderen Gruppe kann man rechnen:

> alle, ander, beide, einer, einige, der einzige, etliche, mehrere, sämtliche, viele, wenige

Auch sie können substantivisch und adjektivisch gebraucht werden.

Die einzelnen Indefinitpronomen

1. *all, alle, alles:*   **843**

a) Es drückt aus, daß unter einer Vielheit von Dingen kein einzelnes, von einem Einzelding kein Teil ausgeschlossen ist. Es steht substantivisch als Subjekt, Objekt oder Prädikativ, adjektivisch als Attribut:

> *Alle* waren anwesend. Wir haben *alles* getan. Die Gäste sind *alle* gekommen; *alles* Salz löst sich im Wasser

Im Singular berührt es sich mit *ganz*. Es steht bei Abstrakten und bei Stoffbezeichnungen:

> *allen* Mut, *alle* Energie aufbieten; *alles* in *allem*; *alle* Welt (jedermann), die *ganze* Welt (das Universum); *alles* Gold, *aller* Wein, mit *allem* Golde

alles kann sich auf eine Vielheit beziehen ohne Rücksicht auf Geschlecht und Zahl der einzelnen Teile:

> Untergesicht und Hals, Hinterkopf und Nacken, Wangen und Nase, *alles* ging ein wenig formlos und gepolstert ineinander über (TH. MANN).

alle, landschaftlich *aller*, bezeichnet den wiederholten Wechsel:

> *alle[r]* halben Stunden, *alle[r]* drei Monate

alle ist umgangssprachlich auch Prädikativ im Sinne von *verbraucht, verzehrt, beendet, vorüber*:

> Die Briefmarken sind *alle* [verbraucht]. Das Geld ist *alle*. Der Kuchen ist *alle*.

Im Gegensatz zu *all* betont *jeder, jede, jedes* den individuellen Gegenstand und das Abstraktum, wenn es individuell, konkret gebraucht wird:

> *alle* Räder – *jedes* Rad, *alle* Menschen – *jeder* Mensch; *aller* Anfang ist schwer – *jeder* [einzelne] Anfang ist schwer; *alle* Hoffnung aufgeben – sich an *jeder* neuen Hoffnung festhalten

844 b) Bei der Deklination von *all, alle* ist zu beachten:

– *all* wird in der Regel stark dekliniert:

> in all*er* Frühe, bei dem *allem*, die Stimme all*er* Nationen, all*e* Jahre

Der Genitiv Singular vom Maskulinum und Neutrum wird heute in der Regel schwach dekliniert (↑ 709):

> Es bedurfte all*en* Mutes, all*en* Vertrauens; all*en*falls

– Die nicht deklinierte Form wird bevorzugt, wenn der Artikel oder das Pronomen unmittelbar folgt:

> Was soll *all* der Schmerz und Lust? (GOETHE); *all* die Freude, *all* mein Glück, mit *all* dem Ernst, *all* der Nichtigkeiten wegen, *all* dies (aber: dies all*es*)

alle + Adjektiv ↑ 718.

845 2. *ander (andere, anderes):*
Es steht substantivisch oder adjektivisch im Singular und im Plural. Es drückt die Verschiedenheit aus:

> *anderer* Meinung sein, *anderes* Wetter, alles *andere* als billig

In Entsprechung mit *ein* kann *ander* das zweite, das nächste, das Vorhergehende oder die Gleichartigkeit mit dem Vorhergehenden bedeuten:

> ein Bein über das *andere* schlagen; ein Wort gab das *andere*; immer eins
> nach dem *anderen* tun; wie ein Ei dem *anderen* gleichen

ander wird wie ein Adjektiv dekliniert (↑ 707–709).

> ein and[e]r*es* Wort, ein Wort gab das and[e]r*e*; aus and[e]r*em* Holze,
> sag es dem and[e]r*en*; and[e]r*e* Städtchen, and[e]r*e* Mädchen, die and[e]-
> r*en* Mädchen; wir, ihr and[e]r*en*; ein and[e]r*es* wertvolles Buch, and[e]r*es*
> Angenehmes, mit and[e]r*em* Angenehmen; ↑ auch 726.

ander + Adjektiv im Plural ↑ 718.
Man muß unterscheiden
das Neutrum Singular *anderes*
und das Adverb *anders*:

> ein *anderes* Leben, etwas *anderes*
> *anders* reden, wer *anders*?, jemand *anders*

3. *einer (eine, ein[e]s)*; Gegenwort: *keiner* (↑ 718):   **846**
Aus dem Numerale *eins* entstanden, wird es substantivisch als Indefinitum, adjektivisch als unbestimmter Artikel (↑ 570) verwendet. Substantivisch steht es *jemand* und *man* nahe. Gegenüber *jemand* ist *einer* mehr
umgangssprachlich; dem undeklinierbaren *man* liefert es die Flexions-
kasus (↑ 853). Zur Verallgemeinerung kann *irgend* hinzutreten. Man
gebraucht es heute
bei partitivem Verhältnis:

> *einer* seiner Brüder, mit *einem* der Jungen

in der Fügung unser*einer*, unser*eins*:

> Unser*einer* (unser*eins*) denkt darüber anders.

vor dem Relativsatz:

> nach Aussage von *einem*, der dabei war

nach *so* und *was für*:

> Das ist so *einer*. Was für *einer*, was für *ein* Mensch ist das?

einer drückt gegenüber *jemand* und *etwas* eine größere Unbestimmtheit
aus:

> Er versteht sein Handwerk wie selten *einer*. Sie tranken noch *ein[e]s*,
> noch *einen*.

4. *etwas (irgend etwas)*; Gegenwort: *nichts* (↑ 267, 791):   **847**
a) *etwas* bezeichnet etwas ganz Unbestimmtes; es wird substantivisch
und adjektivisch gebraucht:

> ein gewisses *Etwas*, es zu *etwas* bringen, *etwas* werden, *etwas* von einem
> Gelehrten haben (die Art eines Gelehrten); *etwas* Gutes, mit *etwas* Schönem

Es bezeichnet eine nicht näher bestimmte konkrete Sache:

> Hier raschelt *etwas*. Sie wird schon *etwas* kochen. Gib ihm *etwas*!

Es bezeichnet eine unbestimmte Menge:

> Das ist *etwas*, aber nicht alles; *etwas* Geld, mit *etwas* trockenem Brot

Es ist Adverbialbestimmung (= ein wenig):

> Er stutzte *etwas*. Ich bin *etwas* angegriffen.

b) Auch *nichts* wird substantivisch und adjektivisch verwendet:

> Alles oder *nichts*! Er tut ihm *nichts*. Das schadet *nichts*. Er ist mit *nichts* zufrieden; *nichts* Neues, mit *nichts* Neuem; ich weiß *nichts* Besseres

c) *etwas* und *nichts* bleiben immer unflektiert.

848   5. *ein bißchen, das bißchen* (= ein wenig, etwas; zu: *Bissen*):

a) Es wird substantivisch und adjektivisch verwendet. Der dabeistehende bestimmte Artikel wird flektiert, der unbestimmte kann auch undekliniert stehen:

> *Das bißchen* macht nicht glücklich. Mit *dem bißchen* läßt sich nichts anfangen. Er ließ sich von *dem bißchen* Sonne bescheinen; ein *bißchen* Brot, mit *ein[em] bißchen* Geduld (Beispiele aus dem „Wörterbuch d. dt. Gegenwartssprache")

b) *ein bißchen* kann auch als Adverbialbestimmung stehen:

> Es regnet *ein bißchen*. Du mußt immer *[ein] bißchen* necken. Sei mal *[ein] bißchen* still! (Die Form ohne *ein* ist umgangssprachlich.)

849   6. *einige, etliche, ein paar:*
Sie stehen den Numeralien nahe. *einige, etliche* mit folgendem Adjektiv ↑ 718.
etliche (= einige) ist veraltend:

> *etliche* ähnliche Fälle; es ist schon *etliche* 20 Tage her (einige Tage über 20). Ich weiß *etliches* darüber.

Man unterscheide *ein paar* (= einige, wenige) und *ein Paar* (= zwei):

> *ein paar* schöne Stunden, zu *ein paar* schönen Stunden einladen; *ein Paar* braune[r] Handschuhe, mit *einem Paar* braunen Handschuhen (oder: brauner Handschuhe [↑ 253])

850   7. *gewiß:*
Dieses Adjektiv, das eigentlich *sicher, unbestreitbar* bedeutet, wird in der Bedeutung ‚nicht näher bestimmbar' als adjektivisches Indefinitpronomen gebraucht:

> ein *gewisser* [Herr] Müller, ein *gewisser* Jemand, ein *gewisses* Etwas, *gewisse* Leute; sie verfügt über einen *gewissen* Charme

8. *jeder, jedermann, jeglicher:*   **851**
Diese Wörter kennzeichnen im Singular wie *alle* im Plural (↑ 843,
Abs. a) die Ausnahmslosigkeit.
Sie haben nur singularische Formen, die in der Regel (↑ aber 709)
stark flektiert werden:

> *Jedem* das Seine. Er fragte nach allem und *jedem*. *Jeder* ist seines Glückes
> Schmied; die Gesundheit *jedes* einzelnen, zu *jeder* Stunde, Leute in *jedem*
> Alter

Der Genitiv Singular wird vor starkem Maskulinum und Neutrum
heute vorwiegend schwach dekliniert (↑ 709):

> *jeden* (auch: *jedes*) Zwanges ledig, Menschen *jeden* (auch: *jedes*) Alters,
> *jeden*falls

Das Neutrum kann sich auf alle Geschlechter beziehen:

> Vater, Mutter, Kind, *jedes* hatte einen anderen Wunsch

jedermann wird nur substantivisch gebraucht:

> *Jedermanns* Freund ist niemandes Feind. Er war zu *jedermann* freundlich.

jeglicher (= jeder) ist veraltend und wirkt altertümlich:

> Mir ist *jeglicher* Appetit vergangen. Beim Menschen ist es noch so, daß
> *jeglicher*, der einen Bekannten nach Jahren wiedersieht, zu ihm sagt: ...
> (Welk)

9. *jemand*; Gegenwort: *niemand*   **852**
Mit *jemand* wird eine beliebig denkbare Person (Maskulinum oder Femininum) bezeichnet. Es wird stark dekliniert oder bleibt ohne Flexionsendung:

> jemand, jemand*es*, jemand oder jemand*em*, jemand oder jemand*en*

Die flektierten Formen überwiegen jetzt; die unflektierte ist in Verbindung mit *anders* oder einem deklinierten Adjektiv üblicher. Ein folgendes Adjektiv steht jetzt meist als Neutrum, oberdt. auch als Maskulinum:

> *jemandes* Bekanntschaft machen, *jemand[em]* gefallen, ihn für *jemand anders*
> halten; mit *jemand anders*, *jemand* Bekanntes

Im Dativ ist die Flexion des folgenden Adjektivs möglich, aber seltener
als die unflektierte Form:

> von *jemand anders*, von *jemand anderem* reden, von *jemand Hohem* (Goethe)

Zweimalige Deklination ist zu vermeiden:

> Nicht: mit jemand*em* ander*em*; ↑ auch 845.

Wie *jemand* wird auch *niemand* dekliniert.

853 10. Das Indefinitpronomen *man* ist ungeschlechtig und kommt nur im Nominativ vor. Es „dient der Verallgemeinerung des persönlichen Subjekts" und bedeutet „die Leute, irgendwelche Leute, irgend jemand" (WDG, S. 2430).

> Er war verdächtig, *man* konnte seine Erklärungen nicht nachprüfen (WEISKOPF). Auch Brüder können sich hassen und verachten ... Aber *man* spricht nicht davon. *Man* vertuscht es. *Man* braucht nichts davon zu wissen (TH. MANN).

In benachbarten Sätzen kann *man* verschiedene Personenkreise meinen:

> Damals mußte *man* oft lange auf die nächste Straßenbahn warten. Allerdings hatte *man* gerade erst damit begonnen, das Verkehrsnetz wieder aufzubauen.

Die obliquen Kasus werden mit dem Indefinitum *einer* (↑ 846) gebildet.

> Was *man* gern tut, fällt *einem* nicht schwer. Es freut *einen*, wenn *man* anderen eine Freude macht.

854 11. *mancher, manche, manches, manch* bezeichnet eine unbestimmte Anzahl. Es steht allein oder adjektivisch, mit oder ohne unbestimmtem Artikel, der stets folgt, wenn er steht. Adverbien wie *so, wie, gar* stehen zuweilen als verstärkende Attribute dabei. Zur Deklination ↑ 822 f. *(solch)*.
Zur Deklination des folgenden Adjektivs ↑ 718.

855 12. *einige, mehrere, sämtliche, viele, wenige; wieviel* können substantivisch und adjektivisch stehen. Sie werden stark flektiert; *sämtliche, viele, wenige* können dem bestimmten Artikel folgen und werden dann regelmäßig schwach dekliniert.
Zur Deklination mit folgendem Adjektiv ↑ 718.
viel und *wenig* bleiben vor artikellosem Substantiv im Singular in der Regel undekliniert. Im Genitiv und im Plural werden sie gewöhnlich dekliniert:

> mit *viel* Glück, mit *wenig* Geschick; aber: *vieler* Mühe, *vielen* Schlafs bedürfen (↑ 709); *viel* Schönes und *vieles* Schöne; in *wenig[en]* Stunden; *viele* Käufer, umgeben von *wenigen* Begleitern; *viel[es]* darum geben

Der ursprüngliche partitive Genitiv nach *viel* ist noch in einigen erstarrten Redewendungen erhalten:

> *viel* Redens machen, *viel* Volks

wieviel hat die Ordnungszahl *der wievielte*. *wenig* ist das Gegenwort (Antonym) zu *viel*: *Viel* Geschrei und *wenig* Wolle. *ein wenig* bedeutet soviel wie *etwas*:

> Gib mir noch *ein wenig* Brot / Suppe! (↑ auch 847).

13. *wer* und *was* finden sich in der Umgangssprache als Indefinitprono- **856** men im Sinne von *[irgend] jemand, [irgend] etwas.* Auch deklinierte Formen kommen umgangssprachlich vor. Damit keine Verwechslung mit den gleichlautenden Interrogativpronomen entsteht, sollte man diese Wörter nicht an den Satzanfang stellen:

> [Ist] *wer* da? Suchst du *wen / was?* Hast du mir *was* mitgebracht? Ist noch *wer* ohne Fahrschein? ... wenn dein Bruder stirbt oder vielleicht auch *wer,* der dir noch näher steht (FONTANE).

Das Fügewort (Präposition und Konjunktion)

Das Gemeinsame von Präposition und Konjunktion besteht in der Ver- **857** knüpfung und gegenseitigen Zuordnung von Wörtern, Wortgruppen und Sätzen. Sie helfen beide, die räumlich-zeitlich-begriffliche Ordnung der Erscheinungen der objektiven Realität sprachlich darzustellen. Fügewörter sind nicht flektierbar und nicht satzgliedfähig.

● Die Präposition

Die Bedeutung der Präposition

1. Die Präposition verknüpft Wörter und Wortgruppen und steht **858** innerhalb von Satzgliedern. Sie fordert von Substantiven und Pronomen, bei denen sie steht, einen bestimmten Kasus (↑ Rektion). Präpositionen kennzeichnen in Verbindung mit Substantiven, Adjektiven und Adverbien bestimmte Beziehungen räumlicher, zeitlicher oder anderer Art (Grund, Folge, Mittel, Zweck, Art und Weise, Gemeinschaft usw.). Man nennt sie deshalb auch Verhältniswörter. Sie stehen meist *vor* ihrem Bezugswort, daher die lat. Bezeichnung „Präposition" = ‚das Vorgestellte'.

2. Die Präpositionen können verschiedene Umstände signalisieren.

a) Lokale Umstände (Fragen: *wo?, woher?, wohin?*): **859**

> ab, abseits, an, auf, aus, außer, außerhalb; bei, bis; diesseits, durch; entlang; gegen, gegenüber; hinter; in, inmitten, innerhalb; jenseits; längs; mit; nach, nächst, neben; ob, oberhalb; über, um, unterhalb, unweit; von, vor; zu, zwischen:
> Hans arbeitet *in der* Werkstatt, *auf dem* Hof, *vor dem* Hause. Er geht *in den* Betrieb. Er kommt *aus dem* Hause. Rothenburg *ob der* Tauber.

b) Temporale Umstände (Fragen: *wann?, seit wann?, bis wann?, wie* **860** *lange?, wie oft?*):

> ab, an, auf, aus, außerhalb; bei, binnen, bis; für; gegen; hinter; in, innerhalb; mit; nach; seit; über, um, unter; von, vor; während; zeit, zu, zwischen:

Hans ruht *am* Abend aus, verreist *im* Sommer, besuchte mich *auf* eine
halbe Stunde. Er kam *vor* 3 Uhr, *nach* 17 Uhr.

861 c) Kausale Verhältnisse (Fragen: *warum?*, *weshalb?*, *weswegen?*), und
zwar den Grund:

> an, aus, durch, halber, infolge, nach, ob, über, um – willen, unter, ver-
> möge, vor, wegen:
> Er verrichtet diese Arbeit *aus* Pflichtgefühl. Er konnte *vor* Müdigkeit
> nicht arbeiten. Er hätte sich *ob* seiner Vergeßlichkeit ohrfeigen können.
> Er litt *unter* Kopfschmerzen. Er fehlte *wegen* Krankheit.

die unzureichende, nicht wirksam werdende Bedingung:

> bei, entgegen, trotz, unbeschadet, ungeachtet, … zum Trotz;
> Er kam *trotz* schlechten Wetters. *Bei* allem guten Willen schaffte er es
> nicht.

den Grund, dem ein Geschehen folgt (Fragen: *warum?*, *mit welcher
Folge?*):

> infolge, zufolge, zu, zwecks:
> Die Brücke ist einer Anordnung *zufolge* gesperrt worden. *Zur* Freude der
> Kinder schneite es.

862 d) Finale Verhältnisse (Fragen: *wozu?*, *zu welchem Zweck?*):

> auf, für, zu:
> *auf* die Prüfung [hin], *für* die Prüfung arbeiten, ein Gesetz *zum* Schutz der
> Umwelt

863 e) Das Mittel (Fragen: *wodurch?*, *womit?*):

> durch, kraft, mit, [ver]mittels:
> *durch* einen Boten benachrichtigen, *mit* oder *durch* Fleiß etwas erreichen,
> die Aufgabe *mit* dem Taschenrechner lösen

864 f) Umstände der Art und Weise (Fragen: *wie?*, *auf welche Weise?*):

> auf, außer, bei, in, mit, unter, zu:
> alles *auf* einmal tun, *außer* Atem ankommen, *in* Armut leben

865 g) Andere besondere Verhältnisse

> die Ausnahme: alle *außer* einem, *bis auf* einen, *ohne* ihn
> die Wechselbeziehung: der Altersunterschied *zwischen* den Brüdern
> die Gemeinschaft: *mit* jemandem spielen, Geld *samt* Brieftasche
> den Gegensatz: *gegen*, *wider* den Strom schwimmen
> Maß und Wert: *um* sechs Prozent, *zwischen* 3 und 4, *bis zu* drei Mark
> die Reihenfolge: *vor* ihm, *nach* ihm kommen, Schritt *für* Schritt
> die Übereinstimmung: *laut* Rechnung, *gemäß* dem Befehl
> die Wiederholung: Tag *für* Tag, eins *über* das andere
> das Zubehör: ein Haus *mit* Garten, *ohne* Garten

3. Die obigen Beispiele zeigen, daß die gleiche Präposition verschie- **866**
dene Umstände und Verhältnisse kennzeichnen kann. Andererseits
geben manchmal verschiedene Präpositionen ungefähr den gleichen
Sinn wieder:

> der Kampf *um / für* den Frieden; freundlich *mit* den Kindern, *zu* den
> Kindern; *über* etwas, *wegen* etwas lachen, traurig sein

Meist ändert eine andere Präposition die Bedeutung der Fügung:

> die Jagd *auf* Hirsche, die Jagd *nach* dem Glück; der Dank *für* die Gabe,
> der Dank *an* den Spender, der Dank *aus* vollem Herzen; krank *an* der
> Leber, *von* der Überanstrengung, *vor* Sehnsucht, *infolge* einer Ansteckung;
> *aus* vollem Halse lachen, *über* einen Witz lachen

Es gilt, im jeweiligen Zusammenhang die richtige Präposition zu setzen:

> Doppeldeutig: Der Preis beträgt fünf Mark *mit* Versandgebühr.
> Die Reparaturen sind *in* drei Wochen auszuführen.
> Eindeutig: ... fünf Mark *einschließlich* oder *zuzüglich* Versandgebühr;
> *innerhalb* drei Wochen oder *binnen* drei Wochen oder *nach* drei Wochen ...

Zur Herkunft der Präpositionen

1. Die ältesten Präpositionen sind aus Ortsadverbien entstanden **867**
(↑ 775). Die ursprünglichen Wörter für lokale Umstände wurden früh
für Zeitverhältnisse verwendet (↑ 859 f.) und schließlich auch in übertragener Bedeutung gebraucht (↑ 861 ff.). Die sinnliche Anschauung
ist oft noch spürbar (↑ die Beispiele in 860).

2. Die jüngeren Präpositionen sind ursprüngliche Substantive, Adjek- **868**
tive und Partizipien:

> Substantive: angesichts, dank, kraft, laut, trotz, wegen, zeit
> Adjektive und Partizipien: nach (↑ nahe), nächst, unweit, hinsichtlich,
> zuzüglich; während; entsprechend, ungeachtet, ausgenommen

3. Auch heute noch entstehen aus Wörtern anderer Wortarten Präpositionen. Adjektive und Adverbien wie *gelegentlich, vorbehaltlich, einschließlich, links, rechts* werden als Präpositionen gebraucht:

> rechts des Weges, gelegentlich seines Besuchs

Präpositionale Wortgruppen werden Präpositionen, indem die Teile in
ihrer Einzelbedeutung verblassen und zusammengeschrieben werden:

> infolge, anstatt, zugunsten; auch schon: anhand, aufgrund, anstelle

Dieser Entwicklungsprozeß läßt sich auch in folgenden Fällen beobachten:

> in Anbetracht, aus Anlaß / anläßlich, im Laufe, im Namen, im Rahmen

Der Fügungswert der Präposition

869   1. Die Präposition setzt das von ihr abhängige Wort in ein bestimmtes syntaktisch-semantisches Verhältnis zu einem anderen Wort:

> Buch, Schreibtisch: das Buch *auf* dem Schreibtisch; danken, Gabe: danken *für* die Gabe; zufrieden, Ergebnis: zufrieden *mit* dem Ergebnis

2. Die Präposition kennzeichnet meist eine Beziehung eindeutiger als der reine Kasus. Deshalb verdrängt sie oft den reinen Kasus:

> Er denkt *an mich* / er gedenkt *meiner*. Er schreibt *an den Freund* / *dem Freund*.
> Er vertraut *auf ihn* / er vertraut *ihm*.

870   3. An die Stelle eines Genitivattributs tritt oft die Fügung mit *von*, sei es, weil der Genitiv nicht deutlich genug ist, sei es, weil er überhaupt nicht gesetzt werden kann:

> der Beifall *von* 5 000 Menschen, die Verfasser *von* Gedichten, der Einfluß *von* Wind und Wetter, die Kollegen *von* „Papier und Druck" (eine Zeitschrift)

Bei Titeln eines Werkes kann der Name des Autors mit *von* angeknüpft werden:

> „Das Kapital" *von* Marx; „Hieronymus im Gehäuse" *von* Dürer

Wenn der Titel bereits einen Genitiv enthält, muß *von* stehen:

> „Hans Sachsens poetische Sendung" *von* Goethe

Auch nach Präpositionen wird der Genitiv gelegentlich durch eine Fügung mit *von* ersetzt:

> Manebach liegt *oberhalb von* Ilmenau. Ich sah das Dorf *jenseits vom* Strom.

871   4. Die präpositionale Wortgruppe (Präposition + Substantiv oder Präposition + Pronomen oder Präposition + Adverb) ist eine häufige Form des Prädikativs (↑ 155), des Objekts (↑ 190–193), der Adverbialbestimmung (↑ 202) und des Attributs (↑ 240, Abs. 3 c).

872   5. Die Wörter *an [die]*, *bei*, *bis [zu]*, *gegen*, *über*, *um* können vor Zahlwörtern als Partikeln fungieren (= etwa; *über* = mehr als). In diesem Falle beeinflussen sie den Kasus des folgenden Substantivs nicht. Dieser wird vom Verb oder von einer vorangehenden Präposition bestimmt:

> *An [die]* zehn Verwandte waren zugegen. Die Maschine liefert *bis* sechs gut lesbare Durchschläge. *Bis zu* 10 Jugendlichen wollten sie Quartier geben. Man rechnet mit *über* 1 000 Besuchern. Das war eine Veranstaltung für *über* 1 000 Besucher.

Nach *bis zu* + Zahl steht das der Zahl folgende attributive Substantiv im Dativ:

> Aufsätze *bis zu* acht Seiten, Kinder *bis zu* sechs Jahren

6. Die Präpositionen *ohne, um, [an-]statt* können auch am Anfang eines **873**
daß-Satzes oder vor einem (erweiterten) Infinitiv mit *zu* stehen:

> Er half, *ohne* daß ich bitten mußte. Sie hörte zu, *ohne* mich zu unter-
> brechen. Er spielte, *statt* daß er lernte (oder: ..., *statt* zu lernen). Er
> nahm ein Taxi, *um* den Zug noch zu erreichen.

Zum Gebrauch des Infinitivs mit *zu* ↑ 426 ff., 432.

7. Manche Präpositionen bilden mit dem Demonstrativpronomen und **874**
dem Interrogativpronomen ein Pronominaladverb (↑ 771).

Form und Stellung der Präpositionen

1. Präpositionen können ein- oder mehrteilig sein.   **875**

a) Die meisten Präpositionen bestehen aus einem Wort und stehen in
der Regel (aber ↑ 877) vor dem Bezugswort.

b) Zweiteilige Präpositionen schließen das Bezugswort ein:

> *um* der Mutter *willen*, *von* Kindheit *an*, *von* Jugend *auf*, *an* der Tribüne
> *vorbei* (↑ Abs. c), *von* Rechts *wegen*

Davon zu unterscheiden sind zwei aufeinanderfolgende Präpositionen,
die zusammen eine Einheit bilden oder deren zweite zu dem folgenden
Substantiv gehört:

> *bis zu* zwei Seiten; eine Summe *von über* 1 000 Mark, Bücher *von vor* hundert
> Jahren

c) Präpositionen können durch Adverbien verstärkt werden. Diese
Adverbien können dem flektierten Substantiv voran- oder nachstehen:

> *zusammen* mit dem Freunde / mit dem Freunde *zusammen*; *oben* auf der
> Tribüne / auf der Tribüne *oben*; *draußen* vor der Tür / vor der Tür *draußen*;
> durch den Wald *hindurch*

d) Verschmelzung von Präposition und Artikel ↑ 588–591.

e) Einige Präpositionen fremder Herkunft werden vorwiegend im Stil **876**
des öffentlichen Lebens verwendet:

> *à* (frz. = ,zu': 5 Stück *à* 10 Pfennig, besser: 5 Stück *zu* 10 Pfennig
> *exklusive* (,ausschließlich'), inklusive (,einschließlich'): *exklusive* [der] Ver-
> sandkosten
> *per* (lat. = ,durch'): *per* (mit der) Bahn, *per* (für den, zum) 31. Dezember
> *pro* (lat. = ,für'): 8 Pfennig *pro* Stück, *pro* gefahrenen Kilometer (je
> Stück, je gefahrener oder gefahrenen Kilometer)
> *vis-à-vis* (frz. = ,gegenüber'): *vis-à-vis* unserem Haus[e]

2. a) Einige Präpositionen stehen grundsätzlich hinter dem Bezugswort. **877**

> gewisser Umstände *halber*, meinem Freund *zuliebe*, seinem Willen *zuwider*

b) Einige Präpositionen können dem Bezugswort voran- oder nachstehen:

> entgegen, entlang, entsprechend, gegenüber, gemäß, nach (= gemäß,
> entsprechend), ungeachtet, wegen, zufolge; *wegen* des Glatteises, des
> Glatteises *wegen*

Die Rektion der Präpositionen

878 1. Jede Präposition fordert einen bestimmten Kasus des zugehörigen
Substantivs oder Pronomens. Bei Präpositionen, die sowohl den Dativ
als auch den Akkusativ regieren, beeinflußt auch die Bedeutung des
Verbs die Rektion. Die ursprünglichen Präpositionen (↑ 867) verlangen
den Dativ oder den Akkusativ, die abgeleiteten (↑ 868) meist den Genitiv, bei Ableitungen von Adjektiven oder Partizipien z. T. auch den
Dativ. Ab und an steht das Substantiv auch unflektiert (↑ 882).

879 2. Wenn mehrere Präpositionen mit unterschiedlicher Rektion vor
einem Substantiv stehen, dann gilt folgendes:

a) Sie sollen nur dann bei einem gemeinsamen Substantiv stehen,
wenn dieses ohne Artikel gebraucht wird oder die Endungen der geforderten Kasus gleichlauten, d. h. im Singular bei allen drei Genera:

> mit oder ohne (ohne oder mit) Ausweis, Farbe, Buch

im Plural, wenn die verschiedenen Kasus gleichlautende Endungen
haben:

> mit oder ohne (ohne oder mit) Kästen, mit oder ohne Blumen; aber:
> *mit* Freund*en* und *ohne* Freund*e*

880 b) Um umständliche Wiederholungen zu vermeiden, richtet sich das
Substantiv oft nach der letzten Präposition:

> *aus* und *ins* Französische (Renn), *in* und *durch* die Gesellschaft

881 3. Nach ihrer Rektion lassen sich die Präpositionen in folgende Gruppen ordnen:

Präpositionen mit dem **Genitiv**

> abseits, abzüglich, anfangs, angesichts, an Hand / anhand, anläßlich,
> anstatt, an Stelle / anstelle, auf Grund / aufgrund, ausschließlich, außer-
> halb, behufs, beiderseits, betreffs, bezüglich, diesseits, exklusive, halber,
> hinsichtlich, infolge, inklusive, inmitten, innerhalb, jenseits, kraft, längs,
> laut, mangels, mittels, namens, oberhalb, seitens, trotz, um . . . willen,
> unbeschadet, ungeachtet, unterhalb, unweit, vermöge, vorbehaltlich,
> während, wegen, zeit, zufolge, zugunsten, zuungunsten, zuzüglich,
> zwecks u. a.

Präpositionen mit Genitivrektion werden mit dem Dativ verbunden, **882**
wenn der Genitiv aus der Endung nicht eindeutig erkennbar ist oder
wenn ein Genitivattribut im Singular vorausgeht oder folgt:

> *innerhalb* acht Tag*en*, *während* vier Jahr*en*, *mangels* Gründ*en*, Beweis*en*;
> *trotz* dem Verbot *des* Vater*s*, *wegen* Vater*s* [ausführlich*em*] Brief
> Aber nur: *innerhalb* zweier Tage, *während* dieser vier Jahre, *mangels* triftiger
> Gründe, *mangels* eines Beweise*s*, *trotz* heftigen Regen*s*

Alleinstehende stark deklinierte Substantive stehen im Singular nach
Präpositionen mit Genitivrektion häufig undekliniert:

> Preis *einschließlich* Porto, *inklusive* Porto, *infolge* Unfall, *laut* Gesetz, *mittels*
> Draht, *wegen* Mangel*[s]* an Beweisen

Präpositionen mit dem **Dativ**   **883**

> ab, aus, außer, bei, binnen, entgegen, fern, gegenüber, mit, nach, nächst,
> nebst, ob (↑ 891), samt, seit, von, zu, zuliebe, zunächst, zuwider

Präpositionen mit dem **Akkusativ**   **884**

> bis, durch, entlang, für, gegen, ohne, per, pro (↑ 876, 891), sonder, um,
> wider

Präpositionen mit dem **Dativ und Akkusativ**   **885**

> Bei den Präpositionen *an, auf, hinter, in, neben, über, unter, vor* und *zwischen*
> steht der Akkusativ, wenn eine Bewegung oder Tätigkeit zielgerichtet aus
> einem Bereich (einem Raum oder einer Situation) in einen anderen ver-
> läuft (Frage: *wohin?*), sonst steht der Dativ (Frage: *wo?*).
> Der Bus fährt *in die* Stadt. Er hält *in der* Stadt. Ich legte das Buch *auf den*
> Tisch. Das Buch liegt *auf dem* Tisch.

Es gibt Schwankungsfälle, wo man beide Kasus zulassen muß: **886**

> den Schmuck *im* Schrank oder *in den* Schrank einschließen, sich *auf dem*
> Stuhl oder *auf den* Stuhl niederlassen, sich *hinter dem* Hause oder *hinters*
> Haus verstecken, *an die* / *an der* Tür klopfen

Bei manchen Präpositionen bürgert sich eine feste Rektion ein; z. B. **887**
wird die Präposition *auf* jetzt in Verbindung mit *bestehen* überwiegend
mit dem Dativ gebraucht:

> Ich bestehe auf *der* Forderung. Aber bei FONTANE: Instetten besteht auf
> *das* Duell.

Nach *sich setzen* steht jetzt schriftsprachlich die Präposition mit Akkusativ, früher und noch jetzt oberdt. mit Dativ:

> sich auf *eine* Bank setzen; aber: Auf *dieser* Bank von Stein will ich mich
> setzen (SCHILLER).

Im übrigen gilt folgendes: **888**

a) Der Dativ steht, wenn im bezeichneten Verhältnis ein Beharren

zum Ausdruck kommt, wenn man das Verhältnis als Zustand betrachtet
und die präpositionale Fügung auf die Frage *wo?* antwortet:

> Man führte das Buch *in der* Schule ein, wird das Buch *in der* Schule ein-
> führen. Er beharrt auf *seinem* Standpunkt. Er schwankte zwischen groß*er*
> Furcht und leis*er* Hoffnung. Er steht *über den Dingen.*

889 b) Der Akkusativ steht, wenn man sich dieses Verhältnis als eines vor-
stellt, das erst herbeigeführt wird, als Ziel. Die Bedeutung des Verbs
tritt dabei stärker hervor. Die Fügung antwortet auf die Frage *wohin?*:

> Ich werde dich *in die Gesellschaft* einführen. Er trug den Namen *in die*
> Liste ein. Er setzt sich *zwischen zwei Stühle.* Er kam *hinter die Wahrheit.* Die
> Straßenbahn fährt *über die Brücke.*

890 c) Wenn man beim Gebrauch dieser Präpositionen in übertragener
Bedeutung die Verhältnisse nicht auf solche des Zustandes oder der
Richtung, des Zieles zurückführen kann, gilt folgendes:
Der Akkusativ steht bei den Präpositionen *auf* und *über*:

> Ich werde dich *auf jede Weise* unterstützen. Du kannst mir *aufs Wort*
> glauben. Ich freue mich *auf diesen Brief.* Komm bitte *auf einen Augenblick!*
> Ich freue mich *über deinen Erfolg.* Ich freue mich *über alle Maßen.* Er blieb
> *den Tag über* (tagsüber) am Strand.

Der Dativ steht bei den Präpositionen *an, in, hinter, unter, vor* und *zwischen*:

> Er zweifelte *an der Richtigkeit* der Nachricht. Er stieß sich *an seinem Be-
> nehmen.* Ich tue es *in seinem Namen, unter dieser Bedingung.* Verschanze dich
> nicht *hinter solchen Ausreden!* Er fürchtet sich *vor ihm. Zwischen ihnen* ent-
> brannte ein heftiger Streit.

Die Präpositionalfügung bei Verb, Adjektiv und Substantiv ↑ 192–194.

891 Präpositionen mit Kasusschwierigkeiten

ab wird im Mittelhochdeutschen, z. T. auch noch im Neuhochdeutschen mit dem Dativ gebraucht. Jetzt steht *ab* meist ohne erkennbaren
Kasus:

> Das Vieh *ab der Weide* zu holen (Pestalozzi), *ab unserm Lager*; ab *Leipzig*,
> ab *Hafen*, ab drei *Uhr*, ab *morgen*

außer fordert in der Regel den Dativ:

> *außer der Reihe,* außer *einem,* außer *allem Zweifel.* Ich bin *außer mir.*

Mit Akkusativ steht *außer* bei Verben der Bewegung, besonders bei
setzen und *stellen*:

> außer *Tätigkeit* setzen, außer *allen Zweifel* setzen, außer *den Zusammenhang*
> gestellt

Mit Genitiv steht es nur noch in *außer Hauses, außer Landes.* Zu beachten ist auch der Gebrauch von *außer* als Konjunktion (↑ 924, Abs. b).

binnen steht mit Dativ, in gehobener Rede auch mit Genitiv:

> binnen *wenigen* Jahren, binnen *kurzem*; binnen *weniger* Jahre

bis fordert den Akkusativ. Das ist vor allem bei nachfolgendem Datum zu beachten:

> *bis* Donnerstag, *den* 13. November; *von* Freitag, *dem* 7., bis Donnerstag, *den* 13. November (*bis zu* ↑ 872)

dank fordert den Dativ (der Genitiv ist weniger gut):

> Dank *seinen* Reisen, *seinen* Kenntnissen, *seinen* Interessen war Thomas Buddenbrook in seiner Umgebung der am wenigsten bürgerlich beschränkte Kopf (TH. MANN).

entlang hat jetzt meist vorangestellten Akkusativ:

> *das Ufer* entlang, *den Weg* entlang, *die Straße* entlang

Seltener steht der Dativ:

> ... *der Küste* entlang nach Marina Petriera ... (TH. MANN)

entlang nach Präpositionalgruppe ist Adverb:

> Die Fahrt auf der Küstenstraße *am Meer entlang* (BREDEL), *an der Häuserfront entlang*, *auf dem Dach entlang* lief eine Katze

gegenüber fordert den Dativ, bei Ortsnamen kann auch *von* folgen:

> gegenüber *dem* Dorf, gegenüber *Hans*, gegenüber *Frankfurt*; oder: *dem* Dorf gegenüber, *Hans* gegenüber, gegenüber *von* Frankfurt

Dem Pronomen muß *gegenüber* folgen:

> *dir* gegenüber, *Ihnen* gegenüber, *diesem* gegenüber

laut fordert nach der Regel den Genitiv (↑ 881):

> laut *unseres Schreibens*, laut *ärztlichen Gutachtens*

Ein nachfolgendes artikelloses Substantiv steht undekliniert:

> laut Gesetz, laut Befehl, laut Vorschrift, laut Schreiben vom ...

Da *laut* der Präposition *nach* im Gebrauch nahesteht, bürgert sich auch der Dativ immer mehr ein, besonders bei folgendem Genitivattribut:

> laut unserem Schreiben, laut ärztlichem Gutachten; laut dem Gutachten des Sachverständigen

nach fordert den Dativ; bei übertragener Bedeutung wird es oft nachgestellt:

> *nach* dem Essen, *nach* Hause gehen; meiner Meinung *nach*, allem Anschein *nach*

ob steht überwiegend mit Dativ, seltener mit Genitiv, und zwar in lokaler (= ‚oberhalb') und kausaler (= ‚wegen') Bedeutung (veraltend):

> Rothenburg *ob* der Tauber; *ob* solch unmönchischen Verhaltens zur Rede gestellt (Uhse); Die Eltern freuten sich *ob* der gelungenen Überraschung, die sie den Kindern zu Weihnachten bereitet hatten.

trotz steht mit Genitiv; weniger üblich ist der Dativ. Vor Substantiven im Plural ohne Artikel muß er stehen:

> trotz des Regens, trotz schlechten Wetters; trotz alledem, trotzdem; trotz Triumphen, trotz Stürmen, trotz Gesetzen

unfern, unweit verlangen den Genitiv:

> unfern *des* Waldes, unweit *des* Hauses; weniger gut: unfern *von dem* Walde; unweit *Hamburg / Hamburgs / von Hamburg* wohnen

wegen fordert den Genitiv (oberdt. und umgangssprachl. steht auch der Dativ; ↑ auch 892):

> wegen *des* Vaters, *des* Vaters wegen, wegen Mangels an Beweisen

Mit dem Genitiv des Personalpronomens verwächst *wegen* zu einem Wort:

> *meinet*wegen, *unsert-, ihret*wegen; umgangssprachl.: wegen *mir*

In formelhaften Wendungen ist *wegen* zuweilen mit *von* verbunden:

> von Amts wegen, von Rechts wegen, von Staats wegen

zufolge steht mit vorangehendem Dativ oder mit folgendem Genitiv:

> demzufolge, seinem Wunsch zufolge; zufolge des Befehls, der Anordnung

Zur Semantik und Verwendung einiger Präpositionen

892 1. Beim Gebrauch folgender Präpositionen bestehen gegenwärtig Unsicherheiten, weil ihre Bedeutungen vermengt oder verwechselt werden: *durch – wegen – infolge – zufolge; während*

durch signalisiert das Mittel, das Merkmal, den Urheber und die Ursache

> Er zeichnet sich *durch Fleiß* aus. Das Buch empfiehlt sich *durch seinen wertvollen Inhalt*. Die Kaffeemühle wird *durch einen Motor* angetrieben. Der Brand entstand *durch Unachtsamkeit*.

wegen drückt den sachlichen Grund aus ohne Betonung der Zeitfolge:

> Er wurde *wegen seines Fleißes* gelobt. *Wegen seiner Ausstattung* eignet sich dieses Buch gut als Geschenk.

infolge steht vor der Bezeichnung eines Vorgangs oder einer Tätigkeit, die die Voraussetzung für eine notwendige, mechanische Folge nennt:

> *Infolge Nebels* mußte das Flugzeug landen. *Infolge von Schneeverwehungen* hatte der Zug Verspätung. *Infolge eines schweren Unfalls* fehlte er im Betrieb.

zufolge steht a) beim Hinweis auf eine in der Präpositionalfügung angeführte Quelle, b) bei konsekutiver Entsprechung:

> a) *Der Wochenzeitung zufolge* sind die Ausgaben für den Umweltschutz in den letzten Jahren erheblich gewachsen.
> b) *Seinem Wunsch zufolge* wurde der 75. Geburtstag nicht gefeiert.

während kennzeichnet Zeiträume, innerhalb deren etwas geschieht. Es antwortet nur auf die Frage *wann?*, nicht auf die Frage *wie lange?*:

> *Während* des Vortrags darf nicht geraucht werden. Nicht: Wir verreisten *während* drei Wochen (richtig: *für* drei Wochen).

893 2. Zu der Neigung, nach Präpositionen auf die Flexionsendung zu verzichten, ist folgendes zu sagen:

a) In der Regel ist die Flexionsendung zu setzen:

> Chemisches Werk sucht ständig Aufträge in Lederpflegemittel*n*.

Auch bei artikellosem Substantiv oder einem erdkundlichen Namen ist die Flexionsendung möglichst zu setzen (↑ aber 882):

> wegen Mangel*s* an geeigneten Räumen, außerhalb Europa*s*

b) Präpositionen vor Titeln von Werken, Zeitungen usw. fordern die Deklination des Titels:

> in Kleists „Zerbrochen*em* Krug", aus den „Neuest*en* Nachrichten"

c) Wenn ein von der Präposition nicht abhängiger Kasus diese vom zugehörigen Substantiv trennt, ist auf die Flexion besonders zu achten:

> aus (oder: in) aller Herren Länder*n*, in dem an die Gewerkschaftsleitung gerichtet*en* Schreiben, für den dem Verletzten geleistet*en* Beistand, innerhalb der vom Gesetz festgelegt*en* Frist

d) Zur Flexion nach Präpositionen mit Genitiv ↑ 882.

894 3. Umständliche und ungebräuchliche Präpositionen der Behördensprache ersetze man möglichst durch allgemeingebräuchliche:

> *behufs* durch *zu*; *seitens* durch *von*; *vermittels[t]* durch *mit*

895 4. Es können Häufungen von Präpositionen oder präpositionalen Wortgruppen auftreten:

mit vor Freude strahlenden Augen; *auf in* Nebel getauchten Gipfeln; die Stempel *in in* der Bibliothek befindlichen Büchern; auf der Tribüne *im* großen Kulturraum *in* der rechten Hälfte

896 Wenn möglich, sollte man zu große Häufungen besser auflösen

durch Genitive: Stempel in Büchern der Bibliothek, in der rechten Hälfte der Tribüne des Kulturraums; durch Nebensätze: auf den Gipfeln, die in Nebel getaucht waren; durch Zusammensetzungen: mit freudestrahlenden Augen; in der rechten Tribünenhälfte des Kulturraumes

● Die Konjunktion

Bedeutung und Fügungswert der Konjunktion

897 1. Die Konjunktionen (die Bindewörter) helfen, zeitliche, kausale und andere Beziehungen zwischen Erscheinungen der objektiven Realität sprachlich wiederzugeben. Es sind unflektierbare Wörter ohne Satzgliedwert und ohne Kasusforderung, die Wörter, Wortgruppen und Sätze miteinander verknüpfen und bestimmte Bedeutungsbeziehungen zwischen diesen ausdrücken. Beziehungen des Nebeneinanders, des Ausschlusses, des Gegensatzes, der Zeit, des Grundes, der Folge, der Bedingung, des Zwecks, der Art und Weise, des Mittels und des Vergleichs können durch Konjunktionen ausgedrückt werden (↑ 907 ff.).

2. Ihrem Fügungswert nach unterscheidet man zwei Arten von Konjunktionen:

898 a) *Koordinierende* (nebenordnende, beiordnende) Konjunktionen verbinden

-- grammatisch gleichwertige Wörter und Wortgruppen (↑ aber 903):

Es duftete nach Erde, Wald *und* Wasser (STRITTMATTER). Man verpflegt sich auf den Stationen *oder* aus mitgenommenen Vorräten.
Weitere Beispiele ↑ auch 86 ff., 902, 907 ff.

-- Sätze gleichen Grades, und zwar Hauptsätze oder gleichgeordnete Nebensätze:

Hauptsätze: Sind wir einer Meinung, *oder* habt ihr Einwände? Nebensätze gleichen Grades: ..., daß die Musik bereits im Leben des jungen Bach eine Rolle spielte *und* daß er schon früh mit der Orgel vertraut wurde.
Weitere Beispiele ↑ auch 93 ff.

899 b) *Subordinierende* (unterordnende) Konjunktionen leiten einen Nebensatz ein und kennzeichnen seine Unterordnung (Hypotaxe):

Ich freue mich, *wenn* du kommst. Der Fuchs war zu schlau, *als daß* er in die Falle gegangen wäre.
Weitere Beispiele ↑ 67, 74–78.

Die subordinierenden Konjunktionen können auch Nebensätze verschiedenen Grades mit dem Hauptsatz zu einer Einheit fügen:

> An der Türe klebte ein Zettel mit der Mitteilung, *daß* Dudillier nicht mehr imstande sei, seine Flöhe zu ernähren, *weil* die Nazis den Franzosen auch das letzte Tröpfchen Blut aussaugten ... (WEISKOPF)

„Echte" Konjunktion und Konjunktionaladverb

1. Konjunktionen sind Wörter, die darauf spezialisiert sind, Wörter, **900** Wortgruppen und Sätze miteinander zu „verbinden". Als lediglich verbindende Mittel gehören sie nicht zum Satz, haben also keinen Satzgliedwert; deshalb hat der Satz auch ohne sie Sinn und verändert mit ihnen die Stellung seiner Glieder nicht (↑ aber 904):

> Die Aufgabe erfordert alle Kraft, *und* sie verlangt gründliche Vorarbeit.

Eine „verbindende" Fähigkeit haben auch noch andere Wörter, vor **901** allem Adverbien, aber auch Wortgruppen. Aber diese gehören zu dem Satz, den sie beginnen oder in dem sie stehen, als Satzglieder. Sie können ihre Stellung im Satz verändern und bewirken, wenn sie am Satzanfang stehen, daß ihnen die Personalform des Verbs folgt:

> Diese Aufgabe erfordert alle Kraft, *deshalb* verlangt sie gründliche Vorarbeit. Er hatte sich erkältet, *dennoch* erledigte er die Arbeit.

Zuweilen werden solche Wörter „unechte" Konjunktionen genannt. Aber sie sind „Bindewörter" nur unter semantischem, nicht unter syntaktischem Gesichtspunkt.

2. Die Zahl der „echten" koordinierenden Konjunktionen ist klein: **902**

a) *aber* (↑ 910), *allein* (= aber), *denn* (↑ 911), *oder* (↑ 909), *und* (↑ 907), *sondern* (↑ 910); Beispiele ↑ auch 921.
aber ist nicht an den Satzanfang gebunden. Es kann, weniger betont, vor oder nach der Personalform des Verbs im Satz stehen. Es bildet auch in dieser Stellung kein Satzglied:

> Das Unternehmen war schwierig, *aber* es glückte. Das Unternehmen war schwierig, es glückte *aber*. Ich habe einerseits wenig Hoffnung, andererseits *aber* soll man nichts unversucht lassen. Es ist *aber* so!

b) *doch, also* können als Konjunktionen, d. h. ohne Satzgliedwert stehen oder als Satzglied (Adverbialbestimmung) mit entsprechender Verbstellung. Im ersten Fall kann man nach *doch* und *also* zwischen Sätzen eine Pause einfügen. Die Wörter bilden einen eigenen Satzabschnitt:

> Die Luft ist kalt, *doch* rein. Er versuchte es zweimal, *doch* er schaffte es nicht. Aber: Er versuchte es zweimal, *doch* konnte er die Kiste nicht heben. *Also*, es bleibt dabei! Aber: Ich habe ihn gesehen, *also* ist er doch hier gewesen.

903 c) Der Fügungswert der koordinierenden Konjunktion liegt in der Verbindung von Gleichwertigem. Aus sprachökonomischen Gründen verbindet man auch ein Substantiv und einen Nebensatz durch *und* oder *oder*, wenn der Nebensatz den gleichen Satzgliedwert hat wie das koordinierte Glied:

> Für jene Gefangenen, die *wegen* „Aufsässigkeit" *und weil* es der Kommandant so bestimmt hatte, in die Arrestzellen ... geschafft wurden ...
> (WEISKOPF) Hole Reis, Mehl *und* was du sonst noch brauchst!

d) Koordinierende Wörter, die allein vor der finiten Verbform stehen können und den Satzgliedwert von Adverbialbestimmungen haben, werden K o n j u n k t i o n a l a d v e r b i e n genannt. Sie gehören zu den Adverbien (↑ 901).

904 3. Alle unterordnenden Konjunktionen sind „echte" Konjunktionen. Sie bilden zusammen mit der am Ende stehenden Personalform des Verbs den Spannsatzrahmen und signalisieren den Gliedwert des Nebensatzes.

> Hauptsache ist, *daß* er bald wieder gesund wird. Ich kenne ihn, *seit* er hier wohnt. *Als* mein Vater das Gold gefunden hatte, freuten wir uns alle sehr (KANT).

Die subordinierenden Konjunktionen *als* und *wie* verbinden auch Gliedkern und Gliedteile, brauchen also kein Verb bei sich zu haben:

> Er gilt *als* Fachmann. Paul *als* Fachmann muß das wissen. Es ist schöner *als* gestern. Das Licht schien so hell *wie* die Sonne. Gewürze *wie* Nelken, Zimt, Ingwer wurden angeboten.

Die Form der Konjunktionen

905 1. Konjunktionen bestehen meist aus einem Wort, ebenso die Adverbien, die ihrer Bedeutung entsprechend verknüpfend gebraucht werden (Konjunktionaladverbien).
Aber es gibt auch mehrteilige Konjunktionen. Hier kann man „echte" Konjunktionen und Konjunktionaladverbien oft schwer unterscheiden:

> nicht nur – sondern auch, entweder – oder, sowohl – als auch, weder – noch, ob – ob:
> Sie war *nicht nur* im Hochsprung, *sondern auch* im Weitsprung Siegerin. *Weder* Baum *noch* Strauch, *weder* Blumen *noch* Gras haben unter dem Frost gelitten. *Entweder* du kommst mit, *oder* du bleibst hier.

Bei mehrgliedrigen Konjunktionaladverbien entsteht die Verbindung mittelbar aus ihrer Bedeutung:

> einerseits – andererseits, bald – bald, teils – teils, halb – halb

Manche verbindenden Fügungen enthalten ein verbales Element:

> das *heißt* (d. h.); das *ist* (d. i.); *vorausgesetzt*, daß; *angenommen*, daß; *geschweige*, daß; *gesetzt* [den Fall], daß; *sei* es – *sei* es

2. Adverbien haben beim Übergang zu subordinierenden Konjunk- **906** tionen oft andere subordinierende Konjunktionen bei sich, besonders *daß, als, da, ob, weil, wenn, wie*:

> kaum, *daß*; zumal, *da*; je nachdem, *ob*; vollends *wenn*, [in]soweit *als*, insofern *als*; dadurch, *daß*

Die Tendenz geht dahin, die zu Hilfe genommenen Konjunktionen wieder abzustoßen und die Adverbien selbst zu subordinierenden Konjunktionen werden zu lassen. Das ist schon geschehen bei *indem, nachdem, trotzdem, soweit, solange*. Bei anderen bestehen beide Fügungsmöglichkeiten:

> je nachdem [ob]; außer [daß]; soviel, sofern [als oder wie] u. a.

Schwierig ist die Zeichensetzung bei mehrteiligen Konjunktionen. In Zweifelsfällen sollte man in einem Wörterbuch nachschlagen.

Die Konjunktion *ob* hat sich mit den Adverbien *gleich, schon, wohl* zu den konzessiven Konjunktionen *obgleich, obschon, obwohl* verbunden.

Der Signalwert der Konjunktionen

1. Bei den koordinierenden Konjunktionen unterscheidet man folgende Beziehungen:

a) kopulative (addierende) Beziehungen   **907**

> und, ja (steigernd), sowohl – als auch, nicht nur – sondern auch, weder – noch (negierend)

Folgende Konjunktionaladverbien kennzeichnen die Anreihung:

> ferner, dann, endlich, weiter, schließlich, hernach, zuletzt, bald – bald, teils – teils, erstens, zweitens, drittens usw., einerseits – andererseits u. a.: auf dem Meer *und* in der Luft; *sowohl* auf dem Meere *als auch* auf dem Lande; *teils* neue, *teils* alte Bücher werden verkauft. *Teils* schwärmten die Schwalben, *teils* sammelten sie sich.

Merke: **908**
Den kopulativen Konjunktionen stehen Wörter und Fügungen nahe, die erläuternden Sinn haben, „die gewöhnlich eine gleichartige syntaktische Größe einem Wort oder Satz hinzufügen, um ihren Gehalt zu konkretisieren oder näher zu bestimmen" (ADMONI, Sprachbau, S. 208).

In diese Gruppe gehören:

> beziehungsweise (bzw.), das ist (d. i.), das heißt (d. h.), nämlich, sozu-
> sagen, zum Beispiel (z. B.) u. ä.: Er hatte eine große Summe, *nämlich*
> 1000 Mark, zu bezahlen. Er verstand ihn nicht, er war *nämlich* taub.
> Omega, *d. i.* langes O, ist der letzte Buchstabe des griechischen Alphabets.

909 b) disjunktive Beziehungen (Entscheidung fordernd):

> oder, entweder – oder:
> Dein Bruder *oder* deine Schwester muß Bescheid geben. *Entweder* du
> arbeitest mit, *oder* du läßt uns in Ruhe.

Die Konjunktion *oder* wird heute zuweilen kopulativ gebraucht:

> Man kann zugleich kochen, leuchten *oder* wärmen (Leipziger Volks-
> zeitung 1960). ↑ aber 117.

910 c) adversative Beziehungen (entgegenstellend):

> aber, allein, sondern; doch (↑ 902)

Konjunktionaladverbien mit adversativer oder konzessiver Bedeutung:

> dennoch, gleichwohl, indessen, vielmehr, trotzdem (↑ 921), zwar (es
> bereitet auf einen Gegensatz vor)

Subordinierend kann *während* den Gegensatz ausdrücken:

> Ich holte den Arzt, *während* der Nachbar bei dem Verletzten blieb.

911 d) kausale Beziehungen (Koordination):

Nur *eine* koordinierende Konjunktion kennzeichnet ein Grund-Folge-
Verhältnis: *denn.* Sie begründet das Vorangehende. Alle anderen Grund-
Folge-Beziehungen, ebenso wie temporale und lokale Beziehungen,
müssen bei Koordination durch Adverbien hergestellt werden. Man erkennt an der durch sie veränderten Stellung der Personalform des
Verbs, daß nicht eine Konjunktion, sondern ein Satzglied den Satz
eröffnet:

> rein kausal: nämlich
> konsekutiv: also, daher, darum, demnach, deshalb, deswegen, folglich,
> mithin, sonach
> konditional: andernfalls, sonst
> final: darum, dazu
> konzessiv (unzureichender Grund): zwar – aber, trotzdem

912 e) modale Koordination:

> vergleichend: also, ebenso, genauso, so – wie
> ein proportionales Verhältnis ausdrückend: um so, desto
> einschränkend: [in-]sofern, [in-]soweit (↑ auch 906)
> steigernd: ja, geschweige [denn] (↑ auch 905)

f) lokale Koordination: **913**

    da, dort, hier – da, hüben – drüben, diesseits – jenseits

g) temporale Koordination: **914**

    da, dann, darauf, danach, eher, zuvor, vorher

3. Die subordinierenden Konjunktionen kennzeichnen modale, kau-   **915**
sale und temporale Beziehungen. Für lokale Beziehungen gibt es keine
subordinierenden Konjunktionen. Lokalsätze werden durch relative
Adverbien eingeleitet (↑ 919).

Kausale Subordination: **916**

    rein kausal: da, weil, zumal [da]
    konsekutiv (↑ 223): daß, so daß, zu – als daß
    konditional (↑ 222): falls, im Falle [daß], sofern, wenn, wo nicht, voraus-
    gesetzt [daß]
    final (↑ 225): damit, daß, um zu; veraltend: auf daß
    konzessiv (↑ 224): obgleich, obschon, obwohl, obzwar, trotzdem (↑ 921),
    ungeachtet [dessen] daß; wenn auch, wenn schon, wiewohl

Modale Subordination: **917**

    rein modal: indem
    vergleichend: als, als ob, als wenn, gleichwie, sowie, wie, wie wenn
    ein proportionales Verhältnis ausdrückend: je – desto, je – um so, je
    nachdem [ob], älter: je – je
    einschränkend: [in-]sofern, [in-]soweit, [in-]wiefern, soviel
    den stellvertretenden oder fehlenden Umstand bezeichnend: geschweige
    daß, kaum daß, ohne daß, [an-]statt daß, ohne zu, [an-]statt zu
    instrumental: indem, dadurch, daß; damit, daß

Temporale Subordination (↑ 207):   **918**

    als, bevor, bis, ehe, nachdem, seit, seitdem, sobald, solange, sooft, wäh-
    rend, wenn, wie, indes, unterdes

Zur Kennzeichnung von Gleich-, Vor- und Nachzeitigkeit ↑ 206 f.

Lokale Subordination: **919**

    wo, woher, wohin (↑ 204)

Subjekts- und Objektsbeziehungen lassen sich konjunktional, d. h. im   **920**
Gliedsatz, nur durch die subordinierenden Konjunktionen *daß* und *ob*
wiedergeben:

    Daß du kommst, ist mir bekannt. Ich weiß nicht, *ob* ich es schaffe.

Eine attributive Beziehung läßt sich durch die Konjunktionen *als* und
wie, bei Attributsätzen durch Relativpronomen und relative Adverbien

und bei Abstrakten durch die Konjunktionen *daß, ob, als ob* wiedergeben (↑ auch 241, 246, c):

> Dr. Sch. *als* Leiter des Krankenhauses erklärte ... Ein Mensch *wie* du
> und ich; der Roman, *den* ich las ...; Die Hoffnung, *daß* er kommen
> würde, war begründet. Die Frage, *ob* das Experiment gelingen wird,
> bewegte uns alle. Es war ein Empfinden, *als ob* Ameisen an seinem
> Körper wären.

921 *Zum Gebrauch der Konjunktionen und Konjunktionaladverbien*

1. Einfache Konjunktionen

a) *beziehungsweise* (Abk.: *bzw.*) sollte man nur dann verwenden, wenn
es ‚und im andern Falle' bedeutet und sich nicht durch *und, oder, oder
vielmehr, oder vielleicht* ersetzen läßt.

b) *sondern, vielmehr* fordern ausdrückliche Verneinung beim vorangehenden Satzglied oder Satz. Zwischen beiden herrscht eine eigentümliche
,,Arbeitsteilung''. Man setzt *sondern* innerhalb der Satzverbindung, also
nach dem Komma; *vielmehr* eröffnet den folgenden selbständigen Satz:

> Er begnügte sich nicht mit dem Vorschlag, *sondern* verwirklichte ihn
> auch. Aber: Er begnügte sich nicht mit dem Vorschlag. *Vielmehr* ver-
> wirklichte er auch seinen Plan.

c) *trotzdem* ist nicht nur Konjunktionaladverb, sondern hat sich auch
als subordinierende Konjunktion neben anderen (↑ 916) durchgesetzt:

> *Trotzdem* er unter den Damen eifrig Umschau hielt, konnte er sie nirgends
> entdecken (KELLERMANN). ... und *trotzdem* es ihnen schien, als ob selbst
> dieser Tod noch von der Verwandtschaft in der Mengstraße verschuldet
> sei, ward doch ein Bote dorthin entsandt (TH. MANN). Die Luft ist noch
> frisch, *trotzdem* die Sonne schon kräftig scheint (FALLADA). Zuweilen gehen
> syntaktische Verbindungen, *trotzdem* sie selbst noch nicht zu einer Zu-
> sammensetzung verschmolzen sind, mit einem anderen Wort eine Zusam-
> mensetzung ein (H. PAUL).

d) *wie, sowie* ist im allgemeinen nicht im Sinne von *und* zu verwenden.
Es wird aber bei der Gruppenbildung sinnvoll statt *und* gebraucht:

> Es gab Spiegelei und Bratkartoffeln *sowie* Würstchen mit Salat.

922 e) *und* ist eine vielseitige Konjunktion. Hier kann nur eine Auswahl
seiner Verwendungsmöglichkeiten vorgestellt werden:
und verbindet in der Regel Gleichwertiges, Ähnliches, auch Synonyme:

> Art *und* Weise, mit Schimpf *und* Schande, nackt *und* bloß, durch *und*
> durch. Der Sturm nahm zu, *und* die Temperatur sank unter Null.

Wenn *und* Gegensätzliches verknüpft, soll es durch die Koordinierung
manchmal ironisch oder spöttisch wirken:

Die Stadt Göttingen, berühmt durch ihre Würste *und* Universität (HEI-NE). Damals zerbrach ein Krug *und* das verehrende Verhältnis Kleists zu Goethe (Eulenspiegel).

Vertauschung von Verb und Subjekt nach *und* ist abzulehnen:

Nicht: ... *und* übersenden wir Ihnen unsere Preisliste.
Sondern: ... und wir übersenden Ihnen unsere Preisliste.

2. Paarige Konjunktionen   **923**

Es handelt sich um feststehende formelhafte Fügungen, z. B. *entweder – oder, weder – noch*. Das erste Glied kann nicht durch ein beliebiges zweites weitergeführt werden. Folgende Stelle aus LAGERLÖFS „Gösta Berling" ist falsch übersetzt:

... und erhältst *weder* von uns *oder* der Majorin eine Entschädigung.

Es entsprechen einander *je – je* oder *je* für den Nebensatz (Spannsatz), *desto* oder *um so* für den Hauptsatz:

Je mehr er hat, *je* mehr er will. *Je* größer die Leistung, *desto (um so)* höher ist der Lohn. *Je* näher die Prüfung heranrückte, *um so* intensiver bereitete er sich auf sie vor.
Aber nicht: *um so – um so*

Es entsprechen sich *sowohl – als auch, sowohl – wie (auch)*:

Er kannte *sowohl* Griechenland *als auch (wie auch)* Italien genau. Er kannte *sowohl* Polen und Ungarn genau *als auch* die Sowjetunion.

als auch steht niemals allein. Statt dessen steht *und*:

Ich nutze die Zeit, mich über die Verhältnisse der verschiedenen Länder *und* ihrer Bewohner (nicht: *als auch* ihrer Bewohner) zu unterrichten.

3. Einige Konjunktionen lauten mit Präpositionen gleich.   **924**

a) Die Präpositionen *bis, seit, während, ob* (veraltet) kommen in gleicher Form auch als Konjunktionen vor:

Konjunktion	Präposition
bis es dämmert	*bis* zum Morgen, *bis* morgen
seit es so kalt ist	*seit* dem Einbruch der Kälte
während ich hier bin	*während* meines Hierseins
ob er Verspätung hat	*ob (wegen)* seiner Verspätung

b) Die Wörter *außer* und *[an]statt* können in gleicher Bedeutung als Konjunktionen oder als Präpositionen gebraucht werden. Als Konjunktionen haben sie auf den Kasus des folgenden Substantivs keinen Einfluß. Dieses richtet sich als Satzglied nach dem Verb:

Es gibt nichts Gutes, *außer* man tut es (KÄSTNER). Alle, *außer* mein Bruder, waren anwesend. Er telegrafierte, *[an]statt* daß sein Bruder anrief.

Als Präpositionen verlangen *statt* und *außer* den entsprechenden Kasus:

Statt mein*es* Bruders kam meine Schwester. Alle *außer* mein*em* Bruder waren anwesend.

c) Die Wörter *als* und *wie* bei folgendem Substantiv (↑ 248) rechnen wir zu den Konjunktionen, weil das Substantiv in dem Kasus steht, den die Kongruenz mit dem Bezugswort fordert, oder im Nominativ.

Die Interjektion und andere Satzäquivalente

• Das Wesen des Satzäquivalents

925 Wörter, die nicht mit anderen Wörtern zu Sätzen verknüpft werden, sondern abgesondert oder isoliert außerhalb des Satzverbandes stehen, werden Satzäquivalente genannt; sie haben Satzwert, wenn auch keine Satzform (vgl. HELBIG/BUSCHA, Grammatik, S. 468–471). Den Hauptanteil daran haben die Interjektionen (lat. = ‚das Dazwischengeworfene'). Diese geben Gemüts- und Willensregungen und sinnliche Eindrücke wieder. Darüber hinaus gehören zu den Satzäquivalenten die Wörter *ja, nein, doch,* die auf Entscheidungsfragen (↑ 51) antworten, und *bitte, danke,* die aus den Verben *bitten* und *danken* hervorgegangen sind und Bitte bzw. Dank ausdrücken oder als Ausdrücke besonderer Höflichkeit anstatt *ja* und *nein* verwendet werden.

926 • Die Bedeutung der Interjektionen

1. Sie drücken Empfindungen aus:

der Freude: ei!, juchhe!, heißa!, juchheißa!
des Schmerzes: au!, oh weh!, ach!
der Überraschung und Verwunderung: ah!, eiei!, oh!, oho!, potz! (urspr. verhüllend für: Gottes, z. B. potz Blitz!)
des Unwillens und der Furcht: pfui!, hui!, hu!, huhu!
des Zweifels und erhaltenen Aufschlusses: hm!, aha!
der Schadenfreude und des Spottes: ätsch!, hoho!, haha!
des Ekels: äks!, brrr!, i!, puh!

Einige Interjektionen erweisen sich dabei als mehrdeutig, z. B. *hm* (Überraschung, Nachdenken, Zustimmung, Behagen)

927 2. Eine Reihe von Interjektionen ahmen Schall oder Klang nach:

iah!, miau!, quak!, bauz!, hui!, knacks!, trara! u. a.;
manchmal mit Ablaut: kling, klang!, klipp, klapp!, piff, paff, puff!

Hierher gehören auch Nachahmungen des Lachens und des Weinens:

hihi!, haha!, uh, uh!

3. Manche Interjektionen sind Zurufe: **928**

   brr!, hallo!, hoppla!, he!, heda!

Hierher gehören das Schweigen gebietende *st!*, *pst!*, das zustimmende
topp! und Laute, mit denen man Tiere lockt, scheucht oder lenkt:

   puttputt!, bielebiele!, hü!, hott!

• Der Fügungswert der Interjektionen   **929**

Der Gebrauch der Interjektionen wird nicht durch den grammatischen
Zusammenhang, sondern nur durch die Empfindung gelenkt. Die Inter-
jektionen können weder einen Kasus regieren, noch sind sie von einem
Wort abhängig. Weil sie syntaktisch eine Wortart mit Satzwert, aber
ohne Satzform sind, können sie bei jedem Kasus stehen und auch bei
Wörtern, die durch andere erweitert sind.

   Bei einem Nominativ: *Oh* schöner Tag!
   Bei einem Genitiv: *Oh* der schrecklichen Tat! *Pfui* der Schande!
   Bei einem Dativ: *Wehe* ihm!
   Seltener bei einem Akkusativ: *Oh* mich Vergeßlichen! (Lessing)
   oder bei einer Präposition mit Substantiv oder Pronomen: *Pfui* über die
   Schande! *Wehe* über dich!
   Auch bei einem Nebensatz mit *daß* oder *wenn: Oh* daß (wenn) ich wüßte!

Ausnahmsweise werden von einigen Interjektionen auch neue Wörter
gebildet:

   ach: ächzen; *juch:* jauchzen; *miau:* miauen

• Die Form der Interjektionen   **930**

1. Viele Interjektionen haben Lautformen, die in anderen Wörtern
nicht vorkommen:

   pst!, kch!, ksch!, tsch, tsch!, brr!

Der allgemeinste An- und Ausruf ist *oh!*, *o!* Diese Interjektion wird besonders oft bei der Anrede und beim Imperativ verwendet:

   O Vater! *O* Tannenbaum! *O* komm doch! ↑ auch 931.

2. Neben den echten Interjektionen werden Verbstämme, Substantive,
Adjektive und Adverbien, auch Wortgruppen als Interjektionen verwendet:

   halt!, brav!, los!, auf!, alle Wetter!, Donner und Doria!, leider!, behüte!,
   bewahre!, ei der Teufel!

931 ● Zur Rechtschreibung und Zeichensetzung

1. Der lange Vokal erhält in Interjektionen ein *h*, wenn er betont ist. Er wird ohne *h* geschrieben, wenn er unbetont ist:

ah!, eh!, oh!, bah!, pah!, puh!, mäh!, muh!; o Vater!, o ja!, o weh!

Ohne *h* am Ende stehen immer folgende Interjektionen:

ha!, ho!, hu!, hü!, oho!, hallo!, hurra!, hussa!; o je!, herrje!, ojemine!, juchhe!

2. Stehen Interjektionen allein, so setzt man hinter sie das Ausrufezeichen. Vgl. obige Beispiele.
Die betonte Interjektion wird von anderen Wörtern des Satzes durch Komma getrennt:

Oh, das ist schade! Aber: O wunderbares, tiefes Schweigen!

Die Wortbildung

Wort und Wortschatz

Grundsätzliches

1. Die Frage nach dem Wort, dem kleinsten selbständigen, potentiell **932** isolierbaren sprachlichen Bedeutungsträger, kann nur gültig beantwortet werden, wenn man zugleich seine Stellung im Gesamtbestand aller Wörter, dem Wortschatz oder der Lexik einer Sprache, im Auge behält.

> Neuere Forschungen schätzen den Wortbestand unserer deutschen Sprache auf ungefähr 500 000 Wörter. Davon sind mehr als die Hälfte Substantive, etwa ein Viertel Verben, etwa ein Sechstel Adjektive und Adverbien. Dagegen gibt es insgesamt nur etwa zweihundert Präpositionen und Konjunktionen. Die Substantive, Verben und Adjektive vermehren und verändern ihren Bestand ständig, Pronomen und Fügewörter bleiben in Form und Umfang nahezu konstant.

2. Von den Gliederungsmöglichkeiten des Wortschatzes seien nur zwei genannt:

a) Wörter gleicher Herkunft werden zu Wortfamilien oder Wortsippen **933** zusammengefaßt (Zeichen * = erschlossene Form):

> Wurzel germ. *far: fahren, Fahrgeld, Vorfahr; Fahrt, Gefährte; Führer, führen, ausführlich; fertig, anfertigen, Ferge, Fährmann usw.

Durch Veränderungen der Lautgestalt und der Bedeutung wird die etymologische Verwandtschaft häufig undurchsichtig:

> Die folgenden Wörter haben die gemeinsame Wurzel ide.
> *deuk-: ziehen, Zug, Zügel, Zaum, Zucht, zeugen, zögern, zucken, zücken, Herzog, Ungezogenheit, züchtigen usw. (vgl. SCHMIDT, Sprachkunde, S. 55 ff.).

b) Wortfelder werden aus Wörtern gebildet, die einen Sinnbezirk, **934** einen Wirklichkeitsausschnitt nach verschiedenen Gesichtspunkten gliedern. Jedes Glied des Wortfeldes wird durch die umgebenden Glieder mit bestimmt, in seiner Bedeutung und Verwendung beeinflußt. Entscheidend für Bedeutung und Verwendung sprachlicher Mittel ist allerdings die menschliche Erkenntnis- und Kommunikationstätigkeit, die direkt oder indirekt mit der Weiterentwicklung der Gesellschaft beziehungsweise mit der Arbeit zusammenhängt.

Bei der semantischen Gliederung des Wortfeldes „Pferd" spielen z. B. folgende Unterscheidungs- und Einteilungsmerkmale eine Rolle:
das Geschlecht: der Hengst – die Stute – der Wallach (kastriert);
die Farbe: Rappe, Fuchs, Brauner, Falbe, Scheck, Blesse, Schimmel (Apfel-, Rot-, Fliegen-, Hechtschimmel);
der Wert für den Menschen und die Wertschätzung durch ihn:
Roß – Pferd – Gaul – Mähre – Kracke – Klepper;
die Gangart: Paßgänger – Zelter – Traber – Renner;
das Alter: Fohlen / Füllen, Enter (einjähriges Pferd), Twenter (zwei Winter alt), Mähre (vgl. SCHMIDT, Sprachkunde, S. 61 f.).

Die Erweiterung des Wortbestandes

935 Ursachen und Anlässe der Erweiterung

Die Sprache verändert sich wie die Menschen, die sie geschaffen haben und täglich verwenden. Alle Erfindungen, Entdeckungen und neuen Erkenntnisse, alle Wandlungen im Zusammenleben der Menschen und in ihrem Verhältnis zur Umwelt müssen bezeichnet werden:

Wörter wie *Weltraumfahrt, Astronaut, Kosmonaut; fernsehen, vollautomatisch; umweltfreundlich; Vertragsgemeinschaft, Gewaltverzicht* geben Einblick in Probleme und Möglichkeiten der Gegenwart.

Der Bedarf an neuen Wörtern und Ausdrucksweisen ist groß; die Mittel und Wege, auf denen man sie findet, lassen Schlüsse zu auf die Kommunikationsgemeinschaft selbst, auf ihr Verhältnis zu anderen Völkern, auf den Stand ihrer Erkenntnis und ihrer Kultur, auf das Hauptanliegen des einzelnen, einer Nation und einer ganzen Epoche.
Darüber hinaus entstehen Wörter aus vielen Gründen und Anlässen, etwa aus dem Streben nach Deutlichkeit, Anschaulichkeit und Ausdruckskraft:

Walfisch für *Wal*, *Riecher* für *Ahnung*; Metaphern wie *Stiefelknecht*

aus dem Streben, verdunkelte Bildungen volkstümlich zu verdeutlichen:

Hängematte < westind. hamáca, Maulwurf < ahd. mûwerf (‚Tier, das Erdhaufen aufwirft'), Naschmarkt < am Aschmarkt (Topfmarkt)

aus dem Streben nach Kürze:

[Automobilomni-] Bus, Pils[ner Bier], Labor[atorium]; Initial- und Kurzwörter: DRK, EG, UKW, Kino, Taxi

als scherzhafte, spielerische Bildungen:

Hokuspokus, Eishockeyaner, weingeistreich, Promilljonär (KANT)

Mittel und Wege der Erweiterung des Wortschatzes   **936**

Der Wortschatz wird auf vielfältige Weise bereichert, aber der Haupt-
weg ist die Wortbildung. Weitere Quellen sind die Entlehnung aus
fremden Sprachen:

> Fremdwörter: Amateur, Camping, Exquisit, Milieu, Chauffeur, Poster
> Internationalismen: Diplom, Produktion, Technik, Industrie, Kapital
> Lehnwörter: Fenster, Schule, Straße, Tisch, Tinte, Mühle, Öl, Nase, Gruppe,
> Gips
> Lehnübersetzungen: Leitartikel < leading article, weltweit < worldwide

die Entlehnung aus Mundarten und aus der Umgangssprache:

> oberdt.: Buckel, Fasching, Föhn, Kot, Lawine, Rucksack, rodeln
> niederdt.: Diele, Ebbe, Gerücht, Lippe, Roggen, paddeln, Koog, stur
> berlinisch: Fatzke, Dussel, Tingeltangel, Rollmops, Göre, knorke

die Wiederbelebung alten Wortgutes:

> Verkehrsampel, Atommeiler, Musiktruhe, Imbißhalle, Reitturnier, Hort

die Bedeutungsentwicklung der Wörter:

> Bedeutungsübertragung: *Kopf* (Hohlgefäß) für Haupt; *Diesel, röntgen*
> Bedeutungserweiterung: *Ding* (Gerichtsverhandlung) heute für Sache
> Bedeutungsverengung: *Hochzeit* (hohes Fest) nur noch für Vermählung
> Werterhöhung: *Minister* (urspr. Diener), *Marschall* (urspr. Pferdeknecht)
> Wertminderung: *Gift* (‚Gabe‘), *albern* (ahd. *alawâri* = ‚gütig‘, ‚freund-
> lich‘)
> Bedeutungsdifferenzierung: *der* und *das* Band; mit lautlicher Verände-
> rung: *Mond – Monat*; Knabe – Knappe; Rabe – Rappe

die Bildung fester Wortverbindungen (Mehrwortnamen, Mehrwort-
termini):

> Vereinte Nationen, Europäische Gemeinschaft, Deutsches Rotes Kreuz; kri-
> tische Temperatur, absoluter Nullpunkt

Der Bau des Wortes

Am Wort als dem kleinsten selbständigen Bedeutungsträger können **937**
durch Analyse bestimmte *Morpheme* (bedeutungstragende, wort- und
formbildende Elemente) unterschieden werden:

1. Durch Vergleich verwandter Sprachen, älterer Sprachstufen und
der Elemente von Wortfamilien wird die Wort*wurzel* erschlossen, d. h.
die Urform des Wortes, die die Grundlage für alle Weiterbildungen
darstellt:

> Wurzel ide. *bher-: Bahre, Geburt, gebären, sich gebärden, entbehren,
> gebühren, Bürde, empor, Eimer, Zuber, -bar usw.

938 2. Grundlegender bedeutungtragender Teil des Wortes ohne wort-
und formbildende Elemente ist der Wort*stamm*, das *Basis-* oder *Stamm-
morphem*. Der Stamm kann ein selbständiges Wort oder ein Wortteil
sein; er kann durch historisch bedingten Lautwandel (Umlaut, Ablaut,
e/i-Wechsel, Lautverschiebung) verändert sein:

> Wort, ant*worten*; *fer*tig (zu Fahrt); Schri*ft* (zu schreiben)

939 3. Zum Basismorphem treten die *Affixe* (wort- und formbildende Morpheme). Diese werden in *Präfixe* (*vor* dem Basismorphem) und *Suffixe*
(*nach* dem Basismorphem) gegliedert. Ein Wort kann aus nur einem
Basismorphem *(Haus, kahl)*, mehreren Basismorphemen *(Haustür,
Wohnhaus)* oder aus Basis-, Wortbildungs- und Flexionsmorphemen bestehen:

formbilden- des Präfix	wortbilden- des Präfix	Basis- morphem	wortbilden- des Suffix	formbilden- des Suffix
	ver-	-wund-	-bar	
ge-		-lauf-		-en
	un-	-kün-	-st-ler-isch-	-e

Wortbildungs- und Flexionsmorpheme sind unselbständige, immer an
Wortstämme gebundene Morpheme. Zusammen mit dem Wortstamm
sind Wortbildungsmorpheme Träger der lexikalischen Bedeutung des
Wortes.
Mit Hilfe der Flexionsmorpheme, auch formbildende oder grammati-
sche Morpheme oder Endungen genannt, paßt sich das Wort an seine
Umgebung im Satz an, nimmt es seine Aufgabe in der Rede wahr.

940 4. Träger der lautlichen Gestalt des Wortes sind die einzelnen Laute,
d. h. die Vokale und Konsonanten in ihren vielfältigen Kombinationen.
Laute, durch die sich Morpheme und Wörter untereinander unterscheiden, heißen *Phoneme* (↑ 15). Phoneme wirken zwar bedeutungsunterscheidend, sind aber keine sprachlichen Bedeutungsträger.

941 Wortschöpfung und Wortbildung

1. Mit Wortschöpfung oder Urschöpfung bezeichnet man die Ge-
winnung von neuen Wörtern ohne Anlehnung an bereits vorhandenes
sprachliches Material, ohne die Möglichkeit also, an verwandte Bedeutungen und damit verbundene Lautkomplexe anzuknüpfen. Dieser Vorgang muß am Anfang jeder sprachlichen Entwicklung gestanden haben.
Sobald aber ein grammatisches System vorhanden ist, werden die
durch Urschöpfung entstandenen Wörter dem System eingeordnet,
nach seinen Gesetzen abgewandelt und als Grundlage für die Bildung
weiterer Wörter genutzt. Heute gibt es kaum noch Wortschöpfung;

denn es stehen uns so viele sprachliche Zeichen zur Verfügung, daß kein Bedürfnis mehr nach Wortschöpfung besteht. Am nächsten stehen der Wortschöpfung lautnachahmende Bildungen:

> Wauwau, Töfftöff, Puffpuff; plumps – plumpsen, miau – miauen

2. Der größte Teil unseres neuen Wortguts wird nach bestimmten Gesetzen und Mustern aus vorhandenen Morphemen gebildet, und zwar hauptsächlich durch Komposition (Zusammensetzung), Derivation (Ableitung) und Präfigierung. Daneben gibt es noch andere, weniger produktive Arten der Wortbildung, z. B. Wortkürzung, Wortmischung und Iteration.

Vom Standpunkt der Wortbildung unterscheiden wir zwei Hauptgruppen von Wörtern: einerseits *Simplizia* (Singular: Simplex), das sind einfache Wörter, die nicht in Morpheme zerlegt werden können; andererseits *Gefüge* oder *Morphemkonstruktionen,* das sind durch Wortbildung entstandene Wörter. Die Bedeutung der Gefüge wird durch die Bedeutung ihrer Bestandteile mehr oder weniger deutlich motiviert: Wer weiß, was *Tisch, Leuchte, schreiben* bedeuten, versteht auch die Wörter *Tischleuchte* und *Schreibtisch.* Dieser Tatbestand wird *morphologische Motivation* genannt. Im Gegensatz zu Morphemgefügen sind Simplizia unmotiviert, d. h., ihre Bedeutung läßt sich nicht durch die Lautfolge $t+i+sch$ oder $sch+r+ei+b+e+n$ erklären. Allerdings vollzieht sich in der Sprachgeschichte ein ständiger Prozeß der *De-Motivierung* oder *Idiomatisierung,* d. h., die Bedeutungsveränderung von Gefügen führt dazu, daß sie immer weniger aus ihren Bestandteilen erklärbar werden, daß ihre Bedeutung schließlich für den Laien undurchsichtig wird. Das gilt etwa für *Mitgift, Volkskammer* oder *Pfauenauge,* Zusammensetzungen, die als Ganzes Bestandteile des Wortschatzes geworden sind und auch *Idiome* genannt werden (vgl. FLEISCHER, Wortbildung, S. 11–14).

Die Arten der Wortbildung

Wortbildung durch Zusammensetzung

Die Merkmale der Zusammensetzung   **942**

1. Durch *Komposition* (Zusammensetzung) werden zwei oder mehr selbständige Wörter oder Wortstämme zu einer neuen Einheit verbunden. Dadurch können Begriffe und Sachverhalte bezeichnet werden, die sonst durch längere syntaktische Fügungen wiedergegeben werden müßten:

> *Straßenverkehrsordnung:* Ordnung, die den Verkehr auf den Straßen regelt; *feuerfestes* Glas: Glas, das so fest ist, daß es dem Feuer widersteht; *Überangebot:* Angebot, das über den Bedarf hinausgeht

Innerhalb eines *Kompositums* (eines zusammengesetzten Wortes) ist die syntaktische Bindung der Glieder noch erschließbar, aber nicht in jedem Falle eindeutig erkennbar und erklärbar (↑ 944 f.).

2. a) Das Kompositum ist eine formale Einheit, es wird als ein Wort behandelt. Es trägt einen Hauptakzent und wird als Ganzes flektiert. Mit Ausnahme unfester Verbalkomposita (↑ 1052 ff.) kann kein Glied eines Kompositums für sich versetzt werden.

b) Komposita bilden auch eine semantische Einheit. Sofern sie idiomatisiert sind, bedeuten sie mehr oder anderes als ihre Bestandteile oder einer davon:

> Der *Löwenanteil* ist nicht Anteil eines Löwen; *Muttersprache* ist umfassender als Sprache der Mutter; nicht jede blaue Beere ist eine *Blaubeere*. Die Idiomatisierung ist unterschiedlich stark.

c) Eine Änderung der Reihenfolge der Glieder ist entweder nicht möglich oder ergibt Wörter mit einer anderen Bedeutung:

> *Zuchttier:* Tier zur Zucht; *Tierzucht:* Zucht von Tieren; *Blumentopf:* Topf für eine Blume; *Topfblume:* Blume im Topf

3. Die Zusammensetzung gibt in der Regel allgemeinere Verhältnisse wieder, die syntaktische Fügung stellt den Einzelfall dar. Deshalb kann nicht jede syntaktische Fügung in ein Kompositum umgewandelt oder durch ein Kompositum ersetzt werden und umgekehrt:

> Ich ergreife die *Freundeshand*. Ich ergreife die *Hand meines Freundes*. Wir kaufen ein *Kinderbett*. Wir kaufen *ein Bett für unser Kind*. (Das muß nicht ein Kinderbett sein.) An seinem *Geburtstag* durfte er zum erstenmal wieder ins Freie. *Den Tag seiner Geburt* wird sie nie vergessen.

943 4. Fremdwörter können nach den Regeln unserer Sprache zusammengesetzt werden:

> Atomenergie, Radarstation, Transportmaschine, Zigarettenetui, Zensurenskala, Kobaltkanone, Containertechnologie

Sie können auch mit heimischen Wörtern Komposita bilden (Hybride):

> Abrüstungskonferenz, Erdsatellit, Heilgymnastik, Internatsschule, Stratosphärenflugzeug, Parkplatz; funktionsgleich, hineinkorrigieren

944 Zusammensetzung und syntaktische Fügung

Beim Vergleich zwischen syntaktischen Fügungen und Komposita sind folgende drei verschiedenartige Zusammenhänge zu unterscheiden:

1. Zwischen freier syntaktischer Fügung und Kompositum aus den gleichen lexikalischen Einheiten besteht ein nachweisbarer Bedeutungsunterschied. Nur das Kompositum ist idiomatisiert (↑ 942).

2. Die Bedeutung des Kompositums entspricht der Bedeutung der entsprechenden syntaktischen Fügung. Das Kompositum ist nicht idiomatisiert:

> Ratsvorsitzender – Vorsitzender des Rates; Sprachphilosophie – Philosophie der Sprache; Satzlehre – Lehre vom Satz; schneeweiß – weiß wie Schnee

3. Sowohl das Kompositum als auch die Wortverbindung sind idiomatisiert. Dieser Fall kann auftreten bei Appellativa, Eigennamen und bei Termini:

> Appellativa: Schwarzmarkt – schwarzer Markt, blinder Passagier, Blindgänger, fauler Zauber, Faulpelz;
> Eigennamen: Naher Osten – Nahost, Mittelmeer, Stiller Ozean;
> Termini: Bitterwasser, absolutes Gehör, schiefe Ebene

In jedem der angeführten Fälle bestehen formale Unterschiede zwischen Kompositum und Wortgruppe hinsichtlich Getrennt- und Zusammenschreibung und Flektierbarkeit oder Nichtflektierbarkeit von Konstituenten.

Besonders erwähnt seien in diesem Zusammenhang koordinative Verbindungen. Bei diesen ist die Ersparung eines gemeinsamen Bestandteils möglich:

a) bei Komposita:
   Land-, Forst- und Nahrungsgüterwirtschaft
b) bei gemischten Konstruktionen:
   Spar- und laufende Konten, grammatische und Stilfragen, keramische und Glasindustrie

Als semantische Ganzheit sind auch folgende Reihungen aufzufassen:

> durch und durch, sein ein und alles, Himmel und Hölle, ab und an, bei Wind und Wetter, angst und bange, Dichter des Sturm und Drang[es]

Zusammensetzung und einfaches Wort   **945**

Das Glied eines Kompositums kann sich vom einfachen Wort unterscheiden durch Bewahrung alter Flexionsformen:

> alter Genitiv Singular: Gänsebraten, Schwan*en*hals, Greisenalter
> alter Dativ Plural: ab*handen*, vor*handen*, Weih*nachten*

durch Bewahrung alter Wort- und Lautformen:

> daran (aber: da), h*ĕ*rein (aber: h*ē*r), *Her*berge (aber: *Heer*), Wollust (aber: wo*hl*), Bräuti*gam* (ahd. *gomo* = ‚Mann‘)

durch lautliche Veränderungen:

> *Hof*fart < mhd. *hoch*vart, Homburg < Ho*hen*burg, Grum*met* < mhd. gruon*mât* (= ‚Grünmahd‘)

946 Verdunkelte Zusammensetzungen

Die Zusammensetzung wird undurchsichtig,
wenn ein Glied als einfaches Wort verlorengegangen ist:

> Bräut*igam* (ahd. *gomo* = ‚Mann‘), *Brom*beere (ahd. *brâma* = ‚Dornen-strauch‘), Nacht*igall* (ahd. *gala* = ‚Sängerin‘), *Sal*weide (lat. *salix* = ‚Weide‘)

wenn ein Glied durch Tonverlust in seiner Lautgestalt verkümmert:

> Drit*tel* < Drit*teil*, *echt* < mhd. *êhaft* = ‚gesetzmäßig‘, *heute* < ahd. *hiu tagu* = ‚an diesem Tage‘, *zwar* < mhd. *ze wâre*

Derartige Bildungen rücken heute in die Nähe der Ableitungen (↑ 963)
oder gelten als Simplizia.

947 Die Form der Zusammensetzung

Eine Zusammensetzung ist in der Regel zweigliedrig. Sie besteht meist
aus einem Grundwort (Gw.) und einem Bestimmungswort (Bw.). Diese
können ihrerseits wieder aus Grund- und Bestimmungswort bestehen
(„Mehrfachzusammensetzung“; ↑ auch 959):

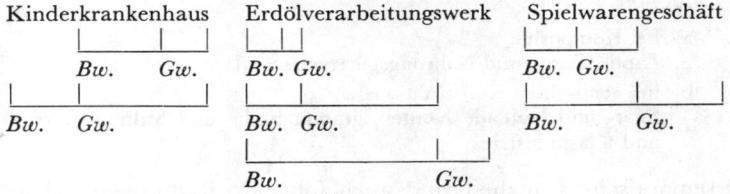

Grundwort und Bestimmungswort müssen nicht derselben Wortart angehören (↑ 948 f.).

948 Das Grundwort

a) Nach dem Grundwort richtet sich in der Regel (↑ aber 1081 f.)
die Wortart des Kompositums. Das Grundwort bestimmt auch die
grammatischen Merkmale (Genus, Flexion usw.). Es ist meist ein Substantiv (↑ 980 ff.), ein Adjektiv (↑ 1021 ff.) oder ein Verb (↑ 1052 ff.).
Danach unterscheidet man nominale und verbale Komposita (die verbale Zusammensetzung nimmt eine Sonderstellung ein; ↑ 1052):

> Pappel*allee*, Mannes*mut*; turm*hoch*, gut*gläubig*; frei*sprechen*, wohl*tun*

b) Ein zum Kompositum tretendes Attribut bezieht sich inhaltlich
auf das Grundwort der Zusammensetzung:

> *dreistöckiges* Kinderkranken*haus*, *russische* Literatur*sprache*

Fügungen, in denen das Attribut inhaltlich oder syntaktisch zum Bestimmungswort gehört, sollten vermieden werden (↑ 256):

> Nicht: fremdsprachige Wörterbuchkonferenz, weibliche Bekleidungsindustrie, unverstandene Künstlermutti, verkürztes Arbeitszeitproblem, Kindertanzgruppe von sechs bis fünfzehn Jahren (Zs. Volkskunst 7/64), Gedenkfeier an die Märzgefallenen

Das Bestimmungswort   **949**

a) Das Bestimmungswort steht meist am Anfang der Zusammensetzung (aber: eine Hand*voll*, mein Leben*lang*) und dient der genaueren inhaltlichen Einordnung und Begrenzung des Grundwortes. Es kann jeder Wortart angehören:

> *Haupt*stadt, *Groß*stadt, *Bind*faden, *Ich*sucht, *Jetzt*zeit, *Drei*rad

b) Das Bestimmungswort trägt – außer bei festen verbalen Komposita (↑ 1059) – den Hauptakzent, das Grundwort kann einen Nebenakzent tragen (↑ 1144 ff.):

> 'Grundlage, 'Haupt‚bahnhof, Na'turschutz‚gebiet, 'halbrund, 'schneesicher; 'freisprechen, 'wiedergeben

Eine Ausnahme bilden die festen, mit Wörtern gleichlautenden Präfixe *voll, durch, hinter, über, um, unter, wider, wieder* als erstes Glied. Diese Bildungen werden auf dem Grundwort betont:

> durch'laufen, hinter'bringen, über'liefern, um'geben, wider'sprechen, wieder'holen, voll'enden (↑ 1059)

c) Ein substantivisches Bestimmungswort kann unverändert vor das **950** Grundwort treten oder ein Fugenelement (↑ 953 ff.) haben. Bei der Flexion des Kompositums bleibt das Bestimmungswort unverändert:

> der *Kraft*wagen; der *Liebes*kummer, des *Liebes*kummers, durch *welt*weite *Handels*beziehungen, welt*en*ferne Gestade

Das adjektivische Bestimmungswort ist meist endungslos, es kann aber auch kompariert sein:

> *Hohl*saum, *Klein*kind, *Tief*land; aber *Reinst*metall, *Höchst*maß

Verbindungen aus Adjektiv + Substantiv verlieren in der Zusammen- **951** setzung die Flexion des Adjektivs:

> *flaches* Land / *Flach*land; *hohe* Schule / *Hoch*schule; *roter* Klee / *Rot*klee

In ganz seltenen Fällen behält das Adjektiv auch in der Zusammensetzung seine Flexion bei (Fugenbeugung):

> aus Lang*e*weile oder aus Lang*er*weile, das Hoh*e*lied Salomons, im Hoh*en*lied Salomons, ein Dumme[*r*]jungenstreich, Dumm*e*jungenstreiche

Gelegentlich sind flektierte Formen zusammengewachsen:

> *Mitter*nacht (ahd. in *mitteru* naht), Weih*nachten* (mhd. ze den *wîhe*nahten), Alt*en*burg, Neu*en*burg

d) Bei Komposita aus Adjektiv + Adjektiv oder Partizip kann die Komparation des sonst nicht komparierbaren zweiten Gliedes ein Kriterium für den Grad der Verschmelzung sein (↑ 733 f.):

> schwerfälligs*te*, weitgreifend*ste*, am naheliegend*sten* (aber: wei*test*greifend, höch*st*willkommen, schwer*st*beschädigt)

952 Komposita mit und ohne Fugenelement

Komposita können danach unterschieden werden, ob das Bestimmungswort in seiner unflektierten Nennform zu dem Grundwort hinzutritt oder ob zwischen vorangestelltem Bestimmungswort und Grundwort zusätzlich Einzellaute oder Lautverbindungen auftreten, die Fugenelemente genannt werden. Komposita ohne Fugenelement können ebenso wie solche mit Fugenelement vielfältige syntaktische Beziehungen zwischen den Gliedern, auch den Plural, ausdrücken (↑ 980):

> ein Zugehörigkeitsverhältnis: Haustür, Vaterhaus
> ein instrumentales Verhältnis: Ballspiel, Papierkrieg
> ein lokales Verhältnis: Seebad, Waldwiese, Stadtverkehr
> einen Plural: *Fisch*fang, *Zahn*rad

Fugenelemente sind weder sprachliche Bedeutungsträger noch haben sie bedeutungsunterscheidende Aufgaben:

> Kalbfleisch, Kalb*s*braten, Kälb*er*stall, Hühn*er*ei, Freund*es*kreis

Dadurch unterscheiden sie sich von den gleichlautenden Flexionsmorphemen (↑ 939), mit denen sie nicht verwechselt werden dürfen.

Die Fugenelemente

1. Die Stelle, an der Grund- und Bestimmungswort zusammenstoßen, wird Kompositionsfuge genannt. Folgende Laute und Lautverbindungen können als Fugenelemente am Ende des Bestimmungswortes in der Fuge stehen:

953   *–e* steht bei femininem Bestimmungswort *(Pflegekind, Reisegeld, Ruhebett)* und im Anschluß daran bei verbalem erstem Glied, hier vor allem nach b, d, g, s *(Sterbezimmer, Werdegang, Säugetier, Lesebuch)*. Heute verlieren feminine Bestimmungswörter meist das Stamm–*e* *(Kirschbaum, Kirchturm, Münzfernsprecher)* oder erhalten *–en* (↑ 954). In einigen Fällen wird *–e* fälschlich als Pluralzeichen empfunden *(Gänsebraten, Tageblatt, Hundesteuer)*.

954   *–en* ist bei Verbalstämmen auf *–n* Stammauslaut *(Zeichenstift* zu zeich / nen; *Rechenheft* zu rech / nen). Es steht besonders bei Femininen auf *–e (Freudenträne, Kastanienmehl, sagenumwoben)*. ↑ auch 953.

–er steht nur bei Neutra und starken Maskulina *(Männerstimme, kinderlieb, Liederbuch)*. .

–[e]s steht bei deutlichem Genitivverhältnis *(Ausdrucksweise, Geburtstag,* **955** *siegesgewiß)*, bei Bestimmungswörtern, die eigentlich im Plural stehen müßten *(Freundeskreis, Schiffsverkehr, Heringsfang)*, und bei substantiviertem Infinitiv *(Lebensfreude, Verfahrensweise)*.

–s steht besonders bei Maskulinen auf *-ing* und *-ling (Faschingsball, Frühlingsblume, Lehrlingswohnheim)*, bei Femininen auf *-heit, -keit, -schaft, -ung, -ut (Wahrheitsliebe, Heiterkeitserfolg, Belegschaftsversammlung, Sitzungssaal, Armutszeugnis)*, bei den fremden Suffixen *-ion* und *-tät (Aktionsradius, Qualitätsarbeit* und bei Neutren auf *-tum (Altertumskunde, Eigentumsbegriff)*.

–s kennzeichnet zuweilen die Hauptfuge bei Komposita mit zusammengesetztem Bestimmungswort *(Handwerkszeug,* aber: *Werkzeug; Weihnachtsglocken,* aber: *Nachtglocke; Durchschnittsrechnung,* aber: *Schnittpunkt;* ↑ auch 947).

2. Komposita mit unterschiedlicher Kompositionsfuge haben nur sel- **956** ten unterschiedliche Bedeutungen:

*Land*mann (Bauer), *Lands*mann (aus derselben Gegend Stammender); *Lehrer*familie (Familie, in der es viele Lehrer gibt), *Lehrers*familie (Familie des Lehrers), *Sonn*tag – *Sonnen*tag

Bei Bedeutungsgleichheit ist die vollere Form oft dichterisch:

*Festes*freude, *Herbstes*stimmung, *Waldes*rauschen

3. Dasselbe Bestimmungswort kann Komposita mit und ohne Fugen- **957** element sowie mit verschiedenen Fugenelementen bilden:

*Blut*probe, *bluts*verwandt; *Kalb*fleisch, *Kälber*magen, *Kalbs*braten; *Mann*weib, *Mannes*wort, *Manns*höhe, *Männer*chor; *Kirch*turm, *Kirchen*dach

Verschiedenartige Fugenelemente können landschaftsbedingt sein:

oberdt. *Gans*braten, *Tag*blatt für *Gänse*braten, *Tage*blatt

4. Manche Komposita sind amtlich ohne Fugen-*s* gebildet:

*Einkommen*steuer, *Vermögen*steuer

Mehrgliedrige Komposita

1. Auch mehrfach zusammengesetzte Wörter sind in der Regel zwei- **958** gliedrig (↑ 947). Zuweilen ist die Hauptfuge nicht deutlich gekennzeichnet:

Arbeiter / wohnungsbaugenossenschaft oder Arbeiterwohnungs / baugenossenschaft, Gemüse / anbauplan oder Gemüseanbau / plan

959 2. Als mehrgliedrige Komposita kann man ansehen:
Additionen (Kopulativkomposita)

> schwarzrotgolden, einhundertdreiundfünfzig

Verstärkungskomposita (↑ 1025):

> funkelnagelneu, kohlpechrabenschwarz, mutterseelenallein

Komposita mit ursprünglicher Wortgruppe als Bestimmungswort:

> Gutenmorgengruß, Sauregurkenzeit, Heißwasserspeicher

960 Zusammenrückungen

Wortbildungskonstruktionen, deren letzter Bestandteil n i c h t die Wortart des Ganzen bestimmt, werden Z u s a m m e n r ü c k u n g e n genannt (vgl. FLEISCHER, Wortbildung, S. 62). Sie bleiben im wesentlichen auf Substantive:

> Dreikäsehoch, Gernegroß, Handvoll, Störenfried, Taugenichts, Tunichtgut, Vergißmeinnicht (↑ 976), Zeitvertreib, Fingerzeig

und Adverbien beschränkt:

> derart, dergestalt; daher, dorthin, hierher; zeitlebens, zweifelsohne

961 Das Determinativkompositum

Beim D e t e r m i n a t i v k o m p o s i t u m (Bestimmungszusammensetzung) dient das Bestimmungswort der genaueren Bestimmung des Grundwortes, hat also attributive Funktion im weitesten Sinne. Zwischen Bestimmungs- und Grundwort besteht ein Verhältnis der Subordination. Grundwort ist immer ein Nomen, also ein Substantiv oder Adjektiv, das auch die Wortart des Kompositums bestimmt; das Bestimmungswort kann jeder Wortart angehören. Determinativkomposita kommen mit und ohne Fugenelement vor.
Zu den Determinativkomposita sind auf Grund ihrer Bildungsweise auch die sogenannten *Possessivkomposita* oder *exozentrischen* Zusammensetzungen zu rechnen. Diese charakterisieren Personen, andere Lebewesen und Sachen nach einem hervorstechenden Körperteil, Besitztum oder anderen besonderen Merkmal. Exozentrische Komposita werden sie genannt, weil das Bezeichnete außerhalb der eigentlichen Bedeutung der Zusammensetzung liegt. In einigen Fällen ist die Übertragung der Bedeutung vom Teil auf das Ganze noch deutlich erkennbar:

> Determinativkompositum: *Hasenfuß* (= Fuß des Hasen)
> sogenanntes Possessivkompositum: *Hasenfuß* (= einer, der die Füße eines Hasen hat, d. h. schnell wegläuft, ängstlich oder feige ist)

Determinativkompositum beim Substantiv ↑ 980 ff.,
beim Adjektiv ↑ 1021 ff.

Das Kopulativkompositum   **962**

Beim **Kopulativkompositum** (Reihenwort) verwachsen gleichgeordnete Wörter miteinander zu einer Zusammensetzung. Die Bedeutungen der Bestandteile erscheinen addiert oder summiert; es besteht das Verhältnis der Koordination (↑ 86 ff.). Bei Kopulativkomposita kann deshalb nicht zwischen Bestimmungs- und Grundwort unterschieden werden.
Kopulativkompositum beim Substantiv ↑ 987,
beim Adjektiv ↑ 1027.

Wortbildung durch Ableitung

Die Merkmale der Ableitung   **963**

Neue Wörter können aus vorhandenen gebildet, abgeleitet werden. Durch Ableitung können Wörter derselben Wortart entstehen *(Fleisch – Fleischer, gelb – gelblich)*. In den meisten Fällen werden aber von dem Wort einer bestimmten Wortart Wörter einer anderen Wortart abgeleitet *(singen – Gesang – sangbar)*. Auf diese Weise wird auch ein Teil des Wesens der einen Wortart auf die andere übertragen, so die Fähigkeit, ein Urteil auszudrücken, vom Adjektiv auf das Substantiv und das Verb, die Fähigkeit, ein Geschehen oder das Verhalten einer Person zu benennen, vom Verb auf das Substantiv:

> Der Boden ist *trocken.* Die *Trockenheit* des Bodens ... Die Wäsche *trocknet.* Die Zeitschriften wurden *verteilt.* Die *Verteilung* der Zeitschriften ... Er *raucht nicht.* Er ist *Nichtraucher.*

Ableitungen können auf vielfältige Weise gebildet werden:

> aus einfachen Wörtern: brauchbar, Läufer, Schönheit, Flucht (zu fliehen)
> aus Komposita: Kindergärtnerin, Straßenbahner, unwiederbringlich
> aus Ableitungen: Eigentümer, einheitlich, Beerdigung, Haltbarkeit
> aus syntaktischen Fügungen: Inanspruchnahme, blauäugig (↑ 971)
> aus Eigennamen: Hegelianer, darwinistisch, boykottieren, röntgen

Zu unterscheiden sind explizite Ableitung (durch Suffixe) und implizite Ableitung (ohne erkennbare Suffixe).

Ableitung und Zusammensetzung   **964**

Explizite Ableitung erfolgt durch Suffixe. Diese waren einst Glieder von Komposita. Diese zweiten Glieder sind auf dem Wege zu Ableitungssuffixen (Wortbildungsmorphemen), wenn sie in ihrer Eigenbedeutung verblassen und gruppenbildend wirken. Sie sind zu Suffixen geworden, wenn sie lautlich so verändert oder inhaltlich so stark verallgemeinert sind, daß sie nicht mehr als selbständige Wörter erkannt

werden oder nicht mehr als solche existieren, statt dessen aber zur Bildung
gleichartiger Wörter herangezogen werden. Die meisten mit Suffixen gebildeten Wörter sind analog zu schon vorhandenen Ableitungen entstanden,
wurden also trotz der Herkunft der Suffixe aus der Zusammensetzung von
Anfang an nicht als Komposita, sondern als Ableitungen empfunden.
↑ auch 979.

Explizite Ableitung (Ableitung durch Suffixe)

965 1. Flexionssuffixe (Endungen) bilden Wortformen, Ableitungssuffixe
dagegen neue Wörter, und zwar vor allem Wörter einer anderen
Wortart als der des Ursprungswortes.

2. Ein bestimmtes Suffix bildet nur Wörter einer Wortart. Gehören
Basis (Ursprungswort) und Ableitung derselben Wortart an, so besteht
zwischen ihnen meist ein Bedeutungsunterschied:

> *Freund* (Konkretum) – *Freundschaft* (Abstraktum); *krank – kränklich*

966 Suffixe können auch an Wörter herantreten, ohne deren Bedeutung
wesentlich zu verändern („Wuchersuffixe"):

> wahrhaftig*lich*, elend*iglich* (veraltend)

3. Von demselben Wort(stamm) können verschiedene Ableitungen gebildet werden, die derselben Wortart angehören. In der Regel bestehen zwischen ihnen Bedeutungsunterschiede:

> *Eigen*heit – *Eigen*schaft – *Eigen*tum; *heil*bar – *heil*sam – *heil*ig; *furcht*bar –
> *furcht*sam – *fürcht*erlich; *les*bar – *les*erlich

4. Erscheint ein Suffix nicht mehr deutlich genug, so wird es durch
ein anderes ersetzt. Auf diese Weise können zur Bezeichnung einer
Klasse von Erscheinungen Bildungen mit verschiedenen Suffixen zur
Verfügung stehen:

> Personenbezeichnungen auf *–e* (Bot*e*, Nachkomm*e*) sind durch Ableitun-
> gen auf *–er* (Witw*er*, Tauch*er*) verdrängt worden, Adjektivabstrakta auf
> *–e* (Breit*e*, Höh*e*) durch solche auf *–heit* (Frei*heit*, Neu*heit*).

Umgekehrt kann auch ein Suffix zur Bezeichnung verschiedenartiger
Erscheinungen herangezogen werden:

> Suffix *–schaft* bezeichnet Kollektive *(Gemeinschaft)*, Beziehungen *(Freund-*
> *schaft)* und Zustände *(Gefangenschaft)* (↑ 1008, 1012); *–isch* wird sowohl
> zur Bezeichnung der Herkunft und der Zugehörigkeit *(französisch,*
> *Goethisch)* als auch zur Bezeichnung einer bestimmten Eigenschaft oder
> der Neigung zu einem Verhalten *(kindisch, zänkisch)* herangezogen
> (↑ 1045 f.).

5. Ableitungssuffixe weisen auf den Gegenstand, die Eigenschaft oder **967** den Vorgang hin, ohne diese selbst zu bezeichnen. Sie können niemals selbständige Bedeutungsträger sein:

> Wasch*frau* – Wäscher*in*; Das Grundwort *–frau* im Kompositum *Waschfrau* nennt eine weibliche Person; Suffix *–in* kann nur in Verbindung mit einem selbständigen Wort diese Kennzeichnung übernehmen.

6. Vorbild für analoge Bildungen, d. h. produktive Bildungsmuster, **968** können nur solche Ableitungen werden, bei denen sich das Suffix in seiner besonderen Funktion deutlich von einem semantisch selbständigen Stammwort abhebt:

> kräf*tig* (neben *Kraft*), gei*zig* (neben *Geiz*); Säm*ling* (neben *Same*); arbeit*sam* (neben *Arbeit*), kleid*sam* (neben *Kleid*); dagegen sind unproduktiv: *ems*ig, *ewig*, *hurt*ig; *Sper*ling; *einsam*

7. Neue Suffixe können dadurch entstehen, daß Schlußbestandteile der Basis als zum Suffix gehörig empfunden werden oder daß zwei selbständige Suffixe zu einem neuen zusammenwachsen:

> *–l* des Stammwortes + Suffix *–er* > Suffix *–ler* (↑ 993);
> *–er* des Stammwortes + Adjektivsuffix *–[e]n* > Suffix *–ern* (↑ 1030);
> Suffixe *–ig* + *–heit* > Suffix *–igkeit* (↑ 995), Suffixe *–haft* + *–ig* > Suffix *–haftig*   (↑ 1034)

Nicht selten kann eine Ableitung auf Stammwörter verschiedener Wortarten bezogen werden (*lieblich* auf *lieb, lieben, Liebe*) und entsprechende Bildungen nach sich ziehen. Auf diese Weise wird die Kombinationsfähigkeit eines Suffixes erheblich erweitert.

Implizite Ableitungen

Die Ableitung durch Ablaut   **969**

Die verschiedenen Stufen des Ablauts in der Flexion der starken Verben (↑ 374 ff.) treten auch bei der Ableitung von Substantiven, Adjektiven und schwachen Verben auf. Im Unterschied zur Ableitung durch Suffixe wird dieser Vorgang auch implizite Ableitung genannt. Teilweise treten Ablaut und Umlaut auch bei den expliziten Ableitungen auf. Die Ursachen dafür sind nur sprachgeschichtlich erklärbar.

> *bind*en: B*a*nd, B*u*nd, b*ü*ndig, b*ä*ndigen; spr*i*ngen – spr*e*ngen

Die Ableitung mit Konsonantenveränderung

1. Der sogenannte grammatische Wechsel, d. h. der Wechsel von $d – t, f – b, h – g, s – r$, der wie der Ablaut seinen Platz in der Flexion starker Verben hat, schlägt sich auch in der Wortbildung nieder. Er ist bei Substantiven und schwachen Verben, die aus starken Verben abgeleitet sind, zu beobachten. Zum Teil haben sich alte Formen er-

halten, obwohl der Wechsel in der Konjugation aufgegeben ist. So gehören zusammen (PAUL, Grammatik I, S. 377):

> (d – t): schnei*d*en – Schni*tt*, schei*d*en – Schei*t*el
> (f – b): dür*f*en (urspr. stark) – dar*b*en; He*f*e – he*b*en
> (h – g): zie*h*en – Zu*g*, sei*h*en – versie*g*en, Re*h* – Ri*ck*e
> (s – r): gene*s*en – näh*r*en, Dur*s*t – dür*r*, frie*r*en – Fro*s*t

2. Alte Lautgesetze liegen auch folgenden Wechseln zugrunde:

> (b – pp): scha*b*en – Schu*pp*e
> (g – ck): bie*g*en – bü*ck*en
> (f – pf): rau*f*en – ru*pf*en
> (ß – tz): rei*ß*en – rit*z*en, hei*ß* – Hi*tz*e
> (b – f):   ge*b*en – Gi*f*t, schrei*b*en – Schri*f*t, trei*b*en – Tri*f*t
> (h – ch): flie*h*en – Flu*ch*t, gesche*h*en – Geschi*ch*te

970 *Die semantische Einteilung von Ableitungen*

Die Einteilung der Ableitungen nach ihrem Inhalt (genauer: nach den
Bedeutungen der verwendeten Suffixe) bietet besondere Schwierigkei-
ten. Diese sind einmal darin begründet, daß die Ableitungen wesentlich
durch die Basen motiviert werden (z. B. bei der Pejoration, ↑ 1009).
Zum zweiten sind viele Suffixe mehrdeutig; ein bestimmtes Suffix
nimmt dann immer an mehreren Bedeutungsgruppen teil; übertragener
Gebrauch leitet in eine andere Gruppe über. Oft ist die genaue Zuordnung auch von dem Kontext abhängig, in dem ein bestimmtes Wort
steht. Auch die Idiomatisierung (↑ 941) wirkt erschwerend. Deshalb
wird oft ein Rest von Ableitungen bleiben, die nicht einer deutlich ab-
grenzbaren Gruppe zugeordnet werden können. Inhalte von Ableitungen beim Substantiv ↑ 1007 ff. (von impliziten Ableitungen ↑ 1014 f.),
beim Adjektiv ↑ 1044 ff., beim Verb ↑ 1073 f.

971 Zusammenbildungen

Präpositionale Wortgruppen und andere syntaktische Fügungen, die
noch nicht als Zusammensetzungen aufgefaßt werden, können zur Basis
von Ableitungen werden. Zusammensetzung und Ableitung sind hier
scheinbar in einen Prozeß zusammengefallen. In der Regel können
Z u s a m m e n b i l d u n g e n in ihre syntaktischen Bestandteile aufgelöst
werden:

> Essenkehrer, Frühaufsteher, Gesetzgebung, Anteilnahme; Inbetrieb-
> nahme, Außerachtlassung, Zuhilfenahme; kurzatmig, gutwillig, schwer-
> fällig, rothaarig; übernachten, unterkellern.

Daß hier keine Komposita vorliegen, ist daran erkennbar, daß das
letzte Glied nicht selbständig als Wort vorkommt (*Kehrer, *Gebung).
Manchmal werden einfachere Wörter nachträglich dazu gebildet

(*Kleinstadt* zu *kleinstädtisch*, *Klopfer* zum *Teppichklopfer*). Zusammenbildungen können als Ableitungen von Wortgruppen eingeordnet werden (↑ 963).
Ein Element der Wortgruppe kann bei der Zusammenbildung ausfallen:

> eidesstattlich < *an* Eides Statt, rechtsrheinisch < rechts *des* Rheins, Eckensteher < *an* der Ecke stehen

Als Zusammenbildungen können auch Verben gelten, die analog zu wirklichen Zusammensetzungen aus Substantiven abgeleitet und zugleich mit einem Adverb kombiniert wurden. Als Simplex existieren diese Verben nicht:

> ein*motten*, um*armen*, unter*jochen*, lieb*äugeln*, über*wintern*

Präfixbildung   972

Präfixe waren früher selbständige Präpositionen oder Präpositionaladverbien, diese bildeten mit anderen Wörtern Komposita. Wie die Ableitungssuffixe kommen sie heute nicht mehr selbständig vor und sind teilweise durch Tonverlust auch lautlich verändert. Da sie in der Regel nicht den Übergang in eine andere Wortart bewirken, sondern nur die Wortbedeutung modifizieren, werden Präfixbildungen nicht den Ableitungen zugerechnet. In gewissem Maße nehmen Präfixe an der Ableitung neuer Wörter teil, indem sie mit Suffixen zusammenwirken. In diesem Falle liegen Ableitungen vor (↑ 1017). Das gilt auch für die Bildung neuer Verben aus Substantiven und Adjektiven mit Präfixen:

> *be*erdigen, *be*nachteiligen, *ver*schönen, *ent*giften, *zer*trümmern

Nominalpräfixe (↑ 1018 ff.) tragen den Akzent, verbale (↑ 1075 ff.) sind unbetont. Substantive, die ein Nominalpräfix angenommen haben, werden auf diesem betont (↑ 1018 ff.); eine Ausnahme bildet das Präfix *Ge*- (↑ 1017):

> 'Mißerfolg, 'Unschuld, 'Urlaub; aber: Ge'fieder, Ge'müse

Substantive, die von Präfixverben abgeleitet sind, werden ebenso wie diese auf dem Stamm betont:

> Be'fugnis, Be'arbeitung, Ver'säumnis, Ver'achtung, Ent'fernung

Durch den Tonverlust in der verbalen Bildung erklären sich Unterschiede zwischen Präfixen mit gleichem Ursprung (*Urlaub – erlauben*; ↑ 1020, 1077).
Präfixe, die keine Funktion mehr zu erfüllen haben, fallen oft ab:

> [*Ge-*]*Heimtücke*, reich[*ge*]haltig, dicht. *fühllos* statt *gefühllos*

Besondere Arten der Wortbildung

973 • Die Rückbildung

Kürzere Wörter sind meist die Basis für längere, abgeleitete Formen.
Sie können aber auch – analog zu anderen Wortpaaren – nachträglich
zu diesen gebildet worden sein. Diesen Tatbestand kann nur die sprachgeschichtliche Forschung feststellen. Durch R ü c k b i l d u n g (retrograde
oder inverse Ableitung) werden funktionsschwache Affixe beseitigt:

> Ausdruck < Ausdrückung, elend[iglich], genial[isch], schraff[ier]en,
> [ver]traulich; ↑ auch 1006

Durch Rückbildung entstehen aber auch Wörter anderer Wortarten:

> Ärger < ärgern, Großstadt < großstädtisch, Unschuld < unschuldig,
> Zukunft < zukünftig, Freimut < freimütig, fehlgeboren < Fehlgeburt

974 • Die Wortkürzung

1. Zusammensetzungen, deren Glieder durch Tonverlust geschrumpft
sind, werden als Ableitungen oder als Simplizia empfunden:

> Drittel < Dritt-Teil, Kiefer < ahd. kienforha = Kienföhre, umg. drauf

2. Überlange Bildungen werden zur bequemeren Handhabung gekürzt.
Dadurch entstehen Klammerformen, deren Mittelglied weggelassen oder,
wenn es doppelt vorkommt, nur einmal gesetzt wird (Klappwörter).
Diese Kürzung ist bei Substantiven besonders häufig:

> Fernsprech[teilnehmer]verzeichnis, Pfeffer[kuchen]nüsse, Sonn[tagsvor]-
> abend; Raum[flug]körper, Tank[stellen]wart; Sprich[wörter]wörterbuch,
> Lohn[buch]buchhalter, Straßen[eisenbahn]bahnhof

Längere Wörter können zu Kopf- und Schwanzformen vereinfacht
werden:

> Foto[grafie], Ober[kellner], [Kraft-]Wagen, [Schall-]Platte

3. Von allgemein bekannten Komposita wird nur das Grundwort genannt:

> [Kaffee-]Kanne, [Finger-]Ring, [Regen-]Schirm, [Fahr-]Radfahrer

Analog zu den Ableitungen auf *–er* stehen Kurzformen statt längerer
Komposita:

> Dampf*er* für Dampf*schiff*, Frachter für Fracht*schiff*, Las*ter* für Lastkraft-
> *wagen*, Eisenbahn[angestellt]*er*, Fußball[spiel]*er*

4. Vielfach entstehen neue Wörter aus Anfangsbuchstaben oder -silben
selbständiger Wörter. Sie heißen I n i t i a l w ö r t e r :

USA,   UdSSR,   Fewa < Feinwaschmittel,   Mitropa > Mitteleuropäische
Schlaf- und Speisewagen-Aktiengesellschaft, Radar, Laser, AIDS oder
Aids

Zur Betonung ↑ 1142, 1145.
Initialwörter können Zusammensetzungen und Ableitungen bilden:

UN-Vollversammlung, EG-Staaten, FKK-Strand; FKKler (umg.)

● Die Kontamination (Wortmischung)   **975**

In seltenen Fällen veranlassen zwei konkurrierende Formen die Bildung
eines neuen Wortes. Man spricht von Wortmischung, Wortkreuzung
oder *Kontamination*:

Erdbirne < Erdapfel + Grundbirne,   Postkarte < Postblatt + Korre-
spondenzkarte,   vorwiegend < vorherrschend + überwiegend;   Antise-
meeting (WEINERT) < Antisemit + Meeting, Pazifistelstimme

● Die Satznamen   **976**

Sätze, darunter Imperativsätze, können zur Worteinheit zusammenrük-
ken (↑ 960) und als Ganzes substantiviert werden. Je nach der Enge
der Bindung schreibt man sie zusammen oder mit Bindestrich. Diese
Zusammenrückungen treten auf

als bloße Substantivierungen:

aufs Geratewohl, das Lebewohl, das lästige Auf-der-Stelle-Treten

bei Vor- und Familiennamen:

Fürchtegott, Leberecht, Störtebecker („Stürz-den-Becher'), Schickedanz
(„der den Tanz ordnet')

als Pflanzen- und Tiernamen:

Rührmichnichtan, Vergißmeinnicht, Wendehals

als charakterisierende Gattungsbezeichnungen:

Hans Guckindieluft, Kiekindiewelt, Taugenichts; Nimmweg (Flecken-
wasser)

● Die Konversion (Der Wortartwechsel)   **977**

Erhält ein Wort eine Funktion, die außerhalb seiner Wortart liegt, so
tritt es in eine andere Wortart über und nimmt deren Merkmale an.
Im Unterschied zur Ableitung treten bei der K o n v e r s i o n keine lautlichen Veränderungen des Wortes auf.

1. Wörter aller Wortarten können substantiviert werden:

> das Fett, der Junge, der Reisende, die Hinterbliebenen; das Lesen, das Schlafen; das Ich, das Ja, das Wenn und Aber, das Unentschieden

Substantive entstehen oft aus Adjektiven, Partizipien und Verben:

> Bär < ide. *bhero* = ‚braun‘, Mensch < ahd. *mennisc* = ‚menschlich‘, Herr < ahd. *hêr[i]ro* = ‚der Ehrwürdigere‘; Feind, Freund; Dasein, Leben

2. Adjektive entstehen aus Substantiven und Adverbien:

> angst, ernst, schade, schuld; behende, vorhanden, zeitweise (eine zeitweise Unterbrechung)

3. Adverbien entstehen aus erstarrten Nominalkasus:

> aus dem Genitiv: abends, gleichfalls, mittags, rechts, keineswegs
> aus dem Dativ: bisweilen, morgen
> aus dem Akkusativ: heim, hinweg, nicht

Hierher gehören auch die aus Substantiven entstandenen Präpositionen:

> dank, kraft, laut, betreffs, mittels, um – willen, wegen, zeit

978 ● Iteration und Reduplikation

Um sich wiederholende Erscheinungen zu kennzeichnen oder um Ausdrücke zu verstärken, können Wörter oder Wortteile wiederholt werden. Oft handelt es sich um lautmalende und schallnachahmende Bildungen. Wiederholt werden Wortteile und Silben. Diese Bildungen gehören oft der Ammen- und Kindersprache an:

> Kuckuck, Mama, Wauwau, Töfftöff; Lili, Mimi; haha, eiei

Möglich sind auch Bildungen mit Vokal- oder Konsonantenwechsel:

> Hokuspokus, Klimbim, Techtelmechtel; Singsang, Wirrwarr, Mischmasch

979 Die Rolle der Analogie in der Wortbildung

Sobald ein Morphemgefüge in der Sprache fest geworden ist und sich bewährt hat, kann es Vorbild für ähnliche Bildungen werden. Ganze Teile der Wortbildung sind ohne Analogie nicht denkbar. So ist der größte Teil der Zusammensetzungen analog zu formal oder inhaltlich ähnlichen Bildungen entstanden; ebenso beruht auch die Ableitung durch Suffixe auf Analogie. Darüber hinaus wird Analogie wirksam bei Ableitungen mit Präfixen:

entkräften < *Kraft* wie *entkleiden* < [kleiden] < *Kleid*

bei Ablautbildungen (↑ 969):

b*i*nden – B*u*nd, f*i*nden – F*u*nd; fl*ie*gen – Fl*u*g, fl*ie*ßen – Fl*u*ß, Fl*o*ß

bei Rückbildungen (↑ 973):

Freimut < *freimütig*, da *Hochmut* neben *hochmütig*

bei der Entstehung von Wortpaaren und Reihenbildungen:

Gipfel – Wipfel, tags – nachts; Heimweh – Fernweh; Rede – Schreibe; Landstreicher – Stadtstreicher – Seestreicher; landen – wassern

Wortbildung des Substantivs

Die Zusammensetzung

Grundsätzliches über die Zusammensetzung ↑ 942 ff.

Das Determinativkompositum

Grundsätzliches ↑ 961.

Substantiv + Substantiv   **980**

Zusammensetzungen sind mit und ohne Fugenelement möglich. Das Bestimmungswort erläutert das Grundwort in ähnlicher Weise näher wie ein Attribut das Bezugswort. In bezug auf das Grundwort bezeichnet es

Besitz und Zugehörigkeit: Hausherr, Himmelsgewölbe, Schülersprache
den Urheber oder Besitzer: Freundeshand, Mutterliebe; Volksdichtung
den Ursprung: Bauernsohn, Berggeist, Muttersprache
das Objekt: Buchhändler, Hühnerzucht, Orgelbau
den Grund: Freudentränen, Liebeskummer, Schmerzensschrei
Mittel oder Zweck: Ballspiel, Federzeichnung; Jugendherberge, Erholungsheim
Aufenthalts- oder Bestimmungsort: Haustier; Stallaterne, Küchentisch
Herkunft oder Zielort: Gebirgsbach, Westwind; Südpolexpedition
die Zeit: Morgenlied, Novembernebel, Aprilwetter, Pausengymnastik
den Stoff oder einen wichtigen Bestandteil: Pelzmütze, Stahlfeder, Wollstrumpf, Nußtorte
einen Vergleich, eine Verstärkung oder eine Verdeutlichung: *Staub*zucker, *Affen*hitze, *Mords*hunger; *Maul*tier (lat. *mulus* = ‚Maultier')

981 Adjektiv + Substantiv

Das adjektivische Bestimmungswort steht ebenfalls im attributiven Verhältnis zum Grundwort. Die Zusammensetzung hat gegenüber der syntaktischen Fügung meist spezialisierte oder verallgemeinerte Bedeutung:

> *reine* Schrift – *Rein*schrift, *große* Stadt – *Groß*stadt; *kleines* Kind – *Klein*kind; *süßes* Wasser – *Süß*wasser; *blaues* Licht – *Blau*licht

Manche Adjektive können als Bestimmungswörter ganze Reihen bilden:

> Alt-: Altmetall, -papier, -philologie, -stadt, -stoff, -bau
> Ober-: -bekleidung, -fläche, -kellner, -haupt, -stufe; bei geographischen Namen: Oberbayern, Oberlausitz, Oberitalien, Oberammergau

Überhaupt sind geographische Namen und Familiennamen häufig:

> Neustadt, Niederlande, Niederösterreich; alter Dativ: Altenburg; Junghans, Neumann, Niemeyer, Hübschmann, Schönemann, Breitkopf

982 Verb + Substantiv

a) Ursprüngliche Verbalsubstantive (Nomina actionis, ↑ 1010) als Bestimmungswörter konnten auch als Verbalstämme aufgefaßt werden und haben Zusammensetzungen mit Verbalstämmen veranlaßt. Im Einzelfall ist es schwierig, festzustellen, ob es sich um ein nominales oder verbales Bestimmungswort handelt:

> Schlafzimmer < *Schlaf* oder *schlafen*, desgl. bei *Feier*abend, *Lob*lied, *Ruhe*bett, *Lehr*buch
> verbales Bestimmungswort: *Eß*waren, *Gefrier*punkt, *Koch*topf, *Zeichen*stift, *Rechen*schieber, *Lese*buch, *Bind*faden

b) Verbale Bestimmungswörter können sich von nominalen durch das Fehlen des Ablauts (↑ 969; 1013) unterscheiden:

> *Bind*faden (aber: *Band*wurm), *Fahr*schein (aber: *Fuhr*mann), *Schneide*zahn (aber: *Schnitt*wunde), *Steh*kragen (aber: *Stand*uhr)

Manchmal, vor allem nach *b, d, g, s*, erscheint der Fugenvokal *e*:

> *Bade*zimmer, *Sterbe*zimmer, *Lese*brille, *Säuge*tier; aber auch ohne *–e*: *Schlag*zeug, *Schreib*mappe, *Treib*haus, *Schneid*brenner

983 c) Der Verbalstamm kann im Verhältnis zum Grundwort den Zweck angeben:

> *Bind*faden, *Hör*rohr, *Löse*geld, *Schleif*mittel, *Schreib*papier

Er kann passive oder aktive Bedeutung haben:

> *Pflege*kind (Kind, das in Pflege gegeben wird) – *Pflege*eltern, *Säuge*tier (Tier, das säugt), desgl. *Nage*tier, *Greif*-, *Lauf*vogel

Im übrigen können mit einem Verbalstamm als Bestimmungswort vielfältige semantische Beziehungen ausgedrückt werden:

> *Lern*eifer (Eifer beim Lernen), *Melde*pflicht (Pflicht des Meldens, zum Melden), *Seh*kraft (Kraft des Sehens), *Zeichen*unterricht (Unterricht im Zeichnen)

Unflektierbares Wort + Substantiv   **984**

a) Da das Bestimmungswort unveränderlich ist, gibt es hier nur Komposita ohne Fugenelement. Nicht immer ist klar erkennbar, ob ein Kompositum oder eine Ableitung aus einem zusammengesetzten Verb (↑ 1054) vorliegt.

b) Das Bestimmungswort entspricht einem attributiv gebrauchten Adverb oder einer Präposition:

> *Rück*weg (der Weg zurück), *Innen*raum, *Bei*blatt (Blatt bei der Zeitung), *Für*wort, *Nach*spiel, *Außen*temperatur

Die Partikel kann in der Zusammensetzung lautlich verändert sein:

> *in* > *Ein-*: Einband, Eingeweide, Einwohner (aber: Inhalt, Imbiß)
> *zurück* > *Rück-*: Rückgang, Rückkehr, Rückfracht, Rückweg

c) Komposita mit flexionslosem Wort als Bestimmungswort kennzeichnen

> räumliche und zeitliche Verhältnisse: Hintergrund, Vorfrühling
> den Verwendungszweck: Zubrot (zum Brot essen)
> ein Wertverhältnis: Unterbilanz, Oberwasser, Sonderzug, Sofortprogramm, Nursportler, Auchdichter

Das sogenannte Possessivkompositum

Grundsätzliches ↑ 961.

Das Grundwort nennt meist einen Körperteil, ein Kleidungsstück oder etwas Ähnliches, dessen besondere Beschaffenheit den Besitzer oder Träger charakterisiert.

Substantiv + Substantiv   **985**

Das substantivische Bestimmungswort hat attributiven Charakter. Meist nennt es einen Vergleichsgegenstand:

> Lockenkopf (Mensch mit lockigem Haar, mit Kopf mit Locken), Goldhaar (Mensch mit goldglänzendem Haar), Kindskopf, Lügenmaul

Oft dient die ganze Zusammensetzung dem Vergleich (Metaphern):

> Schafskopf (Mensch mit dem Kopf eines Schafes, einfältiger Mensch), Hasenfuß, Spatzenhirn

986   Adjektiv + Substantiv

Diese Kombination ist häufiger als die mit substantivischem Bestimmungswort:

> Dummkopf, Kahlkopf, Dickkopf, Rotkäppchen, Grünrock; als Metaphern: Grünschnabel ('unreifer Mensch'), Schlappschwanz ('feiger, untätiger Mensch'), so auch: Langfinger, Heißsporn

Tier-, Pflanzen-, Familiennamen

Possessivkomposita sind häufig Tier- und Pflanzennamen:

> Pfauenauge, Schwalbenschwanz, Totenauge (Schmetterlingsarten); Gabelschwanz, Rotkehlchen, Rotschwänzchen (Vogelarten)

Sie haben sich auch in Familiennamen erhalten:

> Breitkopf, Schwarzkopf, Kurzhals, Langbein

Weiterbildungen mit −[l]er, häufig mit Numeralien im ersten Glied, gehören zu den Ableitungen:

> Dickhäuter, Warmblüter, Lippenblütler; Einhufer, Paarhufer, Tausendfüßer, Vierzehnender

987   Das Kopulativkompositum

Grundsätzliches ↑ 962

1. Das Kompositum bezeichnet das Ganze, die Glieder die Teile:

> Strumpfhose, Nordost, Strichpunkt, Radiofernseher (Musiktruhe); bei geographischen Namen: Annaberg-Buchholz, Schleswig-Holstein, Tschechoslowakei, Budapest

Die Glieder bezeichnen zwei Seiten derselben Person oder Sache:

> Dichterkomponist, Prinzregent, Gastfreund, Fliegerkosmonaut

2. Das zweite Glied kann den allgemeinen Begriff nennen oder das nicht mehr verstandene erste Glied erläutern (tautologische Komposita):

> Kieselstein, Auerochs, Tannenbaum; Mohrrübe, Lindwurm (ahd. lint = 'Schlange'), Kichererbse (lat. cicer = 'Erbse')

Die Ableitung

Grundsätzliches ↑ 963 ff.; ↑ auch 567.

988   Grundwörter auf dem Wege zu Ableitungssuffixen

Grundwörter mit sehr allgemeiner oder geringer Eigenbedeutung können gruppenbildend eingesetzt werden. Unterscheidet sich ihre Semantik spürbar von derjenigen des selbständigen Wortes, ist die Entwicklung zum Ableitungssuffix im wesentlichen vollzogen, z. B. bei *–gut*, *–werk* und *–zeug*:

-einheit: Arbeits-, Futter-, Grund-, Wohnungs*einheit*
-gut: Brenn-, Färb-, Mahl-, Schütt-, Streu-, Walz*gut*
-körper: Brenn-, Heiz-, Hohl-, Leucht-, Spreng*körper*
-mittel: Binde-, Futter-, Heil-, Kampf-, Lebens-, Nähr-, Wasch*mittel*
-stoff: Bau-, Brenn-, Farb-, Kunst-, Roh-, Treib-, Werk*stoff*
-werk: Blatt-, Back-, Feuer-, Fuhr-, Laub-, Pelz-, Schuh*werk*
-zeug: Fahr-, Feuer-, Flug-, Schlag-, Schuh-, Spiel-, Werk*zeug*

Die Ableitungssuffixe

989 *–chen* (*k* oder *ch* + *–in*) bildet neutrale Diminutiva aus Substantiven. Das Suffix bewirkt im allgemeinen Umlaut *(Hänschen, Ländchen)*. Es steht bei einsilbigen Stämmen *(Beinchen, Wäldchen)*, bei Wörtern auf *–e* und *–en* mit Ausfall dieser Endungen *(Entchen, Häschen; Gärtchen, Kästchen)*, bei Wörtern auf *–er (Fensterchen, Väterchen)* und manchmal nach der Pluralendung *–er (Kinderchen, Häuserchen)*. Das Suffix tritt gewöhnlich nicht an die Ableitungssuffixe *–nis* und *–sal*. Einige Wörter auf *–chen (Frettchen, Kaninchen, Mädchen, Rotkehlchen)* sind ohne Suffix nicht mehr üblich. In Anlehnung an Wörter auf *–el* + *–chen (Engelchen, Mäntelchen)* entstand das neue Suffix *–elchen (Ringelchen, Sächelchen)*. *–chen* konkurriert mit *–lein* (↑ 998), ist in der Literatursprache aber häufiger als dieses. Oft wird die Anwendung durch den Wohllaut bestimmt *(Mäntelchen, Stühlchen;* aber: *Bächelchen* oder *Bächlein, Kirchlein, Zwerglein)*. Zum Inhalt ↑ 1009.

990 *–e* (1) bildet feminine Eigenschafts-, Vorgangs- und Resultatsbezeichnungen aus Adjektiven *(Blässe, Höhe, Breite)*, Adverbien *(in Bälde)* und aus Verben *(Bitte, Rede, Gabe, Grube)*. Zum Inhalt ↑ 994; 1011; 1012, Abs. a. *–e* (2) bei Personenbezeichnungen ist Suffix bei schwachen Maskulina *(Bote, Genosse, Nachkomme)*. Heute steht das Suffix *–er* (1) (↑ 993) in dieser Funktion. Zum Inhalt ↑ 1008.

991 *–ei, –erei* (lat. *–ia*, frz. *–ie*) steht zunächst bei lateinischen und französischen Lehnwörtern *(Arznei, Pfarrei, Polizei)*. Es bildet dann feminine Vorgangs- und Ortsbezeichnungen aus Substantiven auf *–el* und *–er (Eselei, Teufelei; Brauerei, Meierei)* und aus Verben auf *–eln* und *–ern (Bettelei, Frömmelei; Flunkerei, Zauberei)*. Manche Bildungen können sowohl auf das Substantiv als auch auf das Verb bezogen werden *(Fischerei < Fisch* oder *fischen, Lauferei < Lauf* oder *laufen)*. Bezeichnet werden vor allem eine wiederholte Tätigkeit, ihr Ergebnis und der Ort ihrer Ausübung. Das Suffix hat trotz assimilierter Lautform seinen fremden Akzent behalten. Zum Inhalt ↑ 1008, 1010, 1011; 1012, Abs. a.

992 *–el* (ahd. *–il, –ila, –ala*) bildet maskuline und feminine Sachbezeichnungen vor allem aus Verben *(Gürtel, Hebel, Schaufel)*. Das Bildungsmuster ist weitgehend durch das auf *–er* ersetzt. Bei manchen Wörtern *(Bibel,*

Fabel, Muskel, Titel) ist *–el* aus einer fremden Lautfolge hervorgegangen (Lehnwörter). Zum Inhalt ↑ 1007, 1011. *–elchen* ↑ 989.

993   *–er* (1) (lat. *–arius*, ahd. *– âri*) bildet Maskulina aus Substantiven *(Witwer, Tauber)*, Numeralien *(Fünfer, Hunderter, Tausender)*, vor allem aus einfachen *(Bohrer, Fehler, Schneider)* und präfigierten Verben *(Ansager, Einbrecher, Nachfolger)* und aus Wortgruppen *(Besserwisser, Eisbrecher, Hosenträger, Büchsenöffner)*. Das Suffix hat nur z. T. Umlaut bewirkt *(Wärter, Krämer;* aber: *Taucher, Fahrer)*. *–er* ist eins der produktivsten Suffixe; die Bildungen bezeichnen vor allem Personen nach ihrer Tätigkeit, Werkzeuge und andere Gegenstände. Die Suffixe *–ler (Künstler, Wissenschaftler)* und *–ner (Harfner, Schuldner)* sind in Anlehnung an Ableitungen auf *–er* von Wörtern auf *–el (Sattler < Sattel)* und *–en (Gärtner < Garten)* entstanden. Zum Inhalt ↑ 1007–1011.

–er (2) (germ. **variôs* = ‚Leute') steht bei Ableitungen von geographischen Namen zur Benennung der Bewohner *(Berliner, Inder;* auch: *Bürger, Städter)*, zur Verdeutlichung bei fremden Bildungen *(Afrikaner < lat. Africanus)*, danach auch bei heimischen Namen *(Weimaraner, Lutheraner, Hallenser)*. Zum Inhalt ↑ 1008.

994   *–heit* war ursprünglich ein Substantiv in der Bedeutung ‚Art und Weise, Stand, Rang'. Heute leitet es feminine Merkmalsangaben ab aus Substantiven *(Kindheit, Menschheit)*, vor allem aus Adjektiven *(Blindheit, Klugheit, Schönheit)*, aus dem Partizip II *(Berühmtheit, Trunkenheit)*, aus dem Numerale *(Einheit, Mehrheit)*, aus dem Infinitiv *([An]wesenheit, Unwissenheit)*. Ableitungen auf *–e* und *–heit* aus demselben Adjektiv haben unterschiedliche Bedeutung *(Fläche – Flachheit, Höhe – Hoheit)*. *–heit* bildet in Verbindung mit anderen Suffixen die funktionsverwandten Suffixe *–igkeit* und *–keit*. Zum Inhalt ↑ 1012, Abs. a, c.

–icht findet sich vor allem bei Kollektiva *(Kehricht, Spülicht; Dickicht, Röhricht)*.

995   *–igkeit* ist entstanden aus dem Adjektivsuffix *–ig* (↑ 1036) und dem Suffix *–heit* (↑ 994). Es bildet Feminina aus Adjektiven *(Bangigkeit, Müdigkeit, Obrigkeit)*, vor allem aus Adjektiven auf *–haft (Lebhaftigkeit, Zaghaftigkeit)* und *–los (Hoffnungslosigkeit, Lieblosigkeit)*. Bildungen auf *–heit* und *–igkeit* können nebeneinanderstehen. Letztere haben oft konkretere Bedeutung *(Kleinheit – Kleinigkeit, Neuheit – Neuigkeit)*. Zum Inhalt ↑ 1012, Abs. a.

996   *–in* (ahd. *–inna*) bildet movierte Feminina aus maskulinen Personenbezeichnungen *(Freundin, Nachbarin)*, besonders aus solchen auf *–er (Helferin, Lehrerin)*. Das Suffix bewirkt zuweilen, aber nicht immer Umlaut *(Füchsin, Häsin;* aber: *Botin, Gattin, Gemahlin)*. Zum Inhalt ↑ 1008.

–keit hat sich im Anschluß an Adjektive auf *–ig* (mhd. *ec*) aus *–heit* ge- **997**
bildet (mhd. *trûrec-heit* < nhd. *Traurigkeit*). Es bildet feminine Eigen-
schaftsbezeichnungen vor allem aus Adjektiven auf *–bar, –el, –er, –ig,
–lich, –sam: Brauchbarkeit, Eitelkeit, Heiterkeit, Traurigkeit, Ängstlichkeit, Ge-
nügsamkeit.*
Zum Inhalt ↑ 1012.

–lein (–[i]l + –in) bildet Neutra aus Substantiven. Das Suffix bewirkt **998**
Umlaut *(Bächlein, Blüm[e]lein)*; schwachtoniges *–e* entfällt meist *(Äug-
lein, Täublein)*. In der Literatursprache ist *–chen* (↑ 989) heute häufiger;
–lein steht vor allem in poetischer Sprache. Aus Gründen des Wohlklangs steht *–lein* vor allem nach *ch* und *g (Bäuchlein, Krüglein)*.
Zum Inhalt ↑ 1009.

–ler ↑ *–er*

–ling ist aus stammauslautendem *–l* und dem Suffix *–ing* entstanden. Es **999**
bildet maskuline Personen- und Sachbezeichnungen aus Substantiven
(Flüchtling, Schützling), Adjektiven *(Feigling, Rohling)* und Verben *(Ein-
dringling, Säugling, Setzling)*.
Zum Inhalt ↑ 1007, 1008, 1009.

–ner ↑ *–er*   **1000**

–nis (ahd. *–nissa* [f.], *–nissî, –nassi* usw. [n]) bildet feminine und neutrale
Abstrakte und Sachbezeichnungen aus Substantiven *(Bündnis, Bildnis)*,
Adjektiven *(Finsternis, Geheimnis)*, Partizipien *(Gefängnis, Gedächtnis)*
und Verbstämmen *(Ereignis, Geschehnis, Gelöbnis, Versäumnis)*.
Zum Inhalt ↑ 1010, 1011; 1012, Abs. b.

–sal, –sel (ahd. *–sala* [f.], *–[i]sal* [n.]) bildet feminine und neutrale Sach- **1001**
bezeichnungen und Abstrakta aus Verben *(Labsal, Schicksal; Füllsel, Rät-
sel, Geschreibsel; Stöpsel,* m.) und Nomina *(Mühsal, Trübsal,* f.).
Zum Inhalt ↑ 1011; 1012, Abs. b.

–schaft (ahd. *scaf* u. *giscaft*) war selbständiges Substantiv mit der Bedeu- **1002**
tung ,Beschaffenheit, Gestalt, Eigenschaft'. Heute bildet es feminine Abstrakta und Kollektiva aus Substantiven *(Freundschaft, Mannschaft, Gesellschaft)*, Adjektiven *(Eigenschaft, Gemeinschaft)*, Partizipien *(Verwandtschaft, Errungenschaft)* und Infinitiven *(Machenschaft, Rechenschaft)*.
Zum Inhalt ↑ 1008, 1011; 1012, Abs. b, c.

–tum (ahd. *tuom*) war selbständiges Substantiv mit der Bedeutung ,Sat- **1003**
zung, Urteil, Herrschaft'. Heute leitet es meist Neutra, seltener Maskulina ab aus Substantiven *(Bürger-, Streber-, Altertum)*, Adjektiven *(Heilig-
tum,* n.; *Reichtum,* m.) und Verben *(Wachstum,* n.; *Irrtum,* m.), die meist
Verhaltensweisen, Prozesse, Kollektive und Herrschaftsgebiete benennen.
Zum Inhalt ↑ 1010, 1011; 1012, Abs. a, b.

1004 *–ung* (ahd. *–unga*) bildet feminine Sachbezeichnungen zunächst aus Substantiven *(Satzung, Waldung, Zeitung)*. Heute ist es sehr produktiv bei der Ableitung von Vorgangs- und Resultatsbezeichnungen aus Verben, mehr aus Morphemgefügen *(Aus-, Bearbeitung, aber: Arbeit, das Arbeiten; Verdrängung, aber: Drang, Drängen)* als aus Simplizia *(Sitzung, Neigung)*. Das Suffix steht auch bei Ableitungen aus Verben, die aus Adjektiven gebildet sind *(Beschönigung, Würdigung)*, bei Reflexivverben *(sich anstrengen > Anstrengung)* und Ableitungen aus Wortgruppen *(Menschwerdung, Gesetzgebung, Wasserverdrängung)*. Alte *–ung*-Bildungen sind teilweise verkürzt worden: *Ausdrückung > Ausdruck, Beweisung > Beweis* (↑ 973). Ableitungen auf *–ung* sind besonders in der Sachprosa angebracht, da sie ganze Satzinhalte zusammenraffen und für weitere Aussagen verfügbar machen, ↑ 549–553. Zum Inhalt ↑ 1008, 1010, 1011; 1012, Abs. b.

1005 Ableitungssuffixe fremder Herkunft

Mit fremdem Wortgut kamen fremde Suffixe ins Deutsche. Sie konnten später auch zur Ableitung aus heimischen Wörtern verwendet werden, haben aber ihre Betonung behalten. Dazu gehören u. a. die französischen Suffixe *–ade, –age, –är, –eur, –euse, –ier*:

Raffinade, Blamage, Revolutionär, Friseur, Friseuse, Diseuse, Offizier

die lateinischen Suffixe *–and, –ant, –ent, –ismus, –ist, –ur, –tät, –tion*:

Doktorand, Aspirant, Konsonant, Student, Materialismus, Marxist, Zensur, Nationalität, Revolution, Explosion

Zur Betonung ↑ 1147 ff., ↑ auch 567.

1006 Verdunkelte Suffixe (Wurzeldeterminative)

Hier handelt es sich um Suffixe, die man heute zum Wortstamm rechnet, weil sie in bestimmten Wörtern fest geworden sind und keine Analogiebildungen mehr hervorrufen, also unproduktiv sind. Sie haben sich zum Teil verändert:

–l: Beil, Gaul, Kiel, Mahl, Mal, Mehl, Maul, Seil, Stuhl, Tal, Teil
–m: Atem, Baum, Blume, Lehm, Same, Strom, Schaum, Traum
–n: Bein, Dorn, Farn, Korn, (aus *–m*): Besen, Busen, Faden
–od (z. T. in veränderter Form): Arm*ut*, Heim*at*, Klein*od*, Zier*at*
–r: Ader, Acker, Bauer, Eiter, Feder, Lager, Schober, Wucher
–s: Fuchs, Gras, Luchs, Kies; Gerste, Bremse, Lefze (verändert)
–t: Fahrt, Naht, Kunst, Gunst, Vernunft; Brand, Feld (verändert)
–ter: Mutter, Schwester, Vater, Vetter; in veränderter Form: Bruder; vgl. auch lat. mater, pater, frater, russ. cectpa
–tl und *–tr* (z. T. verändert): Nadel, Stadel, Wedel; Köder, Wetter

Vgl. Schmidt, Sprachkunde, S. 118 ff.

Die Inhalte substantivischer Ableitungen

1. Substantivische Ableitungen bezeichnen Personen

a) nach ihrem Verhältnis zu einer Tätigkeit: **1007**

– Als Nomina agentis (Bezeichnung für Urheber der Tätigkeit)

> –*e:* Bote, Zeuge; –*el:* Büttel, Feldwebel; vor allem –*er (–ler, –ner):* Täter,
> Wähler, Künstler, Tischler, Harfner; –*ling:* Eindringling, Flüchtling,
> Ankömmling, Schädling
> mit fremden Suffixen: Lieferant, Student, Moderator, Chauffeur, Publizist
> Ähnlich auch Komposita: Quälgeist, Spielmann, Waschfrau

Bildungen auf –*er* können jemanden benennen, der eine Tätigkeit ge-
wohnheitsmäßig ausübt *(Raucher, Trinker)* oder in einer gegebenen
Situation *(Finder, Frager, Zuhörer, Zwischenrufer)* oder der eine bestimmte
Fähigkeit besitzt *(Schwimmer)*. Handelt es sich um eine einmalige Leistung, wird oft ein objektiver Genitiv hinzugefügt:

> der Erbauer des Hauses, Retter der Mütter, Gründer der Stadt

Unter den Nomina agentis sind Berufsbezeichnungen häufig:

> Bäcker, Schneider, Lehrer, Briefträger; Dozent, Kommandant

Hierher gehören eigentlich auch die Gerätebezeichnungen (↑ 1011).

– als Objekt einer Handlung:

> Impfling (,der geimpft wird'), Lehrling, Pflegling, Mietling, Zögling

b) nach ihrer Zugehörigkeit: **1008**

– Als Anhänger einer Person, einer Lehre oder Idee:

> –*aner:* Lutheraner, Kantianer; –*ist:* Buddhist, Sozialist; –*it:* Hussit,
> Jesuit; –*ler:* Abstinenzler, Rohköstler; –*ier:* Vegetarier

– Als Kollektiva (Bezeichnungen für Gruppe oder Gemeinschaft):

> –*de:* Gemeinde, Behörde; –*ei:* Polizei, Reiterei; –*heit:* Christenheit,
> Menschheit; –*schaft:* Gewerkschaft, Zuhörerschaft; –*ung:* Bevölkerung,
> Versammlung
> mit fremden Suffixen: Personal, Kommission, Komitee, Präsidium, Kollek-
> tiv; Komposita: Geschäftsführung, Untersuchungskommission, Verkaufsper-
> sonal; Fußvolk, Spähtrupp, Kinderschar

– Als Mitglieder der Gruppe oder Gemeinschaft:

> –*e:* Gefährte, Kollege; –*[l]er:* Gewerkschafter, Genossenschaftler; –*ling:*
> Höfling, Zwilling
> Komposita: Lebensgefährte, Mitmensch, Berufskollege

– Zur Kennzeichnung weiblichen Geschlechts (movierte Feminina):

> –*in:* Gattin, Nachbarin; bei Berufsbezeichnungen: Ärztin, Näherin

Dieses Suffix stand früher auch bei Eigennamen. Umgangssprachlich hat sich eine abgeschwächte Form noch erhalten:

> Gottsched*in*, Neuber*in*, Miller*in*; heute: die Müller*n*, die Schulz*en*

Meist wird das Geschlecht durch selbständige Wörter oder Komposita bezeichnet:

> Mann – Frau, Weib; Junge, Knabe – Mädchen; Sohn – Tochter
> Komposita: Gemüsefrau, Haustochter, Krankenschwester

Bei Tieren sind manchmal Ableitungen vom Maskulinum, meist aber besondere Bezeichnungen oder Komposita üblich:

> Ableitungen: Henne < Hahn; Füchsin, Eselin, Hündin
> selbständige Wörter: Hirsch – Hindin; Reh – Ricke; Stier – Kuh
> Komposita: Elefantenbulle, -kuh, -kalb, Kamelhengst, -stute oder Komposita mit -*männchen* und -*weibchen*

1009 c) nach der Beurteilung, die sie erfahren:

– Nach ihrer Haltung oder nach einer besonderen Eigenschaft:

> -*er* (-*ler*, -*ner*): Langschläfer, Lispler, Schuldner; -*ling*: Fremdling, Jüngling; -*rich*: Wüterich

– Nach einem negativen Verhalten oder Merkmal (Pejoration, Abwertung):

> -*el*: Ekel, Spitzel; -*er* (-*ler*): Kriegshetzer, Mörder; Frömmler, Versöhnler, Kriegsgewinnler; -*ling*: Feigling, Schädling
> fremde Suffixe: Grob*ian*, Bummel*ant*, Karrier*ist*, Luftik*us*

(Das negative Merkmal wird durch die Semantik des Basismorphems ausgedrückt.)

– mit gefühlsmäßiger Anteilnahme des Urteilenden:

> -*chen*: Kindchen, Pärchen; -*el[chen]*: Mädel[chen]; -*lein*: Brüderlein, Mütterlein, Schwesterlein
> leicht pejorativ: Bürschchen, Freundchen, Jüngelchen

Bei enger gefühlsmäßiger Bindung werden die Dinge der Umgebung mit Diminutivsuffixen charakterisiert:

> Gib Küß*chen*, mach ein Schläf*chen*, Schätz*chen*, Herz*el* / Herz*chen*

2. Substantivische Ableitungen bezeichnen Tätigkeiten und Vorgänge.

1010 a) Sie bezeichnen diese

– in ihrem Verlauf oder in zeitlicher Begrenzung (teilweise motiviert durch Aktionsart des Basisverbs, teilweise durch das Bildungsmuster):

> Fahrt, Ruf, Schrei, Sprung, Griff (↑ 1013); Rede, Suche (↑ 1015); -*er*: Treffer, Walzer; -*nis*: Begängnis, Ereignis, Begräbnis; -*ung*: Landung, Sitzung, Beisetzung; -*tum*: Wachstum, Irrtum

– als Wiederholung oder in negativer Beurteilung (Pejoration):

–erei: Lauferei, Rennerei, Wortklauberei; *ge–:* Gemurmel, Geflüster; *ge– –e:* Geheule, Gelaufe, Gerenne, Gerede

b) Tätigkeiten und Vorgänge als Grundlage für Gegenstandsbezeich- **1011** nungen verschiedener Art

– Bezeichnungen des Resultats von Vorgängen und Tätigkeiten:

Biß, Schnitt, Glut (↑ 1013); Braten; *ge–:* Gedicht, Gebäck, Gebäude; *–e:* Lehre, Sprache; *–ei:* Häkelei, Stickerei; *–nis:* Ärgernis, Verzeichnis; *–sal:* Mühsal, Schicksal; *–ung:* Bildung, Verfassung in negativer Beurteilung: Reimerei, Geschreibsel, Geschleck

– Nomina instrumenti (Bezeichnungen für Geräte und Werkzeuge):

–e: Heule (für Kofferradio), Leuchte, Liege; *–el:* Bügel, Hebel, Löffel; *–er:* Wecker, Bildwerfer, Büchsenöffner, Durchlauferhitzer

– Kollektiva:

Ge–: Gemäuer, Gemisch, Gewebe; *–icht:* Kehricht, Spülicht; *–schaft:* Erbschaft, Wissenschaft; *–tum:* Brauchtum; Streu*gut*, Schreib*kram*, Schuh*werk*, Wohnungs*wesen*, Werk*zeug*, Instrument*arium*, Maschine*rie*

– für die Bezeichnung eines Ortes:

–ei: Bäckerei, Druckerei; *–nis:* Gefängnis; *–ung:* Siedlung, Wohnung

3. Substantivische Ableitungen bezeichnen Eigenschaften, Zustände **1012** und Verhaltensweisen:

a) Eigenschaften, teilweise mit Wertungen verbunden:

–de: Begierde, Zierde; *–e:* Höhe, Tiefe, Enge; *–ei:* Flegelei, Duckmäuserei; *–heit:* Feigheit, Frechheit; *–igkeit:* Dreistigkeit, Genauigkeit; *–keit:* Eitelkeit, Freundlichkeit; *–tum:* Muckertum; Intelli*genz*, Konsequ*enz*, Elastiz*ität*, Plastiz*ität*

b) Zustand, Zustandsänderung, Resultat eines Vorgangs:

Zustand: *–heit:* Krankheit, Nüchternheit; *–keit:* Müdigkeit; *–nis:* Bedrängnis; *–sal:* Mühsal, Trübsal; *–schaft:* Gefangenschaft, Schwangerschaft; Zustandsänderung: Erkrank*ung*, Genes*ung*, Besser*ung*, Erstarr*ung*; Ergebnis: *–ung:* Bildung, Krümmung, Lähmung, Verkrüppelung

c) soziale Beziehungen und Verhaltensweisen:

–keit: Brüderlichkeit, Gerechtigkeit; *–schaft:* Feindschaft, Freundschaft, Vaterschaft; *–tum:* Außenseitertum, Sektierertum

Die implizite Ableitung **1013**

Die Ableitung von starken Verben

Unter Ausnutzung der verschiedenen Ablautstufen werden Substantive aus starken Verben gebildet, und zwar mit dem Präsensvokal:

Lauf, Ruf, Schlag, Schrei (m.); Binde, Hilfe (f.); Grab, Leid (n.)

mit dem Vokal des Präteritums:

Band, Biß, Strich, Trank (m.); Grube, Schnitte (f.); Band, Schloß (n.)

mit dem Vokal des Partizips II:

Bund, Schwund, Sprung, Trunk

Die Ableitungen aus schwachen Verben werden analog zu denjenigen aus starken Verben gebildet:

Dank, Geiz, Kauf (m.); Frage, Klinge, Liebe (f.); Geld < gelten, Lob (n.)

Zur Semantik der impliziten Ableitungen

1014 In gewissem Maße sind die Bedeutungen der impliziten Ableitungen bereits im Überblick über die Inhalte aller Ableitungen erfaßt worden (↑ 1007–1012). Hier soll nur verdeutlicht werden, wie die Fähigkeit des Verbs, zeitlich begrenztes oder andauerndes Geschehen kenntlich zu machen (Aktionsarten), in den Bereich des Substantivs übernommen wird. Möglichkeiten, die durch die Genera des Substantivs gegeben sind, werden bei der semantischen Einteilung genutzt:

1. Maskuline Ableitungen geben einen Vorgang als einmaliges, zeitlich begrenztes Ereignis, also gewissermaßen perfektiv, wieder:

Flug, Hieb, Schritt, Stich, Griff, Wurf, Schuß, Gewinn

Sie können konkrete Gegenstände bezeichnen:

Eingang, Ausgang, Fang, Wandspruch, Bund

1015 2. Feminine Bezeichnungen kennzeichnen die Dauer des Geschehens:

Lage, Lehre, Pflege, Hilfe, Ruhe, Stille, Rede

Auch sie können zu Gegenstandsbezeichnungen werden:

Auflage, (Geld-)Einnahme, Anzeige

Oft dienen sie auch zur Bezeichnung von Werkzeugen und Lebewesen:

Feile, Schere, Liege, Walze; Blindschleiche, Schlange, Spinne

1016 3. Neutra geben vor allem das Ergebnis eines Vorgangs wieder; sie enthalten das Präfix *Ge-*, das kollektive und perfektive Bedeutungselemente ausdrückt:

An*ge*bot, *Ge*dicht, *Ge*setz, *Ge*spinst, *Ge*webe

Auch sie werden häufig zu Gegenstandsbezeichnungen:

*Ge*bäck, *Ge*päck, *Ge*flecht, *Ge*schenk

oder fassen wiederholte Vorgänge zusammen:

*Ge*brüll, *Ge*schwätz, *Ge*frage, *Ge*tue, *Ge*polter, *Ge*murmel

Die Präfixbildung

Grundsätzliches ↑ 972.

Die Nominalpräfixe

Ge– (ahd. *ga–, gi–*) ist als selbständiges Wort in der Bedeutung ‚Zusammen- **1017** hang, Verbindung' (vgl. lat. *co–, con–*) früh untergegangen. Heute erscheint das Präfix als Mittel der Ableitung, oft in Verbindung mit dem Suffix *–e (Gedanke, Gebäude)* oder mit lautlicher Veränderung – im Ablaut oder Umlaut – des Wortstamms *(Geruch, Gebäck)*. *Ge–* ist das einzige unbetonte Nominalpräfix. Mit dem Präfix stehen Maskulina *(Gedanke, Geruch, Geschmack)*, selten Feminina *(Gewalt)*, meist Neutra *(Gefieder, Geheiß, Gehör)*. Das Präfix wird verwendet bei Ableitungen aus Substantiven *(Gebirge, Geflügel, Getier)*, später auch aus Verben *(Gebiß, Geschenk, Geheule)*. Ableitungen aus Verben können verschiedenen Ablautstufen entstammen *(Geflecht, Gesang, Gebot, ↑ 1013)*. Oft steht Umlaut *(Horn – Gehörn; Balken – Gebälk)*.
Das Präfix *–e* kann ausgefallen sein *(Geleise – Gleis, Glück)*.
Substantive mit *Ge–* bezeichnen
die Zugehörigkeit: Gefährte, Genosse, Geselle, Gemüse (zu Mus)
die Zusammengehörigkeit (Kollektiva): Gebein, Gebirge, Gewölk
ein lästiges Geschehen: Gebrüll, Geheul, Geklingel, Gebimmel
eine lästige Wiederholung: Gelaufe, Gerassel, Getue, Genecke
konkrete Gegenstände: Gefäß, Gebäude, Gehäuse, Geweih
Organe von Lebewesen: Gesicht, Gefühl, Genick, Gefieder

Miß– (ahd. *missa, missi*) mit der Hauptbedeutung ‚falsch, verkehrt' steht **1018** heute als Präfix bei Substantiven, Adjektiven und Verben (↑ 1049, 1078) zur Bezeichnung des negativen Gegenteils *(Mißerfolg, Mißbrauch, Mißtrauen)*, und zwar bei substantivierten Infinitiven *(Mißbehagen, Mißvergnügen)* und bei Verbalsubstantiven *(Mißernte, Mißgeburt, Mißverständnis, Mißbilligung)*. Zur Betonung ↑ 1141.

Un– (↑ 1050) steht zunächst bei Ableitungen aus Adjektiven *(Unreife,* **1019** *Unreinheit, Unversehrtheit)*, dann auch bei anderen Substantiven *(Undank, Unfriede, Unordnung)*. Substantive mit *Un–* bezeichnen
die wertende Verneinung: Unehre, Unschuld, Unsinn, Unland, Untiefe
das Unangemessene, Falsche: Unart, Unding, Unfug, Unzeit
eine Steigerung ins Negative: Ungeheuer, Unmensch, Unwetter, Untier
eine Steigerung: Unmasse, in Unmaßen, Unsumme
Manche Substantive sind nur noch in Verbindung mit *Un–* gebräuchlich *(Unflat, Unfug, Ungeheuer, Ungeziefer, Ungetüm)*. Bei Personenbezeichnungen und Verbalsubstantiven steht *Nicht–* anstatt *Un– (Nichtfachmann, Nichtraucher, Nichtschwimmer; Nichtbeachten, Nichterscheinen)*.
Zur Betonung ↑ 1141.

Ur– (↑ 1077) hat dank der Anfangsbetonung die volle Lautform behal- **1020** ten. In den wenigen alten Zusammensetzungen *(Urfehde, –kunde, –laub, –sache, –teil)* wird die selbständige Bedeutung der Partikel kaum noch empfunden. In neueren Wörtern bedeutet *Ur–* .

das ursprünglich Vorhandene: Urmensch, Urtext, Urwald, Urzeit
in Verwandtschaftsbezeichnungen die vorhergehende (oder folgende)
Generation: Urahne, Urgroßmutter, Urenkel; mit mehrfacher Präfigierung: Ururgroßmutter, Ururenkel

Tendenzen bei der Bildung von Substantiven ↑ 1084 ff.

Wortbildung des Adjektivs

Die Zusammensetzung

Grundsätzliches zur Zusammensetzung ↑ 942 ff.

1021 Durch Zusammensetzung kann auch beim Adjektiv viel und zuweilen
komplizierter Inhalt zusammengefaßt werden. Zusammengesetzte Adjektive entstehen aus der Notwendigkeit fach- und sachgerechter Benennung; sie charakterisieren und veranschaulichen Sachverhalte gut:

*blüh*willige Reiser, *flimmer*freies Fernsehbild, *gleit*sichere Sohlen

Zusammengesetzte Adjektive helfen, Superlative zu vermeiden, und
sind anschaulicher als diese:

*hauch*dünn, *spinnweb*fein, *atem*beraubend, *quitte*gelb, *kohl*schwarz

Zur Reihenbildung werden besonders häufig eingesetzt:

–arm (geräusch*arm*), *–frei* (bügel*frei*, fieber*frei*, steuer*frei*), *–leer* (luft*leer*),
–los (arbeits*los*), *–reich* (ozon*reich*), ↑ 1028

Als Neuprägungen erweisen sich die Adjektivkomposita

atmungsaktive Kleidung, *bakterienwachstumshemmende* Präparate, *temperaturwech-
selempfindliche* Pflanzen, *schlüsselfertige* Gebäude, *publikationsreifes* Manu-
skript

1022 Auch Partizipialadjektive sind der Zusammensetzung sehr zugänglich.
Dabei gibt es Übergänge zwischen syntaktischer Verbindung und Zusammensetzung; zuweilen ist die Grenze zwischen Syntax und Wortbildung fließend. Orthographisch wirkt sich dies in der Unsicherheit bei
der Getrennt- und Zusammenschreibung aus.
Maßstab dafür, daß eine Zusammensetzung vorliegt, kann sein:
eine neue, gegenüber der Eigenbedeutung der Glieder veränderte, oft
übertragene Bedeutung:

eine *bahnbrechende* Erfindung, *hochgestellte* Persönlichkeiten, *tiefgekühlte* Ge-
tränke

die Festlegung des Hauptakzents auf ein, meist das erste Glied:

ein '*voll*besetzter Omnibus, ein '*viel*besprochenes Ereignis

Das Determinativkompositum

Adjektiv + Adjektiv   **1023**

a) Das adjektivische Bestimmungswort ist unflektiert; es steht in attributiver Beziehung zum Grundwort:

  *alt*klug, *dunkel*rot, *hell*braun, *neu*englisch, *schwer*krank

b) Bei Farbmischungen gibt das Bestimmungswort eine Abschattung an:

  *blau*grau, *gelb*grün, *schwarz*braun, *rot*braun

Adjektiv (Adverb) + Partizip I oder II   **1024**

Obwohl der Auffassung als syntaktische Fügung nichts im Wege steht,
werden die Verbindungen meist als Worteinheit aufgefaßt:

  naheliegend, weitgreifend, zartfühlend, russischsprechend; dichtbesiedelt,
  gleichberechtigt, weitverbreitet, hochbegabt, tiefgekühlt

Wenn der verbale Ursprung des Partizips nicht zu deutlich empfunden
wird, überträgt man auf dieses die Komparationsfähigkeit:

  schwer*wiegendste* Probleme, ein wohl*schmeckenderes* Gericht

Die Komparation des ersten Gliedes überwiegt jedoch (↑ 734):

  *höchst*gestellte Persönlichkeiten, der *best*versorgte Kranke, die *nächst*liegen-
  den Gründe, *weitest*gehende Zugeständnisse

Zahlreiche Zusammensetzungen mit Partizipien bildet das Adverb
wohl:

  *wohl*klingend, -meinend, -riechend, -schmeckend, -tuend;
  *wohl*behalten, -bestellt, -erwogen, -gebaut, -gelungen

Ableitungen aus Substantiven werden wie Partizipien behandelt:

  blondge*lockt*, schlechtge*launt*, zartbe*saitet* (↑ 1041)

Substantiv + Adjektiv   **1025**

a) Zusammensetzung mit und ohne Fugenelement ist möglich:

  *pflicht*eifrig, *fieber*krank, *turm*hoch; *lebens*froh, *wahrheits*getreu

b) Das Bestimmungswort bezeichnet in bezug auf das Grundwort:

  einen Bereich: lebensmüde, lesenswert, wahrheitsgetreu
  Ursache oder Bestimmungszweck: heimwehkrank, schrankfertig, wetter-
  fest
  einen Vergleich: faustgroß, schneeweiß, grasgrün, honiggelb
  eine Verstärkung: feuerrot, kinderleicht, riesengroß, haushoch

c) Das Bestimmungswort kann der Verstärkung dienen, ohne daß es in einem begrifflich durchsichtigen Verhältnis zum Grundwort steht:

blitzdumm, hundemüde, kreuzbrav, saugrob, steinreich, blutarm

Mehrere verstärkende Glieder können aneinandergereiht sein:

funkelnagelneu, kohlpechrabenschwarz, mutterseelenallein (↑ 959)

Beliebt sind alliterierende Glieder:

*bl*itz*bl*ank, *g*old*g*elb, *m*ucks*m*äuschenstill, *st*ock*st*eif

oder analoge Bildungen mit jeweils gleichem Anlaut des Grundwortes:

pudel*n*ackt, –*n*aß, –*n*ärrisch

1026   *Substantiv + Partizip I oder II*

a) Eine Zusammensetzung liegt vor, wenn das Substantiv keine erläuternden Attribute für sich allein beansprucht:

ein aufsehenerregender Fall; aber: ein großes Aufsehen erregender Fall; ein feuerspeiender Berg, ein antwortheischender Blick

b) Im Verhältnis zum Grundwort kann das Bestimmungswort angeben:

ein betroffenes oder erzeugtes Objekt (nur mit Partizip I): faserschonend, schalldämpfend, friedliebend, aufsehenerregend
einen näheren Umstand (Grund, Ort, Mittel usw.; mit Partizip I und II): freudestrahlend, postlagernd, milieubedingt, eisgekühlt, himmelschreiend, preisgekrönt, sagenumwoben

Verb + Adjektiv

Diese Zusammensetzungen muß man sich ebenso wie die Komposita aus Verb + Substantiv entstanden denken (↑ 982). Der Verbalstamm steht immer ohne den Fugenvokal –*e*. Zusammensetzungen dieser Art sind selten (vgl. aber die Suffixe –*bar*, –*haft*, –*lich*, –*sam*). Ein Merkmal wird zu einer Tätigkeit oder einem Vorgang in Beziehung gesetzt, die das verbale Bestimmungswort angibt:

*denk*fähig, *denk*faul, *merk*würdig, *fahr*tüchtig, *treff*sicher, *trink*fest

1027   Das Kopulativkompositum

Zwei oder mehr Adjektive geben in der Zusammensetzung zwei oder mehr Eigenschaften einer Erscheinung wieder. Oft wird die Zusammengehörigkeit noch durch den Bindestrich kenntlich gemacht:

dummdreist, naßkalt, taubstumm, süßsauer; nüchtern-kalt, drolligvolkstümlich

Hierher gehören auch die zusammengesetzten und gekoppelten Ableitungen von geographischen Eigennamen:

> serbokroatisch; sowjetisch-amerikanisch, rheinisch-westfälisch

die Farbbezeichnungen:

> schwarzweiß, grüngolden, schwarzrotgolden

und manche zusammengesetzten Kardinalzahlwörter (↑ 754):

> fünfzehn, vierunddreißig, einhundertundfünf

Die Ableitung

Grundsätzliches zur Ableitung ↑ 963 ff.

Übergangsbereich zwischen Zusammensetzung und Ableitung   **1028**

Auch beim Adjektiv treten zahlreiche Grundwörter reihenbildend auf, und manche von ihnen werden zu Ableitungssuffixen. Sofern aber das Grundwort noch selbständig eine Eigenschaft bezeichnet, liegen Komposita vor wie in folgenden Fällen:

> *–ähnlich:* blatt-, fisch-, menschen-, papier-, tunnel*ähnlich*
> *–arm:* fett-, fisch-, handlungs-, regen-, schmerz*arm*
> *–fähig:* begeisterungs-, flug-, funktions-, kampf-, kontakt*fähig*
> *–fertig:* dienst-, fried-, koch-, reise-, schlüssel-, schrank*fertig*
> *–gemäß:* auftrags-, frist-, satzungs-, termin-, wahrheits*gemäß*
> *–reich:* arbeits-, erlebnis-, ideen-, kurven-, verlust*reich*
> *–wert:* bemitleidens-, dankens-, erstrebens-, lobens*wert*
> *–würdig:* dokumentations-, verabscheuens-, vertrauens*würdig*

Der Übergang zum Suffix ist vollzogen, wenn ein Bedeutungsunterschied zwischen selbständigem Wort und dem letzten Glied eines Morphemgefüges spürbar wird wie in folgenden Fällen:

> *–frei:* akzent-, ast-, atomwaffen-, block-, keim-, kreuzungs*frei*
> *–leer:* ausdrucks-, blut-, liebe-, luft-, gedanken*leer*
> *–mäßig:* behelfs-, fahrplan-, leistungs-, schul-, zahlen*mäßig*
> *–voll:* humor-, takt-, teilnahms-, reue-, vorwurfs-, widerspruchs*voll*

Die Ableitungssuffixe

> *–alisch, –arisch* ↑ *–isch*

–bar (ahd. *bâri*) ist zunächst selbständiges Adjektiv mit der Bedeutung   **1029**
‚imstande sein, etwas zu tragen'. Als Suffix bildet *–bar* Ableitungen aus Substantiven *(furchtbar, fruchtbar, wunderbar)* und Verben *(brauchbar, heilbar),* vor allem aus präfigierten Verben *([un]ausdenkbar, [un]verwechselbar).* Nur das Muster mit verbaler Basis ist noch produktiv. Ableitungen auf *–bar* aus Verben entsprechen meist einer passiven Fügung. Sie machen deren Inhalt prädikativ und attributiv im Satz verfügbar

und können auch mühelos in Substantive umgewandelt werden: Passive Fügung: Das Gerät *kann* vielseitig *verwendet werden*. Adjektiv auf *–bar*: Das Gerät ist vielseitig *verwendbar*, das vielseitig *verwendbare* Gerät ... Substantiv: Die vielseitige *Verwendbarkeit* des Geräts ... Manche Ableitungen auf *–bar* sind nur mit dem Präfix *un–* gebräuchlich: *unleugbar, unabdingbar, unbeirrbar, unverzichtbar.*
Ableitungen auf *–bar* und *–lich* (↑ 1038) können bei demselben Wort nebeneinanderstehen, z. T. mit Bedeutungsunterschied oder mit Änderung der Stilschicht: *strafbar – sträflich, faßbar – faßlich, vernehmbar – vernehmlich, lösbar – löslich, bewegbar – beweglich.*
Zum Inhalt ↑ 1044, Abs. a, b, c.

1030   *–en* (ahd. *–in*, lat. *–inus*) bildet Adjektive aus Stoffbezeichnungen *(metallen, samten, eichen)*, z. T. mit Umlaut *(gülden, irden, hären)*. Bei Substantiven auf *–er* steht nur *–n (kupfern, ledern, silbern)*. Diese Substantive bewirkten die Entstehung des Suffixes *–ern* (↑ 1032).
Zum Inhalt ↑ 1044, Abs. a.

1031   *–erlich* ist vermutlich aus der Verbindung des Substantivsuffixes *–er* mit dem Adjektivsuffix *–lich* entstanden (↑ 1038: *ärgerlich*; als eigenes Suffix: *fürchterlich, leserlich).*

1032   *–ern (–er + n)*: Adjektive mit *–ern (knöchern, lüstern, stählern)* sind heute häufiger als entsprechende Bildungen auf *–en* (↑ 1030). Adjektive auf *–en* und *–ern* stehen neben Substantivkomposita und präpositionalen Fügungen: *eiserner* Griff – *Eisengriff* – Griff aus *Eisen*; *hölzerne* Treppe – *Holz*treppe – Treppe aus *Holz*
Zum Inhalt ↑ 1044, Abs. a; 1045, Abs. d.

1033   *–haft* (vgl. lat. *captus*) war ursprünglich selbständiges Adjektiv mit der Bedeutung ‚behaftet, versehen mit etwas'. Als Suffix leitet es heute Adjektive ab aus einfachen Substantiven *(fehlerhaft, formelhaft*; mit Einschub von *–n: ehren–, launenhaft)*, aus zusammengesetzten Substantiven *(bruchstück–, schulmeisterhaft)*, aus Adjektiven *(boshaft, krankhaft, wahrhaft)*, zuletzt aus Verben *(nahrhaft, schmeichelhaft, wohnhaft)*.
Zum Inhalt ↑ 1044, Abs. a, b, d; 1045, Abs. a, b, d, e; 1046, Abs. d. e.

1034   *–haftig* ist eine Erweiterungsbildung zu *–haft (leibhaftig, teilhaftig, wahrhaftig)*.

1035   *–icht* (ahd. *–aht, –oht[i]*) bildet Adjektive aus Substantiven *(schatticht, steinicht, töricht)*. Das Suffix ist nicht mehr produktiv. An seine Stelle ist *–ig (schattig, steinig)* getreten.
Zum Inhalt ↑ 1044, Abs. a, d; 1045, Abs. a.

1036   *–ig* (ahd. *–ag, –ig*, vgl. lat. *–icus*) leitet Adjektive ab von Substantiven *(bergig, neblig, zeitig)*, Adjektiven (richtig < *recht*, völlig < *voll*), aus Pronomen *(der meinige, der unsrige)*, Adverbien *(baldig, dortig, jetzig)*, Verben *(schläfrig, ergiebig, anstellig)* und besonders aus syntaktischen Fügungen *(zählebig, gemischtsprachig, dreifenstrig; augenfällig, schwerhörig*; ↑ 971). Ableitungen sind mit und ohne Umlaut möglich *(bärtig, müßig, hochnäsig*; aber: *durstig, mutig, traurig)*. Die Endungen *–e* und *–en* entfallen vor *–ig*, bei *–el* und *–er* wird das *–e* oft ausgestoßen *(sonnig, wonnig; zweifädig,*

schnellebig, schweflig; zweirädrig, zweigliedrig). Das Suffix kann zur Verdeutlichung an andere Bildungen angehängt werden *(lebendig* neben *lebend, untertänig* neben *untertan).* Es kann an Suffixe und bedeutungsschwache Grundwörter treten und mit ihnen gemeinsam als Ableitungsmittel fungieren: *–artig, –faltig, –farbig, –förmig, –haftig, --haltig, –mäßig* usw. *–ig* ist heute das gebräuchlichste Suffix zur Ableitung von Adjektiven.
Zum Inhalt ↑ 1044, Abs. a, c, d; 1045, Abs. b, c, d, e; 1046, Abs. a, d.

–isch (ahd. *–isc;* vgl. lat. *–icus,* griech. *–iskos)* bildet Adjektive vor allem **1037** aus Substantiven *(bäurisch, tierisch, seelisch),* dann auch aus Adjektiven, Adverbien, Pronomen *(linkisch; heimisch; selbstisch)* und aus Verben *(mürrisch, höhnisch, zänkisch).* Das Suffix bildet Ableitungen aus Simplizia *(kindisch, launisch),* Komposita *(bühnentechnisch, leichtathletisch)* und Ableitungen *(räuberisch, verlegerisch).* Es steht bei Ableitungen von Personennamen *(Goethisch, Heinisch)* und geographischen Namen *(englisch, sächsisch, berlinisch,* jetzt häufiger *Berliner).* Bei Namen auf Konsonant oder *–e* steht meist nur *–sch (Schillersche* Gedichte; *Shakespearesche* Dramen; *hallesch,* auch *hallisch).* Bei Ableitungen aus Fremdwörtern steht *–isch* für lat. *–icus, –aris, –arius (historisch, solidarisch, vegetarisch),* im Anschluß an das Suffix *–ist (egoistisch, sozialistisch)* und pleonastisch nach dem Suffix *–al (musikalisch, physikalisch;* aber: *formal, liberal, illegal).* Bei Fremdwörtern auf *–ie* und *–ik* entfallen diese Suffixe *(bakteriologisch, philosophisch, agrotechnisch).*
Verdunkelte Bildungen sind *hübsch* < mhd. *hübesch* zu *Hof* und *deutsch* < ahd. *diutisc* zu *diot* = ,Volk'. Bildungen auf *–isch* und *–lich* bei verschiedenen Stämmen können einander entsprechen: *städtisch – staatlich, heidnisch – christlich, tierisch – pflanzlich, seelisch – leiblich.* Bei demselben Stamm bestehen Bedeutungsunterschiede: *kindisch – kindlich, weibisch – weiblich, parteiisch – parteilich.*
Zum Inhalt ↑ 1045, Abs. a, c, d, e; 1046, Abs. a, b, c.

–lich (ahd. *līh)* ist ursprünglich selbständiges Substantiv mit der Bedeu- **1038** tung ,Leib', ,Körper', vgl. *Leiche.* Als Suffix leitet es Adjektive ab aus Substantiven *(bürgerlich, herbstlich, gedanklich),* Adjektiven *(ältlich, fröhlich, kleinlich)* und Verben *(käuflich, dringlich, empfindlich, erschwinglich;* teilweise nur mit *un–: unvergleichlich, unerforschlich),* auch aus dem Infinitiv *(tunlich,* mit t-Einschub *hoffentlich, wissentlich). –lich* bildet Ableitungen aus Simplizia, Komposita *(hauptsächlich),* Ableitungen *(gewerkschaftlich, einheitlich)* und syntaktischen Fügungen *(widerrechtlich, eidesstattlich).* Auslautendes *–e* entfällt vor *–lich (sprachlich, heilkundlich);* nach *–en* steht *–t* als Einschub *(gelegentlich, öffentlich).* Oft steht kein Umlaut *(abendlich, gastlich;* aber: *wöchentlich, bäuerlich;* mit Bedeutungsunterschied: *sachlich – sächlich).* In Wörtern auf *–l* steht *–ig* statt *–lich (billig, untadelig, unzählig).* Früher diente *–lich* zur Bildung von Adverbien *(freilich, schwerlich, sicherlich).* Aus *–er +–lich* ist das Suffix *–erlich (fürchterlich, weinerlich)* entstanden (↑ 1031). In Wörtern wie *kleinlich, kränklich, schwächlich* ist ein Suffix *–lich[t] (l + –icht)* mit dem Suffix *–lich* zusammengefallen.
Zum Inhalt ↑ 1044, Abs. b, c, d; 1045, Abs. a, b, d, e.

–sam (ahd. *samo* = ,derselbe') leitet Adjektive ab aus Substantiven *(arbeit-* **1039** *sam, furchtsam, ratsam),* aus Adjektiven und Partizipien *(bedachtsam, ge-*

meinsam, langsam), dann vor allem aus Verben *(duldsam, genügsam, unaufhaltsam)*. Das Suffix schließt sich eher an einfache Wörter als an Zusammensetzungen an *(einsam, mühsam, strebsam; einprägsam, mitteilsam, unterhaltsam)*. Zum Inhalt ↑ 1044, Abs. b, c; 1045, Abs. b, d, e; 1046, Abs. e.

1040 *–selig* ist aus dem Substantivsuffix *–sal* (↑ 1001) und dem Adjektivsuffix *–ig* (↑ 1036) entstanden *(Mühsal – mühselig)*. Später wird *–selig* an das Adjektiv *selig* angelehnt; es leitet Adjektive aus Substantiven *(glückselig, feindselig)*, Adjektiven *(armselig, holdselig)* und Verben *(redselig, vertrauensselig)* ab.
Zum Inhalt ↑ 1044, Abs. c.

1041 *–t* (ide. *–to, –tjo*) bildet das Partizip II der schwachen Verben. Es ist auch in einer Reihe jetzt isolierter Adjektive enthalten *(alt, laut, recht;* lautlich verändert: *fremd, müde)*. Nach dem Vorbild der Partizipien werden aus Substantiven „Scheinpartizipien" auf *–t* abgeleitet *(behaart, betagt, entmenscht, gehörnt)*. ↑ 439.
Zum Inhalt ↑ 1045, Abs. b, c.

1042 Ableitungssuffixe fremder Herkunft

Fremde Adjektivsuffixe sind mit lateinischen, französischen und englischen Fremdwörtern übernommen worden. Mit heimischem Wortgut werden sie kaum verbunden:

–abel: diskut*abel*, rent*abel*; *–al:* form*al*, re*al*; *–an:* spont*an*; *–ant:* amüs*ant*, toler*ant*; *–ar:* element*ar*; *–är:* regul*är*; *–at:* adäqu*at*; *–ell:* finanzi*ell*, kultur*ell*; *–end:* horr*end*; *–ent:* exist*ent*, konsequ*ent*; *–esk:* ballad*esk*, grot*esk*; *–et:* konkr*et*; *–ett:* adr*ett*; *–ibel:* dispon*ibel*, flex*ibel*; *–iv:* effekt*iv*, posit*iv*; *–os:* burschik*os*; *–ös:* por*ös*, schikan*ös*, skandal*ös*

1043 Verdunkelte Bildungen mit Wurzeldeterminativen

1. Einige suffixlose Adjektivableitungen stehen heute isoliert, sie werden nicht mehr als Ableitungen, sondern als Simplizia empfunden:

   aus starken Verben: bleich, genehm, grell, hohl

2. Bei anderen Adjektiven, die wir ebenfalls als einfache Wörter auffassen, konnten durch sprachgeschichtliche Untersuchungen Suffixe, sogenannte Wurzeldeterminative (↑ 1006), nachgewiesen werden:

   –l: dunke*l*, einze*l*[n], fau*l*, heike*l*, hei*l*, schnel*l*, stei*l*, übe*l*
   –m, –n: ar*m*, war*m*, brau*n*, ebe*n*, eige*n* offe*n*, trocke*n*, klei*n*
   –r: bitte*r*, heite*r*, lecke*r*, munte*r*, schwange*r*, tapfe*r*, wah*r*
   –sch: fri*sch*, mor*sch*, ra*sch*
   –[t]r: hinte*re*, inne*re*, nie*dere*, obe*re*, un*tere*
   –t (↑ 1041): al*t*, fet*t*, kal*t*, lau*t*, rech*t*, schlech*t*, seich*t*

Die Inhalte der Ableitungen

1. Adjektivische Ableitungen charakterisieren Lebewesen, Sachen, Vor- **1044** gänge und Zustände

a) nach ihrer Beschaffenheit und ihren Eigenschaften:

> in bezug auf den Stoff: *–en:* gülden, leinen; *–ern:* gläsern, hölzern
> in bezug auf die Beschaffenheit und die anhaftenden Merkmale: *–bar:* fruchtbar; *–haft:* fehlerhaft, bruchstückhaft; *–icht:* schatticht; *–ig:* bärtig, gebirgig; weitmaschig, eisenhaltig; fischarm, ausdrucksleer (↑ 1028)

b) nach der Eignung und Verwendbarkeit:

> *–bar:* eßbar, schiffbar; *–haft:* nahrhaft; *–lich:* tunlich, nützlich; *–sam:* biegsam, kleidsam; gebrauchs*fähig*, koch*fertig* (↑ 1028); deklin*abel*, diskut*abel* (↑ 1042)

c) nach dem Eindruck und persönlichen oder gesellschaftlichen Wert:

> *–bar:* wunderbar, unvergleichbar; *–ig:* wollig, seidig; *–lich:* handlich, lächerlich; *–sam:* wundersam; *–selig:* armselig; skandalös

d) in vergleichender Wertung:

> *–haft:* kometenhaft, stümperhaft; *–icht:* töricht; *–ig:* riesig, goldig; *–lich:* herbstlich, dezemberlich; blitz*artig*, blatt*ähnlich*, herz*förmig* (↑ 1028)

2. Sie kennzeichnen und werten Eigenschaften und Verhaltensweisen: **1045**

a) das einem bestimmten Personenkreis angemessene Verhalten

> *–haft:* mädchenhaft, meisterhaft, schülerhaft; *–isch:* künstlerisch, schauspielerisch; *–lich:* kindlich, mütterlich, freundschaftlich

b) den Eindruck, den das Verhalten hinterläßt

> *–bar:* dankbar, ehrbar; *–haft:* gewissenhaft, tugendhaft; *–ig:* andächtig, fleißig; *–lich:* ordentlich; *–sam:* arbeitsam, wachsam; *–t:* gesittet; diskret (↑ 1042)

c) das soziale Verhalten

> *–ig:* gesellig; *–isch:* humanistisch, solidarisch; *–selig:* feindselig; *–t:* befreundet; human (↑ 1042)

d) die Neigung zu einem Verhalten

> *–ern:* lüstern; *–haft:* boshaft, zaghaft; *–ig:* hinfällig, schläfrig; *–isch:* rechthaberisch, zänkisch; *–lich:* gastlich, kränklich, zuversichtlich; *–sam:* mitteilsam, genügsam, strebsam; spend*abel* (↑ 1042)

e) das negative Verhalten (pejorative Wertung)

> *–haft:* launenhaft, zaghaft; *–ig:* fahrig, dickköpfig, hochnäsig; *–isch:* kindisch, egoistisch, zänkisch; *–lich:* kleinlich; *–sam:* grausam

1046 3. Sie dienen der Orientierung

a) über den Raum und über die Zeit:

–ig: dortig, jenseitig; baldig, heutig; *–lich:* äußerlich, innerlich; anfänglich, gelegentlich; *–isch:* zeitgenössisch, englisch

b) über die Herkunft:

–er: Berliner, Leipziger; *–isch:* aristotelisch, europäisch

c) über die Zugehörigkeit zu einem bestimmten Bereich:

–isch: marxistisch, physikalisch, seelisch; *–lich:* bürgerlich, gewerkschaftlich, rechtschreiblich, sprachlich; kontinent*al*, nation*al*, famili*är*, existenti*ell*, kultur*ell* (↑ 1042)

d) über die Dauer, die Wiederholung und den Geltungsgrad eines Geschehens:

–ig: einmalig, zweistündig; *–haft:* wahrhaft[ig]; *–lich:* bekanntlich, möglich, wahrscheinlich; wöchentlich, monatlich

e) über die Art und Weise eines Geschehens oder einer Handlung:

–haft: schwunghaft, sprunghaft; *–lich:* bildlich, schriftlich, wissentlich; *–sam:* behutsam, gewaltsam; der*artig*, termin*gemäß*, bargeld*los*, behelfs*mäßig*, andeutungs*weise*; spontan (↑ 1042)

Die Präfixbildung

Grundsätzliches ↑ 972.

1047 Verbalpräfixe im adjektivischen Bereich

Durch den attributiven Gebrauch der Partizipien kommen alle V e r b a l p r ä f i x e auch in den Bereich des Adjektivs. Sie bleiben aber an wirkliche Partizipien und „Scheinpartizipien" (↑ 1041) gebunden:

entscheidend,·erlaubt, verallgemeinernd, zerstreut usw.
be– (↑ 1075) steht nicht nur bei verbalen Partizipien *(begrenzt, bedeckt, beseelt),* sondern auch bei Ableitungen aus Substantiven *(bemoost, behaart).*
Das gleiche gilt für *ge–* *(gearbeitet, gesponnen, geschickt, gehörnt, geheim, gestielt).*

Nominalpräfixe beim Adjektiv

Nominalpräfixe entsprechen den beim Substantiv gebräuchlichen Präfixen (↑ 1017 ff.).

1048 *erz–* (griech. *archi* = ‚der erste', ‚der oberste') hat bei Adjektiven ausschließlich verstärkende Bedeutung *(erzdumm, erzböse, erzfaul).*

miß– steht als adjektivisches Präfix meist bei Ableitungen von Substan- **1049** tiven und Verben *(mißbräuchlich, mißgünstig, mißtrauisch)*, in Verbindung mit dem Partizip *(mißgestaltet, mißvergnügt)* oder in Suffixableitungen *(mißtönig, mißförmig, mißfarben)*. *miß–* bezeichnet in der Regel das negative Gegenteil. Zur Betonung ↑ 1141.

un– (Tiefstufe zur Negationspartikel *ne*, vgl. lat. *in–*, griech. *a[n]–*) ver- **1050** bindet sich nur mit Nomina, zuerst nur mit Adjektiven. Das Präfix steht meist bei Ableitungen aus einfachen und zusammengesetzten Verben *(unrühmlich, unfehlbar; unablässig, unaufschiebbar)* oder direkt beim adjektivisch gebrauchten Partizip *(unbeabsichtigt, unverstanden, ungebeten)*. Manche dieser Bildungen sind nur mit *un–* gebräuchlich *(unglaublich, unerhört, unentwegt)*. *un–* steht nicht, wenn ein selbständiges Wort den Gegensatz ausdrückt (Antonyme: *heiß – kalt, dick – dünn, hell – dunkel)*, wenn ein Adjektiv negative Bedeutung hat *(arg, schlecht, nackt)* oder wenn es zu einem Wort nicht nur e i n e n Gegensatz gibt *(rot – gelb – blau usw.)*. *un–* kann dieselbe Bedeutung haben wie *nicht (schön – nicht schön – unschön)*, kann aber auch stärker oder vorsichtiger verneinen als *nicht* und eine Wertung ausdrücken. Manchmal steht die Bildung mit *un–* zwischen Gegensatzpaaren *(wahr – [nicht wahr] – unwahr – erlogen; richtig – [nicht richtig] – unrichtig – falsch; gesund – ungesund – schädlich;* bei Personen: *gesund – [nicht gesund] – krank)*. Zur Betonung ↑ 1141. ↑ auch 448.

ur– (↑ 1020) dient bei Adjektiven der Verstärkung *(uralt, urgemütlich, ur-* **1051** *plötzlich)*; selten hat es die beim Substantiv nachgewiesene Bedeutung des Anfänglichen, Ursprünglichen *(urverwandt, urgermanisch)*.

Entwicklungstendenzen der Wortbildung des Adjektivs ↑ 1090 ff.

Wortbildung des Verbs

Die Zusammensetzung

Grundsätzliches zur Zusammensetzung ↑ 942 ff.

Besonderheiten der verbalen Zusammensetzung   **1052**

Das Verb ist der Zusammensetzung weit weniger zugänglich als Substantiv und Adjektiv. Dies wird vor allem dadurch erklärt, daß die ihm nahestehenden Glieder nicht in dem Maße an eine feste Stellung vor dem Verb gebunden sind wie das Attribut vor Substantiv und Adjektiv. Solche feste Stellung gibt es nur beim Infinitiv und bei den Partizipien (den Nominalformen des Verbs). Von diesen geht auch in der Regel die Zusammensetzung aus; z. T. beschränkt sie sich auf sie. Nur beim Verb gibt es auch die Unterscheidung zwischen festen und unfesten Zusammensetzungen (↑ 1053 ff.). Ständig vollzieht sich eine Entwick-

lung von syntaktischen Fügungen zu Zusammensetzungen, innerhalb
dieser von unfesten zu festen Verbalzusammensetzungen.

Abweichend vom heutigen Sprachgebrauch: Sie *ritt* viel Länder *durch*
(HÖLTY); wie oft hab ich ... die Fluren *durchgestrichen* (GELLERT); ihnen
unterzuliegen (GOETHE); *laß* mir die Sorgen *über* (TIECK).
Heute: ich *anerkenne,* er *auferlegte,* das *widerspiegelt* ... (↑ 297).

1053 Unfeste Zusammensetzungen

1. Bei unfesten Zusammensetzungen, sogenannten Distanzkomposita,
treten beide Glieder nur in den Nominalformen, also dem Infinitiv und
den Partizipien, und im Spannsatz zusammen. In den Konjugationsformen treten sie auseinander, d. h., das erste Glied tritt meist ans
Satzende. Es bildet zusammen mit der Personalform den prädikativen
Rahmen:

gesundpflegen, gesundgepflegt: Die Mutter *pflegt* ihn wieder *gesund.*

Bei umfangreichen Sätzen sollte man statt unfest zusammengesetzter
Verben besser synonyme abgeleitete oder einfache wählen:

Ich *bevorzuge* statt ich *ziehe* ... *vor*; sie *beteiligten* sich statt sie *nahmen* ...
teil; er *startet* statt er *fährt* ... los usw.

1054 2. Unfeste Zusammensetzungen haben den Akzent auf dem ersten
Glied:

'kennenlernen, 'freistellen, 'achtgeben, 'fehlgehen, 'davonflattern

3. ge– beim Partizip II und zu beim Infinitiv treten zwischen die beiden
Bestandteile der Zusammensetzung:

kennen*ge*lernt, kennen*zu*lernen; frei*ge*stellt, frei*zu*stellen usw.

4. Verb und Verbzusatz bezeichnen zusammen einen einheitlichen Prozeß; ihre Gesamtbedeutung kann von der Bedeutung der Einzelwörter
erheblich abweichen *(achtgeben, stattfinden, teilnehmen).* Viele Adverbien
behalten aber auch als Glied des Verbalkompositums ihre Semantik:

*hinab*fahren, *hinauf*greifen, *herbei*eilen, *fort*laufen, *weg*gehen

Unfest zusammengesetzte Verben können die Basis für nominale Ableitungen werden:

*frei*sprechen – *Frei*spruch, *gut*schreiben – *Gut*schrift, *dank*sagen – *Dank*-
sagung; Ankunft, annehmbar, ausgiebig, unzulässig

Adverb + Verb

1055 Diese Art Zusammensetzungen sind sehr zahlreich. Mit einigen Partikeln können sowohl feste als auch unfeste Zusammensetzungen gebil-

det werden. Ausschließlich unfeste Zusammensetzungen bilden folgende Adverbien, deren Bedeutung sich bei der Komposition kaum verändert:

> her, hin, dabei, daher, d[a]ran, d[a]rauf, d[a]rein, davor, dazu; entgegen; herab, heran, herauf, heraus, herbei, herein, herüber, herunter, herum, hervor, herzu; hinab, hinan, hinauf, hinaus, hinein, hinzu; umher, einher; dahin; voran, voraus, vorbei, vorher; abwärts, aufwärts, rückwärts; zusammen, zurück usw.
>
> dableiben, dreinreden, daherbrausen, hervorbringen, herbeirufen

Eine Anzahl Morpheme, vor allem solche, die heute selbständig als Prä- **1056** positionen verwendet werden, haben ihre Semantik in Verbindungen mit Verben so sehr verändert, daß sie von gleichlautenden selbständigen Wörtern unterschieden werden. Einige haben auch Anteil am Ausdruck der Aktionsarten. Diese Morpheme werden deshalb zu den verbalen Präfixen gerechnet (vgl. FLEISCHER, Wortbildung, S. 77 ff.). Als solche unfesten Präfixe gelten:

> ab, an, auf, aus, bei, dar, ein, los, mit, nach, vor, zu, fehl
> abhelfen, anbringen, auftrumpfen, auslaufen, beistehen, darreichen, einstehen, losschlagen, mitteilen, nachhelfen, vortragen, zureden, fehlgehen

Als unfeste und feste Präfixe kommen vor:

> durch, hinter, über, um, unter, wider;
> Das unfeste Präfix ist betont: '*durch*greifen, '*hinter*schlingen, '*über*laufen, '*um*werfen, '*unter*schieben, '*wider*hallen

Bei einigen Verben sind festes und unfestes Präfix kombiniert: **1057**

> *aber*kennen, *auf*erstehen, *aus*ersehen, *nach*empfinden, *an*vertrauen

Manche Verben sind mit Hilfe eines unfesten Präfixes direkt von einem Substantiv abgeleitet; neben ihnen existiert kein einfaches Verb:

> *ab*beeren, *aus*händigen, *ein*bürgern, *auf*muntern, *unter*kellern

Neben manchen Verben mit unfestem Präfix ist das einfache Verb nicht oder nicht mehr üblich:

> aufwiegeln, ausmergeln, ausrotten, ausmerzen, einverleiben

Nomen + Verb   **1058**

Zusammensetzungen mit nominalem erstem Glied sind zunächst nicht gebildet worden. Erst in neuerer Zeit sind Zusammenschreibungen von Verben mit Adjektiven und Substantiven zustande gekommen. Diese Zusammenschreibung geht von Infinitiven aus und erfaßt einen ständig größer werdenden Kreis von Fügungen. Da die syntaktischen Beziehungen und die Merkmale des Substantivs (Großschreibung, Deklination, Pluralbildung) aufgegeben sind und beide Glieder zusammen einen einheitlichen Vorgang bezeichnen, sind auch dies Komposita. Um Zusammensetzungen mit einem Substantiv handelt es sich bei folgenden Verben:

> *acht*geben, *haus*halten, *statt*finden, *preis*geben, *teil*nehmen, *wunder*nehmen, *gewähr*leisten, *irre*führen, *eis*laufen, *kopf*rechnen

Zusammensetzungen mit einem Adjektiv sind noch häufiger:

> *brach*liegen, *falsch*spielen, *frei*sprechen, *gut*heißen, *gut*schreiben, *groß*tun (= ‚prahlen‘), *heiß*laufen, *kund*geben, *wohl*tun, *tot*sagen, *lahm*legen

Älter sind Bildungen mit dem Adjektiv *voll*:

> *voll*aufen, -füllen, -schreiben, -stopfen, -essen, -gießen, -tanken

1059   Die festen Zusammensetzungen und Bildungen mit festem Präfix

Bildungen mit den festen Präfixen *durch, hinter, über, unter, um, voll* und *wider* sowie Verbalkomposita mit dem Adverb *wieder* tragen generell den Akzent auf dem letzten Glied, also dem Verb, und bleiben in allen Konjugationsformen eine feste Einheit. Sie bilden das Partizip II stets ohne das Flexionsmorphem *ge–*:

> Er *wiederholt* behandelten Stoff. Der behandelte Stoff wird *wiederholt*. Er *hinterließ* eine große Bibliothek. ... weil er eine große Bibliothek *hinterlassen* hat. Ähnlich: *durch*bohren, den Freund *hinter*gehen, ein Pfand *hinter*legen, die Schüler *über*fordern, die andern *über*treffen, Hindernisse *über*winden, eine Vorschrift *um*gehen, der Versuchung *wider*stehen, ein Argument *wider*legen; die Gäste *unter*halten, eine Nachricht *wider*rufen; *voll*bringen, *voll*enden, *voll*führen, *voll*strecken, *voll*ziehen

Alle diese Bildungen sind transitiv, fordern also ein Akkusativobjekt. Sie werden meist in übertragener Bedeutung gebraucht; mehrere, darunter alle mit *voll–*, sind idiomatisiert, d. h. aus der Bedeutung ihrer Bestandteile nicht zu erklären.

1060   M e r k e :

Werden Verben mit zwei Stämmen auf dem ersten Glied betont und in den Flexionsformen nicht getrennt, handelt es sich in der Regel um Ableitungen von zusammengesetzten Substantiven und nicht um Zusammensetzungen oder Präfixbildungen:

> 'argwöhnen, 'bildhauen, 'brandmarken, 'handhaben, 'mutmaßen, 'ratschlagen, 'schulmeistern, 'wehklagen, 'wetterleuchten (↑ 1140)

Die Ableitung

1061   Beim Verb spielt die Ableitung durch Suffixe keine solche Rolle wie bei Substantiven und Adjektiven. Ableitung erfolgt hier meist zugleich mit der Annahme von Präfixen, denen auch die inhaltliche Aufgliederung eindeutiger zufällt als den noch vorhandenen Ableitungssuffixen. Auch entfällt hier die Unterscheidung zwischen impliziter und expliziter Ableitung, da bei allen Verben, die aus Wörtern anderer Wortarten entstanden sind, *–[e]n* zugleich als Wortbildungsmorphem und als Infinitivendung fungiert (↑ 1063–1065). Zum Zweck der Erweiterung des Bestandes an Verben und der Bedeutungsdifferenzierung ist *–[e]n* durch bestimmte Lautverbindungen vielfältig erweitert worden (↑ 1066 ff.).

Die Rolle der starken Verben in der Wortbildung   1062

Die starken Verben (↑ 374 ff.) sind ältester Bestand unserer Sprache; sie bezeichnen grundlegende Prozesse. Sie vermehren sich längst nicht mehr, sind aber für die Wortbildung von großer Bedeutung, weil sie weitverzweigte Wortfamilien gebildet haben und auch heute noch bilden (↑ 933):

> *geben* – gab – gegeben; an*geben*, er*geben*, ver*geben*; *Gabe, Gift, Geber,* Er*geb*nis, Ge*geb*enheit; Auf*gabe,* Be*gab*ung; er*gieb*ig usw.

Starke Verben bilden auch eine wesentliche Grundlage für die Ableitung schwacher Verben (↑ 1063 ff.).

Die schwachen Verben

Bis auf wenige Ausnahmen (z. B. *gleichen, preisen*) folgen abgeleitete Verben der schwachen Konjugation (↑ 383). Die ursprünglichen Flexionsklassen schwacher Verben (*jan-, ôn-, ên*-Verben) sind heute nicht mehr zu trennen; sie sind in Formmerkmalen undifferenziert und in ihrer Bedeutung vermischt. Man kann jedoch eine Rekonstruktion versuchen (↑ auch 1073 f.).

    ahd. *–jan* bildete Kausativa und Faktitiva aus starken Verben *(legen <*   **1063** *liegen, setzen < sitzen, schwemmen < schwimmen),* aus Substantiven *(stellen < Stall, füttern < Futter)* und aus Adjektiven *(füllen < voll, kürzen, lösen).* Das Suffix konnte Konsonantenverschärfung *(bücken < biegen, netzen < naß, heizen < heiß)* und Vokalwechsel *(senken < sinken, richten < recht, flicken < Fleck)* bewirken. Charakteristisch für diese Klasse ist der Umlaut *(säugen, süßen, flüchten).* Er tritt aber nicht durchgängig auf, so steht vor *b* und *f* auch bei ursprünglichen *jan*-Verben oft kein Umlaut *(erlauben, raufen).* Durch lautliche Veränderung oder durch Untergang des Stammwortes ist die Zusammengehörigkeit oft verdunkelt *(führen < fahren, schlichten < schlecht, leuchten < licht).*

    ahd. *–ôn* bildete intensivierende, faktitive und instrumentale Verben **1064** aus starken Verben *(beten < bitten, brocken < brechen, tropfen < triefen),* aus Adjektiven und Adverbien *(ebnen, öffnen),* aus Komparativen von Adjektiven *(bessern, erleichtern, verlängern)* und aus Substantiven *(feilen, sägen, satteln).*

    ahd. *–ên* bildete Verben mit ingressiv-inchoativer Bedeutung vor allem **1065** aus Adjektiven *(faulen, leiden, reifen)* und durative Verben aus Substan-

tiven *(rasten, rosten, trauern)*. Zugehörige starke Verben sind neben einem
–*ên*-Verb meist untergegangen (so bei *darben, fragen, haben)*.

Weitere Ableitungssuffixe

Eine Anzahl Ableitungssuffixe ist noch lebendig, doch ist eine semantische Gliederung nur schwer erkennbar. Die meisten Suffixerweiterun-
gen sind dem nominalen Bereich entnommen.

1066   –*eln* (ahd. –*alôn*, –*ilôn*) ist aus dem Nominalsuffix –*el* (↑ 992, 1043) und
dem –*en* entstanden *(nageln, bemänteln; veredeln)*. Als selbständiges Suffix
mit vorwiegend iterativer Bedeutung leitet es schwache Verben ab aus
starken Verben *(grübeln < graben, klingeln < klingen, sticheln < stechen)*,
aus schwachen Verben *(lächeln, künsteln, sächseln)* und aus Adjektiven
(frömmeln, klügeln, verzärteln). Verben auf –*eln* sind häufig umgelautet
(hüsteln, kränkeln, näseln). Das Suffix steht auch oft bei lautmalenden
Bildungen *(bammeln, bimmeln, rascheln)*.

1067   –*ern* (ahd. –*arôn*, –*irôn*) ist aus dem Suffix –*r* (↑ 1006) eines zugrunde liegen-
den Substantivs *(ackern, federn, hungern)* oder Adjektivs *(verdüstern, ver-
finstern, abmagern)* und der Infinitivendung –*er* entstanden; auch die Pluralendung –*er (blättern, gliedern, zertrümmern)* oder ein Komparativ kann
zugrunde liegen *(verbessern, vergrößern, erweitern)*. Als selbständiges Suffix
mit iterativer und faktitiver Bedeutung leitet –*ern* Verben besonders von
anderen Verben ab *(stottern < stoßen, plätschern < platschen, zögern < ziehen,
schläfern < schlafen)*. Das Suffix steht auch bei lautmalenden Bildungen
(gackern, knattern, plappern). Verben auf –*ern* sind oft präfigiert *(begeistern,
verringern, zerkleinern)*, jedoch gehört –*er* hier meist zum Stammwort.

1068   –*igen* (ahd. –*agôn*, –*igôn*) enthält zunächst das Adjektivsuffix –*ig (kräftigen,
belustigen, benötigen)*. Vielfach sind die entsprechenden Adjektive untergegangen oder nur in anderer Form erhalten *(besänftigen, schädigen,
reinigen)*. Manche Ableitungen auf –*igen* haben ältere einfache Bildungen
verdrängt *(befestigen, sättigen, beschönigen)*, z. T. stehen beide mit Bedeutungsunterschied nebeneinander *(schaden – schädigen, belasten – belästigen,
berichten – berichtigen)*. Heute dient –*igen* allgemein zur Ableitung von
Verben aus Nomina, vor allem aus zusammengesetzten Substantiven.
Diese Verben sind meist transitiv und enthalten ein Präfix *(beaufsichtigen,
beerdigen)*.

1069   –*ieren* (burgund. –*ier*) geht von Lehnwörtern des 13. Jahrhunderts aus.
Das Suffix wird zunächst bei – vorwiegend lateinischen – Fremdwörtern
und gelehrten Bildungen verwendet *(addieren, disputieren, hospitieren)*,
schließlich aber auch mit heimischen Substantiven und Adjektiven
(amtieren, buchstabieren, grundieren; halbieren, stolzieren) verbunden. Wie in
der Fremdsprache liegt der Akzent auf dem Suffix (↑ 1121). Einfache
Verben stehen meist mit Bedeutungsunterschied neben der Bildung auf
–*ieren*: (lat. *dictare*) *dichten – diktieren*, (lat. *operari*) *opfern – operieren*, (lat.
spendere) *spenden – spendieren*. Verben auf –*ieren* sind heute sehr häufig. Gelegentlich treten daneben Rückbildungen auf: *lackieren / lacken, schraf-
fieren / schraffen*.

–ifizieren, –isieren sind Weiterbildungen von *–ieren*. Sie werden in der **1070** Regel bei Fremdwörtern angewendet *(elektrifizieren, entnazifizieren; automatisieren, polemisieren)*. Wie bei *–ieren* wird die vorletzte Silbe des Infinitivs betont.

–nen (ahd. *–anôn, –inôn*) setzt sich aus dem *–n* des Substantivs *(segnen,* **1071** *regnen, zeichnen)* oder Adjektivs *(ebnen, öffnen, trocknen)* und der Infinitivendung zusammen. Durch lautliche Veränderungen oder durch den Untergang des Stammwortes kann die Beziehung verdunkelt sein *(leugnen, ordnen, rechnen)*.

–schen, –sen, –tschen, –zen (ahd. *–isôn, –azzen, –izzen, –skôn)*: Da die Suffixe **1072** starken lautlichen Veränderungen unterworfen wurden, läßt sich die ursprüngliche Form der einzelnen Verben nicht mehr sicher ermitteln. Auch zugehörige Nomina und Verben sind meist nicht mehr vorhanden. Als von der Bildung her zusammengehörig gelten: *(–isôn)*: grausen, grinsen, winseln; feilschen, herrschen, gleißen; *(–azzen, –izzen)*: hopsen, klecksen; quietschen, zwitschern; duzen, siezen, scherzen; *(–skôn)*: fälschen, forschen, heischen, lauschen

Die Inhalte der Ableitungen

Zur inhaltlichen Aufgliederung der ursprünglichen drei Klassen schwa- **1073** cher Verben wurde bereits Stellung genommen (↑ 1063 ff.). Die Suffixe tragen keine klar umrissenen Bedeutungen. Dagegen sind mehr als bei Substantiv und Adjektiv die Präfixe in eine inhaltliche Gruppierung einzubeziehen. Offenbar hat das Verb, dessen Wortende vor allem durch die Flexion beansprucht wird, bedeutungsvariierende Bestandteile an den Wortanfang verlagert. Deshalb sind die Präfixe beim Verb am Ableitungsvorgang stark beteiligt.
Eine inhaltliche Aufgliederung kann auch hier nur Versuch und Anregung sein. Mehrfach sind verschiedene Bildungsweisen an einem Wort beteiligt *(benachteiligen)*; auch berühren sich Ableitung, Präfigierung und Komposition sowie Wortbildung und Syntax in ihren Funktionen.

1. Abgeleitete und präfigierte Verben kennzeichnen ein Geschehen zeitlich, nämlich in seinem Verlauf (Durativa) oder in zeitlicher Begrenzung (Nichtdurativa oder Perfektiva). Sie kennzeichnen

a) den reinen Verlauf (Durativa):

    rasten, trauern; *be–*: beharren; Komposita: aushalten, weiterlaufen

b) den plötzlichen oder allmählichen Beginn (Ingressiva, Inchoativa):

    ent–: entflammen, entzünden; *er–*: erblassen, erblühen; anfaulen, aufschreien, einschlafen (↑ 1056); ↑ Abs. c.

c) das plötzliche oder allmähliche Ende, den Übergang in einen neuen Zustand, den Abschluß mit einem Ergebnis (Egressiva, Konklusiva, Mutativa, Resultativa):

enden, platzen; *be-*: bereinigen, belohnen; *ent-*: entlaufen, entleeren, entschlafen; *er-*: erkämpfen, ertränken (↑ 1074, Abs. 2b u. d); *ge-*: gebären, gefrieren; *ver-*: verblühen, verstummen; *zer-*: zerbrechen, zerreißen (↑ 1074, 2b); ↑ 1056: abbrechen, antreffen, vollstrecken

d) die Wiederholung (Iterativa):

> *-eln:* betteln, hüsteln; *-ern:* plätschern, stottern; Komposition: wiederkehren, wiederbringen; ↑ auch 1074, Abs. 2a

1074 2. Sie kennzeichnen ein Geschehen modal, nämlich

a) die große oder geringe Intensität (Intensiva, Diminutiva):

> flüchten (neben fliehen); horchen, schluchzen; *-eln:* betteln, lächeln; *-ern*; plätschern, stottern (↑ 1073, Abs. 1d); *-ieren:* spendieren (neben spenden); *-igen:* schädigen (neben schaden); Komposition: hinhören – herhören

b) das Veranlassen zu einer Handlung oder das Bewirken eines Ergebnisses (Kausativa und Faktitiva):

> knechten, kränken, legen; *-ieren:* substantivieren; *be-*: befremden, betören; *ent-*: entblößen; *er-*: erschweren, erleichtern; *ver-*: verstaatlichen, vervollkommnen; *zer-*: zerstückeln, zerweichen; ↑ 1056: anwärmen, aufweichen

c) ein Versehen mit etwas oder ein Zuwenden, das allseitige Durchdringen (Ornativa, Okkupativa):

> ackern, füttern; *-ieren:* grundieren, elektrifizieren, automatisieren; *be-*: beherrschen, beleuchten, bepflanzen; *ver-*: verglasen, vergolden, verrühren; ↑ 1059: durchleuchten; vollpflanzen

d) das verwendete Mittel (Instrumentativa):

> pflügen, eggen, hämmern; *be-*: befingern, bepinseln; ↑ 1056: absägen, anpinseln, einschaufeln

e) ein Wegnehmen oder Entfernen (Privativa):

> häuten, schälen; *be-*: berauben, bestehlen; *ent-*: entehren, entlarven; *ver-*: verjagen, verstoßen; ↑ 1056: abholzen, ausziehen

f) eine falsche oder verurteilenswerte Handlungsweise (Pejorativa):

> *-eln:* frömmeln, kritteln, nörgeln; *ver-*: sich verlaufen, verrenken, verpfeffern, versalzen, verplanen; *fehl*gehen, *irre*führen

g) die Nachahmung eines Verhaltens (Imitativa):

> ochsen, büffeln, hamstern, sächseln, schauspielern

Die Präfixbildung   **1075**

Grundsätzliches ↑ 972.

Die Verbalpräfixe stufen den vom Verb genannten Prozeß genauer ab.
Sie können aber auch Verben direkt von Wörtern anderer Wortarten
ableiten. Die Verbalpräfixe sind unbetont. Oft wird durch das Präfix
die Valenz oder Rektion des Verbs verändert.

arbeiten – etwas *be*arbeiten, jemandem etwas schenken – jemanden *be*-
schenken, jemandem helfen – sich mit etwas *be*helfen

Die Verbalpräfixe

be– (ahd. *bi–*) ist eine Nebenform der Präposition *bei* (ahd. *bî*). Das Präfix
hat die Grundbedeutung ‚mit etwas versehen‘; es tritt an ursprüngliche
Verben *(bedrohen, bekleben, bestehen)* und dient der Ableitung von Verben
aus einfachen und zusammengesetzten Substantiven *(bekleiden, betiteln,
betonen, bevölkern; beaugenscheinigen)* und Adjektiven *(beengen, befähigen, beschönigen)*; es steht oft in Verbindung mit dem Suffix *–igen (beeinträchtigen,
berücksichtigen, bevollmächtigen)*. *be–* kann zu transitiven und intransitiven
Verben treten, ohne deren Konstruktion zu verändern *(bedrängen, belehren, beschädigen; beruhen, beharren, bestehen)*; meist aber bewirkt das
Präfix Transitivierung *(bedrohen, bekämpfen, belauschen)*; es kann auch zum
reflexiven Gebrauch überführen *(sich bedanken, sich benehmen, sich besinnen)*. Die zugehörigen einfachen Verben können ungebräuchlich sein
(so bei *befähigen, befreien, beschwichtigen)* oder sich in der Bedeutung unterscheiden *(schließen – beschließen, kommen – bekommen, richten – berichten)*.
Zur Betonung ↑ 1141.

ent– (ahd. *int–*) mit den Grundbedeutungen ‚auf etwas hin‘, ‚von etwas   **1076**
weg‘, (vgl. griech. *anti–*, lat. *ante–*) tritt zu einfachen Verben *(entbinden,
enthalten, entsprechen)* und zu Ableitungen aus Substantiven *(entdecken,
entfärben, entkleiden)*. Es ermöglicht auch direkte Ableitung aus Substantiven *(entkräften, entlarven, entziffern)* und Adjektiven *(entfremden, ent-
mutigen, entwirren)*. *ent–* wird vor *f* zu *empf–* assimiliert *(empfangen, empfehlen, empfinden)*. Verben mit *ent–* in der Bedeutung ‚von etwas weg‘ werden
mit dem Dativ oder einer Präposition *(von, aus)* konstruiert *(entfliehen,
entkommen, entlaufen, entnehmen)*. In einigen Fällen geht *ent–* auf die Präposition *in* zurück *(entbrennen, entflammen, entschlafen)*. Bei Substantiven
steht anstatt *ent–* älteres *Ant– (Antlitz, Antwort)*.
Zum Inhalt ↑ 533, 1073 f. Zur Betonung ↑ 1141.

er– (ahd. *ar–, er–, ir–, ur–*) ist noch im Ahd. selbständige Präposition mit   **1077**
der Bedeutung ‚aus – heraus‘, ‚empor‘. Das Präfix ist durch Tonlosigkeit
aus *ur–* (↑ 1020) entstanden. Es tritt zu ursprünglichen Verben *(erschließen,
erwachen, erziehen)* und zu Ableitungen aus Adjektiven *(erblinden, erfrischen,
erröten)*. Manchmal ist nur das abgeleitete Verb üblich *(erblassen, erhöhen,
ermüden)*, oder Simplex und Präfixbildung stehen mit Bedeutungsunterschied nebeneinander *(lösen – erlösen, klären – erklären, füllen – erfüllen)*.
er– kann das Verb transitivieren *(erhoffen, ersehnen, erstreben)*, oder das

präfigierte Verb verlangt eine andere Art von Objekten als das einfache
Verb *(jmdn. bitten – etw. erbitten)*. *er–* ist das produktivste Präfix zur Bildung von Verben aus Adjektiven. Es konkurriert mit *ver– (erhöhen – vertiefen, erweitern – verengen)* und wurde vielfach von diesem verdrängt
(so in *verarmen, verdienen, vergrößern)*. ↑ 1079. Zur Betonung ↑ 1141.

1078   *ge–* (ahd. *ga–, gi–,* ↑ 1017) hat ursprünglich soziative *(gerinnen = zusammenrinnen)*, dann perfektivierende Bedeutung *(gebären* < ahd. *bëran = ‚tragen‘; gewinnen* < ahd. *winnan = ‚sich erarbeiten‘)*. In dieser Bedeutung
konnte es früher an nahezu alle Verben treten, steht aber heute nur noch
bei Partizipien II. Bei einigen Verben ist das Präfix fest geworden. Neben
ihnen kann das Simplex fehlen *(gebühren, geschehen, gewinnen)*. Simplex
und Präfixbildung können aber auch – meist mit Bedeutungsunterschied
– nebeneinanderstehen *(bieten – gebieten, hören – gehören, stehen – gestehen*;
weniger scharf: *denken – gedenken, trauen – getrauen)*. In einigen Fällen ist
das *e* geschwunden *(begleiten, begnügen)*. Zum Inhalt ↑ 533, 1073 f. Zur
Betonung ↑ 1141.

miß– (ahd. *missa, missi)* bezeichnet ursprünglich das Verkehrte oder Verfehlte eines Tuns. Es hat in Verbindung mit Verben entweder die Bedeutung von ‚nicht‘ *(mißachten, –billigen, –fallen, –gönnen, –raten)* oder des
Falschen, Schlimmen *(mißbrauchen, –bilden, –deuten, –handeln)*. Das Partizip
II wird ohne *ge–* gebildet *(mißachtet, –braucht* usw.). Ausnahme: *mißbilden
– mißgebildet.* ↑ auch 1018, 1049. Zur Betonung ↑ 1140.

1079   *ver–* (ahd. *far–, fer–, for–, fur[i]–)* hat seinen Ursprung in drei selbständigen
Partikeln mit den Grundbedeutungen ‚vor‘, ‚vorbei‘, ‚weg‘ (vgl. lat. *pre–,
per–,* griech. *peri–)*. Das Präfix tritt zu ursprünglichen Verben *(verbieten,
–hören, –sinken)*, zu Ableitungen aus Substantiven *(verhungern, verscherzen,
verträumen)* und aus Adjektiven und Adverbien *(verhärten, verkürzen; verneinen, verspäten)*; es ermöglicht direkte Ableitung aus einfachen und abgeleiteten Substantiven *(verkörpern, versanden; verabscheuen, veranstalten, vergesellschaften)* und Adjektiven *(verstummen, vertiefen; verallgemeinern, vergegenwärtigen, vervielfältigen)*. *ver–* leitet auch Verben vom Komparativ
der Adjektive ab *(vergröbern, verkleinern, verringern)* und kann intransitive
Verben transitivieren *(verdienen, verklagen, verspotten)*. Vielfach fehlt das
einfache Verb *(verdauen, verlieren, vernichten)*, oder es unterscheidet sich in
der Bedeutung *(beugen – sich verbeugen, nehmen – vernehmen, wechseln – verwechseln)*. *ver–* konkurriert mit *er–* (↑ 1077).
Zum Inhalt ↑ 533, 1073 f. Zur Betonung ↑ 1141.

1080   *zer–* (ahd. *za[r]–, zi[r]–, zur–)* mit der Grundbedeutung ‚auseinander‘,
‚in Teile‘ tritt zu ursprünglichen Verben *(zerfließen, zerstreuen, zertrennen)*
und zu Ableitungen aus Substantiven *(zerfasern, zersplittern, zertrümmern)*,
seltener aus Adjektiven *(zermürben, zerkleinern)*. Das Präfix kann transitivieren *(sich den Kopf zerarbeiten, zergrübeln)*.
Zum Inhalt ↑ 533, 1073 f. Zur Betonung ↑ 1141.

Entwicklungstendenzen der Wortbildung beim Verb ↑ 1091 ff.

Flexionslose Wortarten

Grundsätzliches   1081

Flexionslose Wörter (Adverbien, Präpositionen, Konjunktionen) werden auf mannigfache Weise gebildet. Es ist nicht möglich, alle vorkommenden Bildungsweisen vollständig aufzuführen, zumal durch lautliche
Veränderungen die Zusammengehörigkeit oft verdunkelt ist.
Eine ganze Reihe ursprünglich zusammengesetzter Bildungen wird
heute nicht mehr als solche empfunden; sie sind verdunkelt und idiomatisiert.

> besonders < ahd. *bi suntar*, empor < ahd. *in bor(e)*, entgegen < ahd.
> *in gegin*

Flexionslose Wörter entstehen häufig aus einer syntaktischen Fügung.
Die Grenzen zwischen Wortfügung und Zusammensetzung (genauer:
Zusammenrückung, ↑ 960) sind fließend. Auch in der Rechtschreibung
läßt sich die Unsicherheit ablesen: Getrennt und zusammengeschriebene
Formen stehen häufig nebeneinander:

> infolge, insonderheit, zugunsten – zu seinen Gunsten, imstande – im Bilde
> sein; in bezug – mit Bezug, an Hand / anhand, an Stelle / anstelle,
> auf Grund / aufgrund

Zusammengesetzte flexionslose Wörter haben als Grundwort häufig
ein Nomen. Hier richtet sich also die Wortart nicht nach dem Grundwort:

> beiseite, infolge; überall, bisweilen, seinerzeit

Die Zusammensetzung und Zusammenrückung   1082

Adverb (Präposition) + Adverb (Präposition)

a) Häufig sind Zusammensetzungen mit Adverbien der Ruhe und
Richtung:

> daran, -auf, -in, -über, -unter
> heran, -auf, -aus, -bei, -über, -um, -unter, -zu
> hinab, -an, -auf, -aus, -über, -unter, -zu
> hieran, -auf, -aus, -bei, -zu

Bei *her–* und *hin–* ist auch die umgekehrte Reihenfolge möglich:

> bisher, daher, einher, woher; dorthin, gemeinhin, ohnehin, vorhin

b) Andere Zusammensetzungen:

> anbei, geradeaus, gleichwohl, mitunter, obgleich, obwohl, obschon

Adverb (Präposition) + Pronomen

außerdem, nachdem, trotzdem; indessen, währenddessen; ohne-, überdies

Adverb + Adjektiv

insbesondere, überall, vorlieb

Adverb (Präposition) + Substantiv

anstatt, beiseite, infolge, vonstatten, zugunsten, zugrunde, zuliebe

Adjektiv + Adverb oder erstarrter Kasus

keineswegs, kurzum, mancherorts, mittlerweile, vollauf

Substantiv + Adverb

bergan, -ab, jahraus, -ein, treppauf, -ab, stadtauswärts, -einwärts

1083 Die Ableitung

1. Flexionslose Wörter sind abgeleitet

aus Pronominalstämmen: da, dann, denn, hier, wo
aus Adjektiven: bald, fast, gern, lange, schon
aus Substantiven: dank, kraft, laut, statt, trotz (↑ auch 868)
aus dem Genitiv (mit analogen Bildungen): abends, nachts, tags, seitens
aus dem Dativ: allenthalben, wegen, zuweilen
aus dem Akkusativ: allzeit, weg, kreuz und quer

2. Adverbien sind Ableitungen auf *–lich* (↑ 1038) und *–lings*:

leid*lich*, schwer*lich*, wahr*lich*; blind*lings*, jäh*lings*, ritt*lings*

3. Ein Nomen als zweites Glied kann als Ableitungssuffix fungieren:

–art: der-, mancher-, solcher*art*
–dings: aller-, glatter-, neuer-, platter-, schlechter*dings*
–halben, –halber: allent-, meinet*halben*; krankheits-, spaßes*halber*
–maßen: anerkannter-, folgender-, gewisser-, unverdienter*maßen*
–wärts: ab-, auf-, aus-, heim-, rück*wärts*
–weg: durch-, frei-, glatt-, hin-, kurz-, rund-, schlecht*weg*
–weise: glücklicher-, kreuz-, leih-, strich-, unbekannter*weise* (↑ 778)

4. Zeit- und Zahladverbien werden mit *–fach*, *–lei* und *–mal[s]* gebildet
(↑ 751 f.):

drei*fach*, hundert*mal*, oft*mals*, viel*mal[s]*
beider*lei*, einer*lei*, hunderter*lei*, mancher*lei*, keiner*lei*

5. Auch manche Superlativformen sind Adverbien:

baldig*st*, eilig*st*, schleunig*st*; höch*st[ens]*, näch*st[ens]*, meist*[ens]*

Über die Bildung von Adverb, Präposition und Konjunktion ↑ auch
773, 867 f., 897 f.

Entwicklungstendenzen in der Wortbildung der Gegenwart

Das Substantiv

1. Die Zahl der substantivischen Komposita nimmt ständig zu. Man **1084**
legt Wert auf große Genauigkeit in der Benennung und auf das begrifflich richtige Verhältnis zwischen Bestimmungs- und Grundwort. Es
entstehen manchmal sehr lange, z. T. mehrgliedrige Zusammensetzungen:

> Arbeiterwohnungsbaugenossenschaft, Kraftfahrzeug-Steuer-und-
> Versicherungskarte, Sechswege-Sonderbohrmaschine, Selbstwählferndienst,
> Zehn-Punkte-Programm, Schrottaufbereitungsplatz, Datenschutzbeauftrag-
> ter, Umweltschutzmaßnahmen

Komposita, deren Fugenelement dem inhaltlichen Verhältnis der Glieder angepaßt ist:

> Gästebuch, Plätzezahl; Motorenbau, Speisenkarte, Traktorengeräusch;
> Bücherstube, Länderkarte, Männerabteil

Zusammensetzungen mit – z. T. mehrgliedrigen – Personennamen:

> Bunsenbrenner, Röntgenapparat, Goethehaus, Herder-Institut; Friedrich-
> Schiller-Universität, Goethe-Schiller-Denkmal, Kunze-Knorr-Bremse, Sie-
> mens-Martin-Ofen

Zusammenbildungen und substantivierte Infinitive.
Sie sind im Satz leicht beweglich, verstärken aber den substantivischen
Stil:

> Inangriffnahme, Instandsetzung, Zuhilfenahme, Zurverfügungstellung,
> Nationwerdung, ein Sichgehenlassen, das Über-die-Stränge-Schlagen

Statt Komposita und Bindestrichkopplungen erscheinen jetzt oft Fügungen mit Genitiv- oder Adjektivattribut:

> Meister des Sports, Bezwinger der Berge, wissenschaftlich-technische Revo-
> lution

2. Den Tendenzen zur Bildung von mehrgliedrigen Komposita wirkt **1085**
das Bestreben entgegen, auch die Sprache möglichst rationell zu gebrauchen. Daraus erklärt sich die immer häufigere Bildung von Initial-
und Kurzwörtern (↑ 974), die für mehrere Einzelwörter, für Komposita und syntaktische Fügungen stehen:

> UdSSR (Union der Sozialistischen Sowjetrepubliken), EG (Europäische Ge-
> meinschaft), DRK (Deutsches Rotes Kreuz), Kfz (Kraftfahrzeug), LKW
> (Lastkraftwagen)

1086 In Wirtschaft und Technik sind Kunstwörter üblich, die mit einheimi-
schen, griechischen oder lateinischen Bestandteilen oder auch mit Namen
gebildet sind:

> Telegramm (griech.), Telefon (griech.), Adrema (*Adre*ssier*ma*schine), Delicia
> (Schädlingsbekämpfungsmittel, hergestellt in *Deli*tzsch), Malimo (*Ma*uers-
> berger + *Lim*bach-*O*berfrohna)

Solche Kunstwörter können ihrerseits zu Initialwörtern gekürzt sein:

> EEG (Elektroenzephalogramm), EKG (Elektrokardiogramm)

1087 Der Alltag macht den Gebrauch von Abkürzungen und Kurzwörtern
verständlich; oft werden sie nicht mehr als solche empfunden. Zu einer
regelrechten „Aküsprache" aber sollte man es nicht kommen lassen.
Der oft ins Feld geführte Zeitgewinn wird mit Sprachverstümmelung,
Sprachverarmung und häufiger Unverständlichkeit erkauft:

> Nicht: *Pramo*, sondern: Praktische Mode (Titel einer Zeitschrift)

Kürzung umfangreicher Wortkörper kann man auch mit Mitteln erreichen, die unserer Sprache angemessener sind, und zwar durch Bildung von Klammerformen (↑ 974, Abs. 2.):

> Atom[kern]zertrümmerung, Hallen[schwimm]bad, Breit[bild]wand

und durch die Bildung von Ableitungen auf *–e* und *–er*, die umständliche Zusammensetzungen mit *–vorrichtung*, *–maschine*, *–apparat* oder dgl.
ersparen:

> Lieg*e*, Reib*e*, Leucht*e*, Durchreich*e*; Bildwerf*er*, Tontast*er*, Elektronen-
> rechn*er*

1088 3. Ableitungen auf *–ung* nehmen ständig zu. Sie stehen vor allem im
Dienste der Intellektualisierung und ermöglichen den in mehreren
Kommunikationsbereichen (Wissenschaft, Presse, öffentliches Leben
usw.) erforderlichen nominalen Ausdruck. Nur wenn *–ung*-Derivate
durch vermeidbare Häufung den Satz unübersichtlich und schwerver-
ständlich machen wie in folgendem Beispiel, sind sie abzulehnen:

> Vor uns steht die Aufgabe der *Durchführung* einer gründlichen *Überprüfung*
> der *Möglichkeiten* der *Verbesserung* der *Fahreigenschaften* des neuentwickelten
> *Autotyps*.

1089 4. Zunehmende Ableitungen auf *–ist* und *–ismus* zeugen davon, daß
viele Sachverhalte auf gesellschaftlichem Gebiet bewältigt werden
müssen:

> Propagand*ist*, Spezial*ist*, Reform*ist*, Kommun*ist*, Terror*ist*; [Anti]-Human*is-
> mus*, Individual*ismus*, Formal*ismus*, International*ismus*, Real*ismus*

5. Neben Internationalismen und Fremdwörtern stehen viele Lehnprägungen:

> Anwärter (für Aspirant), Fernsehen (für Television), Lehrstoff (für Pensum), Nachtisch (für Dessert), Schaumwein (für Champagner, Sekt), Spielplan (für Repertoire)

Adjektiv und Partizip   1090

Auch adjektivische Zusammensetzungen nehmen zu. Sie haben meist ein Substantiv als Bestimmungswort:

> formschön, knitterarm, maschenfest, handelsüblich, preisgünstig

Häufig sind auch Zusammensetzungen mit dem Partizip I und II als Grundwort:

> abendfüllend, hautschonend, vielversprechend; schienengebunden, preisgekrönt, sehgeschädigt, milieugeschädigt, zentralbeheizt

Neben den Zusammensetzungen stehen feste Wortverbindungen aus Substantiv und attributivem Adjektiv oder Partizip (↑ auch 1084):

> autogenes Training, gleichschenkliges Dreieck, metallverarbeitende Industrie, wissenschaftlich-technischer Fortschritt, künstliche Intelligenz, vertragsmäßige Lieferungen

Das Verb

1. Es entstehen viele schwache Verben aus Substantiven, darunter aus **1091** Personennamen:

> drahten, erden, wassern, zelten; dauerwellen, kettenrauchen; entgasen, verstädtern; kneippen, morsen, röntgen

2. Häufig sind Verben auf *–ieren* und *–isieren* (↑ 1069 f.):   **1092**

> beton*ieren,* lack*ieren,* ration*ieren,* regul*ieren;* pulver*isieren,* demokrat*isieren,* rational*isieren,* monumental*isieren*

3. Häufig wird der Verbinhalt durch Präfixbildung verdeutlicht: **1093**

> *ab*sinken, *an*mahnen, *an*liefern, *an*schreiben, *auf*steigen, *auf*lockern, *auf*spalten, *auf*teilen, *be*lassen *ver*bleiben

Präfixbildungen und Ableitungen mit *be–, ent–* und *ver–* nehmen zu (↑ 1075 ff.):

> *be*atmen, *be*gradigen, *be*inhalten, *be*greifen, *be*spielen; *ent*härten, *ent*keimen, *ent*rümpeln, *ent*stören; *ver*eisen, *ver*glasen, *ver*sachlichen , *ver*sinnbildlichen

1094 4. Es besteht die Tendenz, Lücken im Verbbestand durch Funktionsverbfügungen, Verbindungen aus bedeutungsschwachem Verb und Verbalabstraktum, zu schließen. Teilweise treten solche Funktionsverbfügungen auch an die Stelle einfacher Verben:

> zur Darstellung, zur Anzeige, zur Entscheidung, in Vorschlag *bringen* statt darstellen, anzeigen, entscheiden, vorschlagen; unter Beweis, in Rechnung *stellen* statt beweisen, anrechnen; eine Erklärung abgeben statt erklären; ↑ auch 552.

Aussprache und Wortbetonung

Grundsätzliches zur Aussprache

Die Standardaussprache als sprachliche Lautnorm

Kultur und Pflege der Muttersprache schließen auch die gesprochene, ge- **1095**
lautete Form der Verständigung, die Aussprache, ein. Sie besitzt innerhalb
der modernen Kommunikation in allen Bereichen des gesellschaftlichen
Lebens, in Rundfunk, Film und Fernsehen, im Bildungswesen, der öffentlichen Rede, der Diskussion und dem Gespräch sowie bei der Erlernung der
deutschen Sprache durch Ausländer eine wachsende Bedeutung. Dafür
sind Richtlinien und Regeln unerläßlich, die von der Sprechwirklichkeit
ausgehen und in der Sprechtätigkeit realisiert werden können.

1. Die historisch gewachsene Existenzform der deutschen Standardsprache
ist die nach Auswahlprinzipien und Regelungskriterien geformte Sprache,
die in der mündlichen und schriftlichen Kommunikation angewandt wird. **1096**
Aus dem Gesamtinventar sprachlicher Mittel wird eine bestimmte Auswahl getroffen, die von einem hohen Kulturniveau ausgeht und die grammatische, lexikalische, orthographische und orthoepische Norm darstellt.
Die Standardsprache besitzt gegenüber den Existenzformen der Dialekte
und Umgangssprachen die größeren Potenzen an Ausdrucksfähigkeit, die
differenziertere kommunikative Wirksamkeit und den breitesten Geltungsbereich. Sie unterscheidet sich von den territorialgebundenen Dialekten
und den verschiedenen Stufen der Umgangssprache dadurch, daß sie die
allgemein anerkannte, verständliche und gültige Form der sprachlichen
Kommunikation ist. Die lautliche Realisation der Standardsprache ist
die Standardaussprache, die im Vergleich zur Sprachform der Dialekte
und der Umgangssprache die umfassendste kommunikative Funktion besitzt.
Die Standardaussprache als standardsprachliche Lautnorm ist heute in
Wörterbüchern der deutschen Aussprache kodifiziert. Sie setzt die durch
W. Viëtor (1885) und Th. Siebs (1898) in ihren Aussprachewörterbüchern
festgelegte Normierung auf der Grundlage umfassender auditiv-experi-
mentalphonetischer Untersuchungen des Sprechstands unter neuen Bedingungen fort, die als Ausgangsbasis für die Regelung gelten. Siebs hat in
der „Deutschen Bühnenaussprache" die Sprechweise der Schauspieler auf
dem Theater als Grundlage für die Regelung gewählt. Infolge der dort un-

ter den besonderen kommunikativen Bedingungen ausgebildeten Sprechweise und der Subjektivität des Abhörverfahrens wurde eine Norm kodifiziert, die teilweise mit der Sprechwirklichkeit nicht übereinstimmte, zu hoch gegriffen war und kaum realisiert werden konnte. Gleichwohl ist es ein großes Verdienst von SIEBS und VIËTOR, die ersten brauchbaren Regelwerke der deutschen Aussprache geschaffen zu haben, welche für die Kodifizierung der Aussprache in der Gegenwart mit wesentlichen Grundsätzen und Festlegungen noch Geltung haben, wenn auch verschiedene *Präskriptionen* (Empfehlungen, Vorschriften, Regeln) wissenschaftlich nicht haltbar waren.

Dem Regelwerk der Standardaussprache in heutigen Wörterbüchern der deutschen Aussprache liegt die ausgeformte, kultivierte Aussprache des Rundfunks, insbesondere in den Nachrichtensendungen und Ansagen, zugrunde. Rundfunk und Fernsehen tragen noch wirksamer als das Theater in zunehmendem Maße dazu bei, eine überterritoriale einheitliche Aussprache, die höchsten Ansprüchen genügt, überallhin zu verbreiten.

1097 2. Für die Kodifizierung der deutschen Standardaussprache sind einige wesentliche Grundsätze hervorzuheben, welche die Vereinheitlichungsbestrebungen des 19. Jahrhunderts fortsetzen, modifizieren und z. T. korrigieren.

Der Ausspracheregelung liegt keine am Schreibtisch ersonnene künstliche Lautform zugrunde, sondern die Sprechwirklichkeit des bestehenden Gebrauchs, der nach optimal kommunikativen und spracherzieherischen Beurteilungs- und Bewertungsmaßstäben eingeschätzt wird.

Ferner gilt der Grundsatz, daß die Schreibung allein nicht Maßstab der Aussprache sein kann. Sie wird jedoch dann für die Ableitung von Lautungsregeln herangezogen, wenn bestimmte Zusammenhänge zwischen Schreibung und Aussprache bestehen, z. B. bei der graphischen Bezeichnung der Längen und Kürzen der Vokale durch die folgenden Konsonantenzeichen. In gewissem Maße muß auch die noch vorhandene Rückwirkung der Graphem-Ebene beachtet werden, z. B. bei den Schriftzeichen ⟨e⟩ und ⟨ä⟩, denen [e:] und [ɛ:] wie in den Wörtern *legen | lägen, Segen | Sägen* zugeordnet sind, wo in diesen Fällen die unterschiedliche Lautform auch der Bedeutungsunterscheidung dient.

Die Standardaussprache berücksichtigt nicht nur die „ruhige, verstandesmäßige Rede" (SIEBS), sondern auch modifizierte Ausformungsgrade verschiedener Kommunikationsbereiche und die *Koartikulation* (Lautmodifikation durch den Sprechzusammenhang). Sie sind für die Aussprache im Rundfunk, Fernsehen und Film, im Kunstgesang, auf der Bühne, der Rechtlautung in Unterricht und Erziehung, der öffentlichen Rede und des Fernmeldewesens beschrieben. In den meisten Wörterbüchern zur deutschen Aussprache sind auch situativ bedingte lautstilistische Varianten aufgenommen, die durch das vom Sinngehalt gesteuerte unterschiedliche Sprechtempo und und die verschiedenen Spannungs- bzw. Ausformungsgrade entsprechend der Situation bedingt sind (z. B. in der feierlichen Rede, im Dichtungsvortrag, in der Lesung, in Gespräch und Diskussion). Schnelleres Sprechtempo, weniger Distanz zu den Hörern und größere Ungezwungenheit aus kommunikativen Gründen führen zu weitergehenden Assimilations- und Reduktionserscheinungen. Die Standardaussprache berücksichtigt ferner die in der Sprechtätigkeit auftretenden positionsbedingten und koartikulatorisch beeinflußten Unterschiede der Lautrealisation. Dabei werden Lautrealisationen ausgeschieden, die als Dialektformen oder landschaftlich gefärbte umgangssprachliche Lautungsweisen empfunden werden.

Für die Aussprache der Wörter und Namen aus fremden Sprachen gilt **1098** das Prinzip der gemäßigten Eindeutschung. Es äußert sich in der *Substitution* (Angleichung) fremdsprachiger Laute durch analoge deutsche Lautwerte. Zum Beispiel ist ein flüchtig gesprochenes deutsches [j] für die Palatalisierung im Russischen nur ein angenäherter Ersatzlaut (vgl. z. B. [fʲɛdɔˈsʲeːʲɛf] für *Fedossejew*). Entscheidend für die Eindeutschung sind Zeitpunkt der Aufnahme, die Kenntnis oder Bewußtheit der fremden Lautungsweise sowie die Häufigkeit des Gebrauchs, die das Wort nach und nach weniger als fremd empfinden läßt. Durch häufigen Gebrauch sind z. B. die Wörter *Champignon* und *Parfüm* den deutschen Ausspracheeigentümlichkeiten angeglichen worden:

Champignon: nicht mehr [ʃãpɪˈnjɔ̃], sondern [ˈʃampɪnjɔŋ]
Parfüm: nicht mehr [parˈfœ̃], sondern [parˈfyːm]
Shampoo: nicht mehr [ʃɛmˈpuː], sondern [ʃamˈpuː]
Lautumschrift ↑ 1107.

Soweit der fremde Ursprung des Wortes noch stark im Sprachbewußtsein verankert ist und das Wort Laute enthält, die im deutschen Lautsystem nicht vorkommen, folgt die Aussprache den Regeln der Sprache, der das Wort entlehnt ist:

Ensemble [ãˈsã·bəl]
Seigneur [sɛnˈjøːr]
Sir [sœː]

Im Sinne der gemäßigten Eindeutschung entspricht eine Differenzierung des *a*-Vokals nicht der *Artikulationsbasis* (eingeschliffenen Sprechgewohnheit) des Deutschen, wie sie in verschiedenen Fremdsprachen erfolgt. Zum Beispiel wird abgeschwächtes helles a [ɐ] im Russischen wie in *Karakul* [kɐraˈkulʲ], dunkles abgeschwächtes a [ʌ] im Englischen ([ˈbʌtlər] für *Butler*) als [ɑ] bzw. [a] wiedergegeben.
Der Prozeß der Eindeutschung folgt keinen starren Prinzipien, sondern entwickelt sich auch entsprechend der gesellschaftlichen Wertigkeit der Ursprungssprachen und ihrer Kenntnis bei den Sprachverwendern. So zeichnet sich die Tendenz ab, daß der Eindeutschungsgrad in Wörtern und Namen aus dem Russischen in gewisser Weise abnimmt. Beispiels-

weise werden bisher eingebürgerte Betonungen entsprechend der richtigen russischen Akzentuierung korrigiert (vgl. Leningr<u>a</u>d). Das hängt mit der zunehmenden Kenntnis und Vertrautheit zusammen, die für die russische Sprache zu verzeichnen sind, und ihrer Bedeutung im zwischenstaatlichen Verkehr sowie in der internationalen Kommunikation insgesamt. Eindeutschungen erfolgen besonders bei wenig bekannten Ursprungssprachen, deren Phonetik für die deutschen Sprechgewohnheiten schwierig ist oder ungeläufig bleibt. Sie können sich schnell in der „falsch" eingedeutschten Form durchsetzen, und es ist dann oft schwierig, sie wieder der fremdsprachigen Aussprache anzupassen. Bestimmte bereits sehr weit fortgeschrittene Eindeutschungen wie *Paris, Moskau, London, Warschau* haben sich seit langem durchgesetzt und können nicht mehr zurückgenommen werden. Bei anderen dagegen ist der Prozeß erst am Anfang oder noch im Fluß. Grundsätzlich gilt als Ausgangsgrundlage aber die Aussprache der Ursprungssprache, und dieser Tendenz wird in der Entwicklung offensichtlich stärker als bisher entsprochen. Die Eindeutschung wird sich also wahrscheinlich künftig mehr der Aussprache der fremden Sprache anpassen, weil durch die zunehmende Breite und Intensität der internationalen Kommunikation – nicht zuletzt dank der wachsenden Wirksamkeit der Massenmedien und dem weltweit zunehmenden Tourismus – die Berührung mit fremdsprachigem Wortgut und seine Kenntnis wächst.

1099 3. Die nach diesen Grundsätzen erarbeitete Kodifizierungsnorm im Aussprachewörterbuch muß der Sprechwirklichkeit der Gegenwartssprache möglichst angemessen sein und soll erkennbare Entwicklungstendenzen berücksichtigen. In angemessenen Zeitabständen sind daher die Aussprachefestlegungen zu überprüfen und gegebenenfalls zu verändern. Gebrauchsweisen, die sich als *Verwendungsnorm* (Sprechgepflogenheit) herausgebildet haben, können in die kodifizierte Norm aufgenommen werden, und umgekehrt werden bisher übliche, die nicht mehr realisiert werden, verändert oder auch ausgeschieden. So treffen die SIEBSschen Forderungen für die Realisierung des Endsilben-*e*, des *r*-Lautes in bestimmten Positionen oder für die absolute Behauchung der stimmlosen Verschlußlaute in allen Positionen nicht für die Sprechwirklichkeit zu. Es besteht eine dialektische Wechselbeziehung zwischen dem Üblichen, der Verwendungsnorm (dem als Norm Erwarteten, Usus) und der Kodifizierungsnorm des Wörterbuchs. Ihre Berücksichtigung bei der Kodifizierungsarbeit ist ein schwieriges Problem, das nicht immer zufriedenstellend zu lösen ist. Dabei fungiert offensichtlich die Kodifizierungsnorm als sprachpflegerische Leitvorstellung und als verbindliches Muster und hat die vorrangige Rolle für die Entwicklung und Gestaltung des Aussprachestandards. Seine Gültigkeit erweist sich jedoch stets auf Grund des Praxiskriteriums der als üblich oder allgemein anerkannt empfundenen Realisation der Gebrauchs- oder Verkehrssprache, vor allem in den erwähnten Bereichen. Die Normierungsprozesse und ihre Kodifizierung stellen im allgemeinen einen langwierigen und komplizierten Prozeß dar. Es ist z. B. nicht selten schwer zu entscheiden, welche Ausspracheformen sich in der Tendenz durchsetzen werden oder ob eine gleichberechtigte bzw. konkurrierende Ausspracheform bestimmter Wörter festgehalten werden muß.

In solchen Fällen werden im Wörterbuch Dubletten verzeichnet, die dieser Sachlage entsprechen, z. B.:

[bal'kɔŋ] oder [bal'koːn] für *Balkon*
[dʒɛs] oder [jats] für *Jazz*
['kaːaba·] oder ['kaːba·] für *Kaaba*
[kaba'rɛt] oder [kaba'reː] für *Kabarett*

Es gibt aber auch Fälle, bei denen im Wörterbuch reduzierte und nichtreduzierte Formen angegeben sind, z. B.:

['gartn̩] oder ['gartən] für *Garten*
['la̯estn̩] oder ['la̯estən] für *leisten*

4. Die durch Aussonderung begrenzt verbreiteter Formen, durch Aus- **1100** gleichbildungen und Aufnahme vorherrschender Sprechgepflogenheiten herausgebildete einheitliche Aussprache hat die Tendenz, sich quantitativ und qualitativ immer mehr als Standard durchzusetzen; das heißt die territorialen und umgangssprachlichen Existenzformen sowie deren Abstufungen zu verdrängen. Die Entwicklungstendenz ist unverkennbar, daß die standardsprachliche Lautnorm nicht nur allgemeinverständlich, allgemein anerkannt und verbindlich ist, sondern daß immer mehr Menschen sie verwenden und ihre Sprechweise von den Regeln der Standardaussprache bestimmen lassen. Die Standardaussprache ist eine erreichbare Lautnorm, deren variable Realisierung in verschiedenen Sprechsituationen an Bedeutung gewinnt.
In Deutschland wird die Vereinheitlichung der Aussprache im Sinne des orthoepischen Standards durch gesellschaftliche Entwicklungsbedingungen begünstigt und gefördert. Das geschieht besonders durch die Schulbildung, die ständig umfassendere wissenschaftliche Durchdringung von Natur und Gesellschaft, die schrittweise Aufhebung des Gegensatzes von Stadt und Land, von körperlicher und geistiger Arbeit und die zunehmende Intensität der internationalen Kommunikation.

Variabilität der Standardaussprache und Übergänge zur umgangssprachlichen Lautung

Die Aussprache kann in gewisser Hinsicht durch die Sprech- oder Rede- **1101** situation beeinflußt werden, der sich der Sprecher aus kommunikativen Gründen anpaßt. Es entstehen fließende Übergänge zur umgangssprachlichen Lautung.

Maßgeblich bestimmt hierbei der Zusammenhang von Charakter und gesellschaftlichem Gewicht des geäußerten Inhalts mit dem entsprechenden Stilniveau (der angemessenen Stilebene) auch den verwendeten Ausprägungsgrad der Lautform (Variabilität des Sprechstandards).

Je mehr eine Sprechsituation durch ihren Öffentlichkeitsgrad bestimmt ist, um so ausgeprägter sind im allgemeinen Bewußtheit, Formwille und relativ hoher Spannungsgrad des Sprechers. Je weniger diese Merkmale zutreffen, um so aufgelockerter, entspannter und weniger formstreng kann und soll er sich verhalten. Das wirkt sich auch auf die angemessene Ausformung der Artikulation aus. Eine betont gehobene Sprechhaltung und dementsprechende Formstufe der Aussprache kennzeichnen z. B. eine Festansprache, die offizielle Erklärung einer staatlichen Institution oder ein Referat auf einer wissenschaftlichen Tagung. Dagegen ist eine mehr aufgelockerte Form und demzufolge auch entsprechende Artikulation in einem Bericht, einer Anleitung oder Beratungsgrundlage vor einem vertrauten Kreis durchaus möglich und kommunikativ förderlich. Bis zu einem gewissen Grade kann sie sich der Gesprächshaltung annähern. In der Regel ist eine überkorrekte, gekünstelte Aussprache kommunikativ ungünstig. Andererseits wird aber auch eine Aussprache mit Merkmalen der niederen, sehr verschliffenen und lässigen Umgangssprache meist als kultur- und niveaulos aufgefaßt, wenn sie den Normen der Sprechkultur im Sprachbewußtsein der Kommunikationsteilnehmer nicht entspricht. Die Aufnahme des Gehörten wird dadurch beeinträchtigt und führt zu inneren Widerständen der Hörer. Auch äußere Kommunikationsbedingungen wie Anlaß, Ort und Zeit der Sprechtätigkeit sind unterschiedlich und können sich auf das Sprechtempo, die Intensität der artikulatorischen Ausformung und damit verbundene koartikulatorisch bedingte Assimilationen sowie Reduktionen auswirken. Für die Vielfalt der möglichen Sprechsituationen mit unterschiedlicher Stilhöhe und situationsbedingt verschiedenem Formbewußtsein ist also eine gewisse Variabilität der Aussprache nicht nur zulässig, sondern kommunikativ günstig. Sie sollte in Annäherung an die Standardaussprache erfolgen. So bewegt sich die Aussprache in der öffentlichen Rede je nach Gegenstand, Hörerkreis und äußeren Bedingungen zwischen der Standardaussprache und der gehobenen Umgangssprache, die durch eine relativ enge Annäherung an die Standardaussprache gekennzeichnet ist, jedoch nicht in jeder Hinsicht der kodifizierten Norm entspricht. Die Variabilität reicht etwa von der vollen Realisation der Standardaussprache über situationsangemessene Lautungsvarianten bis zu solchen Varianten, die von der Kodifizierungsnorm abweichen, aber situationsbedingt bereits so weit verbreitet sind, daß sie schon als Verwendungsnorm angesehen werden können. Möglich sind beispielsweise Ausspracheformen wie [haːbm̩; haˑbm̩], jedoch nicht [ham] für *haben*, [eːbm̩], [eˑbm̩], aber nicht [em] oder gar [ɛːm] für *eben*; vertretbar ist die Reduktion und

Assimilation des [s] an [ʃ] in *weiß schon* u. ä. Realisationen wie z. B. [a, fa, tsa] für die Präfixe *er–, ver–, zer–* oder *Was is'n das?* für *Was ist denn das?*, *o(r)ntlich* für *ordentlich* oder *'ch wer sehn* für *ich werde sehen* sind aber wohl eindeutig der nicht normgerechten Umgangssprache zuzuordnen. Da die Umgangssprache keine einheitliche und abgrenzbare Existenzform der Sprache darstellt, sondern durch Abstufungen und Übergänge sowie territoriale Eigenheiten gekennzeichnet ist, die sich fortwährend verändern und entwickeln, ist es oft schwer oder nicht möglich zu entscheiden, wo eine scharfe Grenze zu ziehen ist. Die sprachpflegerische und sprecherzieherische Arbeit muß darauf bedacht sein, die vielfältigen Varianten der Umgangssprache auf ein Formniveau zu bringen, das von der Standardsprache und vom orthoepischen Leitbild der Standardaussprache bestimmt ist. Dabei sollen bereits verbreitete Realisationsweisen, die man als Gebrauchsnorm der gehobenen Umgangssprache bezeichnen kann, nicht ignoriert werden. Das gilt besonders für die Rede als öffentliche Kommunikationsform und noch mehr für die Diskussion und das Gespräch.

Die Aussprache der Laute

Grundsätzliches

1. Schreibung und Aussprache   **1102**

Schreibung und Aussprache stimmen im Deutschen nicht überein. Nicht jeder Buchstabe vertritt einen bestimmten Lautwert; umgekehrt kann ein Lautwert durch mehrere Buchstaben wiedergegeben werden.

a) Manche Buchstaben haben mehrere Lautwerte, z. B. der Buchstabe *g*:

    g ist stimmhafter Verschlußlaut: Gabe, legen, begleichen, umgeben
    g ist stimmloser Verschlußlaut wie *k*: bewegt, Weg, Berg, Balg
    g ist stimmloser Engelaut wie *ch* in *ich*: Einigkeit, freudig, Honig

b) Manche Laute werden durch mehrere Buchstaben gekennzeichnet, z. B. bezeichnen *sch (schön)* und *ch (Chor, ich)* nur einen Laut.

c) Derselbe Laut kann durch einen Buchstaben oder durch eine Buchstabenverbindung wiedergegeben werden:

    *A*tem – *S*aal – *W*ahl, St*ie*l – St*i*l – *i*hn, Pa*k*et – Ro*ck*, Gla*s* – Ro*ß*

2. Laut und Silbe   **1103**

Die Beispiele für die verschiedenen Aussprachemöglichkeiten des *g* zeigen, daß die Stellung eines Buchstabens in der Silbe für seine Aussprache von Bedeutung ist:

Man spricht *g* als stimmhaften Verschlußlaut am Silbenanfang, als
stimmlosen Verschlußlaut am Silbenende, als stimmlosen Engelaut in
dem Suffix *–ig* (↑ 1128).
Je nachdem, ob eine Silbe mit einem Konsonanten oder mit einem
Vokal abschließt, wird sie als geschlossene oder als offene Silbe bezeichnet:

> Geschlossene Silben: Akt, Busch, Lam-pen, wel-ches
> Offene Silben: Bü-sche, da-bei, Ge-rä-te, Strö-me, Lie-be

1104 3. Die Lautschrift

Um die Aussprache eines Wortes genau wiedergeben zu können, wendet man die Lautschrift an. Wir bedienen uns hier der Zeichen der
Association Phonétique Internationale (API). Die Lautumschrift der
API baut auf den Zeichen des lateinischen Alphabets auf. Sie setzt für
jeden Laut ein eigenes Zeichen. Dieses Prinzip machte die Ergänzung
des lateinischen Alphabets durch eine Reihe weiterer Zeichen notwendig.

a) Die Konsonanten werden durch einige Sonderzeichen ergänzt:

> durch [ŋ] für den Nasal *ng*, [ʃ] für stimmloses *sch*, [ʒ] für stimmhaftes
> *sch* (↑ 1107)

b) Auch für die Vokale wurden, um die Qualitäten augenfällig darzustellen, einige weitere Zeichen eingeführt. Sie sind in ihrer Form den
klangverwandten Lauten ähnlich:

> [i] für geschlossenes *i* wie in *Stiel* steht neben [I] für offenes *i* wie in *still*,
> [o] für geschlossenes *o* wie in *Trost* neben [ɔ] für offenes *o* wie in *Frost*.
> Neben [e] für geschlossenes *e* wie in *Weg* vertritt das Epsilon [ɛ] aus dem
> griechischen Alphabet das offene *e* wie in *Zweck*.

1105 c) Sogenannte *diakritische* (unterscheidende) Zeichen ergänzen die
Buchstaben:
Ein senkrechter Strich oben vor der betonten Silbe gibt den Wortakzent
an. Der Doppelpunkt hinter einem Vokal kennzeichnet dessen Länge.
Ein Häkchen über dem Vokal deutet an, daß dieser kein Silbenträger
ist; dagegen drückt ein Strich unter bzw. über einem Konsonanten
aus, daß dieser Silbenträger ist:

> Rabe ['raːbə], Portion [pɔr'tsi̯oːn], lesen ['leːzn̩], legen ['leːgŋ̍]

Die Lautschrift wird in eckige Klammern gesetzt.

1106 d) Derselbe Laut hat stets dasselbe Zeichen in der Umschrift, auch
wenn man die Wörter selbst mit ganz verschiedenen Buchstaben
schreibt:
Da die Aussprache von *Lerche* und *Lärche* übereinstimmt, umschreibt
man beide Wörter mit ['lɛrçə].

4. Die Zeichen der Lautschrift **1107**

Bezeichnung des Lautes	phonetisches Zeichen	Beispiel mit Umschrift	

Vokale

offenes *i*	[ɪ]	*Schiff*	[ʃɪf]
geschlossenes *i*	[i]	schief	[ʃiːf]
offenes *e*	[ɛ]		
lang		spät	[ʃpɛːt]
kurz		Fleck	[flɛk]
geschlossenes *e*	[e]	Steg	[ʃteːk]
unbetontes *e*	[ə]	Fische	['fɪʃə]
unbetontes *er*	[ɐ]	Fischer	['fɪʃɐ]
helleres *a*	[a]	Stadt	[ʃtat]
dunkleres *a*	[ɑ]	Staat	[ʃtɑːt]
offenes *o*	[ɔ]	Kopf	[kɔpf]
geschlossenes *o*	[o]	Ton	[toːn]
offenes *u*	[ʊ]	bunt	[bʊnt]
geschlossenes *u*	[u]	Mut	[muːt]
offenes *ö*	[œ]	Röcke	['rœkə]
geschlossenes *ö*	[ø]	Öl	[øːl]
offenes *ü*	[ʏ]	fünf	[fʏnf]
geschlossenes *ü*	[y]	süß	[zyːs]
Diphthong *ei*	[ae]	weiß	[vaes]
Diphthong *au*	[ao]	Baum	[baom]
Diphthong *eu*	[ɔø]	neun	[nɔøn]

Konsonanten

Nasal *m*	[m]	Maß	[mɑːs]
Nasal *n*	[n]	naß	[nas]
Nasal *ng*	[ŋ]	lang	[laŋ]
seitlicher Engelaut *l*	[l]	laut	[laot]
r-Laute			
konsonantisches *r*	[r]	recht	[rɛçt]
vokalisiertes *r*	[ɐ]	Tor	[toːɐ]
stimmloser Engelaut *f*	[f]	fein	[faen]
stimmhafter Engelaut *w*	[v]	Wein	[vaen]
stimmloser Engelaut *s*	[s]	Glas	[glɑːs]
		Tasse	['tasə]
stimmhafter Engelaut *s*	[z]	Rose	['roːzə]
stimmloser Engelaut *sch*	[ʃ]	schön	[ʃøːn]
stimmhafter Engelaut *sch*	[ʒ]	Garage	[gɑ'rɑːʒə]
stimmloser vorderer Engelaut *ch*	[ç]	dich	[dɪç]

Bezeichnung des Lautes	*phonetisches Zeichen*	*Beispiel mit Umschrift*	

stimmhafter vorderer
Engelaut *j*   [j]   jung   [juŋ]
stimmloser hinterer
Engelaut *ch*   [x]   Bach   [bax]
Hauchlaut *h*   [h]   Halm   [halm]
stimmloser Verschlußlaut *p* [p]   Pol   [po:l]
stimmhafter Verschluß-
laut *b*   [b]   Bein   [baen]
stimmloser Verschlußlaut *t* [t]   tief   [ti:f]
stimmhafter Verschluß-
laut *d*   [d]   Rede   ['re:də]
stimmloser Verschlußlaut *k* [k]   kalt   [kalt]
stimmhafter Verschluß-
laut *g*   [g]   Auge   ['aogə]
stimmloser Engelaut *th*   [θ]   Thornton   ['θɔ:ntn̩]
stimmhafter Engelaut *th* [ð]   Fotheringay ['fɔðərɪŋge·]

Die Konsonanten *x* und *z*
sind Lautverbindungen
↑ 1124, 1125.

Zusätzliche diakritische Zeichen

kurzer senkrechter Strich
oben vor der zu betonenden
Silbe zur Kennzeichnung
des Haupttones im Wort   [']   Sage   ['zɑ:gə]

kurzer senkrechter Strich
unten vor der zu betonenden
Silbe zur Kennzeichnung des
Nebentones im Wort   [ˌ]   Produktions- [prodʊk'tsĭo:ns-
                                    methode   meˌto:də]

nachgestellter Doppelpunkt
zur Kennzeichnung der
Vokallänge   [:]   Saat   [zɑ:t]

hochgestellter Punkt zur
Kennzeichnung der reduzierten
(halben) Länge   [·]   Motto   ['mɔto·]

kurze Vokale unbezeichnet   Ball   [bal]

Tilde über dem Vokal zur
Kennzeichnung der Nasa-
lierung   [~]   Agrément   [ɑgre'mã·]

Bezeichnung des Lautes	phonetisches Zeichen	Beispiel mit Umschrift	

Zusätzliche diakritische Häkchen über dem Vokal zur Kennzeichnung der Unsilbigkeit	[̑]	Union	[uˈni̯oːn]
Strich unter bzw. über dem Konsonanten zur Kennzeichnung der Silbigkeit	[̦]	rufen	[ˈruːfn̩]
langer senkrechter Strich zur Kennzeichnung des erneuten Einsatzes bei Vokalen im Wortinneren, wenn von dem vorausgehenden Laut über die Silbengrenze hinweg nicht gebunden werden darf	[ǀ]	entäußern überall	[ɛntǀˈɔøsɐn] [yːbɐǀˈal]

Merke: **1108**
Um die Übersichtlichkeit nicht zu stören, sind selten vorkommende
Schreibweisen mit ihren Lautwerten nicht aufgenommen worden,
z. B.:

> oi [ɔø] in Boiler, ei [ɛ] in Seine, au [ɔ] in Chaussee, ai [ɛ] in Baisse und
> Chaiselongue, ay, ey [a͜e] in Namen wie Bayern, Meyer, ou [a͜o] in Couch,
> ou [u] in Ragout, sch [sk] in Scherzo, j [dʒ] in Jeep, zz [ts] in Bajazzo,
> Razzia

Die Aussprache der Vokale

1. Grundsätzliches

a) Vokale sind Laute, bei denen die ausströmende Luft im Mund- und **1109**
Rachenraum kein Hindernis findet. Es entstehen Klänge. In der deutschen Standardaussprache unterscheidet man Monophthonge (einfache
Vokale) und Diphthonge (Zwielaute, Doppelvokale ↑ 1118, doppelt
geschriebene Vokale ↑ 1119). Die Monophthonge a, ä, e, i, o, ö, u, ü,
können sowohl in betonter als auch in unbetonter Stellung nach Klangfarbe und Dauer verschieden sein. Die kurzen e [ə] und er [ɐ] stehen
immer in unbetonten Affixen.

b) Alle Vokale im Anlaut eines Wortes oder einer Silbe werden in der **1110**
Regel neu eingesetzt. Ein senkrechter Strich vor dem Vokal bezeichnet
den Neueinsatz:

aber [|'ɑːbɐ], Verantwortung [fɐ|'antvɔrtʊŋ], einatmen ['ⱥen|ɑːtmən], um acht Uhr abends [|ʊm |axt |uːɐ |'ɑːbm̩ts]

Bei manchen Zusammensetzungen folgt der Vokal dem vorhergehenden Konsonanten unmittelbar, wenn das Gefühl der Zusammensetzung geschwunden ist. Ein Bogen über dem Konsonanten und dem Vokal bezeichnet die Verbindung:

daran, hinein, warum, vollends, Interesse, Adept

1111 2. Die Qualität der Vokale

Unter der Qualität eines Vokals versteht man seine Klangfarbe. Die Vokale *e, i, o, ö, u, ü* sind in der Standardaussprache entweder geschlossen (gespannt, eng) oder offen (ungespannt, weit), d. h., die Zunge ist beim Vergleich des geschlossenen mit dem entsprechenden offenen Vokal (z. B. geschlossenes *o* in *los*, offenes *o* in *Most*) entweder gespannt und erhöht oder locker und flach, die Lippen sind mehr oder weniger gerundet, der Mund ist enger oder weiter geöffnet. Geschlossene Vokale entsprechen oft langen, offene oft kurzen Vokalen.

a) Geschlossene betonte Vokale:

Schnee [ʃneː], Brief [briːf], Not [noːt], höhnisch ['høːnɪʃ], Mut [muːt], kühn [kyːn]

b) Offene betonte Vokale:

echt [ɛçt], Sinn [zɪn], Loch [lɔx], spöttisch ['ʃpœtɪʃ], jung [jʊŋ], Hülle ['hʏlə]

Merke:
Bei *a* unterscheidet man helleres (vorderes) und dunkleres (hinteres) *a*:

Helleres *a*: Dach [dax], Masse ['masə], Sattler ['zatlɐ]
Dunkleres *a*: Tag [taːk], Maß [mɑːs], Adler ['ɑːdlɐ]

ä ist immer offen; es kann lang oder kurz sein:

tätig ['tɛːtɪç], säen ['zɛːən], Mächte ['mɛçtə], Kräfte ['krɛftə]

1112 3. Die Quantität der Vokale

Mit Quantität wird die relative Dauer eines Vokals bezeichnet.

a) Ein einfacher Vokal kann lang oder kurz sein:

Hof [hoːf], aber: Hoffnung ['hɔfnʊŋ],
stören ['ʃtøːrən], aber: störrisch ['ʃtœrɪʃ],
Hüte ['hyːtə], aber: Hütte ['hʏtə]

Die unbetonten *e* [ə] und *er* [ɐ] in Affixen sind immer kurz.

b) Ein Vokal ist immer lang, wenn er doppelt (↑ 1119), wenn er mit Dehnungs-*h* (↑ 1120) oder wenn *ie* (↑ 1121) geschrieben wird:

*Aa*l, *mahnen*; *Beet*, *Fehler*; *Kiepe*, *Miene*, *viel*

c) Vor dem Buchstaben *r* kommen sowohl lange als auch kurze Vokale vor (↑ 1132):

langer Vokal: Erde, Pferd, Wert, Art, Bart, zärtlich, Geburt
kurzer Vokal: fertig, herb, hart, Ärger, hurtig, gebürtig

4. Betonte und unbetonte Vokale

a) Man spricht einen betonten Vokal im allgemeinen geschlossen (*a* **1113** dunkel) und lang,
wenn er doppelt steht (Paar, Gelee; ↑ 1119)
wenn Dehnungs-*h* oder *ie* steht (*Möhre*, *Ziel*; ↑ 1120, 1121)
wenn er als betonter Vokal am Wortende steht:

so, tabu, Rollo, Varieté, Unitá

wenn er vor einem Konsonantenbuchstaben (außer *x*) steht:

Bug, Schlaf, Güter, beraten, tosen; Logik, Statut, Notiz, Divisor; aber kurzes *e*: Lexikon

wenn dem Vokal ein Verschlußlaut + *l* oder + *r* folgt:

Gabler, Regler, Adler; Hydra, Kobra, Lepra

Wenige Ausnahmen bilden einsilbige Wörter, die im Satz meistens unbetont sind, wie *an*, *des*, *in*, *mit*, *ob*.

b) Man spricht einen betonten Vokal im allgemeinen offen (*a* hell) **1114** und kurz vor mehreren Konsonantenbuchstaben (außer vor Verschlußlaut + *l* oder + *r* wie in *Kobra*) und vor *x*:

Wild, Busch, Halm, Frucht, stumpf; rennen, treffen, Risse, schwimmen; Nixe, Konflikt, Patent, Zentrum, Protokoll

Vor *ch*, *ß*, *st*, *r+d*, *r+t* kommen sowohl lange als auch kurze Vokale vor:

nach; aber: wach; Stoß, aber: Roß; trösten, aber: rosten; Erde, aber: Werder; Art, aber: hart; Harz, aber: Herz·

c) In deutschen Wörtern sind die meisten unbetonten Vokale offen **1115** und kurz:

Freundschaft, wahrhaft, Zeugnis, fröhlich, tätig, Bäuerin, Wirkung, entzückt

Einige unbetonte Ableitungssilben, z. B. *–sal*, *–sam*, *–bar*, *–tum*, weisen langen Vokal auf:

Rinnsal, aufmerksam, verwendbar, Wachstum

Dabei erscheint der unbetonte lange Vokal im akustischen Eindruck kürzer als der betonte lange Vokal; man vergleiche die *a* in *Maat* und *Heimat*.

d) In den unbetonten Affixen deutscher Wörter kommen häufig *e* [ə] und *er* [ɐ] vor. [ə] ist heller, [ɐ] dunkler im Klang; man vergleiche die *e* und *er* in *Fische* und *Fischer*.

> *e* [ə]: Beruf, Gesang, Woge, holen, Spiegel, Atem
> *er* [ɐ]: Vater, anders, Erlebnis, Verzicht, zerstört

e) Die Endung *en* spricht man nach *m, n, ng, l, r*, nach Vokal sowie in dem Diminutivum *chen* (↑ 989):

> Namen ['nɑːmən], können, singen, fallen, führen, bauen, Kindchen

Meistens ohne [ə] wird die Endung *en* nach den Engelauten *f, s, ß, sch, ch, pf, z, tz* (↑ 1125) gesprochen:

> schaffen ['ʃafn̩], heißen, Rasen, waschen, reichen, lachen, Tropfen, heizen, Dutzend

Man kann [ə] vor *n* elidieren nach den Verschlußlauten *b, p, d, t, g, k*, wobei nach *b* und *p* [m̩], nach *g* und *k* [ŋ̩] (↑ 1123) zu artikulieren sind:

> geben ['geːbm̩] oder ['geːbən], Schatten ['ʃatn̩] oder ['ʃatən], sagen ['zɑːgŋ̩] oder ['zɑːgən]

1116 f) In Wörtern fremder Herkunft sind die unbetonten Vokale meistens kurz.

Geschlossen (*a* dunkel) und kurz sind sie

> vor einem Vokal: Geograph, genuin
> vor einem Konsonantenbuchstaben: legal, Monolog
> vor einem Verschlußlaut + *l* oder + *r*: Rubrik, Problem, reziprok

Unbetonte Vokale sind offen (*a* hell) und kurz vor mehreren Konsonantenbuchstaben (außer vor Verschlußlaut + *l* oder + *r*):

> Parkett, Intellekt, Organ, Substanz, Symbol, absurd

1117 5. Halbvokale

In Wörtern fremder Herkunft stoßen oft mehrere Vokale zusammen. Besonders tritt unbetontes *i* vor Vokale. Dieses *i* verliert oft, häufig in Silben vor dem Akzent und vor unbetontem *e* [ə], seinen Silbenwert und wird als nichtsilbisches, dem *j*-Laut nahestehendes *i* [ĭ] eng mit dem nachfolgenden Laut verbunden:

> Filiale, rationell, Region, Familie

1118 6. Diphthonge

Die deutsche Standardaussprache hat drei Diphthonge (Zwielaute, auch Doppelvokale): *ei* oder *ai, au, eu* oder *äu*. Bei allen drei Diphthongen sind die einzelnen Laute kurz; stets ist der erste Vokal betont. Die beiden Vokale sind eng miteinander verbunden, sie gleiten ineinander über. Die Dauer erscheint im Vergleich zu den einfachen Vokalen lang (↑ 1112):

> *ei (ai)* wie in *weit, Mais* besteht klanglich aus hellerem kurzem *a* wie in *Acht* und aus geschlossenem kurzem *e* wie in *legal*; *au* wie in *Auge* besteht klanglich aus hellerem kurzem *a* wie in *Acht* und geschlossenem kurzem *o* wie in *Oase*; *eu (äu)* wie in *streuen, Sträucher* besteht klanglich aus offenem kurzem *o* wie in *oft* und geschlossenem kurzem *ö* wie in *Ökonomie.*

7. Doppelte Vokalbuchstaben **1119**

In deutschen nichtzusammengesetzten Wörtern und deren Ableitungen bezeichnet die Doppelschreibung *aa, ee, oo* die Länge des betreffenden Vokals:

> Aal [ɑːl], aalen, Heer, verheeren, Moos, moosig (↑ 1112; vgl. Der Große Duden, Leitfaden, K. 8)

Treffen jedoch zwei gleiche Vokalbuchstaben in Zusammensetzungen aufeinander, werden sie nicht als langer Vokal, sondern als zwei verschiedene Vokale gesprochen:

> Zebra|art, Extra|ausgabe, so|oft, Kali|industrie

Das gleiche gilt für das Zusammentreffen von verschiedenen Vokalen in Zusammensetzungen:

> Drei|eck, See|ufer, Wolga|ufer; ↑ auch 1110

Das unbetonte *e* [ə] behält seinen Lautwert in den deutschen Präfixen *be–* und *ge–* (*beeilen, geebnet*, ↑ 1075, 1078). Der geschlossene kurze Vokal bleibt erhalten in fremden Präfixen wie *re–, ko–*:

> kooptieren [koʔɔp . . .], reorganisieren [reʔɔr . . .]

Auch zwei aufeinanderfolgende Vokalbuchstaben in Wörtern fremder Herkunft behalten ihren Wert und werden nicht als Diphthong (↑ 1118) gesprochen:
Man spricht in *Jubiläum* ein *ä* wie in *Säle* und ein *u* wie in *unter*; in *Museum* ein *e* wie in *Steg* und ein *u* wie in *unter*.

8. Das Dehnungs-*h* **1120**

In deutschen Wörtern bezeichnet die Schreibung mit dem sogenannten Dehnungs-*h* (*ah, äh, eh, ih, ieh, oh, öh, uh, üh*) die Länge des vorhergehenden Vokals; das *h* wird nicht gesprochen (↑ auch 1133):

> mahlen, bewähren, Lehm, ihr, fliehen, belohnen, gewöhnen

1121 9. Die Aussprache von *ie*

a) Die Schreibung *ie* für langes *i* kommt in deutschen Wörtern und in den betonten Suffixen *–ie, –ieren* vor:

Biene, viel; Galerie, Astronomie (↑ 1112), notieren

b) Steht *ie* in anderen Positionen in Wörtern fremden Ursprungs, so werden *i* und *e* als zwei Laute gesprochen. Wenn das *e* betont ist, kann es offen und kurz wie in *Patient* oder geschlossen und lang wie in *Atelier* gesprochen werden. In beiden Fällen gewinnt das *i* halbvokalischen Charakter (↑ 1117). Sind *i* und *e* unbetont wie in *Bronchien, Familie,* spricht man geschlossenes oder halbvokalisches *i* und *e* [ə].

Die Aussprache der Konsonanten

1122 1. Grundsätzliches

Konsonanten sind Laute, bei denen die ausströmende Luft im Mund- oder Rachenraum einen Verschluß löst oder sich in einer Enge reibt. Bei ihrer Bildung entstehen Geräusche. Bei den Nasenlauten und *l* so- wie dem Zungenspitzen-*R* und dem Zäpfchen-*R* bildet sich kein Ge- räusch. Sie sind durch die Stellung der Zunge, des Gaumensegels und die Öffnungsweite des Kiefers bestimmte modifizierte Stimmtöne. Jeder Konsonant läßt sich nach Ort und Art seiner Entstehung beschreiben.

1123 a) Nach dem Ort, wo der Laut gebildet wird, unterscheidet man:

– *Labiale* (Lippenlaute): *p, b, m, f, v, w*
– *Dental-Alveolare* (Zahn-Zahndamm-Laute): *t, d, n, s, ß, sch, l,* Zungen- spitzen-*R*
– Gaumenlaute, und zwar die *Präpalatale* (Vordergaumenlaute) *ch* (*Ich*-Laut), *j, y* (= *j*) und die *Palatal-Velare* (Hintergaumenlaute) *k, g, ng, ch* (*Ach*-Laut), Zäpfchen-*R* und sogenanntes Reibe-*R*
– den Hauchlaut *h* (↑ 1133)

1124 b) Nach der Art, wie der Laut gebildet wird, d. h., wie die Luft ent- weicht, unterscheidet man:

– stimmhafte (↑ 1125) und stimmlose (↑ 1125) *Explosivlaute* (Verschluß- laute):

stimmhaft (Mediae): *b, d, g*
stimmlos (Tenues): *p, t, k*

– stimmhafte (↑ 1125) und stimmlose (↑ 1125) Engelaute:

stimmhaft: *w, v* (wie in *Violine*), *s* (wie in *eisern*), *j* (wie in *jung*), *y* (wie in *loyal*), *l*

stimmlos: *f*, *v* (wie in *Versuch*), *ph* (wie in *Philosophie*), *s* (wie in *Eis*), *ß*, *sch*, *ch* (wie in *Füße, Esche, lachen*), das sogenannte Reibe-*R* und der Hauchlaut *h*

Merke:
Die Verbindung aus Verschluß- und Engelaut ist eine Affrikata: *pf*, *z* [ts]. Die Engelaute *f*, *w*, *v*, *ph*, *s*, *ß*, *sch*, *ch* und Reibe-*R* werden auch *Frikativlaute* (Reibelaute) genannt. Die Affrikata *z* [ts] und *s*, *ß*, *sch* heißen auch Zischlaute.

– *Nasale* (Nasenlaute): *m*, *n*, *ng* (wie in *singen*)
– *Vibranten* (Schwinglaute): Zungenspitzen-*R* und Zäpfchen-*R*

Merke:
Die Nasale, das *l*, das Zungenspitzen-*R* und das Zäpfchen-*R* werden manchmal auch als Sonorlaute oder als Sonanten, *l* und *r* als Liquide (sogenannte Fließlaute) bezeichnet.

c) Je nachdem, ob die Stimmlippen schwingen oder nicht, unterschei- **1125** det man stimmhafte und stimmlose Konsonanten. Die Buchstaben *p*, *t*, *k*, *f*, *c*, *ß* und die Buchstabenverbindungen *ch*, *sch* stehen für stimmlose Konsonanten, die Buchstaben *m*, *n*, *ng*, *l*, *j*, *w* für stimmhafte Konsonanten. *x* vertritt die Lautverbindung *k* + stimmloses *s*; *z* bezeichnet die Lautverbindung aus *t* + stimmlosem *s*; *qu* ist als *k* + stimmhafter Engelaut *w* zu sprechen. Die Buchstaben *b*, *d*, *g*, *s*, *v* vertreten die stimmhafte und auch die stimmlose Variante (↑ 1128).

2. Doppelte Konsonantenbuchstaben   **1126**

Weist das Schriftbild zwei gleiche Konsonantenbuchstaben auf, so ist zuerst zu prüfen, ob es sich um ein einfaches oder um ein zusammengesetztes Wort handelt.

a) In einfachen Wörtern und ihren Ableitungen spricht man einen doppelt geschriebenen Konsonantenbuchstaben wie einen einfach geschriebenen:

>> *n* in *von* klingt wie *nn* in *Sonne* und *besonnt*, *f* in *schief* wie *ff* in *Schiff* und *Hoffnung*, *tt* in *Hütte* hat dieselbe Aussprache wie *t* in *Hüte*, *ck* in *Hecke* wie *k* in *Haken*.

Die Doppelschreibung der Konsonantenbuchstaben und die Schreibung *ck* und *tz* bezeichnen ausschließlich die Kürze des vorhergehenden Vokals; die Aussprache des Konsonanten ändert sich nicht.

b) Wenn in zusammengesetzten Wörtern zwei gleiche Konsonanten- **1127** buchstaben aufeinandertreffen, spricht man nicht zwei Laute:

– Man dehnt vielmehr die Aussprache von zwei Engelauten, Nasenlauten oder Schwinglauten:

laufen, aber: Lauffeuer; Schlamm, aber: Schlammasse; Lehne, aber:
Stuhllehne; Rad, aber: Fahrrad

– Man verzögert die Lösung des Verschlusses bei Explosivlauten:

lieb, aber: liebbehalten; Stadt, aber: Stadttor; drücken, aber: Druck-
knopf

3. Die einzelnen Konsonanten

1128 a) Stehen *b*, *d*, *g* am Silbenanfang, so spricht man sie als stimmhafte
Explosivlaute:

Gabe, Linde, Sage, lebendig, Gebirge

Am Ende einer Silbe werden sie stimmlos oder verhärtet gesprochen;
sie haben hier denselben Lautwert wie *p*, *t*, *k*:

wie *p* in *Galopp* [ga'lɔp]: Lob [loːp], labt [laːpt]
wie *t* in *statt* [ʃtat]: Rad [raːt], Eid [aet]
wie *k* in *Rock* [rɔk]: Trog [troːk], ragt [raːkt]

Diese Aussprache gilt auch im Wortinneren bei Ableitungen und Zusammensetzungen:

lebhaft ['leːphaft], Staubtuch ['ʃtaoptuːx]; Landschaft ['lantʃaft], stünd-
lich ['ʃtʏntlɪç], radfahren ['raːtfaːrən]; zaghaft ['tsaːkhaft], Berghöhe
['bɛrkhøːə]

1129 b) Ähnlich ist die Aussprache des *v* in Wörtern fremder Herkunft:
v ist im Silbenbeginn vor Vokal stimmhaft:

Ventil, negative, Alternative

v ist am Ende einer Silbe stimmlos, wird also wie *f* gesprochen:

negativ, Aktiv, Alternativfrage

1130 c) *s* wird je nach seiner Stellung in der Silbe stimmhaft, stimmlos oder
als *sch*-Laut [ʃ] gesprochen:

– *s* ist stimmhaft im Silbenbeginn:

zwischen Vokalen: Dasein, Dose, Musik
nach stimmhaften Konsonanten vor Vokalen: Amsel, langsam, Hälse

– *s* ist stimmlos im Silbenauslaut:

Eis, eisgrau, Hals, Vers, Rast, Espe, Obst, Lachs, neuerdings

im Silbenanlaut sowohl vor Vokalen als auch vor Konsonanten in
Wörtern, die noch als fremd empfunden werden:

Chanson, Sou, Skelett, Slalom, Smaragd, Ionosphäre, abstrakt, instru-
ieren

Ob ein Wort als fremd oder als eingedeutscht empfunden wird, hängt von seiner Häufigkeit und seiner Verbreitung im Wortschatz des einzelnen ab. Viele dieser Wörter, z. B. Konstruktion, Strontium, Stalaktit, werden je nach der Situation mit [s] oder [ʃ] gesprochen.

– [ʃ] wird gesprochen   **1131**
in deutschen Wörtern vor *t* und *p* im Anlaut von Stammsilben:

> Stein, Gestein, Strahl, bestrahlen, ausströmen; Spalt, zerspalten, Splitter, sprengen, absprengen, übersprühen

vor *t* und *p* in fremden Wörtern, die als eingedeutscht empfunden werden:

> Stil, stabil, spezifisch, Studien

4. Die Aussprache von *r*   **1132**

a) Ein Reibe-*R*, Zäpfchen-*R* oder Zungenspitzen-*R* (↑ 1124) spricht man am Silbenbeginn, nach kurzem Vokal sowie nach langem *a*:

> Röhre, drei, bringen, Sprung, Radierung; herb, Irrtum, wahr

b) Ein vokalisiertes *r*, dessen Klang zwischen *a* und *o* liegt und das deshalb als umgekehrtes *a* [ɐ] umschrieben wird, spricht man nach langem Vokal (außer *a*):

> Tor [toːɐ], Uhr [uːɐ], Urwald ['uːɐvalt], gehört [ɡəˈhøːɐt]

Merke:
Die Aussprache der Buchstabenfolge *er* und des *r* nach langem Vokal stimmen akustisch überein, man vergleiche *Mäher* ['mɛːɐ] und *Mär* [mɛːɐ].

5. Die Aussprache von *h*   **1133**

Der Hauchlaut *h* wird im Silbenbeginn vor Vokalen (außer unbetontem *e* [ə], *i* [ɪ] und *u* [ʊ] in Suffixen) gesprochen:

> hier, daheim, Vergangenheit, Haushalt, Uhu

Alle anderen *h* sind Dehnungszeichen (↑ 1120).
Sowohl am Silben- und Wortende als auch vor *e* [ə], *i* [ɪ] und *u* [ʊ] in unbetonten Suffixen hat *h* keinen Lautwert:

> Stroh, Rehbock; Reihe, mähen; ruhig; Verzeihung

6. Die Aussprache von *ng*   **1134**

Die Buchstabenverbindung *ng* hat zwei Ausspracheformen:

a) Steht *ng* am Silben- oder Wortende oder vor einem Konsonanten oder ist der folgende Vokal ein unbetontes *e* [ə], *i* [ı] oder *u* [ʊ], so spricht man *ng* als [ŋ]. Es klingt kein Verschlußlaut [g] oder [k] an:

> Sprung, Gesang, Gangart; vordringlich, Verhängnis, rittlings; singen, vorrangig, Sprengung

b) Folgt dem *ng* in Wörtern fremder Herkunft oder in Zusammensetzungen ein Vokal (außer unbetontem *e* [ə], *i* [ı], *u* [ʊ]), so spricht man *ng* [ŋ], dem man ein [g] anschließt [ŋg]:

> Tango, Kontingent, Angina, fingieren; Klanggabel, entlanggehen

1135   7. Konsonant + Vokal

Schließt in zusammengesetzten oder abgeleiteten Wörtern eine Silbe mit einem Konsonanten und fängt die nächste Silbe mit einem Vokal an, so setzt im allgemeinen der Vokal neu ein (↑ auch 1110):

> Blitz|ableiter, Atom|energie, Ost|asien, aus|arbeiten, ent|eignet

In einem Kompositum wie *Textillustration* hört man deutlich die beiden Bestandteile: *Text* und *Illustration*. Das *i* in *Illustration* wird in der Zusammensetzung ebenso gesprochen wie im einfachen Wort. Verbände man fälschlicherweise das *t* mit dem *i*, hörte man *Textil* . . ., und das Verständnis wäre gestört.

Die Wortbetonung

Grundsätzliches

1136   Im Deutschen hebt im allgemeinen auch der Akzent im Wort den sinnwichtigsten Bestandteil hervor. Das äußert sich besonders in der Stammsilbenbetonung und der Akzentuierung des Bestimmungswortes in Komposita (↑ 1144).

Der deutsche Akzent stellt eine komplexe Qualität dar, die sich aus folgenden Komponenten zusammensetzt:

– der dynamischen, die sich in gesteigertem Schalldruck, der Lautstärke, äußert,

– der melodischen, die den Lautkomplex durch Erhöhung oder Vertiefung der Tonlage kennzeichnet,

– der temporalen, welche die Dehnung des Lautkomplexes bewirkt.

Der Akzent ist das phonetische Mittel, um die Sprachzeichen (Wörter, Formative) zusätzlich zu kennzeichnen. Durch Abstufungsmöglichkeiten der Akzentuierung erreicht man eine hörbare Gliederung in Wort und Satz und erhält auch gewisse Hinweise auf den Wortstamm und die *Etymologie* (Herkunft) des Wortes. In einigen wenigen Fällen kann die unterschiedliche Betonung auch *phonologisch relevant* (bedeutungsunterscheidend) sein:

> August (Vorname), August (Monatsname); blutarm (arm an Blut), blutarm (sehr arm); unerhört (nicht beachtet), unerhört (unglaublich, empörend); übersetzen (Hindernis überqueren), übersetzen (Text aus einer Sprache in die andere übertragen)

Für die Wortbetonung genügt im allgemeinen die dynamische Akzent- **1137** form, da sie mit dem melodischen resp. teilweise mit der temporalen verbunden ist. Trotz mannigfaltiger Abstufungen in der Sprechwirklichkeit kommt man für die Wortbetonung mit zwei Abstufungswerten aus: dem *Hauptakzent*, der Stelle des höchsten Nachdrucks (Zeichen: Unterstreichung des betonten Vokals) und dem *Nebenakzent*, dem mehr oder weniger ausgeprägten Nebenton (Bezeichnung mit untergesetztem Punkt). Im mehrsilbigen Wort hat gewöhnlich eine Silbe den Hauptakzent (stärksten Akzent). In Komposita (mehrfach zusammengesetzten Wortbildungen) können zwei Bestandteile gleichstark betont werden (↑ 1146). Daneben gibt es schwachbetonte und praktisch unbetonte Silben:

> Redezeit, Geschlossenheit, genossenschaftlich, Genossenschaftshauptverwaltung

Die wesentlichen Regeln für die Wortbetonung im Deutschen

Der deutsche Wortakzent ist durch die sprachgeschichtliche Entwick- **1138** lung an bestimmte Silben gebunden. Er liegt im allgemeinen fest, unabhängig von der Form (Flexion und Ableitung):

> ich rede, ihr redet, ihr habt geredet; Postamt, Postämter, des Postamtes; ablenken, abgelenkt, Ablenkung; Wissenschaft, Wissenschaften, Wissenschaftlichkeit; übersetzen, übergesetzt, der Übergesetzte; übersetzen, übersetzt, Übersetzung

1. Als Grundregel gilt: Der Hauptakzent liegt in deutschen Wörtern **1139** und *Lehnwörtern* (eingedeutschten Wörtern) in der Regel auf dem Wortstamm.

> einfache Wörter: Arbeit, Ebene, Ordnung; Nase, Mauer, Rente; arbeiten, ebnen; offen, eigen
> abgeleitet: arbeitsam, ordentlich, eigentlich, Eigenheit, Eigenschaft, Eigentum
> flektiert: die Arbeiten, arbeitete, gearbeitet; des offenen, ein offener
> präfigiert und suffigiert: Gemeinsamkeit, Genossenschaft, vertraulich

Einige Ausnahmen bilden Wörter, deren 1. Silbe ursprünglich betont wurde:

> Forelle, Wacholder, lebendig, Hornisse, Holunder, Brunhilde, Rosamunde

Wechselnde oder schwankende Betonung in mehrfach zusammengesetzten Komposita ist in verschiedenen Fällen auf die jeweilige semantische Gewichtung der Bestandteile zurückzuführen, die der Sprecher ihnen gibt:

> Übergangswahrscheinlichkeitsbeziehung, Übergangswahrscheinlichkeitsbeziehung

Bei manchen Wörtern schwankt die Betonung zwischen 2 Varianten:

> notwendig, notwendig; Notwendigkeit, Notwendigkeit; ungeheuer, ungeheuer

2. Alle deutschen Suffixe, z. B. *–e, –el, –er, –haft, –heit, –keit, –igkeit, –icht, –ling, –lein, –chen, –sal, –sel, –schaft, –tum, –ung*, werden nicht betont. Folgende Präfixe sind unbetont: *be–, –ent, –er, ge–, ver–, zer–*.

3. Der Übersicht halber sind folgende Betonungsweisen unterscheidbar:

1140 Akzent auf der 1. Silbe tragen:

a) einfache und abgeleitete Wörter mit einem Akzentwert (↑ 1136):

> Acker, haltbar, einheitlich

b) die unfest zusammengesetzten Verben:
Folgende Präfixe werden nur bei unfest zusammengesetzten Verben verwendet und sind anfangsbetont:

ab–	(abgeben)	da–	(dableiben)	hin–	(hinweisen)
an–	(ansagen)	dar–	(darbringen)	inne–	(innehalten)
auf–	(aufgeben)	ein–	(eingeben)	nach–	(nachgeben)
aus–	(ausgeben)	her–	(herbringen)	weg–	(wegziehen)
bei–	(beitragen)	hier–	(hierbleiben)	zu–	(zuziehen)

Dazu können auch die verbalen Zusammensetzungen mit den Präfixen *durch–, über–, um–, voll–* und *wieder–* gerechnet werden. Diese können jedoch mit den entsprechenden Verben auch eine feste Verbindung eingehen und sind dann nicht akzentuiert (z. B. wiederholen ↑ 1059). Die unterschiedliche Akzentuierung bei ein- und demselben, fest oder unfest zusammengesetzten verbalen Formativ hat bedeutungsunterscheidende Funktion:

> durchfahren (durch ein Gebiet fahren), durchfahren (durchqueren); umgehen, umgehen;

c) Nominalbildungen mit dem Präfix *un*–:

> Undank, Unwetter, Unzufriedenheit; unsanft, undankbar (vgl. jedoch:
> ungehört, ungeheuer ↑ 1139)

d) Nomina und Ableitungen mit dem Präfix *miß*– sowie Verben, bei
denen noch ein Präfix vor den Stamm hinzutritt:

> Mißgunst, Mißtrauen, mißtrauisch, mißlich, Mißverständnis; mißver-
> stehen, mißzuverstehen, möglich auch: mißverstehen, mißzuverstehen
> (dagegen nur: mißraten, mißhandeln)

e) Kurzwörter, Wortkürzungen und sogenannte Kunstwörter:

> IGA, UNO, NATO;   O(berleitungs)bus, Auto(omni)bus;
> Foto, Kino, Ober; Akku;   Latex, Dederon, Malimo

4. Akzent auf der 2. bzw. 3. Silbe tragen: **1141**

a) alle mit *be*–, *emp*–, *ent*–, *er*–, *ge*–, *ver*–, *zer*– und die mit *durch*–, *über*–,
unter–, *voll*–, *wider*–, *wieder*– (fest verbunden) präfigierten Verben:

> begreifen, empfinden, entweichen, erwidern, genehmigen, vertreiben,
> zerbrechen, durchschneiden, überholen, unterstellen, vollziehen, wider-
> legen, wiederholen

b) Wörter, bei denen das Präfix *miß*– unmittelbar vor dem Wortstamm
steht:

> mißachten, Mißachtung, mißbrauchen (aber: Mißbrauch, auch: Miß-
> brauch; Mißgunst, wahrscheinlich analog zur Betonung der Komposita)

c) die meisten Ausrufewörter:

> oweh, nanu, hurra, hallo (auch: hallo)

d) im allgemeinen Adjektive mit dem Präfix *un*–, wenn sie mit unfreien
Morphemen zusammengesetzt sind:

> unleugbar, unsäglich, unzählig auf der 2. Silbe;

aus rhythmischen Gründen, wenn zwischen *un*– und dem Stamm ein
weiteres Präfix steht, auf der 3. Silbe:

> unermüdlich, unvergeßlich, unerreichbar (aber: unzulänglich)

e) deutsche Wörter bzw. Namen, die aus sprachhistorischen Gründen
eine abweichende Betonung haben (↑ 1139):

> Forelle, Holunder usw., Berlin, Grünau, Mathilde, Brunhilde, Hilde-
> gunde, Rosamunde, Elisabeth, Friederike

1142 5. Endbetonung

Die letzte Silbe wird betont:

a) in Abkürzungen (Initialwörtern, welche Komposita vertreten), die als Buchstabensilbenreihungen gesprochen werden:

das ABC [aːbeː 'tseː], LKW, PKW, NDR, SPD, DGB, UdSSR, (bei LKW und PKW auch schon analog zur Betonung der Determinativkomposita ↑ 1145 mit Akzent auf der 1. Silbe)

b) bei Wörtern mit der Endsilbe –*ei*:

Schalmei, Partei, Bäckerei, Ziererei, Karawanserei

c) in Wortreihungen bzw. Zusammenrückungen:

Lebewohl, das Aufundab, ein Hinundher, Einmaleins

1143 6. Variable, wechselnde Betonung

Die kontrastive, emphatische und didaktische Sprechweise im Kontext (↑ 343–346) kann auch den Wortakzent variieren. So kann durch nachdrückliche Verdeutlichung eines semantischen Bestandteils des Wortes der Akzent verlagert werden, z. B. von unabänderlich, unbezahlbar, unübersehbar auf unabänderlich, unbezahlbar, unübersehbar. Im Kompositum kann sich durch kontrastive Gegenüberstellung der Akzent vom Bestimmungswort auf das Grundwort verlagern, z. B.: Nicht der Autofahrer war schuld, sondern der Autobesitzer. Durch didaktische Hervorhebung kann praktisch jede Silbe betont werden, z. B.: Das Wort hat die Form ‚gerissen‘ (zur Verdeutlichung gegenüber einer falschen Form). Neben der Genitivform ‚des Werkes‘ existiert die Form ‚des Werks‘.

1144 Betonung der Komposita

1. Im allgemeinen gilt die Grundregel, daß das Bestimmungswort den Hauptakzent erhält.
Das Grundwort kann, abhängig von der Silbenzahl der Zusammensetzung, einen Nebenakzent erhalten. Das trifft besonders für die komplexeren, mehrteiligen Komposita zu, die auch mehrere Nebenakzente aufweisen. Bei besonders ausgeprägter Mehrgliedrigkeit werden auch zwei Hauptakzente realisiert, die gleichschwer sind. Dabei sind auch rhythmische Faktoren wirksam, die zur besseren Überschaubarkeit und damit zur günstigeren Rezeption beitragen.
Im Hinblick auf seine kommunikative Funktion liegt der Hauptakzent auf dem semantisch wichtigsten Bestandteil (kommunikatives Zentrum ↑ 337–342) resp. entsprechenden Bestandteilen:

Haustür, Eisenbahn; maßlos, blauäugig, säurehaltig; Haushaltsauflösung, Arbeitsproduktivität, Warmwasserspeicher, Kassettenrecorder, Dreiviertelgeige (möglich auch: Arbeitsproduktivität, Warmwasserspeicher, Warmwasserspeicher, Kassettenrecorder u. ä.), Kraftfahrzeughaftpflichtversicherung (möglich sind auch: Kraftfahrzeughaftpflichtversicherung, ja sogar: Kraftfahrzeughaftpflichtversicherung)

2. Im einzelnen ergeben sich als wesentliche Betonungsweisen für mehr- **1145** gliedrige Komposita:

a) Der Hauptakzent liegt auf der 1. Konstituente, dem Bestimmungswort:

– bei zweiteiligen Determinativkomposita:

Kosmosforschung, sozialpsychologisch

– bei Verbindungen von Determinativkomposita + Simplex:

Fernverkehrsstraße, Büromaschinenwerk, atomkraftgetrieben

– bei Verbindung von Simplex + idiomatisiertem Kompositum:

Militärzeitschrift, Zentralflughafen

– bei vierteiligen Determinativkomposita, die aus dreiteiligem Determinativkompositum + Simplex zusammengesetzt sind (die 4. Konstituente erhält einen Nebenakzent):

Schwermaschinenbaukombinat, Volkshochschuldirektor (Varianten s. o. ↑ 1144)

– Buchstabensilben, Buchstabensilbenreihen und Kurzwörter (im engeren Sinne) werden wie das Bestimmungswort betont, wenn sie als solches fungieren:

D-Zug, EG-Länder, DGB-Versammlung;
UNESCO-Konferenz, NATO-Hauptquartier, UNO-Beschluß, UNO-Vollversammlung (aus rhythmischen Gründen auch üblich mit Verlagerung der semantischen Gewichtung: NATO-Hauptquartier, UNO-Vollversammlung; hierbei fungieren die Kurzwörter als Attribute zum folgenden kopulativ angeschlossenen Kompositum)

b) Der Hauptakzent liegt auf der 2. Konstituente, die als Bestandteil eines einheitlichen Bestimmungswortes aufgefaßt werden kann, bzw. der 2. Konstituente bei kopulativen Komposita:

UNO-Vollversammlungsbeschluß, UNO-Vollversammlungs-Beschluß

– in Verbindungen von Kopulativkompositum + Simplex:

Schwarzweißfotografie, Max-Planck-Institut, rotgrünblind, Inhalt-Form-Beziehung

- Simplex + Determinativkompositum:

   Betriebsverfassungsgesetz, Städteschnellverkehr, hochleistungsfähig
   (mögliche Varianten mit zwei Hauptakzenten ↑ 1146); in attributiver
   Stellung ist üblich: hochleistungsfähiges (Aggregat)

- bei Verbindung von Zahlwort als 1. Konstituente + Simplex (im
  Plural oder Singular) als 2. Konstituente:

   Zwölfkanalsystem (auch: Zwölfkanalsystem), Dreigroschenoper, Sechs-
   tagerennen, Dreißigjahrfeier, Hundertmarkschein

- bei mehrsilbigem Substantiv als 2. Konstituente:

   Mehrparteiensystem, Werkzeugmaschinenfabrik

   (in diesen Fällen ist die 1. Konstituente attributiv aufgefaßt); (zur
   Variabilität der Betonung s. oben ↑ 1143, z. B. ist auch möglich und
   üblich: Mehrparteiensystem usw.)

- in Verbindung von Numeralien + Simplex:

   Sechsachteltakt, Zweidrittelmehrheit

- Adjektive mit verstärkendem Präfix all– betonen in der Regel das
  Grundwort:

   allmächtig, allgegenwärtig

- Ebenso betont man andere Adjektive mit verstärkender Funktion
  des 1. Bestandteiles der Zusammensetzung:

   hauptverantwortlich, grundehrlich, wohlerzogen (mit − häufig − emphatischer Betonung auch auf dem 1. Bestandteil möglich)

   Ausnahmen der regulären Betonung bilden auch: Langeweile, Feins-
   liebchen (aber: langweilig)

- Zusammensetzungen aus adverbialen Bestandteilen:

   daran, hinauf, herum, weitaus, vollauf, rundum

   Komposita mit Präposition oder Substantiv als Bestimmungswort:

   inzwischen, mitunter, tagein, kopfüber, dorthinab, demgegenüber,
   überallher, solchergestalt

- in nichtkopulativ und kopulativ zusammengesetzten Doppelnamen:

   Saarbrücken, Baumholder, Berlin-Pankow, Schmidt-Rottluff; Schleswig-
   Holstein, Österreich-Ungarn

c) Bei Komposita aus 3 oder 4 Konstituenten steht in der Regel der
Hauptakzent auf der 3. Konstituente des Bestimmungswortes, das die
komplexe Zusammensetzung bildet, und zwar im einzelnen:

– in 4teiligen Determinativkomposita:

Hochschulsportgemeinschaft, Atomwaffensperrvertrag, Vertrauensleute-vollversammlung (möglich auch: Vertrauensleutevollversammlung, Vertrauensleutevollversammlung)

– in 3teiligen Kopulativkomposita + Simplex bzw. Kompositum:

Ziel-Inhalt-Methode-Dialektik, Hals-Nasen-Ohren-Klinik, Sechswege-Bohrmaschine, Spielwaren-Außenhandelsgesellschaft, Hochvakuum-Lichtbogen-Schmelzofen

d) Zur gleichwertigen Betonung mit zwei Hauptakzenten   **1146**

Die Betonung der Komposita im Kontext ist abhängig 1. von der Anzahl der Bildungsglieder, 2. von der Stellung im Satz, 3. von sprechrhythmischen Faktoren, welche variable Betonungsweisen ermöglichen und die auch mit der Hervorhebung bestimmter semantischer Elemente durch den Sprecher zusammenhängen.

Für die gleichgewichtige (gleichwertige) Betonung mit zwei Hauptakzenten kann nur auf einige wichtige Erscheinungen hingewiesen werden (Näheres vgl. STÖTZER 1975).

Zweiteilige Determinativkomposita können am Ende einer Wortgruppe vor einer Pause zwei Hauptakzente erhalten, z. B.:

Junge Nationalstaaten / sind aus ehemaligen Kolonien und Halbkolonien entstanden.
Die Firma übernimmt die Großproduktion von Autoersatzteilen.

Bei zweiteiligen Kopulativkomposita ist diese Tendenz noch mehr ausgeprägt, z. B.:

Das Land Nordrhein-Westfalen ist ein industrielles Ballungsgebiet mit großer Bevölkerungsdichte.

Besonders bei komplexeren Zusammensetzungen ist in allen Positionen die Tendenz zur Realisierung mit zwei Hauptakzenten sichtbar. Bei vielgliedrigen Komposita ist allerdings für die Akzentuierung entscheidend, ob die einzelnen Teile vom Sprecher gleich- oder untergeordnet aufgefaßt werden. So kann es zu folgenden Realisationen kommen, z. B.:

Den Atomwaffensperrvertrag haben viele Staaten unterzeichnet. Die Unterzeichneten erfüllen den Atomwaffensperrvertrag. Das Zentralflughafengelände wird ausgebaut. Er sprach in der Vertrauensleutevollversammlung. Die in der Vertrauensleutevollversammlung eingebrachten Vorschläge waren gut durchdacht.

Selbstverständlich sind auch die anderen Varianten, z. B.

Atomwaffensperrvertrag, Atomwaffensperrvertrag; Zentralflughafengelände, Zentralflughafengelände; Vertrauensleutevollversammlung, Vertrauensleutevollversammlung u. ä.

möglich und werden als normgerecht empfunden.

Zwei gleichwertige (schwebende) Hauptakzente tragen in der Regel
auch Komposita mit lautmalendem bzw. verstärkendem Charakter des
1. Bestandteils und haben nahezu semantische Gleichwertigkeit, z. B.

> Singsang, Wirrwarr, Zickzack

Zum Teil weniger oder kaum ausgeprägt ist die semantische Gleich-
gewichtigkeit in den folgenden Beispielen:

> stockfinster (möglich auch: stockfinster), hauptverantwortlich, ausnahms-
> weise, mutterseelenallein, braunweiß, Freundfeind, uralt, dummklug,
> kerngesund, Strichpunkt, Hansnarr

Fremdwortbetonung

1147 Für die Fremdwortbetonung spielen Zeit und Art der Übernahme der
Wörter eine Rolle.
Bei den meisten Wörtern fremder Herkunft – am häufigsten sind Wör-
ter, die aus dem Lateinischen, Altgriechischen und Französischen über-
nommen wurden – liegt der Hauptakzent auf den drei letzten Silben.
Wörter französischer Herkunft sind oft endbetont.
Die folgende Übersicht enthält lediglich eine Auswahl der typischen
Beispiele, vor allem der kennzeichnenden Morpheme am Wortende,
die für die Fremdwortbetonung charakteristisch sind.

1148 Der Hauptakzent liegt

1. auf der letzten Silbe bei Wörtern, die auf einen oder mehrere Konsonanten bzw. einen langen Vokal schließen:

> Person, Bataillon; Hotel; System, Exanthem; Humor (aber: Tumor,
> Doktor, Motor), Major; Reflex, Komplex; Präfix; Siderit, Holosiderit;
> Theorie, Astrologie; Musik, Replik, Mathematik; Notiz; Trapez, duo-
> dez-; Renegat, Anastigmat; Café, Bufet [by'fe:] (auch: [by'fɛt]), Pincenez
> [pɛ̃sɔ'neː]; Agronom, Karzinom; homogen, heterogen; synonym; stereo-
> typ; grazil, infantil; Opportunist, Nationalist; Asket, obsolet; Plateau,
> Niveau; Foyer ['eː], Komitee, passé, Filet, Manet ['eː]; Bankett, adrett;
> Aspekt, Intellekt; Produkt, Viadukt; national, proportional, Futteral;
> manuell, intellektuell; disjunkt; Infarkt

Einige dieser Endsilben treten auch unbetont auf, z. B.:

> Gestik, Mimik, Energetik; Äquator, Matador (auch: Matador)

1149 2. auf der vorletzten (bzw. ersten Silbe) bei Wörtern, die mit einem
[ə], kurzem Vokal bzw. kurzem Vokal vor Konsonant schließen:

> Maschine; Genese; Mimose; vage; Furie, Familie; Apotheose; Finesse,
> Delikatesse; Trophäe, Koryphäe; Arena, Plasma, Protoplasma, Propa-
> ganda, Thema; Hobby, Brandy, Cherry Brandy; allegro, ritardando;

Direktor, Agitator, Katalysator; Bronchitis, Laryngitis, Exlibris, Galaxis; Logik, Logistik, Eristik; Titel, Kapitel, Konventikel; Klimax; Index; Forum, Referendum, Interrogativum; diskutabel, passionabel, indiskutabel; Bazillus, Intellektualismus, Antikommunismus; dämonisch, disharmonisch

Nach diesen Mustern werden viele Fremdwörter gebildet und in dieser Weise betont. Solche und andere charakteristische Endungen sind dafür bestimmend.

3. auf der drittletzten (bzw. 1. Silbe):   **1150**

Wörter auf –ier und –ien, z. B.:

Spanier, Columbier, Vegetarier, Proletarier; Columbien, Chemikalien (mit analoger Wirkung umgangssprachl.: Fressalien);

ferner Bildungen wie:

Stadium, Dezennium; Vakuum, Individuum; Fluidum, Praktikum, Präteritum; Lexikon, Analogon, Analeptikon; Chemiker, Analytiker; Harmonika; Spezies, Karies; Kolibri; Piccolo

4. Einige Fremdwörter verlagern unter dem Einfluß fremder Betonungsgesetze den Akzent in den flektierten Formen, vor allem im Singular und Plural:

Doktor – Doktoren; Dämon – Dämonen; Elektron – Elektronen; Notar – notariell; Finanz – finanziell

Die abgeleiteten Regeln sind nur allgemeine Orientierungshilfen für **1151** die Fremdwortbetonung. Verschiedene Erscheinungen ordnen sich angesichts der Vielfalt der Formen nicht in die dargestellten Betonungsweisen ein.

Sachregister

Die Zahlen beziehen sich auf die am Rande der Seiten stehenden Kennzahlen. Unterstichwörter sind in alphabetischer Reihenfolge den übergeordneten Begriffen zugeordnet. Präpositionen und Konjunktionen wurden im Alphabet nicht berücksichtigt. Durch Semikolon getrennte Unterstichwörter sind voneinander unabhängig und nur auf das Hauptstichwort zu beziehen, in Klammern stehende Zusätze gehören zum vorausgehenden Unterstichwort. Aus Adjektiv und Substantiv bestehende Ausdrücke sind meist unter dem Adjektiv angeordnet; man findet sie aber auch als Unterstichwörter beim Substantiv.

verbaler Rahmen ↑ Rahmen
Verbalkomposita 1052–1060
Verbalsubstantiv 623; ↑ auch Nomen actionis, ↑ Nomen agentis
Verben: Anzahl 932; absolute 371, 403; Einteilung 369–372; des Gebens und Nehmens 229; intransitive 403–406; kopulative 150 f., 371; der körperlichen Berührung 176; mit Modalergänzung 199; mit negativer Bedeutung 278; objektgebundene 371; persönliche 407–410; mit Prädikativ 150–153; des Sagens u. Verschweigens 229; mit Suffixen *-jan, -ôn, -ên* 1063–1065; transitive 399–402; umstandsgebundene 371; unpersönliche 407–410; unregelmäßige 387–391; zusammengesetzte 1052–1060; ↑ auch Verb
Verbstellung: im Hauptsatz 48, 288–291; Kern-, Stirn-, Spannstellung 48, 288–291; im Nebensatz 290 f.
Verbum finitum 457–465
verbundene (syndetische) Konstruktion 90 f.
Verbsuffixe 531, 533, 1063–1072
Verbzusatz (Präverb) 149, 293, 775
Vergangenheit: ↑ Präteritum, ↑ Perfekt, ↑ Plusquamperfekt
Vergewisserungsfrage 51
Vergleich (mit *als* od. *wie*) ↑ Komparation
Vergleichspartikel 738–741
Vergleichssatz 212
Verhältnisergänzung ↑ Präpositionalobjekt
Verhältniswort ↑ Präposition
Verschlußlaute 1124
Verstärkungszusammensetzung 959, 1025
Verteilungszahlen (Distributivzahlen) 751; ↑ auch Numerale
Vervielfältigungszahlen 751, 767
Verwandtschaftsbezeichnungen: als Apposition 243; Deklination 250
Vibranten (Schwinglaute) 1124
Vokale 1109–1121; betont – unbetont 1113–1116; Dauer (Quantität) 1112; Diphthonge 1118; Klangfarbe (Qualität) 1111; ↑ Lautschrift
Vokalbuchstaben (doppelte) 1119
Vokativ ↑ Anredenominativ
Völkernamen ↑ Eigennamen
Vordergaumenlaute (Präpalatale) 1123

Vordersatz 74, 325
Vorfeld 288, 304–306
Vorgangssatz 54
Vornamen: als Apposition 243; Deklination 250
Vorsilben ↑ Präfixe
Vorzeitigkeit ↑ Zeitverhältnis

Weglaßprobe (Elimination) 128
weiterführender Nebensatz 79
Wemfall ↑ Dativ
Wenfall ↑ Akkusativ
Werfall ↑ Nominativ
Werkzeugbezeichnungen 1011
Wertigkeit ↑ Valenz, ↑ Verb
Wesfall ↑ Genitiv
Wiederholungszahlen 752, 767; ↑ auch Numerale
Winde (Genus) 568
Wirklichkeitsform ↑ Indikativ
Witterungsverben 407
Wochentage (Genus) 568; ↑ auch Eigennamen
Wohnungsangaben (Akkusativ od. Nominativ) 635
Wort (Definition) 932, 937
Wortart 99, 363–365; als Basis der Flexion 100; u. Satzglied 128
Wortarten 99, 363–365
Wortartwechsel (Konversion) 977
Wortbetonung 1136–1151
Wortbildung 932–1094; besondere Arten 973–979; im engeren Sinne 941–1094; Tendenzen 1084–1094; ↑ auch Ableitung, ↑ Adjektiv, ↑ Substantiv, ↑ Verb, ↑ Zusammensetzung
Wortentlehnung 936
Wortbildungsmorphem 19, 939
Wortfamilien 18, 933
Wortfeld 934
Wortgruppe 139
Wortklasse ↑ Wortart
Wortkürzung 979
wörtliche Rede ↑ direkte Rede
Wortmischung (Kontamination) 975
Wortreihe 92, 138
Wortschatz 10; Erweiterung 935 f.; Gliederung 933 f.; Umfang 932
Wortschöpfung 941
Wortsippen (Wortfamilien) 18, 933
Wortstamm 938 f.

Wortregister

Vollständig aufgenommen wurden Konjunktionen, Präpositionen und Pronomen. Darüber hinaus enthält das Register vor allem Adjektive, Substantive und Verben mit Besonderheiten oder Doppelformen in der Flexion (auch die starken Verben); Adjektive und Verben, die mit mehreren Präpositionen verbunden werden können, und die Wortbildungspräfixe und -suffixe. Einzelne Stichwörter stehen mit dem Zusatz „u. ä." für andere; gleichartige Klammerzusätze gehören zum vorausgehenden Unterstichwort. Die Zahlen verweisen auf die Kennzahlen am Rande der Seiten.

a, ä, Aussprache 1109, 1116
à, Präposition 876
-a, Genus 567
aa, Aussprache 1119
ab, Adverb 775, 779; Präposition 859 f., 883, 891
ab- 533, 1056 f., 1093; Betonung 1140
-abel 1042, 1044 f.; Betonung 1149
aber 90, 92, 902, 910
Abgeordneter u. ä., Deklination 719 f.
abhanden 945
abseits 859, 881
absolut, verstärkend 270, 746
abwärts- 1055
abzüglich 881
-ade 1005; Genus 567
-age 1005; Genus 567
-ähnlich 1028, 1044
ai, Aussprache 1118
-aille, Genus 567
-aise, -äse, Genus 567
-al beim Adjektiv 1042, 1046; beim Substantiv 1148
-alisch ↑ -isch
all usw. 842–844; + substantiviertes Adjektiv 718, 721
allein, Konjunktion 902, 910; Partikel 260
aller- 746
allzu 223, 628
Alp, Genus 561
als, + Adverb 906; Betonung 346, im Nebensatz 207, 904, 917 f., 920, 924; bei Satzgliedern 152, 155 f., 246 f.; + Substantiv 924; im Vergleich 212, 727, 739–741; od. wie 240; als auch 923; ↑ auch sowohl – als auch
als daß 223, 899, 916
als ob 212, 917, 920
als wenn 212, 917

als wie 738
also 902, 911
alt + Akkusativ 636
am 588, 591; beim Dativ 244; Betonung 349; beim Superlativ 745
an 775, 859–861, 885, 890; nach Adjektiv 193; nach Substantiv 194; nach Verb 192; – [die] vor Zahlen (Maßangabe) 163, 866, 872
an- 533, 1056, 1073 f., 1093; Betonung 1140
-an beim Adjektiv 1042, 1045 f.
an [die] ↑ an
an sich 805
an – vorbei 875
-and 1005, (Betonung) 1148
ander usw. 842, 845; Deklination des folgenden Adjektivs 718
andererseits ↑ einerseits
andernfalls 911
anders als 739
-äne, Genus 567
-aner 1008
anfangs 881
angenommen, daß 222, 905
angesichts 868, 881
angst 690, 977
ängstigen, sich – um, vor 192
anhand 868, 881
an Hand 881
anläßlich 881
ans 589, 591
anscheinend 786
anstatt, statt, Bildung 1082 f.; Konjunktion 221, 222, 873, 917; Konjunktion od. Präposition 924, Präposition 868, 881
anstelle 868, 881
an Stelle 881
-ant, beim Adjektiv 1042; beim Substan-

-leute 609
-lich 1027, 1029, 1037 f., 1044–1046; Adverb 1083; Komparation 732, 745
Licht, Plural 609
liefern an, für 231
liegen 192, 228, 378
-ling, -ing 649, 999, 1007–1009; beim Bestimmungswort 955; Genus 554, 567; Stilistisches 553
-lings, beim Adverb 1083
links 776, 868
Liter, Genus 559
los, mit Akkusativ 174
los- 533, 1056
-los 995, 1021, 1028, 1046
löschen 376, 380
lügen 376

m, Aussprache 1123, 1125
-m 1006, 1043; ↑ auch -n
-ma, Genus 567
machen 192; mit A. c. I. 228; + Adjektiv (Satzgliedwert) 690; mit Infinitiv od. Part. II 429
mächtig, mit Genitiv 186
Mädchen, Genus des Pronomens 122
mahlen 384
-mal[s] 752, 767, 773, 1083
-malig 773
man 791, 796, 841, 853; + Konjunktiv als Aufforderung 520
manch usw. 841, 854; Deklination des folgenden Adjektivs 718
manche, Deklination des folgenden Adjektivs 718
Mandel 753
mangeln u. ä., unpersönl. 408
mangels 881 f.
Mann, Plural 609
-mann, Plural 609
Maß, Genus 560
-maßen beim Adverb 1083
-mäßig 1028, 1036, 1046
Match, Genus 559
matt von, vor 193
mehr, bei Komparation 735
mehrere 842, 855; Deklination des folgenden Adjektivs 718
meiden 376
mein 790, 795, 806–813; Deklination des folgenden Adjektivs 715 f.

meinethalben usw. 795
meinetwegen usw. 795, 891
meinige 790, 808; ↑ auch der meinige
meist, bei der Komparation 735
melken 376, 380, 384
Menge u. ä., Numerus des Prädikats 119
-ment, Genus 567
messen 377, 380
Meter, Genus 559
Milliarde 753, 759
Million 753, 759
minder, mindest 735
mir, ethischer Dativ 183
miß-, Betonung 972, 1140 f.; nominal 1018, 1049; verbal 1078
mit 775, 859 f., 863–865, 879, 883, 894, 1056; nach Adjektiv 193; nach Substantiv 194; nach Verb 192
mithin 911
mittels 863, 881 f.
mittlere 742
mitwirken an, bei 192
möchte 513
möge 513
mögen 391, 394; in indirekter Rede 277
Morast, Plural 657
müssen 391, 394, 513, 523
mutterseelenallein u. ä. 959, 1025

n, Aussprache 1123–1125
-n 1006, 1043; ↑ auch -m
nach 859, 861, 865, 868, 883, 891; nach Adjektiv 193; Stellung 877; nach Verb 192
nach- 1056; Betonung 1140
Nachbar, Deklination 646
nachdem 206 f., 906, 918; ↑ auch je nachdem
nächst 859, 868, 883
nagen 383
nahe, Komparation 736
Name[n] 645
namens 881
namentlich 246
nämlich 246, 908, 911
-nd 436
neben 859, 885
nebst 885
nehmen 378, 380
nein 269, Satzäquivalent 925
-nen 1071

-tr 1006, 1043
tragen 192, 377, 379
treffen 378, 380
treiben 376
treten 176, 377, 380; mit Dativ od. Akkusativ der Person 169, 176
triefen 376, 384
Trikot, Genus 559
trinken 378
trotz 861, 868, 881, 891, 1083
trotzdem 224, 891, 906, 910, 911, 916, 921
trügen 376
-tschen 1072
Tuch, Plural 609
-tum 1003, 1010–1012; Aussprache 1115; Betonung 1139; im Bestimmungswort 955; Genus 567
tun 147, 387, 398

u, ü, Aussprache 1109–1116
über 775, 859–861, 885, 890; nach Adjektiv 193; nach Substantiv 194; nach Verb 192; vor Zahlen (= etwa) 872; Wiederholung 865
über- 749, 1056, 1059; Betonung 949, 1056, 1059, 1140 f.
überdrüssig, mit Genitiv 186
übergehen in, zu 192
überlegen an, in 193
überm 588, 590 f.
überreden zu 231
übern 589–591
übers 589–591
übertreffen in od. an 231
um 775, 859 f., 865, 873, 884; nach Adjektiv 193; Betonung 1140; nach Verb 192; vor Zahlen (= etwa) 872
um- 949, 1056, 1059
um meinetwillen usw. 795
um so 912, 917; ↑ auch je – um so
um – willen 861, 875, 881
um zu 432, 916
umher 1055; –/herum 783
umgekehrt 739
ums 589–591
un–, beim Adjektiv 1029, 1050; Betonung 972, 1140 f.; beim Partizip 448; beim Substantiv 1019
unbeschadet 861, 881
und 91–96, 898, 900, 902, 907, 921–923

unfern 891
-ung 1004, 1008, 1010, 1011 f., 1088; als Bestimmungswort 955; Genus 554, 567; Stilistisches 553
ungeachtet 861, 868, 881, 916; Stellung 877
ungeduldig über, durch 193
unser 795, 806, 808, 810, 813 f.
unsereiner 795, 846
unsertwegen 891
unten 776
unter 859 f., 864, 885, 890; nach Adjektiv 193; nach Verb 192
unter- 1056, 1059; Betonung 949, 1141
unterdes 918
untere 742
unterhalb 859, 881
unterlegen an, in 193
unterm 588, 590 f.
untern 589–591
unters 589–591
unweit 859, 868, 881, 891
ur-, beim Adjektiv 1051; Betonung 972; beim Substantiv 1020
-ur 1005; Genus 567
-üre, Genus 567
urteilen nach, über 192
-us 660, 1009, Plural 662
-ut 995, 1006, ↑ auch -od

v, Aussprache 1123–1125, 1129
ver- 533, Betonung 972, 1139, 1141; nominal 1047; beim Verb 1073 f., 1079, 1093
Verb, Plural 657, 659
verdächtig, mit Genitiv 186
verderben 378, 380, 385; Konjunktiv 512
Verdienst, Genus 560
verdrießen 376
vereinbaren mit 231
vergessen 377, 380
verhältnismäßig 777
verlieren 376
vermittels 863, 894
vermöge 861, 881
verschiedene, Deklination des folgenden Adjektivs 718
verraten an 231
verurteilen zu 231
verweisen auf od. an 231

wiegen 376, 386
wieviel 839, 855
wiewohl 224, 916
Wille[n] 645
-willen 795
winden 378
wir 794, 796; Deklination des Adjektivs
    714; + substantiviertes Adjektiv 720 f.
wird + Prädikativ 156
wissen 391, 486; – über, um, von 192, 231
wo 771, 1083; interrogativ 839; lokal
    919; relativ 64, 204
wo- + Präposition 834
wo nicht 916
wofern ↑ sofern
woher, lokal 919, interrogativ 66
wohin, lokal 919, interrogativ 839
wohingegen 212
wohl, Partikel 260
wohl- + Partizip 1024
wollen 388, 394, 513
womit, nicht: mit was u. ä. 784
wor- + Präposition 834
woran, nicht: an was? 784
Wort, Plural 609
Wulst, Genus 559
würde 497, 514–517
würdig, mit Genitiv 186
-würdig 1028

z, Aussprache 1125
z. B. ↑ zum Beispiel
Zehner usw. 753
zeihen 376
zeit 860, 868, 881
-zen 533, 1072, 1074
zer- 533, 1047; beim Verb 1073 f., 1080;
    Betonung 972, 1139, 1141

-zeug 1011
ziehen 376
-zig, bei Zahlen 754
Zigarillo, Genus 559
zornig auf, über 193
zu 223, 775, 859–862, 883, 894; nach
    Adjektiv 193, 628; bei brauchen 430;
    beim Infinitiv 70 f., 323, 426 f., 431,
    435; bei der Komparation 749; + Par-
    tizip I (Gerundivum) 436, 495; beim
    Prädikativ 152, 155; nach Substantiv
    194; nach Verb 192; ↑ auch zum
zu- 1056, 1140
zu – als daß 916
Zubehör, Genus 559
zufolge 861, 881, 891 f.; Stellung 877
zugunsten 868, 881
zuletzt 907
zuliebe 877
zum 588, 591; bei substantiviertem Infini-
    tiv 433; ↑ zu
zum Beispiel (z. B.) 246, 908
zumal (da) 221, 906, 916
zunächst 883
zur 588
zurück- 1055
zusammen 875; als Verbzusatz 1055
zuungunsten 881
zuvor 914
zuwider 877, 883
zuzüglich 868, 881
zwar 90, 910, 946
zwar – aber 911
zwecks 881
zwei 763; Deklination 757; substantivisch
    753
zwingen 378; – zu 231
zwischen 859 f., 865, 885, 890

Literatur

Im folgenden wird die verwendete wissenschaftliche Literatur angeführt. Im Text verwendete Kurzbezeichnungen `stehen in Klammern hinter der vollständigen Literaturangabe. Nur einmal verwendete Werke und Aufsätze werden an Ort und Stelle vollständig zitiert.
Um das Buch nicht durch eine Vielzahl von Quellenangaben übermäßig zu belasten, wurde bei den als Beispiel angeführten Zitaten auf Werktitel verzichtet.

ADMONI, W.: Der deutsche Sprachbau. 2. Aufl., Moskau–Leningrad 1966 (Sprachbau)
AGRICOLA, E.: Vom Text zum Thema. In: Probleme der Textgrammatik I., studia grammatica XI. Berlin 1976 (Text)
AGRICOLA, E., GÖRNER, H., KÜFNER, R.: Wörter und Wendungen. Wörterbuch zum deutschen Sprachgebrauch. 13. Aufl., Leipzig 1988
Aktuelle Probleme der sprachlichen Kommunikation. Berlin 1974 (Akt. Pr.)
BEHAGHEL, O.: Deutsche Syntax. Eine geschichtliche Darstellung. Bd. I–IV. Heidelberg 1923–1932 (Syntax I–IV)
Die deutsche Sprache. 11. Aufl., Halle (Saale) 1954
BENEŠ, E.: Die Verbstellung im Deutschen, von der Mitteilungsperspektive aus betrachtet. Philologica Pragensia 1962, H. 5 (Verbstellung)
BOOST, K.: Neue Untersuchungen zum Wesen und zur Struktur des deutschen Satzes. Berlin 1964 (Satz)
DRACH, E.: Grundgedanken der deutschen Satzlehre. 3. Aufl., Frankfurt/M. 1939 (Satzlehre)
FLÄMIG, W.: Zum Konjunktiv in der deutschen Sprache der Gegenwart. 2. Aufl., Berlin 1962 (Konjunktiv)
Zur Funktion des Verbs. III. Aktionsart und Aktionalität. In: Deutsch als Fremdsprache 1965, H. 2 (Aktionsart)
Probleme und Tendenzen der Schulgrammatik. In: Deutschunterricht, 1966, H. 6 (Probleme)
FLEISCHER, W.: Wortbildung der deutschen Gegenwartssprache. 5. Aufl., Leipzig 1983 (Wortbildung)
FLEISCHER, W., MICHEL, G.: Stilistik der deutschen Gegenwartssprache. 3. Aufl., Leipzig 1979 (Stilistik)
GOLOWIN, B. N.: Einführung in die Sprachwissenschaft. Ins Deutsche übersetzt und herausgegeben von H. ZIKMUND. Leipzig 1976 (Einführung)
GÖRNER, H., KEMPCKE, G. (Hrsg.): Synonymwörterbuch. Sinnverwandte Ausdrücke der deutschen Sprache. 12. Aufl., Leipzig 1989
HARTUNG, W. (Hrsg.): Sprachliche Kommunikation und Gesellschaft. Berlin 1976 (Kommunikation)
HELBIG, G.: Die Funktionen der substantivischen Kasus in der deutschen Gegenwartssprache. Halle (Saale) 1973 (Kasus)
Zu Formen des Attributs in der deutschen Gegenwartssprache (2). In: Deutsch als Fremdsprache 1973, H. 1 (Attribut)
HELBIG, G., BUSCHA, J.: Deutsche Grammatik. Ein Handbuch für den Ausländerunterricht. 5. Aufl., Leipzig 1979 (Grammatik)

HELBIG, G., RICKEN, H.: Die Negation. Zur Theorie und Praxis des Deutschunterrichts für Ausländer. 3. Aufl., Leipzig 1977 (Negation)

HELBIG, G., SCHENKEL, W.: Wörterbuch zur Valenz und Distribution deutscher Verben. 7. Aufl., Leipzig 1983 (Valenz)

HOFFMANN, L.: Kommunikationsmittel Fachsprache. Berlin 1975 (Fachsprache)

KIPARSKI, P.: Über den deutschen Akzent. Studia Grammatica VII. Berlin 1966 (Akzent)

KLAPPENBACH, R., STEINITZ, W. (Hrsg.): Wörterbuch der deutschen Gegenwartssprache. Berlin 1961 ff. (WDG)

Kleines Wörterbuch sprachwissenschaftlicher Termini. 2. Aufl., Leipzig 1975

KOELWEL, E., LUDWIG, H.: Gepflegtes Deutsch. 4. Aufl., Leipzig 1969

KRAHL, S., KURZ, J.: Kleines Wörterbuch der Stilkunde. 5. Aufl., Leipzig 1979 (Stilkunde)

Lexikon sprachwissenschaftlicher Termini. 2. Aufl., Leipzig 1988

LORENZ, W., WOTJAK, G.: Zum Verhältnis von Abbild und Bedeutung, Berlin 1977

MEINHOLD, G.: Deutsche Standardaussprache. Lautschwächungen und Formstufen. Wissenschaftliche Beiträge der Friedrich-Schiller-Universität. Jena 1973 (Standardaussprache)

MÖLLER, G.: Deutsch von heute. 3. Aufl., Leipzig 1965 (Dt. v. heute)

MÖLLER, G.: Guter Stil im Alltag. Leipzig 1958 (Guter Stil)

MOSKALSKAJA, O. I.: Grammatik der deutschen Gegenwartssprache. Moskau 1975 (Grammatik)

MÜLLER, G., FRINGS, TH.: Die Entstehung der deutschen *daß*-Sätze. 2. Aufl., Berlin 1963 (*daß*-Sätze)

NAUMANN, H.: Kurze historische Syntax der deutschen Sprache. Straßburg 1915 (Syntax)

NEUMANN, W.: Zeichen, Gedanke, Handlung. Zur linguistischen Fassung des Zeichenbegriffs. Linguisitische Studien, Reihe A, H. 10. Berlin 1974 (Zeichen)

NEUMANN, W. (Hrsg.): Theoretische Probleme der Sprachwissenschaft. 2 Teilbände. Berlin 1976 (Probleme)

PAUL, H.: Deutsche Grammatik. Bd. I–V, Halle (Saale) 1920 (4.–6. Aufl., 1958/1959) (Gramm. I–V)

Deutsches Wörterbuch. 7. Aufl., Halle (Saale) 1960 (Wörterb.)

RIESEL, E.: Stilistik der deutschen Sprache. 2. Aufl., Moskau 1963 (Stilistik)

RIESEL, E., SCHENDELS, E.: Deutsche Stilistik. Moskau 1975 (Stilistik)

SCHIPPAN, TH.: Einführung in die Semasiologie. 2. Aufl., Leipzig 1975 (Semasiologie)

SCHMIDT, W.: Lexikalische und aktuelle Bedeutung. 4. Aufl., Berlin 1967 (Bedeutung)

Charakter und gesellschaftliche Bedeutung der Fachsprachen. In: Sprachpflege 1969, H. 1 (Fachsprachen)

Deutsche Sprachkunde. 8. Aufl., Berlin 1978 (Sprachkunde)

Grundfragen der deutschen Grammatik. 5. Aufl., Berlin 1977 (Grundfragen)

SERÉBRENNIKOW, B. A. (Hrsg.): Allgemeine Sprachwissenschaft. Übertr. v. H. ZIKMUND u. G. FEUDEL. Bd. I, 2. Aufl., Berlin 1975; Bd. II, Berlin 1975; Bd. III, Berlin 1976 (SERÉBRENNIKOW I, II, III)

SOMMERFELDT, K.-E.: Inhalt–Form–Problematik im Bereich der Nebensätze. In: Deutschunterricht 1974, H. 6 (Inhalt–Form–Problematik)

SOMMERFELDT, K.-E., SCHREIBER, H.: Wörterbuch zur Valenz und Distribution deutscher Adjektive. 2. Aufl., Leipzig 1977 (Valenzwörterbuch)

SPIEWOK, W.: Vom Stilwert der Satzgliedstellung. In: Deutschunterricht 1969, H. 1 (Stilwert)

STÖTZER, U.: Die Betonung zusammengesetzter Wörter, unter besonderer Berücksichtigung der Komposita mit fremden Konstituenten. Diss. B, Humboldt-Universität Berlin 1975 (Betonung)
Zur Betonung dreiteiliger, vier-, fünf- und mehrteiliger Komposita (Substantive). In: Sprachpflege 1975, H. 2 und 8

STEPANOVA, M. D., ČERNYŠEVA, I. I.: Lexikologie der deutschen Gegenwartssprache. Moskau 1975 (Lexikologie)

WEISKOPF, F. C.: Verteidigung der deutschen Sprache. Berlin 1955 (Verteidigung)